Documents manquants (pages, cahiers...)
NF Z 43-120-13

MYSTÈRES

DES

SCIENCES OCCULTES

MYSTÈRES
DES
SCIENCES OCCULTES

PHYSIOGNOMONIE — PHRÉNOLOGIE — CHIROMANCIE
GRAPHOLOGIE — DIVINATION NATURELLE ET ARTIFICIELLE
ORGANES DE LA DIVINATION — ASTROLOGIE
DIVINATION PAR LES SONGES — ARTS DIVINATOIRES
DIVINATION PAR LES SIGNES — CARTOMANCIE — CALCUL DES PROBABILITÉS
CRYPTOGRAPHIE — LOIS DES SCIENCES OCCULTES
UNITÉ DANS LA NATURE — ALCHIMIE — HYPNOTISME — MAGNÉTISME
TÉLÉPATHIE — SPIRITISME — FORCE PSYCHIQUE
MAGIE — SORCELLERIE PRINCIPES FONDAMENTAUX
DES SCIENCES OCCULTES

PAR

UN INITIÉ

> Nous sommes si loin de connaître tous les agents de la nature et leurs divers modes d'action qu'il serait peu philosophique de nier des phénomènes uniquement parce qu'ils sont inexplicables dans l'état actuel de nos connaissances; seulement, nous devons les examiner avec une attention d'autant plus scrupuleuse qu'il paraît plus difficile de les admettre.
>
> LAPLACE.

PARIS
A LA LIBRAIRIE ILLUSTRÉE
8, RUE SAINT-JOSEPH, 8

Tous droits réservés.

PRÉFACE

A une époque où tout le monde, croyant ou non, s'occupe de sciences occultes, nous avons cru devoir donner sur l'ensemble du sujet un livre aussi complet que possible, réclamé par tous ceux qui désirent s'initier aux préceptes de ces sciences troublantes sans recourir aux grimoires illisibles et sans feuilleter les in-folio poudreux qui contiennent les principes de ces sciences dont on fait l'application chaque jour.

Car il ne faut pas s'y tromper, les sciences dites occultes n'ont rien de surnaturel. Elles reposent sur des bases aussi stables que la physique ou les mathématiques, et, de fait, à la fin du xix° siècle, presqu'à l'aurore du xx° siècle, M. Charcot, *retrouvant* les phases des *transes* de l'antique pythie, les périodes clowniques des anciennes possédées fait œuvre de magie ; le D' Luys, en transposant des maladies, ne fait pas autre chose, de même que les docteurs Beaunis, Liébault, Bernheim...

M. de Rochas, lorsqu'il fait ses curieuses expériences sur l'extériorisation de la sensibilité, fait œuvre de sorcier ; M. Berthelot vient à l'astrologie...

En un mot, la science moderne, malgré l'influence matérialiste de l'Université, évolue évidemment vers des théories plus mûres.

C'est à la veille de ce grand mouvement que, pénétré de notre sujet par des études sérieuses, nous avons pensé qu'il y avait intérêt de réunir les principes et les faits épars dans des livres inaccessibles le plus souvent au public et de les condenser dans ce volume afin que chacun y pût trouver l'ensemble des doctrines et des phénomènes qui constituent les sciences occultes.

Nous avons exposé, dans la première partie, les données du grand problème de la connaissance de l'homme. Depuis que le monde est monde, cette question est de celles qui préoccupent invinciblement l'homme. Sa destinée est intimement liée à cette étude qui comprend le secret de ce qu'il voit, de ce qu'il est. Or, le seul moyen que nous ayons à notre portée de découvrir l'invisible c'est d'en rechercher la source dans ses liens avec le visible.

C'est ce que nous faisons dans la physiognomonie, qui nous apprend à déterminer les qualités ou les défauts de l'*homme moral* par des formes extérieures. La phrénologie nous dévoile l'*homme intellectuel*, et la chiromancie, l'*homme matériel*.

Si l'on joint à ces études les principes de la graphologie, la réunion de ces quatre sciences permet de fixer presque sûrement la nature d'un individu, tel qu'il est, avec ses penchants, ses vices, ses vertus. Par suite, on pourra déterminer, d'une manière générale, les conditions de son passé, les chances de son avenir.

Nous passons ensuite à la recherche directe de la connaissance de l'avenir.

A ce sujet, il y a lieu de réhabiliter la plupart des procédés de divination qui sont tombés à juste titre dans un discrédit absolu par la faute des charlatans qui, de tout temps, ont abusé de la crédulité de ceux qui les payaient. Si l'on ne devait croire que les devins louches, les cartomanciennes aux mœurs douteuses, toutes les prévisions d'avenir devraient être mises au rang des mensonges. Mais il y a autre chose dans les sciences de divination : les unes sont inattaquables, les autres frauduleuses.

Nous les avons toutes exposées franchement, sans parti pris. En effet, on trouve dans cette étude les bases de la recherche de l'avenir, la part du destin, du hasard, de la providence et de la volonté : les préceptes de la divination naturelle, qui est du domaine de l'inspiration, et de la divination artificielle, qui repose sur l'acuité et la finesse de la perception individuelle, puis on y passe en revue les sciences et les arts divinatoires, dérivant des diverses facultés de ceux qui en font l'application.

L'astrologie nous ramène aux temps des premières observations, basée sur les rapports qui lient tous les mondes entre eux puis vient ensuite la divination par les songes dans laquelle est distinguée avec soin la part de la réalité, et l'on aborde les arts divinatoires, qu'on ne saurait repousser sans examen aussi bien que les pronostics tirés des signes, dont le véritable sens est perdu et qui peuvent, le plus souvent, être considérés comme jonglerie pure, et enfin la cartomancie, qui est aussi illusoire.

Avec le chapitre du calcul des probabilités, nous rentrons dans le domaine des sciences sérieuses, ainsi qu'avec la cryptographie aux multiples combinaisons.

Dans la troisième partie, nous développons les principes et les applications des sciences occultes proprement dites.

La théorie est l'exposé le plus net de l'unité de la nature et de la force universelle, et, comme application immédiate, on trouve l'alchimie dont les bases ne reposent que sur des faits scientifiques certains qui ont pu attirer l'attention des savants les plus éclairés.

Les faits *prouvés*, *matériels* et indéniables, qui appuient les autres applications se retrouvent dans les théories de l'action de l'homme sur la nature et apparaissent avec l'hypnotisme, le magnétisme, la suggestion et la télépathie, ainsi qu'avec les phénomènes du spiritisme, dégagés de toutes fraudes.

Enfin, l'exposé de la mise en œuvre du pouvoir de certains êtres sur la force universelle met en lumière les principaux faits de la magie et de la sorcellerie.

Nous n'avons pas craint de faire rentrer dans le cadre de cet ouvrage, en les expliquant, des faits de fantasmagorie qui frappaient nos pères de terreur et dont rient aujourd'hui nos petits-enfants.

Dans la quatrième partie, nous avons établi, aussi succinctement que possible, les principes fondamentaux indispensables à connaître, qui résument l'ensemble des théories occultistes.

Nous avons pris soin d'indiquer en tête de chaque chapitre : la *définition* de la science qu'il contient; les *autorités* sur lesquelles elle s'appuie; les *preuves* qui peuvent la faire accepter; les *fraudes* qui doivent la faire rejeter. Enfin, une table des matières des plus fournies contient tous les mots *techniques* que l'on peut avoir à rechercher, et une courte notice biographique renferme le nom et les œuvres de ceux qui ont marqué dans l'étude des sciences qui nous occupent et dont les travaux accumulés ont formé comme un majestueux piédestal à la science de demain.

Cet ouvrage s'adresse donc à tous ceux qui sont curieux des mystères de LA SCIENCE ET DE LA NATURE et de l'application de la force universelle ; à tous ceux qui cherchent dans une lecture simple et sans prétention les joies douces de la perception de l'au delà.

Si cet ouvrage a quelque succès, il le devra au sujet qui vaut par lui-même et qui ne peut manquer d'attirer des lecteurs, car il se présente sous les auspices de la VÉRITÉ.

LES MYSTÈRES

DES

SCIENCES OCCULTES

PREMIÈRE PARTIE

LES SIGNATURES DANS L'HOMME

Qu'on l'accepte ou qu'on ne l'accepte pas, la doctrine fondamentale de toutes les sciences occultes repose sur l'idée que notre monde matériel n'est que le reflet d'un autre monde immatériel; que, par suite, celui-ci a une influence constante sur celui-là. Nous ne pouvons développer maintenant l'enchaînement des lois et des principes qui amènent logiquement à cette conclusion. Le lecteur impartial qui lira ce livre jusqu'au bout trouvera la justification de cet énoncé, et, s'il n'est entièrement convaincu, il aura, du moins, satisfait sa curiosité.

Dans le cas présent, qu'il nous suffise de dire un mot de la branche de divination que nous avons désignée sous le nom de : *les signatures dans l'homme*.

On ne me contestera pas qu'un homme de sens et d'intelligence ne parvienne à se faire une idée très nette du caractère d'un individu lorsqu'il aura recueilli sur lui des *signes* certains de ses penchants, de sa nature, de sa force morale, de sa volonté, de sa résistance à l'entraînement, de ses facultés, de ses passions, de tout son être. Il pourra même, sans être grand devin, *prévoir* où il va, sachant déjà qui il est et d'où il vient. Le raisonnement seul peut l'éclairer à ce sujet ; l'instruction, chez certains, complète avantageusement ces déductions.

Le grand tort, lorsqu'on étudie les sciences occultes, c'est qu'on leur demande trop ou pas assez. Chacun veut les plier à son gré et en tirer ce qu'il veut, et pas autre chose. Si on considère l'art de prédire l'avenir comme un simple passe-temps, on court grand risque, en effet, de lui retirer son caractère sérieux. Par ignorance, par faiblesse d'esprit ou pour toute autre cause, c'est ce que font certains charlatans, qui, dans l'espérance d'extorquer à quelque naïf ses faibles économies, n'hésitent pas à lui prédire la plus brillante destinée.

Si, d'autre part, on regarde les sciences de divination comme absolues, on ne peut être dans le vrai ; ce ne sont que des sciences d'interprétation, dont quelques indices recueillis fournissent tous les frais.

Aussi bien le plus grand reproche qu'on leur adresse, à ces sciences, c'est de ne pas prédire l'avenir à coup sûr et de laisser le champ libre à l'erreur sur les instincts ou les facultés qu'on assigne à un sujet donné.

Là est le nœud de la question. Les signatures de l'homme n'indiquent pas ce qu'il est, mais ce qu'il doit être. C'est l'homme naturel. Ses penchants, ses vices, ses vertus, sa volonté ont pu le faire dévier de la route que ses facultés, ses instincts et ses passions lui avaient tracée ; il a pu s'en écarter plus ou moins ; il n'a pu enlever la trace indélébile que ces instincts, ces passions, ces facultés ont marquée sur son crâne, dans sa main, dans son écriture.

Astra inclinant non necessitant. — Les astres prédisposent, mais ne nécessitent point, dit l'astrologue. Il en est de même des sciences qui nous occupent. L'homme a son libre arbitre ; il peut se soustraire à ses instincts ou s'y abandonner. Le tout est de savoir les reconnaître chez lui et de savoir, par ses qualités mêmes, s'il les suit ou s'il leur oppose la force d'une volonté, dont on peut mesurer l'énergie.

On voit donc que, jusqu'ici, la science que nous développons n'a rien de mystérieux et qu'elle a droit de cité au même titre que toutes les sciences de raisonnement, telles que la théologie ou la philosophie.

Les signatures dans l'homme comprennent l'étude de la physionomie (homme moral), de la phrénologie (homme intellectuel) et de la chiromancie (homme matériel). La graphologie, qui n'est que l'expression d'un mouvement, rentre, par suite, dans cette dernière science.

CHAPITRE PREMIER

PHYSIOGNOMONIE

Définition : La physiognomonie est une science qui a pour but de connaître les hommes d'après leur physionomie ou mieux par l'examen des dispositions de leur corps; c'est encore : l'art de connaître l'intérieur des hommes par l'extérieur.

Autorités : Salomon, Zopire, Hippocrate, Aristote et presque tous les philosophes : Paracelse, Cardan, Michel Lescot, Porta, Lachambre, Pernetti, Clamarontius, Montaigne, Bacon, etc. C'est Lavater qui en a coordonné les premiers principes ou, pour mieux dire, qui a tiré les premiers préceptes de sa fine observation.

Preuves : Cette science, étant toute d'expérience, ne comporte de preuve que dans l'observation.

Fraudes : Impossibles. — Science d'observation.

Connais-toi toi-même, a dit Socrate. S'il est nécessaire, en effet, de se bien connaître soi-même, combien n'est-il pas plus indispensable de connaître les autres. Dans la vie que le siècle nous a faite, on ne saurait trop se défendre. Aussi bien la physiognomonie est une arme, apprenons à nous en servir.

Lavater, le grand maître de cette science, distingue deux champs d'observations : les parties *molles* et les parties *solides.* Les parties solides : le front, les plans immobiles du nez, du menton, etc., répondent aux *facultés.* Les parties molles : les chairs, la peau, les membranes, les cartilages, indiquent les *habitudes* de la vie par leur pureté ou leurs altérations, leur couleur, leur attitude, leurs plis, etc.

La partie osseuse, dans ce système, c'est ce qui provient de nature ; la partie molle, ce que le sujet a acquis par l'action répétée de ses actes.

Cette théorie est logique et ne choque en rien la raison. « Sois ce que tu es et deviens ce que tu peux. »

Des esprits timorés ont beau s'écrier qu'un beau visage cache parfois l'âme la plus noire. C'est faux ; une observation superficielle peut seule tromper le physionomiste et les caractères bas ne tardent pas à éclater à ses yeux.

Pour faire de la physiognomonie, il suffit d'avoir du jugement, de la patience et... des yeux.

Salomon a dit, dans les *Proverbes* : « Comme on voit se réfléchir dans l'eau le visage de ceux qui s'y regardent, ainsi les cœurs des hommes sont à découvert aux yeux des sages. »

Mais encore faut-il qu'on sache voir. Chez certains, cette faculté est native ; chez d'autres (et ce ne sont pas les moins judicieux), elle est le fruit de l'étude patiente.

Saint-Simon s'écrie dans ses *Mémoires* : « Il ne fallait qu'*avoir des yeux*, sans aucune connaissance de la Cour, pour distinguer des intérêts peints sur les visages. » Saint-Simon était un intuitif, et la nature seule, qui l'amena à si bien connaître les hommes, avait tout fait.

C'est par l'étude, au contraire, par l'étude patiente que Lavater arriva à formuler pour tous les observateurs des règles qui, jusque-là, n'étaient que personnelles.

On conçoit combien il est difficile de réunir en *traité* les *impressions* que produisent, sur l'observateur, les diverses particularités de la conformation de son sujet.

Et d'abord la physiognomonie ne borne pas son étude aux traits du visage ; elle se base encore sur la phrénologie, que nous verrons ensuite ; sur la cranioscopie, qui en est une branche ; sur l'attitude du corps entier, sur la forme, l'attitude de chaque membre, la démarche, le geste ; elle s'appuie, en outre, sur l'étude des tempéraments, de l'écriture, de l'harmonie dans les objets qui entourent le sujet.

On voit combien est complexe la possession de cette science ; mais qu'on pense, d'autre part, aux jouissances qu'on se réserve en en faisant l'application.

Historique.

L'historique de cette science est trop long ou trop court. En effet, depuis qu'il y a eu deux hommes sur la terre, ils se sont observés, et leur but principal, pour la défense ou pour l'amitié, a été de lire sur les traits de l'autre les divers sentiments qui l'animaient.

Salomon, et en général tous les philosophes, ont observé, pour leur instruction personnelle, les caractères apparents de la physiognomonie. Aristote indiqua les rapports qui liaient certains traits des figures humaines avec ceux des faces des animaux ; il en tira cette conclusion que les mêmes traits manifestaient des inclinations identiques.

Au milieu de bien d'autres que nous ne pouvons citer, disons que Zopire, philosophe grec, Hippocrate et presque tous les grands écrivains anciens ont été favorables à la science qui nous occupe; du reste, elle est tellement évidente qu'elle se passe facilement d'appui.

Porta, Lachambre, Pernetti, Clamarontius, sont encore des défenseurs de la physiognomonie, au même titre que Marc Aurèle, Montaigne ou Bacon.

Quel physiognomoniste ne s'associerait à ces paroles de Marc Aurèle: « Ton discours est écrit sur ton front; je l'ai lu avant que tu aies parlé; un homme plein de franchise et de probité répand autour de lui un arome qui le caractérise: on le sent, on le devine; toute son âme, tout son caractère, se montrent sur son visage et dans ses yeux. »

Montaigne, notre grand maître, dit d'autre part: « J'ai lu parfois, entre deux beaux yeux, des menaces d'une nature maligne et dangereuse; il y a des physionomies favorables, et, en une presse d'ennemis victorieux, vous choisirez incontinent, parmi les hommes inconnus, l'un plutôt que l'autre, à qui vous rendre et fier votre vie, et non proprement par la considération de la beauté. Il semble qu'il y ait aucuns visages heureux et d'autres malencontreux, et crois qu'il y a quelque art à distinguer les visages débonnaires des niais, les sévères des rudes, les malicieux des chagrins, les dédaigneux des mélancoliques, et telles autres qualités voisines. Il y a des beautés non fières seulement, mais aigres; il y en a d'autres douces, et, encore au delà, fades. »

Herder est un précurseur de Lavater, qui invoqua souvent l'appui de son devancier pour appuyer les conclusions de son système. Il est curieux de relire ces passages empreints de la métaphore allemande ampoulée, mais imagée: « Quelle main pourra saisir cette substance logée dans la tête et sous le crâne de l'homme? Un organe de chair et de sang pourra-t-il atteindre cet abîme de facultés et de forces internes, qui fermentent et se reposent? La Divinité, elle-même, a pris soin de couvrir ce sommet sacré, séjour et atelier des opérations les plus secrètes; la Divinité, dis-je, l'a couvert d'une forêt, emblème des bois sacrés où jadis on célébrait les mystères. On est saisi d'une terreur religieuse à l'idée de ce mont ombragé, qui renferme des éclairs, dont un seul échappé du chaos peut éclairer, embellir ou dévaster et détruire un monde.

« Quelle expression n'a pas même la forêt de cet Olympe, sa croissance naturelle, la manière dont la chevelure s'arrange (1), descend, se partage ou s'entremêle! »

Le cou, sur lequel la tête est appuyée, montre, non ce qui est dans l'intérieur de l'homme, mais ce qu'il veut exprimer. Tantôt, son attitude noble et dégagée annonce la dignité de la condition; tantôt, en se courbant, il annonce la résignation du martyr, et tantôt c'est une colonne, emblème de la force d'Alcide.

Le front est le siège de la sérénité, de la joie, du noir chagrin, de

---

(1) On lit dans Lavater: « Ne serait-ce que par amour de ta chevelure, ô Algernon Sydney, je te salue. »

l'angoisse, de la stupidité, de l'ignorance, de la méchanceté. C'est une table d'airain où tous les sentiments se gravent en caractères de feu...
A l'endroit où le front s'abaisse, l'entendement parait se confondre avec la volonté. C'est ici où l'âme se concentre et rassemble ses forces pour se préparer à la résistance.

Au-dessous du front commence sa belle frontière, le sourcil, arc-en-ciel de paix, dans sa douceur, arc tendu de discorde, lorsqu'il exprime le courroux. Ainsi, dans l'un et l'autre cas, c'est le signe annonciateur des affections.

En général, la région où se rassemblent les rapports mutuels entre les sourcils, les yeux et le nez est le siège de l'expression de l'âme dans notre visage, c'est-à-dire l'expression de la volonté et de la vie active.

Le sens noble, profond et occulte de l'ouïe a été placé par la nature aux côtés de la tête, où il est caché à demi. L'homme devait ouïr pour lui-même, aussi l'oreille est-elle dénuée d'ornement. La délicatesse, le fini, la profondeur, voilà sa parure.

Une bouche délicate et pure (1) est peut-être une des plus belles recommandations. La beauté du portail annonce la dignité de celui qui doit y passer. Ici, c'est la voix, interprète du cœur et de l'âme, expression de la vérité, de l'amitié et des plus tendres sentiments (2).

Mais Lavater, le véritable *auteur* de la physiognomonie, nous a légué des renseignements plus complets. Souvent, dit-il, les indices d'une passion généreuse touchent de si près à ceux de la même passion dégénérée en excès et en vice, que l'œil inexpérimenté peut s'y méprendre. Il ne s'en faut que d'une demi-ligne, d'une courbe légère, d'une dimension inappréciable au premier abord. Il s'en faut de si peu, dit-on ; mais ce *peu* est *tout*.

Il arrive souvent que les plus heureuses dispositions se cachent sous l'extérieur le plus rebutant. Un œil vulgaire n'aperçoit que ruine et désolation ; il ne voit pas que l'éducation et les circonstances ont mis obstacle à chaque effort qui tendait à sa perfection. Le physiognomoniste observe, examine et suspend son jugement.

Quelque étudiés que soient les préceptes qu'il nous a légués, ce serait folie que de se croire physionomiste parce qu'on aura lu son livre ou qu'on en aura parcouru des extraits ; car un livre, si excellent qu'il soit, ne saurait être qu'une imparfaite initiation à l'étude d'une science complexe. C'est l'âpre observation qui seule forme les savants.

On voudrait citer l'ouvrage tout entier de Lavater, qui doit, en tout cas, être lu par ceux qui voudront s'instruire dans la physiognomonie, car nous n'en pouvons donner ici qu'un bien faible reflet. Nous allons tâcher de mettre un peu d'ordre dans nos études et de résumer, aussi

---

(1) Plus loin, il dit d'une bouche : « Cette bouche a de la douceur, de la délicatesse, de la circonspection, de la bonté et de la modestie. Une telle bouche est faite pour aimer et pour être aimée. »

(2) Herder, *Plastique*.

nettement que possible, l'ensemble des connaissances que nous ont laissées de vénérables prédécesseurs.

L'espèce.

Que les théories du transformisme soient vraies ou non, de l'avis de tous les paléontologistes, l'apparition successive des êtres est comparable au développement d'un arbre dont les branches s'écartent de plus en plus du tronc primitif, à mesure de leur croissance ; on sait, en outre, que le maximum, dans les différences caractéristiques d'une espèce ou d'un groupe quelconque, correspond toujours à l'apogée de développement de ce groupe ou de cette espèce. Des centaines d'exemples peuvent appuyer l'hypothèse de cette évolution.

Dès lors, au point de vue qui nous occupe, nous pouvons établir deux faits.

Tous les hommes se ressemblent *au commencement* et se diversifient d'autant plus qu'ils tendent vers leur *apogée*. Cette observation fondamentale de l'étude de l'espèce s'applique également à la race et à l'individu.

Les races.

Les hommes composant les races inférieures se ressemblent tous en général. M. le Dr Foley (1) a observé que, dans les races polynésiennes, les individus offrent entre eux une ressemblance presque absolue aux points de vue physique, moral et intellectuel. Chez les peuplades inférieures, il n'y a point de distinction sociale. Ils sont tous égaux de droit et de fait.

Du reste, rien ne ressemble plus à un nègre qu'un autre nègre, à un Arabe qu'un autre Arabe ; mêmes traits, même teint, même physionomie, mêmes gestes, mêmes facultés. Les Chinois, les Indous sont dans le même cas. Au contraire, les races supérieures sont bien nettement différenciées ; dans nos pays, il est impossible de trouver deux individus se ressemblant complètement. Ce n'est pas à dire que les hommes de chaque race, chaque pays, chaque province, n'aient pas leur physionomie propre et caractéristique. On sait, à première vue, distinguer du Hollandais d'un Italien, un Breton d'un Marseillais. Mais, au point de vue qui nous occupe, il faut conclure de ce qui précède que l'on peut étudier les êtres appartenant aux races inférieures sur l'ensemble de la race elle-même, tandis que les êtres appartenant aux races supérieures ne peuvent être observés que sur chaque individu.

Certaines races que l'on ne peut considérer comme supérieures sont peu différenciées : tels les Juifs de notre époque. Il en fut pendant longtemps de même des Suisses et des Écossais.

(1) Cité par M. Delaunay, *Égalité et inégalité des individus* (Revue scientifique, 1882), qui nous a fourni de sérieux matériaux.

Il serait difficile d'attribuer un caractère à chaque race, mais on peut dire que les nations européennes possèdent des spécimens variant de l'abrutissement le plus absolu au développement le plus considérable du génie humain, et qu'entre ces extrêmes il y a tellement et tellement de variétés, que la sagacité du physiognomoniste peut s'exercer sur la seule partie découverte de ses contemporains, j'ai dit sur le visage.

On peut se demander quelle est, parmi les nations européennes, celle qui présente le plus de variétés dans les types. Mantegazza a dit : « C'est dans la race qui gouverne et dirige, de notre temps, la politesse humaine (la France) que la physionomie est à la fois la plus mobile et la plus élevée, sans tomber ni dans la télégraphie spasmodique du nègre, ni dans l'impassibilité du Pampa. »

Les sexes.

En général, les différences anatomiques et physiologiques se font plus manifestement sentir chez les mâles que chez les femelles d'une même race. Sans rappeler le plumage des oiseaux, plus différent et plus éclatant chez les mâles, ou de la teinte plus uniforme de la robe chez nos mammifères femelles, on sait que le tempérament est plus varié chez les mâles.

Il en va de même dans la race humaine. Les femmes étant, en général, petites, faibles, lymphatiques, peu intelligentes, sont moins différenciées que les hommes, dont la taille varie du nain au géant et l'esprit de l'idiot au génie; de plus, leurs sentiments, leurs goûts, leurs idées sont bien plus semblables entre eux que les nôtres.

On rencontre naturellement des exceptions, mais peu nombreuses. Ainsi, on voit des femmes au visage hardi, aux traits virils, à l'esprit fort ; elles ont généralement des goûts masculins, tandis que des hommes aux traits efféminés, au teint pâli et doucement rosé, sans barbe, à l'œil doux et fuyant sont des femmes manquées. — Tels, par exemple, le chevalier d'Eon et l'abbé de Choisy, C'est une erreur de la nature.

En résumé, l'égalité physique, morale et intellectuelle caractérise les faibles et disparaît chez les hommes moyens, et surtout chez les forts et les intelligents.

Ces différents traits connus et les conclusions qu'ils inspirent logiquement tirées, on peut passer à l'étude particulière des traits du visage. Mais l'étude seule et les remarques particulières permettront de porter un jugement précis sur l'interprétation de la physionomie d'un sujet donné.

Les signes tirés du front.

Le front, comme nous avons dit, indique les qualités naturelles, provenant de nature. C'est le siège des facultés de l'esprit et il ne conserve que faiblement la trace du caractère ou des passions. Aussi bien, pour ces raisons, est-il moins élevé et moins large chez la femme, plus uniforme et moins inégal que chez l'homme.

On peut suivre le développement de l'intelligence sur le développement du front. De plus en plus apparent, chez les animaux, suivant leur degré d'intelligence, il se dessine nettement, quoiqu'il soit encore atrophié, chez le singe ; mieux indiqué chez le nègre, il s'accentue dans les races supérieures.

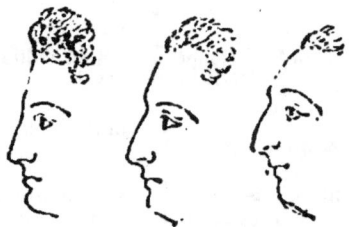

Louis XIV.   Louis XV.   Louis XVI.

Un simple jeu d'esprit de Granville a une véritable portée philosophique. Il a dessiné les diverses transformations que doit subir une tête d'Apollon pour devenir une tête de grenouille. A chaque type nouveau, la différence n'est pas bien sensible ; aux deux extrêmes, elle est énorme. Il a obtenu ce curieux résultat en conservant les organes, mais en aplatissant le front de plus en plus. On peut rapprocher de

Esprit étroit.   Esprit distingué.   Esprit profond.

cette observation un exemple entre mille. Il suffit, pour se rendre compte de l'amoindrissement de la race, de considérer un instant les trois profils comparés de Louis XIV, Louis XV et Louis XVI.

Un front bas, caractéristique des races inférieures, montre un homme de peu d'imagination, chez qui les instincts l'emportent sur l'intelligence. Visage peu ou pas ridé, front étroit, bas et fuyant, sont l'exagération de ces caractères moraux.

D'autre part, un front large, étendu, sera, par contre, l'indice d'une grande intelligence, d'une puissance d'attention considérable, d'une imagination fertile. Plus il sera droit, plus il s'avancera au-devant de la tête, et plus les signes qu'il représente seront marqués.

Les variétés qui s'échelonnent entre ces extrêmes sont trop nombreuses pour être consignées ici. Voici l'étude de quelques-unes.

Front développé, sourcil en saillie.
Esprit vif et ouvert.

Signes généraux tirés du front.	Qualités ou défauts, selon l'exagération des caractères.
Il va en s'élargissant, c'est-à-dire qu'il est large et bombé vers les deux angles qui, de chaque côté, se perdent sous les cheveux :	Imagination. Indice du génie, grands peintres, grands littérateurs.
Elevé, bombé par le milieu :	Esprit sérieux et synthétique, jugement sain.
Il a l'aspect d'une pyramide renversée, c'est-à-dire qu'il est étroit en bas et large en haut :	Ruse, finesse, fourberie.
Deux bosses saillantes, placées au-dessus des sourcils :	Esprit satirique, frondeur.
Elevé, presque droit, mais peu large :	Homme franc, ferme, caractère noble, sans imagination ni finesse.
Développement parfois anormal du front avec saillie du sourcil en dehors des tempes (Figure ci-dessus) :	Mathématiciens, astronomes, tacticiens. Esprit porté vers les sciences exactes.
Front étroit, bas :	Homme en général bon, mais mal doué au point de vue des facultés intellectuelles. Exempt des entraînements de l'imagination, réussit, dans la vie pratique, à se créer une position solide.
Front étroit, bas, fuyant :	Instincts animaux, amour de faire du mal ; presque toujours des criminels, sinon en fait, du moins en idée.

A ces quelques portraits on pourrait en ajouter bien d'autres. Qu'il suffise de dire, au sujet du dernier, que les grands criminels, les seuls intéressants, sont presque toujours fort intelligents, que leur front est très développé et offre le plus souvent quelques bons signes, mais à côté présente tel signe, indice certain de leur ignominie, que l'observateur sagace remarque tout d'abord.

Les signes tirés de la peau du front.

La peau qui recouvre le front nous donnera quelques indices curieux sur les *habitudes* du sujet. Si elle est lisse et tendue sur un front plat, c'est purement une preuve que le sujet est léger, superficiel, d'un caractère peu profond et sans souci.

L'étude des rides est également très fructueuse. La métoposcopie est l'art de deviner un caractère par les rides du front. Il y a, suivant les physiognomonistes, trois principales lignes au front, qui sont sous l'influence de Mercure, de Jupiter et de Saturne. Si ces lignes sont profondément marquées, longues et continues, c'est un signe heureux.

Les rides horizontales et parallèles, rapprochées des sourcils, indiquent un penseur doué d'une grande puissance d'attention et de réflexion ; ces lignes plus proches des cheveux que des sourcils dénotent un caractère fier et dédaigneux. Des rides à la racine du nez sont les signes d'un homme sérieux et réfléchi ; mais, jointes à d'autres signes, c'est parfois l'indice d'un caractère vindicatif et haineux.

Les signes tirés des sourcils.

Nous n'en dirons que peu de choses, bien que ce signe doive être très étudié. Nous avons signalé le sourcil en saillie chez les mathématiciens ; c'est aussi, joint à d'autres signes, l'indice de l'entêtement ou, pour mieux dire, de la persévérance.

SOURCILS

Très fournis, entêtement. Épais, force et mobilité. Saillants, jugement. Peu épais, faiblesse. Arqués, goût, sentiment.

D'une façon générale, les sourcils épais sont un indice de force ; peu épais, de faiblesse ; lisses et écartés, de peu d'intelligence ; rapprochés et saillants, d'un esprit puissant ; joint à d'autres signes, ce dernier est une tendance à la jalousie.

Les signes tirés des yeux.

Les yeux sont le miroir de l'âme, c'est tout dire. Mais l'étude des yeux est moins matérielle que celle des autres signes. Elle est toute de sentiment, d'impression. Or, rien n'est plus fugitif qu'une impression et il est bien difficile de donner des correspondances fixes entre les caractères des sujets et l'aspect, mille fois variable, de leurs yeux. L'expression de l'œil est donc d'une étude très importante.

Ce qui amène les aveugles à cette indécision de mouvement et de caractère que l'on a pu remarquer, c'est l'absence de lumière, qui donne souvent à leur visage, assez beau, un aspect disgracieux.

Signes généraux des yeux.	*Qualités ou défauts, selon l'exagération des caractères.*
Œil qui regarde droit, sans effronterie :	Nature loyale et franche, esprit énergique.
Œil petit et perçant :	Nature dissimulée et portée à feindre.
Œil qui fuit le regard, qui *fauche :*	Conscience peu tranquille, qui craint qu'on ne devine ses secrets, parfois timidité extrême sous l'influence d'un regard sévère.
Œil petit, tout rond :	Finesse, vivacité d'esprit.
Œil fendu :	Douceur, sensibilité.
Œil brun :	Vivacité d'esprit, qualités fortes, génie.
Œil de couleur claire :	Douceur, timidité, peu de réflexion, esprit.

Œil franc, qui regarde en face.

Yeux mobiles chez les passionnés.

Œil petit et rond, finesse, vivacité d'esprit.

Ajoutons encore quelques types généralement observés. Tout le monde est à même de juger l'œil d'un esprit équilibré et bienveillant ou celui des gens rapaces, avares, sans entrailles : cet œil rond rappelle celui des vautours.

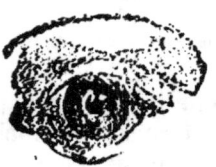
Esprit équilibré et bienveillant.

Œil des gens rapaces.

Œil menaçant, colère.

Les yeux sont, de toute la face, les signes les plus variables dans un temps très court : une émotion suffit à les changer ; l'œil des gens en colère, bien que dilaté par la passion, conserve néanmoins le caractère propre du sujet que l'on étudie.

A ces quelques signes, il faut ajouter l'observation de la mobilité. Un homme d'esprit présente toujours une parfaite concordance de l'expression des yeux avec les circonstances. Avec de l'attention même, on peut devancer sa pensée et lire dans ses yeux le trait qui va saillir, la riposte qu'il va lancer. A côté, on peut remarquer des yeux constamment mobiles, qui dénotent une grande susceptibilité des sens et de l'imagination qui peut aller jusqu'à la folie, suivant l'intensité du signe, tandis que le regard terne et fixe est celui d'un faible d'esprit ou d'un idiot. Si l'on observe des paupières épaisses et à demi fermées, c'est l'indice d'un esprit lent ou dissimulé, tandis que l'œil trop ouvert, qui laisse apercevoir le bleu autour de la prunelle, dénote un esprit bizarre, parfois jusqu'à l'excentricité.

Œil brillant et vif.

Œil d'un homme bizarre, un peu égaré.

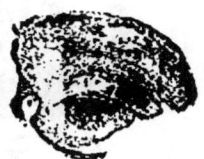
Œil langoureux.

On sait, du reste, par l'observation journalière, assez bien lire dans les yeux les détails du caractère d'un individu ou des passions sous l'empire desquelles il se trouve. Les paupières à demi fermées sur des yeux langoureux brillants et humides ne laissent aucun doute sur l'expression d'un désir passionné dans un tempérament voluptueux ; l'assouvissement du désir est exprimé par les paupières plus fermées, les yeux plus éteints. En dehors des autres signes, ce sont des caractéristiques bien souvent observées.

Les signes tirés du nez.

Quoi qu'on en pense, le nez est un signe bien utile à consulter, d'abord parce qu'on n'a guère d'action sur lui pour en modifier l'apparence. C'est donc le moins *frelaté* des traits que peut offrir un sujet à l'observation.

Le nez grec a été adopté par la statuaire antique. Il ne faut pas le confondre avec ces nez des têtes de médailles qui se frappaient grossièrement en Grèce et sur lesquelles la presque absence du front, la perpendicularité raide et courte du nez, la proéminence du menton, l'écartement des yeux, n'offraient qu'une caricature de la beauté, avec un caractère indéniable d'inintelligence, un aspect *mouton* qui fait le désespoir des vrais artistes.

Un grand nombre de nez ont été célèbres : ce sont ceux d'ambitieux, de politiciens, de littérateurs, en général d'hommes au-dessus du commun. Cyrus, Constantin, Machiavel, Cyrano de Bergerac, Louis XI,

Schiller, Cuvier et presque tous les écrivains du xvii° siècle étaient bien doués sous ce rapport (1).

A moins qu'il ne soit fortement recourbé, si le nez n'est pas précédé d'une sorte d'enfoncement, c'est le présage d'un caractère bas et de grande vanité.

Les nez des gens colères sont courts, subitement arrondis, parfois un peu retroussés, leurs sourcils sont épais et en broussaille.

Sot, vaniteux.   Nez retroussé, suffisance.

Les nez jaloux, opiniâtres, quoique peu sagaces, ont la racine enfoncée et le bout gros et retroussé. Ce tempérament de retroussé, joint à d'autres signes, est l'indice d'un caractère sensuel ; allié à de petits yeux surmontés de sourcils saillants, c'est l'indice d'un homme mauvais d'instinct, sans, y être poussé, aimant les procès, les railleries qui blessent et qui tuent.

Le nez moyen et effilé présage généralement une vive sensibilité, de l'imagination, de l'enthousiasme, jusqu'à la fureur, de l'habileté et même de la ruse, tandis qu'un nez épais, court, ramassé, pâle, boursouflé, au-dessous d'yeux bleus, chez un sujet sans barbe ou à barbe rare, montre peu d'énergie, de constance et de jugement ; si le nez penche vers la bouche, on en conclut la sensualité (qui n'exclue pas le nez retroussé) ; si la cloison du nez dépasse sensiblement, c'est signe d'égoïsme.

Un grand nez est l'indice de goûts élevés, ambitieux. Surmonté d'une échancrure et d'un front proéminent, c'est un signe de ferme volonté, d'énergie et de persévérance.

Le nez dit aquilin est l'indice d'ambition, tandis que le nez presque

---

(1) L'abbé Genest avait un nez immense, dont on ne peut, paraît-il, pas se faire une idée. On avait, par anagramme trouvé dans son nom de Charles Genest : « Eh! c'est large nez. » De son vivant au xvii° siècle, il était l'objet de plaisanteries, que l'on doit taire par bienséance et qui avaient trait à un tout autre objet. On avait fait, entre autres, les vers suivants sur ce nez :

Avec cet habit et ce nez,
Ce nez long de plus de deux aunes,
Il faut donc que ce soit le *magister* des Faunes.

de niveau avec les yeux présage un esprit faible, de peu de sens et de peu d'énergie.

Il faut remarquer, d'une façon générale, que ces diversités de nez

Égoïste, sans cœur.

Nez long, ambition, astuce.

ne donnent de bons indices que lorsque la courbe qu'ils affectent est douce sans brusques ressauts et que les creux et les ondulations sont suivis sans chocs et ne blessent pas l'œil.

Les signes tirés de la bouche, des lèvres, du menton et des joues.

Le haut du visage, jusqu'à la racine du nez, est le siège du travail intérieur ; le bas, et surtout la bouche, laisse apercevoir l'expression des pensées et des déterminations. La science ou l'art qui a pour but l'étude des lèvres (grandeur, forme, couleur, mouvement) et de la silhouette du menton s'appelle la *buccognomonie* (1).

Lèvres charnues, sensualité.

Lèvres minces et serrées, froideur, cruauté.

Lèvres minces et pincées, énergie et ambition.

Relèvement de la lèvre supérieure, orgueil, vanité.

On sait que des lèvres charnues indiquent la sensualité, la gourmandise et la paresse ; tandis que celles qui sont sévèrement dessinées et fines dénotent l'avarice et l'inquiétude. Entre ces extrêmes se placent la résignation, le sang-froid, l'ordre, l'activité, la volupté, la mollesse. La ligne de suture des lèvres est la base de tous les diagnostics des manières d'être d'un individu dans ses relations sociales ; la direction de cette ligne, suivant qu'elle sera ascendante, horizontale ou descendante, indiquera la moquerie, la bonté ou le dédain dans

(1) J'emprunte les principaux détails de cette science à une conférence publiée sur le sujet par M. P. Sédir, dans *le Voile d'Isis*, mars 1892.

toutes leurs nuances; les lèvres minces et serrées tombant sur les côtés dénotent la froideur et la cruauté, bien qu'elles n'excluent pas la sagacité. Le courage et l'énergie se rencontrent dans les bouches pincées et plissées des ambitieux tenaces et rusés; lorsque la lèvre supérieure, au moindre mouvement, découvre les gencives, attendez-vous à beaucoup de flegme et de froideur; si, à l'état de ...os, la bouche laisse une dent à nu, regardez ce signe comme celui d'une sévérité froide, d'une méchanceté insultante et perverse. La bouche deux fois large comme l'œil appartient à un imbécile. La texture des lèvres, leur fermeté ou leur mollesse répondent à la trempe du caractère. Lorsque la lèvre supérieure déborde un peu la lèvre inférieure, elle indique une bonté affectueuse; l'inverse correspond à une bonhomie caustique; si ce dernier signe s'exagère, on peut compter sur l'un de ces diagnostics ou sur les quatre réunis : bêtise, rudesse, malignité, avarice; ces deux derniers symptômes indiquent très souvent aussi la prudence ou l'imprudence.

Lèvre supérieure proéminente, signe de fermeté. — Lèvre dédaigneuse, audace et orgueil. — Bouche ouverte, esprit obtus. — Bouche tombante, indécision. — Bouche loin du nez, égoïsme.

Ajoutons à ces types quelques caractères généraux : lorsque la bouche d'un individu reste obstinément ouverte, vous pouvez présager qu'il est d'un esprit obtus, tandis que si la bouche est à peine ouverte, laissant apercevoir l'extrémité des dents, c'est un signe d'indécision. Enfin, lorsque la bouche très éloignée du nez est tombante sur le côté, on peut pronostiquer que c'est celle d'un égoïste, orgueilleux et de peu d'esprit, mais rusé.

Aristote dit que les dents peuvent servir au pronostic de la vie, du caractère, des qualités, des défauts et des vices; enhardi par cette autorité, je vais continuer à vous exposer les signes qu'elles présentent à l'observation. Les dents claires sont un signe de courte vie; le contraire a lieu pour les grandes dents, fermes et épaisses, qui appartiennent aux grands mangeurs, aux robustes et aux audacieux; les dents soudées ensemble indiquent la timidité, l'inconstance; les dents aiguës et fortes indiquent l'envie, l'audace, la défiance, l'infidélité; des dents irrégulières, soit dans leur grandeur, soit dans leur forme, dénotent la prudence, l'audace et l'envie; les canines très longues et sortant de la bouche indiquent l'homme goulu et méchant.

Les dents blanches et régulières marquent la bonté, l'amabilité, la loyauté; des dents courtes, un peu larges, indiquent la force; des gencives exsangues, des dents jaunâtres sont, avec une mâchoire longue et une bouche ouverte, des indices de faiblesse morale et physique, surtout si les dents sont allongées. Les dents petites et courtes sont l'attribut d'une force extraordinaire et souvent d'une grande pénétration d'esprit; petites et rentrantes, elles dénotent de la finesse sans méchanceté, mais pourtant un caractère difficile et vindicatif; très saillantes, elles annoncent peu d'énergie, peu d'esprit, mais un caractère caustique et hargneux.

Des joues charnues indiquent l'humilité du tempérament et la sensualité; le chagrin les creuse, la bêtise et la rudesse leur impriment des sillons grossiers; certains enfoncements des joues en forme plus

 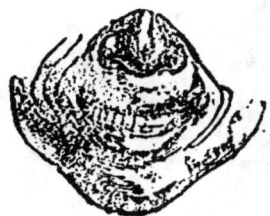 

Dents petites et rentrantes, irritabilité.   Trois sillons sur la joue, peu de sagesse, le rire.   Dents blanches et régulières, bonté, sensibilité.

ou moins triangulaire sont la marque infaillible de l'envie ou de la jalousie; une joue naturellement gracieuse et qui vers les yeux est agitée par un léger tressaillement est l'indice presque infaillible d'un cœur généreux, incapable d'aucune bassesse; la grâce du sourire donne en quelque sorte la mesure de la bonté du cœur et de la noblesse du caractère. D'autre part, l'examen du repli qui s'étend des ailes du nez aux coins de la bouche peut donner lieu à des diagnostics significatifs: sa forme, sa longueur, les points où il aboutit sont autant d'indices révélateurs. Si le sourire fait naître sur la joue trois sillons parallèles, on peut compter sur un caractère très peu sage. Un homme très bavard a ordinairement peu de jugement. Les bègues sont vifs, inconstants, vains et cependant serviables; une langue épaisse et rude, dit Pernetti, dénote une personne malicieuse, rusée, dédaigneuse.

Le même auteur a consigné les observations suivantes sur la voix: une grosse voix annonce un homme fort et robuste, adonné aux femmes, personnel, trompeur quelquefois, ainsi que menteur, curieux, grand parleur, facile à s'emporter; une voix fine, faible, aiguë, avec l'haleine peu renforcée, est un signe de faiblesse, de timidité, de ruse, de conception vive. Une voix claire, nette, déployée, annonce un homme prudent, sincère, ingénieux, mais fier et crédule. Une voix tremblante et peu assurée est celle d'un homme faible, timide, et pourtant orgueilleux, quelquefois jaloux. La voix enrouée et embarrassée comme par un rhume annonce une personne plus simple que sage, vaine, inconstante, craintive, crédule et menteuse. La voix douce et basse est celle d'un caractère paisible, mais ingénieux, pénétrant et subtil. Passons maintenant au rire, source également riche en renseignements, dont, à mon grand regret, le temps dont je dispose ne me permet que de vous indiquer les plus importants. Une bouche toujours prête à rire annonce un imbécile, un inconstant crédule et vain, mais doué d'un bon cœur.

Napoléon Ier, Menton carré, énergie.

Quand on rit facilement et avec éclat, que l'on tousse ou que l'on bâille en riant, c'est un signe de crédulité, d'envie et d'inconstance. Ceux qui tournent la bouche en riant, comme on fait par dérision, sont arrogants, faux, menteurs, colères et opiniâtres; ceux qui ne

Franklin.
Menton en galoche, esprit fin et délié.   Joues dans les races supérieures.   Joues dans les races inférieures.

rient que de la bouche sont faux et trompeurs; un homme qui rit rarement et brièvement est résolu, d'une conception nette, discret, fidèle, laborieux. Tout homme qui ne rit pas de peu est sage, subtil, ingénieux, prudent, droit et patient.

Le menton est la continuation de la bouche; lorsqu'il est carré et avancé, c'est un signe de force et d'énergie, que l'on rencontre à tous ses degrés; le menton de *galoche* indique un penchant à la malice, un esprit fin et délié; si, au contraire, il fuit en arrière de la bouche, c'est un signe de douceur et d'amour de la tranquillité.

Enfin, on peut remarquer que, dans le visage, ce sont les joues qui donnent à l'ovale sa forme plus ou moins gracieuse : chez les types des races supérieures, elles sont plus ou moins pleines, selon les individus, mais rondes et de contours réguliers, tandis que, dans les types des races inférieures, elles sont d'un dessin tourmenté, à pommettes saillantes, avec les tempes et le menton proéminents.

Les signes tirés de l'ensemble des traits.

On conçoit, d'après ce que nous venons de dire des signes partiels de chaque trait, que le produit de chaque trait, dans un visage étudié, s'ajoute à celui des autres traits et se modifie en conséquence.

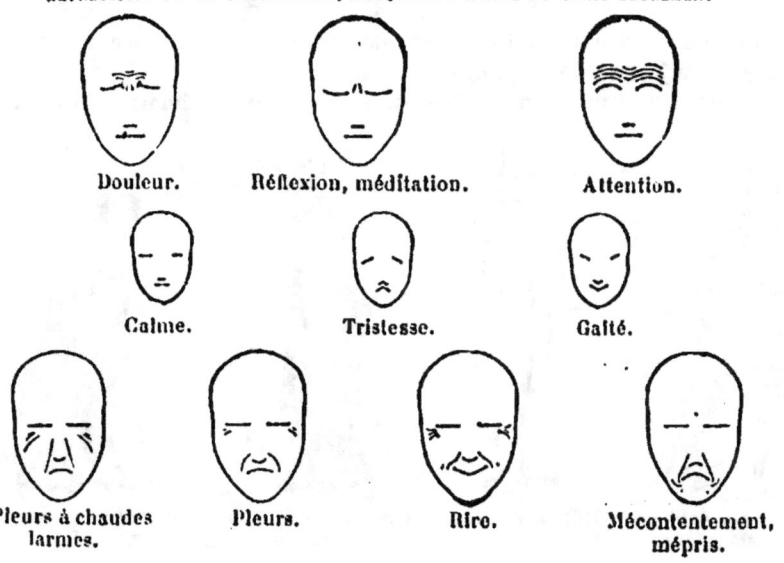

EXPRESSIONS DE LA PHYSIONOMIE, INDIQUÉES A L'AIDE DU TRAIT SEULEMENT

Douleur. — Réflexion, méditation. — Attention. — Calme. — Tristesse. — Gaîté. — Pleurs à chaudes larmes. — Pleurs. — Rire. — Mécontentement, mépris.

Par suite, on peut arriver à tracer des portraits assez fidèles du caractère d'un individu donné. Il y en a de célèbres qui ont été faits par Lavater; nous voudrions les signaler, mais l'énorme quantité de matières que nous avons à étudier nous oblige à nous resserrer dans un cadre trop étroit.

Les diverses modifications des traits du visage, suivant les passions qui les font jouer, sont reproduites dans les cours de dessin; il est

---

(1) Voyez Humbert de Superville, *Des signes inconscients de l'art*; et Mathias Duval, *Précis d'anatomie à l'usage des artistes*.

curieux de les signaler. C'est ce qu'on pourrait appeler le squelette des passions.

L'ensemble du visage est aussi un indice. Les traits fins, comme effacés, indiquent la faiblesse et la douceur, tandis que les traits mâles annoncent un caractère personnel, sinon supérieur, du moins intéressant.

A ne tenir compte que de la mobilité des traits, un visage impassible est celui d'un idiot ou d'un diplomate, tandis que l'animation des traits répond à l'expression d'un homme plus ou moins brillant.

Tout le monde connaît ce charmant dessin de Granville, qui représente au naturel le monologue de Baptiste. Ce petit drame, poignant par l'intensité des passions mises en jeu, finit gaiement par un éclat de rire.

On peut encore signaler à l'attention des observateurs la gravure des expressions de la physionomie, exprimées à l'aide du trait seulement.

Les signes tirés de la manière d'être.

On doit entendre par là tous les signes extérieurs qui peuvent caractériser un sujet : sa démarche, ses gestes, ses attitudes.

Sans nous attarder trop longtemps, disons qu'une démarche résolue

Démarche de l'homme énergique.

Attitude de l'homme rusé.

Démarche de l'homme irrésolu.

Démarche embarrassée.

dénote, en général, un homme jeune et énergique. S'il frappe du talon, dans sa marche, indice de l'amour de la domination ; s'il glisse le pied, au contraire, dissimulation ou irrésolution. Il y a des hommes qui semblent ramper en marchant, tandis que d'autres semblent vouloir écraser l'asphalte.

La démarche irrésolue des hommes assis, des employés de bureau (contribution ou mairies) les signale à l'attention de l'observateur, car elle est toute différente de la démarche embarrassée que l'on remarque assez souvent chez les paysans endimanchés qui sortent de chez eux ou chez certains malades. L'attitude du vaniteux est caractéristique, elle montre bien le parvenu suffisant, content de lui et qui méprise profondément tous ceux qui n'ont pas fait fortune.

Les diverses démarches des ouvriers, selon leurs métiers, sont intéressantes à observer. Un charpentier ne marche pas comme un couvreur. Un laboureur se reconnaît entre mille à sa taille cassée et surtout à sa démarche lente et toujours égale. Un *instituteur* type n'a pas la démarche lente et gourmée de l'*employé* qui, en se gonflant, se donne le titre de fonctionnaire.

Le débauché n'a pas le port de l'enrichi, du parvenu... Du reste, Lavater nous a peint le débauché; profitons-en. « La paresse, l'oisiveté,

Démarche du prodigue.

Attitude cassée du laboureur.

Attitude du vaniteux.

l'intempérance, ont défiguré ce visage; ce n'est pas ainsi, du moins, que la nature avait formé des traits. Ce regard, ces lèvres, ces rides expriment une soif impatiente, et qu'il est impossible d'apaiser. Tout ce visage annonce un homme qui veut et ne peut pas, qui sent aussi vivement le besoin que l'impuissance de le satisfaire. Dans l'original, c'est surtout le regard qui doit marquer ce désir toujours contrarié et toujours renaissant, qui est en même temps le signe et l'indice de la nonchalance et de la débauche. » L'autre, le parvenu, est ainsi esquissé. Il le dépeint, s'appuyant sur les reins, les jambes écartées et les mains derrière le dos. « Jamais l'homme modeste et sensé, dit-il, ne prendra une pareille attitude; ce maintien suppose nécessairement de l'affectation et de l'ostentation, un homme qui veut s'accréditer à force de prétentions, une tête éventée..... »

Terminons par une anecdote amusante, que nous reproduisons d'après le biographe Michaud :

« Il avait la prétention de connaître, à la simple inspection de la démarche et des habitudes du corps, le caractère et même le pays de l'homme qui se présentait devant lui, prétention dont Rousseau s'est moqué dans son *Émile*. Un jeune seigneur étranger, désirant prendre de lui des leçons, et ayant entendu dire qu'il avait une prédilection marquée pour l'Angleterre, se fit annoncer comme Anglais. En le voyant saluer, Marcel (1) s'écria d'un ton brusque : « Vous, Anglais ! vous, né dans cette île où les citoyens ont part à l'administration publique et sont une portion de la puissance souveraine !... Non, monsieur, non. Ce front baissé, ce regard timide, cette démarche incertaine, ne m'annoncent que l'esclave titré d'un électeur. On ajoute (mais ce n'est pas Rousseau, quoiqu'il ait répété l'anecdote d'après Helvétius) que Marcel avait raison, et que l'étranger était le fils du grand chambellan d'une petite *cour d'Allemagne*. Une autre fois, c'était un danseur anglais, très admiré à Londres, qui avait voulu commencer ses visites par le plus fameux des maîtres de Paris. « Je viens, lui dit-il, vous rendre un hommage que vous doivent tous les gens de notre art. Souffrez que je danse devant vous, et que je profite de vos conseils. » Sur un seul mot qui exprimait le consentement, l'Anglais exécute aussitôt des pas très difficiles et fait mille entrechats. Marcel le regarde et s'écrie tout à coup : « Monsieur, on saute dans les autres pays, on ne danse qu'à Paris. »

(H. DE LAPORTE.)

(1) Le Marcel dont il est ici question était un maître de danse fameux au xviii° siècle ; c'est, du reste, à lui qu'on attribue le mot : « *Que de choses dans un menuet !* »

CHAPITRE II

PHRÉNOLOGIE

Définition : La phrénologie est une science qui a pour but de rechercher, dans la configuration extérieure de certaines parties du crâne, correspondant au développement plus ou moins considérable des parties du cerveau qu'il recouvre, les indices de ses facultés ou de ses instincts natifs.

Autorités : Entre autres : Vésale, Daubenton, Camper, Blummenbach, Broca, Gratiolet, de Quatrefages, Gall, Spurzheim, Cubii, Soler, Broussais, etc.

Preuves : Science expérimentale tirant ses preuves des expériences.

Fraudes : Impossibles. — Science d'observation.

Si l'on admet que le développement de certains organes spéciaux influent sur le caractère, les facultés, la manière d'être d'un individu, et que son caractère, ses facultés, sa manière d'être, résultent du développement de ces organes spéciaux, on conclut logiquement que ce développement imprime au crâne une série de *bosses*, là où ils se sont particulièrement développés, tandis que, par contre, des creux apparaîtront à l'emplacement des organes spéciaux atrophiés ou non assez développés.

Cette hypothèse est parfaitement soutenable ; elle demande à être étudiée de près.

L'encéphale dans ses rapports avec l'intelligence.

De même qu'on a remarqué une relation entre le volume des muscles et la force musculaire, on a cherché à savoir si un rapport de même ordre n'existerait pas entre le poids et le volume du cerveau et l'intelligence.

Pour être vrai, la conclusion n'est pas encore tirée. Voici, du reste, les pièces du procès.

En 1861, à la Société d'anthropologie, une discussion restée célèbre s'engagea sur ce point entre deux savants également estimables : Gratiolet et Broca.

Le premier protestait contre la signification que l'on attachait au poids de l'encéphale. Il n'était cependant pas opposé à admettre que le crâne de ceux qui pensent et imaginent beaucoup est, en général, plus grand que celui des hommes vulgaires; mais il semblait attacher une importance prépondérante à la forme du crâne et du cerveau.

Broca, au contraire, son adversaire, accordait la plus grande importance au volume du cerveau. La victoire resta aux partisans du *poids cérébral*.

Comme nous ne voulons pas faire un cours *ex professo*, le poids ou le volume de l'encéphale et la capacité du crâne ne sont pas des quantités de même ordre; cependant, d'une façon très générale, on détermine le poids cérébral correspondant à une capacité cranienne donnée, exprimée en centimètres cubes, en multipliant le nombre de centimètres cubes par le coefficient 0,870.

Ce coefficient, que M. Manouvrier a conclu de ses recherches, appliqué à la détermination du poids du cerveau chez les Parisiens de la classe ouvrière, sachant que leur capacité cranienne est de 1.559 centimètres environ, donne : $1.559 \times 0,870 = 1.356$ grammes ; le poids réel conclu par M. Sappey étant 1.358 grammes, on voit la parfaite concordance des résultats.

Les données suivantes sont peu connues; c'est pourquoi nous allons les développer un peu.

Parmi les vertébrés, les mammifères nous semblent les plus intelligents; puis viennent les oiseaux, puis les reptiles et les poissons. C'est bien dans cet ordre que les range le poids de leur encéphale.

Le tableau suivant est curieux à méditer (1):

Mammifères.	Poids de l'encéphale.	Oiseaux.	Poids de l'encéphale.
Éléphant	4.895 grammes.	Autruche	30 gr. 59
Baleine	2.816 —	Oie	7 gr. 65
Dauphin	1.773 —	Perroquet	4 gr. 30
Homme	1.358 —	Pie mâle	4 gr. 20
Cheval	534 —	Poule	2 gr. »
Gorille	420 —	Grive	1 gr. 91
Orang	365 —	Moineau	1 gr. 11
Chimpanzé	387 —	*Sauriens.*	
Roussette	8 —	Crocodile	10 gr. »
Loup	135 —	Lézard vert	0 gr. 05
Chien de berger	93 —	*Batraciens.*	
Macaque	73 —	Grenouille	0 gr. 01
Castor	43 —	*Poissons.*	
Chat	28 —	Squale	0 gr. 40
Rat	4 —	Brochet	4 gr. 30

(1) Il est emprunté à une étude de M. Manouvrier, *Le poids de l'encéphale*, auquel nous demandons des détails précis sur l'intéressante question qui nous occupe.

On s'explique l'ordre de classement assigné à l'homme par la différence de taille avec les animaux qui se trouvent avant lui ; en tenant compte également de l'intelligence, on arrive à expliquer les nombres ci-dessus.

Broca mesurant un crâne.

On comprend assez que l'énorme différence (4.802 gr.) que l'on constate entre le poids cérébral du chien et celui de l'éléphant tient à la taille, car ces deux animaux sont aussi intelligents l'un que l'autre.
Mais, sans insister, voyons quelques cas de poids encéphaliques élevés,

Comme terme de comparaison, on peut prendre les valeurs que nous avons déjà données : 1.360 grammes (Broca et Sappey) pour le poids moyen du cerveau, 1.560 centimètres cubes (Broca) pour la capacité cranienne des Parisiens. Outre un de 2.222 grammes cité par Rudolphi, on peut admirer (1) :

Ouvrier « sain d'esprit »...	1.025 gr.	Épileptique............	1.737 »
Ouvrier ne sachant pas lire	1.900 »	Géant de 2m10, pauvre	
Épileptique............	1.830 »	d'esprit............	1.735 »
Artisan...............	1.778 »	Aliéné...............	1.729 »
Boucher épileptique et maniaque...............	1.760 »		

FEMME

Manie des grandeurs.... 1.743 gr. | Suppliciée............ 1.565 gr.

On reste confondu devant ces nombres, qui semblent infirmer la théorie proposée ; mais les défenseurs du système se rejettent sur la taille et sur des chiffres dont la conclusion, il faut l'avouer, leur donne raison.

C'est ainsi qu'on a déterminé, chez des idiots hommes, des poids encéphaliques de : 1.013, 1.006, 970, 372, 300 grammes et, chez des idiotes, des poids de 921 et 283 grammes.

A côté de ces déshérités, on donne les chiffres suivants, très caractéristiques. Bien que ces listes soient longues, elles tiennent de si près à notre sujet que nous sommes obligé de les donner. Elles ne contiennent que des noms d'hommes remarquables :

G. Cuvier, naturaliste, mort à........	63 ans	1.829	grammes.
Abercrombie, médecin...............	64 —	1.785	—
Godsier, anatomiste................	53 —	1.629	—
Hermann, économiste...............	60 —	1.590	—
Spurzheim, médecin phrénologiste....	56 —	1.559	—
J. Simpson, médecin................	59 —	1.533	—
Dérichlet, mathématicien............	54 —	1.520	—
De Morny, homme d'État............	50 —	1.520	—
Daniel Webster, homme d'État.......	70 —	1.516	—
Campbell, lord chancelier...........	80 —	1.516	—
Chancey-Wright, physicien..........	45 —	1.516	—
Lagassiz, naturaliste	66 —	1.512	—
Chalmers, prédicateur..............	67 —	1.502	—
Fuchs, pathologiste................	52 —	1.499	—
Demorgan, mathématicien...........	73 —	1.493	—
Gauss, mathématicien..............	78 —	1.492	—
Pfeufer, médecin...................	60 —	1.488	—
Paul Broca, physiologiste...........	56 —	1.485	—
Asselin, publiciste.................	49 —	1.468	—
Ch.-H.-E. Bischoff, médecin.........	70 —	1.452	—
Dupuytren, chirurgien..............	58 —	1.436	—
M. Mayer, poète...................	(?) —	1.415	—
Grote, historien...................	76 —	1.410	—
Liebig, chimiste...................	70 —	1.352	—

(1) Emprunté à M. Manouvrier (loc. cit.).

J'en passe, pour ne pas allonger indéfiniment cette liste. Il faut remarquer que tous ces cerveaux sont ceux d'hommes de plus de cinquante ans, et qu'au delà de cet âge il faut ajouter, pour rester dans la réalité, de 30 à 50 grammes.

D'après le même auteur, les capacités craniennes et poids encéphaliques de quelques crânes de la collection de Gall donneraient :

	Capacité cranienne.	Poids encéphalique.
Festini, célèbre improvisateur........	1.850 cent. cub.	1.608 gr.
Blumauer, poète..................	1.846 —	1.605 —
Voigt-Lauder, mécanicien...........	1.826 —	1.587 —
Blanchard, aéronaute..............	1.793 —	1.559 —
Kreibig, violoniste................	1.785 —	1.551 —
Junger, poète....................	1.773 —	1.543 —
Cassaigne, conseiller..............	1.750 —	1.522 —
Frère David, mathématicien.........	1.736 —	1.510 —
Maréchal Jourdan.................	1.729 —	1.504 —
De Zach, mathématicien............	1.715 —	1.492 —
Chenevix, chimiste................	1.709 —	1.486 —
Carême, cuisinier.................	1.708 —	1.486 —
Descartes, philosophe.............	1.706 —	1.484 —
Gall, phrénologue.................	1.700 —	1.478 —
Unterberger fils...................	1.692 —	1.471 —
Boileau-Despréaux, poète..........	1.690 —	1.470 —
R. P., prédicateur distingué.........	1.685 —	1.466 —
P. Prosper, prédicateur distingué.....	1.680 —	1.462 —
Hett, mécanicien..................	1.675 —	1.457 —
Unterberger, peintre, mécanicien.....	1.665 —	1.418 —
Ouvrier s'étant instruit lui-même.....	1.630 —	1.418 —
Thouvenin, relieur.................	1.615 —	1.403 —
Choron, musicien.................	1.608 —	1.400 —
Kreutzer, musicien................	1.579 —	1.392 —
Sallaba, médecin.................	1.575 —	1.369 —
Juvenal des Ursins, historien........	1.530 —	1.330 —
Général Wurmser.................	1.521 —	1.321 —
Cerachi, statuaire.................	1.520 —	1.320 —
Alxinger, poète...................	1.507 —	1.310 —
Cl. de Terrin d'Arles, antiquaire.....	1.420 —	1.234 —
Roquelaure, évêque...............	1.372 —	1.193 —

L'encéphale.

L'axe central du système nerveux se loge : 1° dans le canal vertébral et dans la cavité du crâne. La première partie prend le nom de moelle épinière, la seconde constitue l'encéphale.

L'encéphale est divisé en trois parties distinctes : le cerveau, le cervelet et l'isthme de l'encéphale.

Le cerveau (1) est la partie supérieure de l'encéphale; il s'épanouit à

(1) C'est dans le cerveau que se trouve la glande pinéale, dans laquelle Descarte voyait le siège de l'âme. C'est un petit corps grisâtre, de la forme d'une pomme de pin, qui renferme presque toujours de petites concrétions calcaires et dont l'utilité est, du reste, encore inconnue.

l'extrémité de la moelle épinière et ne serait, aux termes de quelques auteurs, que le développement, dans certaines conditions spéciales, du dernier ganglion. Le cervelet est placé dans les fosses occipitales inférieures. L'isthme de l'encéphale est la partie intermédiaire entre la moelle épinière, le cervelet et le cerveau. Entre le cerveau et la boîte osseuse il y a trois membranes particulières que l'on désigne sous la dénomination commune de *méninges*; ce sont : la *dure-mère*, l'*arachnoïde* et la *pie-mère*. La dure-mère adhère au crâne, tandis que la pie-mère pénètre dans toutes les anfractuosités de l'encéphale ; l'arachnoïde est entre les deux autres et sert, qu'on m'en pardonne la comparaison, de tampon entre les parties dures (crâne) et les parties molles (encéphale); elle sécrète, de plus, un liquide dit céphalo-rachidien, dans lequel la masse encéphalo-rachidienne se trouve plongée, comme dans un bain. Cette disposition merveilleuse, qui permet à l'encéphale de flotter, diminue son poids des 98/100.

La masse nerveuse encéphalique est formée de deux substances différentes, appelées, de leur couleur : *substance blanche* et *substance grise*. La première, appelée encore *substance médullaire*, constitue la plus grande partie de l'isthme, la portion centrale du cerveau ainsi que les trois lobes du cervelet, où elle forme, par la manière dont elle se ramifie dans la substance grise, ce que les anciens appelaient l'*arbre de vie*. La substance grise, ou encore substance corticale, se rencontre dans le cerveau, passant sans interruption d'une circonvolution à une autre et, dans le cervelet, forme la portion principale des deux lobes cérébelleux.

Voici, grossièrement exprimée, l'apparence de l'encéphale. Le cerveau atteint généralement son développement maximum de vingt à vingt-cinq ans, avec des variations suivant les individus (de vingt à quarante ans).

Le nombre des circonvolutions paraît influer sur l'intelligence. Le cerveau de Cuvier présentait les circonvolutions les plus nombreuses et les plus pressées qu'on ait jamais vues; chez les hommes ordinaires, ces circonvolutions sont petites, étroites, peu profondes. Chez les animaux, les différences de l'encéphale ne portent guère que sur les dimensions de ces parties, qui diminuent à mesure que l'on descend l'échelle animale, depuis les mammifères jusqu'aux poissons.

Nous donnons à titre de curiosité l'extrait suivant ; c'est un document historique, de nature à provoquer la surprise de ceux qui voient dans la théorie des localisations cérébrales une tentative essentiellement moderne et qui vient d'être mis au jour par une revue archéologique de province, la *Revue du Bas-Poitou:*

« C'est une notice, dit le *XIXe Siècle*, sur l'autopsie de Richelieu, dont la majeure partie des détails est consacrée à l'étude du cerveau du personnage, notice extraite d'un vieil in-folio assez curieux et dont le titre exact est : « Journal du Palais, ou Recueil des principales
« décisions de tous les Parlements et cours souveraines de France sur
« les questions les plus importantes du droit civil, de coutumes de

« matières criminelles et béneficiales et de droit public », par maitre Claude Blondeau et Gabriel Guéret, avocats au Parlement, 4° édition; Paris, David père, libraire à la Providence et au roi David, 1755, 2 volumes.

« Voici le passage vraiment curieux de cette autopsie :

« Les hommes illustres ont presque toujours des singularités dans la composition de leur tempérament. Nous en avons eu un exemple récent dans la personne du grand cardinal de Richelieu, premier ministre d'État. J'ai appris de son chirurgien ordinaire que, après sa mort, il eut ordre d'embaumer son corps, ce qu'il fit en présence de plusieurs personnes de distinction et de la plus haute qualité. Il trouva dans les parties intérieures de son corps une très belle conformation, répondant à celle des membres et à la figure extérieure.

« Lorsqu'il fit l'ouverture de la tête pour en tirer le cerveau, il lui parut des singularités toutes extraordinaires. Il remarqua d'abord que les deux tables du crâne étaient minces et poreuses, et qu'aux endroits les plus épais il y avait peu de substance spongieuse et osseuse qu'on appelle disploé (*sic*), en sorte que d'un coup de poing on aurait pu facilement enfoncer ce crâne, qui est extrêmement dur et épais dans les autres, pour résister aux impressions du dehors qui ne sont pas trop violentes.

« Ensuite, ayant ouvert le cerveau, il le trouva tout grisâtre et d'une consistance bien plus ferme qu'à l'ordinaire. Il était d'une odeur suave et agréable, au lieu qu'il a coutume d'être blanchâtre, mou, aqueux et d'une odeur un peu fétide.

« Mais ce qui parut fort surprenant, c'est que dans ce cerveau il y avait le double des ventricules ordinaires, chacun d'eux en ayant un autre qui lui était supérieur et formait un double étage, tant au devant qu'au derrière, et au milieu particulièrement, dans lequel se forment et se perfectionnent les esprits les plus purs de la puissance discursive servant aux opérations de l'entendement, les ventricules de devant servant à l'imagination et ceux du ventricule de derrière servant au mouvement, au sentiment et à la mémoire.

« Cette avantageuse conformation marque l'excellence et la vigueur de l'esprit vital et sensitif qui avaient formé ces doubles ventricules dans le cerveau l'un au-dessus de l'autre. De sorte que, comme il y avait huit cavités organiques au lieu de quatre accoutumées, il s'y faisait double quantité d'esprits en général, lesquels, outre cela, chacun dans leur magasin et double ventricule, s'épuraient et se dégageaient tellement de la matière en se communiquant et montant de l'étage inférieur au supérieur, qu'ils étaient comme quintessenciés et multipliés en vigueur et action beaucoup au delà de l'ordinaire. »

Ce n'est donc pas d'hier que date l'usage, aujourd'hui si répandu, des procès-verbaux d'autopsie.

La forme du crâne.

Parmi les caractères qui différencient les habitants des diverses régions de la terre, ceux qui distinguent la forme de la tête osseuse

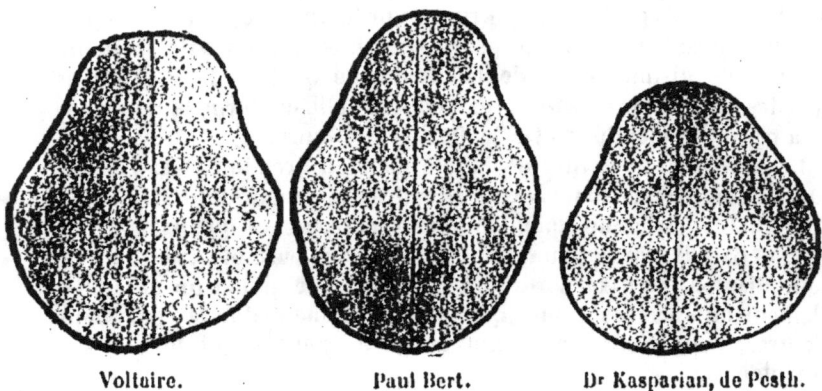

Voltaire. Paul Bert. Dr Kasparian, de Pesth.

tiennent soit à la forme du crâne, soit au développement relatif de la face.

En ce qui concerne le dernier, il est plus ou moins allongé, aplati, comprimé ou déformé.

M. Bréal. Me Cléry, avocat. Milne-Edwards.

On a cru voir dans sa forme l'indice de prédispositions spéciales, nous ne serons pas trop affirmatif à ce sujet. Si, en effet, une étude attentive permet de reconnaître une conformation commune entre des hommes de facultés identiques, de nombreuses contradictions ne tardent pas à se présenter. La coupe du crâne de Paul Bert offre une

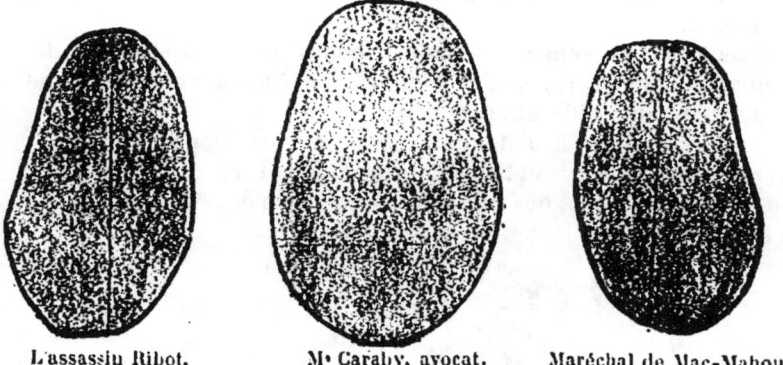

ressemblance incontestable avec celle du crâne de Voltaire; la coupe du crâne du docteur Kasparian, de Pesth, s'en rapproche très sensi-

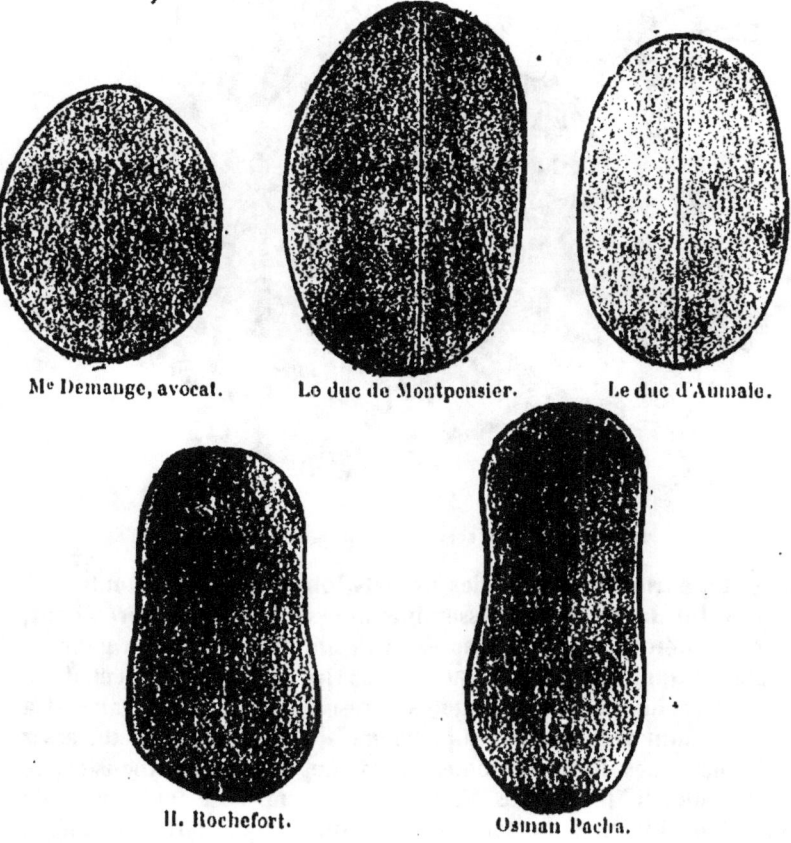

blement; il n'est pas jusqu'à celle du crâne de M. Michel Bréal, qui, bien que beaucoup plus grosse, n'en offre pas moins les principaux traits caractéristiques.

Si chacun des hommes que nous venons de citer s'est montré remarquable dans sa sphère, il n'en est pas moins vrai qu'ils ont suivi des voies aussi différentes que possible.

Passons cependant à l'étude d'autres crânes bien intéressants : M° Cléry, Milne-Edwards et l'assassin Ribot offrent, en ce qui concerne la coupe de leur crâne, des ressemblances frappantes et indéniables, et cependant !

Mensuration au service anthropométrique.

Du reste, parmi les crânes des avocats, on peut trouver toutes les formes ; celui de M° Caraby ressemblerait assez à ceux qui précèdent, avec cette différence que sa bosse est à droite au lieu d'être à gauche, particularité qui lui est commune avec le crâne du maréchal de Mac-Mahon ; celui de M° Demange est presque exactement ovale ; il a ceci de commun avec les crânes princiers, qui semblent affecter assez régulièrement des formes géométriques. Le duc de Montpensier, le duc d'Aumale, le prince de Monaco même, ne s'écartent guère de l'ovale, bien différents en cela du crâne du pamphlétaire Rochefort, l'ennemi des princes (est-ce à cause de la bizarrerie de son crâne?), bizarrerie qu'il partage avec Osman Pacha.

On voit, en résumé, qu'on ne peut attacher aucune importance à la forme du crâne. Les occupations favorites, les aptitudes ou le talent d'un homme ne dépendent donc pas de la forme de son crâne.

Il en est tout autrement lorsqu'on applique cette étude à l'examen des races, bien que l'on se prépare encore bien des mécomptes dans cette voie.

Avant de terminer, rappelons que la forme du crâne est un des indices les plus sûrs dans la recherche des criminels.

La détermination du diamètre de la tête s'obtient avec une sorte de compas à glissière; la mesure du pied est déterminée au moyen du compas à glissière des cordonniers; le même instrument sert à obtenir la mesure du doigt du milieu, qui est un des éléments les plus intéressants dans les recherches du service anthropométrique.

Le développement relatif de la face.

La face, au lieu de demeurer dans la direction verticale de la ligne qui descend du front, se projette plus ou moins obliquement, suivant les individus. Cette disposition spéciale a été désignée par les savants sous le nom de prognathisme.

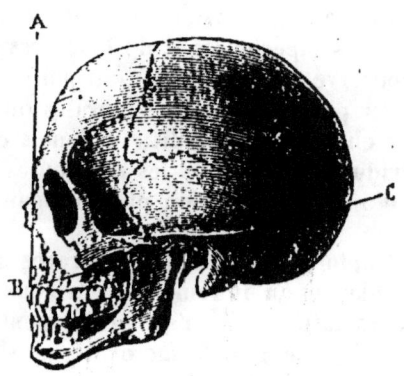

Angle facial.
AB, ligne faciale; BC, ligne horizontale.

Chez d'autres sujets, les os de cette région prennent un développement considérable dans le sens de la largeur.

Ce sont ces différenciations qui constituent les caractères des races, tels que nous sommes habitués à les considérer, au point de vue ethnographique.

Bien avant les travaux de Gall, Camper avait déjà conçu l'idée que l'intelligence des hommes devait être en rapport direct avec le développement du cerveau et, par suite, avec le développement du front et des parties adjacentes.

Pour justifier la théorie, il avait comparé, par une méthode approchée, le cerveau de l'homme dans différentes races et celui de divers animaux.

Sa méthode consistait à mesurer l'*angle facial*, c'est-à-dire à mesurer l'angle que forme la ligne du front avec une autre ligne passant par le bas du cerveau, le développement cérébral étant en rapport avec l'ouverture de l'angle.

Bien que cet élément soit aujourd'hui contesté et semble avoir perdu de sa valeur, voici comment on doit procéder pour l'obtenir:

Par le trou auriculaire, on mène une droite BC qui passe par la base des narines ou mieux par la racine des incisives supérieures; on tire ensuite la ligne AB tangente au front et aux incisives supérieures. Le point B d'intersection est l'angle facial.

Dans les statues grecques, cet angle atteint 90° ou même dépasse l'angle droit, ainsi qu'on peut le voir dans une des statues les plus réputées de la Grèce, l'Apollon du Belvédère; mais, dans la nature, il n'atteint généralement pas plus de 80° chez les Européens, 70° chez les nègres et de 65° à 30° chez les singes.

Les races.

Ce que nous avons dit, dans la physiognomonie, de la dissemblance des individus dans les races supérieures et de leur ressemblance dans les races inférieures conserve sa signification au point de vue craniologique. Gall, après avoir parlé des qualités morales ou physiques qui varient infiniment dans chaque espèce, dit : « Toutes ces différences, qui ont lieu d'un individu à l'autre dans les différentes espèces d'animaux, se manifestent d'une manière bien plus frappante encore chez l'espèce humaine. »

D'après le docteur Maggiorauх, les crânes des races anciennes n'offraient point les dissemblances qu'on remarque sur ceux des Européens modernes. « Le crâne romain, dit-il, n'est proprement ni dolichocéphale ni brachycéphale; il présente la forme ovale, ainsi que les crânes des anciennes nations classiques de la souche aryenne, comme notamment ceux des Hindous, des Persans et des Grecs. »

Une curieuse remarque de M. Delaunay (*Revue scientifique*, 1882) trouve sa place ici. « On sait, dit-il, que les Taïtiens compriment le crâne de leurs nouveau-nés d'avant en arrière ou d'arrière en avant, suivant qu'ils veulent en faire des manœuvres ou des magistrats. Qui sait si ces déformations craniennes, qui sont si répandues chez les peuples inférieurs, n'ont pas pour but de remédier à l'égalité et à la ressemblance intellectuelles qui existent naturellement entre tous les individus ? »

D'après MM. de Quatrefages et Hamy, « tandis que, chez les noirs, les crânes globuleux sont rares, tandis que, chez les jaunes, il en est de même pour les crânes allongés, chez les blancs, les deux types céphaliques (brachycéphale ou dolichocéphale) coexistent dans des proportions à peu près égales. »

Mais ce que nous appelons race supérieure fut, dans son temps,

Apollon du Belvédère.

race inférieure et surtout semblable aux caractères que nous assignons à celle-ci.

L'écart entre les crânes extrêmes (des plus gros aux plus petits) était, d'après Broca, de 472 centimètres cubes chez les Parisiens du xiiᵉ siècle,

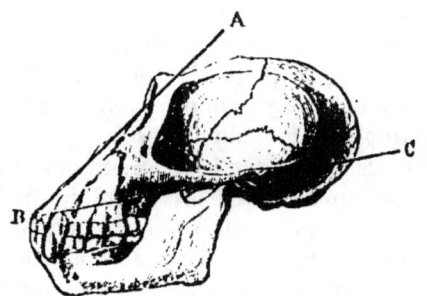

Angle facial de chimpanzé.
AB, ligne faciale ; BC ligne horizontale.

d'après M. le docteur Le Bon, il s'élèverait, chez les Parisiens modernes, à 593 centimètres cubes.

« Sur cent Parisiens modernes, dit M. Le Bon, il y a cinq sujets environ dont la capacité crânienne est comprise entre 1.800 et 1.900 (1)

---

(1) Ce chiffre est évidemment trop élevé, dans l'intérêt de l'hypothèse ; il ne dépasse pas sensiblement 1.600 centimètres cubes.

centimètres cubes. Sur cent crânes parisiens du XII° siècle, on n'en trouve aucun d'une capacité aussi considérable. »

Une observation pleine d'intérêt et qui confirme ce que nous venons de dire, c'est celle que Broca nous a laissée à Paris ; d'après lui, la capacité cranienne s'accroît en moyenne de 5 centimètres cubes par siècle.

Toutes ces observations tendent donc à une même conclusion, nettement formulée par le docteur Le Bon: « A mesure qu'une race se civilise, les crânes des individus qui la composent se différencient de plus en plus, ce qui conduit à ce résultat que ce n'est pas vers l'égalité intellectuelle que la civilisation nous conduit, mais vers une inégalité de plus en plus profonde. L'égalité anatomique et physiologique n'existe qu'entre individus de races tout à fait inférieures. »

Les bases de la phrénologie.

La phrénologie s'occupe principalement des rapports qui existent entre les fonctions dont le cerveau est l'organe et la conformation extérieure de la tête osseuse.

« Le crâne, qui protège le cerveau contre le choc des corps extérieurs, ne le comprime ni ne l'opprime (1); il le maintient dans des limites voulues pour que son action soit meilleure et plus puissante. Le crâne n'est donc pas une barrière de fer ni de diamant, mais un tégument dur, solide et résistant, qui couvre et enveloppe le cerveau, se moulant sur lui et sur sa forme, à mesure qu'il s'en va croissant. Le crâne est petit en naissant; il augmente à mesure qu'augmente le cerveau, s'altère et change de forme à chaque altération et changement de forme du cerveau, cesse de se développer quand le cerveau a atteint son volume complet, et diminue quand le cerveau diminue, comme cela arrive dans la vieillesse ou dans quelques maladies, de sorte que le crâne suit toutes les formes du cerveau, de même que la peau suit celles des muscles (2). »

N'est-on pas amené à penser que tel ou tel individu, qui présente des qualités peu communes les doit à son cerveau et que la masse cérébrale doit se bomber en certains points au détriment d'autres endroits. Le célèbre calculateur Inaudi a présenté sous les doigts des phrénologistes l'exagération de certains points du crâne correspondant à ses merveilleuses facultés.

Ce principe admis, les phrénologistes divisent nos facultés en trois classes : les *facultés intellectuelles*, les *facultés morales*, les *facultés instinctives* ou *animales*. Les premières sont comprises dans la partie

---

(1) Cela est si vrai qu'il n'y a pas un an, un célèbre chirurgien, soignant un enfant idiot, n'hésita pas à perforer le crâne, trop dur et trop tôt ossifié, pour permettre à l'encéphale de se développer librement, et l'enfant revint à l'intelligence.

(2) Don Mariano Cubi i Soler, *Leçons de phrénologie scientifique et pratique*: Paris, Baillière.

antérieure de la tête; les secondes dans la portion supérieure, et les troisièmes dans la partie postérieure et dans le cervelet.

Le célèbre calculateur Inaudi.

Une ligne, passant au-dessus de l'œil, sépare les facultés morales (en haut) des facultés instinctives (en bas), tandis que le devant de la tête (fronts, yeux, tempes, etc.) est réservé aux facultés morales.

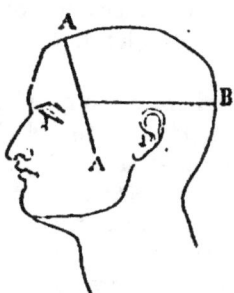

Division des facultés en trois classes.

Avant de poursuivre cette intéressante étude, signalons, pour nous reposer un instant, l'originale théorie proposée par M. Renooz, qui, n'admettant aucune des théories modernes sur .l'origine des animaux, n'hésite pas à leur donner une origine végétale, en appuyant sa conception doctrinale sur des observations positives. Il trouve, dans les *souches* que l'on rencontre à chaque pas sous ses pieds, une relation remarquable entre les formes qu'elles affectent et la forme du crâne des animaux.

M. Renooz a trouvé dans les forêts des troncs usés, « arrivés à cet âge de décrépitude végétale qui est le point de départ de la vie animale (1). »

Une vieille souche, dessinée d'après nature, placée à côté du crâne humain, lui fait dire : « La face est aussi aplatie que celle de tous les hommes qui vivent actuellement sur la terre, et, quoique le menton soit assez développé, il ne ressemble en rien au museau saillant du singe. Il faut donc renoncer à l'idée de chercher dans le genre simien l'origine de l'homme, puisqu'il existe des végétaux *plus hommes que les singes.* » D'autres souches végétales représentent, avec le même bonheur, un cheval ou un chien... Et dites qu'on ne rit plus en France !

Le système phrénologique de Gall.

Gall se considérait comme un philosophe ou un physiologiste, et son but était de « déterminer les fonctions du cerveau, en général, et celles de ses divers compartiments, en particulier ». C'était donc par la physiologie du cerveau qu'il voulut prouver que l'on pouvait reconnaître les facultés ou les instincts par l'impression que le crâne avait subie sous l'influence du développement considérable de ces instincts ou de ces facultés, et qu'il avait ensuite conservée.

Pour lui, toutes les facultés sont innées, tous les penchants naturels chez l'homme aussi bien que chez les animaux ; il en trouve la preuve dans ce fait que les moindres altérations du cerveau entraînent des troubles indiscutables dans l'intelligence, et aussi dans la constatation que ces facultés sont proportionnées au volume du cerveau, ce qu'il prouvait par l'analyse des aptitudes de tous les types du règne animal, même les plus infimes.

La configuration particulière des crânes qu'il étudiait ne lui semblait être que le développement considérable de certains organes, développement imprimé au cerveau, puis au crâne.

Gall avait réuni une superbe galerie de crânes, de portraits, de bustes, de médailles, d'hommes et d'animaux, etc., caractérisés par des facultés spéciales ou des vices particuliers.

Du reste, il est rationnel de croire que les bosses ou les creux du crâne ne déterminent pas les facultés, mais se sont manifestés sous l'action du développement anormal d'une partie du cerveau correspondant à cette faculté.

(1) Renooz, *Origine des animaux;* Baillière.

Gall avait dénommé 27 proéminences dérivant des facultés ou des penchants particuliers à l'homme. Sa théorie ne lui permettait l'examen que des aptitudes intellectuelles ou morales. C'est Spurzheim

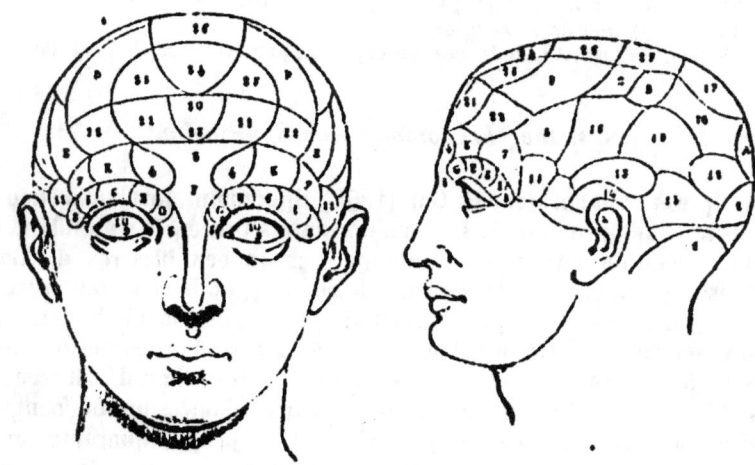

Système de Gall.
Tête vue de face.   Tête vue de profil.

qui, plus tard, fit admettre les organes spéciaux d'habitativité, de pesanteur, etc.

Voici, du reste, le tableau phrénologique de Gall :

1. Siège ou organe de l'amour physique ; sens de la génération.
2. Siège de l'amour des parents pour leur progéniture.
3. Organe de l'attachement et de l'amitié ; sens de la sociabilité.
4. Organe du courage ; penchant aux rixes, querelles, combats ; défense de soi-même.
5. Sens de la cruauté et du meurtre ; organe des instincts sanguinaires.
6. Sens de la finesse, de la ruse ; organe de l'astuce et du savoir-faire.
7. Siège de l'instinct de la propriété ; penchant à la convoitise, au larcin ; sens de l'avarice.
8. Organe de la fierté, de l'orgueil, de la hauteur ; siège de l'amour de l'autorité, penchant à l'élévation physique ou morale.
9. Sens de la vanité, de l'ambition ; amour de la gloire.
10. Siège du sens de la circonspection, prévoyance.
11. Siège de la mémoire des faits et des choses ; éducabilité ; perfectibilité.
12. Sens des localités ; sens des rapports de l'espace.
13. Siège de la mémoire ou sens des personnes.
14. Sens et mémoire des mots et des noms propres ; mémoire verbale.
15. Sens du langage parlé ; talent de la philologie.
16. Sens des rapports des couleurs ; talent de la peinture.
17. Sens des rapports des sons ; talent de la musique.
18. Sens des rapports des nombres ; aptitude mathématique.
19. Sens de mécanique et de construction ; talent de l'architecture.
20. Siège de la sagacité comparative.
21. Siège de l'esprit métaphysique ; profondeur d'esprit.
22. Siège de l'esprit de causticité et de saillie.

23. Siège du talent poétique.
24. Siège de la bonté, bienveillance, douceur, compassion, sensibilité; sens moral et de conscience.
25. Siège de la faculté d'imiter; sens de la musique.
26. Sens de Dieu et de la religion.
27. Sens de la fermeté, de la constance, de la persévérance, de l'opiniâtreté.

Système phrénologique de Spurzheim.

Disciple et collaborateur de Gall (1800), Spurzheim, fort jeune encore (vingt-deux ans), modifia le système de son maître, en le simplifiant. Il rendit accessible à tous les dénominations un peu bizarres de Gall et n'hésita pas à changer le nom des facultés et, au besoin, leur place.

Gall, qui, dans le principe, n'admettait que vingt-six facultés, en admit enfin vingt-sept. Spurzheim, bien qu'il n'admit pas sans conteste toutes ces facultés, en rejeta plusieurs et en créa d'autres ; il en décrit trente-cinq. D'autres phrénologistes en ont encore ajouté ; on en compte aujourd'hui trente-huit ou trente-neuf. Cubi va jusqu'à quarante-sept.

Spurzheim divise en trois catégories ses trente-cinq facultés :
Les *penchants* ou instincts forment les neuf premières ;
Les facultés *affectives* comprennent les douze suivantes ;

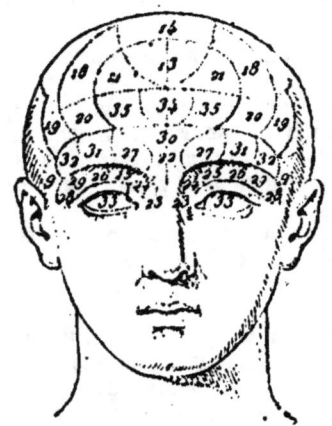

Système de Spurzheim.
Penchants caractérisés sur la face.

Les facultés *intellectuelles* sont représentées par les quatorze dernières.

De ces quatorze facultés intellectuelles, les douze premières sont dites *perceptives* et les deux dernières *réflectives*.

Numéros du système de Spurzheim	Numéros correspondants du système de Cubí i Soler	Numéros du système de Spurzheim	Numéros correspondants du système de Cubí i Soler
1. Destructivité	18	21. Imitation	38
2. Amativité	24	22. Individualité	32
3. Concentrativité	35	23. Configuration	32
4. Adhésivité	36	24. Étendue	31
5. Habitativité	29	25. Pesanteur ou résistance	37
6. Combativité	22	26. Coloris	9
7. Secrétivité	21	27. Localité	7
8. Acquisivité	20	28. Ordre	8
9. Constructivité	19	29. Calcul numérique	11
10. Circonspection	27	30. Éventualité	12
11. Approbativité	26	31. Temps	10
12. Estime de soi	25	32. Ton	14
13. Bienveillance	41	33. Langage	13
14. Vénération	34	34. Comparaison	15
15. Fermeté	27	35. Causalité	16
16. Consciencioșivité	42	A. Conservativité	47
17. Espérance	43	B. Alimentativité	36
18. Merveillosité	44	C.	1
19. Idéalité	40	D.	23
20. Gaité	39		

Système de Spurzheim.

Penchants caractérisés à la partie occipitale.   Penchants caractérisés sur tête vue de profil.

Concordance entre les numéros des divers systèmes.

Si l'on accepte les divisions générales que nous allons indiquer, on pourra facilement établir le tableau des concordances entre les numéros des divers systèmes, en remarquant que le n° 3 de Spurzheim est divisé en n° 3 *Concentrativité* et n° 4 *Habitativité*, ce qui recule d'un numéro la correspondance entre les deux séries de nombres. Autrement dit, le 4 de Spurzheim devient le 5 des autres phrénologistes.

Le n° 8 du second système présenté correspond à A ; mais il s'ensuit qu'à partir du n° 9 les numéros diffèrent de deux unités.

Le n° 9 de Spurzheim correspond au 11 des autres ; le n° 10 de Spurzheim au n° 12, et ainsi de suite.

Cet intervalle reste constant jusqu'au n° 16 de Spurzheim, *Consciencieusivité*, qui devient le n° 19, tandis que le n° 17 de Spurzheim devient le n° 18 des autres.

A part cette petite divergence, les numéros se suivent toujours à deux unités de distance jusqu'au n° 10 Spurzheim, *Idéalité*, qui est le n° 21 des autres phrénologistes.

Le n° 22 des phrénologistes, *Sublimité*, manque chez Spurzheim et chez la plupart des savants ; nous avons cru cependant devoir le signaler.

Il y a donc, à partir du n° 20 de Spurzheim, trois numéros de différence avec les autres phrénologistes, différence qui subsiste jusqu'à la fin.

Du reste, la comparaison du tableau graphique de Spurzheim et des autres phrénologistes permettra de se rendre un compte très exact des rapports qui les relient.

Nous croyons devoir donner maintenant, d'après l'ensemble des meilleurs travaux sur la phrénologie, un court résumé des facultés correspondant, d'une façon générale, à des protubérances, des proéminences reconnues. L'expérience seule permettra de conclure, de la moyenne de plusieurs qualités indiquées par les *bosses*, la résultante phrénologique.

I. — Facultés animales, ou penchants.

N° 1. — *Amativité* ou *amour physique*. — L'amativité, ou penchant prononcé à l'amour charnel, sexuel, est localisée dans le cervelet et manifestée à la surface du crâne par deux saillies arrondies, l'une à droite, l'autre à gauche de la ligne médiane. On a coutume de l'évaluer proportionnellement à la largeur de la nuque entre les deux oreilles. On cite, comme exemples de cette faculté, des gens réputés pour leurs penchants matériels, tels que : François Ier, Mirabeau, Danton, etc.

Dans le sens contraire, on trouve les noms de Newton, de Kant, de Charles XII, etc. Les hommes semblent plus portés que les femmes à ce penchant.

N° 2. — *Philogéniture* ou *attachement aux enfants*. — La philogéniture n'est autre que l'amour paternel et maternel, l'affection et la protection des faibles. Cet organe instinctif rencontre à peine quelques exceptions. On le trouve chez le nègre comme chez le blanc, et plus développé généralement chez les femelles que chez les mâles. Il est placé au-dessus du précédent, derrière la tête. C'est à sa prédominance qu'on attribue la forme allongée de la tête de la femme en arrière, tandis que le crâne de l'homme est coupé plus brusquement à l'occipital. Gall, dit-on, détermina cette tendance par la comparaison de la forme extérieure des crânes des singes et des crânes de femmes (!).

N° 3. — *Concentrativité* ou *habitativité*. — Séparées, comme nous le verrons plus loin, par plusieurs phrénologistes, ces deux facultés sont réunies chez Spurzheim. C'est l'instinct qui pousse les animaux à choisir les lieux qui leur conviennent et le penchant naturel aux hommes d'aimer leur patrie, leur demeure, leur manière de vivre. On trouverait aussi cet organe très développé chez les écrivains et les orateurs au style nerveux et concis qui concentrent en eux leurs émotions et leurs idées assez profondément pour n'en point être distraits.

C'est à cet organe que les oiseaux devraient leurs instincts si puissants de nidification, de migration et les hommes leur prudence et leur énergie. On le rencontre au-dessus du précédent, au point correspondant à l'os occipital.

N° 4. — *Affectionnivité* ou *adhésivité*. — L'affectionnivité porte les hommes et les animaux à s'attacher aux êtres animés ou aux objets inanimés; elle engendre la sociabilité et les tendances aux relations amicales. Son organe, placé vers le milieu du bord postérieur du pariétal, se remarque surtout chez les femmes.

N° 5. — *Combativité*. — Disposition à la dispute, aux rixes sanglantes, à la provocation et à l'attaque violente. Effacée, elle dénote le courage dans le danger, l'instinct de la résistance aux attaques de toute nature, aussi bien morales que physiques. Elle a son siège au-dessous de l'oreille et plus en arrière. On la voit fortement marquée dans le crâne de Murat et de quelques autres militaires.

N° 6. — *Destructivité*. — L'organe de la destructivité, généralement très prononcé chez les carnassiers et chez les meurtriers avec préméditation, se trouve au-dessus de l'oreille. On la remarque chez les assassins, mais on la voit aussi chez les chasseurs passionnés, chez les grands capitaines, chez les duellistes, etc. Lorsque ce penchant est motivé par d'autres qualités, il constitue des gens valeureux. Néron, Caracalla, Washington, Catherine II, présentaient ce signe.

N° 7. — *Secrétivité* ou *ruse*. — La secrétivité se remarque au-dessus de l'oreille et un peu au-devant de la destructivité. C'est l'indice de la finesse, du savoir-faire, de la dissimulation, parfois une sorte de penchant à se cacher et à maîtriser ses émotions. Unie aux sentiments moraux, cette faculté constitue la prudence, la discrétion, mais elle peut aussi dégénérer en duplicité, fourberie, hypocrisie. On la rencontre chez les diplomates et chez les fripons. Chez les individus gais, elle indique de l'ironie. Talleyrand en fournissait un très bel exemple, ainsi que Napoléon et Wellington.

N° 8. — *Acquisivité* ou *convoitise*. — Penchant à acquérir et à posséder. Elle conduit au besoin de collectionner aussi bien qu'à l'avarice et à l'égoïsme. Elle peut devenir l'origine du désir de voler. Cette aculté est nettement indiquée chez les voleurs, les avares et les usuriers.

N° 9. — *Constructivité* ou *sens de la mécanique*. — La constructivité, située vers la base du front, au-dessus de la tempe, indique non seulement le penchant qui porte à bâtir, mais encore les dispositions naturelles aux arts mécaniques, chez les architectes et chez les ingénieurs. C'est aussi le sens de l'arrangement, et à ce titre il se trouve très développé chez les modistes, les sculpteurs, etc. Il est également grand chez les oiseaux, constructeurs de nids, chez le castor et le mulot. Citons : Herschel, Canova, Bréguet, etc.

II. — Facultés affectives.

N° 10. — *Estime de soi-même* ou *orgueil*. — Cette faculté a son organe en arrière du sinciput et plus bas. Développée modérément, elle produit la confiance en ses propres forces, le sentiment de la dignité personnelle, l'amour de l'indépendance ; exagérée, elle donne la présomption, l'orgueil, l'arrogance ; unie à l'acquisivité, elle conduit à l'égoïsme.

N° 11. — *Approbativité* ou *amour de l'approbation*. — L'approbativité est le principe de l'émulation, de la vanité, de l'ambition. Jointe aux sentiments moraux, elle produit le désir de plaire, le besoin d'acquérir l'estime, d'arriver à la renommée ou à la gloire ; excessive, elle devient vanité, soif de louange. On voit cette protubérance aux deux côtés du précédent organe, mais elle descend un peu plus bas. Cuvier, Casimir Périer, Thiers, Victor Hugo et Arago sont des types remarquables de cette faculté.

N° 12. — *Circonspection* ou *prudence*. — Le siège de la circonspection, placé vers le milieu de la partie latérale du crâne, le fait bomber latéralement. Si cette faculté rend prudent et conduit à éviter le danger, elle peut amener à la paresse, au doute, à l'irrésolution ou à la poltronnerie. C'est parfois le doute de soi-même ou la conséquence d'une grande sagacité qui permet d'apprécier les avantages ou les désavantages d'une situation. On cite comme exemples Bernadotte, Jean-Jacques Rousseau, etc.

N° 13. — *Bienveillance* ou *bonté*. — Placée sur le devant de la tête, presque à l'extrémité de la suture frontale, elle indique le désir de voir les autres heureux, la charité universelle, la douceur, la sympathie pour les faibles. Saint Vincent de Paul, Lacépède, Henri IV, présentaient cette faculté.

N° 14. — *Vénération* ou *respect*. — La vénération est caractérisée par une proéminence qui se trouve sur le sommet de la tête ; elle dénote le sentiment religieux, la piété filiale, le respect et la soumission aux vieillards ou aux supériorités reconnues. Lamennais, Lamartine, Walter-Scott en sont des preuves. Poussée à l'extrême, elle peut devenir de la servilité.

N° 15. — *Fermeté* ou *caractère*. — Située sur le sommet de la tête, vers le milieu du crâne, si elle est excessive, c'est de l'entêtement, de l'obstination, de la dureté, de l'infatuation. Napoléon, Bernadotte, Charles XII, Richelieu, en sont des preuves. Sinon, c'est l'indice du courage raisonné : le chancelier de L'Hôpital, etc.

N° 16. — *Conscienciosivité* ou *justice*. — Cette faculté est le principe des nobles tendances de la justice, du respect des droits. C'est la conscience du devoir, l'amour de la vérité, la sincérité dans les convictions. On peut citer comme exemples Sully, Lamartine, etc.

N° 17. — *Espérance* ou *illusion*. — C'est la tendance à escompter l'avenir ; elle pousse à la crédulité, à la foi, à la patience sans découragement. Trop prononcée cependant, elle peut devenir crédulité, amour des spéculations folles et inconsidérées.

N° 18. — *Merveillosité* ou *goût du surnaturel*. — C'est le besoin continuel de nouveauté, l'admiration pour ce qui est grand, peu commun, inattendu. Elle porte à la foi, à l'amour du merveilleux et de l'occulte. Socrate, Platon, le Tasse, Young, Lamennais, Kératry, sont des exemples de cette faculté, qui se trouve placée sur le haut du front.

N° 19. — *Idéalité* ou *sens poétique*. — Tendance à tout embellir, à marcher vers la perfection idéale ; indique le sens poétique de l'artiste, de l'orateur, de l'écrivain. Elle peut conduire à l'extravagance et entraîne à préférer la forme au fond : Racine, Shakespeare, Gœthe, Lamartine, Byron, Schiller, Raphaël, etc.

N° 20. — *Gaîté* ou *esprit de saillie, de causticité*. — C'est la tendance à l'esprit et au bel esprit, c'est le don des ripostes brillantes, le goût de la plaisanterie, la causticité, l'aptitude à saisir les ridicules, l'*humour* anglais. Par exemple : Voltaire, Henri IV, Piron, Sterne.

N° 21. — *Imitation*. — Faculté d'imitation en général ; elle imprime une grande mobilité à la physionomie et provoque le geste. Très développée chez les grands acteurs, on la rencontre chez quelques peintres.

III. — Facultés intellectuelles.

N° 22. — *Individualité* ou *sens des faits*. — Elle est placée juste au-dessus du nez, à la racine duquel elle donne plus ou moins de largeur. Cette faculté révèle les dispositions à l'histoire naturelle. C'est aussi l'aptitude aux sciences d'observation, sciences naturelles et historiques : Linnée, de Humboldt, Cuvier, Gœthe.

N° 23. — *Configuration* ou *forme*, ou *mémoire des personnes*. — L'écartement entre les deux yeux indique le degré de cette faculté.

Elle caractérise la mémoire des formes, des figures et l'aptitude à saisir les ressemblances. Georges III, César, Napoléon, Cuvier, Gérard et Van Dyck présentaient cette particularité à un degré remarquable. Inaudi semble également la posséder.

N° 24. — *Étendue* ou *sentiment de la perspective*. — Se remarque vers l'angle interne de l'orbite ; indique la faculté de mesurer d'un coup d'œil les distances, d'évaluer une étendue quelconque, de juger une perspective sans autre instrument que l'œil.

N° 25. — *Pesanteur* ou *résistance*. — Cette faculté désigne l'aptitude à apprécier exactement, sans balance, le poids des corps et à les équilibrer en conséquence ; à juger de la résistance et de la puissance en mécanique. Elle se voit chez les danseurs, les marins, les mécaniciens, etc.

N° 26. — *Coloris* ou *sens de la peinture*. — Cet organe est l'aptitude à la perception des couleurs et surtout à leur harmonie ; il est placé à la partie moyenne du sourcil ; très caractérisé chez les peintres, on le remarque chez Le Titien, Gérard, Rubens, et souvent chez les femmes.

N° 27. — *Localité* ou *espace*. — Consiste dans le désir de beaucoup voir et de beaucoup voyager, aussi bien qu'à nous rappeler les lieux que nous avons vus. Développé chez les grands voyageurs : Cook, Colomb, de Humboldt, d'Urville et Ross, cet organe est particulièrement visible chez les peintres de paysage et chez les animaux migrateurs, l'hirondelle entre autres.

N° 28. — *Calcul* ou *nombre*. — Situé à l'angle externe de l'orbite, cet organe dénote l'aptitude au calcul et aux sciences mathématiques. Newton, Euler, Cauchy, etc., en possédaient le signe.

N° 29. — *Ordre* ou *arrangement*. — Cette faculté résulte du besoin d'ordre, de mettre les choses en leur place ; c'est la mémoire du lieu qu'elles occupent. C'est une qualité essentiellement féminine, qui se retrouve aussi chez les collectionneurs et les érudits.

N° 30. — *Éventualité* ou *don des conjectures*. — Se remarque chez les gens aptes à saisir les faits et les événements ; c'est la caractéristique des médecins, des physiologistes, des politiques, des historiens. C'est l'art de supporter les circonstances, le talent d'analyse et de prévision, qui tient compte de toutes les conjonctures, le diagnostic.

N° 31. — *Temps* ou *durée*. — C'est l'organe de la faculté, assez rare, de laquelle dépendent les notions relatives au temps, à la durée et aussi de la mémoire des dates. C'est encore le sentiment de la mesure et du rythme musical. Certains individus, possesseurs de cette faculté, évaluent avec justesse les intervalles de temps par rapport aux circonstances ou aux actes pendant lesquels il s'est écoulé. On cite des exemples de gens capables, à tout instant, de dire l'heure exacte à une ou deux secondes près ; un certain Daniel Cheralley était particulièrement doué à cet égard.

N° 32. — *Tonitivité* ou *mélodie*. — De cette faculté dépend le sens de la musique, de la mélodie et aussi de l'harmonie. C'est la réunion de cette faculté à celle du temps (n° 31) qui fait les vrais musiciens. On la retrouve particulièrement chez Haydn, chez Rossini et chez Massenet.

La découverte de cet organe est due à Gall, qui remarqua, le premier, que tous les musiciens célèbres en présentaient le caractère. C'était si vrai que ce fut l'observation de ce caractère qui amena Broussais à l'étude de la phrénologie. « Avant de m'attacher à cette science, dit-il, je me trouvai un jour en consultation dans la maison d'un marchand de musique; j'étais dans une pièce environnée de quarante portraits de musiciens. Sur ces portraits, on voyait, sans exception aucune, l'organe très prononcé. Cette circonstance m'impressionna tellement que je ne pus pas la faire disparaître de toute la journée. Je me disais : « Gall n'est pas un insensé. » En effet, il y a peu d'organes qui soient aussi prononcés que celui-ci. Les sarcasmes ne peuvent rien contre ce fait. »

N° 33. — *Langage* ou *mémoire des mots*. — Le signe de cette faculté est la proéminence des yeux. C'est à la fois l'aptitude à apprendre les langues étrangères et l'art de trouver dans le discours le mot propre. Les classificateurs de toutes sortes, les botanistes, entre autres, semblent présenter ce caractère.

N° 34. — *Comparaison* ou *similitude*. — On désigne sous ce nom l'esprit d'analogie, la faculté de rapprochement des faits, de déduction. Les orateurs, les écrivains, les naturalistes, les philosophes possèdent cet organe, qu'on remarquait chez Pitt, Gœthe, Lamennais, Lamartine.

N° 35. — *Causalité* ou *esprit philosophique*. — De cet organe dépend la faculté de saisir les rapports des effets à leurs causes ; elle pousse à l'étude de la métaphysique ou philosophie et incite à la méthode inductive en science.

Deux autres facultés, l'alimentarisme et le bibliophisme, ont trop peu d'intérêt pour être étudiées.

CHAPITRE III

CHIROMANCIE

Définition : La chiromancie est une science qui a pour but de déterminer, par l'observation de la configuration générale et des détails de la main, les tendances, les instincts, les facultés d'un sujet; c'est la *physiognomonie* de la main.

Autorités : Entre autres : Montaigne, Balzac, Napoléon, Lavater, d'Arpentigny, Desbarolles, Papus, Bulwer Lytton, etc.

Faits réels : L'intérêt des faits réels, des indications sérieuses que l'on peut puiser dans l'étude de la main est compromis par les ignorants. Il y a lieu de croire que la chiromancie, surtout lorsque ses affirmations sont appuyées par les observations correspondantes de la physiognomonie, de la phrénologie, donne des indications précises sur le caractère, le passé et, parsuite, l'avenir du consultant.

Fraudes : Science de déduction. Des charlatans ignorants simulent une étude de la main et, sans la lire, gratifient le consultant de toutes les qualités et lui prédisent tous les bonheurs.

Bien qu'elle paraisse s'appuyer sur des expériences moins matérielles que la physiognomonie ou que la phrénologie, la chiromancie ne mérite pas la réprobation qu'on a coutume d'élever contre elle.

Balzac, dans le *Cousin Pons*, dit à ce sujet : « Si Dieu a imprimé pour certains yeux clairvoyants, la destinée de chaque homme dans sa physionomie, en prenant ce mot comme l'expression totale du corps, pourquoi la main ne résumerait-elle pas la physionomie, puisque la main est l'action humaine tout entière et son seul moyen de manifestation? De là, la chiromancie. »

Nous disons, au contraire, qu'appuyées sur les déductions des deux sciences que nous venons de voir, ainsi que sur les conclusions de la graphologie, les moyennes humaines, si nous pouvons dire, sont d'une justesse étonnante.

Il y a autant de diversité et de dissemblance entre les formes des mains qu'il y en a entre les physionomies; en effet, le même sang y circule. On n'altère pas la forme de ses mains alors qu'on peut composer son visage.

Quoi, des mains? Nous requérons, nous promettons, appelons, congédions, menaçons, prions, supplions, interrogeons, admirons, nombrons, confessons, repentons, craignons, vergognons, doutons, instruisons, commandons, incitons, encourageons, jurons, témoignons, accusons, condamnons, absolvons, injurions, méprisons, défions, disputons, flattons, applaudissons, bénissons, humilions, moquons, réconcilions, recommandons, exaltons, festoyons, réjouissons, complaignons, attristons, réconfortons, désespérons, étonnons, écrivons, pensons; et quoi non? D'une variété et multiplication à l'envi de la langue (1).

La main doit être étudiée dans son ensemble; sa forme, son volume, ses os, ses muscles, sa peau, tout concourt à la conclusion finale.

Les mouvements partiels de la main dépendent, en grande partie, de la conformation de cet organe et d'avantages organiques dont l'observation a frappé la plupart des philosophes qui ont écrit sur la nature de l'homme.

Ainsi, Anaxagore et Aristote ne craignaient point d'attribuer la supériorité et les grandes destinées de l'espèce humaine à cette heureuse conformation de la main.

Cicéron partage cette opinion et affirme, dans son enthousiasme, que « si l'homme est vêtu, logé et conservé, s'il a couvert la terre de villes, de temples et de tant de monuments de civilisation, c'est à la structure admirable de sa main qu'il en est redevable ».

On a connu la chiromancie depuis la plus haute antiquité. En effet, on lit au premier *livre de Job:* « *Qui in manu omnium hominum signat ut norveint singuli opera sua.* Il met un signe dans la main de tous les hommes, afin qu'ils connaissent leurs ouvrages. » On trouve aussi, dans l'*Exode:* « *Erit quasi signum in manu tua et quasi monumentum ante oculos tuos.* Ce sera comme un signe dans ta main et comme un monument devant tes yeux. »

Mais ces premières connaissances, que possédaient les prêtres dans leurs collèges, se perdirent.

Ce sont les bohémiens, venus d'Asie, qui, au xv° siècle, apportèrent les véritables données de la chiromancie.

Il y a deux sortes de chiromancies; la *chiromancie astrale* et la *chiromancie simple.* Selon Cardan, les lignes de la main et même les doigts se rapportent aux sept planètes des astrologues. Nous ne les séparerons pas.

Étude de la main.

La partie qui représente la paume de la main offre deux éminences

(1) Montaigne, *Essais,* liv. II, XII.

caractéristiques : l'une, qui est la racine du pouce, a reçu le nom de *Thénar* et devint plus tard le *mont de Vénus* (il répond, en alchimie, à l'étain), tandis que la partie charnue de la main a reçu le nom d'*Hypothénar* et répond au fer ; à droite se trouvait la lune, qui répondait à l'argent.

L'*index* est sous la domination de Jupiter (en alchimie cuivre), le *medius* est sous la domination de Saturne (plomb), l'annulaire sous celle d'Apollon ou le soleil (or) et l'auriculaire sous celle de Mercure (vif argent).

Chaque phalange était, en outre, sous l'influence d'un des signes du zodiaque ; mais ce genre d'étude, si nous étions amené à le discuter, nous entraînerait trop loin. Bornons nos désirs et venons à l'étude des diverses parties de la main.

On y remarque deux parties principales ; d'abord une partie libre, mobile, divisée : ce sont les doigts ; puis une autre partie ferme, massive : la paume. Nous étudierons les indices fournis par les doigts, et, passant à l'examen de la forme, nous décrirons successivement les monts, protubérances à la racine des doigts, les lignes et les signes.

La description et les indices tirés des doigts ont reçu de celui qui en a le plus signalé les révélations (d'Arpentigny) le nom de chirognomonie. La seconde partie est la chiromancie proprement dite.

Étude du pouce.

1re phalange	longue et un peu ovale	Volonté persistante.
	longue et forme de bille	Orgueil et domination.
	très longue	Domination tyrannique.
	courte	Manque de volonté, incertitude, méfiance de soi, disposition à adopter les idées des autres.
	très courte	Insouciance complète, découragements, enthousiasmes de peu de durée.
2e phalange (1)	longue	Logique, jugement, raisonnement.
	courte	Défauts contraires.
3e phalange, dite mont du pouce ou mont de Vénus	longue et épaisse	Amour brutal, matériel, sensuel, très développé, le sujet est érotique, sadique même si elle est très longue.
	courte et assez plate	Amour sensuel normal.
	très courte et très plate	Amour matériel peu développé.

Il est permis de tirer de ces prémisses des conclusions qui résultent des rapports des phalanges entre elles.

(1) La comparaison de la première et de la deuxième phalange permet de décider ce qui l'emporte chez le sujet de la volonté ou de la raison ; il va sans dire que c'est celle qui est la plus longue qui est prédominante ; la première et la deuxième phalanges égales indiquent une volonté et un jugement égaux, la première plus large que la deuxième donne une volonté supérieure à la raison, etc.

Un exemple suffira à indiquer la méthode à suivre dans l'examen des sujets.

Le pouce d'un sujet présente l'apparence d'une première phalange longue, épaisse, massive, avec une deuxième phalange très courte : on peut en inférer qu'il sera toujours dominé par la volonté, mais par une volonté aveugle. Son esprit dominateur ne sera plus guidé par la sagesse.

L'aspect contraire indique naturellement un esprit hésitant, sage, réfléchi, sûr pour les autres, mais sans profit pour lui.

Le sujet présentant la troisième phalange très développée ainsi que la première peut faire de grandes choses ; l'amour matériel le poussant, la volonté le guidant, ce sera un affectueux, un homme, surtout si la deuxième phalange est normale et suffisamment développée.

Il va sans dire que le peu de longueur des deux premières phalanges, joint au développement exagéré de la troisième, indique les femmes passionnées, les débauchés.

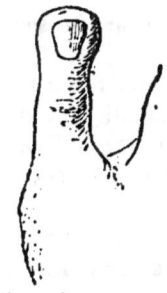

Pouce en bille, volonté aveugle, brutalité.

Le plus ou le moins de différence entre ces divers signes indique donc le degré de prédominance des qualités que nous leur avons assignées.

On peut déduire par comparaison, de ce qui précède, que les pouces (et en général tous les doigts) *trop* lisses et *trop* effilés présentent les signes certains du dévergondage de l'imagination (esprits romanesques), imprévoyance, exagération de l'imagination (méridionaux souvent) de la pose, et parfois du fanatisme religieux ; *trop* carrés, ils entraînent les qualités suivantes : despotisme sans discussion, ordre excessif (maniaques), amour du convenu.

Les doigts trop spatulés présentent l'indice d'un besoin de mouvement incessant d'action, d'impatience.

L'exagération de la première phalange (en forme de bille) donne l'entêtement, et, si la deuxième phalange est peu développée, entêtement brutal ; si la troisième est très développée, on arrive à ceux qui assassinent pour jouir, aux misérables de toutes sortes. Le pouce en bille, très rare du reste, annonce une volonté aveugle, une humeur sauvage et brutale. Si la base du pouce est forte, sans que des signes étrangers soient de nature à modérer les influences mauvaises de ce doigt, il indique une brute qui peut aller jusqu'au crime.

Comme exemples, citons Galilée, Descartes, Newton, Leibnitz, Danton, qui avaient de très grands pouces. Voltaire les avait énormes, Louis XVI avait la première phalange petite.

Rappelons, en terminant, que le Dr Francis Galton a démontré que l'un des caractères bien nettement différenciés des autres se rencontre dans l'empreinte du pouce, dont les raies et les pointillés présentent des signes invariables pour le même individu.

Ce fait est à ce point avéré que l'on a proposé d'en faire un moyen plus sûr que celui des mesures anthropométriques actuelles pour établir rapidement l'identité des repris de justice.

Étude des doigts.

Dans les autres doigts, de même que pour le pouce, la première phalange est volontaire, religieuse; la seconde logique, raisonnable; la troisième, matérielle.

D'où l'on infère que dans une main :

Les doigts effilés correspondent aux qualités d'imagination, telles que l'invention, le génie poétique, la divination, la religion ;

Les doigts carrés répondent à la raison, l'ordre, la réflexion, la pensée ;

Les doigts spatulés donnent le mouvement physique, l'action, la résolution et aussi l'amour sexuel, la recherche du bien-être, des intérêts matériels.

On voit déjà, sans que nous le fassions remarquer, apparaître la relation qui existe, d'une part, avec les théories ternaires des Occultistes (*trois* phalanges, *trois* sortes de mains, etc.), et, d'autre part, entre les phalanges et les mains.

Il y a lieu, en outre, de tenir compte de l'aspect général de la main : une main molle est indice de paresse ; lisse et effilée, de goûts artistiques, de propension à la rêverie ; carrée avec des doigts noueux, des propensions aux actes mécaniques, au commerce.

Il faut aussi remarquer que dans les doigts noueux, le premier nœud (entre la première et la deuxième phalange) indique le raisonnement, la critique, le doute, la méthode, l'indépendance, et que le deuxième nœud (entre la deuxième et la troisième phalange) donne le besoin d'acquérir, de confortable, de jouissances matérielles.

D'où l'on conclut que, dans une main à doigts effilés et lisses, le nœud philosophique développé donne l'utopiste, le rêveur, l'inspiré ; dans une main à doigts carrés, elle révèle le sujet sage, juste et de bonne foi ; dans une main à doigts spatulés, elle dénote les ambitieux, les remuants, les audacieux (dans le mauvais sens), les politiciens.

Si on voit le deuxième nœud développé sur des doigts lisses (très rare), le sujet est un réalisateur de projets utopistes, un poète d'action, un commerçant d'art ; sur des doigts carrés, un calculateur, un négociant habile ; sur des doigts spatulés, un brutal qui mène bien ses affaires, mais dans le seul but d'assouvir ses passions, qu'il dirige, du reste, avec la même méthode que ses affaires commerciales.

On peut déjà tirer cette conclusion : c'est que dans une main quelconque, qui présente les deux nœuds, l'amour de l'utile s'allie au positivisme.

Les doigts effilés présentent rarement cette disposition qui indique plutôt un praticien qu'un artiste, un esprit froid et méthodique (mais élevé) plutôt qu'un pur imaginatif.

Avec des doigts carrés, c'est la réalisation de la science mathématique, de l'ordre, du calcul, de l'équité, de la symétrie (dans l'art).

Doigt effilé.   Doigt carré.   Doigt spatulé.

Avec des doigts spatulés, on a, au contraire, les explorateurs, les hommes d'action, les mécaniciens.

Pour résumer ce que nous venons de voir, disons, d'une manière générale, que les doigts courts avec des nœuds sont synthétiques ;

Les doigts longs et noueux, analytiques.

On peut, afin de prendre un point de comparaison dans l'étude des cas précédents, dire d'une façon générale, qu'une main est moyenne lorsque les doigts sont égaux en longueur à la partie charnue de la main ; les doigts longs (1) dépassent cette mesure, et, inversement, les courts ne l'atteignent pas.

Nous sommes contraint de passer ; mais on peut déjà combiner les qualités propres à chaque type avec partie des qualités des types voisins et, par l'action de la signification des unes sur les autres, déterminer avec une grande approximation les qualités d'ensemble d'un sujet.

Étude des monts.

Le pouce, on le sait, représente la vie matérielle ; c'est le sujet, entouré de tous côtés d'influences différentes qui peuvent l'incliner vers telle direction, suivant ses faiblesses et ses forces de résistance (volonté, sagesse). Les monts qui l'entourent le dominent.

(1) Les doigts longs dénotent spécialement la libéralité, l'amitié sincère ; Abraham Lincoln était dans ce cas.

Parmi ces monts (1), celui de :
Jupiter est l'indice de la noble ambition, de l'orgueil le plus démesuré ;
Saturne est l'indice de la fatalité heureuse ou désastreuse ;
Apollon est l'indice de l'art et la richesse ;
Mercure est l'indice de la science et du commerce ;
Mars est l'indice de la possession de soi-même ou de la cruauté ;
Lune est l'indice de l'imagination ou la folie ;
Vénus est l'indice de l'amour ou la passion désordonnée.

Les monts détachés en saillie sur la main représentent, lorsqu'ils sont bien pleins et bien unis, les qualités des corps célestes sur lesquels ils sont placés ;

Mous, peu saillants, rugueux, ils indiquent l'absence de ces qualités ;

Encore moins apparents ou en creux, ils donnent les défauts ou l'exagération en mal des qualités désignées ;

S'ils sont placés entre deux corps célestes (entre Jupiter et Saturne, par exemple), ils participent de l'influence de ces deux corps et se modifient en conséquence.

Un mont beaucoup plus gros que tous les autres devient la caractéristique du caractère et modifie, dans le sens de ses qualités, la signification de tous les autres.

Les monts sont, en outre, influencés par les lignes de la main, qui viennent combattre ou affermir les significations déjà signalées.

On peut résumer la situation dans le tableau suivant :

	Qualités indiquées par un mont normal.	Le mont est en excès (proéminence).	Le mont est en défaut (concavité).
Jupiter.	Ambition, amour, religiosité, gaîté.	Orgueil, domination, superstition.	Manque de dignité, vulgarité, paresse, irréligion, égoïsme.
Saturne.	Prudence, sagesse, fatalité.	Tristesse.	Vie insignifiante, plutôt mauvaise.
Apollon.	Arts, succès, génie, gloire, grâce, tolérance.	Amour du faste, fatuité, curiosité, légèreté.	Existence matérielle et molle.
Mercure.	Science, amour du travail.	Vol, ruse, mensonge, prétention scientifique.	Inintelligence pour la science, esprit vulgaire.
Mars (2).	Courage, sang-froid, dévouement.	Violence, colère, cruauté, tyrannie.	Pusillanimité, manque de sang-froid.
Lune.	Rêverie, chasteté, imagination.	Imagination déréglée, tristesse, fanatisme.	Inintelligence, sécheresse.
Vénus.	Amour du beau, bienveillance, galanterie, charité, plaisirs sensuels.	Débauche, coquetterie, vanité.	Égoïsme, apathie, manque de désirs génésiques.

(1) Le mont est la protubérance que l'on remarque à la racine des doigts ; ils portent les mêmes noms que la planète qui gouverne le doigt sous lequel ils sont : mont de Jupiter, de Saturne.

(2) Le mont de Mars est représenté, dans la main, par la plaine de Mars.

En résumé, si l'on rencontre dans une main :
Mont de Jupiter uni et saillant : bonheur calme, plaisir; avec une ligne droite sur le mont : réussite;
Mont de Saturne uni et plein : destinée tranquille; avec une ligne droite, grand bonheur; avec beaucoup de lignes droites, malheur;
Mont d'Apollon uni : joies du foyer, calme sans gloire; avec une ligne, talent et gloire; avec une croix, talent et chute;
Mont de Mercure uni et plein : intelligence, perspicacité; avec une ligne en long, fortune, chance ; en travers, propension au vol;
Mars uni et plein : empire sur soi-même, sang-froid ; avec une ligne, colère, violence ;
Mont de Lune uni : imagination calme; avec une ligne, pressentiments; plusieurs lignes, propension à s'inquiéter; avec un croissant, imagination qui pousse à la fatalité, influence des femmes;
Vénus uni : chasteté, froideur; quelques lignes, amour; sillonné de lignes, passions d'autant plus fortes et vives que les lignes sont plus nombreuses et profondes.

Étude des ongles.

Nous passerons rapidement sur ce signe, qui, cependant, a son importance. Grands, solides, colorés, ils dénotent un tempérament sanguin, riche et présagent une longue existence, tandis que, s'ils sont mous, petits et blanchâtres, ils dénotent la faiblesse physique et même des altérations de la santé.

C'est ainsi que l'observation constante a permis d'établir que les ongles faibles et bombés (très bombés) sont des indices de maladies de poitrine.

Si les ongles sont courts, couverts de chair, ils indiquent un tempérament batailleur, un esprit paradoxal et moqueur; s'ils sont obliques, manque de courage; s'ils sont petits et ronds, obstination, colère, amour violent.

Chez les femmes, des ongles blancs et longs dénotent une nature trompeuse, de l'énergie, parfois de la cruauté.

Étude des mains.

La main, dans son aspect général, répond sensiblement aux qualités suivantes :

Trop dure, elle est l'indice de l'inintelligence; le corps domine l'esprit ;

Dure, elle est l'indice de l'activité, de l'amour des exercices du corps, intelligence déductive, aptitude au travail;

Molle, elle est l'indice de la paresse du corps, de l'amour du merveilleux, intelligence intuitive;

Molle, spatulée, elle est l'indice de la paresse, des tendances à l'étude des sciences occultes;

Molle, carrée, elle est l'indice de la paresse d'esprit et de la lenteur d'intelligence;

Molle, lisse, elle est l'indice de la rêverie, de la poésie, de l'art.

La main mixte (d'Arpentigny) est celle qui participe, par différents caractères contraires, à deux types différents, et la main élémentaire du même, dont « les doigts sont gros et dénués de souplesse, le pouce tronqué et souvent retroussé, la paume d'une ampleur et d'une dureté excessives » dénote le manque absolu de culture intellectuelle et de goût; la forme des doigts, seule, peut indiquer les penchants.

La main potelée, charnue, aux doigts lisses et effilés, sans nœuds et avec un mont de Vénus très développé, dénote le voluptueux, sensuel, ardent au plaisir matériel avec des goûts de paresse.

Il va sans dire que l'on doit écarter de tout examen chiromantique les mains dont la forme a été changée par l'habitude constante d'un métier ou dont l'apparence a été déformée par un accident ou une maladie, la goutte, les accidents nerveux, etc.

Étude de la ligne de cœur.

Cette ligne part de Jupiter pour aller aboutir sous le mont de Mercure; elle se termine habituellement par des épis ou des rameaux à ses deux extrémités. Trois rameaux donnent honneur et richesse, tandis que l'absence d'épis ou de rameaux donne pauvreté, sécheresse de cœur; trop courte, elle est l'indice de sécheresse de cœur; normale ou longue, elle indique un bon cœur, capable de fortes affections; absente, signe de mauvaise foi, de méchanceté, d'aptitude au mal, parfois de volonté forte ou de mort violente, suivant les caractères donnés par les autres lignes.

Si elle affecte la forme d'une chaîne ou avec des épis qui en suivent le cours, c'est indice d'inconstance en amour, de la recherche d'amourettes; il en sera de même si des points blancs ou des signes se remarquent sur cette ligne.

Si elle présente une couleur rouge vif, c'est signe d'amour violent; pâle et large, elle indique la débauche froide, un cœur et un esprit blasés.

La ligne du cœur, coupée par d'autres lignes de faible importance, donne le signe de déceptions cruelles, d'affections brisées, de malheurs de cœur en nombre égal aux lignes.

Si elle commence sous Saturne brusquement, nettement, sans rameaux, vie courte, danger de mort violente; les rameaux indiquent, suivant leur sens et leur nombre, les correctifs à apporter à ce jugement. Si elle est brisée, inconstance, mépris des femmes; si l'arrêt est sous Saturne, la cause de l'inconstance est fatale; si elle est entre Apollon et Saturne, elle provient de la sottise; entre Mercure et Apollon, elle vient aussi de la sottise alliée à l'avarice.

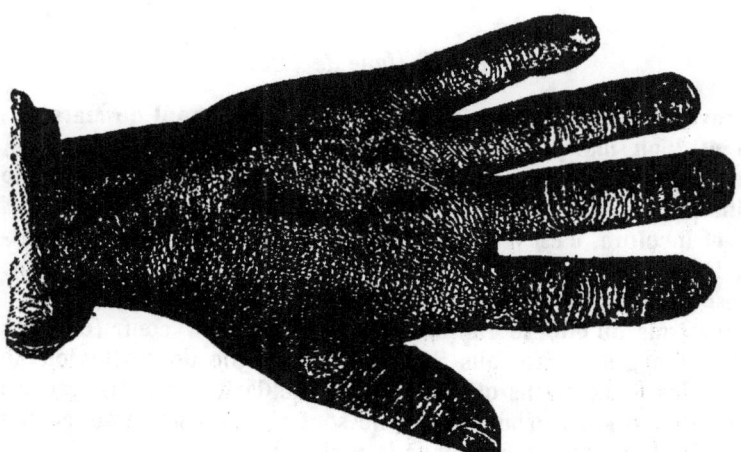

Main grossière et inintelligente.

Main élémentaire, instincts vulgaires.

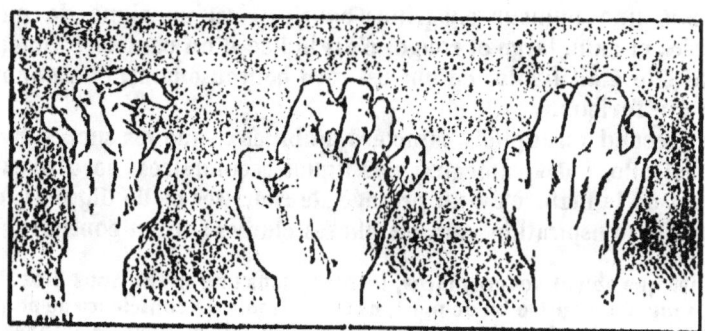

Mains déformées par la maladie.

Étude de la ligne de tête.

Elle traverse toute la plaine de Mars et aboutit au mont de Mars.

Forte et bien marquée, elle indique l'énergie, le jugement sain, lucidité d'esprit; terminée par des rameaux, elle est excellente ; elle se qualifie par les monts vers lesquels elle tend.

Large et incolore, c'est faiblesse, défaut d'intelligence et de circonspection, indécision; courte, elle pronostique un esprit étroit et lent. Si elle est double, présage des plus heureux.

Il est mauvais qu'elle se rapproche de la ligne du cœur (entre le pouce et Jupiter, et même sous Saturne), c'est signe de mort violente (surtout si les deux mains offrent cette particularité); le danger est écarté cependant si Saturne ni Mars ne sont signalés par une ou des étoiles et s'il n'y a pas de croix dans la plaine de Mars.

C'est encore signe de mort sur l'échafaud pour ceux dont les mains ont la ligne de tête brisée sous Saturne, lorsque cet indice est appuyé d'autres signes criminels. Les points rouges sont autant de blessures; les ronds autant de meurtres (1); les blancs, découvertes scientifiques.

Si elle ne s'avance que jusqu'au milieu de la main ou à sa naissance, lorsqu'elle ne se joint pas et ne se confond pas avec la vitale, c'est preuve d'un cerveau léger, fantasque, colère, porté à la jalousie et au mensonge.

Si elle se bifurque à la fin et qu'une portion descende vers le mont de la Lune, c'est l'indice d'un homme sujet à l'erreur, aux illusions et fort capable de mentir; si elle se confond avec Saturne, c'est jugement sujet à errer, luttes et infortunes.

Étude de la ligne de vie.

La ligne de vie contourne le pouce et cerne le mont de Vénus.

Longue et colorée, elle indique vie longue, sans maladies, bon tempérament et aussi bon caractère; pâle et large, elle dénote une mauvaise santé, une humeur chagrine; courte, c'est un signe de mort prématurée; et enfin large et rouge, c'est indice d'un caractère violent, brutal. Si elle était livide, ce qui est rare heureusement, elle annoncerait un fou furieux.

Si elle descend de Jupiter, caractère ambitieux, que les succès favoriseront; si elle a des rameaux, des lignes secondaires, se dirigeant vers le haut de la main c'est un présage de richesses et de dignités, ou tout au moins d'aspiration vers les choses élevées; si, au contraire, la

---

(1) Quelles que soient vos croyances, lorsque, dans une main, vous lirez des signes de sang, de meurtre ou de mort, c'est un devoir de conscience de ne pas alarmer le consultant, dont l'esprit, parfois un peu faible, peut se frapper et produire les conséquences les plus désastreuses. Si, au contraire, vous voyez de bons signes, n'hésitez pas à les lui signaler. Il aura toujours eu l'illusion.

partie inférieure se courbe vers le mont de Vénus, c'est amour dont on meurt; lorsqu'elle se réunit à la ligne de tête et à celle de cœur, infortune et mort violente; si c'est à la ligne de tête seulement, elle dénote une vie éclairée par une vive intelligence; séparée, c'est sottise ou tout au moins manque de franchise. Quand l'espace qui sépare ces lignes est ridé, c'est preuve d'opiniâtreté.

La ligne de vie rompue, dans les deux mains surtout, présage de mort ou de maladie grave.

Quelques privilégiés ont une ligne qui descend du mont de Mars et qui vient ainsi doubler en quelque sorte la ligne de vie: c'est un présage des plus heureux.

Étude de la ligne du destin, de la fatalité ou de Saturne.

Elle part de la rascette et se confond presque toujours avec la ligne de vie, pour se terminer à la naissance de Saturne. Lorsqu'elle est bien nette et bien droite, c'est un très bon signe pour une heureuse destinée; si elle part de la Lune et s'arrête à la ligne du cœur, qui elle-même aboutit à Jupiter, c'est le présage d'un mariage d'amour riche, d'un gros héritage, d'une grande faveur; c'est signe de fortune due à la faveur quand la saturnienne va directement de la Lune à Saturne; ce serait indice d'un grand malheur, suivi d'heureuse chance, si cette ligne très droite et très pure se contournait en vis par le bas. Brisée, elle annonce une existence aventureuse et semée d'obstacles. Arrêtée à la ligne de tête ou à celle de cœur, chance arrêtée par un coup de tête ou bonheur brisé par une affection; mais elle devient de mauvais présage si elle descendait plus bas que la rascette ou montait plus haut que le mont de Saturne, de même que si elle est doublée par une ligne parallèle.

Si elle manque, c'est signe d'une existence insignifiante, vague et décolorée.

Étude de la ligne de foie ou de santé.

Elle part du mont de Vénus et va vers Mercure.

Droite, nette, bien colorée, c'est *le mens sana in corpore sano* des anciens, — esprit lucide dans un corps bien portant; — elle annonce la réussite dans les projets et la probité, la bonne santé et l'ardeur en amour; tortueuse, elle amène, mêlée à d'autres signes, à une probité douteuse, en tous cas à une mauvaise santé; épaisse et brisée, c'est le présage d'une maladie dans la vieillesse.

Lorsqu'elle est doublée, c'est un indice de passions vives et de bonheur; si elle est séparée de la ligne de vie, elle annonce une longue existence et, si elle se joint avec elle, c'est une faiblesse du cœur.

Etude de la rascette, du bracelet ou de la restreinte.

La rascette est formée par plusieurs lignes qui entourent le poignet, au-dessous de la main, du côté de la face palmaire.

Si elles sont formées de chaînes, c'est une carrière semée d'obstacles. On en voit généralement deux bien formées; plus de deux est un heureux signe, moins est une chance contraire et une vie assez courte. On remarque parfois des croix ou des étoiles dans la rascette : c'est présage d'une vie laborieuse, heureusement terminée dans l'aisance par suite d'une faveur spéciale ou d'un héritage inattendu. Le sujet est-il disposé aux voyages, doit-il en faire ? la rascette finit sous le mont de la Lune ou sous le mont de Jupiter. Une ligne montant du bracelet jusqu'au mont d'Apollon, au travers de la plaine de Mars, est signe certain d'honneurs et de richesses.

Le bracelet royal ou triple bracelet magique est composé de trois lignes bien nettes et bien colorées. C'est un signe des plus heureux.

Etude des autres lignes.

On remarque parfois que Saturne et Apollon, la fatalité et la lumière, sont entourés d'un anneau en forme de demi-cercle. C'est l'*anneau de Vénus*. Il indique l'amour effréné, l'ambition démesurée.

Si l'anneau est rompu en divers points, c'est le signe d'amours dépravées. S'il est fermé au mont de Mercure, c'est l'indice d'un esprit fermé à l'activité intellectuelle; le sujet, n'étant guidé que par les sens d'après d'autres signes, peut arriver jusqu'au crime pour assouvir une passion funeste.

L'anneau de Vénus, dans une main grasse, molle et potelée, joint aux heureuses qualités qu'elle annonce l'énergie de la passion.

On peut être amené à voir la ligne de cœur enlacer la base de Jupiter d'une sorte d'épi : c'est l'*anneau de Salomon;* il dénote un sujet disposant d'aptitudes remarquables pour l'étude des sciences occultes.

La main de quelques personnes est un véritable fouillis de petites lignes, l'aspect en est véritablement triste. C'est un signe que de nombreux malheurs ont frappé ces personnes; l'étude détaillée des lignes ne permet aucun doute à cet égard.

On sait déjà que les lignes sur le mont de Vénus indiquent les passions, les amours et les amourettes; les lignes tracées horizontalement sur le mont de la Lune sont le présage de voyages par eau.

Une ligne, bien nette, allant de la ligne de tête à Mercure annonce des gains dans le commerce ou un succès dans les sciences.

Etude des signes.

Les divers indices que nous avons pu apercevoir dans les lignes de la main sont parfois corrigés par des signes divers qui en changent la signification.

Tout d'abord, d'une manière générale, tout signe qui vient modifier le caractère d'une ligne est heureux s'il se dirige vers le haut de la main, malheureux s'il descend.

Les rameaux qui vont en montant vers l'extrémité d'une ligne sont des présages heureux ; ils viennent renforcer les qualités qu'ils indiquent ; le plus souvent, c'est richesse.

Sur la ligne de cœur, ils indiquent un cœur chaud, dévoué ; sur la ligne de tête, intelligence très développée ; sur la ligne de vie, exubérance de santé, vigueur ; sur Saturne, bonheur parfait.

Les points blancs ont une interprétation plus favorable que les rouges ; sur la ligne de tête cependant, ils annoncent des blessures ou parfois une attaque de folie.

Rameau.   Rond.   Chaîne.   Ile.   Croix.

Les ronds placés sur un mont sont de très heureux indices ; ils deviennent mauvais si on les rencontre sur le cours d'une ligne.

La chaîne est signe de lutte, de combats, d'obstacles à vaincre ; si la ligne s'aplanit ensuite, toutes les vicissitudes seront passées et le succès remplacera la peine.

L'île est toujours défavorable. Dans la ligne de tête, jointe à d'autres signes mauvais, elle indique même meurtre, assassinat ; dans la ligne de foie, maladie ; vol ou banqueroute ; dans celle de cœur, adultère, dans la saturnienne, bonheur par l'adultère.

La croix, suivant la position qu'elle affecte, reçoit les significations suivantes :

Sur le mont de Mercure, inclination au vol ; sur le mont d'Apollon, obstacle aux succès dans les arts ; sur le mont de Saturne, mysticisme, dévotion exagérée ; sur le mont de Jupiter, mariage d'amour, union heureuse ; dans la plaine de Mars, danger causé par des querelles. Entre le mont de Vénus et la Lune, événement imprévu, mais important ; sur le mont de la Lune, dispositions au mensonge ; sur le mont de Vénus, amour unique et heureux, surtout si la croix est répétée sur Jupiter ; au centre de la main, dans le quadrangle (espace compris entre la ligne de cœur et celle de tête), mysticisme, religion, superstition, propension de l'esprit aux sciences occultes.

La grille est un obstacle ; elle prend les diverses interprétations suivantes, d'après sa position : placée sur le mont de Jupiter, désir de briller, superstition, orgueil, égoïsme; sur le mont de Saturne, malheur; sur le mont d'Apollon, folie, vanité, impuissance, tendance à l'erreur; sur le mont de Mercure, penchant au vol, ruse, mensonge, mauvais emploi de la science; sur celui de Mars, mort violente; sur celui de Vénus, lasciveté, amours obscènes; sur celui de la Lune, hypocondrie, tristesse.

L'angle formé par l'intersection de la ligne de cœur et de la ligne de tête, net, bien fait, aigu: esprit délicat, nature noble; s'il est mal dessiné et surtout obtus: intelligence bornée.

Le triangle est, en général, signe d'aptitude aux sciences.

Le quadrangle (entre les lignes de tête et de cœur) ou table de la

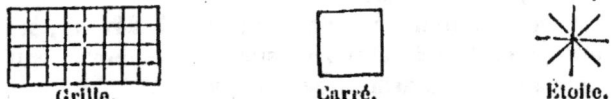

main, lorsqu'il est large au milieu, plus large du côté du pouce: bonne complexion, esprit loyal et fidèle; étroit au milieu: dispositions à l'injustice, à la tromperie; sillonné de lignes nombreuses: tête faible; absent: malheur ou méchanceté.

Le carré indique la justesse d'esprit, le bon sens, lorsqu'il est placé dans la paume; près de Vénus, couvent ou prison; près de Mars, sang-froid.

L'étoile, suivant la position qu'elle occupe, prend les diverses significations suivantes: sur le mont de Jupiter, bonheur; sur celui de Saturne, fatalité malheureuse; sur Saturne même, assassinat ou mort violente; sur Mercure, fourberie, déshonneur; sur le mont de la Lune, hypocrisie, trahison, perfidie, dissimulation; sur le mont d'Apollon, succès artistiques, mais presque sans participation du sujet, dus plus au hasard qu'au mérite véritable; sur le mont de Vénus, infortune causée par l'amour.

Le croissant sur la Lune présage une influence funeste, exercée par les femmes.

Les lignes horizontales placées sur le profil de la main, du côté de Mercure, entre la racine de ce doigt et la ligne de cœur, indiquent, pour les deux sexes, selon leur nombre, le nombre d'unions légitimes ou de liaisons sérieuses, tandis qu'au même endroit, les lignes verticales indiquent le nombre d'enfants; si elles sont bien formées, nettes, longues et droites, ce sont des garçons; si elles sont tortueuses, ce sont des filles; si elles sont minces et courtes, les enfants doivent mourir en bas âge ou seront morts dans leur vie première.

Étude de l'échelle chiromantique.

Il y a toujours intérêt pour le consultant à connaître la date de tel événement, l'époque de telle prédiction. On ne peut, du reste, déterminer cette date qu'approximativement à l'aide d'une échelle vitale.

Plusieurs procédés sont en usage. Les cabalistes partageaient la ligne de vie en dix degrés de dix années chacun. D'après eux, le premier degré partait de Jupiter ; il occupait un assez grand espace et se trouvait limité par une ligne tirée de Saturne à la ligne de vie. Jusqu'à soixante ans, tous les degrés sont sensiblement de même grandeur, mais ils se rétrécissent progressivement à partir de cet âge jusqu'à cent ans.

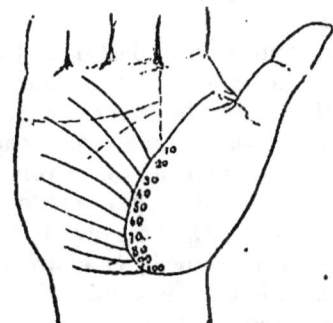

Échelle chiromantique.

On retrouve chez certains chiromanciens cet espace divisé en sept parties seulement, sensiblement de quinze ans chacune. D'autres préconisent la méthode suivante : on évalue sur la ligne de vie et sur la rascette l'âge approximatif où le consultant doit cesser de vivre et on partage la ligne de vie en parties sensiblement proportionnelles en resserrant les intervalles à mesure qu'on marche vers un âge plus avancé.

Papus, dans son *Traité de science occulte*, donne le procédé suivant : on peut remarquer que la saturnienne est coupée par trois lignes : la ligne de cœur, dont l'intersection avec elle indique quarante ans juste ; la ligne de tête, dont l'intersection indique vingt ans juste ; et la ligne de Mercure ou d'Apollon, dont l'intersection donne l'âge de dix à douze ans. En divisant les intervalles par moitié, on a les âges intermédiaires. Papus, m'a assuré que le résultat avait confirmé sa prédiction dans quatre-vingt-dix cas sur cent en appliquant cette échelle.

Par analogie, la recherche de l'âge se fait de la même façon pour les autres lignes : la ligne de tête est coupée de gauche à droite par la saturnienne, l'apollonienne et la mercurienne, qui indiquent respectivement à leurs points d'intersection vingt, trente et quarante ans ; les années antérieures à la majorité se comptent à partir du mont de Jupiter. La ligne de cœur est également coupée par les mêmes lignes et leurs points d'intersection donnent alors la même échelle de quarante, vingt-cinq et dix ans.

Un nouveau procédé chiromantique.

Puisque nous nous occupons de Papus, on trouve dans le traité cité plus haut des remarques judicieuses pour l'application de son procédé de divination par les lignes de la main.

Il considère d'abord la main comme formée du *médius*, à côté duquel se trouvent deux doigts plus petits, puis deux autres plus petits encore. Procédant par analogie (cette loi fondamentale des sciences occultes), il compare le *médius* au support d'une balance dont les plateaux seraient les doigts, et il dit :

Au milieu, ce qui domine tout, c'est le destin, la fatalité, Saturne. A droite de la fatalité, l'idéal, le rêve, la théorie, représentés par deux doigts : *Apollon* ou l'art, *Mercure* ou la science. A gauche de la fatalité, la raison, le positif, la pratique, représentés par deux doigts : *Jupiter* ou les honneurs, *Vénus* (le pouce) ou la volonté, l'homme ou l'amour. Pour voir l'idéal du consultant, gloire ou argent, on regarde celui des deux, index ou annulaire, qui est plus long que l'autre. Si c'est l'annulaire qui l'emporte, l'amour de la gloire dépasse l'amour de l'argent. C'est généralement le contraire qui a lieu.

D'après ce qui précède, la ligne de *Mercure* sera celle des *intuitifs*, des *médiums*, des personnes *nerveuses*, sujettes aux rêves prophétiques. La ligne d'*Apollon*, celle des *artistes* et des *inventeurs*, des *riches honnêtes*. La ligne de *Jupiter* sera la ligne du cœur, elle indiquera la *passion*, la *colère*, le *dévouement* et l'*ambition*. Le pouce sera entouré de la ligne de vie physique : c'est là que se verront les maladies matérielles. La ligne de tête ou de Mars sera la ligne d'*action*.

On compte donc : trois lignes verticales :

La saturnienne (fatalité) partant du médius : au milieu.

L'apollonienne (idéal) partant de l'annulaire : à droite.

La mercurienne (intuition) partant du petit doigt : à l'extrême droite.

Trois lignes horizontales :

La ligne de cœur (générosité) partant de l'index : à gauche (horizontalement).

La ligne de tête (volonté, activité) : au milieu de la main (horizontalement).

La ligne de vie (vie matérielle) : partant du pouce et l'entourant.

Pour la lecture des signes, suivons toujours la méthode occulte ; nous aurons deux principes opposés.

La *fatalité* et la *volonté*, la ligne de Saturne est en opposition avec celle de Mars. Aussi forment-elles dans la main une croix. A droite de cette croix, c'est le côté idéal, théorique, tandis qu'à gauche domine le côté pratique. La portion de la main qui s'étend au-dessus de la ligne de tête est la partie intellectuelle, tandis que la partie qui s'étend au-dessous est matérielle.

Portraits chiromantiques de quelques passions.

L'ambition noble.

Sera caractérisée par une main ni trop dure ni trop molle, de grandeur moyenne.
La phalange onguée du pouce sera longue.
L'index aura le nœud philosophique.
Le mont de Jupiter sera dominant sans excès.
La ligne de tête sera longue, pure, colorée, avec des rameaux. Elle ne devra pas rejoindre la ligne de cœur.

L'avarice.

La main sera dure, les doigts seront carrés ou pointus, mais longs, noueux et inclinés vers le pouce.
Le mont de Mercure sera fort et les monts de Vénus et de la Lune seront faibles.
La ligne de cœur sera courte et sans rameaux. La ligne de tête formera un angle rejoignant celle du cœur.

La luxure.

La main sera courte et molle, le pouce court, les doigts pointus et lisses. Le mont de Vénus sera très développé et couvert de grilles, ainsi que le mont de la Lune ; on remarquera une croix sur la troisième phalange de Jupiter, une étoile sur la phalange onguée du pouce.
La ligne de cœur sera pâle et large, et la ligne de vie d'un rouge foncé.

L'amour.

La main sera ferme, les doigts lisses, la ligne de cœur, belle avec des rameaux. Le mont de Vénus sera développé et rayé ; on ne verra pas d'anneau de Vénus, mais une croix, sur le mont de Jupiter.

La paresse.

La main sera molle, étroite et grasse, les doigts pointus et lisses. La première phalange du pouce sera courte.
La ligne de la tête sera faible et courte ; on ne verra presque pas de monts.
La ligne de vie sera faible et pâle.

L'envie.

La main sera large et sèche, avec des ongles courts; la phalange onguée du pouce sera longue; la ligne de cœur sera pâle et courte. Les monts de Jupiter, d'Apollon et de la Lune seront forts et couverts de barres.

La colère.

La main sera dure et courte, les doigts spatulés et lisses, le pouce en bille, le mont de Mars sera plat et rayé, la plaine de Mars sera rayée avec une croix.

La ligne de vie sera profonde et d'un rouge foncé.

Nous ne donnons les quelques traits caractéristiques ci-dessus que pour montrer comment on doit conclure, de diverses qualités parfois opposées, une résultante définitive. Les types que nous venons de voir ne sont pas absolus et peuvent varier de mille manières. Ce n'est que par l'étude attentive que l'on arrivera à juger sainement des qualités d'une main et de la *quantité* de ces qualités. On doit, en général, être réservé sur les maladies ou les malheurs que l'on peut lire dans la main, car, à moins d'être intuitif et très versé dans cette science, on court le risque de se tromper et de causer de graves malheurs en frappant trop vivement l'imagination de certains êtres dont leur prédisposition antérieure abrège les jours sous le coup d'une prédiction de malheurs ou de mort.

Disons encore que, le plus souvent, la lecture de la main donne la sensation d'une qualité ou d'un défaut. Or, cette sensation ne peut être analysée; à plus forte raison, ne doit-on prendre la nomenclature des signes spéciaux que comme un guide lointain, un soutien des premières études, destiné simplement à donner des indices curieux, des éléments généraux sur le consultant. Les déductions de la chiromancie doivent, du reste, être appuyées sur les révélations de la graphologie, de la phrénologie et de la physiognomonie, pour donner des résultats certains.

CHAPITRE IV

GRAPHOLOGIE

Définition : La graphologie est une science qui a pour but de déterminer les principales tendances du caractère d'un individu sur la simple inspection des traits qu'il a tracés.

Autorités : Suétone et quelques anciens, les moines, Desbarolles, l'abbé Michon, Émilie de Vars, Louise Mond, Crépieux-Jamin, Arriss, George Sand, Alexandre Dumas fils, Barbier de Montaut, etc.

Preuves : La meilleure de toutes les preuves, et qui est à la portée de tous, c'est de faire sur l'écriture des gens que l'on connaît bien l'application des préceptes que nous énonçons. Si, dans cette expérience, on trouve la confirmation de la lecture des grandes lignes d'un caractère on aura acquis de fortes raisons de croire qu'une étude attentive puisse fournir des résultats certains.

Fraudes : Impossibles ; science d'observation.

On peut dire de l'écriture que c'est le geste fixé ; c'est la physionomie matérialisée et indélébile ; en effet, à un mouvement de l'âme correspond un mouvement du corps, un geste.

Or, il n'est personne qui n'ait constaté combien sont caractéristiques les gestes particuliers à chacun de nous ; ces gestes habituels sont la résultante des habitudes, des tendances de notre âme. On conçoit dès lors facilement que ces mouvements psychiques engendrent des mouvements physiologico-mécaniques dont nous trouvons l'expression dans la forme des lettres qui reproduisent la pensée.

Un exemple grossier fixera mieux que toute cette théorie. Comparez l'écriture d'un homme violemment en colère avec son écriture lorsqu'il est absolument calme, et vous verrez des différences tangibles. La première sera griffonnée, écrasée, bavante, etc., tandis que l'autre reflètera bien mieux le caractère général de la personne considérée.

L'écriture n'est donc le reflet de l'âme qu'au moment où elle a été tracée. C'est pourquoi on doit se montrer circonspect dans ses appréciations, s'entourer du plus grand nombre de documents possible et les soumettre à un examen approfondi.

Moyennant ces précautions, on sera étonné des progrès rapides que l'on sera amené à faire dans cette intéressante étude, si on lui consacre du jugement et de l'application.

L'histoire de la graphologie ne présente qu'un intérêt secondaire. Il suffit de savoir que Suétone est le premier qui semble y avoir attribué de l'importance ; quelques anciens lui ont accordé une certaine attention ; les moines s'y sont également adonnés. Shakespeare, Gœthe, Lavater, ont essayé de grouper les faits connus en un corps de doctrine ; Desbarolles vint ensuite, qui formula des règles très judicieuses pour l'étude qui nous occupe ; mais, après Henge et Flandin, l'abbé Michon est le premier qui ait publié des traités *ex professo* appuyés de multiples exemples, aidé puissamment, dans ses dernières œuvres, par Mlle E. de Vars, sa fidèle amie. Plusieurs ouvrages ont été successivement publiés sur cet important sujet ; mais aucun, à notre sens, ne vaut celui de Crépieux-Jamin, l'un des plus nets qui existent.

Éléments graphiques.

Les moindres parties de l'écriture auront pour nous une importance absolue, pour deux raisons : la première parce qu'elles ont, en tant que forme, la même influence que les lettres sur le jugement que nous devons porter ; la seconde, parce que c'est l'accessoire de l'écriture que l'on pense le moins à déguiser ; par suite, elles donnent mieux la caractéristique de l'individu que la forme même des lettres.

Nous allons donc nous occuper successivement des points, des virgules, des barres, des marges et des paraphes. On pourra, du reste, remarquer que les observations signalées reposent toutes sur un examen dont la raison et le bon sens ont fait tous les frais.

Les points et les virgules. — Le point indique particulièrement les qualités d'ordre et d'attention. Les points se placent sur les *i* et les *j* : lorsqu'ils ne s'y trouvent pas, c'est signe d'inattention ou de négligence ; lorsqu'ils se trouvent exactement placés, c'est signe d'attention, d'ordre.

Voilà donc une première caractéristique ; mais, lorsque le point existe, s'il est bien net, bien rond, c'est preuve de netteté de jugement, de fermeté. S'il est à peine marqué, effleuré, c'est preuve de mollesse, de faiblesse, parfois de timidité ; s'il est pâteux, c'est sensualité ; s'il est allongé, c'est vivacité ; exagéré dans ce sens, c'est extravagance.

Les points à la fin des phrases et les signes de ponctuation sont soumis à ces mêmes règles. Un des plus curieux, c'est le point que certaines personnes mettent après leur signature : c'est un signe de défiance ou simplement de prudence.

Le point d'interrogation normal provient des natures calmes ; l'anormal, des gens violents ; il en est de même des points d'exclamation.

Au résumé, on voit que ces éléments de l'écriture, reproduisant le caractère, en indiquent les variations, suivant la forme qu'ils présentent.

Il est bon de dire dès maintenant que chaque lettre, chaque élément de l'écriture étant ainsi analysé, la résultante des diverses qualités qu'ils auront présentées sera la moyenne du caractère cherché.

Les barres. — Les barres indiquent plus particulièrement les facultés de volonté. Michon les désigne sous le nom d'*épaisses*, c'est-à-dire égales dans toute la longueur ; de *massuées* en forme de massue, autrement dit en pointe d'abord, puis se terminant épaisses et carrées ; *renflées*, ayant leur milieu épais et leurs extrémités fines ; *gladiolées*, en forme de glaive, épaisses d'abord et finissant en pointe, l'inverse des massuées.

Les barres longues et fines indiquent ténacité ; fines, mais courtes, indécision ; par suite, la barre longue et nette, massuée, signifie violence, énergie ; courte et épaisse, volonté ferme, résolution. Les barres placées sur les *t*, lorsqu'elles sont au-dessus de la lettre sans la toucher, montrent l'esprit de domination ; placées très bas, humilité, soumission ; lorsqu'elles manquent, négligence, inattention.

La barre du *t* peut encore être tracée de bas en haut ; épaisse, despotivité ; fine, taquinerie, chicane ; ou bien de haut en bas, entêtement ; ou encore après le *t*, sans le toucher : preuve de décision, de caractère entreprenant ; par suite, en arrière : signe d'un esprit rétrograde, timide.

Les barres avec un crochet au commencement sont signe de ténacité ; formant avec le *t* une sorte de huit, esprit fantaisiste ; enfin, lorsqu'elles sont régulièrement placées sans fioriture ni bizarrerie, elles indiquent un esprit pondéré, régulier et ordonné.

Parfois, dans une lettre, on rencontre des barres à la fin des mots, les séparant ; ces sortes de traits sont les signes généraux de prudence, modifiée par la forme de la barre (1) ; il n'y a que le cas où ces barres soulignant un mot se retrouvent fréquemment d'où l'on peut conclure à une exaltation d'esprit, produite par l'enthousiasme et parfois par l'admiration de soi-même.

Nous devons nous borner ; mais on conçoit combien l'analyse de cet élément a de valeur.

Les jambages, les boucles. — Les boucles de certaines lettres, *b*, *j*, etc., ou les hampes de certaines autres *t*, *p*, offrent encore certaines caractéristiques. Ainsi, lorsqu'elles sont normales, il va sans dire qu'elles dénotent un esprit pondéré et maître de soi ; si elles sont désordonnées, bizarres de forme, confuses, c'est signe d'extravagance, parfois de folie (à tous les degrés) ; trop longues (dépassant les lignes et disproportionnées dans l'écriture), imagination déréglée, excessive,

---

(1) Ce trait, que l'on rencontre parfois à la fin des lignes pour remplir les blancs et qui indique la méfiance, porte, en général, le nom de *trait du procureur*, ces honorables magistrats étant très coutumiers du fait.

peu de jugement généralement; très courtes, manque d'imagination, esprit vulgaire.

Parmi les jambages et les barres longues, il faut remarquer s'ils dépassent les lignes et se confondent avec la ligne au-dessous, en restant sensiblement proportionnés au reste de l'écriture : c'est alors signe d'imagination ardente, de vivacité dans les idées; longs et fins, mais ne se confondant pas avec le reste de l'écriture, simple signe d'enthousiasme, d'exaltation, d'exagération.

On conçoit que tous les signes généraux que nous venons d'exposer se modifient les uns les autres et entrent pour la même valeur dans l'expression du jugement qui n'est qu'une moyenne.

Marges. — On rencontre, dans l'étude graphologique d'une lettre, deux caractéristiques d'un grand poids : ce sont les marges et la signature.

Les marges indiquent spécialement le goût et l'avarice.

Elles signalent le goût, en ce sens que, si elles sont régulières ou absentes, on en peut conclure un sans-gêne provenant ou d'un esprit sans aucune tendance artistique ou bien amoureux de son bien, épargnant le papier, d'une avarice extrême.

Il faut remarquer cependant que parfois, dans une lettre où les marges sont nulles ou très petites, l'espacement des mots, les blancs laissés, un certain air qui circule entre eux, proviennent d'un esprit élevé; mais souvent un peu dédaigneux.

Les marges nettes indiquent la soumission à l'étiquette, la politesse apprise.

Les marges larges, les lettres où il y a du blanc indiquent des goûts de dépense, souvent ceux des gens dépensiers pour la galerie. Dans ce cas, les marges grandes en haut, en bas, à gauche, pour des gens qui ont une écriture fine et serrée, signifient nettement générosité apparente, pour satisfaire l'orgueil, mais avarice instinctive.

Un signe bien caractéristique, c'est celui que l'on rencontre chez les prodigues, les esprits très généreux : les marges vont en s'élargissant du haut en bas.

Les paraphes. — C'est l'un des éléments les plus importants de la graphologie. Si nous l'osions, nous dirions que c'est le portrait du générateur de l'autographe ; non pas que sur une seule signature on puisse baser un jugement certain, mais les véritables amateurs de graphologie savent seuls ce que l'on peut y voir, comment on peut, dans le paraphe, déceler les passions habituelles, dissimuler les vices.

Il est bien difficile de les classer; cependant, certains caractères généraux servent à les différencier.

Les paraphes en coup de sabre : esprit net, décidé, énergique, parfois agressif : Boulanger, Anatole de la Forge, Cassagnac, About, Bonnat, Niepce de Saint-Victor, de Beust, Quinet, de Goncourt, Dumas fils, Thiers.

Les paraphes fulgurants, imitant, plutôt mal que bien, les carreaux de la foudre, esprit passionné, ardent, rapide : George Sand, Théophile Gautier, Renan, Berryer, Barbet d'Aurevilly, Doré. — Gambetta, Zola, de Brazza, de Hérédia, de Lesseps, présentent cette caractéristique que, possédant les qualités ci-dessus, le crochet de la pointe du paraphe indique des lutteurs, ceux qui reviennent sans cesse à l'attaque.

Mon cher Charles,
Ai-je besoin de vous dire qu'en tout temps et en tout lieu je vous recevrai à bras ouverts ?
Ed. About
8, rue de Douai

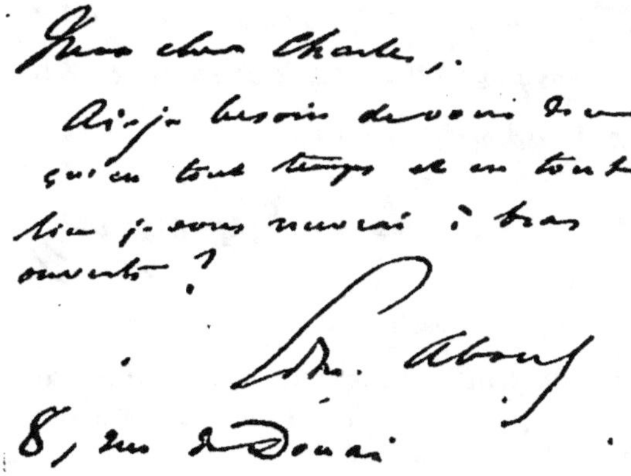

Paraphe fulgurant. — Edmond About, littérateur.

Les paraphes en colimaçon, qui entourent le nom : égoïsme, esprit de cotterie : Richepin, Flandrin, Silbermann.

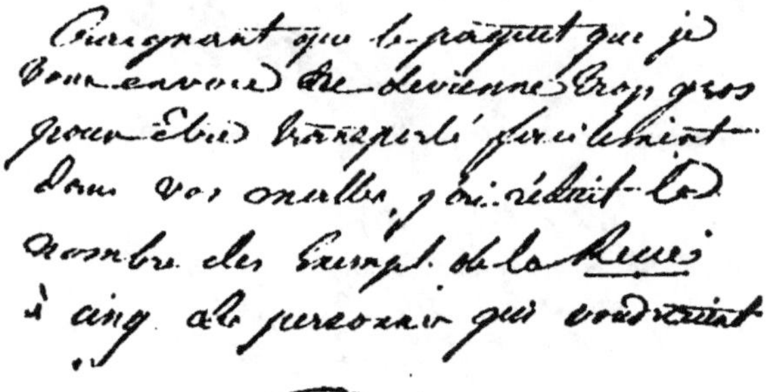

Paraphe en colimaçon. — Silbermann, imprimeur à Strasbourg.

Les paraphes en hameçon, qui, après être descendus, remontent en crochet : égoïsme se modifiant d'après la fin du paraphe : Laffite.

Les paraphes en boucle, composés d'une boucle accompagnée de festons ou de floritures ; esprit souple, diplomatique, preuve d'initiative, d'imagination, d'amour de l'intrigue, caractérisent souvent les lutteurs

de la vie : Dumouriez, Proudhon, Casimir Delavigne, Richelieu, Doveria.

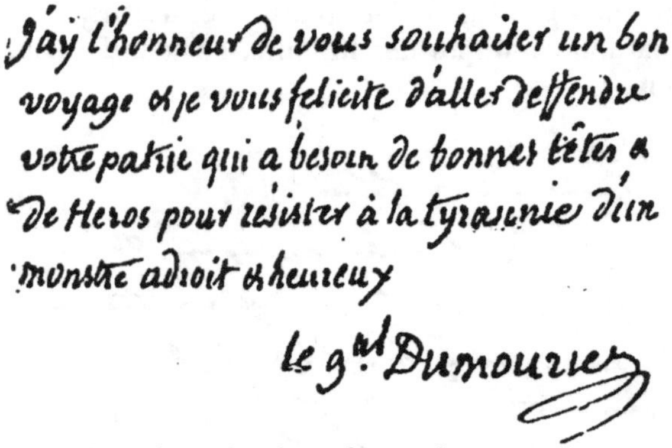

J'ay l'honneur de vous souhaiter un bon
voyage et je vous felicite d'aller deffendre
votre patrie qui a besoin de bonnes têtes et
de Heros pour résister à la tyrannie d'un
monstre adroit et heureux

le gal Dumouriez

Paraphe en boucle. — Dumouriez, général.

Les paraphes d'un trait, soulignant le nom d'un seul trait, droit ou onduleux : calme, netteté d'idées, esprit de suite, souplesse : Coppée, Garibaldi, Millet, Monge.

Les paraphes en massue : despotivité, dûreté, orgueil souvent : Donato, Déroulède.

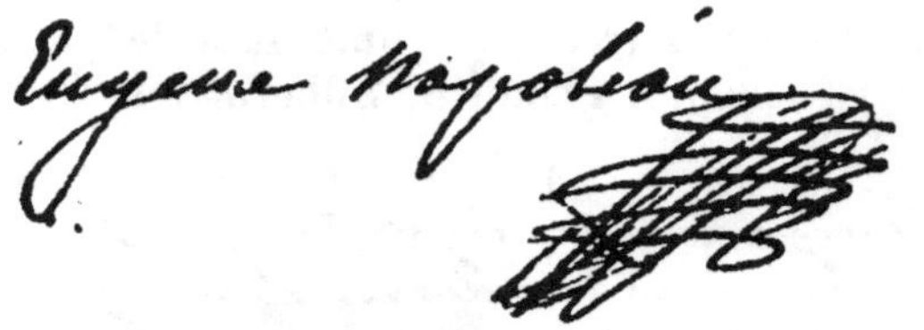

Eugène Napoléon

Paraphe arachnéide. — Eugène de Beauharnais.

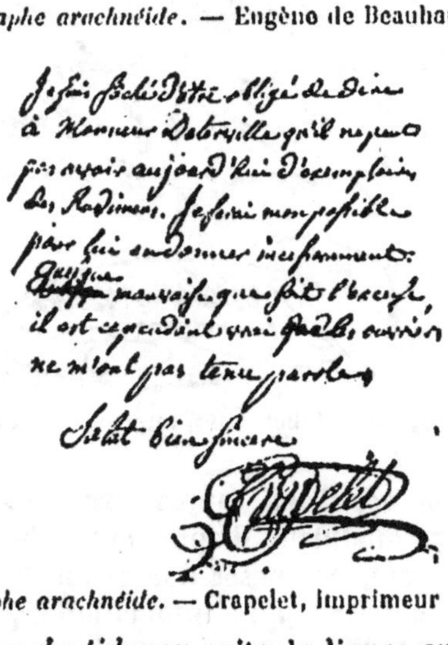

Je suis fâché d'être obligé de dire
à Monsieur Detorville qu'il ne peut
pas avoir aujourd'hui d'exemplaire
des Rudiments. Je ferai mon possible
pour lui en donner incessamment.
Quoique mauvais que soit le brocheur,
il est cependant vrai que les ouvriers
ne m'ont pas tenu parole
Salut bien sincère
Crapelet

Paraphe arachnéide. — Crapelet, imprimeur à Paris.

Les paraphes arachnéides ou suite de lignes enchevêtrées : esprit commercial, souvent caractère tortueux : P. Millaud, Mesmer, Crapelet, Papavoine, E. de Beauharnais.

Outre les trois points des francs-maçons, rappelons qu'un point ou un trait léger placé après la signature est signe de prudence et même de défiance : signature de Mazzini.

Prudence. — Mazzini, fin diplomate,

On peut dire, en général, du reste, que, si la signature est élégante, légère, artistique, elle détruit une partie des vices qu'elle recèle, tandis que, si elle est disgracieuse, elle dénote un esprit bas et vulgaire.

Enfin, pour terminer ce trop court aperçu, signalons les signatures royales, des grands esprits et souvent des orgueilleux ; elles se présentent sous la forme du nom seul, sans signature, ayant l'air de dire : « C'est moi, on me connaît, je n'ai pas besoin de me différencier des autres, je leur suis bien supérieur. »

Louis XV.

Voltaire, Michelet, Châteaubriand, Saint-Vincent de Paul, Saint-François de Sales, Denfert-Rochereau, Ohnet, Bismarck, Perrault, de Humboldt, Victor Hugo, Lamartine, de Barante, Livingstone, Sainte-Beuve, Fénelon, de La Fontaine, Louis XV, Louis XIV, Magdeleine Godard, Mme de Pompadour, Marat, de Jussieu, G. Saint-Hilaire.

Anatomie graphique.

Caractères. — Si la définition de la graphologie est exacte, chaque peuple, ayant un caractère différent, doit présenter des formes différentes. C'est ce qui se présente, non pas d'une façon absolue, mais du moins dans les lignes générales.

L'écriture française est, de toutes, la plus diversifiée, la moins uniformément répandue ; elle présente cependant des caractères généraux d'amour, de légèreté et d'énergie.

L'écriture allemande, pâteuse et embrouillée, est bien plus matérielle, quoique confuse ; elle se rencontre cependant sous la forme aérienne nuageuse et poétique.

L'écriture anglaise, qui est un type connu, donne l'idée d'ordre, d'orgueil et de finesse.

Toutes les autres participent plus ou moins de ces trois premières, en tant que types ; mais nous devons les classer suivant leur caractère, du moins en ce qui concerne particulièrement la langue française.

(A) *Écriture type*, est une écriture tellement différente des autres, qu'elle présente d'une façon indiscutable un signe caractéristique : Barbet d'Aurevilly, Sarah Bernhardt.

Exaltation. — Sarah Bernhardt.

(B) *Écriture rigide*, est celle où les lignes sont tracées droites et parallèles : Bismarck, Richelieu, Mazzini, etc.

Écriture rigide. — Richelieu, ministre de Louis XIII.

(C) *Écriture sinueuse*, est celle où les lignes, au lieu d'être droites comme précédemment, montent ou descendent, au-dessus de la ligne : alternative de courage et d'abattement.

(D) *Écriture artificielle*, est celle dont les lettres s'écartent de la forme ordinaire, dans un but d'affectation. Les *illisibles volontaires* rentrent dans cette catégorie ainsi que les *factices*, dont les lettres sont ou droites ou renversées.

(E) *Écriture magistrale*, est celle dont les lettres grandes, nettes, ne trahissent pas la pensée et donnent un aspect artistique : Louis XIV.

(F) *Écriture pâteuse* ou *renflée*, est celle des sensuels, dont les lettres semblent écrasées : Gyp.

Cette classification, à laquelle il faut joindre l'écriture simple et la vulgaire, qui n'ont pas besoin d'explication, comprend sensiblement tous les types qui peuvent se présenter.

Préceptes généraux. — En principe, l'écriture n'a pas de sexe, c'est-à-dire que, sincèrement, dans la plupart des cas, il est impossible d'assurer si un autographe a été écrit par un homme ou par une femme.

Cependant, avec de l'habitude, on arrive à peu près à déterminer le sexe ; mais on ne doit le faire qu'avec une grande circonspection, et, dans le doute, définir simplement l'écriture sous le nom de « présentant un caractère « masculin » ou « féminin ».

La meilleure base d'appréciation des écritures de femmes est la finesse des caractères, l'inclinaison et une certaine apparence légère et douce qui amène à l'*impression*, mais non à la certitude ; certains hommes présentent, dans leur écriture, ces mêmes caractéristiques.

D'autre part, on ne doit jamais porter un jugement sur des autographes écrits au crayon : d'abord parce que les déliés, les signes sont moins apparents et ensuite parce que tout le monde à peu près a la même écriture au crayon.

Le sérieux examen de l'écriture réclame plusieurs extraits de l'écriture à étudier, pris à diverses époques de la vie du sujet ; le mieux est la communication de plusieurs lettres intimes, avec leurs dates et leurs signatures.

De plus, on devra, pour rester dans la vérité, se bien pénétrer de ce fait capital que l'écriture lue n'est pas le caractère absolu (même en dehors des défaillances d'appréciation) du sujet, mais bien l'ensemble des caractéristiques de son caractère brut, non cultivé, du vrai lui et non du lui cultivé que l'on peut connaître.

C'est là ce qui explique le plus souvent les divergences apparentes entre un jugement graphologique et la réalité apparente, en dehors des fraudes qui se produisent parfois alors que l'écriture proposée est changée volontairement (1).

---

(1) Ces écritures factices sont le plus souvent droites ou renversées dans l'autre sens. On ne peut déterminer leur véritable valeur que par comparaison avec l'écriture primitive.

Opération. — On commence par chercher ce que nous appellerons « *la grande dominante* », c'est-à-dire l'impression générale que donne l'écriture en dehors de l'observation : les écritures de Barbet d'Aurevilly, d'Arsène Houssaye, de Sarah Bernhardt ne laissent aucun doute.

Dans l'autographe suivant de Charles VIII, la dominante par excellence c'est l'exaltation imaginative. Comme l'artiste, le roi a passé sa vie sous la double influence de ses nerfs et de son imagination.

Parfois, la présence de dominantes multiples (Saint-François de Sales) demande un examen plus approfondi.

Ce premier signe déterminé, on prend chaque document séparément et on en étudie les moindres détails avec toute l'attention possible. On doit toujours, dans ce cas, se servir d'une loupe, la simple vue étant impuissante pour permettre de voir nettement les particularités des éléments examinés.

Alors, auprès de chaque caractère que l'on a déterminé, on inscrit le signe correspondant, en lui donnant un chiffre (comme coefficient) qui en indique l'intensité.

On fait la même opération sur chacune des lettres prises isolément et on compare le résultat donné successivement pour chaque lettre. La

Exaltation. — Charles VIII.

moyenne des coefficients donne l'intensité du signe, et, par suite, sa valeur relative dans le caractère étudié.

Les contradictions les plus flagrantes se présentent dans certains caractères extrêmes ; il faut avoir soin de les noter et de rechercher si elles sont accidentelles ou permanentes. C'est un très bon signe qui ne doit jamais être négligé.

C'est une erreur généralement répandue que de croire qu'il faille savoir une langue pour en analyser l'écriture.

Les règles que nous étudions en graphologie sont générales et ne s'appliquent, par suite, pas plus à la langue française qu'à une autre langue, à l'exception des langues sémitiques (arabe, hébreu), qui sont tracées de droite à gauche, et dans lesquelles, par exemple, le signe de la sensibilité se trouve dans l'inclinaison contraire à celle que l'on rencontre dans nos langues européennes.

L'étude des chiffres est généralement négligée; c'est une faute, car ils sont aussi significatifs que les lettres.

Enfin, dernier conseil : il est très prudent de procéder méthodiquement et toujours de la même manière ; on acquiert ainsi une grande sûreté de jugement et on gagne un temps considérable.

Nous avons coutume de ranger, d'une façon générale, les caractéristiques d'une écriture en quatre grandes classes, qui correspondent aux instincts, aux facultés, aux passions, à l'esprit. Nous donnons ci-dessous un court résumé des signes particuliers aux divisions principales de ces classes.

Les tendances instinctives.

Distinction. — Écriture magistrale, harmonieuse à l'œil, formes

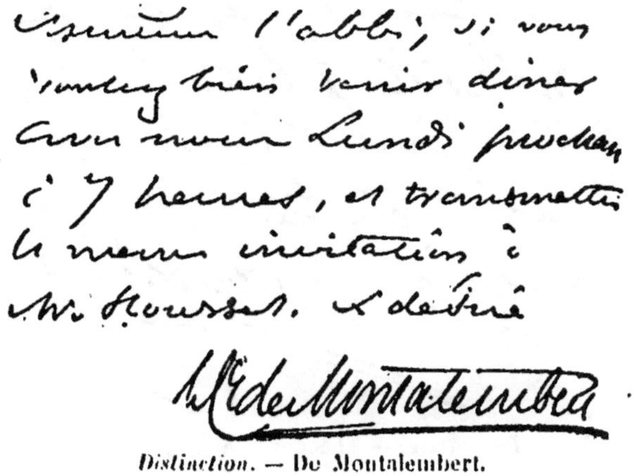

Distinction. — De Montalembert.

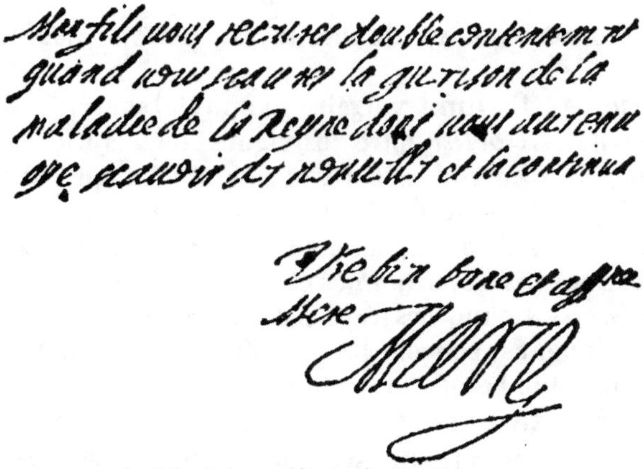

Dignité. — Marie de Médicis.

correctes, absence de fioritures. La *dignité*, qui procède de la distinction, offre une écriture d'un module moindre, avec de grandes majuscules, des mots de même hauteur, réguliers et espacés, une signature sans

Distinction, douceur. — François de Sales.

paraphe ou très discrète et élégante. La *délicatesse* a les formes élégantes et fières très penchées. Le signe des goûts élevés est surtout dénoté par de grandes majuscules et des hampes allongées. La *simplicité*,

Délicatesse. — Théodore Barrière, littérateur.

absence d'ornements et de fioritures, parfois magistrale, toujours simple.

Bassesse. — Écriture vulgaire, appuyée souvent, sans originalité ni régularité. La *bêtise* offre les signes de majuscules mal formées, sans goût, d'un ensemble lourd et sale, de hampes disproportionnées et sans élégance. Si le sujet est une bonne bête (il y en a), l'écriture est lourde et penchée ; si, au contraire, c'est une bête vulgaire, les caractères sont disproportionnés et désagréables à la vue.

Courage. — Donne des traits nets, tracés sans hésitation, des barres épaisses et longues ; souvent les paraphes sont simples et généralement terminés par une pointe de droite à gauche, avec quelquefois un croc en retour à l'extrémité. La *fermeté*, qui est du même ordre, a des caractères identiques ; par exemple, les traits massués, les angles, la netteté, la rectitude des lignes. La *franchise* donne des lettres d'égale hauteur, parfois grossissant vers la fin, écriture très nette. La *ténacité* présente les mêmes caractères ; en outre, les mots qui les composent sont liés ensemble, les barres des *t* sont longues et les *f* majuscules et minuscules barrés en retour.

Fermeté. — Anatole de la Forge, député.

Timidité. — Offre des linéaments aériens, peu tracés, des barres fines et longues, des lignes sinueuses, le plus souvent descendantes,

Ténacité. — Delescluze, général fédéré en 1871.

aucune netteté, rien que des formes rondes et effacées, presque toujours sobre. La *prudence*, qui dérive souvent de la timidité, est caractérisée par des points placés après la signature et un peu partout, des traits de procureur, des parenthèses multiples, une écriture presque droite et, dans la méfiance, des mots gros au commencement et diminuant vers la fin. La *dissimulation*, même caractère que la méfiance, seulement avec une écriture petite, menue, qui se cache, ou illisible et aérienne, lettres mal indiquées, souvent une suite de petits bâtons juxtaposés qu'il faut déchiffrer.

Malveillance. — Écriture redressée, anguleuse, droite, parfois même renversée avec des lignes gladiolées (caractère agressif), avec des crochets (égoïsme). La *méchanceté* présente le même aspect. La *cruauté* y joint une écriture pâteuse et épaisse (signe de vulgarité). La *tracasserie*, particulière aux vétilleux, pointilleux, minutieux, a généralement le type d'une écriture fine, pointue, avec les *t* barrés du haut en bas, en biais.

Bienveillance. — Écriture penchée, beaucoup de courbes, pas d'angles. La *bonté* a aussi ce signe d'inclinaison de l'écriture, de ron-

Bienveillance. — François Coppée, littérateur.

deur dans les formes, de courbes, les *o* et les *a* ouverts sans fioritures, souvent les lettres non liées les unes aux autres. La *sensibilité*, n'étant qu'une manifestation de la bonté, présente les mêmes signes.

Gaieté. — Écriture généralement inclinée, à courbes, les *t* barrés en courbes ou avec de petites barres, la signature ondulante, généralement légère, avec des petits traits, etc.

La *moquerie* et la *critique*, lorsqu'elles sont gaies, sont pimpantes avec de petits traits, les lettres, les mots mêmes sont liés ensemble ; lorsqu'elles sont amères, l'écriture, toujours liée, prend une forme moins fantaisiste, plus raide et plus anguleuse.

Tristesse. — Les lignes sont descendantes ; c'est la caractéristique plus ou moins marquée, suivant le degré, depuis la lassitude jusqu'au désespoir ; on trouve parfois des tentatives de résistance, l'écriture penche, descend, mais tout d'un coup remonte pour redescendre après. Ces sursauts indiquent nettement la lutte entre l'espoir, l'ambition, dont les lignes sont ascendantes, et la tristesse, dont les lignes descendent.

Franchise. — Lettres d'égale hauteur, nettes, grossissant parfois vers la fin, ne diminuant jamais.

Dissimulation. — Écriture petite, que nous avons vue à *timidité*. La *diplomatie* a la même caractéristique, et, de plus, on rencontre souvent ce fait curieux que les écritures de diplomates semblent très lisibles de loin et que, lorsqu'on tente de les déchiffrer, on n'y peut parvenir. La *flatterie* offre une écriture petite, vulgaire ou illisible, rampante et parfois tortueuse.

Coquetterie. — En général, comme pour la fatuité, la confiance en soi, la prétention, elle est dénotée par une écriture artificielle, cherchée et voulue, à petites fioritures, à petits crochets, à petites barres ; le paraphe est arachnéide, se contourne comme un écheveau de fils embrouillés. Très difficile à démêler, provient de beaucoup de causes.

Simplicité. — Aragô, mathématicien-astronome.

Simplicité. — Que nous avons déjà vue en tant que synonyme de noblesse, a un caractère simple, type qui la signale à tous les yeux (1).

Les facultés.

Intuitivité. — Il est impossible de se tromper sur ce signe ; dans l'écriture d'un intuitif, les lettres sont toujours juxtaposées et ne sont

Intuitivité. — Chateaubriand.

en aucun point liées entre elles, non plus que les mots. Les artistes et souvent les gens religieux ont cette sorte d'écriture.

(1) Remarquer que le paraphe qui accompagne la signature d'Aragô n'est que ce même nom, retourné.

Déductivité. — Il va sans dire que les déductifs auront une écriture dans laquelle les lettres sont liées ensemble, les mots, parfois même les

Déductivité. — Proudhon, philosophe.

phrases, rattachés les uns aux autres, comme si la plume ne se

Déductivité. — Voltaire.

levait jamais. Les savants, souvent les matérialistes, offrent ce carac-

Pondération. — Laffitte, riche banquier.

tère dans leurs écritures. En général, les hommes sensés, pondérés, présentent leur écriture mi-juxtaposée, mi-liée ; ce fait provient de l'équilibre dans les facultés, qui sont également partagées entre l'imagination et la raison, si au caractère déductif s'ajoutent les signes dénotant un esprit passionné, continuellement ramené de ses échappées par une logique froide.

Arts. — L'écriture des littérateurs, outre qu'elle est intuitive, est simple, élégante et sans fioritures. Les majuscules adoptent le plus

Artiste. — Théophile Gautier, littérateur.

souvent la forme de majuscules typographiques. Les peintres et les sculpteurs ont souvent cette caractéristique, mais on remarque surtout chez eux le culte de la forme. L'écriture peut ne pas être *calligraphiée*, elle produit toujours une impression agréable. Celle de Bonnat,

Artiste. — Deveria, peintre.

quoique fort menue, donne de loin l'aspect d'un dessin; l'horizontalité des lignes et leur rigidité annoncent, en outre, un caractère d'une fermeté peu commune.

Sciences. — Les savants ont, en général, une écriture fine, simple, netto, précise, déductive dans presque tous les cas. Certains auto-

Artiste. — Bonnat, peintre.

graphes présentent cette simplicité, même une grandeur d'aspect du plus bel effet. Arago (Voy. p. 81) en offre un des plus beaux

Savant. — Adrien de Jussieu, naturaliste.

exemples; son écriture, qui est loin d'être calligraphiée, est plus belle, plus vivante que les modèles d'écriture. Cependant, l'écriture est

Savant. — Étienne Geoffroy Saint-Hilaire, naturaliste.

parfois sèche, serrée, aride, sans grâce, comme celle de Jussieu ou celle de Geoffroy Saint-Hilaire. Les mathématiciens ont souvent cette écriture, mais elle se distingue par l'emploi de lettres ressemblant à des chiffres.

Savant. — Gaspard Monge, mathématicien.

Activité. — Les gens actifs font peu attention à la forme. Aussi, leur écriture est-elle très rapide, parfois peu lisible (on doit la deviner), ascendante, sans ornements, irrégulière. Souvent, les *t* sont barrés au-dessus : signe de l'amour de la domination. Quelquefois, l'écriture est épaisse et révèle le jouisseur, les actifs ayant des tendances marquées dans cette voie.

Paresse. — Aucune forme bien déterminée, lignes irrégulières, lettres inégales, aucun angle, aucun trait nettement marqué ; les lignes sont ondulantes, la ponctuation oubliée, les points, quand ils y sont, très peu marqués ainsi que les accents.

Constance. — La ténacité, la fermeté, que nous avons déjà étudiées, n'en sont que des nuances et présentent les mêmes caractères. Le plus généralement, l'écriture est déductive, les lettres égales, les lignes rapides.

Légèreté. — Le désordre, l'étourderie, sont du même ordre, en général ; dans ce cas, l'écriture est mal formée, négligée, la ponctuation manque ou est mise à certains endroits, pas à d'autres ; les *t* ne sont pas barrés, les points en accents, quand ils y sont, placés bien après la lettre qu'ils doivent surmonter.

Les passions.

Orgueil. — Les différentes sortes d'orgueil modifient l'écriture suivant leur origine. La pose, la confiance en soi, l'admiration de soi-même, sont dénotées par des lettres grandes, mélangées à de petites, des majuscules très grandes ; l'écriture est souvent artificielle et en tous cas la disproportion de certaines lettres de la signature, souvent les premières, ne laisse aucun doute. Quand l'orgueil conduit à la despotivité, on retrouve les signes de cet instinct.

Simplicité. — L'écriture des gens simples est uniforme, quelquefois banale, même délicate assez souvent.

Égoïsme. — Lettres majuscules et minuscules terminées par de nombreux crochets, l'*M* surtout.

Affectuosité. — Comme nous l'avons vu à *bienveillance*, le caractère de l'affectuosité dépend de l'inclinaison des lettres, qui varie avec le degré de douceur, l'écriture arrivant parfois à devenir presque horizontale.

Ambition. — Mise en évidence par les lignes montantes, varie avec le degré de leur ascension, est surtout remarquable dans la signature, qui se trouve en biais dans la page ; souvent pâteuse dans les ambi-

Affectuosité. — Casimir Delavigne, poète.

tions non justifiées. Lorsque l'ambition est appuyée par le courage, les lettres sont énergiquement formées, un peu anguleuses et les barres parfois massuées.

Simplicité. — Offre des signes contraires ; elle est simple et sans ornements, droite et parfois descendante, comme dans la tristesse et dans le découragement. Elle peut présenter de riches qualités dénotées par d'autres caractéristiques, telles que l'amour du beau, de l'art même, dans certains cas, la grandeur.

Colère. — Les mots sont formés sous l'empire de la passion, la plume a volé, elle monte souvent au-dessus de la ligne, présente des à-coups, des angles, des barres et des traits écrasés. Parfois, les hampes ou les boucles sont désordonnées. *L'enthousiasme*, qui est une sainte colère, offre les mêmes caractères avec des boucles contournées, des hampes exagérées, bizarres parfois. On remarque, dans ce cas, un véritable abus de points de suspension, d'admiration, etc.

Calme. — Lettres de forme sobre, régulières, sans fioritures, égales en hauteur. Aucun abus de parenthèses, de points suspensifs ou d'exclamation ; barres courtes ; souvent l'écriture est déductive.

Avarice. — Se remarque dans l'écriture tassée, serrée, à lettres rapprochées et liées. Dans les lettres, pas de marge, pas de blanc, pas de fioritures, rien d'inutile, pas de traits, peu de barres, peu d'espace entre les lignes. Apparence compacte et sèche.

L'économie présente les mêmes caractères, mais amoindris. Les mots sont arrêtés brusquement sans finales ; c'est ce qu'on peut remarquer dans l'autographe suivant.

Prodigalité. — Grandes marges, au contraire, beaucoup de blanc, d'air dans les titres; les marges augmentent de bas en haut, longues finales, mots lâchés, distants; lignes courtes, très espacées.

Économie. — Paul Féval, littérateur.

Chasteté. — Écriture sèche, sans ornements; les traits sont longs et menus, les lettres aériennes; souvent la plume glisse, mais n'ose appuyer.

Sensualité. — Écriture pâteuse, au contraire; traits gros, lettres

Sensualité. — Eugène Sue, romancier.

appuyées, écrasées, le bas des *a*, des *o* tellement plein que la lettre est parfois bouchée. Très penchée, les passions sexuelles dominent et vont jusqu'à la folie, le sadisme; exagérée et devenue boueuse, elle signale les assassins, comme nous l'avons vu à *cruauté*, les débauchés honteux, les ivrognes et les gourmands, etc.

Des passions.

Nous n'avons vu qu'une faible partie des passions et seulement des principales ; aussi bien ce résumé suffit-il, pensons-nous, pour initier le lecteur avec le maniement des portraits graphologiques.

Avant de terminer, disons un mot des criminels, dont la marque indélébile se retrouve dans l'écriture. L'exagération des instincts qu'une volonté insuffisante ne sait ou ne veut réfréner fait les coupables dans tous les mondes, dans tous les peuples. Ce ne sont pas, comme quelques fous le prétendent, de malheureux égarés. Ce sont des jouisseurs haineux qui se vengent de leur impuissance sur le monde tout entier. La sensualité est le mobile le plus fréquent de ces défaillances morales, qu'on devrait châtier sévèrement, et ne le cède qu'à l'orgueil excessif de quelques médiocrités qui ne savent pas se résigner au sort que leurs facultés impuissantes leur ont créé.

Instincts bas, violence. — Marat, révolutionnaire.

En voulons-nous un exemple, l'autographe de Marat est là pour nous fixer. Il a, comme tous les passionnés, l'écriture inclinée, renflée, boueuse, massuée, ce qui montre l'homme en lutte avec la société par sa brutalité naturelle en opposition à ses qualités natives.

On sait, en effet, que Marat, venant de Suisse, ignoré et ignorant, présenta sur l'électricité plusieurs mémoires ingénieux, mais faux, qui furent repoussés. Son orgueil en conçut un tel ressentiment que, bien qu'il fût vétérinaire du roi, de haineux il devint criminel.

On remarque chez les assassins vulgaires les marques évidentes d'un égoïsme absolu : chez Papavoine, il domine, ainsi qu'on peut le voir dans l'autographe ci-après ; chez Barré et Pranzini, par exemple, il est mélangé aux caractères d'une vanité insupportable ; chez Guiteau, la dominante est l'admiration de soi-même ; enfin l'écriture boueuse des deux derniers provient de leur sensualité : La Brinvilliers,

Troppmann, dont l'écriture boueuse offre un exemple frappant de

Égoïsme, sensualité. — Papavoine, assassin.

sensualité bestiale pour le dernier et de férocité sensuelle chez la marquise.

Les tendances de l'esprit.

Esprits créateurs. — Sont particulièrement signalés par les écritures intuitives; souvent même les lettres sont réduites à leur plus simple expression et deviennent des bâtons juxtaposés.

Esprit créateur. — Alfred de Vigny, poète.

Souplesse d'esprit. — Se remarque dans la pondération et l'assimilation aux conditions extérieures. Elle se remarque particulièrement chez les gens qui écrivent large dans un grand papier et dont les interlignes se resserrent à mesure que le papier diminue. En général, très lâchée dans l'intimité.

Sens du goût. — Est particulièrement indiqué par l'application des formes typographiques aux majuscules et par l'élégance dans le tracé des lettres, assez énergiquement indiquée, mais dont l'ensemble forme un tout des plus agréables à l'œil.

Sens critique. — Écriture liée, légère; la plume ne quitte pas le papier, les points sont mis ensuite.

Affectation. — L'affectation offre des lettres (surtout les majuscules) très ornées, tourmentées dans leurs formes artistiques ou bizarres, le plus souvent recherchées, visant à l'effet.

Confusion. — Les lignes sont rapprochées, ou trop rapprochées, sinueuses, enchevêtrées; les majuscules ou les hampes pénètrent dans les lignes voisines, les lettres sont mollement tracées.

Petitesse d'esprit. — Est caractérisée par la régularité de l'écriture, coulée dans un moule dont elle ne saurait sortir, pleins et déliés placés comme il convient, ponctuation régulièrement mise, points au-dessus de la lettre i ou j, sans fioritures ni enjolivements. Quelquefois prétentieuse.

Bizarrerie. — Lettres aux formes inusitées, inattendues, disposition incohérente du texte sur le papier, le plus souvent affectée. Apparence singulière, qui ne trompe pas un graphologue.

Extravagance. — Exagération des traits précédents; elle peut varier depuis les moindres détails affectant une forme particulière et désordonnée jusqu'aux limites de la folie. Lettres mises ou faites à rebours, mots non terminés.

Voilà, trop rapidement exposées, les bases des jugements que l'on peut trouver dans l'ensemble, sur des écritures communiquées.

Une étude attentive permettra à chacun de déterminer des caractéristiques nouvelles qui simplifieront sa tâche et en assureront le succès.

Synthèse graphologique.

Nous venons de voir que les sentiments les plus intimes, parfois même les plus dissimulés, ne peuvent résister à l'analyse du graphologue.

La grande difficulté dans la composition d'un portrait graphologique c'est de démêler judicieusement les signes de l'habitude de ceux de l'accident.

Tout d'abord, on devra chercher la grande dominante.

Comme, dans la plupart des cas, on n'aura que des autographes ordinaires d'hommes ne dépassant pas la moyenne (dans un sens ni dans l'autre), on déterminera d'abord le type du sujet, intuitif ou déductif, et ce premier point permettra dès l'abord de le classer dans le genre général : lettres ou sciences.

Ensuite, passant à l'examen de la volonté, vous verrez si les *t* sont barrés et de quelle façon : si la barre est indécise, molle, c'est le signe graphique d'une nature facile à entraîner; si, au contraire, les *t* sont nettement et fortement barrés dans une écriture rigide, vous déduirez que le sujet a une volonté de fer. Si cette volonté dégénère en entêtement, les *f* barrés en retour vous en avertiront, de même que le harpon.

Enfin, la direction des lignes vous apprendra si vous avez affaire à un ambitieux, à un hardi, à un noble, à un simple ou à un désespéré.

Ces grands caractères étant bien fixés, vous déterminerez les signes des diverses qualités (bonnes ou mauvaises) du sujet, et vous en établirez le tableau, en indiquant leur intensité.

Voici quelques exemples :

SIGNES GRAPHIQUES OBSERVÉS	CARACTÉRISTIQUES	RÉSULTANTE
Courbes............................ Écriture grossissante............ Écriture inclinée.................. Barres molles..................... Pas de crochets..................	Douceur. Franchise. Affectuosité, Volonté faible. Altruisme, oubli de soi-même.	D'après Michon : Attractivité ou puissance à se faire aimer.
Écriture renflée.................. Écriture un peu inclinée........ Croc rentrant.....................	Sensualité. Sens affectif. Égoïsme.	D'après E. de Vars : Jalousie amoureuse.
Écriture pâteuse................. Écriture fortement penchée.... Croc rentrant..................... Marges énormes (parfois deux). Harpon............................. Traits barrés très haut.......... *f* bouclés en retour.............	Sensualité. Passion. Égoïsme. Prodigalité. Entêtement.	D'après S. du Vigneau : Amour du jeu.
a et *o* minuscules ouverts..... Finales des mots gladiolées....	Franchise. Dissimulation.	D'après Plytoff : Esprit nativement franc, mais que les nécessités de la vie obligent à dissimuler.

Vous apercevrez alors des contradictions nombreuses, provenant de l'appréciation produite par l'examen de chaque signe, les uns semblant se détruire, les autres paraissant, au contraire, se renforcer en formant ce qu'on appelle le *graphisme discordant ou concordant*.

L'art est donc de savoir tirer la résultante des éléments ainsi obtenus.

DEUXIÈME PARTIE

DE LA DIVINATION

On a vu que, par les signatures que l'homme présente à l'investigation du chercheur, on pouvait arriver à déterminer d'une manière générale les conditions de son passé et, par suite, les chances de son avenir. Nous allons aborder un autre genre d'études. Ici, nous nous occuperons de la connaissance de l'avenir, résultant directement des facultés de l'homme ou provenant d'influences qui lui sont extérieures.

Il y a lieu, tout d'abord, de réhabiliter la plupart des procédés de divination qui sont tombés, à juste titre, dans un discrédit absolu. La faute en est aux innombrables charlatans, qui, de tout temps, ont abusé de la crédulité de ceux qui les payaient. A ne croire que les révélations des devins de bas étage, des cartomanciennes aux louches attributs, des somnambules aux mœurs douteuses, toutes les prévisions d'avenir ne sont que mensonges odieux. Il y a autre chose, cependant, dans les sciences de divination. Il y en a qui, du reste, sont parfaitement inattaquables, telles que la science des probabilités. Il en est d'autres absolument fausses! Entre les deux se placent les sciences qui ont un fond de vérité, mais dont les résultats ont été faussés par des applications et des interprétations ridicules.

C'est ainsi que, dans les premiers temps, les oracles étaient rendus par des êtres spécialement doués et placés dans des conditions particulières qui leur permettaient de prévoir l'avenir dans beaucoup de cas, de le déduire dans d'autres. La soif d'influence des prêtres, qui exploitèrent cette mine inépuisable, les fit tomber dans les plus abjectes transactions, et on peut lire à ce sujet l'opinion des anciens qui raillaient cruellement ces charlatans et les estimaient à leur véritable valeur, tout en continuant de croire à la possibilité de la divination. Ce sont les devins qui ont tué la divination.

Nous espérons, dans les lignes suivantes, avoir démontré les fraudes nombreuses auxquelles les faux devins devaient leur popularité et leur puissance, tout en laissant apercevoir les bases sérieuses sur lesquelles on peut fonder une étude raisonnable des sciences de divination.

Lisez donc ces chapitres sans idée préconçue et ne concluez qu'après avoir pris connaissance des *faits* certains sur lesquels tout esprit libre de préjugé peut leur accorder confiance. Toutefois, cette confiance ne doit pas dépasser les limites du pouvoir naturel à l'homme, et ce serait une absurdité plus grande de croire que l'homme, même *inspiré*, puisse dominer le destin que d'ajouter foi aux prédictions des somnambules foraines.

Pour nous, l'homme entraîné par des pratiques spéciales, absorbé dans la méditation, sans distraction intérieure, peut, par l'habitude, *s'extraire* tellement de son corps corporel que les fonctions intellectuelles dominent tout chez lui. Dans cet état, il semble que l'homme puisse avoir la perception des causes secondes génératrices du monde sensuel par un développement inusité de clairvoyance, une acuité des organes, dont nous ne pouvons nous douter à l'état de veille, et surtout dominés par la matière, comme nous le sommes.

Nous avons divisé cette étude en sept chapitres : le premier consacré à la recherche de l'avenir (les causes) ; le second appliqué à la recherche des procédés de divination (les effets) ; le troisième établi dans le but d'étudier les facultés et les procédés spéciaux aux devins ; le quatrième est l'application de l'astrologie à la divination ; le cinquième s'occupe de la divination par les songes ; le sixième est l'ensemble des méthodes connues de divination, ainsi que le suivant ; le huitième est consacré à l'étude des procédés employés par des cartomanciens pour la prévision de l'avenir ; le neuvième comprend les lois et les applications du calcul des probabilités ; et le dernier est l'exposé de la cryptographie, qui est, elle aussi, à un certain titre, une science de divination.

CHAPITRE V

LA RECHERCHE DE L'AVENIR

Définition : Les faits ne peuvent dériver que de trois causes : l'une, le hasard, qu'on ne peut logiquement admettre ; l'autre, la Providence, admissible lorsqu'on possède une qualité spéciale : la foi ; et, enfin, le destin, plausible lorsqu'on n'a pas la foi.

Autorités : Tout le monde recherche l'avenir et les plus grands hommes de tous les temps y ont consacré leur étude ; il faudrait citer tout le monde.

Preuves : Dans le cas providentiel, il n'y en a pas : on ne peut qu'admettre sans discussion la parole du prophète ou le traiter d'halluciné ; dans la doctrine du destin, le devin, s'abstrayant, acquiert une lucidité qui lui permet de remonter à l'origine des causes secondes.

Fraudes : Innombrables, puisque les preuves ne reposent que sur la bonne foi du devin. Il faut se garder, dans cette étude, des coïncidences fortuites, des prédictions non justifiées, etc.

Les causes premières.

Sur cent prophéties, il y en a peut-être seulement deux de vraies, mais il y en a.

La véritable position du savant en face des phénomènes qui l'entourent est celle d'un doute éclairé d'un clairvoyant scepticisme (1). Depuis Bacon, les sciences, de spéculatives qu'elles étaient avant lui, sont devenues analytiques, et la raison pure n'admet d'autres vérités que celles qui sont matériellement prouvées par une longue suite d'expériences dont les résultats sont toujours identiques.

(1) Les écoles anciennes les plus éclairées ont suivi cette méthode. Adoptons donc le « peut-être » de Rabelais, le « qui sait ? » de Montaigne, le « non liquet » des Romains, le « doute » de l'Académie d'Athènes.

Quoi qu'il en soit, comme toute croyance, toute déduction de l'esprit est respectable, tout phénomène observé peut provenir de trois causes distinctes :

1° Ou ils sont le produit du *hasard*, c'est-à-dire un effet sans cause ;

2° Ou ils résultent d'un enchaînement de causes nécessaires, c'est-à-dire de la *fatalité* ;

3° Ou ils proviennent de l'action de la *Providence*, qui a tout créé et qui domine tout.

Le choix, pour un esprit philosophique, ne saurait être douteux ; repoussant avec le même soin les *faits* aveugles ou les faits surnaturels, il ne saurait admettre d'autre explication rationnelle d'un phénomène que celle qui le fait dériver naturellement d'un enchaînement de causes, dont il recherchera la source.

La nature de cet ouvrage nous impose le silence sur les développements s'intéressant de la discussion philosophique de ces trois hypothèses ; en historien fidèle, nous allons mettre entre les mains du lecteur toutes les pièces du procès. Son jugement lui indiquera la *vérité*.

Le hasard.

Qui de nous n'a maintes fois invoqué le *hasard* ou la *chance* lorsque les événements, semblant inopinés, favorisaient nos goûts ou détruisaient nos espérances. Or, philosophiquement et mathématiquement, le hasard n'existe pas.

Il se peut que les causes nous échappent, elles n'en existent pas moins, et, de même que nos rêves nous paraissent parfois incohérents parce que le sommeil nous empêche de suivre tous les développements de notre idée, en ne laissant dans notre mémoire que des faits sans liaison et dont la succession nous semble ridicule, de même fort souvent les événements de notre existence nous semblent produits par le hasard, parce que nous sommes impuissants à apercevoir la marche des faits et leurs conséquences.

La moyenne des hommes, étant d'un esprit peu porté à l'étude, a de tout temps accepté aveuglément l'influence du hasard, de la chance, de la fortune sur la vie.

De nos jours, il est peu d'hommes qui ne sacrifient à la fortune, et, chez les anciens, aucune divinité n'eut autant de temples ni de fidèles.

Les philosophes, tels que Théophraste, Callisthène, enseignaient que ce n'est ni la sagesse ni le mérite qui gouvernent la vie et procurent du bonheur, mais que tout dépend de la fortune, et que la Providence n'y a aucune part.

Tacite, dit aussi dans ses *Annales*, livre III : « Pour moi, plus je réfléchis à un grand nombre de faits, soit modernes, soit anciens, et plus je reconnais les effets du hasard dans toutes les choses du monde. »

Pascal dira plus tard : « Non seulement, vous vous trouvez le fils d'un duc, mais vous ne vous trouverez au monde que par une infinité de hasards. Votre naissance dépend d'un mariage, ou plutôt de tous les mariages de ceux dont vous descendez. Mais d'où dépendaient ces mariages ? D'une visite par rencontre, d'un discours en l'air, de mille occasions imprévues. Vous tenez, dites-vous, vos richesses de vos ancêtres ; mais, n'est-ce pas par mille hasards que vos ancêtres les ont acquises et qu'ils les ont conservées? Mille autres, aussi habiles qu'eux, ou n'ont pu en acquérir ou les ont perdues après les avoir acquises. »

Les faits les plus divers sont encore attribués au hasard, et, sans rappeler qu'Eschyle fut écrasé par une tortue qu'un aigle laissa échapper de ses serres, ce qui est une fatalité contestable, ce qui ne l'est point c'est que le général Lassalle fut préservé d'une balle par une longue cravate, que Rochefort dut la vie à une médaille sainte qu'il portait sur lui et contre laquelle la balle de son adversaire s'aplatit, qu'à la bataille de Leipzig, Viennet reçut une balle en pleine poitrine et qu'il n'échappa à la mort que grâce au manuscrit de sa tragédie de *Clovis* qui lui fit un bouclier ; tant de milliers de faits inexplicables ne peuvent provenir du hasard seul.

Dans les arts comme dans l'ordre scientifique, les découvertes sont, le plus souvent, attribuées au hasard. Les qualités médicinales ou nutritives de certaines plantes sont dans ce cas (café, quinquina, éther, etc.); la découverte des ballons, celle de la vaccine, du télescope, de l'Amérique, sont réputées hasard. Mais convenons que ce sont des hasards heureux, qui semblent n'échoir qu'à des hommes de génie.

L'histoire nous semble pleine d'événements contradictoires dont l'esprit recherche vainement les causes.

Quinte-Curce dit à ce propos : « Il faut avouer que, si Alexandre dut beaucoup à sa vertu, il dut encore davantage à la fortune que, seul entre tous les mortels, il tint en son pouvoir. Combien de fois l'arracha-t-elle à la mort ? Combien de fois, engagé témérairement dans les périls, le couvrit-elle de ce bonheur qui ne l'abandonna jamais ? Elle donna à sa vie le même terme qu'à sa gloire, et les destins attendirent que, ayant achevé la conquête de l'Orient et atteint l'Océan, il eût accompli tout ce qui était possible à l'humanité. »

Il semble inutile de rapporter des exemples de milliers de faits connus dans cet ordre d'idée.

Le hasard, n'étant ni cause ni agent, ne peut ni ne doit rien produire. Cependant, que penser de certains faits?

Après le meurtre de Caligula, le Sénat voulut rétablir la république. « Un Épirote découvre l'ignoble et imbécile Claude, caché dans des latrines et propose à ses compagnons de le nommer empereur. On reconnut alors d'une manière frappante que les efforts des mortels sont impuissants lorsque la fortune ne les seconde pas (1). »

(1) Sext. Aurélius Victor, *De Cæsaribus*.

Les esprits sains, néanmoins, répugnent à se confier aveuglément au hasard. « Aide-toi toi-même »; Cicéron dit à ce sujet : « Ce n'est pas seulement la fortune qui aide les hommes forts, mais c'est surtout la raison qui imprime, par ses préceptes, une force nouvelle aux gens courageux. » Oui, certaines occasions; mais pour le cas de Claude? mais dans l'exemple suivant, rapporté par Napoléon Ier dans son *Mémorial de Sainte-Hélène* :

« Serrurier et d'Hédouville cadet marchaient de compagnie pour émigrer en Espagne ; une patrouille les rencontre : d'Hédouville, plus jeune, plus leste, franchit la frontière, se croit très heureux, et va végéter misérablement en Espagne. Serrurier, obligé de rebrousser chemin dans l'intérieur, et s'en désolant, devient maréchal de France. Voilà pourtant ce qu'il en est des hommes, de leurs calculs et de leur sagesse. »

La Providence.

Cette opinion, tout aussi justifiable que les autres, doit prendre place avant le destin.

La Providence correspond, dans quelque religion que ce soit, à la divinité, c'est-à-dire à un principe supérieur qui dirige tout à son gré et dont nous ne pouvons pénétrer les desseins. Que, suivant les systèmes, ce soit Dieu lui-même, ou un des attributs de Dieu, le résultat est toujours divin, c'est-à-dire surnaturel.

Il faudrait refaire l'histoire complète de la plupart des systèmes philosophiques pour retrouver la multitude d'opinions que l'on s'est faites de la Providence (1). Ce n'est pas ici le lieu de nous étendre sur ce

---

(1) Voici, à titre de pur renseignement et sans discussion ni sans choix, quelques-unes des théories les plus répandues sur ce sujet :

Quelques philosophes, Phérécyde et Anaxagore par exemple, enseignaient un Dieu tout-puissant, gouvernant l'univers avec une sagesse infinie et croyaient nos âmes immortelles.

Platon, dans le *Timée*, proclame Dieu créateur du ciel, de la terre et de l'âme ; toutefois, c'est dans les œuvres des stoïciens que l'on trouve pour la première fois le nom de *Providence*.

Soumettant toutes leurs actions au sentiment du devoir, les disciples de Zénon enseignèrent les premiers que chacun de nous étant une partie de ce vaste tout (τοπχν), doit être attaché au bien général plus qu'au bien particulier et sacrifier au salut de tous son bien-être personnel.

Épictète (esclave, pauvre et boiteux) disait : « Je suis dans la place où la Providence a voulu que je fusse; m'en plaindre, ce serait l'offenser. » Après lui vient Tertullien dans son *Apologétique*, puis Bossuet dans son *Discours sur l'histoire universelle*, qui proclament les qualités divines.

Cependant, pour que le principe du libre arbitre soit respecté, ce dernier ajoute que la fortune « semble seule décider de l'établissement et de la ruine des empires; mais, à tout prendre, il en arrive à peu près comme dans le jeu, où le plus habile l'emporte à la longue (*Discours sur l'histoire universelle*, 3e partie, chap. I et II). Les adversaires de la Providence sont les épicuriens, les fatalistes de la matière et les sceptiques, tels que Diogène.

7

sujet, ; qu'il nous soit permis de dire simplement que les exemples qu'on pourrait donner de l'existence d'une Providence sont innombrables, aussi nombreux et aussi concluants que ceux qu'on attribue au destin.

Du reste, la définition de la Providence ou de Dieu nous défend même de remonter aux causes des effets que nous voyons se dérouler sous nos yeux. L'inconnaissable n'est pas de notre ressort.

Lorsqu'on voit, dans la vie vulgaire, le bien et le mal aussi bizarrement distribués ; quand on voit indifféremment le vice ou la vertu triompher, quand on constate que, dans les épidémies, les naufrages, les incendies, les bons meurent dans d'horribles souffrances, les mauvais y trouvant, au contraire, bien-être et avantage ; que les enfants, pauvres innocents, sont fauchés dûrement dans leur essor vers la vie, alors que de vieux brigands vivent d'exactions pendant de longues années ; qu'une fille vertueuse est moins estimée qu'une courtisane qui s'entasse sous les jupes tout l'or de ses victimes ; qu'un banquier véreux, de race douteuse, fait trembler tout un peuple, alors on est tenté de s'écrier, avec le prophète : « J'étais scandalisé et je sentais presque ma *foi* s'ébranler lorsque je contemplais la tranquillité des méchants. J'entendais dire autour de moi : Dieu les voit-il ? Et moi je me disais : C'est donc en vain que j'ai suivi le sentier de l'innocence ? Je m'efforçais de pénétrer ce mystère, qui fatiguait mon intelligence... »

Et le mieux, dans ce cas, est de dire, avec Lamennais : « Il suffit d'avoir des yeux et de les ouvrir pour reconnaître qu'une grande justice s'exerce dès ici-bas ; seulement, on voit que certaines causes sont appointées à une autre session. Celui-là est encore bien faible qui s'étonne ou s'inquiète de ce délai. »

Avant de conclure, disons qu'il est impossible de concevoir un Dieu sans lui accorder les fonctions dont nous supposons la Providence revêtue. Or, dans ce cas, il est indispensable d'admettre que Dieu a une connaissance absolue de l'avenir et de toutes les actions *futures et libres* de tous les hommes, mais encore qu'il influe sur les actes de tous les êtres, de manière à les diriger suivant ses impénétrables desseins.

Sans cela, nous ne pourrions doter la divinité des attributs de l'omnipotence et encore moins de l'immutabilité, et sa Providence se trouverait à tout moment en défaut par suite de la mobilité des hommes et par suite de la liberté de leurs actions qui lui seraient imprévues.

Nous devons donc appeler l'attention sur deux points particuliers qui dérivent de cette constatation : 1° La prescience, prénotion que Dieu a des événements peut-elle se concilier avec le libre arbitre de l'homme ? 2° Par quels moyens Dieu dirige-t-il les événements, les faits qui nous paraissent uniquement dépendre de la volonté humaine sans nuire à cette liberté ?

Pour Spinosa et les panthéistes, tous les êtres sont des manifestations d'une seule substance : un homme n'est qu'une force, tout est aveugle et l'effet d'une nécessité absolue. Lucien, Diderot, Hégel, peuvent être rattachés à cette doctrine.

La seconde question, disons-le tout de suite, est insoluble, et la seule réponse c'est que, si les desseins de Dieu nous sont cachés, les secrets ressorts, les moyens dont il use ne sont pas à la portée de notre faible raison. C'est du reste (avec la grâce) une des parties les plus obscures de la philosophie chrétienne.

Comme nous pouvons nous passer de ce développement, n'insistons pas.

Quant à la prescience divine, c'est-à-dire la connaissance antérieure à l'événement, que Dieu peut avoir de l'événement, elle dérive de ses qualités propres. Pour Dieu, en effet, il n'y a pas de futur ; tout est présent ; le phénomène qui est à venir, Dieu le contemple dans le temps et le voit actuellement, quelle que soit l'époque à laquelle il se réalisera.

Ce que nous venons de dire est pour expliquer, plus tard, l'influence du songe et la relation constante qui lie le créateur au créé.

Dans l'étude de la divination, que nous allons entreprendre, l'homme peut, dans certains cas particuliers, conjecturer l'avenir ; il n'a même pas la prévision, il n'a que la probabilité.

La vue de l'avenir est donc nécessairement impliquée dans la science de Dieu revêtu des qualités qui lui sont propres, c'est-à-dire l'infini de toutes.

Dans cette hypothèse, les actions des hommes n'ont pas lieu parce que Dieu les a prévues ; mais Dieu les prévoit, parce qu'elles existent virtuellement et qu'il les a vues. Or, comme l'homme est libre, il les fait librement et Dieu le voit faire.

Donc, dans ces conditions, on conçoit sans peine la révélation, les songes, les prophéties.

Quoi qu'il en soit, il est des événements où, suivant le langage de Bossuet, « la main de la Providence paraît toute seule par des coups extraordinaires » ; seulement, le plus souvent, nous ne le voyons pas. En somme, cela n'a rien de bien étonnant. Nous ne savons du problème qu'une chose : le résultat, et nous cherchons à remonter aux causes. Les parasites des infiniment petits, les microbes cachés dans l'organisme humain se rendent-ils compte de la circulation et des diverses fonctions de l'homme, et peuvent-ils avoir la moindre conscience de ses actes, dont ils n'aperçoivent qu'un effet relatif ?

« Leuconoé, si tu veux m'en croire, ne cherchons pas à savoir qui de nous deux s'en ira le premier. Laissons en repos la sorcellerie et soumettons-nous, quoi qu'il arrive, aux décrets de Jupiter !

« Soit qu'il ait résolu de nous laisser encore un certain nombre d'hivers ou que nous ayons vu pour la dernière fois la mer de Toscane, heurtant de son flot irrité les rochers de ces rives, soyons sages, filtrons nos vins ; réglons notre espoir sur la brièveté de la vie et résignons-nous. Prends-moi ce jour sans lendemain peut-être. Le moment où tu m'écoutes est déjà loin (1). »

C'est peut-être bien la sagesse !

(1) Horace, *Liv. II, ode* 11.

Le destin.

Le destin étant défini : l'enchaînement naturel et éternel des causes, on peut signaler, dans des cas innombrables, une chaîne de fatalités terribles.

On a dit que la fatalité est une doctrine éminemment opposée à l'intelligence, au libre arbitre, et que, là où il y a fatalité, il n'y a qu'automatisme. Cette opinion provient d'une étude incomplète de la question.

La mythologie antique faisait de *Fatum* le dieu le plus ancien, celui auquel tous les autres étaient soumis, de même que les simples mortels.

Me quoque fata regunt. — Moi aussi, le destin me conduit, dit Jupiter (*Ovide*).

L'action du destin ne s'exerçait pas seulement sur le monde matériel, il influait aussi sur le monde tout entier. C'est, dit Sénèque, « une nécessité de toute chose et des actions qu'*aucune force ne peut rompre*. — *Quam nulla vis rumpit.* »

Or, le destin n'a pas toujours été conçu de la même manière. Les fatalistes, Héraclite, Empédocle, Démocrite, Zénon, professaient la nécessité absolue ; tandis que quelques autres stoïciens, Chrysippe entre autres, concevaient le destin comme l'enchaînement éternel des causes, la raison primitive du monde, l'intelligence de Dieu appliquée à la matière.

Or, c'est à ce point de vue que se placent les partisans des sciences occultes.

Il n'y a pas d'effets sans causes ; or, rien n'arrive que par des causes antécédentes, c'est-à-dire par la force du destin. C'est donc le destin qui gouverne tout.

Chrysippe soutenait qu'il ne peut y avoir d'avenir vrai s'il n'existe des causes de cet avenir. Tout événement suppose une série de causes ayant leur source dans l'éternité. Le passé est immuable et nécessaire ; l'avenir, sa conséquence, est inéluctablement immuable et nécessaire.

Le libre arbitre reste indifférent à la forme que prendra le destin pour se manifester, car *la volonté* dont chacun de nous est doué nous permet de lutter contre le destin.

« *Fata volentem ducunt, nolentem trahunt.* — Le destin conduit celui qui sait vouloir, il traîne celui qui ne peut vouloir », dit Sénèque. Cela est si vrai que nous pouvons, par l'examen des faits, on changer la conséquence, nous pouvons les conduire, et, sauf des exceptions rares, nous sommes libres de choisir notre voie, de faire notre avenir.

Cette théorie, qui était celle de Chrysippe, de Carnéade, de Sénèque, etc., conduit au matérialisme, en raisonnant ainsi : J'ai deux morceaux de plomb et de soufre, immobiles, inertes, inconscients ; si je ne les anime, ils resteront indéfiniment dans le même état ; c'est leur destin. Si, au contraire, ma volonté les anime d'un mouvement nécessaire, ils se combineront, changeront d'aspect, se modifieront suivant les lois naturelles. De même l'homme, dans la nature, s'il ne bouge pas, s'il reste inerte et inconscient, sera ballotté par le destin ; si la volonté l'anime, il le dominera et changera sa destinée. En bien ? en mal ? Il importe peu.

Les hommes sont ce qu'ils se font !

Et tous les vains efforts des égalitaires disparaissent devant les obstacles insurmontables où se heurte la race humaine, tournant dans un cercle de nécessités invincibles, esclaves de la nature.

L'être vivant obéit à une force aveugle, inconnue, irrésistible, qui le jette pantelant sur cette terre, homme, femme ou neutre, heureux ou malheureux, prince ou mendiant, génie brillant ou reste pourri de plusieurs générations.

C'est donc suivant qu'il est plus ou moins apte qu'il se fait plus ou moins bon plus ou moins fort. Ce n'est que de notre volonté que nous relevons, au point de vue moral.

Cette théorie est très critiquable au premier abord, parce qu'elle semble ne laisser subsister dans les actions des hommes ni mérite ni démérite. Elle s'éclaire et reprend son véritable sens si on y ajoute la doctrine qui nous apprend que nous sommes une partie du grand tout (τὸ πᾶν), que tous doivent vivre pour un seul, qu'un seul doit vivre pour tous et que chacun doit être plus attaché au bien général qu'au bien particulier.

Donc, l'avenir existe virtuellement dans le passé, comme la fleur dans le bourgeon ; c'est à nous de savoir le découvrir. Parlons moins et pensons plus. Nos connaissances, nos sciences ne sont que les ombres du passé, qui rayonnent vers l'avenir.

Cette proposition nous amène à la discussion de théories occultistes.

Qu'on ne se hâte pas de conclure, si elle paraît un peu obscure, qu'on passe outre jusqu'à l'étude des principes de cette science, dont on comprendra toute la portée quand on aura étudié la partie initiatique de ce volume.

Dans la théorie de Fabre d'Olivet, nous voyons trois forces en action : la Providence, la volonté, le destin. On en déduira l'action réciproque de chacun :

Providence (*agit sur le présent*)	Caractère inattendu, ou extra-naturel.	Ex. : Jeanne d'Arc.
Volonté humaine (*agit sur l'avenir*)	Caractère démocratique. Le roi au lieu de la royauté. Changements fréquents.	Ex : République parlementaire.
Destin (*agit sur le passé*)	La royauté reste, les rois passent. La Chine, la Routine. Éternité des formes. Fixité.	Ex. : Les rois de droit divin.

Comme application de ce tableau, nous allons, d'après d'Olivet, en appliquer les termes à un exemple :

La maison doit fatalement brûler (destin).

La Providence ne *peut pas* empêcher la maison de brûler, car il n'y a pas de Dieu tout-puissant qui fasse *du surnaturel*.

La Providence ne peut faire qu'une chose : nous envoyer un *rêve* prophétique qui nous avertit.

Tout-puissant, comme Dieu, vous pouvez soit sortir de la maison, soit y rester et brûler avec.

Dans le premier cas, vous obéissez à la Providence; dans le second, vous obéissez au destin.

Le libre arbitre est aussi sauf que possible, il s'agit pour vous de savoir recueillir les avertissements de la Providence ou de vous en rendre digne.

Ceci vous semble-t-il difficile à comprendre? Voici un phénomène analogue qui va simplifier les choses; je l'emprunte à Desbarolles :

« Un nuage, dit-il, apparait à l'horizon d'un ciel pur; les marins savent déjà que les conséquences de ce nuage sont la tempête, et que les conséquences de la tempête sont le tumulte des flots et le naufrage, etc.

« Ce nuage, c'est l'avenir; c'est un signe menaçant écrit dans le ciel.

« Si les matelots sont habiles, les vents se déchaînent, la tempête

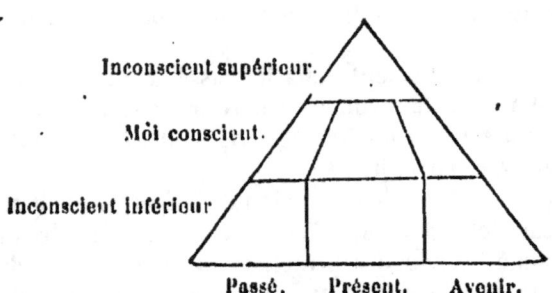

Composition de l'homme, d'après la magie (Théorie de Papus).

mugit, mais le naufrage est évité et la bourrasque leur a souvent fait faire un chemin plus rapide.

« Mais, si l'homme est imprévoyant, s'il ne cargue point ses voiles, s'il ne fait rien pour résister à la tempête, la cause est naturellement suivie de son effet, le naufrage.

« L'homme sage change les conséquences, mais la tempête a toujours lieu. »

Une théorie plus simple, que Papus a déduite de la composition de l'homme d'après la magie, nous replace sur un terrain plus philosophique. Il comprend :

Un inconscient supérieur, représenté pour nous par des manifestations surnaturelles : Jeanne d'Arc, les somnambules extra-lucides, etc.

Un conscient, le Moi, manifestation de la personnalité humaine.

Un inconscient inférieur, manifesté par un pressentiment inconscient.

La figure permet de se rendre compte de certaines prédictions faites à l'état d'extase.

Dans cet état, l'être humain se trouve concentré dans l'inconscient supérieur : le passé, le présent et l'avenir sont aperçus du même coup d'œil, et au réveil il ne peut ignorer ce qu'il a dit en extase.

L'homme éveillé, *conscient*, ne peut, en effet, déduire l'avenir que des probabilités scientifiques alliées à quelques données intuitives. Il ne doit tenir aucun compte des impulsions mystiques de l'extase, sous peine de quitter le monde du bon sens, de la conscience.

Plus on s'élève vers le haut du triangle, plus les faits du passé, du présent et de l'avenir se confondent dans un même point. De la là théorie de la divination à l'état d'extase.

C'est également cette théorie du Moi conscient, placé entre deux inconscients, que mon ami Donald Mac Nab a recueillie des Indous et a développée avec un mérite réel.

La superstition.

Une faiblesse aux yeux des savants modernes et des esprits forts, dont on a fait reproche aux grands hommes de l'antiquité, c'est la superstition.

Il y a lieu de faire quelques réserves. Tout dépend de ce qu'on entend par superstition. Tout ce qui est *trans natura* au delà de la nature n'est pas *supra natura* au-dessus de la nature.

La superstition, en théologie, consiste à rendre à la créature le culte qui n'est dû qu'à Dieu, ou à rendre à Dieu un culte qui ne lui convient point.

De ce fait, toutes les religions étrangères à celle qu'on reconnaît ne sont que des superstitions, puisque le Dieu change avec la religion et avec le culte qu'on lui rend. La moitié de l'Europe croit l'autre dans les ténèbres de la superstition.

C'est à un autre point de vue qu'il faut envisager la superstition, dans le sens de *superstare*, se tenir au-dessus, se mettre au-dessus des croyances vulgaires.

On dit que nous ne sommes plus superstitieux et que la réforme du seizième siècle nous a rendus plus prudents ; que les protestants nous ont appris à vivre.

« Et qu'est-ce donc que le sang d'un saint Janvier, que vous liquéfiez tous les ans quand vous l'approchez de sa tête ? Ne vaudrait-il pas mieux faire gagner leur vie à dix mille gueux, en les occupant à des travaux utiles, que de faire bouillir le sang d'un saint pour les amuser ? Songez plutôt à faire bouillir leur marmite.

Pourquoi bénissez-vous encore dans Rome les chevaux et les mulets à Sainte-Marie-Majeure?

Que veulent ces bandes de flagellants en Italie et en Espagne, qui vont chantant et se donnant la discipline en présence des dames? Pensent-ils qu'on ne va en paradis qu'à coups de fouet?

Ces morceaux de la vraie croix qui suffiraient à bâtir un vaisseau de cent pièces de canon, tant de reliques reconnues pour fausses, tant de faux miracles, sont-ils des monuments d'une piété éclairée?

La France se vante d'être moins superstitieuse qu'on ne l'est devers Saint-Jacques-de-Compostelle et devers Notre-Dame-de-Lorette. Cependant, que de sacristies où vous trouvez encore des pièces de la robe de la Vierge, des roquilles de son lait, des rognures de ses cheveux (1)?

Le plus souvent, ce sont les promoteurs de ces croyances qui accusent les philosophes d'être des séditieux. Et quelle différence y a-t-il, aux yeux de la raison, entre le *hoc signo vinces* de Constantin et le petit Apollon de Delphes que Sylla, avant le combat, ne manquait pas de baiser devant ses soldats?

Les bois sacrés, les sources, les pierres druidiques, la fontaine de Merlin, les eaux de sources sont bien dérivés des mêmes croyances.

La doctrine des jours heureux et malheureux, signalée par Hésiode dans les *Travaux et les Jours*, était fort admise de son temps, et Plutarque n'a point hésité à publier un traité sur cette question. Chez les anciens, du reste, la superstition des dates était générale.

Elle s'est conservée jusqu'à notre époque, où bien des gens croient encore à l'influence néfaste du vendredi ou du 13.

Napoléon rappelait à Sainte-Hélène qu'il entra un vendredi à l'école de Brienne et que, en voyant son père s'éloigner, il versa un torrent de larmes. « Hé! disait-il, avec de fortes propensions à être superstitieux, je n'entrepris jamais rien qu'avec crainte un vendredi; d'ailleurs, je ne sais si c'est un pur hasard, ou une suite nécessaire de la mauvaise disposition d'esprit où le vendredi me mettait, mais j'ai toujours mal réussi dans mes entreprises ce jour-là. Ainsi, entre autres choses, je me souviens que la nuit où je partis de Saint-Cloud, pour la campagne de Russie, était un vendredi. »

(1) Voltaire, *Dictionnaire philosophique*, article *Superstition*.

CHAPITRE VI

LA DIVINATION

Définition: La divination est une faculté ou un art. Naturelle, elle appartient à l'inspiré; artificielle, elle dérive de l'acuité, de la finesse de perception, conséquence d'un long entraînement. La prénotion ou la prévision, qui n'appartiennent qu'à des esprits supérieurs, semblent pouvoir s'y rattacher.

Autorités: Tous les hommes y ont cru; on n'en peut citer plus particulièrement aucun.

Preuves: Il y a des faits vrais qui ont été prédits; il faut une discussion acharnée pour les classer dans la catégorie qui leur convient. Cependant, il en est de tellement nets de prédiction et de circonstances, qu'on est forcé d'admettre la réalité de la divination.

Fraudes: Innombrables; tous les ambitieux, tous les charlatans ont pratiqué les jongleries de la divination; un cas sur cent est vrai, mais il est vrai.

Nous allons voir si, comme le dit Voltaire, « l'inventeur de la divination fut le premier fripon qui rencontra un imbécile. »

S'il est un besoin naturel, c'est bien celui de savoir d'où l'on vient, où l'on va. La recherche des causes premières a passionné les plus grands hommes. Dès la plus haute antiquité, dans le calme de la nature, les hommes ont cherché à pénétrer le mystère de l'au delà; d'un effort d'intelligence, ils ont voulu dépasser le moment présent. La lutte de l'intelligence avec le temps produit le mouvement auquel nous donnons le nom de *progrès*.

D'après l'étude des mœurs de l'antiquité (1), aussi bien que chez les modernes, la croyance de la divination existe chez tous les peuples, aussi nombreuse, aussi enracinée.

Or, l'étude d'une croyance aussi répandue mérite bien qu'on l'étudie

(1) Le nombre des écrivains qui ont consacré leur talent à l'étude de la question est considérable : Hérodote, Pythagore, Pausanias, Virgile, Tacite. Pline le Jeune, les Pères de l'Église, entre beaucoup d'autres, ont traité ce sujet.

un peu. Il y a lieu tout d'abord de distinguer deux sortes de divination:

Il est, dit Cicéron, une antique croyance, qui remonte aux temps héroïques et qui se trouve confirmée par le consentement du peuple romain et de toutes les nations. Les Grecs l'appellent μαντική, ce qui signifie le pressentiment, la science des choses futures.

En effet, à Rome, la divination était l'un des ressorts de l'État et Cicéron lui-même était augure.

Chrysippe envisageait la divination à un autre point de vue ; c'était pour lui « une faculté connaissant, voyant, expliquant des signes qui font effet aux hommes par les dieux ; l'utilité de cette science, dit-il, est de pressentir dans quelles dispositions les dieux sont à l'égard des hommes, ce qu'ils veulent faire entendre, enfin, par quels moyens on peut obtenir ces signes et satisfaire aux ordres des dieux ».

Et ils avaient raison tous deux.

D'après Cicéron, l'homme est un intermédiaire passif par lequel les dieux font connaître l'avenir.

Pour Chrysippe, l'homme peut arriver à connaître l'avenir au moyen de l'expérience ou de connaissances spéciales, sans recourir à l'inspiration naturelle.

La première de ces divinations est dite *naturelle*, l'autre *artificielle*. On en conçoit, dès maintenant, la marche par les considérations qui précèdent et on voit qu'elles répondent justement aux deux divisions que nous avons indiquées : Providence ou destin.

Comme nous, Bacon, le père de la philosophie expérimentale et notre guide à tous, divise la divination en deux parties : l'artificielle et la naturelle; il rejette la première, celle qui tire ses présages de la situation des astres, du vol des oiseaux, pour ne considérer que la seconde. Pour lui, elle est de deux espèces : l'une native et l'autre produite par une sorte d'influence. La première s'appuie sur la supposition que l'âme recueillie et concentrée en elle-même a, en vertu de son essence, quelque prénotion de l'avenir ; on en voit des exemples dans les songes, les extases aux approches de la mort. Or, cet état de l'âme, on peut le produire ou du moins le provoquer par les abstinences et par tous les moyens dont l'effet est de dégager l'âme du corps et qui la mettent en état de jouir de sa propre nature. Dans la seconde, Bacon compare l'âme à un miroir susceptible de recevoir une certaine illumination secondaire de la prescience de Dieu et des esprits. C'est cette dernière surtout qu'on peut appeler avec raison inspiration surnaturelle, esprit prophétique.

Divination naturelle.

On conçoit que la vie brûlante de nos villes éteigne la faculté de divination naturelle, si toutefois elle existe. « Nous sommes tous inspirés, dit Fénelon, mais nous étouffons sans cesse cette inspiration. »

Il est incontestable que, cette inspiration existant, c'est dans le recueillement, dans le calme et le silence de la méditation qu'on pourra la développer ou même en apercevoir l'existence. Tout homme doit, en effet, posséder virtuellement la faculté de prévoir l'avenir à un degré quelconque.

Dans cette communication avec la divinité, le sujet doit être absolument *passif* (recevoir l'action); il doit donc s'abstraire, se concentrer tout entier en soi et n'avoir plus une idée propre.

Ce n'est donc pas en sortant du bal ou du cercle que l'on pourra ressentir l'influence divine et s'abstraire suffisamment pour être sûr que la communication ne provient pas de soi-même.

Ceux qui semblent les plus aptes à cette faculté sont les gens simples, doux et bons, les poètes, les rêveurs, les bergers, les femmes, les enfants.

On a remarqué que cette inspiration ne se produisait que dans certains cas, lorsque le sujet est dans un état de méditation analogue au sommeil ou même dans l'état de sommeil.

La réflexion prolongée produit du reste un état intermédiaire entre la veille et le sommeil qui, par bien des points, semble ressembler à de l'auto-suggestion ou mieux à du somnambulisme, et c'est dans cet état que les poètes, les législateurs, les savants mêmes ont reçu l'impulsion de l'inspiration.

Ils sont tellement abstraits, leurs sens sont tellement inactifs, qu'ils en oublient leur sécurité, leurs besoins.

Reposons notre esprit sur ces deux anecdotes suivantes : Pierre Morel, raconte un contemporain, travaillait à traduire Libanius lorsqu'on vint le prévenir que sa femme, qui languissait depuis quelque temps, était bien malade et qu'elle voulait lui parler.

« Je n'ai plus, dit-il, que deux périodes à traduire ; après cela, j'irai la voir. » Une seconde après, on vient lui annoncer qu'elle est à toute extrémité. « Je n'ai plus que deux mots ; allez, retournez vers elle, j'y serai en même temps que vous. »

Un moment après, on vint lui annoncer qu'elle était morte.

« J'en suis très fâché, dit-il, c'était une bonne femme. » Et il continue son travail.

On attribue à Budé la réponse suivante :

Un domestique accourt dans son cabinet et lui crie : « Le feu est à la maison ! » Le savant, absorbé dans son étude, lui répond : « C'est bien, avertissez ma femme ; je ne me mêle pas des choses du ménage. »

Et tant d'autres anecdotes qu'on cite couramment de Dangeau, de Messier, d'Ampère, etc.

(1) Claude Bernard décrit d'une manière remarquable ce phénomène :
Landur, cité par Rouxel, s'exprime ainsi sur ce sujet : « Les femmes tiennent peu aux démonstrations. La forme intuitive prédomine dans leur savoir. Ce qu'elles demandent tout d'abord à un philosophe, ce sont ses conclusions; l'homme de génie a une manière de procéder qui se rapproche de la leur. »

Mais la divination naturelle, ainsi obtenue, ne s'applique qu'indirectement aux recherches grossières de notre ambition, de nos intérêts matériels, tandis qu'elle se fait sentir nettement dans les événements qui n'intéressent que le cœur. C'est justice, et, à ce sujet, nous pouvons rapporter cette constatation de l'opinion de Plutarque, qui regarde, comme une des principales causes de la cessation de la croyance aux oracles, les sacrilèges demandés sur les trésors cachés, les heureuses entreprises commerciales.

L'expérience prouve qu'il y a des personnes qui font aux autres des prédictions justes ; mais elles sont extrêmement rares, et, comme l'inspiration est personnelle, elle est plus sûre lorsqu'elle se rapporte à soi.

Rouxel, dans une étude sur la divination (1), assure que chacun peut, en s'isolant, en se magnétisant, si j'ose dire, se mettre dans un état tel qu'il puisse prévoir ce qui a rapport aux événements futurs.

Il ajoute qu'on peut s'y rendre plus apte par l'entraînement à la méditation et par l'observance des règles suivantes :

Renoncement à tous honneurs, à toutes richesses, à l'égoïsme naturel ; amour du prochain jusqu'au sacrifice ;

Sobriété : vie régulière, nourriture fraîche, légumes et fruits, abstinence complète de viande et de vin ;

Continence dans les plaisirs permis ;

Douceur, égalité d'âme, calme des passions ;

Et, enfin, calme de l'esprit, repos et méditation dans la solitude. En un mot, abstraction complète des sens, de façon à ce que le sujet puisse être en contact plus intime avec la source de l'inspiration. Tels sont les préceptes.

Il n'y a aucun danger à les essayer. On ne peut répondre du succès ; mais, lors même qu'on ne réussirait pas dans cette utile entreprise, on aurait l'avantage de s'être amélioré.

Les seules objections sérieuses que l'on ait faites au sujet de cette *inspiration divine* sont :

1° Examen de l'existence de l'origine des faits ; doute exprimé sur l'existence de la Providence ;

2° Examen de la nature des perceptions et des voies par lesquelles elles arrivent à l'entendement.

La première question a été étudiée dans les chapitres précédents ; quant à la seconde, qui est assez spécieuse, on peut dire qu'il est certain que la perception d'un ordre divin ne vient point suivant des lois naturelles ; que, de plus, elle produit des sensations sur nos organes, au lieu d'en provenir. Or, la science moderne n'admet pas que l'homme puisse acquérir des connaissances par d'autres voies que celle des sens extérieurs.

Comme dit Rouxel, « les sens sont la voie par laquelle un certain

(1) *La Divination*. Initiation.

nombre d'idées sont réveillées en nous ; les sensations sont l'occasion et non le principe de nos pensées. »

Comme preuve matérielle, on peut, du reste, invoquer le fait certain de la connaissance des objets par une autre voie que celle des sens, dans l'état somnambulique naturel ou provoqué, par exemple.

Plutarque dit à ce sujet : « Les âmes incarnées ont, en cette vie, la faculté de prédire l'avenir ; mais elle est plus ou moins latente, car ces âmes sont obscurcies par le corps, comme le soleil par le brouillard. »

Divination artificielle.

Celle-ci se divise d'abord en deux catégories distinctes :
A. La divination artificielle, qui dépend du destin ;
B. La prévision, qui permet, par une simple opération de l'esprit, de pénétrer dans la connaissance de l'avenir et de deviner les choses avant qu'elles ne se réalisent.

A. *Divination artificielle*. — Par la définition même que nous avons donnée du destin, cette divination n'est qu'une opération sur laquelle un pressentiment, guidant la volonté, le dirige et appuie son action, c'est aussi la possibilité de déduire l'avenir du passé.

« Et cependant, dit saint Augustin dans ses *Confessions*, l'avenir n'est pas encore ; qui le nie ? et pourtant, son attente est déjà dans notre esprit. Le passé n'existe plus ; qui en doute ? et cependant son souvenir est encore dans notre esprit. »

La divination artificielle est la mémoire de l'avenir.

D'après les occultistes, la divination est la connaissance des effets contenus dans les causes et la science appliquée à la loi fondamentale de l'analogie, dont nous verrons le développement dans la partie initiatique.

Eliphas Lévi dit à ce sujet : « Suivant l'essence vulgaire du mot, deviner signifie conjecturer ce qu'on ignore ; mais le vrai sens du mot est ineffable à force d'être sublime... Les deux signes de la divinité humaine ou de l'humanité divine sont les prophéties et les miracles. L'essence de la divination, c'est-à-dire le grand arcane magique, est figurée par tous les symboles de la science et se lie étroitement au dogme unique et primitif d'Hermès. La divination est donc une intuition, et la clef de cette intuition est le dogme universel et magique de l'analogie. C'est par les analogies que le mage interprète les songes... car les analogies, dans les reflets de la lumière astrale, sont rigoureuses comme les nuances des couleurs dans la lumière solaire, et peuvent être calculées et expliquées avec une grande exactitude. »

C'est encore sur l'application de certaines lois cycliques, sur la comparaison, par l'étude de la relation des faits, que repose cette divination.

Sa règle principale est la règle générale de toutes les sciences occultes et principalement de l'astrologie. *Astra inclinant, non necessitant.*

Autrement dit, nous ne recevons que des indications qui peuvent nous inspirer, nous conseiller, mais ne nous obligent pas.

Il faut, du reste, remarquer que les anciens avaient recueilli et comparé des milliers de prédictions, et qu'ils avaient reconnu que le plus souvent elles ne se réalisaient que dans les faits soumis au *Fatum*, à la nécessité ; les oracles d'Apollon, à l'origine, ne portaient que sur les événements dépendant de la fatalité !

B. La prévision n'est qu'une déduction, qu'un raisonnement qui, suivant le degré de pénétration de l'esprit, peut amener à la connaissance des choses qui seront. Aussi bien est-ce la seule qui soit officiellement reconnue (parce qu'on ne peut pas le nier sans nier l'entendement) ; les corps savants vont même jusqu'à dire que toute divination dérive de celle-là.

Elle s'applique aussi bien à la prévision des retours périodiques des phénomènes physiques qu'aux prévisions de l'avenir de tous les phénomènes de l'ordre moral. On voit combien son domaine est vaste.

Les pressentiments.

Les pressentiments semblent une conséquence de ce que nous avons dit de la divination naturelle, et cependant il est bien difficile d'établir une distinction absolue entre les présages qui dérivent du principe de la divination naturelle et la prénotion de l'artificielle.

La caractéristique la plus nette, c'est que, dans le premier cas, le plus souvent le pressentiment vient pendant le sommeil ou pendant la méditation.

Le pressentiment *subi* ne peut mieux être ressenti que lorsqu'on a reconquis son individualité dans l'isolement ou le sommeil. Toutes nos forces intimes concourent alors, dans cette paix profonde, à développer notre clairvoyance en éteignant les sensations et les idées qui nous préoccupent généralement aussi bien que le souvenir de nos joies ou de nos douleurs. C'est alors que l'activité intérieure s'accroît de toute l'attention qu'elle accordait au monde extérieur.

Mais comment pourrions-nous mieux exprimer notre pensée que par les lignes charmantes que nous empruntons à Rabelais :

« Notre âme, lorsque le corps dort, s'ébat et revoit sa patrie, qui est le ciel.

« Delà reçoit participation insigne de sa prime et divine origine et, en contemplation de cette infinie sphère à laquelle rien n'advient, rien ne passe, rien ne déchoit, tous temps sont présents, note non seulement les choses passées en mouvement intérieur, mais aussi les futures, et, les rapportant à son corps et par les sens et organes d'icelluy, les exposant aux amis ; est dicte vaticinatrice et prophète.

« Vray est qu'elle ne les rapporte pas en telle sincérité comme les avoir vues, obstant l'imperfection et fragilité des sens corporels, comme la lune recevant du soleil sa lumière ne nous la communique telle tout lucide, tout pure, tout vive, tout ardente comme l'avait reçue. »

Cette sorte de pressentiment, ou pour mieux dire cet avertissement qui tient du pressentiment, est plus particulière à l'état de sommeil et se rapproche bien plus du songe que du pressentiment.

Quoi qu'il en soit, le pressentiment semble résulter d'une inspiration que le sujet se procure à soi-même ou qu'il reçoit en concentrant à l'intérieur de lui-même toutes ses facultés.

C'est cette puissance de concentration qui fait les devins et les prophètes, et qui facilite l'inspiration qui leur vient de la divinité.

En admettant cette théorie, l'inspiration qui a visité les plus grands hommes aurait ce caractère sacré, et c'est à elle que Socrate aurait dû d'être le plus sage des hommes, Platon le plus grand des philosophes et Marc Aurèle le plus auguste des empereurs. On en retrouverait encore la trace dans la vie de Jeanne d'Arc, de Godefroy de Bouillon, de Bernard Palissy, de Christophe Colomb, de Michel-Ange, de Richelieu, de Newton, de Napoléon, de James Watt, et, en général, de tous les hommes qui se sont fait remarquer dans la guerre, les arts, les sciences, etc.

Or, presque tous ces êtres d'élite se croient prédestinés. Les uns entendent des voix, correspondent avec le ciel ; les autres obéissent à un génie. Certains ont foi en leur étoile, ou bien croient avoir une mission spéciale à accomplir.

En tous cas, dans la plupart des circonstances, on attribue à une cause naturelle, à une intervention extérieure, le phénomène constaté.

Quelques exemples vont fixer ce point.

C'est ainsi que nous connaissons les esprits familiers de Plotin et celui de Socrate (1). Descartes, le profond philosophe, nous a décrit l'inspiration qui accompagna sa découverte du calcul infinitésimal ; Voltaire refait avec bonheur, en songe, le premier chant de la *Henriade*. Condorcet termine de pénibles calculs dans ses rêves. Il en est de même de Cardan et de Paracelse, ces deux penseurs parfois sublimes qui se vantaient de composer des ouvrages sous l'inspiration de leurs rêves. Franklin trouve dans son sommeil des combinaisons politiques ; enfin, dans un autre ordre d'idées, Tartini, dans un songe, entend Satan jouer une sonate sur le violon et est défié par lui d'en jouer une semblable ; il se réveille et fait sa sonate du *Violon du diable*. Galien dut sa vocation à un songe dans lequel Apollon lui apparut à deux reprises pour lui ordonner d'apprendre la médecine. Le Dr Macnish rapporte que Coleridge composa, dans un rêve, un splendide fragment de son poème de *Kubla-Kan*.

On pourrait citer de ce fait des milliers d'exemples ; ils sont inutiles à notre thèse, car on ne fait aucune difficulté d'admettre l'influence de l'esprit sur les phénomènes à venir.

(1) Lelut, *Le démon de Socrate*.

Le pressentiment à l'état de veille.

Celui-ci nous paraît plus difficile à expliquer par la simple inspiration. Le premier fait qui le caractérise, c'est l'affection provenant de la sympathie ou de l'antipathie. On sait mille exemples des pressentiments spontanés, sans réflexion, qui ont saisi, dans les circonstances les plus diverses, les femmes, au sujet d'êtres qui leur étaient chers.

On peut être sceptique, mais il faut admettre que, dans leur tendresse toujours éveillée, dans leur sollicitude de chaque instant, devançant, en quelque sorte, les coups du sort pour nous défendre, le cœur de nos mères, de nos sœurs, de nos amantes, ne puisse, sous le coup d'une excitation, pressentir, présager le malheur qui nous doit frapper, le bonheur qui nous réjouira (1).

En général, le pressentiment est un appel fait à notre jugement et qui nous permet de choisir les voies et moyens que réclament les circonstances.

Il ne semble pas que la divinité intervienne ici. Au surplus, qu'on en juge d'après les exemples suivants :

La témérité parvient presque toujours à vaincre les difficultés, là où la prudence aguerrie aurait mille fois échoué. La foi a soulevé des montagnes, et beaucoup d'hommes n'ont dû leur fortune qu'à la persuasion intime qu'ils devaient y parvenir, au pressentiment de la victoire. Cette confiance, cette assurance, les faisaient redoubler d'audace (ou d'efforts) pour atteindre le but tant désiré.

L'histoire fourmille de faits semblables ; le plus curieux exemple est le *hoc signo vinces* (1) (par ce signe, tu vaincras) qui donnait aux cohortes une unité d'impulsion, une confiance telle que rien ne pouvait leur résister, et qu'en effet *elles vainquaient par ce signe : possunt qui posse videntur* : ils peuvent parce qu'ils croient pouvoir.

Ici, le pressentiment n'est peut-être pas très nettement accusé ; mais ne l'aperçoit-on pas distinctement dans les faits suivants :

Commines rapporte comment Angelo Cattho annonça à Louis XI la mort du duc de Bourgogne, le jour même où l'on se battait à Nancy, le 5 janvier 1477 ; « A l'instant que le dict fut tué, dit Commines, le roi Louys oyait la messe en l'église Saint-Martin, à Tours, distant de Nancy de dix grandes journées, pour le moins, et à la dicte messe lui servait

---

(1) A l'article *Effluves* du *Dictionnaire des Sciences médicales*, Fournier-Pescray (un médecin ennemi né de la crédulité et de la superstition) dit avoir observé des sympathies auxquelles on ne pouvait opposer aucun raisonnement victorieux. Il cite surtout cette sorte de sympathie qui fait que, lorsqu'on pense à quelqu'un, on le rencontre. La question des effluves sort de notre cadre. Citons, entre mille exemples, le fait que rapporte Laplace (*Essai sur le calcul des prob. bilités*) : Franklin, traversant le faubourg Saint-Germain, fredonnait un air qui l'obsédait. Quelle fut sa surprise, en passant rue du Cherche-Midi, d'entendre, dans un chantier, des ouvriers qui répétaient cet air en chœur.

d'aumônier l'archevêque de Vienne, lequel, en baillant la paix audict Seigneur, lui dyct ces paroles : « Sire, Dieu vous donne la paix et le repos ; vous les avez si vous voulez, *quia consummatum est;* vostre ennemi, le duc de Bourgogne, est mort ; il vient d'estre tué, et son armée desconfitte. » Laquelle heure cottée fut trouvée estre celle en laquelle véritablement avait été tué le dict duc. »

Les funestes pressentiments de Paul Ier sont des faits acquis à l'histoire. Prince royal, empereur, il en fut assiégé toute sa vie. « Il rêvait constamment conspirations et assassinats, » dit Napoléon. Or, il mourut étranglé.

Le 13 juin 1800, la veille de Marengo, Desaix, assiégé de tristes pressentiments, disait à ses aides de camp : « Il y a longtemps que je ne me bats plus en Europe, les boulets ne me connaissent pas ; il arrivera quelque malheur. »

Lasalle, au milieu de la nuit, écrivait à Napoléon, du bivouac du champ de bataille de Wagram, pour lui demander de signer le décret de transmission de ses titres, parce qu'il sentait sa mort dans la bataille du lendemain, ce qui fut.

Cervoni disait encore à Napoléon, au moment où, sur le terrain d'Eckmühl, il se retrouvait au feu pour la première fois avec l'empereur depuis l'Italie : « Sire, vous m'avez forcé de quitter Marseille que j'aimais en m'écrivant que, pour des militaires, les grades de la Légion d'honneur ne s'acquéraient que devant l'ennemi. Me voilà, c'est mon dernier jour. » Un quart d'heure après, un boulet lui enlevait la tête.

Napoléon, qui était superstitieux, bien qu'il s'en défendît, eut, comme eux, de nombreux pressentiments dont la réalisation se produisit sans retard ; c'est surtout dans la période des mauvais jours que, chez lui, les pressentiments devinrent le plus fréquents et le plus manifestes.

L'histoire des combattants est remplie de faits semblables, et Jeanne d'Arc même en a donné des exemples curieux.

Dans l'un des premiers entretiens qu'elle eut avec Charles VII, elle lui annonça qu'elle serait blessée, sans être mise hors d'état d'agir, en délivrant Orléans. Ce fait est établi par la lettre de l'ambassadeur flamand, écrit le 12 avril et conservée avec un soin précieux, car elle contient non seulement la prédiction, mais encore la manière dont elle doit s'accomplir. Jeanne fut, en effet, blessée le 7 mai 1420. Elle eut également le pressentiment de sa dure captivité.

Citons, en terminant, un fait bien étrange, et qu'il semble difficile de n'admettre que comme le résultat d'une coïncidence, car le pressentiment sans réflexion est manifeste.

Le naufrage du *Central America,* qui a été un des plus grands désastres maritimes de notre siècle, a encore bien plus éveillé l'attention grâce à une circonstance merveilleuse qui procède du pressentiment. Pour bien saisir le sens de cette histoire, il faut se rappeler combien les marins de la côte scandinave sont encore sous l'empire des mythologies du nord et des traditions slaves, c'est-à-dire qu'ils sont bien plus superstitieux encore que nos paysans bretons.

Le 18 septembre, la barque norvégienne *Ellen* arrivait à Norfolk, avec 49 naufragés recueillis par un brave marin du nom de Johnson ; voici dans quelles circonstances vraiment merveilleuses :

« Un peu avant six heures, dans la soirée du 12 septembre, dit le brave Johnson dans son rapport, j'étais sur la dunette avec l'homme à la roue du gouvernail ; deux autres matelots se trouvaient sur le pont, lorsque, tout à coup, un oiseau vint frôler mon épaule droite.

« Après avoir volé tout autour du navire, il revint tourner autour de ma tête et s'approcha si près de ma figure que je pus m'en emparer. Jamais je n'avais vu un pareil oiseau, et je ne pourrais même pas lui donner un nom. Ses plumes étaient d'un gris de fer foncé ; son corps avait environ un pied et demi de longueur et son envergure pouvait être de trois pieds et demi ; son bec, long de huit pouces, était garni de petites dents semblables à celles d'une scie à main. Au moment où je le pris, il me donna un bon coup de bec sur le pouce droit et il frappa aussi deux matelots qui m'aidaient à lui lier les pattes. Comme il paraissait disposé à blesser tous ceux qui l'approchaient, je lui fis couper la tête et son corps fut jeté à la mer.

« Au moment de la rencontre de cet oiseau inconnu, la barque courait un peu au nord-nord-est. Je ne pus m'empêcher de voir, dans cette apparition, une espèce de présage et une indication de changer ma direction.

« Je mis, en conséquence, le cap droit à l'est, et, *si je n'avais pas vu cet oiseau, je n'eusse certainement pas changé ma route ni recueilli sur les flots tant de passagers du* Central America. »

La prénotion.

Nous appellerons ainsi un pressentiment *déduit*, c'est-à-dire provenant d'une opération de l'esprit et qui, en somme, n'est qu'une conséquence naturelle de la réflexion.

Nous sommes tous avides de pénétrer l'avenir. Tout est intérêt pour nous, la vérité aussi bien que le mensonge, et le moindre indice qui nous permet de lever le voile nous remplit de joie. C'est que l'avenir, c'est le mouvement ; le passé est mort ; le présent insaisissable, car le moment où je dis : « Je suis » est déjà dans le passé. L'avenir seul a donc des charmes pour les humains.

Mais, comme nous l'avons vu, le passé contient l'avenir ; un esprit élevé peut donc avoir une prénotion ; on a vu même des pressentiments, des sortes de prénotions courir au-dessus des peuples à certaines époques et les faire frémir sous leur influence, sans que l'on pût attribuer quelque origine à ces sensations.

Caton prédit si justement à Pompéi tout ce qui devait lui arriver, que l'on fut très étonné de la précision de la prophétie ; mais Caton était un homme éclairé, qui pouvait prévoir l'avenir de Pompéi.

Les prophéties curieuses que Cazotte fit à plusieurs de ses amis, à la veille de la Révolution, rentrent encore dans le même ordre d'idées.

Tout ceci ne semble indiquer qu'une grande intelligence et une prévision à longue échéance des événements à venir. Ne faut-il voir que des phénomènes semblables dans les sens prophétiques de certains agonisants?

C'est ainsi que les frères Carvajal, injustement condamnés à mort, ajournèrent Ferdinand VI, roi de Castille, à mourir dans trente jours, ce qui eut lieu à l'époque fixée.

C'est encore ainsi que Jacques Molay, grand maître des templiers, brûlé en place de Grève avec quelques autres *frères* de son ordre, bien qu'il ne fût coupable d'aucun forfait, au moment où les flammes entouraient le bûcher sur lequel ils agonisaient, cita Philippe le Bel et le pape Clément V à comparaître devant Dieu ; leur mort arriva dans l'année même.

Combien d'autres faits aussi probants nous pourrions encore invoquer.

Du reste, on peut remarquer que nombre de gens ont annoncé leur mort quelque temps avant qu'elle ne se produisît, dans la plénitude de leur santé, et alors qu'il était impossible de présager une maladie quelconque.

En 1772, Van Swieten, âgé de soixante et onze ans, mais encore dans toute la verdeur de son intelligence et dans toute sa force, publia un volume de *Commentaires,* dans la préface duquel il dit que le pressentiment d'une fin prochaine l'avertit qu'il est temps de finir son œuvre. Il mourut dans l'année.

De Humboldt, dans une lettre datée de 1857, avait exprimé le pressentiment de sa mort pour l'année 1859 (il avait quatre-vingt-quatre ans). Ce qui eut lieu justement.

Sauvage (1) dit avoir connu un sexagénaire qui mourut d'une fièvre au jour même qu'il avait annoncé un mois auparavant.

Un jour, Moreau de Saint-Méry (2) vit arriver chez lui un homme, auquel il était lié par une ancienne et tendre affection, qui l'aborda en lui disant : « *Je viens mourir auprès de vous. — Êtes-vous malade ? — Je sens en moi que je ne puis tarder de mourir.* » On lui prodigua tous les soins possibles, mais il mourut une heure plus tard.

Quoi qu'il en soit des exemples que nous avons cités, il y a une sorte de pressentiment sur lequel il nous semble convenable d'insister.

Lorsque l'on veut entreprendre un ouvrage, une affaire quelconque, les mauvaises impressions, la tristesse, la crainte, sont de mauvais auspices, tandis que le meilleur présage qui accompagne une tentative est l'impression d'une joie secrète, d'une chaleur inaccoutumée.

(1) Dans sa *Nosologie méthodique.*
(2) *Dictionnaire des Sciences médicales.*

Ces caractères sont magistralement retracés par Descartes dans la lettre suivante qu'il adressait à la princesse Palatine Élisabeth :

« J'ai *souvent* éprouvé, dit-il, que les choses que j'ai faites avec un cœur gai et sans aucune répugnance intérieure ont coutume de me succéder heureusement. Ce qu'on nomme communément le *génie de Socrate* n'a sans doute été autre chose, sinon qu'il avait accoutumé de suivre ses inclinations intérieures et pensait que l'événement de ce qu'il entreprenait serait heureux lorsqu'il avait quelque secret sentiment de gaieté, et, au contraire, qu'il serait malheureux, s'il était triste. Touchant les actions importantes de la vie, lorsqu'elles se rencontrent si douteuses que la prudence ne peut enseigner ce qu'on doit faire, il me semble qu'on a grandement raison de suivre le conseil de son génie. »

Mais ce pressentiment semble plutôt physique que moral ; s'il est incontestable, il n'est pas moins douteux que l'instinct et le sentiment n'aient bien des points communs.

Les présages et les pronostics.

De tous temps, les hommes qui ont cru à une Providence, à une divinité quelconque ayant le pouvoir de les diriger à son gré, ont cherché à connaître d'avance, par tous les moyens possibles, les décisions de l'avenir ; en un mot, ont tenté de prévenir leur destinée. C'est de cette anxieuse attente des événements que sont nés les *présages* tirés de toutes sortes de causes : météores, apparitions ou disparitions de certains corps célestes, rencontre fortuite d'objets ou d'animaux.

On en retrouve encore l'expression vivante chez les sauvages, plus près de nature et plus rapprochés par suite de l'état primitif. Les éclipses (Christophe Colomb), les pluies d'étoiles filantes, les comètes sont en général redoutées de tous les peuples. En Amérique, l'Indien du Nord préférera se passer de manger plutôt que de partir à la chasse ou à la pêche s'il a remarqué certains présages qui pussent avoir pour effet de paralyser sa volonté.

Il n'y a qu'à regarder autour de nous : les couteaux en croix, le sel renversé, effraient bien des gens, et on sait de quelle manière est le plus souvent reçu à un dîner le treizième convive !

L'apparition des oiseaux a généralement été regardée comme un funeste présage. Le corbeau et le vautour sont d'aussi mauvais augure l'un que l'autre.

Les Tupinambas du Brésil, avant de se livrer aux grandes entreprises de la tribu, écoutaient des journées entières le chant du macauhau, pour en tirer des présages. Chez les Hottentots, le souvenir de certains oiseaux mystérieux a déterminé leur organisation sociale.

On raconte que les M'Bayas du Paraguay ne massacraient tous leurs ennemis que sur l'ordre d'un oiseau merveilleux, messager des dieux.

Enfin, nous savons les présages que les Romains tiraient des poulets sacrés.

On voit à quelles causes enfantines sont dus bien des résultats considérables. Si, lorsqu'il débarqua sur les côtes d'Angleterre, Guillaume le Conquérant n'avait sauvé par sa présence d'esprit l'impression funeste causée par sa chute en s'écriant qu'il prenait possession du sol, que fût devenue son armée, désorganisée avant de combattre et hantée par ce funeste présage?

Les pronostics, en général, reposent sur des faits vrais, étudiés de longtemps. Cependant, il en est un grand nombre qui ne sont basés sur rien de réel et ne sont que l'expression de préjugés fâcheux, perpétués dans les campagnes par la forme concise des prédictions ou par quelques vers qui frappent la mémoire.

L'école de Salerne présentait une foule de formules fondées sur une observation en général assez exacte.

Les présages sont, du reste, du même ordre moral chez nous et chez les sauvages.

L'enfant d'un habitant de l'Amérique qui naît sans que son père, étendu dans son hamac, ne s'abstienne de toute nourriture sera infailliblement malade.

Aussi bien que si, chez nous, on rencontre un prêtre, une vierge, un serpent, un lièvre, un lézard, un chevreuil ou un sanglier, c'est, pour certains, un funeste présage, tandis que le bonheur attend celui qui rencontre sur sa route une femme de mauvaise vie, un loup, une cigale, une chèvre ou un crapaud!

Les présages et les pronostics sont comme l'introduction nécessaire à l'étude des oracles, qui ne sont que la continuation des mêmes effets produits par les mêmes causes.

CHAPITRE VII

LES ORGANES DE LA DIVINATION

Chapitre historique, qui ne comporte ni définition, ni preuve.

Les prophètes.

Les Livres saints ne permettent aucun doute sur le don de prophétie, et les auteurs sacrés enseignent que l'on doit admettre que l'homme le possède pour son utilité et le perfectionnement de son âme. Quant aux voies que Dieu emploie pour faire arriver la vérité jusqu'à lui, comme ce sont des moyens divins, qu'il n'y a pas lieu de les rechercher, ils sont en dehors de notre compréhension.

D'Alembert a dit avec raison que, pour qu'une prophétie soit indiscutable, il faut :

1° Qu'elle ait réellement précédé le fait prédit ;

2° Qu'elle l'ait annoncé avec une clarté qui ne permettra pas de se méprendre sur l'accomplissement.

Or, qui peut affirmer, à notre époque, que toutes les prophéties ont présenté ce caractère? Quoi qu'il en soit, on reconnaît généralement qu'il est hors de doute que certaines gens privilégiés sont doués de la faculté de prévoir l'avenir.

« *Dieu se sert des songes pour avertir l'homme,* » lit-on dans Job, et Salomon dit également : « *Dieu visite les cœurs pendant la nuit.* »

Aux yeux des hommes religieux, le don de prophétie est quelque chose de tellement saint, de tellement sacré, qu'il serait sacrilège d'en chercher la manifestation chez d'autres que chez les inspirés. Il faut, disent-ils, attendre l'heure de Dieu, et c'est lui seul qui sait l'heure où nous devons apprendre ce que nous devons connaître.

Tout en respectant cette croyance, il semble rationnel de penser que, puisque nous ne connaissons pas les voies de Dieu, il peut choisir, en dehors des gens privilégiés, quelque cœur obscur à qui il se révèle.

Aussi bien croyons-nous pouvoir dire que la divination n'a pas attendu que le Dieu des chrétiens fût connu pour se manifester et que le Dieu propre à chaque nation se fait connaître à ses élus, dans toutes les régions où il est révéré.

Les devins, les augures se disaient inspirés de l'esprit divin ; il faut ou les croire aveuglément au même titre que les prophètes, ou les considérer tous ensemble comme des hallucinés.

Il faut reconnaître cependant que l'art de prédire les choses futures est généralement chimérique ; non pas qu'il ne puisse y avoir de véritable divination, mais parce qu'il y a plus d'appelés que d'élus.

En résumé, il y a de véritables devins, *inspirés* ou *voyants ;* mais ils sont en petit, très petit nombre, tandis que les charlatans sont innombrables. Tous les procédés divinatoires que nous allons étudier, ou presque tous, semblent basés sur le hasard.

Cependant, il est juste de dire que, dans les premiers temps, les devins véritables rendirent, en raison de leurs facultés particulières, des prédictions vraies ; mais, par la suite, les prêtres usèrent de toutes sortes de stratagèmes pour abuser de la crédulité publique ; ils ne rendirent plus que des arrêts illusoires et parfaitement identiques aux résultats aléatoires des sorts.

Cette opinion est, du reste, celle de l'illustre Ballanche, qui s'exprime ainsi : « Il est fortement à présumer que, dans l'origine, ces êtres providentiels (les devins) ne s'expliquaient que sur des faits providentiels, c'est-à-dire généraux, et que ce fut une dégénération (*sic*) de ces sortes d'oracles, lorsqu'ils s'appliquèrent sur des faits particuliers, sur des destinées individuelles. »

Les voyants.

Les Écossais et les Irlandais désignent sous le nom d'*hommes à la seconde vue* des sortes de prophètes (1) pris, le plus souvent, parmi les paysans, qui possèdent l'art de lire dans l'avenir.

Dans ces pays, du reste, la croyance aux sorciers a duré bien longtemps, et en 1722 (2) on brûlait encore, pour crime de sorcellerie dans le duché de Sutherland, une vieille femme qui se réjouissait à la vue du bûcher.

Vrai ou faux, ce don de seconde vue (*second sight*) se rencontre souvent dans le nord de l'Angleterre. Il est assez commun dans les îles Feroë, où hommes, femmes et même enfants prophétisent. Dans le Pays de Galles, en Russie, en Norvège, cette faculté est aussi constatée chez les gens les plus simples.

(1) Les voyants qu'Israël appelait prophètes étaient parvenus, par un entraînement méthodique, à un degré tel de développement divinatoire, à une telle acuité des sens et des facultés, qu'on peut difficilement s'en faire une idée.

(2) On en brûla bien encore une pour sorcellerie en 1750.

Ce qu'on entend, en Europe, par don de seconde vue n'est pas inconnu aux peuples d'Amérique. Les Moxes du Paraguay nommaient, d'après Urbain de Matha, leurs thaumaturges *voyants, hommes aux yeux clairs*.

En langue gaélique, les voyants sont désignés sous le nom de *Taishatrim* et de *Phissichin*; leurs prédictions s'appliquent plus particulièrement aux naissances, aux mariages, aux discordes et surtout à la mort.

Certaines gens prétendent que, quand une personne de leur famille ou de leurs amis doit mourir, elles voient leur image. Nous retrouverons plus loin des faits semblables, attribués à la télepsychie.

En Irlande, on croit que certaines familles ont le privilège de posséder une *Banshie* ou fée domestique, qui apparaît versant des larmes lorsqu'un membre de la famille doit mourir.

Remarquons en passant que ce don est considéré, dans ces pays mêmes, comme fâcheux, qu'il est transmissible de père en fils et surtout que le voyant est ordinairement surpris par l'apparition et tombe le plus souvent en défaillance après la vision. La suite de cette étude nous montrera des phénomènes tout naturels de la télepsychie qui présentent ce caractère.

A côté de ces banshies, on reconnaît, en Écosse, des esprits qui veillent sur les membres d'une famille, les avertissent des dangers, leur inspirent les moyens de s'y soustraire, et, toujours en éveil, leur prédisent l'avenir en même temps qu'ils les protègent.

Ce genre d'apparition est plus fréquent qu'on ne le croit. Qu'il nous suffise d'en citer un exemple digne de foi, puisque le principal acteur fut le marquis de Londonderry, qui fut un ministre très remarqué d'Angleterre en 1820.

Un jour, lord Londonderry passa en Irlande pour rendre visite à un de ses amis, dont la résidence, il faut le dire, avait toutes les apparences des châteaux hantés autant par son aspect désolé que par la disposition intérieure des vastes salles aux boiseries noircies encadrant de lourds et poudreux portraits d'ancêtres.

S'étant rendu dans la chambre qui lui était destinée, lord Londonderry examina curieusement les tentures et les ornements, puis se coucha. A peine venait-il d'éteindre sa lumière qu'il aperçut sur le plafond un rayon de lumière. Convaincu que cette raie lumineuse ne pouvait être produite par le feu de la cheminée, puisqu'un instant avant la pièce était dans l'obscurité la plus complète, il en déduisit la conclusion qu'un intrus s'était introduit chez lui.

Se retournant vivement, il aperçut à quelque distance de son lit *l'image d'un enfant lumineux*.

Lord Londonderry, peu crédule de sa nature, commença par poursuivre l'apparition, qui s'abîma dans le sol; mais, peu satisfait de ce résultat, il se livra à une minutieuse enquête, qui l'affermit dans l'idée qu'il avait réellement vu une apparition.

Lord Castelragh, marquis de Londonderry, voit apparaître l'*enfant brillant*.

Le maître de la maison, mis au courant de ce fait, n'en manifesta aucune surprise, et dit à lord Londonderry que la vue de l'*enfant blanc* était, pour lui, le présage de la plus heureuse fortune.

Plusieurs fois pendant le cours de sa haute situation, lord Londonderry aperçut à nouveau l'*enfant brillant*.

On trouve encore dans le *génie* de Socrate une remarquable preuve de l'influence de ces êtres problématiques, qui influent sur la destinée de certains hommes, tout en la guidant.

Socrate n'était point un sot ni un illuminé et les noms de Plutarque, de Xénophon, de Platon ont consacré le souvenir de ce *génie* familier.

On peut mettre les prédictions de Socrate sur le compte d'une prescience due à son grand esprit, on ne peut douter de leur réalité. Il assurait lui-même qu'il y avait un *démon*, un *génie* familier, qui le dirigeait dans toute sa conduite. Voici ce qu'il en disait : « La faveur céleste m'a accordé un don merveilleux, qui ne m'a pas quitté depuis mon enfance : c'est une voix qui, lorsqu'elle se fait entendre, me détourne de ce que j'ai résolu, mais qui ne me pousse jamais à rien entreprendre (1). »

Socrate ne craignait pas de prédire l'avenir, « et je n'agis ainsi, disait-il, que pour accomplir l'ordre que le dieu m'a donné par la voix des oracles, par celle des songes et par tous les moyens qu'aucune autre puissance n'a jamais employés pour communiquer sa volonté à un mortel. »

Auprès de ces voyants de l'avenir, signalons-en des plus curieux, mais qui n'empruntent leurs facultés à aucune puissance surnaturelle.

Les devins.

Le devin (2) était, ou devait être, aussi un inspiré en communication permanente avec les dieux et surtout avec Apollon, le dieu de la prophétie.

C'était vraisemblablement, dans l'origine, un prêtre attaché au culte de ces divinités et particulièrement affecté au lieu où se rendaient les oracles.

Tyrésias, que Pindare appelle le *sublime interprète des dieux*, fut doublement célèbre comme devin et comme *hermaphrodite*. A cause de cette dernière singularité, il fut juge, entre Jupiter et Junon, de la question de savoir lequel des deux, de l'homme ou de la femme, était le plus enclin au plaisir du mariage et chez lequel des deux ce plaisir était le plus vif.

Ayant tranché cette question indiscrète en disant que la femme l'emportait de beaucoup sur ce dernier point, Junon, irritée (elle l'était souvent), rendit Tyrésias aveugle. Jupiter, pour adoucir cette peine, lui conféra le don de prophétie.

Après Tyrésias vient Calchas comme grand prêtre et devin de

(1) *Apologie.*
(2) Les Grecs l'appelaient μάντις.

l'armée grecque devant Troie. Ses prédictions sont nombreuses ; la dernière est cependant sujette à caution. Il prédit qu'il mourrait lorsqu'il aurait rencontré un devin plus habile que lui. Mopsus s'étant rencontré, Calchas se noya de désespoir (1) !

Les peuples divinisèrent le devin Mopsus et même un oracle porta son nom.

Jusqu'ici, nous n'avons vu faire par les devins que des prédictions peu croyables. Il en sera presque toujours ainsi, et l'on peut dire que, si quelques oracles ont été rendus par de véritables devins, l'art et la science divinatoires ne tardèrent pas à tomber dans les mains des plus infâmes charlatans.

La meilleure preuve, c'est que ces devins étaient des *voyants* qui étendaient leur faculté de prévision à toutes les familles, à tous les empires et qui, de plus, prétendaient conserver le monopole de l'art divinatoire comme un droit héréditaire.

On a signalé certaines familles qui exercèrent cette..... faculté de père en fils : telles sont : les Jamides, qui se répandirent dans une grande partie de la Grèce, les Branchides, près de Milet, les Eumolpides, à Eleusis et à Athènes, etc.

Le désir du consultant étant connu, ils répondaient sans même simuler une recherche dans la trace de sciences qu'ils avaient conservée dans leurs collèges, mais dont ils n'étaient plus dignes de comprendre le sens.

Leur réponse, juste une fois sur deux (en dehors du sens énigmatique des oracles, la plupart des questions sont résolues par oui ou par non), retenait dans la croyance tous les esprits faibles (et ils sont innombrables), car on oublie facilement toutes les fois où l'oracle ne se réalise pas, pour ne se souvenir que de ceux qui répondent à la prévision. La preuve en est palpable dans les prévisions météorologiques, où de braves gens croient encore à l'influence de la lune sur le temps, sans tenir compte que leur pronostic les fait tromper une fois sur deux.

Chez les Grecs et chez les Latins, les oracles servaient aussi bien à trancher les questions générales dont la destinée du pays dépendait qu'à décider les actes les plus simples de la vie (une promenade ou un dîner).

Du reste, vers la fin, les prêtres ne prenaient même plus la peine de simuler la prophétie sous l'inspiration d'un dieu. Le peuple était fort ignorant des lois de la nature et l'application de quelques principes scientifiques pouvait offrir à son imagination le prestige de la divination.

Ceci résulte d'une manière formelle de l'examen de documents les plus sérieux. Dans toutes les religions, les prêtres (inspirés dès l'origine), se prétendant en communication avec la divinité, n'ont pas tardé

(1) Cette prédiction n'est pas plus acceptable que celle d'un traducteur anglais de Lucrèce qui avait annoncé qu'il mourrait après ce travail. Son livre fini, comme la mort ne venait point... il se brûla la cervelle !

à abuser de la naïveté des consultants en les leurrant de vaines promesses, dont, souvent, l'ambiguïté favorisait la croyance.

Cette pratique frauduleuse s'est retrouvée partout. Lorsque les Espagnols arrivèrent à Saint-Domingue, ils découvrirent un tuyau d'argile caché dans l'herbe et au moyen duquel les prêtres faisaient rendre les oracles aux statues de leurs *zamès*.

D'autre part, il résulte des recherches de l'évêque d'Alexandrie Théophile que, lorsqu'il fit détruire les temples des faux dieux, il acquit la certitude que les oracles sortaient de statues creusées intérieurement et aboutissant par divers canaux à des souterrains.

Ces canaux ne vous rappellent-ils pas le tube acoustique qui répond sensiblement à la description ci-dessus.

Ce n'est pas à dire qu'il n'y ait pas eu de véritables devins. Plutarque, par exemple, dont le caractère, la conduite et l'élévation d'esprit sont hors d'attaque. Prêtre d'Apollon Pythien, il présidait aux oracles et aux cérémonies de divination.

Pour lui, l'esprit prophétique est le résultat d'une communication directe entre le prophète et les dieux ou avec les esprits, revêtus d'une substance aérienne : « Si les esprits ou les démons, dit-il, séparés des corps sont doués de la divination, pourquoi en priverions-nous les âmes qui sont dans les corps ? Il n'est pas probable qu'en les abandonnant, les âmes acquièrent quelque puissance nouvelle. Liée avec le corps, l'âme a la faculté de prévoir l'avenir ; mais elle est aveuglée par ses liens terrestres, de même que le soleil nous semble obscur à travers le brouillard, quoiqu'il soit toujours le même. Ainsi l'âme humaine n'acquiert pas la puissance de lire dans l'avenir, quand elle sort du corps comme d'une nuée ; elle l'a maintenant, quoique aveuglée par sa confusion avec un corps mortel. »

Pour lui, la faculté de prédiction n'est pas plus incroyable que la mémoire, et il l'appuie sur un raisonnement analogue à celui de saint Augustin que nous avons rapporté plus haut.

Les âmes ayant donc cette puissance naturelle, mais faible et obscurcie, peuvent néanmoins en avoir la manifestation dans les songes ou dans les sacrifices, lorsque le corps est purifié.

Il ne croit pas que ce soit à la raison qu'il faille demander la faculté de prévoir l'avenir ; la prévision se produit sans raisonnement et par une disposition naturelle qu'il appelle *inspiration*, disposition qu'on peut exalter à l'aide de certaines substances, de certaines exhalaisons.

Nous retrouverons nombre d'exemples de cette divination tirés des Écritures sacrées lorsque nous étudierons l'*onéiromancie* ou la divination par les songes.

Les augures.

Les augures ne se disaient pas en communication avec la divinité. Leur art se résumait à savoir interpréter les signes extérieurs par lesquels elle manifestait aux yeux des hommes les choses à venir. Il dérivait de trois sources : des formules et des traditions auxquelles ils étaient initiés, des livres originaux et de l'interprétation.

On peut remarquer, du reste, que l'interprétation des signes était facultative, que chacun était libre de consulter les augures ou de tirer les conclusions que lui suggérait son esprit au sujet des signes qu'il avait vus. Cependant, outre que les augures inspiraient grande confiance par leur caractère sacré, à Rome ils étaient spécialement chargés d'interpréter le vol, le chant, l'appétit des oiseaux sacrés (des poulets généralement) qui constituaient la deuxième classe de signes dits *oionistiques* chez les Grecs, *auspices* chez les Latins.

A Athènes, l'apparition d'une chouette, oiseau consacré à Minerve, protectrice de la ville, était un des plus heureux signes ; il est resté en proverbe : « La chouette vole, » ce qui signifie Minerve nous protège.

A Rome, les augures observaient le vol des oiseaux. Cette fonction était une des plus élevées des charges de l'État. Leurs pouvoirs étaient presque illimités. Ils consistaient principalement à conserver les traditions, à assister dans toutes les circonstances les généraux et les magistrats en prenant les auspices.

Dans les délibérations publiques, ils avaient le droit de *veto* (je m'oppose) et pouvaient interrompre toute discussion par les mots *alio die* (à un autre jour); ils avaient la faculté d'annuler une résolution, d'empêcher de voter les comices, si les auspices n'avaient pas été *régulièrement faits*.

On comprend combien ce pouvoir discrétionnaire leur donnait de puissance. Malgré cela, l'orgueil humain étant illimité, ils n'hésitèrent pas à avilir leur charge par des manœuvres frauduleuses.

Tout le monde sait, du reste, combien ils étaient un objet de dédain pour tous les gens instruits. Caton l'Ancien disait que deux augures ne pouvaient se regarder sans rire. Tite Live n'était pas plus respectueux, et Cicéron, qui était lui-même revêtu de la charge d'augure, semble les mépriser fort.

Du reste, avec le temps, ils s'étaient tout à fait rendus indignes de respect. On sait à n'en pas douter qu'ils savaient escamoter à propos le cœur ou les poumons des victimes, et qu'en outre ils avaient l'art d'imprimer adroitement sur le foie encore chaud des caractères prophétiques qu'ils avaient tracés auparavant sur la paume de leur main.

On voit quelle confiance attacher aux prédictions de ces charlatans.

Les pythies.

Les pythies avaient un autre mode de prophétiser, tout aussi révéré et tout aussi illusoire. Nous croyons que jamais les oracles de la pythie n'ont pu sortir du domaine de connaissance et de prédiction que peuvent faire nos somnambules actuelles.

Dans les jours où elle prophétisait au moyen de vapeurs probablement délétères, ou par des breuvages appropriés, on jetait la pythie, par un entraînement spécial, dans une crise qui semble retracer toutes les phases des attaques d'hystéro-épilepsie.

La prophétesse, ainsi préparée, émettait des sons inarticulés, dont un prêtre, toujours présent à la cérémonie, devait interpréter le sens et le traduire pour les simples mortels.

On peut conclure hardiment que les prêtres étaient le véritable dieu et que les oracles qu'ils rendaient étaient rien moins que divins.

Leur grand art consista à prononcer des sentences ambiguës, à faire des prédictions à double sens. De plus, dans la plupart des cas, la simple déduction a dû suffire pour dicter leurs oracles.

Dans le principe, il n'est pas douteux que la pythie n'ait été un sujet épileptique ou tout au moins qu'elle n'ait été placée dans un état spécial, différant plus ou moins de l'état normal. Plus tard, on ne prit même plus ce soin.

Je n'en veux pour exemple que l'aventure qui arriva à Alexandre. Il s'était rendu à Delphes un jour néfaste, où la pythie ne donnait pas de consultation et refusait d'entrer dans le temple. Le grand capitaine, moins patient que ses contemporains, saisit la prophétesse par le bras pour la mener de force à son trépied. Elle s'écria alors : « O mon fils ! on ne peut te résister. » Alexandre s'en alla fixé sur la valeur de ces oracles.

C'est un peu ce qui se produisit lorsque le général Championnet, à Naples, voyant que le miracle de la liquéfaction du sang de saint Janvier ne s'opérait pas assez vite et que la sédition menaçait d'éclater, fit aviser les religieux que, si le miracle ne se produisait sans retard, il les ferait tous passer au fil de l'épée... Le miracle s'accomplit.

Du reste, c'est sur le sens amphibologique des réponses de l'oracle que reposait leur grande vogue. C'est ainsi que, lorsque Crésus, roi de Lydie, consulta la pythie pour savoir quel serait le succès de l'entreprise qu'il projetait contre les Mèdes, il en apprit que « Crésus, en franchissant l'Halys, renverserait un grand empire ». Ce grand empire était aussi bien celui des Mèdes que celui de Crésus. Ce fut ce dernier qui périt.

La prédiction se trouva réalisée quand même.

Pyrrhus, roi d'Epire, s'étant rendu à Delphes, l'oracle répondit à sa demande : « *Aio te, Æcida, Romanos posse vincere.* » Ce qui peut se traduire indifféremment par : « Je dis que les Romains peuvent te vaincre », aussi bien que par : « Je dis que tu peux vaincre les Romains. » Il n'y avait guère de risque que la prédiction ne se réalisât.

C'est sur des jeux de mots de cette nature qu'était fondée la renommée des oracles, qui, en somme, n'étaient que d'indignes jongleries.

Les sybilles.

Les sybilles remontent à une haute antiquité; on peut remarquer cependant que, bien que Platon et Aristote parlent de ces êtres merveilleusement privilégiés, ils ne disent rien du temps où elles commencèrent à exercer leur influence.

Ce que l'on peut presque assurer, c'est que, probablement d'origine asiatique, elles tenaient, consignés dans leurs livres sacrés, les résultats d'une longue science, qu'elles seules consultaient et qui furent plus tard conservés au secret des sanctuaires à Athènes et à Rome. Elles semblent avoir été les dépositaires d'une antique sagesse qui s'obscurcit à la longue et s'altéra dans son expression. Du reste, elles prophétisaient toujours auprès d'un temple, et on croit que leurs prédictions étaient le résultat de toute la collectivité des collèges (1).

On ne sait rien d'absolument certain sur ces prophétesses. Au dire de Virgile, la sybille de Cumes écrivait ses prophéties poétiques sur des feuilles qu'emportait le vent, probablement des feuilles de palmier, telles que les emploient encore les Orientaux.

Du reste, les livres sacrés, que les auteurs latins appellent *fata sibyllina* ou *libri fatales*, étaient rédigés en grec et probablement écrits sur des feuilles de palmier.

Le nom même des sybilles est sujet à discussion. Suivant Varron, qui en admettait dix, c'est la sybille d'Érythie qui avait vendu à Tarquin le Superbe les fameux livres prophétiques, appelés *Livres sybillins*. Virgile la dit fille de Glaucus et du nom de Deiphobe (2).

On sait que, d'après la légende, Deiphobe vint offrir à Tarquin neuf volumes de vers prophétiques, dont elle demanda un prix énorme. Le roi ayant refusé, Deiphobe en brûla trois et demanda le même prix du reste; le roi ayant refusé à nouveau, la sybille jeta trois autres livres au feu. Le roi, frappé de cette conduite singulière, lui donna le prix demandé. Les Quirites confièrent ces livres à un collège de prêtres étrusques, qui les firent déposer dans un coffre de pierre, placé dans le temple de Jupiter Capitolin. La garde en fut, en outre, confiée à deux officiers nommés les *duumvirs des livres sacrés* (*duumviri sacrorum*), qui plus tard devinrent les décemvirs.

Ces livres ne pouvaient être consultés que dans des cas spéciaux et seulement sur l'ordre du Sénat.

Ces manuscrits hiérogrammatiques ayant été brûlés lors de l'incendie du temple de Jupiter Capitolin (83 ans avant Jésus-Christ), trois envoyés furent chargés de recueillir d'autres livres de cette nature.

(1) On peut s'en rendre compte par l'étude des déplacements des sybilles, qui correspondent justement à la marche de l'extension de l'ordre pythagoricien.

(2) Appelée aussi Amalthée, Démophile ou Hérophile.

Les uns furent perdus sous Tibère, les autres brûlés sous Honorius.

Ce qui nous en reste n'est qu'un amas de remaniements, de surcharges, d'interpolations faits par les soins des Juifs et des chrétiens. C'est vraiment un grand dommage et une perte réelle pour les sciences, si, comme on peut le présumer, ces livres renfermaient des poèmes cosmogoniques et historiques relatifs à l'antique science et à l'origine des Étrusques, auxquels Niebuhr ajoute certains livres du destin, *libri fatales*, dont la conservation eût été, à coup sûr, une source fertile d'instruction.

Les sybilles allaient de ville en ville, portant avec elles leurs livres sacrés (1). C'est à ces livres que la sybille de Cumes doit sa célébrité. « Varron tira d'elle les éléments d'une sybille cimmérienne, et on individualisa ensuite chacune des épithètes accordées à ces deux types; on obtint ainsi la sybille italique, personnifiée par la nymphe Carmenta; sicilienne, établie à Lilybée; Tiburtine, représentée par la nymphe Albunéa, et lucanienne (2). »

On sait l'influence que les sybilles avaient sur l'esprit public. Certaines de leurs prophéties sont demeurées dans la mémoire, principalement, si l'on en croit Orose (3), celle de la sybille de Tibur annonçant à Auguste la venue du Christ.

Les sybilles ne semblent pas avoir été spéciales à l'Italie. Les poèmes scandinaves et germaniques nous montrent les sybilles du Nord, les *volas*, les druidesses qui prophétisaient en Gaule, de même sorte et dont le principal collège était dans l'île de Sein. On retrouve encore la sybille dans d'autres pays; peut-être même que la *vila* qui fait trembler les Serbes n'est pas autre chose.

A côté des sybilles se trouvent les *bacides*; si nous en croyons Pausanias, on donnait le nom de « bacis » à tout homme qui était inspiré par les nymphes... Cette sorte de divination ne semble pas avoir duré longtemps.

Les devins inférieurs.

Il est presque inutile d'appeler l'attention sur une nuée de charlatans pratiquant la divination. Les anciens avaient coutume de consulter les dieux à toute occasion, aussi bien dans les plus simples circonstances de la vie privée que dans les affaires publiques.

De là une nuée de devins de tous ordres, que déjà, à cette époque, les gens instruits estimaient à leur juste mesure.

A côté des vrais devins, qui existaient certainement en très petit

---

(1) Au Pérou, dit della Valle, il existe des hommes récitant, à qui veut les entendre, les traditions du pays.

(2) Cette explication, très rationnelle, est tirée d'une conférence sur les sybilles de M. P. Sédir, publiée dans le *Voile d'Isis*, numéro 08.

(3) Paul Orose, *Histoire du monde*.

nombre, on rencontrait les devins inférieurs, toujours prêts à faire connaître la volonté du Ciel, moyennant récompense. Ces gens avaient une foule de pratiques dont le souvenir est venu jusqu'à nous; ils interprétaient les signes envoyés par les dieux, surtout pendant les sacrifices.

Il n'entrait aucune inspiration divine dans leur divination et il leur suffisait de suivre certains rites fixés pour être sacrés devins.

Prévision par conjonctures raisonnables.

Dans tous les temps et chez tous les peuples, le merveilleux fut un sujet de crainte, de curiosité, de vénération. Le plus souvent, ce que les anciens appelaient merveilleux n'était que des phénomènes naturels dont la cause restait cachée au vulgaire, phénomènes plus ou moins frappants, que beaucoup d'individus considéraient comme de véritables manifestations surnaturelles.

Or, tous les gens sérieux de tous temps ont réprouvé le surnaturel. Tout est merveille dans la nature, rien n'est surnaturel.

Bien souvent, les meneurs de peuples ont dû se faire passer pour privilégiés, afin d'augmenter leur empire sur les masses; mais leurs prédictions n'étaient que des conjonctures raisonnables.

On en retrouve quantité d'exemples dans l'histoire.

En effet, l'homme versé dans les sciences, d'un esprit ouvert, peut, jusqu'à un certain point, prévoir les changements qui auront lieu dans les mœurs et la constitution sociale des peuples, à une époque plus ou moins proche.

Le météorologiste peut prévoir un orage, le général une défaite, le médecin une mort, etc., dont l'annonce semble merveilleuse au vulgaire.

Les hommes de guerre ont un instinct, un pressentiment qui peut, dans certains cas, paraître de la divination, alors que ce n'est que de la prévision.

On raconte que Thalès (un sage) prédit une abondance extraordinaire d'olives et acheta toute la récolte d'une contrée avant que les arbres ne fussent en fleur.

Anaximandre prédit, de même que Phérécyde, un tremblement de terre bien avant qu'il ne fît ressentir ses effets.

Qu'y a-t-il de divin ou de merveilleux dans ces exemples, sinon la justesse de déduction d'un esprit éclairé ?

CHAPITRE VIII

ASTROLOGIE

Définition : L'astrologie est une science qui a pour but de déterminer l'influence des astres sur la vie d'un consultant.

Autorités : Pythagore, Platon, Jamblique, Macrobe, Marc Aurèle, Virgile, Apulée, Juvénal, Plutarque, Tibère.

Preuves : Il semble que les préceptes de cette science soient bien obscurs ; en effet, il est fort difficile de démêler (même alors qu'on connaîtrait en entier la vie du consultant) les mobiles qui l'ont fait agir, les causes efficientes des particularités de son existence, les effets qui en ont résulté.

Fraudes : Innombrables : 1° parce que les charlatans sont plus nombreux que les savants ; 2° parce que l'astrologie est difficile à acquérir; 3° parce qu'elle nécessite une interprétation (éminemment variable avec les interprètes). On peut dire que l'astrologie ne donne pas plus de certitude que la cartomancie.

Historique de l'astrologie.

L'astrologie, comme l'astronomie, fut appelée au secours de la médecine dès les premiers siècles de la civilisation humaine, par suite des relations que l'on avait remarquées entre tous les objets de l'univers.

Dans les chaudes contrées de l'Inde, les ancêtres de nos races européennes (Aryas) goûtaient le bonheur de vivre sous un climat merveilleux. Plus près de nature que nous, les premiers hommes étudièrent la vie autour d'eux et, leur caractère méditatif aidant, posèrent les premiers principes des sciences.

Leur méthode, dérivant de leur constitution même, les amena à concevoir le monde tout entier comme une unité dont chaque objet, animé ou non de mouvement, était une partie constitutive. Allant du simple au composé, ils partirent de l'étude des objets qui les entouraient pour remonter, par synthèse, jusqu'à l'essence divine (tout est dans un, un est dans tout).

Dans nos sciences modernes, nous apprécions les faits par *analyse*, c'est-à-dire que nous les décomposons en éléments ; dans la science antique, on remontait du fait à la loi primordiale d'où il découlait.

La nature, très simple dans son action, obéit tout entière à une petite quantité de lois, qui régissent tous les faits que nous percevons, et elles dérivent elles-mêmes d'une loi unique, la loi de l'*analogie* (1).

Le monde tout entier (macrocosme) a une vie *analogue* à celle de l'homme (microcosme) ; partant, ce que nous savons de l'homme doit s'entendre de l'univers. Ainsi, suivant une loi occulte, la loi du *ternaire*, l'homme doit être partagé en trois parties distinctes : la première, spirituelle ; la seconde, morale ; la troisième, matérielle.

Que voyons-nous, en effet ? une tête, correspondant à l'esprit ; un cœur, correspondant à la morale ; un ventre (des génitoires), correspondant à la matière et perpétuant la race. L'univers est, de même, partagé en trois parties : le ciel, la terre, l'eau.

Cet homme lui-même n'est qu'une partie de la famille, qui se compose de l'homme, de la femme, de l'enfant, c'est-à-dire d'une *trinité* supérieure à celle de l'homme ; dans l'univers, on aura de même une trinité formée d'un soleil, d'une planète et de satellites. De proche en proche, la famille forme un ternaire supérieur, la tribu, qui forme la nation ; la nation qui forme la race, etc.

Cette analogie des deux mondes, l'homme et l'univers, permet de soutenir que les hommes nés à un moment donné participent de la nature tout entière à ce moment même ; ils sont, par rapport aux éléments qui les entourent, sous la même influence s'ils sont au même lieu ; donc, le fils de roi et le paysan, nés à la même heure, au même lieu, alors qu'ils subissaient la même influence de la part des astres, auront les mêmes tendances, car il ne faut pas oublier que le premier axiome d'astrologie est *astra inclinant non necessitant*, les astres prédisposent, mais ne forcent pas le caractère. En effet, l'influence de l'atavisme, d'une part, de l'éducation, du milieu, du développement intellectuel, d'autre part, sont des facteurs importants de la différenciation des deux enfants pris pour exemple. Malgré cela, un fils de roi a parfois des instincts de bouvier, alors qu'un humble pasteur a les généreuses tendances d'un hardi chevalier.

Donc, l'homme jouit toujours de son libre arbitre : il peut se soustraire à ses instincts ou s'y abandonner. Le principal, dans le cas qui nous occupe, est de savoir les reconnaître et de déterminer, par l'étude de ses qualités mêmes, s'il les suit ou s'il leur oppose la force d'une volonté dont on peut mesurer l'énergie.

Il y avait deux sortes d'astrologies :

---

(1) Exprimée dans la table d'Émeraude par cette phrase symbolique : « Ce qui est en bas est en haut, ce qui est en haut est en bas. »

1° L'astrologie naturelle, qui avait pour but de prédire le retour des astres, les éclipses, les marées, les changements de temps, les tempêtes, les fléaux de toute espèce, en se basant sur les données de l'astronomie mathématique et principalement sur le retour de certains astres dans certaines positions respectives ;

2° L'astrologie judiciaire qui reposait sur l'interprétation donnée aux aspects du ciel à certaines époques pour prédire les destinées des princes et des royaumes.

La première est encore en vigueur de nos jours, et n'a, du reste, rien de surnaturel; quant à la seconde, qui pourrait être plus discutable, elle est généralement repoussée aujourd'hui.

Le berceau de cette science est bien diversement placé. Les uns le disent en Chaldée, d'où cette science pénétra en Italie et en Grèce ; d'autres font naître l'astrologie dans les Indes, où elle se propagea par initiation ; d'autres, enfin, en attribuent la découverte à Cham, fils de Noé.

Belus, roi de Babylone, disait à ses enfants : « J'ai lu dans le registre du ciel tout ce qui doit vous arriver à vous et à vos fils. »

D'après Hérodote, les Égyptiens enseignèrent les premiers à quel dieu chaque mois, chaque jour était consacré: Ils observèrent sous quelle constellation un homme était né pour prédire sa fortune et les événements de sa vie. Or, les Égyptiens ayant puisé toutes leurs connaissances dans l'Inde, il semble rationnel de croire que les premières observations astrologiques se firent dans l'Inde.

Chez les Égyptiens et chez les Phéniciens, l'astrologie faisait partie du culte des dieux. Leurs temples représentaient en petit l'univers tout entier ; auprès de chaque temple s'élevait une tour qui servait aux observations quotidiennes des astres.

Enfin, pour bien marquer que les Romains étaient de fervents adeptes de ces croyances, citons Juvénal, qui disait : « Il importe beaucoup sous quel *signe* tu vins au monde et poussas les premiers cris, encore teint du sang de ta mère. S'il plaît à la fortune, de rhéteur tu deviendras consul ; de consul, rhéteur. Que prouvent un Ventidius, un Tullius ? sinon l'étonnante influence d'une destinée merveilleuse ! Elle élève à son gré l'esclave sur le trône, le captif sur un char de triomphe. »

Du temps de Cicéron, un philosophe mathématicien, Tarentius, justement estimé, fut provoqué par Varron à rechercher la date de la naissance de Romulus, c'est-à-dire à déterminer le contraire d'un horoscope.

« Tarentius fit ce que Varron demandait. Après avoir attentivement considéré et les aventures de Romulus, ses faits et gestes, la durée de sa vie, sa mort même, après avoir discuté et comparé tous les faits, il prononça sans hésitation que Romulus avait été conçu la première

---

(1) Juvenac, *Satire VII*.

année de la deuxième Olympiade, le 23 du mois égyptien Chœac, à la troisième heure du jour, pendant une éclipse de soleil ; il ajouta que Romulus était né le 24 du mois de Thot, vers le lever du soleil et qu'il avait fondé Rome le 9 du mois Pharmouthi, entre la deuxième et la troisième heure.

« C'est, en effet, la croyance des mathématiciens que la fortune d'une ville, comme celle d'un particulier, a son temps, qui s'observe par la position des étoiles au premier instant de sa fondation (1). »

Tibère s'occupait beaucoup d'astrologie ; lorsqu'il consultait, il se plaçait dans la partie la plus élevée de son palais et prenait avec lui comme confident un affranchi, ignorant et vigoureux, qui amenait par des sentiers difficiles et bordés de précipices l'astrologue admis à l'honneur de prédire l'avenir à César. Au retour, si l'astrologue était soupçonné capable d'indiscrétion ou de supercherie, l'affranchi le précipitait simplement dans la mer.

L'astrologue Thrasylle, conduit à Tibère, l'avait frappé d'admiration par la profondeur et par la justesse de ses prévisions, lorsque le sanguinaire monarque lui demande brusquement s'il avait tiré son propre horoscope et de quel signe particulier était marqué pour lui le jour présent. Thrasylle observe la position des astres, en déduit les rapports et, ferme, quoiqu'un peu pâli, annonce au monarque qu'il a lu dans les astres « que le moment est périlleux et qu'il touche presque à sa dernière heure ».

A la suite de cette prédiction, dit Tacite, Tibère l'embrasse et le félicite d'avoir échappé au sort qui l'attendait, et, acceptant toutes ses prédictions comme des oracles, l'admet au nombre de ses amis.

Une aventure semblable se produisit en France, entre Louis XI et son astrologue. Un jour que ce prince cruel avait formé le projet de se défaire de celui-ci, qui connaissait trop de secrets dangereux, il lui demanda, avant de donner l'ordre de le tuer, et pour éprouver sa science : « Quand dois-tu mourir ? » « Trois jours avant votre Majesté », répondit le rusé compère, qui sauva ainsi sa tête et sa réputation.

A Rome, la femme qui allait avoir un enfant se rendait, au moment de la naissance, dans une pièce réservée dont l'époux lui donnait la clé dès les premières douleurs. Chez les riches, cette pièce, somptueusement décorée, contenait un lit orné d'étoffe de pourpre, frangée d'or, et jonché de fleurs jetées à foison.

L'enfant, après les premières ablutions, était confié à un devin (*vates*), qui notait avec grand soin le jour de la naissance ; il déterminait la constellation sous laquelle cette naissance s'était effectuée et tirait l'horoscope. C'est cette scène que représente la figure suivante, qui est une reproduction de la naissance de Titus, peinte sur le plafond d'une pièce du palais de cet empereur.

Les Mexicains et les Péruviens suivaient les mêmes usages que les

---

(1) Plutarque, *Vie de Romulus*.

Grecs et les Romains. Partout, le prêtre unissait la connaissance des rites sacrés à celle de la science astrologique et en cachait les préceptes, qu'il ne révélait que dans les redoutables initiations des adeptes. En Chine, au Japon, l'astrologie est considérée comme un secret d'État, comme elle l'était chez les Étrusques, et à Rome.

La naissance de Titus, d'après une peinture murale ancienne du palais de Titus, sur le mont Esquilin.

Une croyance aussi répandue chez les peuples les plus divers repose sur des principes dont la base peut nous échapper, mais dont la réalité semble peu discutable.

Tous les pays, tous les peuples, tous les animaux, tous les végétaux étaient placés sous l'influence des astres. D'après les astrologues du XVIe siècle, Francfort était gouverné par le Bélier, Strasbourg par le Taureau, Nuremberg par les Gémeaux, Vienne par la Balance, etc.

Correspondances astrologiques.

Les sept planètes connues des anciens et les douze signes du zodiaque constituaient les éléments de la divination.

Les sept astres principaux sont : le Soleil, la Lune, Vénus, Jupiter, Mars, Mercure, Saturne.

Le Soleil gouverne la tête ; la Lune, le bras droit ; Vénus, le bras gauche ; Jupiter, l'estomac ; Mars, les parties sexuelles ; Mercure, le pied droit ; Saturne, le pied gauche.

Parmi les douze constellations : le Bélier préside à la tête ; le Taureau, au cou ; les Gémeaux, aux bras et aux épaules ; l'Écrevisse, à la poitrine et au cœur; le Lion, à l'estomac; la Vierge, au ventre; la Balance, aux reins et aux fesses; le Scorpion, aux parties sexuelles; le Sagittaire, aux cuisses; le Capricorne, aux genoux; le Verseau, aux jambes; les Poissons, aux pieds.

L'école de Salerne a reproduit cette corrélation des signes et des membres, dont la figure ci-contre indique les rapports.

Les planètes sont :

Supérieures : Saturne, Jupiter, Mars.

Au centre : le Soleil.

Inférieures : Vénus, Mercure, Lune.

Bénéfiques : Jupiter, Soleil, Vénus.

Maléfiques : Saturne, Mars.

Neutres : Mercure, Lune.

D'après Albert le Grand, les astres avaient les influences suivantes :

Saturne dominait la vie matérielle, les changements de position, les sciences, les édifices, etc.

Jupiter dominait l'honneur, les souhaits, les richesses, etc.

Mars dominait la guerre, les haines, les mariages, la prison.

Le Soleil dominait l'espérance, les héritages, l'argent, les honneurs, le bonheur.

Vénus dominait les amitiés, les amours.

Mercure dominait les maladies, le commerce, les dettes.

La Lune dominait les plaies, les vols et les songes.

Les correspondances astrologiques, d'après l'École de Salerne.

Chacun de ces astres gouvernait un jour : le Soleil le dimanche; la Lune, le lundi; Mars, le mardi; Mercure, le mercredi; Jupiter, le jeudi; Vénus, le vendredi, et Saturne le samedi. Ils dominaient aussi les couleurs et les métaux : le Soleil, le jaune, l'or; la Lune, le blanc, l'argent; Vénus, l'étain; Mars, le fer; Jupiter, l'airain; Saturne, le plomb; Mercure, le mercure.

Les signes du zodiaque possèdent aussi des influences particulières : le Bélier, le Lion, le Sagittaire, sont les signes du feu; le Taureau, la Vierge, le Capricorne, les signes de terre ; les Gémeaux, la Balance, le Verseau, des signes d'air ; le Cancer, le Scorpion, les Poissons, des signes d'eau ; puis, comme les planètes, ils sont classés en bénéfiques ou heureux : Taureau, Cancer, Lion, Vierge, Sagittaire, Poissons ; et en maléfiques ou malheureux : Bélier, Gémeaux, Balance, Scorpion, Capricorne, Verseau.

L'horoscope.

C'est en étudiant les combinaisons multiples qui résultent de la position relative des astres entre eux et de la signification que chacun comporte qu'on tire les conclusions définitives.

Dans les cas les plus simples, une planète se trouve en conjonction avec une constellation : Mars se rencontre avec le Taureau à l'heure de la naissance d'un enfant. Ce sera signe de courage, de fierté et de longue vie ; si Saturne se trouve proche, il apporte sa mauvaise influence et vient dénaturer le sens des favorables, etc.

On conçoit que nous ne poussions pas plus loin cette étude, qui nécessite des observations astronomiques avec lesquelles on n'est généralement peu familier; d'autre part, l'interprétation qu'on donne aux éléments recueillis est tellement variable que nous renonçons à en poursuivre l'étude.

Les astrologues, s'étant rendu compte qu'ils ne pouvaient rien augurer de certain des aspects du ciel et que les désirs des consultants ne pouvaient jamais être assouvis d'assez de détails, imaginèrent un rapport entre la forme, l'usage ou la nature des planètes, constellations ou étoiles.

C'est ainsi, parmi les constellations, que le petit astérisme qu'on a nommé la Tête de Méduse présageait qu'on mourrait la tête coupée ; la constellation Argo, qu'on périrait dans un naufrage, puis qu'Argo était le nom du navire des Argonautes, etc.

Le signe du Lion et la partie antérieure du Sagittaire rendaient les gens nés sous leur signe brutaux, intraitables et dangereux, par analogie avec les animaux qu'ils représentent. Les signes « muets », Capricorne, Écrevisse, Poissons menaçaient de mutisme, parce que les signes auxquels ils correspondent sont muets. Enfin, certains degrés de l'écliptique dits « faibles et boiteux » devaient amener chez un enfant la cécité ou l'imbécillité.

Ceci ne vous rappelle-t-il pas sainte Claire qui guérit des maladies d'yeux, saint Cloud qui guérit des clous, etc., et tant d'autres grands saints dont les vertus sont ignorées, mais qui sont révérés bêtement par suite de l'homonymie de leur nom avec une maladie ?

La première difficulté, lorsqu'on veut faire sérieusement de l'astrologie, est la détermination exacte de l'heure de la naissance, du lieu précis, de la situation des ascendants de l'enfant pour lequel on opère. Une erreur de quelques minutes dans l'heure de la naissance se dissimule très facilement et n'a pas grande importance dans la position relative des corps célestes ; elle reprend toute son importance lorsqu'on revient à la position apparente desdits objets, et l'erreur ainsi commise peut fausser d'une année et plus certains calculs.

La seconde est le vague dans les règles d'interprétation qui veulent aller chercher dans le phénomène jusqu'aux moindres particularités du fait recherché.

Les plus sérieux des astrologues actuels pensent que l'astrologie ne permet pas de reconnaître autre chose que les grandes lignes d'un fait et n'est, dans ce cas, pour le sage qu'un avertissement qui lui permet de diriger et de réaliser sa vie.

C'est, on le voit, à l'exercice de la volonté que revient cette théorie ; elle est donc une branche de la magie et nous verrons, dans le chapitre consacré à cette étude les bienfaits sérieux qu'on est en droit d'attendre de l'évertuation persistante de la VOLONTÉ.

CHAPITRE IX

DIVINATION PAR LES SONGES (*Onéiromancie*).

Définition : L'onéiromancie est une science qui a pour but de tirer de l'examen des songes que l'on reçoit dans le sommeil l'interprétation convenable de la connaissance de l'avenir.

Autorités : Gallien, Cicéron, saint Augustin, Plutarque, Rabelais, Bossuet, Homère, Hippocrate, Synésius, Bernardin de Saint-Pierre, Franklin, Condorcet, Balzac, Talleyrand, Napoléon Ier et tant d'autres.

Preuves : Il y a des preuves indiscutables de la réalité des pressentiments ; dans les *songes* aussi bien que dans la plupart des cas, ou soit en présence de simples *rêves*, on peut toujours en examiner les détails et chercher à en tirer un présage sur les choses à venir.

Fraude : Quatre-vingt-quinze fois sur cent, le souvenir des faits qui ont passé, dans votre sommeil, devant votre esprit endormi ne sont que des rêves, provenant d'influences physiques ; il serait puéril d'y vouloir chercher un sens. En général, se méfier toujours des gens qui vous font payer pour interpréter vos songes. Ce sont des charlatans.

L'homme, aux premiers âges, avant même de chercher à lire la destinée dans le cours des astres, a sans doute interrogé les morts, et, vivement ému de l'apparence de réalité que présentent les songes, a sûrement tenté d'y lire la volonté des dieux.

C'est à ce titre que la *nécromancie* et l'*onéiromancie* semblent devoir être considérées comme plus anciennes que l'astrologie.

On en voit une preuve dans les coutumes des peuples sauvages, encore près de nature, qui n'ont pas encore essayé de calculer le cours des astres et qui interrogent leurs morts longtemps après le trépas, tandis que d'autres (et c'est le plus grand nombre) ajoutent foi aux choses qui leur sont révélées pendant le sommeil.

La veille d'une bataille, le chef des Tupinambas allait de hamac en hamac exhorter les guerriers à interroger les rêves, qui devaient « les visiter pendant la nuit ». On provoquait même ces rêves quelques jours avant les engagements ou les actions solennelles, par des fumigations ou par l'absorption de boissons fermentées. Ces usages se retrouvent encore dans les tribus sauvages échappées au carnage de l'Amérique du Nord.

La divination par les songes (1) [*onéiromancie* (2)] a du reste existé de tout temps, chez tous les peuples (3).

Le prophète Job (chap. II, p. 23) dit : « Dieu répandra son esprit divin dans ses créatures ; les enfants prophétiseront, les jeunes gens auront des visions et les vieillards des songes. »

Chez les Égyptiens, les prêtres se divisaient en deux classes : l'une qui recueillait les songes et l'autre qui les interprétait. Le recueil de ces mémoires avait permis d'établir un corps de doctrine d'où dérivaient des règles à appliquer dans l'interprétation. Les Perses, les Hébreux et les Grecs les suivirent dans cette voie.

La théorie du songe émanant de la divinité peut se soutenir ; c'est ce qui est si bien énoncé par Bernardin de Saint-Pierre, dans *Paul et Virginie*, lorsqu'il dit : « Pour moi, je n'ai besoin, à cet égard, que de ma propre expérience et j'ai éprouvé plus d'une fois que les songes semblent être des avertissements que nous donne quelque intelligence qui s'intéresse à nous ; que, si l'on veut combattre ou défendre avec des raisonnements les choses qui surpassent les raisons humaines, c'est ce qui n'est pas possible (4). »

La réalité des songes.

La réalité des songes est très contestée, surtout des gens qui n'envisagent la question que superficiellement.

Pour qu'on ne nous traite pas d'extravagant ou tout au moins pour que nous soyons en bonne compagnie, rapportons les lignes suivantes de Bernardin de Saint-Pierre sur le sujet qui nous occupe : « Les communications de l'âme avec un ordre de choses invisibles sont rejetées par nos savants modernes parce qu'elles ne sont pas du

---

(1) Il est une observation importante que nous croyons de notre devoir de faire dès le commencement de cette étude. A notre sens, il ne faut pas confondre *rêve* avec *songe*; le premier est mécanique et matériel, sans interprétation possible; le second seul a quelque titre à notre attention.

(2) *Onéiromancie* vient de deux mots grecs : ονειρος, songe, et μαντεια, divination ; on l'appelle encore parfois *onéirocritie* ou explication des songes, de deux mots grecs : ονειρος et κρισις, jugement.

(3) On sait combien l'*onéiromancie* fut en honneur dans l'Orient. L'histoire de Joseph est trop connue pour être rapportée ; on sait de même que Nabuchodonosor menaça de mort les devins de Chaldée non pas parce qu'ils n'avaient su interpréter ses rêves, mais parce qu'ils ne pouvaient pas deviner ses songes. L'Ancien et le Nouveau Testament nous en donnent des quantités de preuves, et les plus grands hommes de l'antiquité, Alexandre, César, les deux Caton, Brutus, qui n'étaient pas des sots, ajoutaient foi aux interprétations des songes.

(4) Bernardin de Saint-Pierre, *Paul et Virginie*.

ressort de leurs systèmes et de leurs almanachs. Mais que de choses existent qui ne sont pas dans les convenances de votre raison et qui n'en ont pas même été aperçues. »

Si à cette profession de foi nous joignons l'opinion suivante, due au prince des sceptiques, à Bayle, nous croirons avoir suffisamment démontré notre proposition :

« Les songes, dit-il, contiennent infiniment moins de mystères que le peuple ne le croit et un peu plus que ne le croient les esprits forts. Les histoires de tous les temps et de tous les lieux rapportent à l'égard des songes tant de faits surprenants que ceux qui s'obstinent à tout nier se rendent suspects ou de peu de sincérité ou d'un défaut de lumière, qui ne leur permet pas de discerner la force des preuves. »

Du reste, les Livres saints ne permettent pas d'élever le moindre doute sur l'inspiration prophétique, à l'état de veille ou dans les songes.

Outre le passage de Job déjà cité : « Dieu se sert des songes pour avertir l'homme », on lit dans Salomon : « Dieu visite les cœurs pendant la nuit »; et dans les *Nombres* : « S'il s'élève un prophète parmi vous, je lui apparaîtrai et je lui parlerai dans les songes. »

On sait que les Juifs connurent l'art d'interpréter les songes, et le souvenir de Joseph et de Daniel est présent à toutes les mémoires.

Pausanias croyait que la divination ne pouvait s'obtenir que dans le songe : « Ceux qui se sont mêlés de prédire l'avenir étaient des interprètes des songes. »

Chez les païens, Amphiaraüs excellait dans l'interprétation des songes. Les consultants, après s'être purifiés, s'endormaient sur une peau de bélier, dans l'espoir d'avoir des songes, dont le devin leur expliquait le sens prophétique.

Ce procédé était assez commun autrefois. « Sur le chemin d'Ætyle à Thalama, on voyait un temple d'Isis, célèbre par les oracles qui s'y rendaient. Ceux qui s'endormaient dans ce temple recevaient des lumières sur ce qui devait leur arriver, et la déesse, par le moyen des songes, leur apprenait ce qu'ils avaient envie de savoir (1). »

Un oracle semblable qui se trouvait à Amphicie, l'antre du fameux Trophonius, en Béotie, le temple d'Esculape et tant d'autres ne tiraient leurs présages que des révélations que les consultants recevaient en songe.

On sait que Xénophon, qui nota tous les songes qu'il eut pendant son expédition contre Cyrus rapporte que les événements les ont toujours justifiés.

Il s'ensuit, de tous ces faits et des milliers d'autres semblables, qu'il n'est pas déraisonnable de croire que la vérité à venir se présente quelquefois à nous pendant le sommeil.

(1) *Voyage dans l'Attique*, t. I, ch. 31.

Division des songes.

Les Grecs divisaient les songes en trois catégories distinctes : la première comprenait ceux qui avaient lieu lorsque les dieux ou les esprits daignaient se manifester sous quelque forme que ce soit.

On en cite, comme exemple, le fait rapporté par Homère, dans l'*Iliade*, où un dieu, sous la figure de Nestor, suggère à Agamemnon l'idée d'attaquer les Troyens et excite son courage en lui faisant espérer la victoire.

Les songes de la deuxième catégorie, caractérisés par les manifestations réelles, se présentaient sous la véritable forme des événements futurs. On en donne comme preuve le fait suivant : une nuit, Alexandre le Grand eut un songe, dans lequel il vit que Cassandre devait l'assassiner.

La troisième classe comprenait les songes *proprement dits*, où l'avenir apparaissait sous une forme allégorique. C'est un de ces songes que reçut Hercule lorsqu'il crut avoir conçu un tison enflammé.

Les Grecs se préparaient à recevoir les songes par des jeûnes et des veilles ; ils supposaient que les plus dignes de foi étaient ceux qui se présentaient aux heures les plus voisines du jour, car ils se rendaient compte que souvent les autres n'étaient que des rêves dus, non pas à l'inspiration divine, mais à l'influence de leur estomac trop chargé.

Dans les songes obscurs, ils avaient recours à des interprètes (*onéirocrites*), et, lorsque ceux-ci ne pouvaient donner l'explication des images qu'ils avaient aperçues pendant la nuit, ils n'hésitaient pas à la demander aux dieux eux-mêmes.

Quoi qu'il en soit, il est un fait certain : c'est que, comme le dit Hippocrate : « Quand le corps est endormi, l'esprit veille », et que, aux yeux des anciens, la vérité se manifestait pendant le sommeil.

Les rêves, les cauchemars (onéirodynie) proviennent, au dire des physiologistes, des dispositions physiques et morales dans lesquelles nous nous trouvons ; ils sont tout matériels et ils ne nous semblent incohérents que parce que la liaison des idées disparait par moment. Ils ne sont, en somme, qu'un travail mécanique provenant de causes extérieures.

Les croyants y voient, au contraire, une communication entre la divinité et l'homme, et affirment que, s'il existe des *rêves* tels que les entendent les physiologistes, il n'est pas moins certain qu'il y a des *songes*. Ils ajoutent que ceux-ci sont bien moins nombreux, car les hommes sont loin de présenter l'état de pureté (morale aussi bien que physique) nécessaire à l'approche du dieu.

Cette distinction, qu'Hippocrate avait déjà faite, rappelle assez bien celle d'Homère, qui dit que le temple du sommeil est placé dans une cité où il y a deux portes : la porte de corne, qui livre passage aux songes réels, et la porte d'ivoire, qui laisse échapper les rêves illusoires.

Voici sur chacune de ces opinions le sentiment de deux hommes de valeur :

Saint Grégoire ne voyait dans les songes qu'un ébranlement passager de l'âme, provenant du souvenir des émotions ressenties à l'état de veille. Pour lui, le cerveau de l'homme est comparable à la corde d'une harpe, qui vibre encore, alors même que le son a cessé de se faire entendre.

Pour Bacon, au contraire, notre âme, recueillie et en quelque sorte ramassée sur elle-même pendant le sommeil, possède une prénotion, un pressentiment qui est une sorte de connaissance de l'avenir, analogue à celle que l'on rencontre dans l'état d'extase des prophètes et des autres devins, et il ajoute : « *Divinatio nativa optime cernitur in somnis, extasibus et confiniis mortis*. La divination native a le plus de clairvoyance dans les songes, les extases et aux approches de la mort. »

Exemples de quelques songes célèbres.

En dehors des prophéties dont le sens était reçu dans un songe, nous trouvons chez les anciens et même de nos jours des songes vraiment curieux que nous allons brièvement résumer.

Un des exemples classiques de ce genre de révélation nous est fourni par Hermès-Thot (1).

C'est Hermès qui parle ; il se représente lui-même supportant les angoisses des troubles que le calme et l'obscurité produisent sur l'âme, et, peu à peu, son horizon s'éclaire, une figure se détache de plus en plus lumineuse des voiles sombres qui l'enveloppent. Cette figure s'anime lentement et prend les proportions d'un homme colossal, d'une sublime magnificence et d'une beauté surhumaine. « Tu souffres, lui dit-elle, et je viens te secourir, car tu aimes la justice et tu cherches la vérité : je suis *Pimander*, la pensée du Tout-Puissant ; forme un vœu, et il sera exaucé. — Seigneur, répond Hermès donnez-moi un rayon de votre divine science. — Tu as bien choisi, que ton vœu soit exaucé. »

Dans un songe extatique, Hermès-Thot entrevoit alors toutes les créatures les plus délicieuses que puisse enfanter l'imagination la plus voluptueuse se mouvant dans une sphère lumineuse, tandis qu'une musique d'une harmonie divine fait tressaillir jusqu'aux fibres les plus intimes de son être.

Puis, à ces tableaux enchanteurs succède, par dégradations successives, une ombre fantastique, de plus en plus effroyable, de plus en plus pénétrante, au milieu d'une tempête chaotique où tous les éléments semblent déchaînés ; au milieu des éclats d'une musique barbare, il entend la révélation de sa doctrine.

(1) *Pimander*.

« Un Dieu unique, invisible ineffable et tout-puissant, infini, et, au-dessous de cette majestueuse divinité, sept esprits, messagers fidèles de ses décrets, agents de ses volontés. »

C'est bien la même inspiration que nous retrouverons fréquemment et sans y insister, chez tous les illuminés, particulièrement chez Bœhme et chez Sweedemborg.

Dans l'histoire juive, les songes jouent un grand rôle ; il n'est pas jusque dans nos chroniques françaises où on ne retrouve les traces de communications divines.

Par exemple, on peut citer la terrible vision qui hanta Childéric Ier, qui vit dérouler devant ses yeux, la première nuit de ses noces, tout l'avenir de sa race sous l'emblème de combats que se livraient des animaux féroces ; sa femme, qui était, paraît-il, une devineresse distinguée, interpréta sans difficulté le sens de cette vision.

Charlemagne, à ce que l'on raconte, fut également visité en songe par une vision dont les chroniques de Saint-Denis nous ont conservé le souvenir.

Passant à travers le cours des siècles, signalons au passage le songe de Calpurnia, femme de Jules César, qui vit dans la nuit son époux égorgé. Comme celui-ci se disposait à se rendre au Sénat, elle lui raconta sa vision et le supplia de ne point sortir. César croyait aux songes et il serait resté dans sa demeure si quelques plaisanteries de Brutus, qui l'accompagnait, ne l'avaient décidé à sortir et à s'offrir ainsi au-devant du poignard des assassins.

Au milieu de mille autres exemples, Restif de la Bretonne conte que, dans la nuit du 6 au 7 mars 1773, il vit en songe son père mourant. La même nuit, un de ses frères, secoué par un frisson d'épouvante, s'était réveillé en criant : « Hélas ! mon père est mort. »

Le fait confirma cette pénible prédiction. Cette prévision des morts prochaines des êtres qui nous sont chers ne semble pas très difficile à expliquer et s'appuie sur un tel nombre de cas que l'on est bien obligé de lui accorder créance.

Anne de Gonzague, connue sous le nom de Princesse palatine, aussi célèbre par sa vie tourmentée que par son esprit et sa beauté, était arrivée, à l'âge de cinquante-six ans sans avoir en rien modifié sa conduite scandaleuse. Elle affichait une incrédulité absolue pour les choses de la religion, lorsque, pendant son sommeil, elle eut deux songes, qui déterminèrent chez elle un changement tellement complet, qu'elle passa les dernières années de sa vie dans la pratique des exercices de piété. « En cet état, où la foi est perdue, dit Bossuet, que restait-il à notre princesse ? Que restait-il à une âme qui, par un jugement de Dieu, était déchue de toutes les grâces et ne tenait à Jésus-Christ par aucun lien ? Il restait la souveraine misère et la souveraine miséricorde : il restait ce secret regard d'une Providence miséricordieuse qui voulait la rappeler des extrémités de la terre... Ce fut un songe admirable, de ceux que Dieu

Le père de M. R... de Bowland lui apparaît pendant son sommeil (page 149).

même fait venir du ciel par le ministère des anges, dont les images sont si nettes et si précises, où l'on voit je ne sais quoi de céleste. Elle crut (c'est elle-même qui le raconte au saint abbé de Rancé), elle crut que, marchant seule dans une forêt, elle y avait rencontré un aveugle dans une petite loge. Elle s'approcha pour lui demander s'il était aveugle de naissance, ou s'il l'était devenu par accident. Il répondit qu'il était aveugle-né. « Vous ne savez donc pas, reprit-elle, ce que c'est que la lumière, qui est si belle et si agréable, et le soleil, qui a tant d'éclat et de beauté ? — Je n'ai, dit-il, jamais joui de ce bel objet, et je ne puis m'en former aucune idée. Je ne laisse pas de croire, continua-t-il, qu'il est d'une beauté ravissante. » L'aveugle parut alors changer de voix et de visage, et, prenant un ton d'autorité : « Mon exemple, dit-il, doit vous apprendre qu'il y a des choses très excellentes et très admirables qui échappent à notre vue, et qui n'en sont ni moins vraies, ni moins désirables, quoiqu'on ne les puisse ni comprendre, ni imaginer. » C'est, en effet, dit Bossuet, qu'il manque un sens aux incrédules comme à l'aveugle ; et ce sens, c'est Dieu qui le donne, selon ce que dit saint Jean : « Il nous a donné un sens pour connaître le vrai Dieu, et pour être en son vrai Fils. » La Princesse palatine fit l'application de la belle comparaison de l'aveugle aux vérités de la religion et de l'autre vie. Alors, par une soudaine illumination, elle se sentit si éclairée et tellement transportée de joie d'avoir trouvé ce qu'elle cherchait depuis si longtemps, qu'elle ne put s'empêcher d'embrasser l'aveugle, dont le discours lui découvrait une plus belle lumière que celle dont il était privé, et il se répandit dans son cœur une joie si douce et une foi si sensible qu'il n'y a point de paroles pour l'exprimer. Elle s'éveilla là-dessus, dit-elle, et se trouva dans le même état où elle s'était vue dans cet admirable songe, c'est-à-dire tellement changée qu'elle avait peine à le croire. » Une autre fois, Anne de Gonzague, étant tombée malade, se trouvait prise de craintes sur son salut. « Dieu, qui fait entendre ses vérités en telles manières et sous telles figures qu'il lui plaît, dit Bossuet, continua de l'instruire, comme il a fait de Joseph et de Salomon ; et, durant l'assoupissement que l'accablement lui causa, il lui mit dans l'esprit cette parabole, si semblable à celle de l'Évangile. Elle voit paraître ce que Jésus-Christ n'a pas dédaigné de nous donner comme l'image de sa tendresse : une poule devenue mère, empressée autour des petits qu'elle conduisait. Un d'eux s'étant écarté, notre malade le voit englouti par un chien avide ; elle accourt, elle lui arrache cet innocent animal. En même temps, on lui crie d'un autre côté qu'il le fallait rendre au ravisseur, dont on excitait l'ardeur en lui enlevant sa proie. « Non, dit-elle, je ne le rendrai jamais. » En ce moment, elle s'éveilla, et l'application de la figure qui lui avait été montrée se fit en un instant dans son esprit. Les terreurs de sa conscience s'évanouirent, et elle resta dorénavant dans une confiance et une paix qui lui donnaient une joie céleste. »

Il est difficile de douter de ces deux faits, que Bossuet n'a pas craint de commenter et qu'il a acceptés comme une preuve indiscutable de l'influence divine sur une pécheresse.

Voici un fait non moins frappant, rapporté sous le nom de « Philophotes » dans le *Voile d'Isis* et dont les moindres détails sont formellement affirmés par l'auteur :

« Mme V., dit-il, mère de trois enfants, rêva une nuit que le second de ses enfants, Paul, âgé de deux ans, était tombé dans la citerne de sa maison de campagne. Sous l'empire de ce cauchemar affreux, elle se met à gémir ; son mari, l'ayant réveillée et interrogée, la calma du mieux qu'il put, lui représentant que ce n'était là qu'un vain songe, qu'il n'y avait pas à se tourmenter, et, en un mot, lui dit tout ce que le premier venu dirait. Mais Mme V. était tourmentée par son rêve, et, dès le lendemain, malgré les raisons et peut-être les railleries de son mari, elle fit venir les maçons pour exhausser la margelle du puits désigné par le rêve, et prévenir ainsi le malheur annoncé. Mais le destin est plus fort. Trois jours après, le travail protecteur n'étant pas encore terminé, on était à table, le petit Paul venait de sortir pour jouer, quand Mme V. se souvint qu'il avait emporté sa serviette ; elle le rappelle ; n'obtenant pas de réponse, son rêve lui revient à la mémoire ; elle court, affolée, au jardin, se penche sur la citerne, et, à quelques indices, sûre d'un malheur, elle plonge un croc de fer dans l'eau, sent une résistance, tire et ramène le cadavre de son enfant !

« L'horrible rêve s'était réalisé de point en point.

« Le second rêve est arrivé deux ou trois mois après, quelque temps avant la guerre de 1870. Mme V. rêva qu'elle passait dans un champ avec son mari, que l'on tirait sur eux, et que les balles passaient au-dessus de leurs têtes... Quelques mois après, pendant la Commune, M. et Mme V., accompagnés d'un ami, traversaient un champ dans les environs d'Aubervilliers, lorsque des inconnus tirèrent sur eux, l'ami qui les accompagnait fut blessé à mort. M. et Mme V. n'eurent rien.

« Dans ce second fait, le rêve s'est encore réalisé, sauf en ce qui regarde la tierce personne qui n'avait pas été signalée dans le songe ; et, pour les deux rêves, on ne peut dire qu'ils aient été amenés par des circonstances précédentes, comme le sont beaucoup de rêves ; il s'agit bien là de deux visions prophétiques ; par deux fois Mme V. a lu dans l'astral, grâce au sommeil qui dégage les principes supérieurs, qui les libère des entraves grossières du corps. Malheureusement, cette merveilleuse faculté s'étant toujours manifestée en des circonstances aussi tristes, Mme V. fit ce qu'elle put pour l'annihiler. « Depuis ce temps, dit-elle dans une lettre, j'ai peur de mes rêves et fais tout mon possible pour les oublier à mon réveil. »

Enfin, chose remarquable, le plus jeune de ses fils, M. Charles V., mon ami, semble avoir hérité de cette facilité. Il lui arrive souvent, en faisant quelque chose, de remarquer : « Il me semble que j'ai déjà fait la même chose dans les mêmes circonstances. » Il cherche, et alors il s'aperçoit qu'il a rêvé, il y a quelque temps, ce qu'il fait actuellement.

Il mène pour ainsi dire sa vie en partie double : il agit d'abord virtuellement en rêve, et ensuite il réalise dans le plan matériel, sans s'en douter, les actions qu'il a primitivement rêvées.

Enfin, pour terminer, citons, d'après le docteur Tissié, les deux faits suivants, dont l'examen est bien intéressant :

« On connaît le cas cité par Abercrombie (1). Un de ses amis, employé dans une des principales banques de Glascow, en qualité de caissier, était à son bureau, lorsqu'un individu assez grotesquement habillé réclama le paiement d'une somme de six livres. Plusieurs personnes avant lui attendaient leur tour ; mais il était si impatient, si bruyant et surtout si insupportable par son bégaiement, qu'un des assistants pria le caissier de payer cet homme pour qu'on en fût débarrassé. Celui-ci fit droit à sa demande, sans prendre note de cette affaire. A la fin de l'année, qui eut lieu huit ou neuf mois après, la balance des comptes ne put être établie : il s'y trouvait toujours une erreur de six livres. Le caissier passa inutilement plusieurs nuits et plusieurs jours à chercher ce déficit ; vaincu par la fatigue, il se mit au lit et rêva qu'il était au bureau, que le bègue se présentait, et bientôt tous les détails de cette affaire revinrent fidèlement à son esprit. A son réveil, il examina ses livres ; il reconnut, en effet, que cette somme n'avait point été portée à son journal et qu'elle répondait exactement à l'erreur. »

Ceci peut être de la mémoire exaltée au point de rappeler, entre cent mille clients, celui-là particulièrement.

Mais le rêve suivant paraît bien peu explicable de cette façon :

« M. R... de Bowland, propriétaire dans la vallée de Gala, était poursuivi en justice pour une somme considérable d'argent que son père avait payée jadis et qu'on lui réclamait à nouveau.

« Il fit de longues et nombreuses recherches très minutieuses, dans les papiers de la succession : il ne put trouver aucune preuve en sa faveur. Le terme du paiement étant arrivé, il allait s'exécuter le lendemain. Il s'assoupit dans cette disposition d'esprit ; à peine était-il endormi que son père lui apparut et lui demanda ce qui le troublait ainsi. M. R... lui fit connaître la cause de son inquiétude, car il avait la conviction que la somme n'était pas due. « Vous avez raison, répondit le père, j'ai payé ces dîmes ; les papiers relatifs à cette transaction sont dans les mains de M..., avoué, qui est maintenant retiré des affaires et demeure à Suveresk, près Édimbourg. J'eus recours à lui dans cette circonstance, quoiqu'il n'ait jamais été chargé de mes affaires. S'il venait à oublier cette particularité, rappelez lui qu'il s'éleva entre nous une difficulté sur le change d'une pièce d'or du Portugal et que nous convînmes de boire la différence à la taverne. »

« M. R... s'éveilla le matin, l'esprit plein de son rêve. Il passa par

---

(1) R. Macnish, *The Philosophy of sleep*, p. 81 ; London, M'Phun and Son ; et Macario. *Ann. médico-psych.*, 1816, t. VIII, p. 180, cités par le D' Ph. Tissié, *Les Rêves* ; Alcan, 1890.

Suveresk avant de se rendre à Édimbourg ; il y trouva la personne signalée dans le rêve, mais très avancée en âge. Elle avait tout oublié ; cependant, la circonstance de la pièce d'or lui remit tout en mémoire. On trouva les papiers, et le procès fut gagné. »

Nous supprimons l'explication *naturelle* que propose le savant docteur, qui, en sa qualité de physiologiste, ne voit dans cet événement qu'un lointain rappel de mémoire. Nous nous permettrons d'y voir un peu plus, puisqu'il y a évocation de faits inconnus à l'intéressé.

Ces nombreux exemples, que nous pourrions multiplier à l'infini, montrent péremptoirement la réalité des songes et ne laissent aucun doute sur le fait que la vérité se présente souvent dans le sommeil ; ce n'est pas à dire que, lorsque nous rêverons d'un chat ou d'un oiseau, nous puissions craindre une querelle ou une trahison, mais, outre le sentiment d'hommes du plus grand sens, des milliers de faits sûrs et sérieux attestent que, dans des cas *assez rares*, l'homme est capable de pressentir à l'état de veille, et mieux à l'état de sommeil, les événements que l'avenir lui réserve.

C'est ainsi qu'il est sage, lorsque le souvenir d'un songe vous poursuit, de tâcher d'en découvrir le sens par la réflexion, si l'impression persiste, qu'un examen attentif vous ait permis de conclure qu'il ne provient pas d'un ressouvenir latent, qui, sous l'action des réflexes, a passé dans votre esprit.

Nous avons vu, en étudiant les préceptes de la divination, que les meilleures dispositions pour se rendre capable de prévoir l'avenir sont une vie sage et réglée, un corps et une âme épurés, « *le mens sana in corpore sano* ». Cet entraînement prend une importance capitale dans le sujet qui nous occupe. On conçoit qu'un homme d'un caractère supérieur, dans un parfait équilibre physique et moral, aura des songes agréables et réels, tandis qu'un homme d'un esprit inquiet, troublé, aura des rêves pénibles.

En effet, des êtres matériels, qui ne vivent que dans la matière, ne peuvent avoir que des rêves grossiers, tandis que les gens qui mènent une vie réglée et sobre ont un sommeil et des songes bien différents.

Interprétation des songes.

Ici, nous sommes obligé de reconnaître que la faculté d'interpréter les songes, la disposition à toute sorte de divination, l'aptitude à discerner les véritables révélations des rêves, tiennent à la fois de la nature et de l'art.

A la nature revient cette intuition qui met certains hommes en mesure de *sentir* le sens caché d'un songe, tandis que l'art s'apprend et peut se développer sous l'action d'un entraînement spécial et surtout lorsque le devin sera parvenu à annihiler complètement, ou le plus possible, les sensations de la chair. Son esprit, hyperexcité par un travail constant, pourra lire dans l'astral les destinées futures. Ceci sera expliqué plus tard.

Quant à présent, disons qu'il est impossible de donner une *clé des songes* qui ne soit pas une absurdité, car les circonstances, les variétés du songe, l'impression qu'il a laissée, les moindres détails sont les bases de l'explication.

Les songes qui se rapportent à l'individu qui les ressent seront plus facilement explicables par lui-même, car il se *possède* généralement mieux qu'il ne pourra apprécier un autre homme.

Les songes clairs sont ceux qui ne demandent pas d'explication. C'est la vision d'un fait qui, devançant le temps, vous est connu par pressentiment, prénotion, etc.

Un des meilleurs exemples et des plus indéniables, c'est celui de personnes qui ont rêvé de la mort d'un ami, d'un parent, à des distances considérables, à l'heure même de l'événement, parfois même avant.

Les songes obscurs sont ceux où l'on ne fait qu'apercevoir une personne aimée, sans que les circonstances dans lesquelles on a vu l'apparition soient en rien comparables à celles qui se produiront dans l'avenir.

Là est l'art véritable de l'interprète, et ce n'est que par l'examen opiniâtre des moindres détails qu'il parviendra à lire le sens vrai du songe.

De ce que la plupart des songes sont mal interprétés, on argue que *tous* sont faux : « *Ab uno disce omnes.* » C'est un tort, un grand tort. Est-ce que, de ce qu'il y a des pièces de vingt francs fausses, vous conclurez qu'il n'y en a pas de bonnes ?

On doit, si cette étude semble intéressante, s'entraîner au préalable dans le genre de vie que nous avons indiqué, puis collectionner sans parti pris *tous* les faits qui passent à la portée, les enregistrer avec leur sens, s'enquérir si l'événement a justifié la prévision ; puis, quand on aura un grand nombre de faits, la certitude apparaîtra et l'on continuera ses études.

Cicéron dit à ce propos : « Quoique beaucoup de circonstances influencent ceux qui prédisent au moyen de l'art des conjectures, la divination n'en existe pas moins. Les hommes sont susceptibles d'errer dans cette science comme dans les autres. Il peut arriver que l'on prenne pour certain un signe douteux. Une partie du présage a pu rester cachée, on a pu ne pas apercevoir ce qui en détruisait l'effet... »

Ceci sera facilement accepté par les esprits non prévenus, lorsqu'ils penseront aux linéaments mal dessinés que laissent dans l'esprit la plupart des songes. Ce n'est pas une raison pour en négliger l'observation.

Si l'on veut poursuivre plus loin les études sérieuses sur la question, il faut tout d'abord entraîner son esprit vers les idées élevées, le mûrir par la réflexion, le reposer par la méditation ; adopter une nourriture végétative, suivre dans les repas un régime sobre et frugal, boire peu, jamais sans nécessité, ne satisfaire que ses besoins, jamais ses passions.

Si maintenant on écarte les espérances de lucre, qui pourraient tenter quelques-uns et qui sont un *obstacle absolu* au développement des facultés d'interprétation, on pourra, au bout de peu de temps, recevoir la récompense d'une vie aussi exemplaire. On pourra peu à peu pénétrer dans l'avenir, et la connaissance du futur compensera la perte des puissances terrestres.

Les rêves.

Ici, nous avons affaire à une manifestation mécanique d'un phénomène matériel. Le rêve provient : de la digestion, de l'excitation de certains centres correspondant à certaines positions (*décubitus dorsal*), de l'assimilation des idées correspondant aux poses que l'on prend en dormant, à l'éveil de l'esprit sous des excitations extérieures (son, odorat, toucher), etc. Ces diverses modifications du rêve sous des influences différentes ont été étudiées avec le plus grand soin par le docteur Tissié, dans son livre sur les rêves (1).

Nous ne pensons pas qu'on doive s'arrêter aux explications des clés des songes, sinon pour déplorer leur incurable sottise.

C'est ainsi que :   Indique :
Abandonner son état : Perte par mauvaise foi.
Abandonner sa maison : Gain, profit.
Abandonner sa femme : Allégresse (c'est peu aimable).
Abbaye : Peine, affliction.
Abbé : Cruauté, infamie, déshonneur.
Abbesse : Ambition, ruse.
Abeilles : Gain et profit.
Abeilles sur le sol : Tourment.
Abeilles (en être piqué) : Perte notoire.
Abeilles (les prendre) : Réussite.
Battre sa maîtresse : Bonheur (!).
Belette : Amour pour une femme méchante.
Champignons : Vie longue.
Fèves : Querelle et procès.
Fabrication de boudin : Mille peines.
Fabrication de cervelas : Passion violente.
C'est mélancoliquement bête, comme on voit.

Cependant, pour satisfaire à la curiosité de quelques-uns, nous donnerons ci-après diverses interprétations de rêves, d'après des clés des songes, plus ou moins quelconques.

(1) Dr Tissié, *Les Rêves*, 1886 ; Alcan.

Pline simplifiait le travail en disant qu'on doit expliquer les rêves d'une manière absolument contraire au fait rêvé ; d'après lui, songer pleurs est signe de joie, etc... C'est le sens le plus généralement suivi par les clés des songes.

Arthémidore tirait ses conclusions d'un système d'observations plus philosophique. Ainsi, selon lui, rêver à la mort, c'est signe de mariage, et l'on pouvait prévoir de grandes peines, si l'on rêvait de trésors.

Quelques-uns emploient une déduction qui, dans certains cas, peut se justifier. C'est ainsi que, pour eux, rêver d'argent est signe de pauvreté ou de perte... En effet, disent-ils, l'esprit d'un pauvre fortement frappé ramène dans ses rêves les préoccupations de la veille. Pourquoi un riche rêverait-il d'argent ?.

Rêver d'une femme est un mauvais signe (?), à moins qu'elle ne soit très blanche de peau et qu'elle ne soit revêtue de vêtements blancs. Mais, par contre, rêver d'un homme vêtu de blanc est un indice de bonheur, surtout s il est assassiné (?). Un cavalier blanc est un signe de grand bonheur.

Comme on le voit, le blanc est signe de bonheur ; le noir, de deuil, d'adversité.

Rêver de pommes de terre est un affreux présage (?).

Rêver d'enterrement est preuve de mariage (?).

Rêver que l'on compte de l'argent (bien qu'il soit blanc) est mauvais.

Rêver de beaux jeunes gens annonce à une femme une maternité prochaine.

Tout ce qui rampe et se traîne lentement comme le serpent indique la perfidie. L'anguille, le hibou, le rat, l'araignée, le crabe, la tortue, le scarabée, sont de mauvais augure. Attendez-vous à un affront ou à une humiliation si vous rêvez d'un cochon ; suivant sa couleur, l'affront sera plus ou moins grand. Un limaçon, des oies vivantes présagent des honneurs et des succès ; mais n'accordez aucune confiance aux rêves d'honneurs et de dignités.

Un cheval blanc, lancé au galop, est signe de l'arrivée d'une dépêche, d'une nouvelle. Les autres présages moins importants sont le poisson qui nage dans une eau limpide, le nuage qui traverse rapidement un beau ciel, une mer tranquille couverte de voiles blanches. Une locomotive qui passe en déroulant sa fumée dans un rayon de soleil est la preuve certaine qu'une nouvelle va arriver. Elles sont généralement peu aimables, les interprétations ; en effet, un homme noir, avec une serviette de maroquin sous le bras, est, en même temps que le renard et le singe, un signe de procès. Rêver de grilles de couvent, d'église, est signe d'emprisonnement.

Il est un rêve aussi désagréable que dégoûtant que nous n'oserions signaler s'il n'était le pronostic d'un héritage ou d'un bénéfice inattendu. Voir un incendie dont les flammes sont hautes et claires, voir son sang répandu, lorsqu'il est d'un beau rouge, présagent une grande fortune, soit par succession, soit par un coup de la destinée.

CHAPITRE X

LES ARTS DIVINATOIRES

Il est impossible de résumer en une formule la définition de tous les arts divinatoires, car ils sont aussi différents que possible entre eux.

Chacune des divisions secondaires contient, du reste, le résumé de *chacune* des pratiques constitutives de *chaque* art divinatoire.

En général, il ne faut pas repousser de parti pris ces moyens de connaître l'avenir ; il faut regretter qu'ils se soient abâtardis avec le temps et qu'ils n'aient pas conservé leur vérité première.

Rien ne ressemble autant à un charlatan qu'un devin honnête, il faut donc que l'impartialité du juge sache discerner les prédictions vraies des fausses, écarter comme douteuses toutes celles qui semblent des coïncidences fortuites.

Aussi bien, tout esprit calme concevra les arts divinatoires comme un moyen que les devins employaient pour fixer leur volonté et admettra que les pratiques du culte (non les singeries) pouvaient permettre à des hommes spécialement entraînés de pénétrer les mystères de l'avenir.

En résumé, l'art divinatoire étudié dans son principe avec les grandes lois des sciences occultes, ramené à sa véritable origine, est réel et vrai.

On conçoit cependant combien plus faciles sont les jongleries, les tours de malice ; si, de plus, l'espoir de la domination et du lucre domine le devin, on arrive aux turpitudes. C'est le plus souvent ce qui se produit de nos jours. On peut néanmoins se convaincre par soi-même de la réalité de la divination.

Les prophéties.

Le véritable caractère d'une prophétie, outre son authenticité constatée, c'est de ne pouvoir se confondre avec une prévision naturelle ou avec un fait qui serait le produit d'un pur hasard.

Ces caractères se retrouvent, suivant les auteurs sacrés, dans les prophéties de l'Ancien et du Nouveau Testament et pas dans les autres.

Si l'on en croit le cardinal Gousset, rien n'est moins contestable : « Qui pourrait, dit-il, par exemple, regarder comme une combinaison fortuite l'accomplissement des prédictions où les prophètes parcourent en esprit les siècles futurs et les nations étrangères ; marquent la destinée des empires qui n'étaient pas encore ; président des révolutions dont on ne voyait pas encore la moindre cause ; nomment les héros et les princes qui doivent en être les auteurs, en les désignant par des traits aussi expressifs que par leur nom ; supputent les temps et les années des événements lointains ; écrivent par anticipation l'histoire du Messie ; annoncent à tous les peuples du monde la loi qu'ils doivent embrasser un jour, après avoir renoncé au culte des idoles ; prophétisent à cette propre nation le malheur inouï qui lui était réservé. »

« Les prophéties, dit Bergier, n'ont pas commencé à éclore chez les Juifs ; ce don que Dieu a fait aux hommes est aussi ancien que le monde. Dès qu'Adam fut tombé dans le péché, Dieu lui annonça un rédempteur futur, qui cependant ne devait venir au monde qu'après quatre mille ans. Dieu avertit Noé du déluge cent vingt ans avant qu'il arrivât ; il instruisit Abraham du sort de sa postérité ; Jacob, au lit de mort, dévoila distinctement à chacun de ses enfants la destinée réservée à sa famille ; c'est par l'esprit prophétique que Joseph devint premier ministre du roi d'Égypte, etc. ; on peut dire, en quelque manière, que, dans les premiers âges du monde, jusqu'à ce qu'il eût donné à Moïse la loi sur le Sinaï, Dieu l'a gouverné par des prophéties. »

Comme dans toutes les autres branches de la divination, les prophéties ont cessé avec le temps, et les premiers prophètes, hommes purs, pleins de l'esprit divin, semblent avoir été les seuls à correspondre avec Dieu.

Il serait trop long de rappeler, en les analysant, les dix prophéties qui ont annoncé la venue du Fils de Dieu.

De plus, comme on doit admettre ces prophéties sans les discuter, nous allons passer à l'étude des prophètes d'un autre genre.

Il y a un autre genre de *voyants*, de voyants *physiques*, si j'ose m'exprimer ainsi.

Ce sont des individus possédant des qualités d'une clairvoyance qui semble échapper aux autres. Or, il est vraisemblable que c'est une faculté native, qui ne peut s'acquérir.

Une partie de ce que nous allons dire ici peut s'ajouter à ce que nous dirons au chapitre de la baguette divinatoire.

Les exemples suivants nous sont fournis par M. Rouxel, dans le *Voile d'Isis*, numéro 68, qui s'exprime ainsi :

La faculté de voir à distance, malgré les corps opaques intermédiaires, et de découvrir ainsi les sources d'eau, les mines, etc., est plus rare et aussi plus aléatoire que les précédentes ; elle n'en est pas moins réelle et connue depuis bien longtemps. C'est en vain, dit Quintus Cicéron (*De divin.*), que la nature aurait produit l'or, l'argent, l'airain, le fer, si elle ne nous eût enseigné les moyens de découvrir les mines.

Huyghens, qui n'était pas le dernier venu parmi les savants, écrivait à Mersenne, le 26 novembre 1646, que des gens sérieux d'âge et de conditions avaient vu, à Anvers, un prisonnier de guerre qui découvrait, sans le secours d'aucun instrument, tout ce qui était caché et couvert sous quelque sorte d'étoffe que ce fût, à l'exception des étoffes teintes en rouge.

La femme du geôlier étant venue avec d'autres femmes voir ce prisonnier pour le consoler, elles furent bien étonnées de le voir rire, et, le pressant de dire qu'elle en était la cause, il répondit froidement : « Parce qu'il y en a une d'entre vous qui n'a pas de chemise, » ce qui fut avoué.

Le *Mercure* de 1725 contient une lettre où il est dit qu'une jeune femme de Lisbonne avait la vue si perçante, qu'elle découvrait l'eau dans la terre, à quelque profondeur que ce fût.

Cette femme existait encore en 1730, car on lit, dans les *Variétés historiques*, etc., de Boucher d'Argis, tome II, page 473, que son mari était Français de nation et qu'elle s'appelait Mme Pedeguche.

« Elle découvrait l'eau dans la terre, ajoute le narrateur, jusqu'à la profondeur de 30 et 40 brasses ; elle disait les différentes couleurs de la terre depuis la surface jusqu'à l'eau qu'elle avait trouvée, en marquant sur la terre les différents endroits où l'on devait creuser ; ici, disait-elle, vous trouverez une veine d'eau à telle profondeur, d'une telle grosseur ; là, vous en trouverez une autre plus petite ; auprès de celle-là, il y en a une plus grosse que les autres.

« Au reste, elle ne voyait ce qui était caché dans la terre que par les vapeurs qui en sortaient, qui lui faisaient distinguer les qualités de terre, de pierre, de sable, etc., jusque dans l'endroit positif où se trouvait l'eau ; mais où il n'y avait point d'eau, elle ne voyait rien.

« Ce qui n'est pas moins surprenant, c'est qu'elle voyait dans le corps humain lorsqu'il était à nu, car sa vue ne pénétrait pas à travers les habits. Elle distinguait parfaitement le cœur, l'estomac, les abcès, s'il y en avait, la bile trop abondante et autres infirmités qu'il pouvait y avoir ; elle voyait le sang circuler, la digestion se faire, le chyle se former, et enfin toutes les différentes parties qui composent et qui entretiennent la machine et leurs diverses opérations ; elle voyait à sept mois de grossesse si une femme était enceinte d'un garçon ou d'une fille, ce qui lui est arrivé à elle-même, entre d'autres expériences qu'elle a faites pour satisfaire quelques curieux, et entre autres une femme enceinte de deux jumeaux. En un mot, elle voyait dans le corps comme on voit dans une bouteille (1). »

(1) Ces cas de clairvoyance ou de lucidité se rencontrent fréquemment et

Prédictions des voyants.

Il est bien difficile de vérifier le fait, mais on assure qu'on a vu des enfants, tranquillement assis auprès de leurs parents, et sans changer leur manière d'être, annoncer, sans conscience de ce qu'ils faisaient, un événement qui plus tard s'est réalisé.

Qu'il nous suffise d'apporter une preuve du pouvoir des voyants.

Le premier fait est emprunté à l'ouvrage de M. Foissac (1), qui le tient d'un de ses amis, M. Marshall-Hall :

« Il y a un an, me trouvant à Édimbourg, j'allai dans une campagne des environs faire visite à l'un de mes vieux amis, M. Holmes. Je trouvai tous les visages accablés de tristesse. M. Holmes avait, ce jour-là même, assisté à un enterrement dans un château des environs ; il me raconta que le fils des maîtres de ce château avait souvent effrayé sa famille en manifestant les phénomènes qu'on attribue à la *seconde vue*. On le voyait parfois gai ou triste sans cause, le regard profond et mélancolique, prononçant quelques mots sans suite, ou décrivant des visions étranges. On essaya, mais vainement, de combattre cette disposition par de violents exercices et un système d'études variées, en s'aidant des conseils d'un médecin très éclairé ; huit jours auparavant, la famille étant réunie, on vit tout à coup le jeune William, qui avait douze ans à peine, pâlir et devenir immobile ; on écoute, on entend ces mots : « *Je vois un enfant endormi, couché dans une boîte en velours avec un drap de satin blanc, des couronnes et des fleurs tout autour. Pourquoi mes parents pleurent-ils ? Cet enfant, c'est moi.* » Frappés de terreur, le père et la mère saisissent leur fils, qu'ils couvrent de baisers et de larmes. Il revient à lui et se livre avec entrain aux jeux de son âge. La semaine ne s'était pas écoulée, quand la famille, assise à l'ombre après déjeuner, cherche le jeune William qui était là à l'instant, ne le voit pas, l'appelle ; aucune voix ne répond. Famille, gouverneur, médecin, chapelain, domestiques, mille cris de détresse se croisent, on parcourt le parc dans tous les sens : William a disparu. C'est après une heure de recherches et d'angoisses que l'enfant fut retrouvé dans un bassin où il s'était noyé en voulant saisir un bateau que le vent avait poussé loin du bord. Malgré des efforts désespérés et après avoir tout mis en œuvre, le pauvre enfant mourut, accomplissant ainsi le fatal présage. »

Ceux qui nient quand même affirment que ces manifestations divinatoires ne se sont produites que dans les siècles anciens où aucun contrôle actif des faits n'a jamais pu être établi. Nous répondrons qu'il n'en est rien, car nous pouvons citer les prophéties modernes du chevalier

d'une manière positive chez certains sujets plongés dans le sommeil magnétique.

(1) Foissac, *Chance et Destinée*; Paris, 1876 ; Baillière.

de l'Isle et celle non moins curieuse et moins contestable de Cazotte, dont les moindres détails ont été conservés par la Harpe.

Si ces manifestations sont bien connues, et si de nouvelles ne viennent pas à la publicité, c'est qu'il faut que le songe germe dans une âme d'élite qui se trouve surélevée elle-même par les événements extraordinaires et qui mette au jour, lors du réveil, les détails de sa vision.

Comment penser autrement quand on saura les prédictions qu'il fit (*tout éveillé*) devant un cercle de philosophes et de beaux esprits auxquels il annonça, dès le commencement de 1788, tous les faits de la Révolution de 1789 à 1793, sans en excepter le nom de tous ceux qui étaient présents et qui devaient mourir sur l'échafaud, mourir au cachot, etc., ou bénéficier du mouvement révolutionnaire ?

Les aruspices.

« Les idées des anciens sur l'aruspicisme nous le représentent comme une science fondée sur une grande loi cosmogonique, la distinction des âmes », dit le savant Ballanche.

On voit encore ici que ce mode de divination repose sur une base sérieuse qu'il faudrait approfondir. Ce n'est pas ici le lieu. On conçoit donc que les pratiques empiriques employées par la suite ne donnent que des résultats peu convaincants.

Les préceptes qui présidèrent aux premières prédictions de cette nature ne tardèrent pas à devenir tout à fait matériels. On perdit le principe de vue, on n'aperçut plus que le fait.

Les signes qui relevaient plus directement de l'aruspicisme étaient ceux que l'on observait pendant les sacrifices. Si l'on en croit Eschyle, l'art des aruspices remonterait à Prométhée ; il fut ensuite cultivé chez les Étrusques, puis pénétra ensuite à Rome (1).

Mille indices recueillis au moment du sacrifice étaient sujets à interprétation (2) ; suivant que la victime s'approchait de l'autel, selon l'aspect de ses entrailles, le consultant devait être heureux ou malheureux.

La *pyromancie* était l'art de tirer des présages de la flamme du bûcher ; la *capnomancie*, l'art de lire dans les mouvements de la fumée.

Si les flammes semblaient s'attacher à la victime, si elles montaient fixes et droites, sans fumée, on en concluait que le sacrifice était accepté et on en tirait un heureux présage.

(1) Il n'est peut-être pas trop osé de dire, d'après les faibles connaissances que nous avons des procédés et des principes de ces deux sciences, que l'aruspicisme et les oracles des sybilles dérivaient des mêmes lois sacrées.

(2) En Gaule, ces oracles étaient bien plus effroyables, ils se lisaient dans les entrailles d'un homme égorgé sur l'autel. Le même genre de divination existait chez les Mexicains, avant la conquête.

Mais si, au contraire, le feu ne s'allumait que difficilement, si la flamme ne s'élevait pas, si le vent ou la pluie venait interrompre la cérémonie, c'était la preuve que la divinité refusait l'holocauste, et, par suite, un signe de malheur.

La *capnomancie* tirait ses interprétations de la densité, de la couleur, de l'épaisseur, de la direction de la fumée.

La *lébanomancie* s'appliquait à l'étude de l'aspect de la fumée de l'encens ; elle était pratiquée depuis les temps les plus reculés et on en trouve la trace dans Homère.

La *pharmacie* dérivait de la précédente et n'était, d'après la démonologie, qu'un moyen d'interroger les démons en jetant des parfums dans un réchaud.

La *téphramancie* avait pour objet l'examen des cendres restant après un sacrifice ; enfin, dans l'*aburomancie* et dans la *chritomancie*, on recherchait la signification des figures plus ou moins singulières que formait sur la tête des victimes la fleur de farine qu'on y répandait.

Les auspices.

De même que pour les aruspices, les auspices pouvaient être interprétés par tout le monde, suivant les circonstances où ils se présentaient ; mais on préférait, en général, s'en rapporter au jugement des hommes versés dans la divination. Certains signes, cependant, devaient absolument être traduits par les augures.

Primitivement, les augures n'étaient tirés que des signes fournis par les oiseaux sacrés ; mais peu à peu le sens en fut étendu à tous les signes surnaturels.

On tirait les augures du chant, du vol, des mouvements des oiseaux, suivant des rites fixés à l'avance et dépendant du temps, de la saison, etc.

L'apparition d'un oiseau était de bon augure si c'était un aigle, un héron, une corneille ; le présage était néfaste si c'était un geai, un hibou, une hirondelle. De plus, ils étaient (*dextræ*), à droite, de bon augure, (*sinistræ*), à gauche, de mauvais présage.

Les phénomènes naturels, tels que le tonnerre, les éclairs, les éclipses, les tremblements de terre, les pluies de sang ou d'animaux, étaient réputés tellement néfastes que le peuple remettait à une autre époque ses assemblées, lorsqu'ils se produisaient.

Les poètes nous ont rapporté que l'on tirait encore des conséquences des tintements d'oreille, du clignotement des paupières, de l'éternuement, du bâillement, etc.

Ces signes simples pouvaient être interprétés par chacun sans le secours des devins ; il n'en était pas ainsi des véritables augures. Voici, rapidement énoncées, les cérémonies qui accompagnaient la prise des augures.

On y retrouve la trace de certains procédés connus en astrologie.

L'augure sortait du temple avant le jour, la tête voilée, et se rendait dans une plaine, dans un lieu découvert. Là, après avoir prononcé les paroles sacrées, il traçait, à l'aide de son bâton augural (1), certaines divisions du ciel et les limites dans lesquelles les augures devaient se produire sur la terre.

C'est ce qu'on nommait le *temple augural ;* il était toujours orienté suivant les quatre points cardinaux.

Si le vent ou la pluie venait troubler le sacrifice, la cérémonie ne pouvait se poursuivre et la prise des augures était remise à un temps plus favorable. C'est du reste pour cette raison, ainsi que le fait remarquer Plutarque, que les augures portaient une lanterne ouverte afin que la plus faible brise pût les avertir, en soufflant leur lampe, que les dieux n'étaient pas favorables.

Comme les auspices se tiraient aussi pendant les expéditions militaires, les pratiques étaient bien simplifiées ; le plus souvent, on se contentait d'observer la manière dont les poulets sacrés, qu'on tenait enfermés dans une cage, se comportaient.

C'était surtout dans la façon dont ils sortaient de leur cage, lorsqu'elle était ouverte, au moment propice, dont ils battaient des ailes, qu'on voyait les présages. Il va sans dire que, s'ils refusaient le grain ou la pâtée qu'on leur avait préparés, c'était un mauvais signe, tandis que, s'ils se jetaient avec avidité sur leur nourriture, c'était d'un bon augure, surtout si, dans leur précipitation, ils en laissaient tomber de leur bec.

Les oracles.

L'histoire des oracles nous entraînerait dans de trop longs détails.

Prenons, par exemple, les oracles les plus redoutés de l'antiquité, ceux des pythies. Les Grecs appelaient μαντεία, les latins *oracula*, cette sorte de divination qui était tellement en honneur que des temples nombreux ne tardèrent pas à s'élever chez les Grecs et chez les Romains.

Les oracles d'Apollon étaient produits par une exhalaison de vapeur qui plongeait la pythie dans un accès de *prophétie*, nous dirions un accès d'*hystéro-épilepsie*. Le plus renommé fut celui de Delphes.

Diodore raconte que, sur le Parnasse, on avait remarqué une brèche d'où sortait une sorte de vapeur qui faisait danser les chèvres qui passaient auprès ; des bergers surpris de ce fait, s'étant approchés de la fissure, furent pris de mouvements convulsifs, et l'un d'eux, dans son délire, se mit à prophétiser.

Aussitôt on construisit un temple splendide à Apollon, qui, disait-on, en avait le premier jeté les fondements en faisant connaître aux

---

(1) Le bâton augural était une sorte de baguette recourbée dont la crosse de nos évêques semble être une imitation.

La prophétie de Cazotte (page 158).

humains les volontés suprêmes au nom de son père Jupiter (1).

Devant la statue du dieu, tout en or, on entretenait un feu perpétuel d'un bois sacré, résineux, et, au milieu d'une décoration de laurier, se voyait l'ouverture par laquelle le Dieu se manifestait ; au-dessus était placée la *corsina*, sorte de trépied élevé sur lequel se plaçait la pythie ou pythonisse.

Cette prêtresse était *entraînée* d'une façon spéciale (2), et, après chaque crise, on la ramenait dans sa cellule, où elle passait plusieurs jours dans un état de prostration absolue, qui se terminait parfois par la mort.

Sous l'influence de breuvages, de manœuvres particulières et peut-être aussi des émanations, elle était prise de vertiges. Son regard devenait fixe, farouche, *sa bouche devenait écumante*, un tremblement violent et irrésistible secouait tous ses membres, et, dans cet état de *fureur*, elle prophétisait.

Il serait intéressant de rapprocher de ces *fureurs* l'état des hystéro-épileptiques à certaines phases déterminées.

Dans cet état, elle proférait des sons inarticulés que les prêtres, nommés *prophètes*, traduisaient au vulgaire. Les consultants n'étaient, dans le principe, admis qu'un seul jour par an, celui qu'on supposait être celui de la naissance d'Apollon (le 7 du mois de Bysius) ; plus tard, on désigna plusieurs jours dans chaque mois. Cette même altération se retrouve dans le rite. Primitivement, la pythie rendait ses oracles en vers hexamètres, dans le dialecte ionien ou dorien ; mais, peu à peu ces vers devinrent si mauvais qu'on remarqua combien il était étonnant qu'Apollon, le dieu de la poésie, inspirât si mal sa prêtresse. La pratique du vers ne tarda pas, du reste, à être remplacée par de la simple prose dans le dialecte qu'on parlait à Delphes.

La pureté des mœurs ne survécut pas au beau temps de l'oracle. Dans l'origine, la pythie était une jeune vierge née à Delphes ; mais, après le viol d'une de ces prêtresses par Échécratès, on les choisit au contraire parmi les femmes fort âgées.

Comme les augures, les *prophètes* se recrutaient parmi plusieurs familles qui exploitaient le temple ; on en compta jusqu'à cinq qui se disaient descendre de Deucalion. Le pouvoir immense que leur constituait leur charge en rendait le privilège très disputé.

Dans les premiers temps, l'oracle de Delphes semble avoir rendu des oracles sérieux ; il devint de ce fait le centre religieux et politique des races grecques.

Mais peu à peu l'oracle perdit de son influence lorsque les prêtres devinrent accessibles à la corruption.

(1) On a contesté cette origine au temple de Delphes. Il aurait été, dans le principe, dédié à la Terre ou à Thémis, et n'aurait appartenu à Apollon que lorsque celui-ci aurait tué le serpent *Python*, qui en était le gardien.

(2) Avant de monter sur le trépied sacré, elle s'y préparait pendant trois jours par des purifications, des jeûnes et des cérémonies particulières.

Hippias, étant tyran d'Athènes, quelques citoyens qu'il avait bannis obtinrent des prêtres, par leurs offrandes, que, lorsqu'un Lacédémonien viendrait consulter l'oracle, on lui répondît toujours qu'il devait délivrer Athènes de la tyrannie. Pour obéir au vœu d'Apollon, les Lacédémoniens n'hésitèrent pas à déclarer la guerre à Hippias, qui était pourtant leur allié.

Mais où il perdit tout son prestige, c'est lorsqu'il favorisa l'ambition de Philippe de Macédoine et que Démosthène, approuvé par le peuple tout entier, l'accusa de *philippiser* lorsque ses arrêts étaient favorables au roi.

Le beau temps de Delphes était passé et l'oracle disparut 400 ans environ après Jésus-Christ.

Nous ne pouvons nous étendre sur l'étude des autres oracles d'Apollon, dont le mode de manifestation était, du reste, analogue à celui de Delphes.

Les oracles de Jupiter étaient tout différents; ils se manifestaient aux hommes par des signes extérieurs. Au temple de Jupiter Olympien, c'étaient des augures qui tiraient les présages des victimes immolées. A Dodone, le temple de Jupiter, le plus fréquenté et le plus *honnête* (il ne se laissa jamais corrompre), était placé sur une hauteur, au milieu d'une forêt de chênes et les présages d'avenir se tiraient du bruissement des feuilles.

Celui de Dodone excepté, les oracles furent tous livrés à l'ambition de quelques prêtres. Une anecdote piquante, que nous empruntons à Fontenelle, prouve bien les mœurs des prêtres et la naïveté des consultants.

Dans certains cas, les femmes désignées par le grand prêtre devaient passer seules la nuit dans le temple, afin de *communier* avec le dieu pendant leur sommeil.

Cette coutume était commune chez les païens et ne soulevait pas le moindre soupçon. Pendant des siècles, il en fut ainsi à Thèbes, en Égypte, en Lycie et à Babylone, où, d'après le témoignage d'Hérodote, au huitième et dernier étage de la tour de Bélus était un lit magnifique dans lequel une femme choisie était visitée par le dieu.

A Alexandrie, le culte de Saturne comportait cette épreuve ; le dieu, par la bouche de son prêtre Tyrannus, faisait venir chaque nuit, dans son temple, une femme qu'il désignait.

Déjà beaucoup de femmes s'étaient ainsi livrées tout émues aux approches du dieu lorsqu'une d'elles, s'étant rendue dans le temple, remarqua qu'il ne s'était rien passé que de très naturel (c'est-à-dire bien au-dessous de ce qu'elle attendait de la divinité) et elle en conclut que Tyrannus plus que le dieu devait y avoir participé.

Le mari, plus pointilleux que les autres, fit faire un procès à Tyrannus. Le prêtre avoua tout..., et bientôt tout recommença comme par le passé !

Parmi les oracles, il y en avait qui étaient inspirés par des demi-dieux.

Nous ne pouvons que signaler ceux des Faunes, de la Fortune, de Mars; ceux d'Esculape, dont le plus connu fut celui d'Epidaure; ceux d'Hercule, d'Amphiaraüs, d'Amphilochus, etc., qui se manifestaient dans les songes que les dieux ou demi-dieux envoyaient à leurs fidèles.

Nous allons terminer en décrivant rapidement celui de Trophonius, en Béotie, qui fut l'un des plus renommés de l'antiquité :

Après de nombreuses purifications, le consultant, si les signes tirés des entrailles des victimes, interprétés par un prêtre, le permettaient, était conduit par deux enfants à la rivière Hercipia ; il y était baigné, puis oint d'huiles sacrées; les prêtres lui faisaient boire de l'eau de la fontaine de l'*Oubli* (Léthé), afin qu'il ne conservât aucune de ses pensées antérieures, et de la fontaine du *Souvenir* (Mnémosyne), afin qu'il se rappelât les détails de sa consultation.

Il apercevait ensuite une image mystérieuse de Trophonius, puis il était introduit dans le sanctuaire qui était construit au-dessus de l'orifice d'une caverne, l'antre de Trophonius, où l'on descendait par une échelle.

Arrivé au fond de la caverne, il trouvait une ouverture dans laquelle il passait les pieds et aussitôt une puissance invisible entraînait le reste du corps. Ce qui se passait ensuite dépendait du consultant.

Après l'oracle rendu, celui-ci revenait par le même chemin qu'il avait suivi pour descendre.

Aussitôt, les prêtres le plaçaient sur le trône de Mnémosyne et lui demandaient ce qu'il avait vu : ils inscrivaient sur des tablettes les détails de la vision qu'il avait eue.

On voit le faible degré de confiance qu'on pouvait, en général, accorder à tous ces oracles.

Les véritables traditions s'étaient perdues, et les charlatans dominaient ; il est curieux cependant de rappeler que des esprits sérieux, des hommes de grand mérite, n'hésitaient pas à accorder croyance à ces pratiques.

Plutarque, dans les entreprises dont l'issue semblait douteuse, engageait ses amis à consulter les oracles. Religieux en public, il ne l'était pas moins dans sa vie privée. « Il faisait, dit Xénophon, ce qu'on voit faire à tous ceux qui croient à la divination : ils consultent le vol des oiseaux, ils sont attentifs aux paroles fortuites, ils observent les présages, ils interrogent les entrailles des victimes. Pensent-ils que des oiseaux, pensent-ils que le premier homme qu'ils rencontrent soit instruit de ce qu'ils cherchent à savoir ? Non, sans doute ; mais ils croient que les dieux eux-mêmes leur envoient ces signes de leur volonté, et c'était le sentiment de Socrate... Enfin, si quelqu'un voulait s'élever au-dessus des connaissances humaines, il lui conseillait de s'adonner à la divination, cet art, disait-il, étant nécessaire pour bien administrer un État et même pour bien régler une famille. »

Les sorts.

Les oracles par les *sorts* n'avaient rien de plus merveilleux que notre vieux jeu de *pile ou croix* (1), dit aussi *pile ou face*. Cette manière de divination peut parfois rendre service et fixe la volonté lorsque, de deux choses que nous pouvons faire, l'une pas plus que l'autre n'a de raison de l'emporter : par exemple, si on est dans un pays inconnu, sans donnée sur sa topographie, au milieu d'une plaine immense, et que deux routes s'offrent à vous.

C'est le seul cas où l'on puisse s'adonner au sort ; car il ne faut pas que cette facilité de décision, qui nous empêche d'exercer notre libre arbitre annihile notre puissance de réflexion et nuise à l'énergie de notre volonté.

C'est à ce but cependant que tend l'usage inconsidéré de toutes les pratiques de la divination.

Les sorts étaient pratiqués dès la plus haute antiquité.

Chez les Hébreux les sorts étaient très en honneur. Salomon, dans les *Proverbes*, dit : « Le sort apaise les différends et règle les partages entre puissants. »

Aaron, le grand prêtre, tirait au sort le bouc qui devait être immolé.

Moïse, dans les *Nombres*, nous apprend que la Terre promise fut partagée au sort et que la part de chaque tribu fut ainsi fixée.

Ce fut au moyen des sorts que l'on reconnut que Dieu avait choisi Saül pour roi. *Alea jacta est* est une expression proverbiale, dont on oublie parfois le sens.

Dans la pratique, les sorts se tiraient de bien des façons différentes, mais toujours identiques quant au fond.

On lit dans les *Proverbes* : « Les billets du sort se jettent dans un pan de la robe ; mais c'est le Seigneur qui règle tout ce qu'on décide par cette voie. »

Les sorts de Prœnestes furent très renommés dans ce genre. Pour les déterminer, un prêtre mêlait des signes et des lettres dans une urne, puis la renversait : l'ordre dans lequel les caractères se présentaient servait à déterminer le sens de l'oracle.

Les Assyriens consultaient aussi les sorts. C'est ainsi que Nabuchodonosor, arrivant avec son armée à un point où deux routes se coupaient, l'une allant à Rabath, l'autre à Jérusalem, resta incertain. Il résolut de se décider par le *sort des flèches*. On écrivit Rabath sur l'une et Jérusalem sur l'autre, et on les mit dans un carquois. Celle

(1) On peut en dire autant des dés à jouer qui servaient autrefois à déterminer par le sort la part de chacun (les Pharisiens jouant la robe du Christ). Les marguerites que consultent les amoureuses rendent des oracles aussi illusoires.

qui sortit fut Jérusalem. La conséquence fut l'horrible massacre de Juifs qui se termina par la mort des deux fils de Sédécias, tandis que le roi, les yeux crevés, allait périr en captivité.

Pendant bien longtemps on a pratiqué un autre genre de sort : *le sort des livres.*

Les sorts virgiliens (*sortes virgilianæ*) et les sorts homériques (*sortes homericæ*) consistaient à ouvrir un livre de Virgile ou d'Homère, au hasard et d'interpréter le sens des premiers mots de chaque page (1).

Au dire de Spartien, les sorts virgiliens avaient appris à Adrien qu'il parviendrait à l'empire, et Lampride rapporte qu'il en fut de même pour Alexandre Sévère, qui fut averti de cette façon de sa fortune future.

Tous les livres ne conviennent pas à ce genre de divination. Les Évangiles et le Coran sont des meilleurs. Pour ce dernier, les Orientaux mêlent les feuilles qui le composent et les tirent au hasard.

Le sort des Évangiles se pratique comme les sorts virgiliens. Voici, du reste, deux anecdotes très curieuses à ce sujet :

Bernard, un des principaux citoyens d'Assise, ayant résolu de quitter le monde, demanda conseil à saint François pour exécuter son projet : « *C'est à Dieu*, dit celui-ci, *qu'il faut le demander.* » Puis ils entrèrent à l'église Saint-Nicolas et, après avoir prié, François ouvrit trois fois le livre de l'Évangile : c'est ce Bernard qui devint l'une des illustrations de l'Église.

Un autre fait non moins intéressant :

En 1794, le célèbre littérateur Laharpe était détenu comme suspect dans les prisons du Luxembourg et se regardait comme à la veille de porter sa tête sur l'échafaud. Ses idées philosophiques en avaient reçu atteinte et il chercha, dans la lecture de l'*Imitation de Jésus-Christ*, quelques consolations à son triste sort. Il rapporte qu'ayant ouvert au hasard ce livre admirable, il tomba sur ce passage : « *Me voici, mon fils, je viens à vous parce que vous m'avez appelé.* » Dès ce moment, Laharpe fut un chrétien convaincu, il traduisit même le Psautier, en tête duquel il inséra un bon discours sur l'*Esprit des Livres saints.*

La baguette divinatoire.

Il faudrait un volume pour étudier à fond cette question, dont nous ne pouvons faire autre chose que d'indiquer quelques particularités.

La baguette divinatoire constituait un genre de divination connu sous le nom de *rhabdomancie*. Son origine, comme en général celle de tous les arts divinatoires, parfois différents par l'aspect, mais assez semblables par le fond, remonte à la plus haute antiquité.

L'Écriture sainte dit à ce sujet : « Mon peuple a interrogé le bois, et

(1) D'après Niebuhr, c'est de cette façon qu'auraient été consultés les livres sybillins.

le bois a répondu. » Chez les païens, Mercure et Minerve avaient leurs baguettes sacrées. La flèche d'or d'Apollon dissipait la peste et les orages. Moïse, comme tous les initiés, fit jaillir une source sous le coup de sa baguette, etc. Les fées et les enchanteurs en obtenaient merveille(1).

L'essence de cette baguette diffère selon les temps et les peuples. De saule chez les Scythes, elle fut de coudrier chez les Germains. Celle des mages était de myrte ou de laurier.

Strabon et Philostrate rapportent qu'elle était en usage chez les brahmes et chez les prêtres de la Perse.

Cette baguette servait à différents usages : tantôt on l'employait à tracer les cercles et les figures magiques, tantôt on lui faisait décrire les signes secrets des sorciers ; elle servait aussi à découvrir les objets cachés ou à poursuivre les criminels.

Voici un exemple de cette faculté, qui semble, quant au résultat, assez remarquable :

Vers la fin du xvii° siècle, un paysan de Saint-Véran, Jacques Aymar, découvrait, à l'aide de la baguette de coudrier, des métaux, des sources et jusqu'à des voleurs et des assassins ; appelé à Lyon en 1692 pour rechercher des assassins qui avaient échappé aux hommes de la police, conduit au bord du Rhône sur le lieu du crime, il trouva incontinent la piste des coupables ; il la suivit jusqu'à Beaucaire et découvrit un des assassins, qui avoua son crime et fut exécuté.

Cent ans plus tard, des phénomènes identiques se reproduisirent à Paris, en Allemagne et en Italie, au moyen de la baguette divinatoire. L'un des plus curieux rhabdomanciens fut un nommé Bletton, qui, comme Aymar, n'était qu'un ignorant et qui cependant fournit des expériences pleines d'intérêt.

Il faut remarquer, d'autre part, que la baguette a été plus spécialement affectée à la recherche des sources, pour laquelle certains paysans avaient de réelles facultés (2).

Comme, dans ce cas, on ne peut douter de la réalité des expériences, on a imaginé (Comte de Tristan, 1823), pour les expliquer, des effluves terrestres qui auraient la propriété de mettre la baguette en mouvement. D'après cet auteur, tous les hommes ne possèdent point au même degré la faculté de laisser agir la baguette lorsqu'ils passent sur un terrain où il y a des effluves (3).

(1) Nous ne ferons qu'énumérer les anciens sages ou dieux qui possédaient une baguette. Outre ceux cités plus haut, Zoroastre en avait une ; Bacchus avait son thyrse (à l'aide duquel il sépara les eaux de l'Oronte, de l'Hydaspe et de la mer Rouge) ; Pythagore avait une baguette d'or. Celle d'Abaris (prêtre d'Apollon) lui permettait de voler en l'air, à cheval dessus. Aaron eut aussi une baguette prodigieuse, qui fleurit de même que celle de saint Joseph. Les sorciers et les diables en avaient aussi ; Médée et Circé en étaient armées, etc.
(2) Rapprocher de ces faits ceux que nous avons cités au sujet de la clairvoyance, ainsi que des phénomènes de vision présentés par quelques sujets magnétisés.
(3) Voir le paragraphe : *La divination par les voyants.*

Nous croyons bien plutôt que cette faculté n'est dévolue qu'à certains voyants *physiques* (1), parfois peu éclairés, dont les facultés divinatoires sont fixées à leur insu par un talisman quelconque, qui, dans ce cas, est une baguette. Toutefois, les exemples suivants sont intéressants à connaître.

L'abbé Paramelle, qui fut un des hydroscopes les plus connus et devait à un sens caché la faculté de découvrir des sources, a doté la France d'une multitude de fontaines. Curé à Saint-Jean-de-Lespinasse, il commença par signaler, dès 1827, des filets d'eau souterrains. Un certificat officiel, datant de 1843, délivré par la préfecture de Cahors, constate que l'abbé Paramelle avait indiqué, à cette date, 338 sources. Cet habile hydroscope parcourut la France pendant vingt-cinq ans, durant lesquels il découvrit 10,275 fontaines d'eau potable, et cela avec un succès étonnant, à une profondeur désignée d'avance ou même à des profondeurs moindres que celles qu'il avait annoncées.

Je ne sais pas de meilleur exemple que celui-là pour convaincre les incrédules que certains hommes sont doués du pouvoir de pressentir les nappes aquifères.

(1) Si un homme d'esprit, Voltaire, dit à ce sujet : « On trouve les sources au moyen d'une baguette de coudrier, qui ne manque pas de forcer un peu la main à un imbécile qui la serre trop et qui tourne aisément dans celle d'un fripon », que devaient penser ses contemporains ?

CHAPITRE XI

LA DIVINATION D'APRÈS LES SIGNES

Nous ne pouvons, sans injustice, incriminer les pratiques de l'ancienne divination. De nos jours, pour la plupart, elles se sont tellement écartées de leur origine qu'elles ne sont plus que des simulacres sans signification ; on peut les considérer, presque dans tous les cas, comme pure jonglerie ; par suite, qu'on les étudie, qu'on les prenne pour ce qu'elles valent, mais qu'on ne se laisse pas duper par les fripons.

Les signes sacrés, comme on les appelait, sont innombrables. Je ferai de mon mieux pour présenter les plus importants et signaler le sens qu'on leur attribuait, en les rangeant, autant que possible, par catégories, selon qu'ils proviennent de l'air, de la terre, du feu, de l'eau, des animaux, des plantes, des minéraux, etc.

Signes tirés des animaux.

Mammifères. — La *céphalomancie* dérivait des signes fournis par une tête d'âne, qu'on faisait griller sur des charbons, lorsqu'on soupçonnait quelqu'un d'un crime. Après certaines prières, on prononçait tout haut le nom du criminel supposé, ou, à son défaut, le nom du crime. Si les mâchoires remuaient ou si les dents claquaient, c'était un signe certain que le soupçon était fondé.

La *myomancie* tirait, à Rome, ses présages des cris, des mouvements des rats ou des souris enfermés dans des cages. Les belettes étaient si néfastes que la vue seule d'un de ces animaux suffisait pour faire dissoudre, à Athènes, les assemblées publiques.

Oiseaux. — L'*alectryomancie* était la divination à l'aide du coq. Elle était très simple. Elle consistait à tracer deux cercles concentriques ou un carré, divisés en cases correspondant à chaque lettre de l'alphabet. Sur chacune on mettait un grain de blé ; puis, plaçant un coq au centre de la figure, on marquait les lettres dans l'ordre où le coq avait mangé les grains correspondants. Ces lettres assemblées formaient un mot auquel on attribuait une signification.

Serpents. — L'*ophiomancie*, ou divination par les serpents, était très répandue en Égypte et en Orient. Ce fut, chez certains peuples, l'objet d'un véritable culte. On élevait à cet usage des serpents sacrés. Chez certains peuples, on exposait le nouveau-né au milieu des ophidiens pour s'assurer de sa légitimité. Si les serpents ne touchaient pas à l'enfant, l'innocence de la mère était clairement démontrée.

Signes tirés des végétaux.

Dans la *botanomancie*, le consultant écrivait ses questions, son nom, etc., sur des feuilles, plus spécialement de figuier, de tamarin, de bruyère, et les abandonnait. Sous l'impulsion du vent, les feuilles se dispersaient; on recherchait alors, dans celles qui n'avaient pas été enlevées, les lettres dont l'assemblage pouvait former des mots ou des phrases, et on en tirait le sens de la réponse.

La *sycomancie* avait pour but d'interpréter le sens du frémissement du vent dans les feuilles des figuiers ; dans d'autres cas, on écrivait sur ces feuilles son nom et ses questions, et le présage était heureux lorsque les feuilles se fanaient lentement.

La *daphnomancie* consistait à jeter une branche de laurier dans le foyer et à rechercher dans les pétillements le signe sacré. C'était indice de bonheur lorsque les branches pétillaient.

La *xilomancie*, usitée en Chine, qui a été surtout pratiquée chez les peuples d'origine slave, d'après Macarthey, était l'art de tirer des présages de la disposition des branches et des tiges de bois sec que l'on rencontrait sur son chemin.

Dans la *phyllorodomancie*, on se frappait le front avec une feuille de rose plissée et on tirait des conclusions du bruit qu'elle rendait en éclatant. Cette pratique est restée un peu en honneur chez nos enfants.

Les signes tirés de la terre, du feu, du vent, de l'eau.

Les signes tirés de la flamme d'une lampe ou d'un flambeau (*lampadomancie, lychnomancie*) étaient néfastes si la flamme se partageait en deux branches ; ils étaient favorables, au contraire, lorsqu'elle ne formait qu'une seule pointe ; très favorable, si elle en présentait trois. Ce genre de divination a encore quelque crédit dans nos campagnes.

La terre, par ses fissures, ses crevasses, ses aspérités, permettait de tirer des présages de la ressemblance de leur conformation avec des dessins faits d'avance, qui avaient une signification déterminée. On peut remarquer combien ce genre de divination présentait de facilité à des imaginations éveillées lorsqu'on voit encore, de nos jours, des gens ajouter foi à la forme extérieure des rochers (les rochers des moines de l'île Chausey, les Demoiselles en Alsace, etc.). Nous reviendrons, du reste, sur l'étude de cette question.

L'eau provenant de la pluie ou d'une fontaine constituait l'*hydromancie;* les présages qu'elle fournissait pouvaient être interprétés de plusieurs manières.

Tantôt, on mettait dans un vase plein d'eau un anneau suspendu à un fil attaché au doigt du consultant. Si l'anneau restait immobile, l'affaire était manquée ; mais, si l'anneau allait frapper plus ou moins fort et à plusieurs reprises les parois du vase, c'était une preuve de réussite.

Ce procédé est encore usité dans nos campagnes ; il remonte à une haute antiquité, et la Bible parle de la coupe qui servait, au patriarche Joseph, à tirer des présages. C'est, du reste, à lui qu'on en attribua l'invention. Cependant, chez les Romains, on pensait que Numa en était le premier inventeur. Il le pratiquait en mettant dans un vase rempli d'eau un anneau suspendu à un fil et l'anneau allait frapper les bords du vase si l'entreprise était favorisée de la divinité.

Dans certains cas, trois pierres jetées au fond du vase et se mouvant d'elles-mêmes, constituaient un signe heureux.

La *gastromancie* se pratiquait ainsi : on enfermait de l'eau pure dans des vases ronds, entourés de torches. On invoquait le dieu, dont la réponse se manifestait seulement aux yeux d'un jeune éphèbe ou d'une femme enceinte par les effets que la lumière produisait sur l'eau (système employé plus tard par Cagliostro).

Sous le nom d'*aéromancie*, on distinguait les signes tirés de l'action du vent sur l'eau. Le devin se rendait sur une hauteur ou en plaine, puis, la tête couverte, adressait une invocation aux divinités de l'air ; il s'approchait alors d'un bassin de cuivre rempli d'eau et lui transmettait la demande du consultant. Les rides qui se produisaient à la surface de l'eau étaient des présages. Si l'eau restait unie, la chose ne devait pas avoir une heureuse solution ; mais, si l'eau frémissait sous la brise, c'était heureux signe, surtout pour les marins.

Les paysans et les marins de Basse-Bretagne contemplent encore, sur les bords granitiques de l'Océan, les présages à tirer de la couleur et de l'aspect des flots. Cette croyance repose, en partie, sur des observations sérieuses ; mais une forte part n'est que le reflet des antiques préjugés.

Les événements futurs se peignent aussi, pour certains, dans les nuages, tandis que d'autres cherchent des présages dans les spectres qu'ils voient apparaître dans le ciel. La *teratoscopie* est une branche de ce genre de divination ; elle cherche ses présages dans des bandes de cavaliers armés, ou dans des chasses aériennes que les croyants aperçoivent dans l'air. Une étude plus sérieuse des phénomènes célestes en aurait facilement donné la clé. C'est ainsi que les signes tirés des comètes rentrent dans les attributions de cette divination. Les anciens auteurs, Frytschius entre autres, ne dépeignent jamais les aurores boréales ou les pluies d'étoiles filantes autrement que par les expressions de : deux armées de guerriers en présence, des combattants dans le ciel, etc.

Nous croyons inutile de dire combien ces croyances sont erronées, bien qu'elles rencontrent encore des adeptes aussi fervents que ceux qui attribuent une influence quelconque à la lune.

Les signes tirés des armes.

La *bélomancie*, ou divination par les flèches, était surtout en usage chez les Arabes, les Orientaux et les nations slaves et germaniques. Elle était aussi fort usitée chez les Perses, d'après Chardin. Elle pouvait se pratiquer de différentes manières :

Lorsqu'on projetait une expédition, on prenait un certain nombre de flèches sur chacune desquelles on écrivait le nom d'une ville, puis on les remettait, sans ordre, dans un carquois. Un enfant les tirait au hasard, et l'ordre dans lequel elles sortaient indiquait celui que l'on devait suivre dans l'attaque des places dont les noms étaient sortis.

D'autres fois, on prenait trois flèches ; sur la première, on écrivait : *Dieu l'ordonne ;* sur la seconde : *Dieu le défend ;* la troisième ne recevait aucune inscription.

Après les avoir mises toutes trois dans un carquois, on en tirait une. Si c'était la première, l'ordre était tout tracé ; si c'était la seconde, on renonçait à l'entreprise ; si c'était la troisième, on remettait à une occasion plus favorable l'entreprise projetée.

La divination par la hache (*axinomancie*) était surtout employée lorsqu'on voulait découvrir une chose cachée, un trésor ou l'auteur d'un vol. Dans ce cas, on mettait une hache en équilibre sur un pieu rond, le manche en l'air ; on récitait certaines formules, puis on tournait autour du pieu, en répétant les noms de ceux qu'on soupçonnait. Si à un nom prononcé la hache tombait, c'était un présage certain que le nom prononcé était celui de l'auteur présumé du crime.

Les signes tirés d'autres pratiques.

Nous ne pouvons plus ici classifier les divers genres de divination ; ils sont tellement nombreux que nous perdrions un temps précieux à rechercher une liaison entre eux.

L'un des plus communs est la *cleidomancie*, qui se perpétua jusqu'au Moyen âge. Lorsqu'on voulait connaitre un secret ou découvrir l'auteur d'un crime, on écrivait le nom soupçonné sur un morceau de papier qu'on enroulait autour d'une clé attachée par une ficelle à une Bible. Une jeune vierge tenait le livre sacré et, si la clé tournait à l'appel du nom soupçonné, c'était un signe certain de culpabilité.

Dans d'autres circonstances, la clé était attachée par un fil tendu sur la première page de l'Évangile de saint Jean, de manière qu'elle fût suspendue lorsque le livre était fermé. Le consultant passait alors son doigt dans l'anneau de la clé, et celle-ci se mouvait sous l'action d'une vertu cachée indiquant que le soupçon était fondé.

Il paraît que ce genre de divination est encore en honneur chez les Russes pour découvrir les trésors cachés.

La *coscinomancie* était surtout renommée chez les Grecs pour rechercher les criminels. On la pratiquait en prenant un crible que l'on élevait au-dessus de la personne qui venait consulter et on le soutenait légèrement avec deux doigts de manière que le moindre mouvement de l'air suffît pour l'agiter. On prononçait alors le nom de toutes les personnes susceptibles d'avoir commis le méfait, et le nom qui était prononcé au moment où le crible se mettait en mouvement était celui du criminel.

On suspendait encore le crible par un fil ou on le soutenait sur une pointe.

On retrouve cette coutume en Bretagne, où elle est connue sous le nom de *faire tourner le sas*.

Une chose digne de remarque, c'est que, à l'île de Tougatabou, on pratique une sorte de *coscinomancie* à l'aide d'une noix de coco, qui doit se tourner vers l'orient ; ainsi que nous l'avons déjà vu, la plupart des pratiques de divination qui ont été connues en Asie et en Europe se retrouvent chez les premiers peuples de l'Amérique.

Une coutume qui s'est perpétuée jusqu'à nos jours dans la Suisse allemande est la pratique de la *molybdomancie;* elle consiste à verser du plomb fondu sur une table unie et mouillée ou dans un baquet d'eau. En se solidifiant, le métal forme une foule de signes qu'on interprète comme des présages. Les filles y cherchent encore l'annonce d'un prochain mariage.

La *céromancie* se pratique comme la précédente, à cette différence près qu'on emploie la cire d'une bougie au lieu de plomb.

L'*alphitomancie* consistait à faire absorber à un homme soupçonné de crime un gâteau fait avec de la fleur de farine d'orge : s'il l'avalait facilement, son innocence était prouvée. Nous retrouverons ces pratiques, avec quelques variantes, dans les jugements de Dieu.

Dans la *dactylomancie*, un anneau, préalablement consacré, était tenu par un fil au-dessus d'une table ronde ou d'un cercle tracé sur le sol sur le bord desquels étaient tracées les lettres de l'alphabet ; le consultant faisait alors sauter l'anneau, qui retombait alternativement sur les lettres. En réunissant ces lettres, on en formait des mots ou des phrases dans lesquels on recherchait la manifestation de la volonté divine.

Dans la *téphromancie*, on écrivait avec des cendres sur un objet quelconque que l'on exposait à l'air, et on tirait des présages d'après les mots que formaient les lettres que le vent n'avait pas effacées.

La *gyromancie* était plus simple encore : on marquait sur le sol un cercle d'un mètre et demi environ de diamètre et l'on traçait au hasard les lettres de l'alphabet sur la circonférence. Cela fait, on se plaçait au centre du cercle, puis on tournait sur soi-même jusqu'à ce qu'on tombât de fatigue. Le devin examinait alors les lettres couvertes par le corps dans la chute et on tirait le présage cherché.

La *cubomancie* et l'*astragalomancie* étaient des sortes de divinations semblables : on prenait des dés ou des osselets sur lesquels étaient inscrites les lettres de l'alphabet; on les prenait au hasard et, avec les lettres ainsi tirées, on formait la réponse demandée.

On tirait présage d'un grand nombre d'autres faits; mais nous devons nous borner, étant donnés le faible développement de cet ouvrage et la quantité de faits plus intéressants qui nous restent à étudier.

Il en est, du reste, dont nous ne pourrions que difficilement développer les pratiques, telles que la *parthénomancie*, sorte de divination qui s'opérait sur les signes de la virginité.

Sans oublier les funestes présages tirés du sel, depuis les Romains (1), jusqu'à nos jours, nous sommes obligé, pour être complet, de signaler deux sortes de divination très en honneur dans les classes peu instruites de notre société moderne. Je veux parler de la divination par le marc de café et par le blanc d'œuf.

Les signes tirés du marc de café.

Cette manière de lire dans l'avenir est toute moderne. On ignore du reste, quel est son inventeur. La facilité d'exécution en a propagé l'usage.

Après avoir préparé le café selon la méthode ordinaire, on le tire à clair, de manière que le marc qui reste au fond de la cafetière soit aussi sec que possible. On jette ensuite un peu d'eau pure dessus (dans la proportion d'un verre pour deux onces 33 grammes) et on fait chauffer.

On prend alors une assiette dont on a enlevé l'humidité avec soin et, après avoir remué le marc, on en jette une petite partie sur l'assiette, on l'étend en remuant l'assiette dans tous les sens et en ayant soin de faire écouler le liquide. Les quelques grains de marc qui resteront alors sur l'assiette affecteront des figures bizarres dont on interprétera le sens. Voici, en quelques mots, l'explication de quelques-uns des aspects de ces figures :

Les lignes droites : calme, tranquillité, vie longue; serpentant ou en grand nombre : chagrins, revers; figures rondes en grand nombre :

---

(1) Chez les Romains, oublier de mettre les salières sur la table constituait un funeste présage (le plus souvent de mort) pour l'hôte et les invités. Chez nous, renverser la salière est néfaste si on ne jette une pincée de sel par-dessus l'épaule gauche !

argent; traversées de longues lignes droites : retard, mais réussite ; les carrés : paix, bonheur; *carrés longs* ou rectangles : discorde ; figures anguleuses: chagrins, tourments suivant le nombre; couronne : honneurs; croix : mort prochaine ; triangle : héritage prochain ; longue ligne droite : voyage ; plusieurs grains en chapelet : grossesse ; plusieurs petites lignes dans tous les sens : tribulation ; fleur, oiseau : joie, plaisir, vie heureuse ; figure d'homme : visite prochaine; dont les bras sont tendus : cadeau que l'on recevra ; bien marquée : brun ; faiblement indiquée : blond.

Pour bien saisir toute la portée de ces présages, on doit encore tenir compte de leur disposition ; après une vue d'ensemble, on procède à l'explication particulière en allant de gauche à droite et en déduisant la signification de l'une de celle de l'autre, comme on le fait dans la cartomancie.

Les signes tirés du blanc d'œuf.

Il y a un genre de divination qui porte le nom d'*omance*, mais il ne consiste que dans l'interrogation de la forme *extérieure* de l'œuf ; parfois cependant, il va jusqu'à interpréter des nuages que forme le blanc jeté dans l'eau.

Mais la pratique la plus commune est la suivante : on casse un œuf bien frais, on sépare avec soin le jaune du blanc, que l'on jette dans un grand verre, à moitié rempli d'eau ; on dépose ce verre dans un endroit bien sec, sans le couvrir, et on le laisse reposer vingt-quatre heures.

Le blanc coagulé aura formé un certain nombre de figures dont l'interprétation se fait de la manière que nous avons indiquée pour le marc.

Comme les figures sont peu nombreuses et assez mal marquées, on remédie souvent à cet inconvénient en mettant deux, trois ou quatre blancs dans autant de verres d'eau rangés en ligne droite, et dont on étudie les présages en allant de gauche à droite.

Les arts divinatoires inférieurs et le Code.

La plupart de ces pratiques pouvant entraîner des conséquences graves, le législateur a cru devoir protéger la crédulité de certains par des pénalités édictées par les articles 479 à 481 du Code pénal, qui porte que « les gens qui font le métier de deviner et pronostiquer ou d'expliquer les songes seront punis d'une amende de 11 à 15 francs ; qu'ils pourront être, suivant les circonstances, condamnés à cinq jours au plus d'emprisonnement, et que les instruments, ustensiles et costumes servant ou destinés à l'exercice du métier de devin, pronostiqueur ou interprète de songes, seront saisis et confisqués ». Enfin, si

On évoque le roi saint Louis, et c'est un saint Louis tout différent qui apparait (page 178.)

le devin, pronostiqueur, interprète des songes... se fait remettre des fonds, le même Code pénal qualifie le fait d'escroquerie et le punit d'une amende de 50 à 3,000 francs, ainsi que d'un emprisonnement d'un an à cinq ans au plus.

La nécromancie.

Ainsi que son nom l'indique, la nécromancie (νεκρός, mort; μαντεια, divination) est l'art terrible d'évoquer les morts, de lire l'avenir par l'inspection des cadavres humains; cet art fut professé publiquement à Tolède et à Séville jusqu'au XVe siècle et, dans l'antiquité, il fut souvent pratiqué par les Thessaliens, les Juifs et les Syriens.

Nous en retrouverons les manifestations dans les pratiques du spiritisme, et certainement il est curieux de l'étudier à ce point de vue; Peu après son origine, il ne tarda pas à s'abâtardir et il suffit de prononcer quelques mots sacramentels dans des lieux choisis (cimetière, carrière, cave, etc.), pour faire apparaître les morts à l'esprit frappé du consultant.

Il faut remarquer que ce genre de divination devait rencontrer le plus grand nombre d'adhérents parmi ceux qui ajoutaient foi à l'Écriture sacrée, puisque l'autorité des Livres saints venait en consacrer l'usage.

On sait, en effet, que la pythonisse d'Endor évoqua l'âme du grand prêtre Samuel sur la demande de Saül.

Parfois, le nécromancien faisait apparaître un fantôme. On en a des milliers d'exemples; citons le cas de Grotus évoquant devant Frédéric Barberousse l'ombre de sa femme revêtue de ses ornements royaux.

Dans d'autres cas, l'évocation s'entourait de mystères horribles et le nécromant, après avoir tué un enfant, plaçait sur un plat sa tête, qui devait, à un moment donné, faire connaître son arrêt.

De nos jours, des spirites enragés ne craignent pas de pousser leurs expériences aussi loin que possible et même plus loin encore, aussi bien ne craignent-ils pas d'évoquer l'âme des morts; il parait que cela réussit quelquefois, mais on doit se méfier de ces sortes d'apparitions, car, si l'on évoque l'âme du roi saint Louis, il peut se faire qu'un autre saint Louis, bien différent du premier, ait répondu à l'appel..... pour jouer un tour aux consultants.

Les *téraphims*, dont il est parlé dans l'Écriture sainte, sont des appareils de nécromancie.

C'étaient des statues ou des sortes d'automates fabriqués sous certaines constellations. D'autres auteurs assurent que ce nom désignait des instruments de cuivre destinés à marquer les différences des temps et des heures. Bekker représente les *théraphims* comme une sorte de nécromancie dans laquelle on faisait mourir le premier-né d'un consultant. Sa tête, fendue, frottée d'huile et de sel ammoniac et entourée de cierges, répondait à ceux qui l'interrogeaient sur l'avenir, après qu'on avait placé sous sa langue une lame d'or où était tracé, en caractères mystérieux, le nom d'un démon impur.

Les signes tirés des noms propres ou des chiffres.

L'*onomamancie*, c'est-à-dire la divination par les noms propres, était pratiquée chez les anciens par de nombreux adeptes.

D'une façon générale, un nombre pair de voyelles dans un nom impliquait une imperfection du côté gauche, et un nombre impair, une imperfection du côté droit.

L'*onomamancie* numérique ou *arithmomancie*, assignait une valeur numérique aux lettres d'un nom et, par leur assemblage, permettait d'établir des présages.

« Il est certains nombres dont Dieu a voulu nous montrer l'importance en les plaçant sans cesse sous nos yeux. » (Agrippa).

Tels le nombre 1 ou le nombre 3 qui reviennent sans cesse dans les combinaisons les plus diverses.

Il n'est personne, en effet, qui n'ait remarqué le rôle fatal que remplit dans sa destinée tel nombre, comme 13 par exemple, dont la répétition significative est bien connue des gens entraînés par des passions, amour ou jeu.

Les chiffres, chez les anciens, représentaient, comme les lettres, des objets, des êtres, des idées. Il s'ensuit que les Hébreux, les Égyptiens et les peuples ignorants de cette époque recherchaient la connaissance de l'avenir dans les multiples combinaisons des nombres.

On sait que chaque lettre grecque avait une valeur propre qui était ainsi représentée :

α	β	γ	δ	ε	ς	ζ	η	θ	ι	κ	λ	μ	ν	ξ	ο	π	ϟ	ρ	σ
1	2	3	4	5	6	7	8	9	10	20	30	40	50	60	70	80	90	100	200

τ	υ	φ	χ	ψ	ω	ϡ	Α	Β	Γ	Δ	Ε	Σ
300	400	500	600	700	800	900	1.000	2.000	3.000	4.000	5.000	6.000

Z	H	Θ
7.000	8.000	9.000

Aussi bien, pour tirer un présage de la valeur de ces lettres, avait-on coutume de procéder de la façon suivante :

Lorsque deux guerriers entraient en lice, on cherchait celui des deux dont la valeur additionnée des lettres composant le nom dépassait celui de l'autre.

C'est ainsi que, parmi les héros de la guerre de Troie, nous voyons Hector qui tua Patrocle et fut tué par Achille, ce qui est indiqué par les chiffres suivants :

ε	5	π	80	α	1
κ	20	α	1	χ	600
τ	300	τ	300	ι	10
ω	800	ρ	100	λ	30
ο	100	ο	70	λ	30
	1225	χ	20	ε	5
		λ	30	υ	400
		ο	70	ς	200
		σ	200		1276
			871		

On emploie encore un procédé qui consiste à additionner les nombres formant les dates déjà connues d'une existence et à les ajouter à une date fixe. Ainsi, Louis-Philippe est né en 1773. Si on ajoute le total des chiffres formant cette date, on obtient le chiffre 18, qui, ajouté à 1773, donne 1791.

$$\begin{array}{r}\text{Si on ajoute à : } 1830 \\ \text{Les chiffres de 1773 : } 1 \\ 7 \\ 7 \\ 3 \\ \hline 1848\end{array}$$

Un autre exemple, assez curieux, mérite d'être cité à ce sujet :

On sait que l'ère de la Terreur fut close par la chute de Robespierre l'an II de la République (1ᵉʳ juillet 1794). L'addition des chiffres de cette année fatidique, telle que nous venons de l'indiquer, donne le tableau suivant :

```
Fin de la Terreur.................................... 1794
                                                        1
                                                        7
                                                        9
                                                        4
Fin de l'Empire ..................................... 1815
                                                        1
                                                        8
                                                        1
                                                        5
Révolution de Juillet. Avènement des d'Orléans ...... 1830
                                                        1
                                                        8
                                                        3
                                                        0
Mort du duc d'Orléans. Décadence de la nouvelle dynastie. 1842
                                                        1
                                                        8
                                                        4
                                                        2
Naissance du prince impérial ........................ 1857
                                                        1
                                                        8
                                                        5
                                                        7
Essai de restauration du 16 mai...................... 1878
                                                        1
                                                        8
                                                        7
                                                        8
!!!???............................................... 1895
```

Il y a d'autres méthodes, dont le développement nous conduirait un peu loin et qui ne font que confirmer ce que nous avons dit plus haut. Il est curieux de constater qu'il y a des nombres fatidiques, qui portent bonheur ou malheur à certains individus et que l'on peut déterminer par la réflexion ou le calcul (1).

La signification du nom pouvait aussi être interprétée ; ainsi Hippolyte veut dire « broyé par le cheval ». C'est ainsi que mourut Hippolyte. Genre de mort auquel il ne pouvait échapper en raison de la signification du nom qu'il portait. Il paraît que c'est aussi à cause de la signification de son nom que saint Hippolyte fut tiré à quatre chevaux. Remarquons cependant que, dans un cas, c'est un effet qui détermine le nom ; dans l'autre, c'est une cause.

Chez les modernes, l'*onomamancie* est plus compliquée ; elle consiste, le plus souvent, à décomposer le nom donné, de manière à former avec les lettres qui le composent des noms ou des mots dont la signification fournit certains présages ; elle prend alors le qualificatif d'*anagrammatique*.

Au point de vue pratique, un mot peut donner lieu à autant d'anagrammes qu'on obtient d'expressions différentes par les permutations diverses qu'on forme avec les lettres de ce mot.

Les anagrammes qui s'obtiennent par le simple renversement des

(1) Il peut être intéressant de signaler ici une curiosité arithmétique qui se rapporte assez bien au sujet que nous traitons ; elle est extraite du journal *Les Inventions nouvelles*. On sait que de tout temps les chiffres 3 et 7 ont été considérés comme des nombres fatidiques. Un Américain, M. Kirk, s'est livré depuis de nombreuses années aux calculs les plus variés pour établir en quelque sorte la supériorité de ces nombres sur les autres.

Sans le suivre dans ses déductions, disons seulement qu'il nous a paru intéressant de signaler un résultat des plus curieux au point de vue arithmétique et qu'il a obtenu de la façon suivante :

Prenant le nombre 37, formé par la juxtaposition des deux chiffres considérés, il le multiplie 3 fois par le nombre 3, puis par 13, autre nombre fatidique, et enfin par 11. Il obtient le nombre 142,857 formé de deux groupes de 3 chiffres 142 et 857.

Si l'on multiplie ce nombre par 2, on obtient.....			285.714
—	—	3, —	428.571
—	—	4, —	571.428
—	—	5, —	714.285
—	—	6, —	857.142

On voit que chacun de ces résultats contient identiquement les mêmes chiffres que le multiplicande initial. De plus, l'ordre de succession de ces chiffres est le même si l'on commence par l'unité et qu'on reporte de gauche à droite les chiffres précédant l'unité. Enfin, dans chacun des six résultats, l'on retrouve tout entier au moins l'un des groupes de *trois* chiffres : ainsi, dans les deux premiers, c'est le groupe 285, dans les deux autres, le groupe 142 ; le dernier les renferme tous les deux dans l'ordre inverse.

Enfin, si l'on multiplie par 7 le nombre initial, on a comme produit le nombre 999,999, autre nombre remarquable qui ne saurait être obtenu par aucune série de multiplications.

lettres sont assez rares. On cite l'exemple de *Roma*, dont l'anagramme était *Amor* (1), l'un des noms mystérieux de Rome.

On voit que cette pratique des anagrammes est fort ancienne, puisqu'on en retrouve des traces chez les Grecs et chez les Latins.

Le nom du roi Ptolémée Philadelphe donna un anagramme curieux ; en changeant les lettres de place, du mot *Ptolemaios* on fit *apo melitos*, « qui vient du miel » ; celui de la reine *Arsinoé* devint *ion eras*, « violette de Junon ». Au Moyen âge, l'anagramme fut cultivé avec grand soin, et les tireurs d'horoscopes en découvrirent des plus curieux.

On cite comme exemple le nom d'un certain *André Pujom*, dont l'anagramme donnait ces mots mystérieux : *pendu à Riom*. Cet individu, ayant tué quelqu'un, fut effectivement pendu à Riom.

Dans le nom de frère *Jacques-Clément*, l'assassin de Henri III, on trouva : *c'est l'enfer qui m'a créé;* et tant d'autres que nous ne pouvons citer, mais qui sont généralement connus.

Puisque nous sommes en veine de jeux d'esprit, signalons-en encore deux assez curieux :

Il paraît, — mais le fait est discuté, bien qu'il rentre assez dans l'esprit de parabole des anciens, — que Pilate, ayant demandé à Jésus : « *Quid est veritas ?* » Quelle est la vérité ? le Christ aurait répondu par cet anagramme, qui contenait toutes les lettres de la demande : « *Est vir qui adest.* » C'est l'homme qui est devant vous.

Un autre anagramme historique et prophétique. Il paraît qu'on a trouvé, dans les mots : RÉVOLUTION FRANÇAISE, l'anagramme : UN CORSE VOTÉ FINIRA...... *Se non e vero !*...

(1) Il n'y a guère que RELEVER qui donne un anagramme aussi parfait, qui est RÉVÉLER.

CHAPITRE XII

CARTOMANCIE

Définition : La cartomancie est une science qui a pour but de découvrir les choses à venir par l'interprétation du sens attribué à des cartes à jouer ou à des figures disposées suivant certaines règles ou que le hasard a disposées de certaine façon. La *cartomancie* diffère absolument du jeu de tarot, bien qu'elle en dérive.

Autorités : Quelques cartomanciens, parmi lesquels le plus célèbre est Mme Lenormand, plutôt une tireuse de vérités qu'une tireuse de cartes, dont les prédictions étaient, parait-il, absolument remarquables. On a dit qu'elle les devait surtout à son esprit d'intrigue et à une certaine finesse personnelle.

Preuves : Les déductions tirées de la cartomancie sont de simples jeux et ne donnent aucune prévision sérieuse de l'avenir. La divination à l'aide du jeu de tarot était, tout au contraire, basée sur de solides principes et permettait de lire dans l'avenir.

Fra de : Quatre-vingt-dix-neuf fois sur cent, la prédiction est fausse ; pour la centième, la vérité de la prédiction est due au hasard.

La tomancie dérive des combinaisons savantes que les prêtres de l'antiqu é poursuivaient avec les tarots; qu'on appelait aussi « livre de Thot ».

Nous regrettons de ne pouvoir nous étendre sur ce genre de divination qui touche, par sa partie la plus délicate, au fondement des sciences occultes. Mais personne ou peu de gens possèdent des tarots;

nous ne pouvons qu'engager ceux que cette étude tenterait à lire le solide ouvrage de Papus sur la matière (1).

Nous allons rapidement indiquer les lignes générales de la cartomancie, sans toutefois lui attribuer une importance qu'elle ne saurait avoir.

Valeur des cartes.

Tout d'abord, on remarque chez les cartomanciens une divergence d'opinion au sujet de l'as, qui tantôt vient avant le roi, tantôt après le valet (2), ou encore après le sept. Il est cependant préférable de lui accorder la prééminence sur le roi et de le considérer comme la plus forte carte. On assure, du reste, que, si l'opération est bien conduite, cette petite différence n'influe en rien sur le résultat de la prédiction.

Les couleurs ont aussi une influence. On considère d'abord comme les plus élevés : les trèfles, car, en général, ils sont d'un heureux augure et ils ne peuvent devenir mauvais, même par l'approche des cartes néfastes. Les cœurs viennent ensuite, car leur signification est : douceur, joie, libéralité. Les carreaux, qui dénotent querelle ou retard, viennent après, et enfin les piques qui sont les signes de maladie ou de tristesse.

Ces significations diverses doivent se lire sur l'ensemble des cartes tirées ; elles n'ont de valeur, en général, que si une couleur est en majorité manifeste, car le mal annoncé par certaines peut être corrigé par d'autres.

Signification des cartes.

Dans les jeux ordinaires de 32 cartes, il faut faire un signe sur les cartes pour désigner le haut ou le bas, car la façon dont elles se trouvent disposées influe énormément sur la prévision (3).

L'interprétation d'une carte diffère souvent de la signification générale. C'est ainsi que le roi de cœur, qui indique individuellement un homme blond et généreux, lorsqu'il est placé entre le neuf de cœur et le neuf de trèfle, signifie un homme heureux auquel un malheur va arriver.

Voici, du reste, la signification individuelle des 32 cartes :

---

(1) Papus, *Le tarot des Égyptiens* ; Carré, 1886.
(2) D'après Etteilla.
(3) On appelle DROITE la carte placée la *tête en l'air*, et RENVERSÉE celle qui a la *tête en bas*; c'est pourquoi l'on doit faire un signe sur les cartes qui présentent des figures symétriques et sur les carreaux.

CARTES	COULEURS	SIGNIFICATION LORSQU'ELLE EST DROITE	SIGNIFICATION LORSQU'ELLE EST RENVERSÉE	OBSERVATIONS
As.	Trèfles.	Joie, argent, succès, bonne nouvelle.	Joie de courte durée.	Parfois, la carte du consultant, s'il est brun ; aussi la consultante, si elle est brune.
Roi.	—	Homme loyal, puissant, serviable.	Sera de bonne volonté, mais contrarié dans ses projets.	
Dame.	—	Femme honnête, aimante, souvent une rivale, vive et très susceptible.	Femme jalouse, parfois très courtisée.	
Valet.	—	Amoureux, prétendant en tous cas, adroit et entreprenant.	Amoureux évincé, flatteur.	
Dix.	—	Fortune, succès, honneurs.	Faible réussite dans les projets.	
Neuf.	—	Argent reçu inopinément (héritage, loterie, etc.), succès en amour.	Présent de peu d'importance.	
Huit.	—	Solution avantageuse, succès dans une démarche, jeune fille brune dans des dispositions favorables.	Difficulté dans les entreprises, jeune fille qui s'est laissé séduire.	
Sept.	—	Amourette contrariée, petite quantité d'argent, encaissement d'une dette oubliée.	Petite dette recouvrée.	Retournée, cette carte est influencée surtout par la suivante ; suivie du neuf de trèfle ou du sept de carreau : argent, héritage, cadeau.
As.	Cœurs.	Lettre d'amour, nouvelle agréable.	Visite d'un ami.	
Roi.	—	Homme blond, franc, loyal, ami fidèle.	Homme avare ou obstacle imprévu.	Parfois, le consultant, s'il est blond; aussi la consultante, si elle est blonde.
Dame.	—	Femme douce, aimante.	Femme qui fait obstacle à une liaison ou espoir déçu.	
Valet.	—	Militaire ou garçon joyeux et sympathique, amant ou fiancé, un viveur.	Militaire ou amant jaloux ou repoussé.	
Dix.	—	Joie, triomphe, surprise.	Inquiétude légère.	
Neuf.	—	Réussite, satisfaction, bon accord.	Chagrin de peu de durée.	Retourné, il est surtout influencé par la carte qui suit.
Huit.	—	Réussite en amour (auprès d'une blonde).	Indifférence.	
Sept.	—	Mariage, paix du cœur, douces pensées.	Ennui.	
As.	Carreaux.	Lettre, dépêche ou nouvelle que l'on recevra bientôt.	Nouvelle désagréable.	
Roi.	—	Militaire blond ou homme de campagne méchant, dangereux.	Danger prochain, querelle avec un ami.	Parfois, le consultant, s'il est brun ; aussi la consultante, si elle est brune.
Dame.	—	Femme de campagne médisante et de mauvaises mœurs.	Sa médisance pourra être dangereuse.	
Valet.	—	Nouvelles apportées par un mauvais serviteur ou militaire de mauvaises mœurs.	Nouvelles mauvaises.	
Dix.	—	Voyage, déménagement.	Voyage ou déplacement malheureux.	
Neuf.	—	Retard, contrariété.	Brouille en famille ou en amour.	Droit, il est préjudiciable ou non, suivant la carte qui suit.
Huit.	—	Personne qui s'entremet en notre faveur, démarche amoureuse.	Démarche sans succès.	
Sept.	—	Bonne nouvelle, parfois raillerie ou moquerie.	Bavardage d'enfant.	
As.	Piques.	Succès, plaisir auprès de celui qu'on aime.	Tristesse, mauvaise nouvelle.	Retourné et accompagné du dix ou du neuf : malheur dans la famille du consultant.
Roi.	—	Homme méchant, plaideur ou magistrat redoutable.	Homme méchant dont les efforts sont impuissants, ou aussi mauvaise affaire, procès perdu.	Parfois, le consultant, s'il est brun; aussi la consultante, si elle est brune.
Dame.	—	Veuve ou femme abandonnée.	Femme dangereuse et redoutable, parfois qui désire se remarier.	
Valet.	—	Jeune homme brun de mauvaise conduite, parfois liberté menacée.	Jeune homme brun qui médite une trahison.	
Dix.	—	Entreprise manquée, prison, malheur.	Prison de peu de durée.	Pour un homme : pleurs ou prison, suivi de l'as, ou malheur dans la famille : pour une femme, maladie, surtout suivi de l'as.
Neuf.	—	Retard, obstacle, mort.	Perte de parent.	
Huit.	—	Maladie prochaine, mauvaise nouvelle.	Mariage manqué.	Accompagné d'une figure : perte d'emploi, querelle, discorde.
Sept.	—	Peines de peu de durée.	Intrigue sans importance.	

Signification relative des cartes.

Si les cartes suivantes sortent ensemble (l'une après l'autre), elle annoncent :

QUATRE AS. *droits :* Dangers de toutes sortes, physiques ou dans les affaires d'argent ; si le consultant est engagé dans des affaires douteuses, peut indiquer même de la prison.
renversés : Dangers moindres, mais non moins imminents.

TROIS AS. *droits :* Nouvelles heureuses, chance.
renversés : Adultère, intrigue coupable.

DEUX AS. *droits :* Complot, duperie.
renverses : Complot avorté, inimitié.

QUATRE ROIS. *droits :* Grands honneurs, récompenses, dignités.
renversés : Les mêmes faveurs, mais moindres et plus prochaines.

TROIS ROIS. *droits :* Consultation d'hommes sur une affaire et grande réussite.
renversés : Succès douteux, difficultés dans le commerce.

DEUX ROIS. *droits :* Projets que font deux associés de même valeur et d'égale fortune.
renversés : Projets ne recevant pas de suite.

QUATRE DAMES.   *droites:* Plaisirs, réunions joyeuses, bals, festins.
　　　　　　　　renversées: Les mêmes plaisirs, mais avec des femmes de mauvaise vie.

TROIS DAMES.   *droites:* Réunion de trois femmes qui complotent sans aboutir au résultat, ou tromperie.
　　　　　　　renversées: Tromperie, ruse, gourmandise.

DEUX DAMES.   *droites:* Réunion de deux amies; joie pour toutes deux.
　　　　　　　renversées: Peines que deux amies supporteront ensemble.

QUATRE VALETS.   *droits:* Réunion joyeuse de jeunes gens, parfois avec des jeunes filles.
　　　　　　　　renversés: Maladie, pauvreté.

TROIS VALETS.   *droits:* Mauvais amis, calomnies, disputes.
　　　　　　　renversés: Paresse, querelle entre hommes du peuple.

DEUX VALETS.   *droits:* Projets coupables.
　　　　　　　renversés: Réunion, dangers.

QUATRE DIX.   *droits:* Réussite absolue dans les projets, parfois contradiction.
　　　　　　　renversés: Succès moins grand, mais sûr cependant.

Trois dix.   *droits :* Changement de position, libertinage.
                      renversés : Insuccès, déceptions.

Deux dix.   *droits :* Changement assez prompt dans la vie, dans la profession.
                      renversés : Changement de même nature, assez éloigné.

Quatre neuf.   *droits :* Surprise profonde, amitié.
                      renversés : Usure, réunion d'hommes.

Trois neuf.   *droits :* Santé, fortune, joie.
                      renversés : Fortune compromise par une imprudence.

Deux neuf.   *droits :* Petits profits.
                      renversés : Petits gains ou faible perte au jeu.

Quatre huit.   *droits :* Revers ou voyage de peu de durée.
                      renversés : Erreur, ou retour d'un parent ou d'un ami actuellement en voyage.

Trois huit.   *droits :* Projet de mariage.
                      renversés : Amours, bonne fortune, spectacle, amusements.

Deux huit. *droits :* Nouvelle liaison, amourette.
renversés : Petits plaisirs suivis de légers chagrins.

Quatre sept. *droits :* Intrigue des domestiques, menaces, contestation avec des gens de mauvaise foi.
renversés : Ces intrigues, menaces, etc., ne réussiront pas.

Trois sept. *droits :* Maternité, maladie, infirmités.
renversés : Simple indisposition, petite joie.

Deux sept. *droits :* Amourette ou nouvelles d'une femme.
renversés : Filles de joie, propositions.

Qu'on tire les cartes de quelque façon que cela soit, on interprète toujours l'ensemble des cartes que l'on consulte et on en tire des déductions sur les généralités à venir de la vie du consultant.

Si, par exemple, on remarque beaucoup de cartes sans figure (dites cartes blanches) par rapport au nombre de cartes marquantes (figures), cela dénote une grande réussite, beaucoup de chance ; si les figures sont en majorité, c'est signe de grandeur, d'honneurs ; les quatre cœurs blancs : bonne nouvelle ; les trèfles blancs ou marquants : gain, fortune ; les quatre piques blancs : maladies graves (1).

Interprétation de la signification relative des cartes.

Maintenant qu'on connaît la signification relative et individuelle de toutes les cartes, il faut voir comment les cartomanciens en lient les conséquences et en tirent des présages.

(1) Remarquons à ce sujet, comme nous l'avons déjà fait plus haut, que les présages de mort, de maladie, etc., doivent être le plus souvent cachés au consultant, dont l'esprit peut se frapper et auquel la révélation peut par suite devenir funeste ; il n'en est pas ainsi des prédictions qui pourraient stimuler son zèle à bien faire ; on ne risque rien de les lui communiquer, surtout s'il est crédule.

Un roi de trèfle, par exemple, signifie un homme puissant, loyal, mais ce qu'il fait, ce qui doit lui arriver se trouve indiqué par les cartes qui suivent.

Si, par exemple, ce roi de trèfle est suivi de la dame de cœur, c'est un mariage avec une femme douce, aimante et blonde; mais, si la dame de cœur est suivie du valet de carreau, c'est simplement une liaison ou un adultère; si on voit ensuite trois sept, la jeune blonde est prête à être mère; si le valet de cœur vient ensuite, un joyeux garçon lui viendra en aide; et, si le sept de cœur suit elle se mariera avec lui.

On voit déjà comment on devra combiner le sens des cartes successivement tirées pour arriver à en déduire un sens.

Nous allons, sans trop nous arrêter aux détails, dire rapidement les manières les plus usitées de tirer les cartes dont on pourra retrouver l'indication soi-même.

Tirage des cartes par trois.

Après avoir déterminé quelle carte représente le consultant ou soi-même (on peut indifféremment se tirer les cartes ou se les faire tirer), on les bat et on les coupe ou fait couper toujours, et dans tous les cas de la main gauche.

Cela fait, vous retournerez les cartes en les prenant trois par trois au-dessus du paquet; toutes les fois que, dans ces trois cartes, il s'en trouve deux de même couleur (deux trèfles, deux cœurs, etc.), vous conservez la plus forte, que vous placez devant vous. Si les trois cartes sont de même couleur, on ne prend que la plus forte en valeur; mais, si elles sont de même valeur (trois as, trois rois, etc.), prenez-les toutes les trois et mettez-les à la suite de celles que vous conservez devant vous.

Continuez ainsi en rebattant le jeu et en coupant de la main gauche toutes les fois que cela est nécessaire, jusqu'à ce que vous ayez obtenu devant vous treize ou quinze cartes (toujours un nombre impair) et que la carte que vous avez choisie pour celle du consultant soit sortie.

Un exemple va fixer ce que nous venons de dire; nous l'avons fait absolument au hasard, en suivant les règles données ci-dessus.

Supposons que vous vouliez tirer les cartes *par trois* à une jeune fille blonde, qui aurait choisi, pour la carte la représentant, la *dame de cœur*, et que vous ayez obtenu successivement; en ne conservant que les plus fortes, comme nous venons de l'expliquer, les quinze cartes suivantes :

Dame de cœur.
As de pique.
Sept de pique.
Neuf de trèfle.
Valet de pique (renversé).

DE LA DIVINATION

Huit de cœur.
As de carreau.
Neuf de cœur.
Valet de cœur.
Sept de trèfle.
Sept de carreau.
Roi de cœur.
Dix de cœur.
Roi de pique.
Roi de carreau.

On voit, au premier aspect, que la consultante aura une heureuse destinée (beaucoup de figures et peu de mauvaises cartes); l'amour y dominera, avec une tendance au libertinage (surtout à cause des valets, qui indiquent des projets coupables et dangereux, puisqu'il y en a un de renversé) à la suite d'une maternité (trois sept); mais la consultante se tirera d'affaire au mieux de ses intérêts (puisque trois rois indiquent grande réussite) et, malgré les complots (deux as), elle en tirera de petits profits (deux neufs).

Passons à l'explication sommaire des cartes. Vous compterez sept cartes, de gauche à droite, en commençant par la dame de cœur; la septième est le sept de trèfle; la septième ensuite est le neuf de trèfle; la suivante le dix de cœur, puis vient l'as de carreau, et vous vous arrêtez, puisque vous retombez sur la carte de la consultante.

Vous avez donc :
Dame de cœur.
Sept de trèfle.
Neuf de trèfle.
Dix de cœur.
As de carreau.

Ce que vous pouvez interpréter de la façon suivante :

La consultante (dame de cœur) aura une amourette contrariée, mais qui lui rapportera un peu d'argent provenant d'une dette oubliée (sept de trèfle), au moment où elle s'y attendra le moins (neuf de trèfle) (d'autant plus que le dix de trèfle annonce aussi une surprise); ce sera pour elle une grande joie (dix de cœur) qui lui sera apportée par une lettre qu'elle recevra bientôt (as de carreau).

Prenant alors la première carte de droite et celle de gauche, qui sont la dame de cœur et le roi de carreau, vous interpréterez leur signification, puis vous relèverez encore la première de droite et la première de gauche, qui sont l'as de pique et le roi de pique, dont vous donnerez la signification, et ainsi jusqu'à la fin.

Vous avez donc :

Dame de cœur et roi de carreau : la consultante est protégée par un militaire blond;

As de pique et roi de pique : leurs amours feront un peu de bruit, ce qui amènera un procès;

Sept de pique et dix de cœur : qui lui causera des chagrins passagers, mais elle triomphera dans la lutte ;

Neuf de trèfle et roi de cœur : et ses chagrins seront dissipés par l'argent, que lui donnera un homme loyal et généreux ;

Valet de pique (*renversé*) et sept de carreau : cela excitera la convoitise d'un méchant homme, spirituel et moqueur ;

Huit de cœur et sept de trèfle : qui parviendra à la séduire, et en obtiendra plaisir et argent ;

As de carreau et valet de cœur : une lettre d'un joyeux compagnon ;

Neuf de cœur : lui procurera beaucoup de joie.

Vous relevez alors les quinze cartes, en les mettant tête-bêche, vous les battez, vous les faites couper de la main gauche et vous en faites alors trois tas, en procédant de la manière suivante : vous placez une carte à gauche, une au milieu et une à droite, puis vous mettez la quatrième de côté pour la surprise ; vous continuez à placer, sur les trois premières, une carte à gauche, une au milieu et une à droite, jusqu'à ce que les quinze cartes soient épuisées.

De cette façon, le tas de gauche et le tas du milieu ont cinq cartes chacun, et le tas de droite n'en a que quatre. Vous faites alors désigner par la consultante celui qu'elle choisit pour elle.

Supposons qu'elle prenne celui du milieu et qu'il soit composé de :

As de pique ;
Roi de carreau ;
Dix de cœur ;
Valet de pique (*renversé*) ;
Huit de cœur ;

Dont vous interpréterez le sens, d'après la valeur relative et individuelle des cartes :

C'est-à-dire : la consultante..... *as de pique*..... aura des amours qui feront jaser ; *roi de carreau*..... avec un militaire blond..... ; *dix de cœur*..... qui la fera triompher des obstacles..... ; *valet de pique (renversé)*..... d'un homme méchant..... ; *huit de cœur*..... qui sera parvenu à la séduire.

Le tas de gauche est *pour la maison ;* nous le supposons composé des cartes suivantes, dont nous donnons immédiatement la signification :

Dame de cœur..... la consultante sera bientôt où est de la maison..... ; *valet de cœur*..... où elle recevra un joyeux garçon..... ; *sept de pique*..... qui lui causera des chagrins..... ; *neuf de trèfle*..... bientôt dissipés..... ; *neuf de cœur*..... par la joie qu'il lui donnera.

Le dernier paquet (celui de droite, dans ce cas, n'a que quatre cartes) est *pour ce qu'on n'attend pas ;* il sera composé du roi de cœur, du roi de pique, de l'as de carreau et du sept de trèfle, ce qui indique :

Roi de cœur... un homme loyal et généreux..... ; *roi de pique*... aura un procès ou sera ennuyé par un homme de loi..... ; *as de carreau*.... une lettre..... ; *sept de trèfle*... lui rapportera un peu d'argent.

Enfin, il reste la carte de surprise, qui est le sept de carreau.

Ces trois paquets doivent être recommencés trois fois de suite ; à chaque fois, on bat, on fait couper et on dispose comme ci-dessus, on fait choisir et on interprète le sens des cartes.

Enfin, pour terminer, on relève les trois cartes de surprise, que nous supposons être : le sept de carreau, l'as de carreau et le neuf de cœur.

Sept de carreau... un homme spirituel et moqueur..... ; *as de carreau...* lui enverra une lettre..... ; *neuf de cœur...* qui lui donnera beaucoup de joie.

Tirage des cartes par sept.

Après avoir mêlé et coupé, comme dans le tirage par trois (1), vous comptez sept cartes, en commençant par celle qui se trouve sur le jeu. Les six premières sont inutiles et on les jette, en conservant la septième, que l'on place devant soi. Quand vous aurez ainsi étalé, de gauche à droite, devant vous douze cartes (en recommençant, si c'est nécessaire, jusqu'à ce que la carte du consultant soit sortie) dans l'ordre où elles sont venues, vous en interpréterez le sens comme ci-dessus. Ainsi, vous compterez les cartes par sept, de droite à gauche, en partant de la carte qui représente le consultant, et ainsi de suite comme dans le tirage par trois. Vous les rapprocherez deux par deux, comme on le fait dans l'opération par trois et vous ferez les trois tas et les surprises de la même manière.

Tirage des cartes par quinze.

Après avoir mêlé, battu, coupé, vous ferez deux tas de seize cartes et vous en choisirez un ou vous le ferez choisir. Ce paquet choisi, vous mettrez de côté la première carte pour la surprise et vous prendrez les quinze autres, que vous étalerez devant vous (de gauche à droite). Si la carte du consultant n'était pas dans ce tas, il faudrait recommencer jusqu'à ce qu'elle y fût. Vous interpréterez alors comme si vous aviez obtenu ces quinze cartes dans le tirage par trois, à cette exception près que vous suivrez, dans la confection des paquets, la règle suivante :

Lorsque vous aurez expliqué les quinze cartes, en comptant par sept, vous les relèverez en les prenant deux par deux, une à droite et une à gauche. Vous en ferez trois paquets de cinq cartes, vous prendrez la première de chacun de ces paquets, que vous placerez sur la carte de surprise, ce qui vous donnera quatre paquets de quatre cartes.

Le consultant désignera alors un paquet pour lui ; vous lirez la signification des cartes qui le composent d'après leur valeur individuelle.

Le paquet à gauche sera *pour la maison*, l'autre paquet *pour ce qu'on n'attend pas* et enfin le dernier sera celui de la *surprise ;* ils donneront également des indications qui serviront de base à votre prédiction.

(1) Il est convenu que les choix sont faits par le consultant si on tire les cartes pour un autre, par soi-même si on se livre à l'opération pour son compte.

Tirage des cartes par vingt et une.

Après avoir mêlé, coupé, vous enlevez les onze premières cartes, que vous jetez ; vous gardez alors la carte qui est au-dessus du paquet, pour la surprise, puis vous étalez de gauche à droite, dans leur ordre de sortie, les cartes qui vous restent (vous recommencez jusqu'à ce que la carte du consultant soit devant vous) ou bien vous pourriez vous contenter de faire tirer au consultant une carte dans les onze inutiles et vous la placeriez la première à droite. Pour la suite, on procède comme dans le tirage par trois.

Procédés divers de tirage des cartes.

On a inventé plus de cent manières, plus ou moins différentes, de tirer les cartes. Voici deux exemples qui, on le verra, ressemblent beaucoup aux précédents.

Vous procédez comme dans le tirage par trois, avec cette différence que, si trois cartes de même couleur se présentent, on les met de côté ; si chaque carte a une couleur différente, on n'en garde aucune. On recommence ainsi jusqu'à ce qu'on ait quinze cartes étalées devant soi, toujours placées de gauche à droite par ordre de venue.

Vous expliquez alors la signification de l'ensemble des cartes tirées ; puis, en partant de la carte du consultant, vous comptez cinq cartes et vous expliquez la signification relative de cette seconde carte ; puis, comptant un sur cette carte que vous venez de lire, vous comptez jusqu'à cinq et, vous arrêtant, vous donnez l'interprétation convenable.

Vous réunissez deux par deux et vous opérez comme dans le tirage par quinze.

Enfin, dans certains cas, on prend une carte blanche pour le consultant ; sur cette carte, on écrit le n° 1 ; les autres cartes, à l'exception de l'as de cœur, de l'as de pique et du neuf de pique, seront numérotées dans l'ordre suivant :

2. Roi de carreau.
3. Dame de carreau.
4. Valet de carreau.
5. As de carreau.
6. Dix de carreau.
7. Neuf de carreau.
8. Huit de carreau.
9. Sept de carreau.
10. Roi de cœur.
11. Dame de cœur.
12. Valet de cœur.
13. Dix de cœur.
14. Neuf de cœur.
15. Huit de cœur.
16. Sept de cœur.

17. Roi de pique.
18. Dame de pique.
19. Valet de pique.
20. Dix de pique.
21. Huit de pique.
22. Sept de pique.
23. Roi de trèfle.
24. Dame de trèfle.
25. Valet de trèfle.
26. As de trèfle.
27. Dix de trèfle.
28. Neuf de trèfle.
29. Huit de trèfle.
30. Sept de trèfle.

Vous battez ou vous mêlez ces trente-trois cartes, vous coupez et vous étendez de gauche à droite les douze premières cartes du jeu. Mettez la troisième et la trente-troisième de côté pour la surprise. Recommencez jusqu'à ce que la carte une se trouve devant vous.

Additionnez alors le nombre des chiffres de ces douze cartes. Supposons que ce soient :

Dame de pique, 18; dix de cœur, 13; neuf de carreau, 7; valet de cœur, 12; valet de trèfle, 25; sept de carreau, 9; sept de trèfle, 30; huit de pique, 21; as de trèfle, 26; roi de pique, 17; dix de trèfle, 27; dame de trèfle, 24. Vous aurez $18 + 13 + 7 + 12 + 25 + 9 + 30 + 21 + 26 + 17 + 27 + 24 = 229$.

Les prédictions que vous allez déduire de l'examen des cartes se produiront dans 229 jours.

Vous procéderez pour la suite comme nous l'avons déjà vu, avec cette différence que, lorsque vous relèverez les cartes par deux, vous passerez sans les interpréter les cartes se suivant, dont le total forme 31, par exemple neuf de carreau et dame de trèfle.

On fait encore parfois des tirages par trois tas, de la manière suivante :

Le jeu étant battu, coupé, la carte du consultant choisie, on met de côté, pour la surprise, la carte du dessus et celle du dessous. On fait trois paquets de dix cartes en en plaçant devant soi successivement une à gauche, une au milieu, une à droite; le paquet de gauche est pour le passé, celui du milieu pour le présent, celui de droite pour l'avenir.

Signalons enfin la suivante, qui est des plus simples.

Sur une feuille de papier quelconque, vous inscrivez les nombres suivants :

```
 1,  2,  3,  4,  5,  6,  7,  8,  9
10, 11, 12, 13, 14, 15, 16, 17, 18
19, 20, 21, 22, 23, 24, 25, 26, 27
```

Vous battez les cartes, puis vous faites couper; vous prenez alors la première carte qui vient après la coupe et vous la mettez sur le 1, la deuxième sur le 10, la troisième sur le 19, et ainsi de suite. Sur 2, 11, 20, sur 3, 12, 21, sur 4, 13, 22, etc., jusqu'à 27.

Vous étalez alors les cinq cartes qui vous restent au bas de ce tableau ; elles doivent représenter *ce qui n'arrivera pas*. Vous en donnerez tout d'abord l'explication, puis, les mettant de côté, vous passez à l'interprétation des cartes posées sur les chiffres dont chaque rangée (de 1 à 9, de 9 à 18, de 18 à 27) a une signification spéciale.

Le plus souvent, on leur donne, au choix du consultant, la même signification qu'aux trois tas que l'on fait dans le tirage par trois.

En général, quel que soit le résultat de votre divination et la finesse avec laquelle vous aurez pu forcer la signification des cartes pour la faire cadrer avec les désirs du consultant, opérez, croyez-moi, de la façon suivante :

J'ai prédit l'avenir de cette manière, par jeu, à des femmes qui m'ont pris pour un sorcier. Je vais, en votre faveur, vous en donner la recette.

L'étude de la physiognomonie, un coup d'œil sur la main, sont des indices utiles. Vous savez d'avance à quel *type* vous avez affaire. Quant aux pensées cachées des femmes, un peu d'intuition vous mettra à même de savoir dans quel sens devra se faire la prédiction.

En tous cas, faites comme moi, ne perdez jamais l'occasion de donner un bon conseil. Tout le monde y gagnera. La consultante aura le plaisir d'avoir fait un peu de magie et de s'être donné les émotions inséparables de toute opération de sorcellerie, et vous... vous aurez peut-être fait un peu de bien.

Les réussites.

La réussite est la réponse par les cartes à une seule question. Ma femme me sera-t-elle fidèle? Mon mari aura-t-il beaucoup d'argent? (questions les plus usitées chez les croyants).

La *réussite des quatre as* se fait après avoir battu et coupé, en levant treize cartes, desquelles on extrait tous les as que l'on voit. Cette opération se répète trois fois pour que la réussite soit *oui*, c'est-à-dire favorable au désir du consultant; il faut que les quatre as sortent dans ces trois fois. Si les quatre as sortaient du premier coup, ce serait le plus grand bonheur qu'on puisse souhaiter.

La *réussite des douze cartes* se fait, après le battage et la coupe, en mettant devant soi toutes les septièmes cartes du jeu jusqu'à ce qu'on en ait réuni douze placées de gauche à droite suivant leur ordre de sortie. Partant d'une carte quelconque que vous choisirez parmi celles qui sont devant vous, le roi de trèfle par exemple, vous continuerez en disant : Dame, valet, et vous enlevez la carte toutes les fois qu'elle correspond à la valeur que vous appelez; ainsi, si le valet de cœur suivait à une carte près le roi de trèfle, on le relèverait. Pour que la réussite soit complète, il faut que toutes les cartes puissent être successivement relevées de cette manière.

La *réussite du jeu* est une des plus simples : elle consiste à faire huit paquets de gauche à droite (la face tournée sur la table); on retourne alors chacune des cartes supérieures de chaque paquet et on enlève toutes les deux cartes qui ont même valeur (deux rois, deux sept, etc.). On retourne alors les cartes cachées par celles qu'on vient d'enlever et on continue jusqu'à ce que toutes les cartes soient relevées, ce qui prouve... que votre fille est muette.

CHAPITRE XIII

DIVINATION PAR LA MÉTHODE MATHÉMATIQUE

Définition : Le *calcul des probabilités* a pour but de déterminer mathématiquement le nombre de chances ou la probabilité d'un événement, qui paraît être le fait du hasard.

Autorités : Leibnitz, Bernouilli, Laplace, Condorcet, Poisson, Herschel, Huyghens, Arago et tous les mathématiciens, tels que Montmort, Moivre, Lacroix, etc.

Preuves : Science de calcul, dont les preuves sont mathématiquement établies.

Fraudes : Aussi impossibles que dans les autres sciences mathématiques.

Si deviner est une faculté dépendant de la volonté de la divinité, dans certains cas matériels, c'est aussi conjecturer un résultat en se basant sur les circonstances qui le précèdent.

Les lois irréfragables du calcul des probabilités vont nous permettre de développer cette proposition et nous amèneront à démontrer que tous les événements, aussi bien passés que futurs, aussi bien physiques que moraux, peuvent être soumis au critérium du calcul.

« Tous les événements, dit Laplace (1), ceux mêmes qui, par leur petitesse, semblent ne pas tenir aux grandes lois de la nature, en sont une suite aussi nécessaire que les révolutions du soleil. Dans l'ignorance des liens qui les unissent au système entier de l'univers, on les a fait dépendre des causes finales ou du hasard, suivant qu'ils arrivaient ou se succédaient avec régularité ou sans ordre apparent; mais ces causes imaginaires ont été successivement reculées avec les bornes de nos connaissances et elles disparaissent entièrement devant la saine philosophie, qui ne voit en elles que l'expression de l'ignorance où nous sommes de leurs véritables causes. »

(1) Laplace, *Essai philosophique sur les probabilités.*

Des mathématiciens, tels que Condorcet et Poisson, Herschel, Arago et tant d'autres, ont développé cette théorie.

Dans certains cas, la connaissance du passé forme les règles de l'avenir. Quoi d'étonnant que quelques profonds philosophes y découvrent les bases d'une divination qui, pour étonner le vulgaire, n'en est pas moins naturelle.

Quételet, l'ancien directeur de l'observatoire météorologique de Bruxelles, a su plier l'analyse à l'étude de phénomènes moraux que nous aurons occasion d'étudier plus loin.

Des savants ont soumis au calcul de la probabilité les décisions de la justice, la véracité des faits historiques, la limite des sciences et, en général, tous les faits qui touchent, de près ou de loin, à l'entendement humain.

La théorie des probabilités a eu cependant une bien humble origine.

En 1654, le chevalier de Méré, joueur acharné et ami de Pascal, le pria de déterminer les probabilités de gain dans une partie de cartes et la *règle des parties*, c'est-à-dire le partage rationnel des enjeux entre deux joueurs qui, ayant des avantages inégaux, veulent interrompre la partie. En un mot, le problème était celui-ci :

Deux adversaires jouant ensemble trois parties liées, l'un en ayant gagné deux, l'autre une, et voulant cesser le jeu et partager les mises, quelle doit être la part de chacun?

Le total des mises doit être réparti $\frac{3}{4}$ pour le premier, $\frac{1}{4}$ pour le second.

Pascal, partant de ce problème, posa les règles du calcul des probabilités, dont il est l'indiscutable inventeur.

Huyghens (1) reproduisit le premier, en 1657, les découvertes des savants français; il y donna la solution de cinq problèmes dont Bernouilli développa l'analyse avec une réelle supériorité.

Leibnitz inaugura sa carrière scientifique par sa thèse sur les combinaisons (2). Plus tard, Nicolas Bernouilli publia le traité de Jacques Bernouilli, son oncle (3), et osa même choisir pour sujet de sa thèse de doctorat en droit un sujet aussi nouveau qu'original (4).

Enfin, des savants, tels que Montmort, Moivre, etc., ont étudié certains côtés spéciaux de cette partie des sciences mathématiques.

Exposé des principes du calcul des probabilités.

La possibilité qu'un événement se produira de préférence à d'autres,

---

(1) *Ratiocinia de ludo aleæ.*
(2) *Disputatio arithmetica de complexionibus.*
(3) *Ars conjectandi.*
(4) *De usu artis conjectandi in jure.*

que le hasard semble conduire, est ce qu'on appelle CHANCE ou HYPOTHÈSE.

On conçoit, d'autre part, que la PROBABILITÉ ne soit qu'un rapport de la CERTITUDE ; en effet, la probabilité va de 0 à 1, c'est-à-dire qu'elle va suivant le degré de connaissance que nous avons de la réalité des faits d'une croyance nulle, représentée par 0, à la certitude, représentée par 1; le chiffre spécial 1, indifférent des autres, répond bien à l'absolu de la certitude.

Donc, lorsqu'on n'aura pas, par des connaissances spéciales, de raison de supposer qu'un fait se produira plutôt qu'un autre, on étudiera toutes les *chances*, toutes les hypothèses qui peuvent se réaliser.

Prenons le premier exemple classique, et supposons qu'on jette en l'air un dé à jouer à six faces (*non pipé*); il tombera nécessairement sur l'un quelconque de ses six pans; mais, comme nous ne concevons aucune raison pour que ce dé tombe sur la face marquée d'un point plutôt que sur celle marquée de deux ou de trois points, on peut dire qu'il y a des chances égales pour que le dé tombe indifféremment sur l'une ou l'autre quelconque de ses faces.

Supposons maintenant que l'on a un dé, dont quatre faces sont noires et deux blanches. Il y aura quatre chances pour que le dé présente une face noire sur deux qu'il présente une face blanche. En conséquence, nous pouvons écrire que les chances que ce dé présentera une face noire sont aux chances qu'il présentera une face blanche comme 4 est à 2.

Étudions maintenant un exemple qui nous amènera à définir le mot *probabilité mathématique*. Étant données cinq boules placées dans une urne, dont trois sont blanches et deux noires, on veut les tirer au hasard. Qu'arrive-t-il ?

Nous allons calculer la probabilité qu'il y a de tirer une boule blanche plutôt qu'une boule noire.

Il y a cinq chances en tout, trois en faveur d'une boule blanche, deux en faveur d'une boule noire. La probabilité d'amener une boule déterminée, dès le premier tirage, est évidemment représentée par la fraction $\frac{1}{5}$. Dans ces conditions, la chance de tirer une boule blanche sera représentée par la fraction $\frac{3}{5}$ et la chance de tirer une boule noire par $\frac{2}{5}$ seulement.

Il est facile de se convaincre que le nombre absolu des boules ne change rien aux chances de tirage, du moment qu'on ne fait pas varier les conditions du problème.

La *probabilité mathématique* est donc représentée par une fraction dont le numérateur exprime le nombre de chances favorables à l'événement et le dénominateur le nombre total des chances possibles, c'est-à-dire tant favorables que contraires à ce même événement. Ou, plus simplement : le rapport des chances favorables d'un événement au nombre total des chances favorables ou contraires.

Notons, en passant, que toutes les chances doivent être considérées comme égales, c'est-à-dire, en reprenant l'exemple ci-dessus, qu'en tirant une boule de l'urne, une boule quelconque a autant de chance d'être amenée au jour que toute autre.

Laplace démontre que, des boules de même dimension, de même forme, etc., les unes rouges, les autres blanches, étant renfermées en nombre égal dans une urne et bien mêlées, le tirage en fait sortir à peu près la même quantité dans le même temps. L'opération répétée suffisamment prouve que les chances sont égales.

Cependant, il se présente ce fait que parfois les boules rouges sortent en excès et que cet excès se continue de plus en plus. On suppose alors que celui qui tire les boules est influencé, que les boules sont mal mêlées, que les boules colorées sont plus lourdes que les autres et vont au fond, etc.

Le plus généralement, la règle est suivie et le nombre de chances de l'un est égal au nombre de chances de l'autre, à moins qu'il n'y ait une nécessité qui ne modifie la manifestation.

Ainsi, certains esprits chagrins ont été jusqu'à dire que les dés ne sont pas mathématiquement précis, qu'ils sont moins lourds sur les forts chiffres (où on a enlevé le plus de matière); que les pièces de monnaie dans le jeu de pile ou face, ont une face gravée et une effigie dont le poids relatif n'est pas semblable; le centre de gravité de la pièce tendra donc à changer à tout moment et les chances ne seront pas égales; dans les cartes, les as, glissant mieux, viendraient plus souvent que les figures, plus lourdes et chargées de couleur.

Quoi qu'il en soit, la plupart des auteurs pensent que, malgré ces différences infiniment petites, les chances sont égales.

Il va sans dire que les expériences ont été faites *loyalement* avec des instruments (dés, boules, etc.) non préparés.

Dans le cas de deux boules à tirer, on a facilement calculé le nombre de chances de l'événement; il n'en serait pas ainsi si les phénomènes étudiés étaient plus complexes. Ainsi, par exemple, on peut parier un contre quatre qu'on amènera cœur, trèfle, carreau ou pique, mais on sait qu'on a 10,000,000 de chances contre une qu'on ne retournera pas un as neuf fois de suite. Dans le jeu de cinquante-deux cartes, on a la chance de retourner le roi une fois sur treize, etc. Du reste, le nombre de combinaisons possibles par la distribution de trente-deux cartes est égal à : 1, 592, 814, 947, 068, 800.

Un événement donne lieu fatalement à deux probabilités égales et de signe contraire : l'un que l'événement se produira; l'autre, qu'il n'arrivera pas; la somme de ces deux probabilités est toujours égale à l'unité ou à la certitude.

Ainsi, nous avons vu, dans l'exemple ci-dessus, que la probabilité d'amener une boule blanche était de $\frac{3}{5}$; la probabilité d'en amener une noire de $\frac{2}{5}$. Or, $\frac{3}{5} + \frac{2}{5} = \frac{5}{5} = 1$.

Pour généraliser, soit m le nombre de chances favorables à un événement, n le nombre des chances défavorables; le nombre total des chances sera $m + n$. En conséquence, la probabilité que l'événement arrivera est représentée par la formule $\frac{m}{m+n}$; la probabilité qu'il n'arrivera pas, par la formule : $\frac{m}{m+n}$.

De plus, $\frac{m}{m+n} + \frac{n}{m+n} = 1$, ou la certitude.

En outre, on conçoit que, si nous représentons par p la probabilité qu'un événement arrivera, la probabilité qu'il n'arrivera pas sera $1 - p$.

Avant de terminer, faisons remarquer que nous avons dit constamment : la probabilité d'amener une noire, et non la *possibilité de ne pas amener une blanche*, ce qui est la même chose. Mais cette méthode, qui n'emploie que des termes positifs de faits qui se produiront, a l'avantage d'éclaircir la discussion et de rendre les idées plus comparables entre elles.

Un exemple fera bien saisir ce qui précède; on demande quelle est la probabilité d'amener deux fois de suite l'*as*, avec deux dés.

Pour mieux nous faire comprendre, appelons l'un des as A et l'autre B.

Étant donnée sa forme cubique (six faces), la probabilité que le dé A tombera de façon à marquer *as* est nécessairement de $\frac{1}{6}$. On a donc $\frac{1}{6}$ de chance d'amener *as*.

Par exemple, Pierre et Paul parient ensemble dans des conditions telles que Pierre doit recevoir 36 francs, si le dé A marque *as*. Quelle doit être le montant de la mise? La réponse est facile : la mise doit être le $\frac{1}{6}$ de 36 francs, puisqu'il y a $\frac{1}{6}$ de chance.

Mais si, d'après d'autres conventions, Pierre n'eût dû toucher également 36 francs que dans le cas où les dés A et B auraient tous deux marqué *as*, sa chance de gagner est beaucoup moindre; partant, sa mise doit être plus faible.

En effet, la probabilité que B présentera aussi sa face *as* est pour lui seul $\frac{1}{6}$. Par suite, la probabilité que Pierre touchera ses 36 francs n'est plus que de $\frac{1}{6}$ de $\frac{1}{6}$, c'est-à-dire $\frac{1}{36}$; en conséquence, sa mise doit être réduite à $\frac{1}{36}$ de 36 francs, soit 1 franc. Cette règle est générale, et on peut en formuler dès maintenant la définition en ces termes : « La *probabilité de l'occurrence simultanée de plusieurs événements* se détermine par la multiplication des probabilités séparées de chacun de ces événements. »

Ainsi, soient quatre événements A, B, C, D et leurs probabilités des fractions respectivement représentées par p, q, r, s; la probabilité que les quatre événements se produiront simultanément est représentée par ce produit $p\,q\,r\,s$.

C'est encore la même règle qui permet de fixer la probabilité du *retour successif* d'un même événement ou d'événements différents. Supposons que nous cherchions la probabilité d'amener deux fois *as* avec un seul dé A.

La probabilité d'amener *as* avec un dé est représentée, avons-nous dit, par $\frac{1}{6}$.

La probabilité de l'amener de nouveau est encore de $\frac{1}{6}$.

La probabilité de l'amener deux fois de suite sera donc de $\frac{1}{6}$ de $\frac{1}{6}$, soit de $\frac{1}{36}$.

Réciproquement, la probabilité qu'on n'amènera pas *as* deux fois de suite est $1 - \frac{1}{36} = \frac{35}{36}$.

Si nous avions opéré sur la chance contraire, nous aurions vu se développer la série suivante des probabilités :

La probabilité que l'*as* ne viendra pas au premier coup est de $\frac{5}{6}$.

La probabilité qu'il ne viendra pas au second coup est encore de $\frac{5}{6}$.

D'où la probabilité qu'il ne viendra ni à l'un ni à l'autre coup est de $\frac{5}{6} \times \frac{5}{6} = \frac{25}{36}$.

Or, on remarquera que $\frac{25}{36}$ ajouté à $\frac{1}{36}$ (probabilité que l'*as* viendra deux fois de suite) donne $\frac{26}{36}$, et non pas $\frac{36}{36}$ ou l'unité, la certitude.

Recherchons d'où provient la différence $\frac{10}{36}$ entre $\frac{26}{36}$ et $\frac{36}{36}$, que nous venons de constater.

En examinant avec soin les diverses hypothèses proposées, nous nous apercevrons vite qu'il peut, en outre, se présenter deux chances que nous avons négligées :

1° On amène *as* au premier coup, pas au second ;
2° On amène *as* au second coup, pas au premier.
Représentons ces deux hypothèses par les fractions convenables.

La probabilité que l'*as* vienne au premier coup est de $\frac{1}{6}$ et celle qu'il ne viendra pas au second de $\frac{5}{6}$, d'où $\frac{1}{6} \times \frac{5}{6} = \frac{5}{36}$.

De même, la probabilité que l'*as* viendra au second coup est de $\frac{1}{6}$ et celle qu'il ne viendra pas au premier de $\frac{5}{6}$, d'où : $\frac{1}{6} \times \frac{5}{6} = \frac{5}{36}$.

Si nous ajoutons la somme de ces deux fractions $\frac{10}{36}$ à la somme précédente de $\frac{26}{36}$, nous retrouvons les $\frac{36}{36}$ ou l'unité, c'est-à-dire la certitude.

Pour bien fixer ces quatre hypothèses successives dans la mémoire et donner la représentation de leurs probabilités par les fractions, nous aurons :

1° *As* aux deux coups : probabilité $= \frac{1}{36}$.
2° *As* à aucun coup : probabilité $= \frac{25}{36}$.
3° *As* au second coup, non au premier : probabilité $= \frac{5}{36}$.
4° *As* au premier coup, non au second : probabilité $= \frac{5}{36}$.

La somme de ces fractions est : $\frac{36}{36} = 1$.

Si nous voulons donner une formule générale, supposons que m représente le nombre de boules blanches et n le nombre de boules noires contenues dans une urne et qu'à chaque tirage de boule on remette celle qui est sortie dans l'urne, de manière que le nombre total des boules de l'urne soit constamment égal à $m + n$ pour chaque épreuve.

Soit encore p la probabilité d'amener une boule blanche à un tirage quelconque et q la probabilité d'amener une boule noire dans les mêmes conditions.

D'après ce que nous avons dit plus haut, il viendra : $p = \frac{m}{m+n}$ et $q = \frac{n}{m+n}$.

Comme nous avons eu deux tirages, nous aurons par suite les quatre cas suivants :

1° *Premier coup*, blanche ; *second coup*, blanche; dont la probabilité est représentée par : $p \times p = p^2$.
2° *Premier coup*, blanche; *second coup*, noire ; $p \times q = pq$.
3° *Premier coup*, noire; *second coup*, blanche ; $q \times p = pq$.
4° *Premier coup*, noire ; *second coup*, noire; $q \times q = q^2$.

En additionnant ces diverses probabilités, nous trouvons ce résultat curieux : $p^2 + 2pq + q^2 = (p + q)^2$.

Dans le cas de deux tirages $p^2 + 2pq + q^2 = (p+q)^2$, dont la somme est égale à 1, puisqu'elle représente la certitude, remarquons que toutes les possibilités du tirage sont représentées par le développement du binôme $(p + q)^2$; de plus, appelons l'attention sur cette considération importante que le terme $2pq$ donne la probabilité d'amener une boule de chaque couleur dans chacune des épreuves sans distinction d'ordre.

Si nous avions étudié le cas de trois tirages au lieu de deux, nous aurions pu, dès l'abord, connaître la somme totale des chances ; elle est représentée par le développement de $(p + q)^3 = p^3 + 3p^2q + 3pq^2 + q^3$. Il en eût été de même dans le cas de n tirages, dont on aurait pu exprimer la somme totale par le développement de $(p + q)^n$, d'après la loi du développement du binôme de Newton.

Mais la partie la plus intéressante du calcul des probabilités est le cas où l'on peut calculer les probabilités d'événements dépendant de causes qu'on ne connaît pas *a priori* et qu'on peut seulement déduire des faits observés.

La méthode suivante est générale et peut par suite s'appliquer à tous les cas particuliers ; aussi bien nous ne pouvons, sans dépasser les limites que nous nous sommes fixées, développer cette question autant que nous le voudrions. Il nous suffira, du reste, d'indiquer la marche du calcul pour satisfaire la curiosité de nos lecteurs.

Dans la plupart des cas, on ignore le nombre de chances favorables ou non à l'accomplissement d'un événement. Mais on peut, en général, présumer par le calcul le nombre représentant le rapport des unes aux autres d'après la marche des apparitions antérieures.

Soit, par exemple, le cas le plus simple : quatre boules blanches et quatre noires sont enfermées dans une urne, quatre tirages successifs (en remettant chaque fois la boule tirée) ont amené trois blanches et une noire.

Dès l'abord, trois hypothèses relatives au nombre de boules de chaque couleur s'imposent à notre esprit ; en représentant par p la probabilité d'amener une boule blanche et par q celle d'amener une noire :

Ou bien on aura : 3 blanches, 1 noire : $p = \frac{3}{4}$, $q = \frac{1}{4}$.

Ou encore : 2 blanches, 2 noires : $p = \frac{2}{4}$, $q = \frac{2}{4}$.

Ou enfin : 1 blanche, 3 noires : $p = \frac{1}{4}$, $q = \frac{3}{4}$.

Calculons, d'après les règles que nous avons indiquées plus haut, la probabilité de chacune de ces hypothèses ; nous avons vu que le terme en pq nous donne la probabilité du tirage, sans ordre déterminé, des boules de couleur différente ; ici, nous aurons cette probabilité représentée par le terme $4\,p^3q$:

Dans le premier cas : $4\,p^3\,q = \dfrac{27}{64}$.

Dans le deuxième cas : $4\,p^3\,q = \dfrac{16}{64}$.

Dans le troisième cas : $4\,p^3\,q = \dfrac{3}{64}$.

Comme le dénominateur est le même pour ces trois fractions, on peut considérer les numérateurs comme représentant le nombre de probabilités de chaque événement.

Mais, de ces trois hypothèses, une seule est vraie, par conséquent égale à l'unité, par suite : $27 + 16 + 3 = 46$, la probabilité de chaque hypothèse sera :

$$\dfrac{27}{46},\quad \dfrac{16}{46},\quad \dfrac{3}{46}.$$

En conséquence, les probabilités des diverses hypothèses s'obtiennent en divisant la probabilité de l'événement observé, calculée, dans chaque hypothèse, par la somme de toutes ces probabilités calculées dans toutes les hypothèses.

Si nous nous demandons la chance qu'on aura d'amener au premier coup une boule blanche, nous pouvons dire : dans le cas où la première hypothèse serait vraie, la probabilité d'amener une blanche est : $\dfrac{3}{4}$ et la probabilité de la vérité de l'hypothèse est de $\dfrac{27}{46}$, d'où la probabilité des deux faits devient : $\dfrac{3}{4} \times \dfrac{27}{46} = \dfrac{81}{184}$.

Si la seconde hypothèse est vraie, par suite du même raisonnement, nous pouvons écrire : $\dfrac{2}{4} \times \dfrac{16}{46} = \dfrac{32}{184}$.

Si, enfin, la troisième est exacte, nous aurons, pour les mêmes raisons : $\dfrac{1}{4} \times \dfrac{3}{46} = \dfrac{3}{184}$.

La probabilité totale d'amener une blanche au prochain tirage sera donnée par la somme des valeurs ci-dessus et par suite égale à :

$$\dfrac{81}{184} + \dfrac{32}{184} + \dfrac{3}{184} = \dfrac{116}{184}.$$

En raisonnant de même, on aurait obtenu, pour la probabilité d'amener une boule noire à ce tirage, les nombres suivants :

$$\frac{1}{4} \times \frac{27}{40} + \frac{2}{4} \times \frac{10}{40} + \frac{3}{4} \times \frac{3}{40} = \frac{68}{184}.$$

Pour vérifier notre calcul, nous devons obtenir la certitude complète ou l'unité, soit : $\frac{116}{184} + \frac{68}{184} = \frac{184}{184} = 1.$

Nous nous en tiendrons là, renvoyant, pour les cas plus compliqués, aux traités spéciaux. Disons en terminant, pour bien fixer le rôle du calcul des probabilités : Bernouilli a démontré qu' « on peut toujours assigner un nombre d'épreuves, tel qu'il donne une probabilité aussi approchante de la certitude qu'on le voudra et que le rapport des répétitions du même événement à celui des épreuves ne s'écartera pas de la probabilité simple de cet événement au delà des limites données, quelque resserrées qu'on suppose ces limites ».

Application du calcul des probabilités à la statistique.

En 1765, Condorcet, sur l'instigation de Turgot, publia un Essai sur l'application de l'analyse à la probabilité des décisions rendues à la pluralité des voix et tenta de soumettre au calcul les probabilités des votes, des jugements, des témoignages.

Or, il se heurta à un défaut capital de sa théorie, qui rend le problème insoluble ; en effet, la question n'est pas de rechercher si tel accusé coupable est acquitté ou condamné ; c'est de déterminer la chance que cet accusé court d'être jugé en raison de ses actes, suivant les charges qui sont relevées contre lui et avec un jury moyen.

Et encore ce calcul fait n'amènerait à connaitre qu'une probabilité plus ou moins approchée ; il n'en est plus de même lorsqu'on agit sur des moyennes, sur des statistiques.

Poisson, dans son traité des recherches sur les probabilités des jugements, a montré comment on peut soumettre au calcul même les effets des causes morales, lorsqu'on opère sur des nombres suffisamment grands.

L'un des mérites de cette étude c'est de faire nettement ressortir la loi de l'action des causes régulières et constantes, qui l'emporte à la longue sur les causes accidentelles.

Les calculs des probabilités concernant des faits sociaux sont presque certains ; mais cette certitude disparaît lorsqu'on en fait l'application à des cas personnels.

En réunissant un très grand nombre d'observations, les économistes ont dressé des tables de mortalité chez les différents peuples et déterminé l'époque probable de la mort pour chaque âge. Ces tables et ces déterminations sont très justes pour les cas généraux ; mais, lorsqu'on on veut faire l'application à des cas particuliers, la règle est loin d'être aussi absolue.

Application du calcul des probabilités aux sciences morales et politiques.

Si personne ne doute que le soleil nous éclairera demain, ce n'est une presque certitude que parce qu'une observation infiniment répétée nous l'assure. Il y a cent mille milliards à parier contre un que le phénomène se produira encore.

Les sciences d'observation acquièrent cette certitude relative, l'absolu n'existant pas pour nous.

Mais les modifications qui se remarquent chez les hommes, dans les sociétés, dépendent d'un bien plus grand nombre de causes et sont, par suite, moins saisissables.

On pourrait, à la rigueur, établir des lois régulières pour des types généraux ; mais l'application de ces lois à des cas particuliers serait presque nécessairement fausse, la théorie même des probabilités le démontre.

On pourrait cependant les utiliser aux sciences politiques, en mesurant chez l'homme tout ce qui est appréciable par des mesures ou par des nombres, en tenant compte des causes qui peuvent faire varier les résultats.

Tant qu'il s'agit du physique, les moyens et les méthodes abondent : on mesure la taille d'un homme, son poids, on évalue sa force musculaire à l'aide de dynamomètres. Mais comment apprécier le moral ou l'intelligence d'un individu et réduire pour ainsi dire à une expression numérique la loi de son développement moral ? C'est un superbe problème, dont on n'avait point tenté la solution et qu'on se présente, au premier abord, dans une forme si insolite qu'on est porté à en regarder l'idée seule comme téméraire et au-dessus de l'entendement humain.

Or, l'observation multipliée prouve que le libre arbitre qui guide chaque individu disparaît dans les moyennes et que les masses représentent nettement ce que la nature, les institutions, les habitudes héréditaires, les climats, les relations sociales produisent chez les hommes.

Il résulte des opérations des conseils de revision qu'un même nombre de jeunes gens sont réformés pour telle ou telle maladie, que le nombre des jeunes gens qui se sont mutilés pour échapper au service, etc., est à peu près le même chaque année. En voici la preuve résumée dans le tableau suivant (p. 210).

Cette fixité dans les chiffres reparaît dans les résultats de l'acte de reproduction de notre espèce, où l'on ne saurait contester que la volonté n'intervienne. On a constaté que le nombre de naissances légitimes et illégitimes était à peu près le même pour l'un comme pour l'autre sexe.

MOTIFS DES RÉFORMES	1831	1832	1833
Perte de doigts	752	616	743
Perte de dents	1.301	1.213	1.392
Surdité et mutisme	830	736	725
Perte d'autres membres ou organes	1.605	1.530	1.580
Goitres	1.125	1.231	1.298
Claudication	919	912	1.049
Difformités autres que les précédentes	8.007	7.630	8.404
Maladie des os	782	617	667
Myopie	918	891	920
Autres maladies des yeux	1.726	1.714	1.839
Gale	11	10	10
Teigne	749	800	794
Lèpre	57	19	29
Autres maladies de la peau	937	893	895
Vices scrofuleux	1.730	1.539	1.272
Maladies de poitrine	561	423	359
Hernies	4.014	3.570	4.222
Épilepsie	463	367	342
Maladies diverses	9.168	9.058	10.286
Faiblesse de constitution	11.763	9.979	11.259
Défaut de taille	15.935	14.962	15.078
Force de la classe	295.978	277.477	285.805

Sur les enfants nés en 1889, on comptait :

Légitimes { 413,000 masculins. / 394,000 féminins.

Illégitimes { 37,368 masculins. / 36,203 féminins.

Les documents de la justice criminelle, en France, en Belgique, en Angleterre et dans le grand-duché de Bade ont donné pour chaque année des moyennes terriblement voisines l'une de l'autre. Voici ce que nous apprend l'un de ces tableaux, à l'égard de la France :

AGE DES CRIMINELS	1826	1827	1828	1829	1830	1831	1832	1833	1834	1835	1836
16 ans et au-dessous	124	136	143	117	114	127	114	98	107	94	96
16 à 21 ans	1.101	1.022	1.278	1.226	1.161	1.121	1.225	1.130	1.239	1.113	1.276
21 à 25 ans	1.163	1.093	1.168	1.183	1.121	1.230	1.229	1.169	1.087	1.155	1.190
25 à 30 ans	1.330	1.295	1.405	1.277	1.224	1.406	1.474	1.278	1.139	1.302	1.220
30 à 35 ans	927	967	1.002	1.140	1.124	1.279	1.357	1.121	1.017	1.057	1.017
35 à 40 ans	613	664	685	734	683	781	940	836	812	268	876
40 à 45 ans	601	555	556	587	463	511	630	551	523	532	551
45 à 50 ans	398	451	434	437	416	427	453	424	380	392	373
50 à 55 ans	261	279	282	277	300	287	349	312	268	258	258
55 à 60 ans	168	175	167	158	155	181	189	173	168	193	181
60 à 65 ans	135	152	135	120	90	112	150	109	106	111	107
65 à 70 ans	77	65	75	58	57	74	76	69	63	62	58
70 à 80 ans	41	49	59	52	49	38	49	48	38	51	42
80 ans et au delà	3	2	7	7	5	2	2	6	5	6	4
TOTAUX	6.942	6.905	7.396	7.373	6.962	7.606	8.237	7.315	6.952	7.223	7.232

Voici un autre tableau donnant le rapport de criminalité pour chaque âge ; on verra avec quelle régularité l'ensemble des mêmes événements se produit sous l'influence de causes générales indéniables.

AGES DES CRIMINELS	RAPPORT POUR CHAQUE AGE				
	1834	1835	1836	1837	1838
12 ans et au-dessous	1,78	1,67	1,81	1,82	1,58
12 à 16 ans	9,82	9,70	9,71	9,92	9,92
16 à 21 ans	28,83	29,65	29,03	29,23	29,13
21 à 30 ans	31,19	31,92	31,11	31,74	31,24
30 à 40 ans	14,01	14,01	14,13	14,56	14,75
40 à 50 ans	6,79	6,60	6,76	6,65	7,02
50 à 60 ans	3,06	3,24	3,31	2,24	3,00
60 ans et au-dessus	1,35	1,30	1,40	1,55	1,58
Age inconnu	2,87	1,91	2,05	1,79	1,78
TOTAL	100,00	100,00	100,00	100,00	100,00

Avec une législation donnée et un état social permanent, au moins pendant quelques années, la proportion du nombre des condamnés à celui des acquittés est restée presque constante.

Devant les jurés eux-mêmes, qui changent à chaque session, les variations suivent la même loi.

Pour justifier cette opinion, il suffira de donner pour exemple les comptes de la justice criminelle pour les années de 1854 à 1856.

ANNÉES	SUR 1000 ACCUSÉS		
	ACQUITTÉS	CONDAMNÉS A DES PEINES	
		afflictives et infamantes.	correctionnelles.
1854	249	372	379
1855	250	386	364
1856	254	378	368

ANNÉES	SUR 1000 ACCUSATIONS		
	admises entièrement par le jury.	admises avec modifications par le jury.	rejetées par le jury.
1854	671	140	189
1855	670	142	188
1856	669	141	190

On voit, par ce qui précède, que l'on peut conclure, sous l'autorité de Poisson, à l'action de causes singulières et constantes, auxquelles il a donné le nom de *loi des grands nombres*.

Nous disions plus haut que le libre arbitre semblait disparaître dans les moyennes ; nous pouvons dire, au contraire, que, dans les faits d'ordre moral, les causes constantes sont les principes de droit et de justice de la race qui prévalent sur l'égoïsme de l'individu.

Et l'on tire cette conclusion consolante de l'étude des tableaux ci-dessus que, quelque nombreuses que soient les raisons que l'individu invoque pour transgresser les lois générales, le principe de celles-ci est tellement immuable que, à la longue, les variations s'effacent et que la loi reparait dans sa presque unité, c'est-à-dire dans l'absolu.

On voit donc quel merveilleux outil est ce calcul qui permet de plier à ses lois tous les phénomènes physiques et même les différentes facultés de l'homme, aussi bien intellectuelles que morales, et la possibilité d'arriver, dans l'avenir, à formuler LA LOI, qui sera l'absolu du droit et de la justice.

Les carrés magiques.

Bien que les carrés magiques semblent plutôt appartenir au domaine de la cabale ou de la magie, nous avons cru pouvoir les placer ici. En voici la raison :

Ces carrés, au dire des cabalistes, peuvent dévoiler l'avenir si l'on sait habilement combiner les nombres dont ils se composent.

Ne pourrait-on pas voir, dans cette affirmation de la cabale, l'origine du calcul des probabilités cachées sous une forme, sous un symbole, dont nous sommes impuissants à retrouver la clé.

De plus, ce qui nous a vivement incité à en placer ici la description, c'est que les combinaisons qu'ils permettent ont un mérite réel.

On les retrouve, du reste, chez les Guèbres, les Hindous, les Thibétains, les Chinois et il est à peu près certain que ceux qui nous ont été transmis par les Grecs et les Romains étaient de beaucoup postérieurs à ceux des Hindous. Remarquons en passant qu'ils furent connus de tous les anciens et qu'ils sont employés par les Orientaux. Nous croyons intéressant pour nos lecteurs d'indiquer comment on construit ces carrés magiques. Commençons par le cas le plus simple. Soit à tracer le carré magique de trois côtés ou neuf carrés.

On trace d'abord le carré dont il s'agit, puis on le divise suivant la longueur, puis suivant la largeur, en trois parties égales. On prolonge alors les deux bandes médianes de manière à former quatre cases extérieures.

On écrit alors, en commençant par la case la plus élevée et en allant toujours en diagonale, les chiffres dans leur ordre naturel, 123, 456, 789. On efface ensuite chacun des nombres qui sont dans les cases pointillées et on les place dans la bande sur laquelle ils sont écrits, on les avançant de trois rangs. C'est ainsi que 1 passera au-dest sous de 5, que 9 viendra au-dessus, etc.

Or, la caractéristique des carrés ainsi formés mécaniquement, c'est que la somme des nombres de chaque bande, pris dans tel sens que l'on voudra, est toujours égale. Dans ce cas, la somme dont il s'agit est égale à 15.

On peut, pour s'en convaincre, appliquer ce principe à tout carré magique de même genre, pourvu que le nombre des cases qui forment un côté soit impair.

Le nombre 7 formant la case de la cabale, il y a intérêt à présenter un carré magique du septenaire, dont les Hindous connaissaient bien l'emploi.

Nous donnons à titre de simple curiosité le carré suivant, composé de nombres 1, 2, 4, 8, 16, 32, 64, 128, 256, formant une progression géométrique; leur *produit*, dans tous les sens, donne 4096.

8	256	2
4	16	64
128	1	32

Carré magique.

La quadrature du cercle.

Nous ne pouvons laisser passer cette occasion sans dire un mot de la quadrature du cercle, qui a également sollicité les efforts de plusieurs hommes de labeur et même de talent.

Or, cette recherche est aussi inutile que vaine.

La solution absolue est évidemment impossible, les prétendues solutions qu'on en donne fréquemment reposant sur des considérations fausses, en contradiction avec les principes les plus élémentaires de la géométrie.

Dans les mémoires de l'Académie de Berlin pour 1761, Lambert a démontré que le rapport de la circonférence au diamètre ne peut être exprimé par un nombre rationnel; Legendre a de même fait voir que le carré de ce rapport n'est pas non plus un nombre rationnel.

Il en est de ce problème comme de celui du mouvement perpétuel. L'Académie des sciences de Paris, pour s'éviter de répondre aux fastidieux mémoires de certains correspondants sur ces sujets, a décidé, en 1775, *qu'elle n'examinerait plus aucune solution des problèmes de la duplication du cube, de la trissection de l'angle ni de la quadrature du cercle, ni aucune machine annoncée comme mouvement perpétuel.*

Si l'on essaie de tracer un carré équivalent en surface à un cercle donné, le cercle ayant pour surface le produit de la circonférence par la moitié du rayon (car on peut considérer le cercle comme un polygone régulier d'un nombre infini de côtés infiniment petits et dont l'apothème se confond avec le rayon), il semble que l'on pourrait trouver la solution du problème en prenant une moyenne proportionnelle entre ces deux facteurs et en construisant un carré de surface équivalente ; mais aucune construction graphique *absolue* ne peut être effectuée, et l'on doit chercher, à une grande approximation près, le résultat demandé ou par le calcul ou par un procédé graphique.

CHAPITRE XIV

CRYPTOGRAPHIE

Définition : La cryptographie est une science qui a pour but de déchiffrer les combinaisons employées par des étrangers dans la rédaction de lettres ou documents dont ils ont intérêt à ne pas laisser pénétrer le mystère et dont on veut deviner le contenu.

Autorités : Porta, Vigenère, Josse, Kerckhoffs.

Preuves : La cryptographie est une science mathématique pour ainsi dire et les combinaisons qu'elle emploie pour chiffrer ou déchiffrer une dépêche sont d'un ordre tout matériel, qu'une étude facile permettra d'apprécier.

Fraudes : Science mathématique n'admettant pas de fraudes.

Historique de la cryptographie.

La cryptographie ne semble pas, à première vue, devoir rentrer dans un traité de sciences occultes ; mais la signification de ce mot suffit pour expliquer aisément l'analogie qui existe entre cette étude et celles que nous avons faites jusqu'à ce moment.

La cryptographie (κρύπτος, secret ; γραφω, j'écris) est la science des écritures secrètes ; c'est donc bien une science occulte, qui nécessite entre chaque correspondant une initiation préalable.

Un attrait puissant a toujours porté l'esprit des hommes vers les choses cachées. Les religieux, à toutes les époques, se sont entourés de mystères ; les oracles et les prophètes ont toujours parlé d'une façon énigmatique, ce qui nous permet de dire que les principes de la cryptographie ont précédé l'écriture proprement dite. En tous cas, il est permis d'affirmer que, créée à l'origine des sociétés, elle s'est développée avec elles.

La cryptographie religieuse est née la première des besoins que les castes dirigeantes avaient de cacher certains souvenirs ou certaines connaissances pour les exploiter au bénéfice de leur influence. La guerre et la politique lui empruntèrent aussi son inviolabilité ; les conspirateurs, les amoureux lui confièrent leur secret ; puis, dans les nations civilisées, le commerce et la banque présentèrent des signes particuliers pour faciliter les opérations de leurs échanges.

Vigenère, un des fondateurs de la cryptographie (1) moderne, s'exprime ainsi au sujet de son art : « Les hommes de tout temps ont « esté curieux de se tracer, chacun pour soy, quelques notes secrètes « pour se recéler de la cognoissance des autres, comme les mar- « chands en leurs marques et papiers de compte ; les médecins en « leurs pieds de mouche ; les jurisconsultes en leur paragraphe. »

Les savants du Moyen âge furent souvent obligés de cacher dans un langage mystérieux les découvertes dont ils avaient doté la science ; les astrologues et les alchimistes, les uns par prudence, pour éviter le bûcher des sorciers, les autres pour augmenter leur influence sur leurs crédules contemporains, se voyaient également obligés de recourir à une écriture indéchiffrable. Léonard de Vinci prenait toutes ses notes en caractères cryptographiques dont on n'a jamais découvert la clé.

Pendant le Moyen âge, l'écriture chiffrée fut peu employée ; mais, à l'époque de la Renaissance, les intrigues diplomatiques nécessitèrent des procédés nouveaux. Déjà, vers le IXe siècle, l'archevêque de Mayence, Raban Maur, avait fait connaître la clé d'un système employé par les bénédictins. Ces essais, qui nous semblent puérils, étaient cependant un premier pas fait dans la voie du progrès ; c'est à ce titre que nous les indiquons. On remplaçait les voyelles par des points, de la façon suivante : un point désigne i ; 2, a ; 3, e ; 4, o ; 5, u ; de sorte que, pour écrire, comme il l'indique, *incipit versus Bonifacii archi*, on devait mettre : *nc. p. t.* etc.

Ce procédé ne saurait tromper que les gens grossiers, et illettrés. Un second système, indiqué par le même personnage, consiste à substituer à chaque voyelle la lettre suivante. Toutefois, les consonnes b, f, k, p, x, qui, dans ce système, tiennent lieu de voyelles, conservent leur valeur en tant que consonnes. Cette méthode de substitution est très ancienne : Jules César l'employa et lui donna son nom, bien qu'elle

(1) On a appelé la *cryptographie : sténographie* ou *polygraphie*, mots dont l'étymologie est facile à trouver.

Nous croyons utile de faire précéder cette étude de l'explication des termes spéciaux employés en cryptographie : texte *clair*, mots en *clair*, langage *clair*, sont les parties de la correspondance qui conservent leur signification ; le langage *secret* comprend le langage *convenu* qui n'est qu'une modification convenue dans le sens des mots, et le langage *chiffré*, dans lequel on emploie des signes conventionnels, lettres, chiffres, pour représenter les signes du texte clair. La clé est la base convenue du système. Les systèmes comportent des clés simples ou multiples. Chaque signe cryptographique est appelé chiffre. Chiffrer une dépêche, c'est transformer le langage clair en langage secret. Le cryptogramme est l'écrit secret ; le cryptographe, celui qui écrit ou déchiffre une dépêche.

fût déjà connue avant qu'il ne s'en servît ; elle consiste à intervertir l'ordre des lettres de l'alphabet d'une façon convenue, en le faisant commencer par la deuxième, la troisième, etc., à volonté. Si l'on veut communiquer : *Partez sans retard*, avec la convention de remplacer chacune des lettres de la phrase par la lettre suivante de l'alphabet normal, on écrira : *qbsufa tbot sfubse*. Cryptogramme dont on peut séparer les lettres en groupes de façon à dérouter les investigations des curieux : *qbs, ufa, tbo-tsf, ubs-e*.

Avec quelque habitude, on s'aperçoit du peu de sécurité que peut offrir un pareil système.

Certains auteurs attribuent à Trithème l'honneur d'avoir écrit le premier traité sur la *cryptographie*. On connaît, en effet, de cet auteur, deux ouvrages : le premier est sa *Polygraphie*, traduite et publiée par Gabriel de Collange ; le deuxième, sa *Sténographie*. Dans le premier ouvrage, il cherche seulement à écrire un même mot de différentes façons. Dans le deuxième, il indique 376 alphabets comprenant 24 lettres ; en face de chacune est un mot qui servira à la représenter de la façon suivante :

a	Jésus...........	l'amour........	fragiles.....	Europe..
b	Dieu............	la dilection....	misérables...	Candie..
c	Le Sauveur......	la charité......	ingrats......	Hongrie.
d	Le modérateur..	la révérence ...	ignorants...	Pannonie.
e	Le pasteur......	l'obéissance....	iniques.....	Pologne.

Soit à écrire le mot « abbé » ; on prendra la première lettre dans le premier alphabet, la deuxième dans le second.... On trouvera ainsi : *Jésus, la dilection, misérables, Pologne*. On conçoit combien ce système était peu pratique, mais on reste étonné en songeant au temps qu'il a fallu à Trithème pour composer ses nombreux alphabets. Pour la méthode de déchiffrement, elle est simple. Si chacun des correspondants a un alphabet semblable, celui qui reçoit une dépêche cherche à quel mot de la dépêche correspondent les lettres de l'alphabet.

Entre autres systèmes, Trithème indique celui dans lequel les lettres sont placées dans un ordre confus ainsi :

Alphabet normal.

a   b   c   d   e   f   g   h   i   k   l   m   n   o   p   q   r   s   t   u   x   y   z

Alphabet cryptographique.

o   p   q   r   i   s   t   b   v   e   x   z   c   u   h   y   d   g   a   k   n   m   l   f

La lettre placée dans la deuxième ligne doit être substituée à la première qui entre dans l'avis à chiffrer. Ainsi : *Prends garde* devient *h d i c r g t o d r i*.

Nous aurons occasion d'étudier particulièrement les systèmes de

Porta et de Blaise de Vigenère, qui, au XVI° siècle, indiquèrent les véritables principes de la *cryptographie*.

Ce serait une erreur de croire que les systèmes en usage aujourd'hui sont absolument indéchiffrables; cependant, si l'on veut lire cette étude jusqu'à la conclusion, on pourra voir combien l'esprit humain a trouvé de détours dans sa subtilité pour dérober les secrets de la politique ou des affaires.

Système cryptographique à transposition.

Les alphabets fondés sur le principe de celui de Jules César peuvent être variés à l'infini; on voit cependant leur peu de sécurité.

Nous allons en donner, comme curiosité, quelques-uns qui présentent une forme assez originale : c'est d'abord l'alphabet cryptographique des francs-maçons, dont nous donnons le type anglais, qui diffère peu du type allemand.

Il dérive, ainsi que le fait fort justement remarquer M. Josse, de la figure ci-dessous :

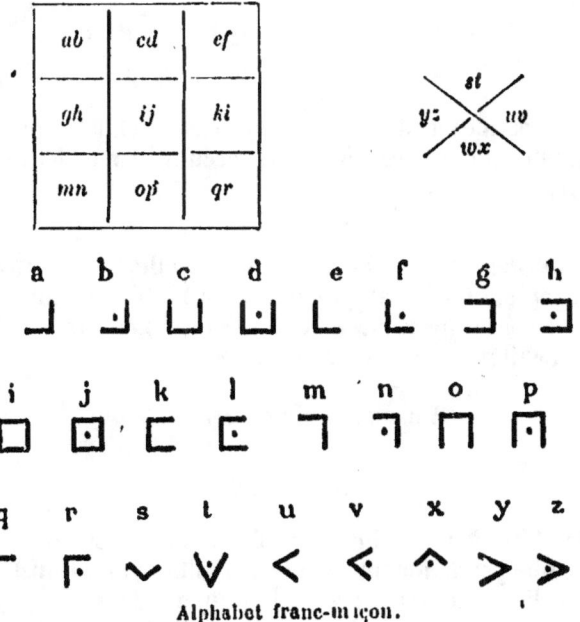

Alphabet franc-maçon.

On voit tout de suite que, si l'on veut cryptographier : *je vous attends*, on emploiera les caractères suivants :

Je crois intéressant de signaler ici un alphabet curieux, qui rappelle celui de lord Bacon, imaginé par Mirabeau, et qui est du reste complètement inapplicable.

On divise l'alphabet, pris d'une manière arbitraire, de la façon suivante :

```
     1*                2              3               4
  c f g u z       x a m o k      s c h b q       d l y q w
  1 2 3 4 5       1 2 3 4 5      1 2 3 4 5       1 2 3 4 5
                               n i r t v
                               1 2 3 4 5
```

les chiffres 6, 7, 8, 9 et 0 étant nuls, on range sur deux lignes les signes de la dépêche ; ainsi : g deviendra $\frac{1}{3}$; k, $\frac{2}{5}$, etc., et, en intercalant des nuls, on cryptographiera *Venez* à l'aide des signes suivants :

```
  5 6    3 4    5 9    3 6    1 7
  5 8    2 8    1 0    2 0    5 9
```

Ce système existait déjà d'une façon moins compliquée ; voici comment on procédait pour l'employer :

```
    1              2              3              4              5
  a b c d       e f g h       i k l m       n o p q       r s t u
                               6
                             v x y z
```

on remplaçait les lettres de la dépêche par le chiffre de la série, auquel on ajoutait le numéro du rang occupé par la lettre. Ainsi, *Venez* était représenté par :

    61. 21. 41. 21. 64.

On a proposé depuis bien longtemps une méthode de transposition qui est fort simple, bien qu'au premier abord elle semble fort compliquée ; elle consiste à chiffrer la dépêche à l'envers, de droite à gauche ; soit à chiffrer : *Je vous attends*.

On écrira :

    s d n e t t a s u o v e j

ou bien :

    sdn ett asu ovej

Ce procédé devient plus difficile à déchiffrer lorsqu'on fait subir à la dépêche, indépendamment de la transposition, une transformation analogue à celle que nous avons indiquée dans le système de Jules César.

En basant la convention sur la transposition de la lettre du *clair* par la lettre suivante, il vient :

    t e o f u u b t v p w f k.

Cette méthode n'offre cependant aucune sécurité, car les mêmes lettres clair sont reproduites constamment par des chiffres semblables. Ainsi, dans le système ci-dessus, *s* est toujours représenté par *t*, *t* par *u*, etc.

Le système, dit des *parallèles*, est déjà plus ingénieux : si, par exemple, l'on veut chiffrer : *Je vous attends*, on compte le nombre de lettres, qui est de 13 dans le cas présent, on le divise par 3, 4 ou 5, suivant la combinaison adoptée (soit 5 le nombre de colonnes convenu entre les correspondants) ; on dispose ses parallèles de la façon suivante, en remarquant que $\frac{13 \text{ lettres}}{5} = 3$ lettres $+$ 2 lettres nulles que l'on devra ajouter. On a donc 5 lettres horizontales et 3 verticales.

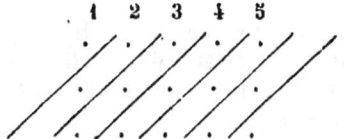

En mettant les lettres du texte clair :

On écrit alors les lettres contenues dans chaque colonne oblique :

j es van otd uts ek l

que l'on peut écrire :

jesvanotdutsekl

ou bien :

jes van otd uts ekl.

Le déchiffrement se fait très simplement en procédant de la façon inverse.

Systèmes cryptographiques à clé.

Une méthode de transposition bien curieuse est la suivante : on transcrit d'abord la dépêche sur un nombre de lignes horizontales convenu ; puis on recopie ces lignes dans un ordre qui constitue la clé du système. Un exemple fera mieux comprendre le maniement de ce système.

Supposons que l'on soit convenu d'inscrire les chiffres 1, 2, 3, 4, 5, etc., dans l'ordre suivant : 4, 2, 5, 1, 3, 7, 5, 6, 9, 8 et que l'on ait à cryptographier : *Il s'est trouvé dans tous les temps des hommes qui ont su commander aux autres*.

DE LA DIVINATION

On écrit :

```
  1 2 3 4 5 6 7 8 9                        4 2 5 1 3 7 6 9 8
1 i l s e t t r o   Il vient, en         1 e l s i t t o r
2 u v é d a n s t   o transposant les    2 d v a u e s n o t
3 u s l e s t e m   p colonnes 1, 2, 3,  3 e s s u l e t p m
4 s d e s h o m m   e etc., dans l'ordre 4 s d h s e m o e m
5 s q u i o n t s   u convenu, 4, 2, 5,  5 i q o s u t n u s
6 c o m m a n d e   r etc.               6 m o u c m d n r e
7 a u x a u t r e s                      7 a u u a x r t s e
```

Soit :

elsittordvauesnotessuletpmsdhsemoemiqosutnusmoacmdnreauudxrtse.

Ce système, quand on s'est exercé à le déchiffrer, ne présente plus qu'une difficulté relative. Il existe des méthodes à transposition double qui sont supérieures et qui cependant ne peuvent résister aux investigations des chercheurs.

M. Kerckhoffs (cryptographie militaire) rapporte qu'à l'occasion des procès intentés aux nihilistes russes, on a publié un chiffre secret qu'ils employaient ; je lui emprunte la citation suivante :

« Le même mot sert de clé pour les deux transpositions ; à cet effet, on le transforme en formule numérique en mettant, à la place de chaque lettre, un chiffre arabe et en s'y prenant de telle façon que la valeur des chiffres corresponde au rang des lettres dans le classement alphabétique (1). » Voici une application des systèmes cryptographiques à clé, dont la clé est basée sur le mot *Schuvalow* :

$$\frac{1\ 2\ 3\ 4\ 5\ 6\ 7\ 8\ 9}{a\ c\ h\ l\ o\ s\ u\ v\ w} = \frac{6\ 2\ 3\ 7\ 2\ 1\ 4\ 5\ 9}{s\ c\ h\ u\ v\ a\ l\ o\ w}$$

Soit à cryptographier : *Vous êtes invité à vous trouver au lieu de nos réunions*, avec la double clé Schuvalow, dans les deux sens :

```
    1 2 3 4 5 6 7 8 9
1   v o u s e t e s i
2   n v i t é a v o u
3   s t r o u v e r a
4   u l i e u d e n o
5   s r e u n i o n s
```

Puisque l'ordre de succession des lettres de Schuvalow est :

```
          7 8 1 4 5 9
    s c h u v a l o w
```

je transporterai les colonnes horizontales 1, 2, 3, etc., en 6, 2, 3, 7, 8, etc. Quant aux colonnes verticales, je n'en ai que 5, je passerai donc les nombres supérieurs à 5 et je les rangerai dans le même

---

(1) M. Kerckhoffs, qui, avec le capitaine Josse, doit toujours être consulté en matière de cryptographie, fait remarquer que l'inventeur russe du système ci-dessus a commis une grande faute en choisissant la même clé pour la transposition horizontale et verticale.

ordre avec la même clé ; ainsi, la première ligne sera 2, la troisième sera 3, la quatrième sera 1, etc., en passant les chiffres 6, 7, 8, etc.

On aura :

```
  6 2 3 7 8 1 4 5 9
2 a v i v o n t e u
3 v t r e r s o u a
1 t o u e s v s e i
4 d l i e n u e u o
5 i r e o n s u n s
```

Avivonteuvtrersouatoucsvseidlienucuoireonsuns.

ou :

Avivon-teuvtr-ersoua, etc.

Méthode de déchiffrement.

Nous allons tenter de rechercher la méthode générale de déchiffrement de ce système, sur l'exemple donné plus haut.

Une fois qu'on se doute du procédé employé, ce qui résulte d'une grande habileté et d'un *flair* spécial, lorsqu'on s'est assuré de ce fait par la constatation que, dans les cryptogrammes écrits à l'aide de cette méthode, la lettre *e* revient le plus souvent, la recherche du texte clair s'opère par tâtonnement.

On compte d'abord les lettres du cryptogramme (45 dans le cas présent). Or, $45 = 9 \times 5$; on en conclut que l'une des colonnes se composera de 9 lettres et l'autre de 5. La présence de certaines lettres ne tarde pas à mettre le déchiffreur sur la voie. En français, un *q* est toujours suivi d'un *u*, tandis que l'*x* en est précédé. Cette remarque, ainsi que d'autres analogues indiquent l'ordre dans lequel les colonnes ont été primitivement écrites et ne tardent pas à livrer le secret de la *clé* à un observateur attentif.

En résumé, on voit que ces systèmes, fort compliqués à mettre en pratique, ne présentent pas de difficultés insurmontables à un déchiffreur habile.

Nous avons vu que, dans tous les cas précédents, on n'emploie qu'un seul alphabet conventionnel (1) et qu'on ne peut le changer à volonté ; il résulte de là un indice précieux pour le déchiffreur, car les mêmes signes représentent des lettres semblables.

On a donc cherché à représenter la même lettre par des signes dif-

---

(1) C'est sur une transposition simple qu'est basée la méthode dont les commerçants se servent pour marquer leurs marchandises. Supposant que la clef soit le mot *i m p o r t a n c e* ; si l'on veut indiquer 6 fr. 50 on écrira : N ml
4 5 8 7 0 0 1 6 2 3
ou n, mt; 8 fr. 50 deviendra l'mt, etc.

férents, c'est là l'avantage de la découverte que le physicien Porta fit connaître vers le XVI° siècle.

Les tableaux de Porta ne sont qu'un acheminement vers celui de Vigenère, que nous allons étudier plus spécialement. Il a, du reste, été employé jusqu'en 1870.

Système de Vigenère.

Sur le tableau ci-dessous, qui sert à chiffrer la dépêche, la première colonne horizontale est la lettre de la clé, et la première verticale, la lettre à cryptographier.

	A	B	C	D	E	F	G	H	I	J	K	L	M	N	O	P	Q	R	S	T	U	V	X	Y	Z
A	a	b	c	d	e	f	g	h	i	j	k	l	m	n	o	p	q	r	s	t	u	v	x	y	z
B	b	c	d	e	f	g	h	i	j	k	l	m	n	o	p	q	r	s	t	u	v	x	y	z	a
C	c	d	e	f	g	h	i	j	k	l	m	n	o	p	q	r	s	t	u	v	x	y	z	a	b
D	d	e	f	g	h	i	j	k	l	m	n	o	p	q	r	s	t	u	v	x	y	z	a	b	c
E	e	f	g	h	i	j	k	l	m	n	o	p	q	r	s	t	u	v	x	y	z	a	b	c	d
F	f	g	h	i	j	k	l	m	n	o	p	q	r	s	t	u	v	x	y	z	a	b	c	d	e
G	g	h	i	j	k	l	m	n	o	p	q	r	s	t	u	v	x	y	z	a	b	c	d	e	f
H	h	i	j	k	l	m	n	o	p	q	r	s	t	u	v	x	y	z	a	b	c	d	e	f	g
I	i	j	k	l	m	n	o	p	q	r	s	t	u	v	x	y	z	a	b	c	d	e	f	g	h
J	j	k	l	m	n	o	p	q	r	s	t	u	v	x	y	z	a	b	c	d	e	f	g	h	i
K	k	l	m	n	o	p	q	r	s	t	u	v	x	y	z	a	b	c	d	e	f	g	h	i	j
L	l	m	n	o	p	q	r	s	t	u	v	x	y	z	a	b	c	d	e	f	g	h	i	j	k
M	m	n	o	p	q	r	s	t	u	v	x	y	z	a	b	c	d	e	f	g	h	i	j	k	l
N	n	o	p	q	r	s	t	u	v	x	y	z	a	b	c	d	e	f	g	h	i	j	k	l	m
O	o	p	q	r	s	t	u	v	x	y	z	a	b	c	d	e	f	g	h	i	j	k	l	m	n
P	p	q	r	s	t	u	v	x	y	z	a	b	c	d	e	f	g	h	i	j	k	l	m	n	o
Q	q	r	s	t	u	v	x	y	z	a	b	c	d	e	f	g	h	i	j	k	l	m	n	o	p
R	r	s	t	u	v	x	y	z	a	b	c	d	e	f	g	h	i	j	k	l	m	n	o	p	q
S	s	t	u	v	x	y	z	a	b	c	d	e	f	g	h	i	j	k	l	m	n	o	p	q	r
T	t	u	v	x	y	z	a	b	c	d	e	f	g	h	i	j	k	l	m	n	o	p	q	r	s
U	u	v	x	y	z	a	b	c	d	e	f	g	h	i	j	k	l	m	n	o	p	q	r	s	t
V	v	x	y	z	a	b	c	d	e	f	g	h	i	j	k	l	m	n	o	p	q	r	s	t	u
X	x	y	z	a	b	c	d	e	f	g	h	i	j	k	l	m	n	o	p	q	r	s	t	u	v
Y	y	z	a	b	c	d	e	f	g	h	i	j	k	l	m	n	o	p	q	r	s	t	u	v	x
Z	z	a	b	c	d	e	f	g	h	i	j	k	l	m	n	o	p	q	r	s	t	u	v	x	y

Tableau carré de Vigenère.

Un simple exemple ne laissera aucune indécision sur l'application de ce procédé.

Soit à cryptographier : *Venez demain soir*, avec les trois alphabets ABC ; on disposerait le travail de la façon suivante :

```
      ven  ezd  ema  ins  oir
      ACB  ACB  ACB  ACB  ACB
      vgo  ebc  eob  ipt  oks
```

Qui devient :

vgoebecobiptoks.

La forme bizarre de ce cryptogramme ne présente pas cependant, comme on pourrait le croire, un secret absolu.

Lorsqu'on connaît la clé, on fait l'opération inverse et on lit le *texte clair* sur la dernière ligne.

Soit le cryptogramme :

                     uosrer dsgmvgseq

construit avec la clé BAC.

Disposez-le de la sorte :

                  uos   rer   dsg   mvg   seq

Écrivez la clé en dessous :

                  BAC BAC BAC BAC BAC

Vous trouverez dans le tableau ci-dessus :

                  vou   set   esi   nvi   tes

Nous sommes contraint, à notre grand regret, de passer sous silence un grand nombre de modifications ingénieuses, proposées par différents cryptographes, entre autres celles qui ont formé les systèmes Gronsfeld, Beaufort, etc.

Nous devons cependant signaler le système dit à clé variable, dans lequel la clé ne revient pas périodiquement. Si, avec la clé *souvenir*, par exemple, on voulait cryptographier : *Les intentions de ces hommes*, on procéderait comme ci-dessus, en inscrivant la clé coupée de la façon convenue : SOUV, SOUVEN..., etc.

            Les intentions de ces hommes
            SOU VSOUVENSOS OU VE NIRSOU

puis on cryptographierait *les intentions*, etc., comme ci-dessus.

Méthode de déchiffrement du système de Vigenère.

Quoique les méthodes de déchiffrement soient fort difficiles à appliquer, M. Kerckhoffs a indiqué une méthode relativement simple, qui permet de déchiffrer assez rapidement les textes écrits au moyen du tableau de *Vigenère* ou de ses dérivés. Commençons par dire que l'on ne pourra acquérir une certaine habileté dans cet exercice que par une très longue habitude jointe à une attention soutenue.

Nous avons indiqué d'une façon générale les procédés de déchiffrement d'un certain nombre de systèmes à *clé simple*, qui sont du reste assez peu employés ; nous allons étudier la même opération sur un procédé, le plus généralement en usage, le *chiffre carré* de Vigenère, dont la plupart des systèmes actuels ne sont que des dérivés plus ou moins heureux.

M. Kerckhoffs, dont nous suivrons pas à pas les développements, a étudié, dans un texte chiffré, le retour de certaines formes cryptographiques remarquables. Proposons-nous de les rechercher dans la phrase : *Vous ne pouvez vous défendre sans vous exposer.*

Il faut observer qu'il y a une distance de huit lettres, puis de douze, entre les trois *vous* qui existent dans cette phrase. Or, si l'on a choisi par exemple une clef de quatre lettres, telle que CADI, par exemple, les trois *vous* seront chiffrés avec les mêmes alphabets et donneront des tétragrammes (1) semblables, ainsi qu'on peut le voir dans l'exemple suivant :

```
       1                    2                    3
vous nepo uvez vous   defe ndre sans vous   expo serà
CADI CADI CADI CADI   CADI CADI CADI CADI   CADI CADI
xoxa pesw wvhh xoxa   feim pdum uaqua xoxa  gxsu ueui
```

Pour bien comprendre ce procédé, il serait bon qu'on refit les opérations ci-dessus, à l'aide du tableau de Vigenère.

On peut être certain que, dans un cryptogramme quelconque, un *texte clair* offrira toujours un certain nombre de répétitions qui se trouveront, comme dans le cas présent, cryptographiées à l'aide des mêmes alphabets.

M. Kerckhoffs a été assez heureux pour pouvoir établir les deux principes suivants :

1° Dans tout texte chiffré, deux polygrammes semblables sont le produit de deux groupes de lettres semblables, cryptographiés avec le même alphabet ;

2° Le nombre de chiffres compris dans l'intervalle des deux polygrammes est un multiple du nombre de lettres de la clef.

Les combinaisons littérales sont si bizarres qu'il peut se produire des cas où, dans le texte chiffré, deux bigrammes ont la même forme sans qu'ils proviennent de deux lettres semblables du texte *clair*. Ce cas est bien plus rare pour les trigrammes et devient presque impossible pour les tétragrammes.

Nous allons tenter de donner, par un exemple, l'explication de ce procédé, qui est fort élégant, s'il n'est pas toujours facile à appliquer.

Soit le cryptogramme :

pftsppnfpeqguufedjighrftvpvrffoqgeig

Il semble parfaitement indéchiffrable ; on va voir qu'il est cependant assez facile de découvrir le sens qu'il cache.

Nous pouvons constater d'abord quatre répétitions.

1° un trigramme eqg distant de 21 lettres, or, 21 = 7 × 3
2° un bigramme   ft   —   21   —   or, 21 = 7 × 3
3° un bigramme   fe   —   15   —   or, 15 = 5 × 3
4° un bigramme   rf   —   6   —   or, 6 = 2 × 3

On voit sans peine que le nombre 3 est le facteur commun à tous

---

(1) Bigramme (réunion de deux chiffres), trigramme (de trois signes), tétragramme (de quatre signes), polygramme (de plusieurs signes).

les nombres considérés ; nous nous trouvons donc en présence d'une clé de trois lettres.

Nous avons donc une quasi-certitude et nous pouvons, dès maintenant, partager notre cryptogramme en tranches de trois chiffres :

pft spp nfp eqg uuf edj igh rft vpv rff eqg eig.

La seconde partie de l'opération exige une plus grande somme d'analyse et plus de divination que la première ; en somme, celle-ci ne demande que de l'attention.

On sait qu'en français les lettres qui se présentent souvent sont l'*e*, l'*s*, l'*r*, l'*i*, l'*a* dans la proportion suivante, d'après M. Kerckhoffs :

e 185
s 88
r 78   } Sur une moyenne de 1000 lettres.
i 74
a 72

L'*e* revient environ toutes les 5 lettres, l'*s* toutes les 12, l'*r* et l'*i* toutes les 13, l'*a* toutes les 14.

Or, nous allons faire des tableaux de toutes les premières lettres de chacune des colonnes que nous venons d'établir ci-dessus et rechercher celles qui sont semblables.

Il suit, en effet, de ce que nous avons dit, que chacun de ces chiffres provient d'un même alphabet ; par conséquent, les chiffres semblables présentent une signification identique.

1er groupe : p s n e u e i r v r e e
2e groupe : f p f q u d g f p f q i
3e groupe : t p p g f j h t v f g g

Les lettres le plus souvent répétées sont :

Dans le 1er groupe : 4 *e*, 2 *r*.
Dans le 2e   —   4 *f*, 2 *q*, 2 *p*.
Dans le 3e   —   3 *g*, 2 *p*, 2 *f*, 2 *t*.

Donc, d'après les probabilités que nous avons établies, dans le 1er groupe, l'*e* du cryptogramme figure un *e* du langage *clair* ; *f* du 2e groupe est mis à la place de *e* du *clair* ; enfin, *g* du 3e groupe est un *e* de la phrase considérée.

On voit, en se reportant au tableau de Vigenère, que l'alphabet dans lequel $e = e$ est l'alphabet A, celui où $f = e$ est B, et enfin celui où $g = e$ est C.

Dans ces conditions, nous allons rétablir la phrase *en clair* ; pour cela, nous écrirons les mots divisés en groupes de trois lettres, comme nous l'avons indiqué plus haut, puis nous mettrons, au-dessous de chaque lettre, une lettre de la clé.

p f t   s p p   n f p   e q g   u u f, etc.   cryptogramme.
A B C   A B C   A B C   A B C   A B C, etc.   clé.

Puis nous rechercherons dans le tableau de Vigenère les chiffres correspondant dans les alphabets A, B, C, et nous inscrirons en dessous les lettres du *clair* :

```
p f t    s p p    n f p    e q g    u u f    e d j    i g h
p e r    s o n    n e n    v p e    u t d    e c h    i f f
   r f t    v p v    r t f    e q q    e i g.
   r e r    v o t    r e d    e p e    c h e.
```

Bien que cet exemple ne soit pas absolument concluant, on peut voir combien un secret se trouve mal caché sous ces cryptogrammes ; il est vrai que l'on peut compliquer la clef au lieu de la choisir aussi simple que celle que nous avons indiquée ; mais, à mesure que les procédés de chiffrage se perfectionnent, les méthodes de déchiffrement s'améliorent, et l'on peut dire qu'aujourd'hui il n'existe probablement aucun procédé cryptographique qui ne soit déchiffrable.

Lorsqu'on a eu l'occasion de procéder au petit travail de déchiffrement ci-dessus, on s'imagine volontiers que l'on est devenu un cryptographe accompli ; il n'en est rien ; pour s'en convaincre, on n'a qu'à tenter de lire un cryptogramme dont on ignore le sens.

Généralement, lorsqu'on donne un exemple de déchiffrement, on opère sur des phrases dont on a construit soi-même le cryptogramme et dont on fait ensuite la synthèse.

C'est le cas des littérateurs qui ont mêlé, avec bonheur du reste, la cryptographie à l'intrigue de leur roman. On se rappelle, dans la *Physiologie du mariage*, de Balzac, le cryptogramme qui commence ainsi :

     Lsuotru e-nedtnim dbreaus, etc.

On n'a pas oublié non plus le fameux cryptogramme dont Jules Verne s'est servi dans son roman la *Jangada ;* enfin, tout le monde connaît l'heureux emploi que l'illustre Edgard Poë en a fait dans *the Gold-Bug* (le Scarabée d'or) :

     53 + + + 305) 6 *; 4826, etc.

Les grilles.

A proprement parler, la grille est un cryptographe, c'est-à-dire un instrument qui permet de chiffrer et de déchiffrer une dépêche.

Essentiellement, la grille est une feuille de carton ou de métal fin qui porte deux points de repère, et dans laquelle on a découpé un vide suivant des lignes irrégulières ; chacun des deux correspondants possède un instrument semblable.

L'expéditeur, pour envoyer la dépêche, place sa grille sur une feuille de papier, marque les points de repère et écrit sur la partie du papier que les espaces vides de la grille laissent à découvert ; une flèche marquée sur la grille indique le sens suivant lequel on doit écrire.

La dépêche ayant été ainsi écrite, on enlève la grille et on remplit tous les endroits du papier laissés en blanc de lettres ou de lignes n'ayant aucune signification. Pour déchiffrer un cryptogramme composé de cette manière, le destinataire place sa grille sur la dépêche à l'aide des points de repère et lit couramment la missive qui lui est adressée (1) à travers les *croisées* de la grille.

Pour simplifier l'explication précédente, nous supposerons que les cryptographes aient employé une grille de forme régulière. Soit une dépêche transmise dans cette forme et dans laquelle on veuille mander : *La ville est prise, nous nous rendrons aujourd'hui.*

[La] meilleure place de la [ville] est à l'[est] elle est [prise] déjà [et] maintenant encore [nous] ne savons si [nous] nous [rendrons] acquéreurs [aujourd'hui] des docks voisins, dont nous avons besoin.

Voici le véritable sens, rétabli au moyen de la grille :

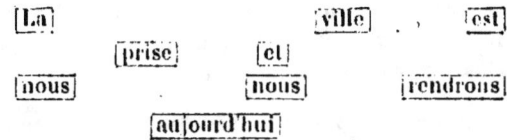

les espaces laissés en blanc étant cachés par la partie pleine de la grille.

Ce procédé, fort curieux et très sûr, tant que la grille n'est possédée que par les deux correspondants, paraît avoir été inventé par le savant mathématicien italien, Jérôme Cardan (2); malheureusement, cette grille égarée, même un instant, livre son secret, parce qu'il est très facile d'en prendre le tracé.

Le système de la grille a été très heureusement modifié par le colonel autrichien Fleissner ; mais, malgré les derniers perfectionnements, il est à peu près abandonné aujourd'hui, à cause du grave inconvénient que ces appareils présentent de pouvoir être dérobés, et surtout en raison de la généralisation de la correspondance télégraphique, à laquelle ce procédé est difficilement applicable.

Voici, du reste, la forme de la grille à 36 cases.

On place la plaque A, B, C, D sur une feuille de papier A' B' C' D', de façon à ce que le côté A B de la grille corresponde au côté A' B' du

---

(1) La meilleure partie des renseignements qu'on vient de lire sont empruntés aux ouvrages de MM. Josso et Kerckhoffs et à un article de M. Dallot : *Les écritures chiffrées* (*Revue scientifique*, 1887).

(2) Il y consacre une page de son ouvrage *De la subtilité*.

papier et on inscrit aux endroits laissés libres 1, 2, 3...9 les neuf premières lettres de la dépêche, puis on retourne l'appareil de manière que le côté B D prenne la place de A B, et ainsi de suite, en continuant le mouvement indiqué et en inscrivant à chaque fois les neuf lettres suivantes de la dépêche qu'on veut faire parvenir à son correspondant.

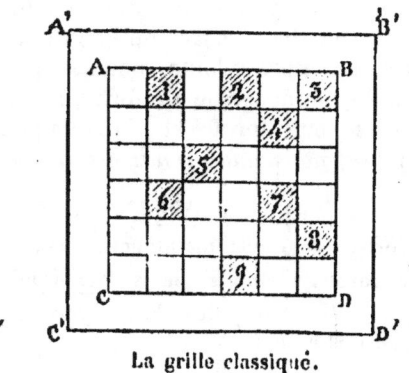

La grille classique.

On opère de la sorte jusqu'à ce qu'on ait épuisé les lettres de la dépêche, qui ne doivent pas, dans ce cas, dépasser le nombre de 36.
C'est ainsi que les lettres qui composent :

J'attends les ordres que vous devez mander (plus une nulle *x*)

disposées à l'aide d'une grille telle que celle que nous venons d'indiquer et relevées par lignes horizontales donneraient :

ejuart ements nvcood rncudd rsrxes dselvq

si l'on était convenu de faire mouvoir la grille de gauche à droite.
La description des autres cryptographes nous entraînerait trop loin et demanderait pour chacun (et ils sont nombreux) une étude spéciale.
Citons ceux de Porta, Grivel Wheatstone, Pantin-Richard, Vinay et Gaussin, Rondepierre, Silas, Mouilleron, etc.

Tables cryptographiques.

Nous allons nous occuper maintenant des livres, tables ou dictionnaires susceptibles de permettre de chiffrer un texte clair; les travaux les plus intéressants ont été faits dans cette voie. Ces procédés sont les plus sûrs des méthodes cryptographiques, surtout lorsqu'on leur a fait subir différentes modifications qui leur constituent comme une sorte de clé; la facilité de leur emploi, la rapidité d'action qu'ils permettent, sont autant d'avantages qui semblent peu contrebalancés par le secret qu'ils exigent.

Tout d'abord, nous devons signaler l'emploi simultané de deux exemplaires d'un même livre; on devine déjà la manière de procéder. Chaque correspondant a un exemplaire de la même édition d'un ouvrage semblable. L'expéditeur cherche avec son volume le mot dont il a besoin et l'indique à son correspondant par une notation convenue à l'avance.

Ainsi, par exemple, un mot placé à la seizième page d'un ouvrage, qui serait le quatrième de la huitième ligne, serait cryptographié :

$(16 - \frac{5}{8})$ ou bien $\sqrt{16/\frac{4}{8}}$ ou bien encore : $16 + 4 + 8$, etc.

Le déchiffrement s'opère naturellement en revenant à l'édition que le destinataire possède.

On a cherché à simplifier ce procédé en inscrivant à des endroits déterminés, marqués de signes spéciaux, toutes les lettres de l'alphabet et les principales syllabes qui pourraient servir à composer des noms propres, ou des mots qui n'existeraient pas dans l'ouvrage adopté ; on a proposé également de signaler les pages où les expressions les plus usuelles se rencontrent, afin d'accélérer le chiffrement.

Ce procédé offre, croyons-nous, une sécurité absolue, tant que l'ouvrage adopté comme table reste caché ; on a fait remarquer qu'un observateur habile parviendra à découvrir le volume qui sert de clé, ce livre devant être généralement choisi dans les ouvrages que les correspondants ont coutume de lire ! Cela paraît bien difficile.

Les chiffres à tables sont très répandus aujourd'hui ; ils se composent de deux tables, appelées l'une *chiffrante*, l'autre *déchiffrante*.

Dans les tables à chiffres, on range en colonne, suivant l'ordre alphabétique, des syllabes, des phrases ou des mots usuels, en face desquels on inscrit un nombre différent, absolument au hasard.

Il existe un grand nombre de dictionnaires chiffrés qui ont été livrés à la publicité; tels sont ceux de Brachet, de Louis, de Sittler, de Brunswick, de Mamert, de Gallian.

Le plus connu de ces ouvrages est le dictionnaire de Sittler ; il est composé de cent nombres de deux chiffres formés en prenant les dix premiers chiffres : 0, 1, 2, 3, 4, 5, 6, 7, 8, 9, et les faisant suivre de ces mêmes nombres : soit 00, 01, 02, 03, etc., 42, 53, etc.

On obtient ainsi la représentation de cent mots que l'on range par ordre alphabétique ; le volume n'est pas paginé à l'avance. C'est pourquoi, lorsqu'on veut établir une correspondance secrète, on inscrit une pagination quelconque en tête des feuillets et on la reportant scrupuleusement sur les mêmes pages des deux dictionnaires : c'est ce qui constitue la clef du système.

Le procédé mis en avant par M. Brunswick est très intéressant; le voici, en quelques mots : dans son ouvrage, M. Brunswick a réuni les lettres avec leurs combinaisons deux à deux et quelques milliers de mots qui sont représentés par des nombres variant de 0000 à 9999.

La clef du système repose sur l'interversion, d'après une règle convenue, des chiffres correspondant aux mots cryptographiés, et dans une augmentation ou une diminution invariable, fixée à l'avance.

Soit, par exemple, *Sortez*, représenté dans ce dictionnaire par la valeur 2137 ; on pourra d'abord l'écrire de douze manières différentes : 2371, 2731, etc. Si on adopte l'interversion 2731 et que le nombre fixé soit 37 à ajouter, *Sortez* sera représenté par le nombre 2768, qui ne rappelle en rien le nombre fondamental 2137.

La seule objection que l'on soit en droit de faire à ces dictionnaires, c'est qu'on peut les perdre, ou se les faire voler, et que la moindre erreur dans la transmission télégraphique peut entraîner les conséquences les plus graves.

Langage convenu.

Le langage convenu a ceci de particulier, c'est qu'il repose sur l'emploi de mots qui, pris isolément, ont un sens propre, mais qui, lorsqu'ils sont liés ensemble, ne forment pas de phrase ayant un sens compréhensible ; ce sont parfois aussi des mots pris dans une acception convenue, différente de leur signification réelle.

Un fort joli exemple en est rapporté dans les *Méthodes de guerre*, du général Pierron ; c'est une lettre envoyée par un espion au quartier général autrichien :

> Mon cher ami,
>
> Je compte que vous avez reçu ma lettre précédente. Je suis arrivé ce matin, à cinq heures, à Trieste. Une heure après mon arrivée, je me suis mis en quête des marchandises que vous désirez. J'ai constaté sur la place la présence des articles suivants : 1 quintal cannelle (forteresse) de médiocre qualité, 2 caisses de limon (canons) de grosseur moyenne, dito 60 caisses limons (canons) d'une espèce inférieure (elles ne se trouvent pas loin du quai), 4 caisses d'oranges (redoutes), 2 barils d'anguilles (magasins), 400 sacs de riz (quintaux de poudre)...

Nous avons déjà parlé du fameux *Ave Maria* de l'abbé Trithème, nous n'y reviendrons pas.

Nous ne pouvons passer sous silence un des plus curieux spécimens de langage convenu, qui nous est fourni par une lettre de M*me* de Saint-André au prince de Condé, emprisonné en 1560, à Orléans, à la suite de la conjuration d'Amboise :

> Croyez-moi, prince, préparez-vous à la mort. Aussi bien vous sied-il mal de vous défendre. Qui veut vous perdre est ami de l'État. On ne peut rien voir de plus coupable que vous. Ceux qui par un véritable zèle pour le roi vous ont rendu si criminel étaient

> honnêtes gens et incapables d'être
> subornés. Je prends trop d'intérêt à
> tous les maux que vous avez faits en
> votre vie pour vouloir vous taire
> que l'arrêt de votre mort n'est plus
> un si grand secret............

Le sens de cette lettre ne laisse aucun doute sur les sentiments de la personne qui l'a écrite ; il n'en est plus de même lorsqu'on lui donne le véritable sens qu'elle doit avoir ; en ne lisant que les 1re, 3e, 5e, 7e lignes, c'est-à-dire les lignes impaires, on obtient :

> Croyez moi prince, préparez-vous à
> vous défendre. Qui veut vous perdre est
> plus coupable que vous et..........

Un autre genre d'application de langage convenu se rencontre dans la lettre suivante :

> Vive à jamais : l'empereur des Français
> La famille royale : est indigne de vivre ;
> Oublions désormais : la branche des capets
> La race impériale : doit seule lui survivre.
> Soyons le soutien : du fier Napoléon
> Du duc d'Angoulême : exécrons la mémoire ;
> C'est à lui que revient : cette punition
> L'honneur du diadème : est le prix de sa gloire.

Qui se lit vers par vers, ou bien tous les vers avant les points, puis tous ceux qui les suivent ; chacun de ces deux tranchants a un sens particulier.

TROISIÈME PARTIE

LES LOIS

A. Les Lois.
B. Théorie de l'action de l'homme sur la nature.
C. Application de l'action de l'homme sur la nature.

Nous entrons, avec cette troisième partie, dans les mystères du temple. Nous avons cru nécessaire de la diviser en deux parties bien distinctes : la théorie et les applications.

Le chapitre : *lois des sciences occultes* peut paraître encore un peu prématuré à cette place ; que l'on poursuive cet ouvrage jusqu'à la fin et l'on se rendra compte de la valeur qu'on peut lui accorder.

Avec le chapitre suivant, nous rentrons dans l'observation pure. Nous avons réuni là tout ce que nous avons pu trouver de plus convaincant en faveur de la théorie unitaire de la nature, d'où dérivent toutes les conséquences qui servent de base à l'occultisme. Nous avons cru bon, après l'exposé de la théorie des lois de la nature, de mettre immédiatement à côté l'application : l'alchimie, dont les travaux, qui ne reposent que sur des bases scientifiques ont su attirer l'attention des savants les plus estimés et qui, pour certains mêmes, ont les mêmes droits à l'étude que la chimie officielle.

La théorie de l'action de l'homme sur la nature comprend des divisions essentielles dont la réunion forme un corps de doctrine rationnel pour tout esprit non prévenu. Les *faits prouvés* que nous citons à chaque pas assurent la confiance et provoquent l'acceptation. C'est ainsi que nous voyons successivement les phénomènes caractéristiques de l'hypnotisme (branche officielle), du magnétisme et de la suggestion, d'une part, ainsi que ceux du spiritisme, dégagé de toute fraude et appuyé sur les expériences scientifiques et indéniables, provoqués par la mise en action de la force de l'homme sur la nature, appelée, dans l'espèce, force psychique.

Enfin, la troisième division comprend l'application de la mise en œuvre du pouvoir de certains hommes sur la force universelle et met en lumière les principaux faits de la magie blanche et de la magie noire ou sorcellerie. Nous n'avons pas craint de faire rentrer dans les faits magiques les phénomènes qui frappaient de terreur l'imagination des premiers hommes et qui ont passé longtemps pour surnaturels ; on ne saurait élaguer avec trop de soin les germes de tous les préjugés.

CHAPITRE XV

LES LOIS

Définition : Les lois sur lesquelles est basé l'occultisme dérivent de trois principes fondamentaux, que nous retrouverons plus loin.

Preuves : Il est impossible de donner des preuves matérielles de l'application des lois ne s'appliquant pas à la matière, leur discussion seule peut prouver qu'elles ont le même degré de probabilité que les autres hypothèses acceptées aujourd'hui dans la recherche de la vérité ; c'est à ce titre qu'elles doivent être étudiées.

Fraudes : Science d'observation.

Les anciens, plus près de la nature que nous, avaient un système d'étude tout différent ; leurs opinions basées sur la simple réflexion ne dépassaient pas l'ordre de la théorie ; nous, au contraire, à la suite de Bacon, nous ne semblons pas pouvoir dépasser le domaine de la pratique et il semble que personne n'ose aborder la synthèse de la philosophie des sciences.

C'est à peine si, timidement, aujourd'hui quelques branches de la science (chimie et botanique particulièrement) sont explorées à ce point de vue ; c'est pourquoi, quelle qu'en soit la valeur, nous croyons utile de soumettre au jugement de tous les procédés les méthodes d'étude que fournissent les sciences occultes.

Posons d'abord ce premier point, que nous ne discuterons que plus tard : la science occulte acquiert la connaissance exacte des lois de l'univers *visible* et *invisible*. Car, en science occulte, on admet et on prouve que le monde tangible est entouré et pénétré d'un monde invisible dont on sait déterminer les propriétés.

Qu'on ne se hâte pas de juger avant de savoir ; en effet, on peut être surpris que les adeptes recherchent les formes du visible pour acquérir la notion de l'invisible.

En effet, lorsqu'on veut savoir ce que contient un volume, il faut savoir découvrir, dans l'assemblage de symboles spéciaux, le sens contenu dans leur représentation ; c'est ce qu'on appelle *lire*. Or, il faut apprendre à lire en science occulte, c'est-à-dire à assembler, suivant des lois déterminées, les symboles qui composent un *phénomène*, afin de pouvoir remonter jusqu'au *noumène*.

Loi de l'analogie.

La première et suprême loi des sciences cachées, c'est la loi de l'analogie ; la table d'Émeraude le dit : *Ce qui est en haut est comme ce qui est en bas*, etc.

La base absolue de cet enseignement repose sur le principe de l'analogie, aux termes duquel chaque corps est une représentation analogique de tous les autres, ce que nous pouvons fixer par un exemple dérivé de la kabbale.

L'homme est un petit monde (microcosme) reproduction analogique du grand monde, de l'univers (macrocosme), ce que nous verrons bientôt.

Pour revenir à notre étude, on sait qu'il existe deux méthodes d'examen des faits : l'une, l'*intuition*, nous permet d'examiner et de nous persuader de l'ensemble des questions, sans en voir les détails ; l'autre, la *déduction*, nous laisse percevoir les moindres détails sans nous permettre d'avoir une idée de l'ensemble.

On conçoit quels résultats heureux on obtiendrait de la fusion de ces deux méthodes ; c'est ce que préconise la loi des sciences occultes.

Par l'observation simple, elle s'empare du *fait*, le discute, l'analyse, puis, par un procédé qui lui est propre, elle le soumet à la généralisation par rapprochements successifs à des phénomènes *analogues*

Et, dès maintenant, tenons le lecteur en garde contre la ressemblance qu'on croit voir, au premier abord, entre les mots : SEMBLABLE et ANALOGUE :

Semblable : c'est ce qui a la même forme, l'identité d'aspect.

Analogue : c'est ce qui, différent de forme, est identique de fonction.

Le poumon et l'estomac sont *analogues*, c'est-à-dire que tous deux ont la fonction de recevoir du dehors quelque chose qu'ils transforment, et sont loin d'être semblables, tandis qu'un livre est semblable à un autre livre, sans qu'ils soient analogues pour cela.

On peut dire, pour fixer les idées, que la méthode analogique n'est que la réunion, la résultante de l'analyse unie à la synthèse : de la déduction à l'induction, de la matière à l'esprit.

La loi du ternaire.

Dans la méthode scientifique actuelle, on recueille des multitudes de faits qu'une étude attentive permet de faire dériver d'un très petit nombre de *causes secondes*. C'est à cela que se bornent les matérialistes.

Mais, sans l'avouer toujours, on sait que ces *causes secondes* dérivent de quelques *causes premières* infiniment plus restreintes, dérivant probablement d'*une cause unique*.

Mais, par suite de la disposition des esprits, l'examen des *causes secondes* appartient aux physiciens et n'appartient qu'à eux, tandis que l'étude des *causes premières* est le domaine exclusif des métaphysiciens, sans que les physiciens aient le droit d'en franchir la frontière.

Il en résulte que chaque caste de savants, ignorante volontaire des travaux de sa voisine, marche en déviant de plus en plus et en exagérant chaque jour l'abîme qui sépare les deux voies.

Les anciens, partant d'un principe unique, étudiaient la science et non les sciences, et n'auraient pu scinder si singulièrement des questions connexes.

Saint-Yves d'Alveydre (1) nous a conservé le schéma qui représente la loi du ternaire, loi qui dérive de la triple gradation des conceptions de la nature.

Or, on remarquera que l'esprit qui a présidé à cette gradation comprend trois ordres de perceptions :

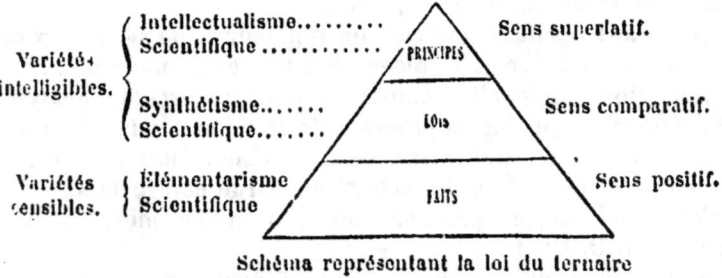

Schéma représentant la loi du ternaire

1° Domaine infini des faits (tous les phénomènes que nous percevons) ;

2° Domaine plus restreint des lois (recherche des causes secondes);

3° Domaine infiniment restreint des principes (recherche des causes premières).

Les anciens avaient fait de cette gradation un dogme absolu.

Il faut dire que cette trinité n'avait pas été choisie au hasard et qu'elle résultait de conceptions philosophiques qu'on peut ne pas admettre, mais qu'on est forcé d'accepter comme rationnelles.

Ces trois termes se retrouvent, comme nous allons le voir ci-dessous, dans la nature entière, dont les phénomènes tangibles y sont soumis sans exception.

Les mages avaient observé en physique que l'équilibre est la loi universelle résultant de l'opposition de deux forces.

Or, appliquant les lois de l'analogie à l'examen de la question, ils

(1) Saint-Yves d'Alveydre, *La mission des Juifs*.

reconnurent dans le monde métaphysique une force, un positif. Dieu vivant, actif, voilà deux propriétés inhérentes à sa nécessité, la stabilité en opposition au mouvement, équilibrées dans le repos suprême, par la couronne (Keter).

Du reste, Fabre d'Olivet présente ainsi la doctrine de Pythagore, qui est celle de tous les savants de l'antiquité, qui se sont fait initier aux mystères dans les sanctuaires vénérés de l'Égypte. Cette doctrine, qu'on ne révélait qu'au cours des initiations, se retrouve depuis l'Inde, qui l'avait déversée en Chine et en Égypte, jusqu'au fond de la Scandinavie :

« L'univers considéré comme un grand tout animé, composé d'intelligence, d'âme et de corps, était appelé Pan ou Phanès. L'homme ou le microcosme était composé de même, mais d'une manière inverse, de corps, d'âme ou d'intelligence ; et chacune de ces trois parties était à son tour envisagée sous trois modifications, en sorte que le ternaire, régnant dans le tout, régnait également dans la moindre de ses subdivisions. Chaque ternaire, depuis celui qui embrassait l'immensité jusqu'à celui qui constituait le plus faible individu, était, selon Pythagore, compris dans une unité absolue ou relative et formait ainsi le quaternaire ou la tétrade sacrée des pythagoriciens. Ce quaternaire était universel ou particulier. »

Au premier examen, on remarquera que ce ternaire se découvre dans tous les phénomènes que nous pouvons percevoir comme en nous-même.

Dans ce dernier cas, que nous disions, avec les kabbalistes, que l'homme est composé primordialement de trois organes bien différents : une tête — un cœur — un ventre, — ou que nous prenions la division de Balzac : « Il existe trois mondes : le naturel, le spirituel, le divin ; il existe donc nécessairement un culte matériel, un culte spirituel, un culte divin ; trois formes, qui s'expriment par l'action, la parole et la prière, autrement dit le fait, l'entendement et l'amour », — le résultat nous montre toujours l'univers, homme réduit à trois degrés distincts, au point de vue matériel ou au point de vue métaphysique.

Ce que nous venons de dire des œuvres de Balzac permet, sans développement, de conclure que la philosophie présentera fatalement trois formes : matérielle, équilibrée, spirituelle ; qu'il faut lire : matérialiste, panthéiste, spiritualiste.

Origine du nombre trois.

Comme nous avons vu que le ternaire est la base de toute loi occulte, il n'est pas sans intérêt de rechercher chez les maîtres l'origine de ce nombre TROIS.

Pythagore trouvait dans les nombres un sens que nous ne saurions plus y découvrir.

On va voir, par la citation suivante, le squelette, le schéma de toute science.

Nous en empruntons la traduction à Fabre d'Olivet (1), l'homme le plus compétent qui se puisse voir, qui nous a donné une traduction des vers dorés de Pythagore, vers dorés qui contenaient la théorie tout entière.

« Comme Pythagore (2), dit-il, Platon désignait Dieu par 1, et la matière par 2 ; il exprimait l'univers par le nombre 12, qui résulte de la réunion des deux autres. Ce nombre se formait par la multiplication de 3 par 4, c'est-à-dire que ce philosophe concevait le monde universel comme composé de trois mondes particuliers, qui, s'enchaînant l'un à l'autre au moyen de quatre modifications élémentaires, se développaient en douze sphères concentriques (3).

« L'Être ineffable qui remplissait ces douze sphères, sans être saisi par aucune, était Dieu. Pythagore lui donnait pour âme la vérité et pour corps la lumière (4).

« Les intelligences qui peuplaient les trois mondes étaient : premièrement les dieux immortels proprement dits ; secondement, les héros glorifiés ; troisièmement, les démons terrestres.

« Les dieux immortels, émanations directes de l'Être incréé et manifestations de ses facultés infinies, étaient ainsi nommés parce qu'ils ne pouvaient jamais tomber dans l'oubli de leur Père, errer dans les ténèbres de l'ignorance et de l'impiété ; au lieu que les âmes des hommes qui produisaient, selon leur degré de pureté, les héros glorifiés et les démons terrestres pouvaient mourir quelquefois à la vie divine par leur éloignement volontaire de Dieu ; car la mort de l'essence intellectuelle n'était, selon Pythagore, imité en cela par Platon, que l'ignorance et l'impiété.

« D'après le système des émanations, on concevait l'unité absolue en Dieu, comme l'âme spirituelle de l'univers, le principe de l'existence, la lumière des lumières ; on croyait que cette unité créatrice, inaccessible à l'entendement même, produisait par émanation une diffusion de lumière qui, procédant du centre à la circonférence, allait en perdant insensiblement de son éclat et de sa pureté, à mesure qu'elle s'éloignait de sa source jusqu'aux confins des ténèbres, dans lesquelles elle finissait par se confondre ; en sorte que ses rayons divergents devenaient de moins en moins spirituels et, d'ailleurs repoussés par les ténèbres, se condensaient en se mêlant avec elles,

---

(1) Fabre d'Olivet, *Vers dorés de Pythagore*.
(2) Ἐν, δυο. C'est le même symbole de Fo-Hi, si célèbre parmi les Chinois, exprimé par une ligne entière — 1 et une ligne brisée — — 2.
(3) *Vita Pythag.*, Phot. *Bibl. Codex*, 259.
(4) *Vie de Pyth.*, par Dacier.

et, prenant une forme matérielle, formaient toutes les espèces d'êtres que le monde renferme.

« Ainsi, l'on admettait entre l'Être suprême et l'homme une chaîne incalculable d'êtres intermédiaires dont les perfections décroissaient en proportion de leur éloignement du principe créateur.

« Tous les philosophes et tous les sectaires qui admirent cette hiérarchie spirituelle envisagèrent sous des rapports qui leur étaient propres les êtres différents dont elle était composée. Les mages des Perses, qui y voyaient des génies plus ou moins parfaits, leur donnaient des noms relatifs à leurs perfections et se servaient ensuite de ces noms mêmes pour les évoquer ; de là vint la magie des Persans, que les Juifs, ayant reçu par tradition durant leur captivité à Babylone, appelèrent kabbale. Cette magie se mêla à l'astrologie parmi les Chaldéens, qui considéraient les astres comme des êtres animés appartenant à la chaîne universelle des émanations divines ; elle se lia en Égypte aux mystères de la nature et se renferma dans les sanctuaires, où les prêtres l'enseignaient sous l'écorce des symboles et des hiéroglyphes. Pythagore, en concevant cette hiérarchie spirituelle comme une progression géométrique, envisagea les êtres qui la composent sous des rapports harmoniques et fonda par analogie les lois de l'univers sur celles de la musique. Il appela harmonie le mouvement des sphères célestes et se servit des nombres pour exprimer les facultés des êtres différents, leurs relations et leurs influences. Hiéroclès fait mention d'un livre sacré attribué à ce philosophe, dans lequel il appelait la Divinité le Nombre des Nombres.

« Platon, qui considéra, quelques siècles après, ces mêmes êtres comme des idées et des types, cherchait à pénétrer leur nature, à se les soumettre par la dialectique et la force de la pensée. »

Pour mieux fixer sur ce point important et pour amener sensiblement à l'intelligence de ce qui va suivre, qu'on nous permette de citer après Barthélemy (1), la doctrine des Pythagoriciens :

« L'essence divine étant inaccessible aux sens, employons pour la caractériser, non le langage des sens, mais celui de l'esprit : donnons à l'intelligence ou au principe *actif* de l'univers le nom de *monade* ou unité, parce qu'il est toujours le même ; à la matière ou au principe *passif*, celui de *dyade* ou de multiplicité, parce qu'il est sujet à toutes sortes de changements ; au monde, enfin, celui de *triade*, parce qu'il est le résultat de l'intelligence et de la matière. »

Application du ternaire.

La caractéristique d'une loi, c'est de pouvoir s'appliquer à tous les faits de même ordre ; autrement dit, à tous les faits qu'elle gouverne.

---

(1) Barthélemy, *Voyage du jeune Anacharsis en Grèce.*

Nous allons voir que la nature entière est régie par la loi du ternaire.

Exprimons les trois termes que peuvent fournir la lumière, les solides, etc., nous aurons, en suivant le principe écrit ci-dessus, la génération suivante :

1 + ACTIF	2 − PASSIF	3 ∞ NEUTRE OU RÉSULTANTE
Lumière.	Ombre.	Pénombre.
Solide.	Gazeux.	Liquide.
Attraction.	Répulsion.	Équilibre, etc.
Homme.	Femme.	Enfant.

La lumière (positive, active) en opposition à l'ombre (négative, passive), donnant comme résultante la pénombre (neutre).

On peut donc dresser le tableau de tous les FAITS.

Remarquons en passant qu'on pourra toujours remplacer un membre de la colonne par tel autre qu'on voudra, il sera toujours positif, actif, par rapport aux autres.

Cette constatation permet d'expliquer, avant même de les avoir étudiés, les tableaux analogiques.

Soit le tableau analogique suivant :

ACTIF	PASSIF	NEUTRE
Osiris.	Isis.	Horus.
Père.	Mère.	Enfant.
Soleil.	Lune.	Mercure.
Lumière.	Ombre.	Pénombre.

On pourra faire la lecture d'un pareil tableau à peu près à la façon dont on emploie la table de Pythagore dans le calcul. C'est-à-dire que, dans celle-ci, si l'on a à multiplier 3 par 4 :

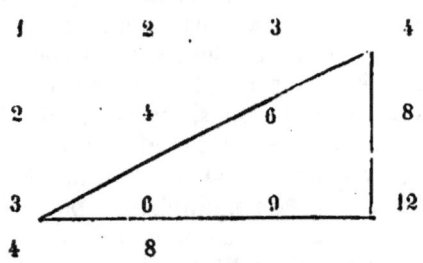

Tableau analogique. — Table de Pythagore.

le produit de 3 par 4 se lira à l'angle droit du rectangle dont les autres angles sont placés sur chacun des éléments du produit.

Analogiquement, nous lirons le tableau ci-dessus :

    Osiris est le père d'Horus.
    Osiris est le soleil d'Horus, etc.

Ou bien :

> Horus est le pénombre d'Osiris.
> Horus est le mercure d'Osiris, etc.

On pourrait faire varier à l'infini la forme de l'expression sans que cela présentât à l'initié un sens autre que celui-ci : Il s'agit, dans l'espèce, d'un fait matériel, basé sur le ternaire, lumière, solide, attraction ou autre, que la suite de l'énoncé fixera, mais il ne peut s'agir que d'un fait de cet ordre.

Le quaternaire.

Il faut, dès maintenant, expliquer ce qu'en occultisme on entend par cet énoncé : le *quaternaire* ramène à l'*unité*.

Nous avons vu que la génération de l'enfant vient de l'action de l'homme sur la femme, comme analogiquement la génération de l'équilibre vient de l'action de l'attraction sur la répulsion, etc., etc.

Eh bien ! il y a un quatrième terme, qui résulte des trois premiers. Prenons, avec Papus, l'exemple de l'enfant, nous avons :

1. Le père.......................... ⎫
2. La mère......................... ⎬ 4. La famille.
3. L'enfant......................... ⎭

La famille est donc la résultante des trois premiers ; mais, à son tour, elle se soumet à la loi du ternaire de la façon suivante : la famille, étant considérée à son tour comme une simple unité, donnera comme application sur le tableau suivant que nous empruntons à Papus :

UNITÉ OU RETOUR A L'UNITÉ	OPPOSITION OU ANTAGONISME	RÉSULTAT DE CETTE OPPOSITION DISTINCTION
1. La première molécule sociale : l'homme.	2. Opposition à cette molécule : femme.	3. Résultat : enfant.
4. Unité d'ordre supérieur : la famille résumant les trois termes précédents.	5. Opposition entre les familles : rivalités des familles.	6. Distinction entre les familles : castes.
7. Unité d'ordre supérieur : la tribu résumant les trois termes précédents.	8. Opposition entre les tribus.	9. Distinction entre les tribus : nationalité.
10. La nation.		

Ce que nous pourrions exprimer algébriquement pour les initiés par :

UNITÉ OU RETOUR A L'UNITÉ	OPPOSITION, ANTAGONISME	ACTION RÉSULTANTE
1	2	3
4	5	6
7	8	9
10	11	12
(1)	(2)	(3)

Le développement des préceptes que nous venons de formuler permettra de dresser un tableau comme celui qui est ci-dessous :

Il va sans dire que les tableaux ainsi établis dépendent du point de vue auquel on se place et qu'on peut en faire varier la forme à l'infini.

Si nous voulons, par exemple, représenter sous sa forme absolue le principe du ternaire, nous pouvons l'exprimer dans la forme suivante :

	LES TROIS MONDES	RAPPORTS OU RÉDUCTION A L'UNITÉ	POSITIF ACTIF +	NÉGATIF PASSIF. —	NEUTRE ∞
Principes	Monde divin ou supérieur	(Dieu d'après les Égypt. Dieu d'après les Chr. D. d'après les Indous.	Osiris. Père. Brahma.	Isis Fils Siva.	Horus. Esprit-Saint Vichnou.
Lois	Monde intellectuel ou moyen	Causalité Espace. Temps.	Cause Longueur Présent	Moyen Largeur Passé.	Effet Profondeur Futur
Faits	Monde physique ou mineur	Homme. Chimie. Forces en général.	Tête. Acide. Mouvement.	Ventre. Base. Repos.	Poitrine, Sel. Équilibre.

Les opérations théosophiques.

Disons seulement un mot des opérations théosophiques, dont nous ne pouvons développer ici l'utilité.

La première opération est la réduction théosophique ; elle consiste à réduire tous les nombres qui se présentent à un seul chiffre, en additionnant successivement les chiffres qui le composent.

Un exemple nous fera mieux comprendre, par exemple :

14 se réduira théosophiquement en $1+4=5$.
18 — en $1+8=9$.
192 — en $1+9+2=12=1+2=3$.
8794 — en $8+7+9+4=28=2+8=10=1+9=1$.

L'addition théosophique consiste à additionner arithmétiquement tous les chiffres depuis l'unité jusqu'à lui. Par exemple, l'addition théosophique du nombre 5 s'obtient en additionnant les chiffres $1+2+3+4+5=15$ et en réduisant théosophiquement : $1+2+3+4+5=15=1+5=6$. On dira donc que l'addition théosophique de 5 est 6. Ce qui stupéfie les non-initiés.

Il y a quelques chiffres dont l'addition théosophique doit être connue : 4 et 7, par exemple ; ils donnent :

$$1+2+3+4 = 10 = 1+0 = 1.$$
$$1+2+3+4+5+6+7 = 28 = 2+8 = 10 = 1+0 = 1.$$

Nous savons dès lors que, théosophiquement, l'addition de 1, 4, 7, 10 nous donne toujours 1 ; nous en concluons analogiquement que :

1, 2, 3	4, 5, 6	7, 8, 9
4 = 10 = 1	7 = 10 = 1	10 = 1.

Donc 4, 7 et 10 sont identiques à 1 et entre eux ; donc, puisque 1 est l'unité, 4, 7, 10 sont aussi des unités (d'un autre ordre, mais des unités) ; ce sont des quaternaires.

On a donc le tableau suivant unités de :

	a	b	c
α	1	2	3
β ordre supérieur à α	4	5	6
γ ordre supérieur à β	7	8	9
	10	11	12
	13	14	15
	16	17	18, etc.

Or, la colonne *a* renferme des chiffres toujours égaux à l'unité. On peut donc écrire :

Unité ou retour à l'unité.	Opposition.	Résultante.
1	2	3
4	5	6
7	8	9
10		
Actif.	Passif.	Neutre.

Nous concluons de là que la loi de génération est une loi progressive et infinie que l'on peut représenter par une spirale aux extrémités des deux diamètres perpendiculaires de laquelle on inscrira :

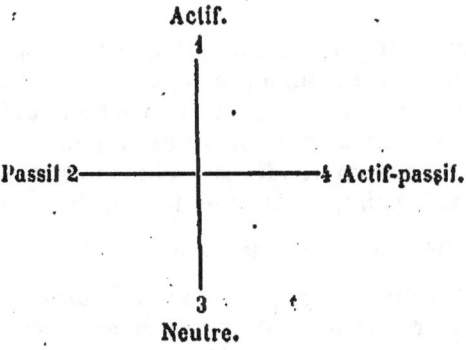

Les symboles.

Tout d'abord, rappelons qu'on peut énoncer le premier tableau analogique que nous donnons ci-dessus : *la pénombre nécessite une lumière et une ombre; l'enfant nécessite un père et une mère*, etc. C'est ce que l'on exprime en disant que l'initié a employé le sens positif.

S'il dit, au contraire, le neutre nécessite un positif et un négatif, il aura employé le sens comparatif.

Si, enfin, il dit : *la couronne nécessite la sagesse et l'intelligence*, il aura abordé le sens superlatif. On voit, en effet, que le sens se sublime à mesure que l'on monte d'un degré. Nous sommes obligé d'inviter le lecteur que cette étude intéresse à en poursuivre les développements dans les livres spéciaux que nous indiquons dans notre Bibliographie, notre cadre nous forçant sans cesse à nous restreindre.

L'initié a encore à sa disposition un autre moyen idéographique de communiquer sa pensée aux autres initiés. S'il veut s'exprimer au sens positif, pour tout le monde, il dessinera un enfant entre son père et sa mère. Ce que chacun pourra lire facilement de cette manière.

S'il a intérêt à ce que les savants seuls puissent le lire, il écrira : ∞ nécessite $+$ et $-$, ou encore $\infty = (+) + (-)$, que l'on pourra lire : le neutre nécessite l'actif et le passif.

Si, enfin, les seuls initiés doivent le comprendre, il dira astrologiquement : $\odot + ☾ = ☿$, etc.

Position d'équilibre du nombre 5 (p. 246).

Pour bien fixer les idées : Pour tout le monde, le symbole $\odot$ est un rond avec un point au milieu; cela ne fait de difficulté pour personne.

Un géomètre, outre cette signification primitive, y verra un cercle avec son centre ou, astronomiquement, le signe du soleil.

Un initié y lira d'abord les deux significations précédentes, mais y verra seul la représentation de Dieu dans l'infini.

Partant de là, on comprendra la genèse des pentagrammes les plus simples : Un est le point, ou unité de forme; deux est engendré par la réaction de 1 sur 1, ou $\frac{1}{1} = 2$; la ligne est générée par le point; 3 est le correspondant du triangle, puisqu'il est formé par la réaction de 1 sur 2; le quaternaire devient, par la même opération, un carré ou une croix, et enfin le 5 est une croix à cinq pointes, la pointe d'en haut (la tête) dirigeant les quatre autres (les membres) (les quatre forces élémentaires) (1).

C'est, du reste, ce qui donne une si drôle d'apparence à des étoiles à cinq branches placées non symétriquement : elles ont l'air de petites étoiles folles lorsqu'on les compare à l'étoile normale.

Le tableau suivant donne les formes générales, d'où dérivent les pentagrammes :

1	○	7 ou 4 + 3	□ ▽
2	— ou -- —	8 ou 4 + 4	□□ ou ✻
3	△	9 ou 4 + 5	□ ✭
4	□ ou ╋	ou 6 + 3	✩ △
5	✭		
6 ou 3 + 3	▽ △ ou ☆	10	○

Il y a encore un point sur lequel nous désirons attirer l'attention. Lorsqu'un initié avait fait une découverte, et qu'il voulait en faire part aux autres initiés qu'il ne connaissait pas, et qui peut-être devaient naître cent ans après sa mort, comment pouvait-il faire ?

Il était lié par serment à ne pas divulguer les secrets des sciences cachées. Il ne pouvait faire qu'une chose : il avait recours à la mythologie (μύθος λόγος, discours caché). Il racontait à tout le monde une légende, un conte qui émerveillait les enfants et les amusait, conte qui passait de bouche en bouche et allait dans les siècles futurs, comme simple gangue qu'on se repassait de main en main, sans se douter du diamant qu'elle contenait.

L'homme simple n'y voyait qu'un *sens positif*, le récit d'une histoire qui plaisait à son imagination. Le savant y cherchait partout, en réfléchissant, un *sens comparatif* qui lui dévoilait les lois des faits matériels.

L'initié y découvrait, en outre, un sens superlatif ; en décomposant les noms propres (1), il y découvrait la clé des mystères cachés.

Et qu'on ne s'imagine pas que c'est un jeu de notre esprit de retrouver dans ces histoires des faits vrais. Saint Paul dit à ce sujet : « Tout était figuré, pour nos aïeux, les personnes, les événements, les cérémonies, les cultes. » Prenons un exemple :

Lorsqu'un initié a raconté aux braves Grecs l'historiette d'Hercule, ce gros balourd, bon garçon, mais toujours bafoué, qui finit par filer aux pieds d'Omphale, les hommes en général n'y ont vu qu'un conte amusant.

Après bien des années, un savant y a découvert l'explication du

---

(1) Disons à ce propos que la kabbale est en partie la reproduction de ce qui précède. La génération de ses lettres provient de 7, de même que nous l'avons vu pour les chiffres ; d'autre part, la décomposition des noms propres forme une partie importante de la doctrine.

système du monde et la marche du soleil; ses douze travaux ont été les douze mois (1).

Les initiés y trouvent tout aussi simplement la clé du grand œuvre.

« La tradition alchimique veut que l'initiateur ne parle que par paraboles ou au moyen de fables allégoriques, mais non pas de fables inventées à plaisir. Dans le grand œuvre, il n'y a qu'un fait majeur : c'est la transmutation qui se fait suivant des phases admises? Or, comment ne peut-on pas comprendre que la description de ces phases va être abordée avec des sujets différents par tel ou tel auteur. Remarquez que le nouveau venu se piquera toujours d'être plus fort en imagination que son devancier. Les Indous racontent l'incarnation de Vichnou; les Égyptiens, le voyage d'Osiris; les Grecs, la navigation de Jason; les druides, les mystères de Thot; les chrétiens, d'après Jean Déo, la passion de Jésus-Christ; les Arabes, les péripéties de l'histoire d'Aladin et de la lampe merveilleuse (2). »

Et l'on peut se rendre compte si l'attente des premiers initiés a été trompée. Depuis des siècles, l'histoire de Vénus, de cet excellent Vulcain, de Mercure, le voleur, a passé de bouche en bouche et nous est connue à tous, tandis que les principes de la thermochimie sont à l'état de lettre morte, même pour bien des modernes.

C'est ce langage caché qui a reçu le nom de langage *ésotérique*.

Le langage qui signifie réellement le sens positif qu'il représente est le langage *exotérique*.

(1) Consulter Dupuis, *Origine de tous les cultes.*
(2) L. Lucas, *Chimie nouvelle.*

CHAPITRE XVI

L'UNITÉ DANS LA NATURE

Définition : La grande loi des sciences occultes est la loi d'unité dans la nature. Malheureusement, resserré dans le cadre étroit de ce livre, ils nous est impossible d'appuyer cette loi sur des faits matériels, dont la discussion nécessiterait un grand espace et serait fastidieuse pour nos lecteurs. Nous nous bornerons à quelques citations intéressantes, qui appuient notre théorie.

Autorités : Pythagore, Platon, Jamblique, Macrobe, Marc-Aurèle, Apulée.

Preuves : On peut citer des preuves matérielles, mais nous nous bornerons ici à donner quelques développements dans lesquels on trouve formulée l'opinion des savants sur le sujet qui nous occupe.

Fraudes : Science d'observation.

Il est généralement admis aujourd'hui que le monde physique se réduit, en dernière analyse, à de la matière animée de mouvement. L'esprit, en effet, n'oppose aucune résistance à cette métamorphose perpétuelle de l'unité-matière sous l'influence de la force variable.

En effet, la réflexion amène insensiblement à l'intuition d'une loi universelle, la loi de l'unité. De Pythagore à Spencer, de Platon à Taine, on retrouve cette doctrine enseignée par les esprits les plus éclairés.

Lorsque les connaissances des premiers hommes furent perdues, une fausse interprétation des phénomènes de la nature amena les anciens à imaginer, pour représenter des phénomènes dont ils ne pouvaient s'expliquer la cause, des divinités aussi variables que ces phénomènes. C'est ainsi que le vent, la pluie, le tonnerre, le jour, la nuit, étaient divinisés (1).

(1) Pour dire toute la vérité, il semble que ces sortes de divinités étaient

Ce culte de tous les dieux faiblit peu à peu devant la lumière de la philosophie, et à la multiplicité des forces naturelles, représentées par la multiplicité des dieux, succéda l'unité divine, qui ne devait pas tarder à entraîner l'unité de force et l'unité de matière.

Cette vérité, de même que l'unité divine qu'elle entraîne, a été reconnue plus ou moins implicitement par les philosophes de tous les temps.

Le christianisme enseigne que Dieu est en tous lieux et en toutes choses, et que son Verbe, qui a tout créé, est le principe de toutes choses.

In Deo vivimus, movemur et sumus.

« Tout se meut, tout respire et tout existe en Dieu (1). »

Le vertueux Caton dit la même chose dans Lucain :

Jupiter est quodcumque vides, quocumque moveris. « Jupiter est tout ce que tu vois, tout ce qui fait vibrer tes sens (2). »

La même pensée est exprimée dans cette inscription du temple de Saïs, en Égypte :

« Je suis tout ce qui a été, ce qui est et ce qui sera. Nul d'entre les mortels n'a encore soulevé le voile qui me couvre. »

Une autre inscription trouvée à Capoue, en Italie, est ainsi conçue :

<pre>
           Te, tibi,
       Una quæ est una,
           Dea Isis,
        Arrius Babinus.
            V. C.
</pre>

« A toi, déesse Isis, toi qui es une et toutes choses, Arrius Babinus a consacré ce vœu. »

La même croyance a inspiré ce passage des *Métamorphoses* d'Apulée :

« Je viens à toi, Lucius (c'est Isis qui parle), émue par tes prières.
« Je suis la NATURE, *mère des choses, maîtresse de tous les éléments,*
« *origine et principe des siècles*, souveraine des divinités, reine des
« mânes, première entre les habitants du ciel, type commun des dieux
« et des déesses. C'est moi qui gouverne les voûtes lumineuses du ciel,
« les souffles salutaires de l'Océan, le silence lugubre des ombres. *Puis-*
« *sance unique*, je suis par l'univers entier adorée sous mille formes,
« avec des cérémonies diverses et sous mille noms différents..... »

Dans un fragment d'un hymne chanté dans les mystères de Cérès Éleusine, en Grèce, et qui est rapporté par Eusèbe et Clément d'Alexandrie, l'Hiérophante, ou grand prêtre de cette déesse, s'exprime ainsi :

un reste des *anciens symboles* mal compris par des prêtres ignorants, et on a tout lieu de croire que les Grecs ne croyaient pas autant qu'on veut bien le dire à la divinité de la pluie ou du vent.

(1) Saint Paul, *Actes*, ch. XVII, v. 28.
(2) Lucain, *Pharsale*, liv. IX, 580.

« Je veux découvrir un secret aux initiés. Que l'entrée de ces lieux
« soit interdite aux profanes ! O toi, Muséus, qui naquis de la bril-
« lante Sélénè, prête l'oreille à ma voix ; je vais t'annoncer de
« grandes choses. Ne sacrifie point à des préjugés antérieurs le bonheur
« que tu cherches à rencontrer dans la science des mystérieuses
« vérités.

« Étudie la divine nature, et règle ton cœur et ton esprit par sa
« contemplation. Marchant ainsi dans une voie sûre, admire *le maître
« de l'univers : il est un et n'existe que par lui-même ; à lui seul
« tous les êtres doivent leur existence, et sa puissance se manifeste
« en tout et partout. Invisible aux regards des hommes, lui seul
« voit toutes choses.* »

Nous retrouvons encore cette doctrine dans la définition que les Védas, livres sacrés de l'Hindoustan, donnent de Brahm ou Para-Brahma, l'intelligence, le Dieu suprême, immatériel, invisible, existant par lui-même :

« Il est l'Éternel, l'Être par excellence, se révélant dans la félicité
« et dans la joie. — Cet univers est Brahm, il vient de Brahm, il
« subsiste dans Brahm, et il retournera dans Brahm. »

De plus, suivant M. Sulan de Lirey (1), à qui nous avons emprunté les quatre dernières citations, les Sindovistes du Japon croient à une âme universelle qui *anime tout, dont tout émane et qui absorbe tout.*

Enfin, nous enregistrerons l'opinion de Voltaire (2), résumée en ces termes :

« L'auteur de la nature aura-t-il disposé avec un art si divin les instruments merveilleux des sens ? Aura-t-il mis des rapports si étonnants entre les yeux et la lumière, entre l'atmosphère et les oreilles (3), pour qu'il ait encore besoin d'accomplir son ouvrage par un autre secours ? La nature agit toujours par les voies les plus courtes. La longueur du procédé est impuissance ; la multiplicité des secours est faiblesse ; *donc, il est à croire que tout marche par le même ressort.*

« *Il n'y a dans la nature qu'un principe universel, éternel et agissant ;* il ne peut y en avoir deux, car ils seraient semblables ou différents. S'ils sont différents, ils se détruisent l'un l'autre ; s'ils sont semblables, c'est comme s'il n'y en avait qu'un. L'unité de dessein dans le grand tout infiniment varié annonce un seul principe ; ce principe doit agir sur tout être, ou il n'est plus principe universel.

« S'il agit sur tout être, il agit sur tous les modes de tout être. Il n'y a donc pas un seul mouvement, un seul mode, une seule idée qui ne soit l'effet immédiat d'une cause universelle toujours présente.

(1) Sulan de Lirey, *Histoire des différentes religions.*
(2) Voltaire, *Dictionnaire philosophique,* art. Idée, sect. II.
(3) Il faut se reporter, par la pensée, à l'époque où ces opinions furent émises ; en ce temps, les lois de l'adaptation au milieu étaient à peine entrevues. A part ce point, tout le reste est merveilleux par la justesse d'appréciation.

« La matière de l'univers appartient donc à Dieu tout autant que les idées, et les idées tout autant que la nature.

« Dire que quelque chose est hors de lui, ce serait dire qu'il y a quelque chose hors du grand tout. *Dieu étant le principe universel de toutes les choses, toutes existent donc en lui et par lui.* »

Voici, mieux que nous n'aurions su le faire, résumées les notions générales sur l'unité de la nature.

Cette force universelle, unique, se retrouve sous mille formes dans la nature ; nous le verrons plus loin. Le secret de la nature est d'amener la force à l'état de travail et à la régénérer ensuite.

Le minéral, mort et desséché, dans son apparence cadavérique affecte encore une forme régulière, qui dépend de la loi naturelle ; le végétal emprunte au soleil les éléments qui lui sont nécessaires. Pour nous, terriens, c'est du soleil que provient toute force, que tout mouvement émane.

On voit déjà l'unité de la loi apparaître dans ce simple énoncé. Toutes les planètes et tout ce qui existe à leur surface est gouverné par le soleil,

Toute vie, tout mouvement émane, pour un système planétaire, de l'étoile centrale. Mais cette étoile, elle aussi, se trouve dominée par une autre, et ainsi jusqu'à l'infini.

Le soleil, entraînant son cortège, se déplace dans l'espace vers un point (Pléiades ou Hercule), peu importe, mais cette grande loi de l'unité se trouve ici dans sa plus parfaite manifestation.

Unité de la matière.

La matière est une et indestructible ; elle est composée d'atomes irréductibles et semblables. Ces atomes, sous l'action de forces variées, se groupent pour former les molécules qui affectent telle ou telle structure particulière et forment des corps composés aussi bien que les corps simples dans la série d'états intermédiaires entre le solide et le gazeux.

Nous ne pouvons entrer dans la discussion de ce fait, cependant si important. Il nous suffira de quelques citations, judicieusement choisies pour entraîner la conviction.

De tous temps, les alchimistes ont cru qu'il y avait une certaine matière première, antérieure à tous les corps, qui avait formé, sous l'influence de certaines forces, des corps simples qui, par combinaison, s'étaient multipliés sous des formes composées.

On peut juger de l'importance de cette théorie en se représentant la nature comme formant une sorte de cycle matériel, que chacun des divers effets que l'on constate constitue pour chaque molécule une sorte d'énergie intrinsèque qui se manifeste à nos sens par les phénomènes de chaleur, de lumière, suivant le degré plus ou moins élevé de mouvement.

C'est ce que Locke affirmait en disant : « La chaleur est une très vive agitation des parties insensibles de l'objet, qui produit en nous la sensation qui nous fait dire que cet objet est chaud, en sorte que ce qui, dans notre sensation, est de la chaleur n'est, dans l'objet, que du mouvement. »

On conçoit sans peine que la chaleur, la lumière, l'électricité, mille autres modifications à peine soupçonnées ou tout à fait inconnues de nos jours donnent lieu, sur un même corps à bien des effets différents ; si, d'autre part, vous combinez par la pensée cette infinité de manifestations diverses de la matière par diverses forces aux modalités de la matière, vous arrivez à un nombre de combinaisons qui représentent le nombre des corps simples et composés de la nature.

A l'unité de la matière se trouvent intimement liés les principes de l'alchimie ; c'est pourquoi nous retrouverons, dans le chapitre consacré à cette science, l'application de ce que nous disons ici.

Nous pouvons donc dire, sous l'autorité du savant chimiste Berthelot (1) : « J'ai retrouvé non seulement la filiation des idées qui avaient conduit les alchimistes à poursuivre la transmutation des métaux, mais aussi la philosophie de la nature qui leur avait servi de guide, *théorie fondée sur l'hypothèse de l'unité de la matière*, aussi plausible, au fond, que les théories modernes les plus réputées aujourd'hui. »

Claude Bernard (2) dit également : « Les phénomènes dans les corps bruts et dans les corps vivants ont pour conditions les mêmes éléments et les mêmes propriétés élémentaires. C'est la complexité de l'arrangement qui fait la différence. »

Enfin, Helmholtz est aussi affirmatif : « Tout, dit-il, dans la nature se réduit à un changement de forme dans l'agrégation des éléments chimiques éternellement invariables. »

Sans qu'il nous soit permis d'entrer dans la discussion des faits, disons que l'on compte aujourd'hui soixante-dix corps simples, constituant plusieurs familles jouissant des mêmes propriétés ou de propriétés très voisines. Le fluor, le chlore, le brome et l'iode (exemple classique), qui sont sensiblement de la même famille, présentent des poids atomiques disposés selon la progression simple 1, 2, 4, 6. Les autres familles offrent la même particularité. Dans la famille oxygène, soufre, sélénium, tellure, les poids atomiques sont : 1, 2, 8, 16 ; il manque un corps, qui répondrait au terme 4. Dans la famille calcium, strontium, baryum, les poids atomiques sont disposés selon la progression 1, 2, 3. Les familles elles-mêmes sont groupées suivant des lois identiques.

Autrefois, les chimistes admettaient comme un axiome que les mêmes éléments, réunis entre eux dans la même proportion en poids,

---

(1) Berthelot, *Les origines de la chimie;* Paris 1885.
(2) Claude Bernard, *Les phénomènes de la vie;* Paris, 1885.

formaient *dans tous les cas* des combinaisons douées des mêmes propriétés.

Mais une observation attentive a montré que nombre de corps composés *identiquement* avaient des propriétés dissemblables.

Ce fait, qui semble anormal, résulte nécessairement de la théorie atomique, aux termes de laquelle tout corps étant composé de molécules formées par un groupe d'atomes, ceux-ci peuvent différer par leur disposition dans la molécule aussi bien que par leur nombre.

On nomme *isomères* les corps qui, présentant une composition identique, jouissent de propriétés différentes. Dans ce cas, on remarque, entre autres : l'acide lactique, l'acide acétique, le sucre de raisin, qui donnent à l'analyse les mêmes quantités constantes d'hydrogène et de carbone, ou bien le gaz d'éclairage, plusieurs huiles grasses, etc., qui donnent également des quantités égales d'hydrogène et de carbone.

L'isomérie peut provenir de deux causes : ou bien les molécules renferment le même nombre d'atomes groupés dans un ordre différent et forment les corps *métamères ;* ou bien les molécules d'un corps isomère ne contiennent que le quart, le sixième, etc., de la somme des atomes de l'autre ; ils sont dits *polymères*.

Les exemples abondent dans les deux classes. Citons des *métamères* : l'éther formique de l'alcool et l'éther acétique de l'esprit de bois, dont la formule $C^6 H^6 O^4$ est la même pour tous deux et renferme, par conséquent, le même nombre d'atomes de carbone, d'hydrogène et d'oxygène, mais qui ne sont pas groupés de la même manière. Si, dans le premier, on représente ce groupement par $C^4 H^5 O$, $C^2 HO^3$, il prendra, dans le second, la forme : $C^2 H^3 O^2$, $C^4 H^3 O^3$.

En fixant les éléments de l'eau, le premier donne : $(C^4 H^4 O^2)$ alcool et $(C^2 H^2 O^4)$ acide formique, tandis que le second se présente sous la forme $(C^2 H^4 O^2)$ esprit de bois et $(C^4 H^4 O^4)$ acide acétique.

Dans les corps *polymères*, il y a bien le même nombre relatif d'atomes, mais le nombre absolu est différent. C'est ainsi que le gaz hydrogène bicarboné ou gaz oléfiant $(C^4 H^4)$ et les huiles grasses $(C^8 H^8)$ $(C^{12} H^{12})$ $(C^{24} H^{24})$ donnent bien les mêmes rapports entre l'hydrogène et le carbone ; mais, sous le même volume, l'huile $(C^8 H^8)$ renferme deux fois plus d'atomes que le gaz oléfiant ; $C^{12} H^{12}$ en renferme trois fois plus ; $C^{24} H^{24}$, six fois plus.

On pourrait croire que ces faits, qui montrent que les propriétés de corps composés dépendent de leur structure moléculaire, ne se présentent que dans ces corps composés, en laissant aux corps simples leur intégrité propre.

Il n'en est rien, et c'est là que nous retrouvons la preuve de l'unité de la matière, les particularités de l'*isomérie* se retrouvant encore dans les corps simples, où elle prend, suivant Berzelius, le nom d'allotropie.

L'allotropie, bien plus que l'isomérie, a, par suite des conséquences qu'elle entraîne, passionné les chercheurs, mais aucune explication satisfaisante n'a été donnée jusqu'ici de ce fait singulier.

Soumis à l'action d'une force, un corps simple peut acquérir de nouvelles propriétés physiques ou chimiques différentes de celles qu'il possédait auparavant.

C'est ainsi que (exemple classique) le phosphore blanc soumis pendant plusieurs heures à une température comprise entre 230° et 250°, dans un gaz sur lequel il ne peut exercer d'action chimique, se transforme en un corps complètement différent, connu sous le nom de phosphore rouge (1), état allotropique du phosphore blanc.

Phosphore blanc.
Possède de l'odeur.
S'enflamme à la température ordinaire.
Très vénéneux.
Soluble dans le sulfure de carbone.
Se combine (avec explosion) avec le soufre (2).
Attaqué par les alcalis.
Fond à 44°2.

Phosphore rouge.
Sans odeur sensible.
Ne s'enflamme pas avant 260°.
Inoffensif.
Insoluble dans le sulfure de carbone.
Ne se combine pas avec le soufre.
Inattaquable par les alcalis.
Infusible jusqu'à 250° (3).

On peut juger, par la comparaison ci-dessus, si ces deux corps ne semblent pas sérieusement deux corps simples, présentant toutes les différenciations chimiques recherchées pour déterminer un corps simple. Disons même qu'il y a plus de différence entre ces deux états du phosphore qu'entre le sodium et le potassium, par exemple. Il existe, en effet, tant de différences, dont nous ne pouvons poursuivre l'énumération, qu'une personne non prévenue n'hésiterait pas à classer ces deux corps sous deux noms différents, en les considérant chacun comme simples.

Le sodium et le potassium, au contraire, regardés comme deux corps simples, sont de tous points identiques, sauf quelques différences de détail (poids atomique, affinité, etc.); il en est de même du strontium et du baryum.

Cet état allotropique se retrouve encore nettement marqué dans les diverses variétés de soufre (octaédrique, prismatique, amorphe, bleu) ou bien dans le graphite et le diamant.

Des variations moins radicales se remarquent encore dans la constitution des corps simples. Il est des corps simples, tels que l'iode et le tellure, par exemple, qui présentent un même poids atomique, mais des propriétés absolument différentes, tels que l'oxygène, dont l'ozone

(1) Détail très intéressant, le phosphore blanc se transforme en phosphore rouge sous la seule influence de la lumière solaire.
(2) En général, le phosphore blanc se combine bien plus facilement que le rouge.
(3) A 260° repasse à l'état de phosphore ordinaire!

n'est qu'un état allotropique, présentant un poids atomique différent.

Et c'est cela qui constitue ce que la science officielle nomme la fixité des corps simples ! Il vaut mieux, croyons-nous, revenir à une théorie simple de l'unité dans la nature, ainsi que de l'unité de la matière qui nous fait voir des atomes toujours identiques, mais présentant des phénomènes divers, suivant les forces qui les font agir ! C'est la théorie alchimique.

Unité de force.

Si l'on a suivi avec intérêt les développements précédents, on arrive à conclure, par analogie à l'unité de force, à concevoir une force unique, dont toutes les autres ne sont que des modalités différentes. Mais ici la difficulté augmente ; en effet, nous ne savons juger une force que par ses résultats, et ils sont multiples ; ainsi, lorsque nous voulons remonter à la source de la force unique, éprouvons-nous bien des obstacles.

Néanmoins, tentons l'aventure. Aussi bien il convient, dès l'abord, de distinguer les forces généralement reconnues.

Pour les forces physiques (chaleur, lumière, électricité, magnétisme, etc.), les expériences de Grove ne laissent aucun doute et le dogme de la corrélation des forces physiques est classique aujourd'hui. Ce que nous voulons tenter de prouver, c'est que *toutes les forces* (thélesme ou volonté (Voir magie), — le fluide des magnétiseurs (Voir magnétisme), — la force psychique (Voir le chapitre : la lumière astrale), l'éther, le fluide électrique, l'od, la vie) ne sont que des modalités différentes du mouvement.

Or, comme nous sommes emprisonné dans un espace restreint, nous allons passer successivement en revue les hypothèses formées par plusieurs savants, très dignes de confiance, au sujet de cette *force unique* qu'ils ont reconnue d'après des expériences aussi dissemblables qu'il est possible.

Pour Eliphas Levi (1), la force universelle peut être ainsi définie :

« Il existe, dit-il, un agent mixte, un agent naturel et divin, corporel et spirituel, un médiateur plastique universel, un réceptacle commun des vibrations du mouvement et des images de la forme, un fluide et une force qu'on pourrait appeler en quelque manière l'imagination de la nature.

« Par cette force, tous les appareils nerveux communiquent secrètement ensemble, de là naissent la sympathie et l'antipathie ; de là viennent les rêves ; par là se produisent les phénomènes de seconde vue et de vision surnaturelle. Cet agent universel des œuvres de la

---

(1) Cet *Aour* (le véritable *Or* des alchimistes se manifestant sous deux polarisations + en OD, — en OB) est désigné par tous les occultistes, E. Levi en tête, sous le nom de *lumière astrale* ; c'est le *Thélème* de la *Table d'Émeraude d'Hermès*.

nature, c'est l'*od* des Hébreux et du chevalier de Reichenbach, c'est la lumière astrale des Martinistes.

« L'existence et l'usage possible de cette force sont le grand arcane de la magie pratique.

« La lumière astrale aimante, échauffée, éclaire, magnétise, attire, repousse, vivifie, détruit, coagule, sépare, brise, rassemble toutes choses sous l'impulsion de volontés puissantes. »

C'est donc bien ce que nous avons désigné sous le nom de force universelle. Or, elle a été connue de tous temps par les initiés. Poursuivons donc notre étude d'après le grand révélateur des secrets de la magie.

שרנ

« Le mot employé par Moïse, lu cabalistiquement, dit-il, nous donne la description et la définition de cet agent magique universel, figuré dans toutes les théogonies par le serpent et auquel les Hébreux donnèrent aussi le nom :

$$d'\ Od = +$$
$$d'\ Ob = -$$
$$d'\ Aour = \infty \ (1)$$

La lumière universelle, lorsqu'elle aimante les mondes, s'appelle *lumière astrale*; lorsqu'elle forme les métaux, on la nomme *azoth* ou *mercure du sage*; lorsqu'elle donne la vie aux animaux, elle doit s'appeler *magnétisme animal*.

On voit déjà que la magie n'a rien de surnaturel et que c'est une science physique qui repose sur des bases aussi solides que les autres et qui mérite d'être étudiée avec le même soin que les autres.

Dès longtemps, les kabbalistes affirmaient que la lumière astrale, condensée dans l'homme, irradiait incessamment autour de lui et pouvait, dans des conditions spéciales, être aperçue.

Paracelse fit de cet *aura* magnétique la base de la théorie qu'il conçut pour justifier les sentiments de sympathie et d'antipathie si inexplicables. Le baron de Reichembach vérifia l'existence de cette lumière astrale, à laquelle il donna, sans expliquer les raisons de ce choix, le nom d'*Od*.

M. le colonel de Rochas d'Aiglun (2) vient de soumettre ces expériences à des vérifications minutieuses et, les commentant d'un sens critique profond (la valeur scientifique de l'auteur étant depuis longtemps connue), en a fait valoir tout le mérite; il est même arrivé à photographier ce que l'on peut appeler l'*image astrale* d'un minéral.

Voici sur quelles bases reposent ces curieuses expériences :

(1) Voir note page précédente.
(2) Lieutenant-colonel de Rochas d'Aiglun, *Le fluide des magnétiseurs*; Paris, 1891. M. le lieutenant-colonel de Rochas, administrateur de l'École polytechnique, a également publié : *Les forces non définies; Les États profonds de l'hypnose*, et des ouvrages d'érudition, tels que : *La science de l'antiquité*, etc.

Des *voyants*, sortes d'êtres que de Reichenbach appelait des *sensitifs*, doués d'une plus grande finesse de perception que les autres hommes.

Lumière odique vue par les sensitifs autour d'un aimant
(de Reichenbach, de Rochas, Luys).

aperçoivent dans certains cas des lueurs, des effluves qui sortent des aimants, des objets naturels, de l'homme.

Ces études, qui semblent fantaisistes au premier abord, présentent

Lumière odique vue par les sensitifs autour de la tête.

un si grand intérêt que nous en empruntons le résumé à un des travaux les mieux faits sur ce sujet.

« Longtemps avant que le sensitif ait vu la lumière polaire se dégager de l'aimant ou du cristal, il voit briller, à la place où se trouve une personne quelconque, un nuage transparent et phosphorescent. C'est à peine s'il peut distinguer une forme humaine dans l'intérieur du voile lumineux; mais, à mesure que sa pupille se dilate, il voit se dessiner de mieux en mieux les contours du corps auquel des émanations lumineuses donnent des proportions outrées. Les lueurs odiques qui s'élèvent, bleuâtres et mobiles, au-dessus de la tête, présentent l'aspect d'un géant lumineux qui porterait un casque orné de longues aigrettes. La couleur des flammes qui s'échappent est rouge à gauche, bleue à droite.

« C'est aux mains, surtout aux extrémités des doigts (on sait que le fluide se porte vers les pointes), que le phénomène est le plus marqué.

Lumière odique vue, sortant des mains, par les sensitifs.

De même chez tous les animaux : tout le côté gauche dégage la lumière odique rouge ; le droit, la lumière bleue (1). »

« Un homme électrisé, qui se tient debout sur l'isoloir, offre un spectacle étrange. La substance odique l'enveloppe de toutes parts comme une *atmosphère lumineuse;* de grandes flammes bleues et rouges sortent de ses mains et de ses pieds. C'est un fantôme d'un aspect saisissant.

« Lorsque, de la chambre obscure, on conduit les deux extrémités d'un fil métallique dans une pièce voisine, et que l'on introduit dans ce fil la charge d'une bouteille de Leyde, le sensitif voit ce circuit du fil briller d'une lueur très vive et qui persiste longtemps après le passage de l'électricité.

« Si les deux bouts de ce fil sont mis en relation avec les pôles d'un appareil voltaïque, il se produit un phénomène sur lequel nous appelons toute l'attention du physicien. On voit alors des lueurs blanches et éclatantes se mouvoir en spirales tout autour du fil. Les sensitifs comparent

(1) Le docteur Luys, d'après de mémorables expériences faites à la Charité, a communiqué à la Société de Biologie des résultats concordant d'une manière très précieuse avec les faits ci-dessus.

le mouvement des spirales lumineuses à celui d'une multitude de vers qui ramperaient tout autour du circuit en se dirigeant d'un pôle de l'appareil vers l'autre pôle. Ne sont-ce point là les *courants circulaires ou les solénoïdes d'Ampère ?*

« Après avoir établi que le soleil, la lune, les astres sont des foyers cosmiques de la substance odique ; que le soleil nous envoie l'od bleu, la lune l'od rouge, etc., l'auteur (1) ajoute : Si l'on veut réfléchir qu'une partie des hommes sont des êtres doués de sensitivité, des organismes sur lesquels le moindre rayon odique, qui descend des étoiles, produit des effets physiologiques très profonds, *on est presque tenté d'admettre l'influence des astres sur la vie d'une partie de l'humanité.*

« C'est le même agent qui révèle au sensitif l'existence de couches minérales dans le sein de la terre, de trésors cachés. Ainsi, la connaissance de l'od remet en crédit les rabdomanciens, la rabdomancie.

« Les émanations odiques qui accompagnent souvent la décomposition des corps organisés se présentent quelquefois sous des formes saisissantes et dans des circonstances étranges. Si, *par une nuit bien obscure*, l'on conduit des sensitifs dans un cimetière, ils y verront une foule de lueurs s'agiter sur les tombes, notamment les plus récentes (2). Ces lueurs, dit M. de Reichenbach, se meuvent, avancent et reculent comme un groupe de danseurs. Quelques-unes sont hautes comme des hommes, d'autres sont petites et rampent sur le sol comme des nains ou des kobolds. Lorsque le souffle des vents qui circule dans le champ des morts vient heurter ces formes diaphanes, on les voit s'incliner, s'élever dans les airs, redescendre sur la terre et exécuter ainsi, autour de l'homme qui les contemple, la fameuse ronde des morts. Il faut donc avouer, avec M. de Reichenbach, que nos grand'mères ont eu raison quand elles nous ont enseigné que les morts dansent sur leurs tombes et qu'il n'est donné qu'aux élus de contempler leur danse nocturne. Les élus, ce sont les sensitifs (3).

« On voit l'od émaner de toutes les substances pondérables et impondérables qui gisent ou qui se meuvent sur la terre (4); le choc, le son,

---

(1) Cet auteur est M. Arnold Boscowitz, dont le docteur Staquez (*Conférence sur l'électrothérapie*, Appendice) analyse l'exposé des recherches de Reichenbach sur l'od.

(2) Les tombes les plus récentes sont nécessairement celles qui dégagent avec le plus d'activité une plus grande quantité d'hydrogène.

(3) Toutes ces lueurs, toutes ces formes sont créées par la combustion de l'hydrogène. Lorsque le mouvement de décomposition d'un cadavre récemment inhumé s'exerce avec une grande activité, on peut comprendre que l'hydrogène, dégagé simultanément de toutes les molécules, de toutes les parties du corps, en conserve immédiatement au-dessus de la tombe la forme ou plus ou moins parfaite, et que sa combustion plus ou moins active décèle cette image, surtout à des yeux disposés à la reconnaître. Quant au jeu et à la danse de toutes ces formes, ils sont simulés par les mouvements variés que les vents impriment à celles-ci.

(4) Cette émanation constitue l'atmosphère propre à chaque corps organisé ou non organisé.

la percussion, la compression, etc., le font naître ; il se dégage du sein de notre globe, pour s'élever dans l'espace infini, et nous ressentons l'action de ses rayons lorsqu'ils descendent des corps célestes sur la terre.

« L'haleine de l'homme est imprégnée d'od négatif, ainsi que le prouve sa belle couleur bleue. »

Corrélation des forces physiques.

De Grove (1) a fait connaître l'expérience suivante, qui montre l'intervention des actions réciproques, des modifications du mouvement manifestées sous forme de chaleur, de lumière, d'électricité, etc. Une plaque photographique sensibilisée est enfermée dans une boîte remplie d'eau et fermée par une plaque de verre, recouverte d'un écran mobile. Entre le verre et la plaque circule un réseau de fil fin d'argent ; la plaque est mise en contact avec l'une des extrémités d'un galvanomètre (appareil qui mesure la quantité d'électricité) et le grillage d'argent avec un thermomètre de Breguet, extrêmement sensible ; les extrémités libres du fil du galvanomètre et de l'hélice du thermomètre ayant été reliées par un fil de cuivre, les aiguilles de ces instruments sont amenées au zéro ; l'obturateur étant enlevé, aussitôt qu'un rayon de lumière vient toucher la plaque, les aiguilles dévient du zéro.

Or, la force initiale est ici la lumière qui s'est transformée en action chimique, d'où : en chaleur par la plaque sensible, en courant électrique dans les fils du galvanomètre, en magnétisme dans l'hélice du thermomètre.

Si nous avions choisi comme agent primordial l'électricité, nous aurions pu obtenir des résultats plus convaincants encore. Prenons comme exemple l'expérience disposée de la façon suivante et indiquée par le professeur Marey (2) :

« Sur une table sont rangés divers appareils à travers lesquels on peut faire passer un courant électrique engendré par une pile ; le courant est conduit dans un circuit elliptique reposant sur une planchette carrée ; le circuit est formé d'un gros fil de cuivre ; de distance en distance, ce fil s'interrompt et plonge dans des godets à mercure d'où partent d'autres fils qui se rendent aux appareils.

« Dans la disposition représentée ci-dessus, des ponts métalliques, 1, 2, 3, 4, 5, relient l'un à l'autre les godets à mercure et forment un circuit complet que le courant peut traverser sans passer par les appareils qui sont disposés autour de lui.

« Si l'on enlève l'arc n° 1, le courant de la pile qui passait par cet arc

---

(1) De Grove, *Corrélation des forces physiques.*
(2) Marey, *La machine animale;* Paris, 1880, p. 7.

est obligé de traverser le circuit elliptique, sans toutefois traverser les appareils environnants.

« Mais si ensuite on enlève l'arc n° 2, le courant devra traverser l'appareil M qui est un petit moteur *magnéto-électrique*. Cet appareil entier et en mouvement produira un travail mécanique.

« Enlevons en même temps l'arc n° 3 : le courant devra traverser également un thermomètre enregistreur. Voici comment cet instrument est construit : c'est une sorte de thermomètre de Reiss, formé d'une spirale de platine que le courant traverse et qui plonge dans un ballon

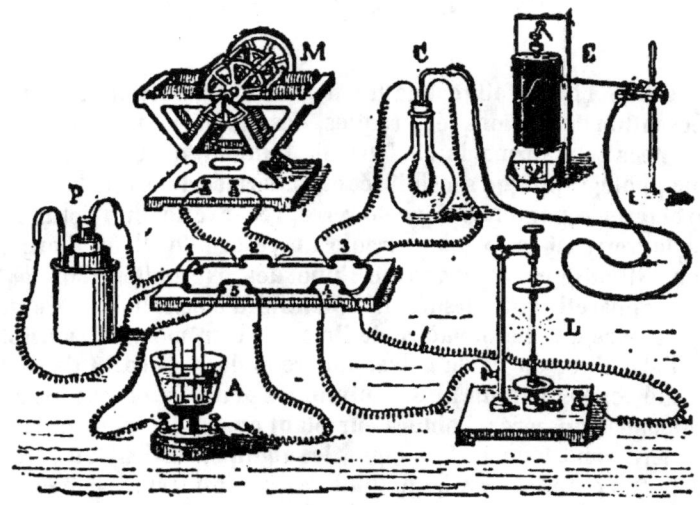

Montrant la transformation de l'électricité d'une pile en travail mécanique, en lumière, en chaleur et en action chimique.

rempli d'air ; sous l'influence de l'échauffement de la spirale par le courant d'air qui l'entoure, l'air du flacon se dilate et passe à travers un long tube dans l'appareil enregistreur. Celui-ci se compose d'un tambour de métal dont la paroi supérieure est formée par une membrane de caoutchouc. Quand l'air pénètre dans le tambour, sa membrane se gonfle et soulève un levier enregistreur qui trace sur un cylindre tournant E une courbe dont les abaissements et les élévations correspondent aux abaissements et aux élévations de la température.

« En enlevant l'arc n° 4, on force le courant à traverser un appareil L à pointes de charbon, dans lequel l'électricité donne naissance à une vive lumière que tout le monde connaît aujourd'hui.

« Lorsqu'il passe par le voltamètre A, le courant produit la décomposition de l'eau. On mesure la quantité de courant par la quantité d'eau décomposée, c'est-à-dire par la quantité d'oxygène et d'hydrogène qui se dégage.

« On voit d'abord qu'au moyen de ces appareils l'électricité peut, tour à tour, devenir travail mécanique dans le moteur M, chaleur dans le thermomètre C, lumière entre les pointes de charbon L et action chimique. »

N'oublions pas que ces actions se nuisent les unes aux autres et que la quantité d'électricité reste constante quel que soit le nombre d'appareils qu'on lui fait traverser. Il y a, en outre, lieu de ne pas perdre de vue que la *force primordiale* provient de la pile P par la combustion du zinc par l'acide sulfurique (si P est une pile de Bunsen), de même que, dans une locomotive, le charbon se transforme en mouvement.

Cette force, utilisable à un moment donné, se récupérera à un moment donné et se trouve dans la situation d'un ressort tendu prêt à se débander; on l'appelle force *latente* ou en *tension*.

Amener la force de l'état latent à l'état de travail est le seul secret de la nature; en effet, si nous jetons un regard sur la nature terrestre entière, nous voyons que notre soleil est l'âme de notre monde; toute force en provient, tout mouvement émane de lui.

C'est ce point commun à l'existence de tous les mondes que nous voulons faire ressortir ici, c'est cette grande loi d'**UNITÉ** que nous voulons faire jaillir de l'ensemble des faits.

Que l'on jette les yeux sur une mappemonde, on apercevra le globe ceint d'une suite de montagnes colossales.

La Cordillère des Andes, qui, de la pointe aiguë du continent américain, se prolonge sur le Chili, couvre le Pérou, s'avance ensuite sur l'étroite langue de terre de Panama, qui demain n'existera plus, traverse l'Amérique du Nord, sous le nom de montagnes Rocheuses, et court vers la zone polaire, où l'œil humain n'a pu en suivre les pics neigeux. Franchissant par la pensée ces contrées désolées où la vie semble cesser, dont le froid a défendu l'entrée aux hardis explorateurs qui en ont tenté la conquête, nous retrouvons cette ceinture de sommets élevés, qui, sous le nom d'Ourals, descend du pays des Samoyèdes jusqu'au climat moins rigoureux de Sibérie, gagne le Thibet par les Altaïs, s'élève majestueusement aux yeux de l'Indou sous le nom d'Himalaya et, reparaissant en Australie, se perd dans les régions du pôle austral, vers lequel l'audacieux Cook a dirigé vainement ses efforts.

Ces chaînes de montagnes qui courent perpendiculairement à l'équateur actuel, ne nous conservent-elles pas la trace d'une ancienne ligne équatoriale? Ces crêtes sourcilleuses ne nous indiquent-elles pas le mouvement circulaire primitif du monde?

Quoi qu'il en soit, nous avons là une puissante idée de l'ossature du monde, et, si nous nous reportons aux premiers temps de la terre, alors que sa masse à peine condensée n'était pas encore refroidie, nous voyons les gaz se séparer, les vapeurs aqueuses se précipiter, remplir les cavités du globe et devenir des océans et des méditerranées; l'histoire de la terre nous montrera les diverses phases par lesquelles elle a dû passer pour arriver à sa configuration actuelle.

Si notre planète n'avait obéi qu'à des influences extérieures, elle aurait probablement affecté une forme absolument sphérique ; elle est, au contraire, singulièrement bosselée, non pas tant par les aspérités qui la couvrent que par des déformations géologiques que nous allons signaler.

Prenons, par exemple, sa configuration dans le plan dont la section passe par le 30° degré de latitude nord, ainsi que M. Faye l'a fait, pour bien laisser ressortir les différences de niveau. On voit apparaître, au-dessus des eaux, l'Afrique, puis l'Asie, où les plateaux de l'Himalaya, placés ici pour augmenter l'effet, peuvent atteindre jusqu'à deux lieues d'élévation ; la grande dépression du Pacifique, qui dépasse une lieue et demie, vient ensuite. Le sol remonte vers l'Amé-

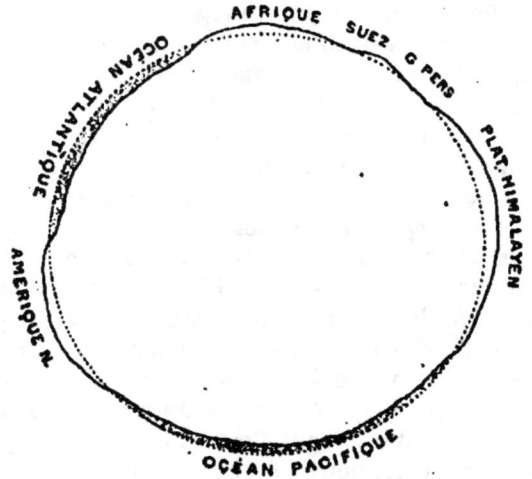

Coupe de la terre, passant par le 30° degré de latitude nord.

rique et retombe au-dessous du niveau de la mer avec les profondeurs de l'Océan Atlantique.

Ces dénivellations n'existaient pas tout d'abord, elles ne se sont produites que peu à peu ; c'est leur succession même qui forme la série des modifications de l'écorce de notre monde.

La mer primitive recouvrait un globe de granit régulier, puis, les parties moins denses se dissolvant sous l'action de la haute température, formèrent les premiers sédiments ; des archipels nombreux, des îles isolées, émergeaient seuls de cet océan. Peu à peu, lentement, des soulèvements, que l'on peut encore observer à notre époque, réuniront en continents ces terres éparses, tandis que des affaissements creusaient les bassins de nos mers. C'est l'étude de ces mouvements répétés, à travers les âges, qui constitue la géologie ; une analyse profonde a permis aux savants de les classer par époques et même de leur assigner une date dans les siècles passés.

L'étude de la nature embrasse l'universalité des connaissances physiques, et la terre doit attirer notre attention non seulement en tant que corps isolé, mais aussi dans ses rapports avec les mondes extérieurs. Tous les phénomènes qui se produisent dans les sphères du ciel et de la terre se trouvent liés les uns aux autres par des réseaux de théories et de faits nombreux, dont parfois un des fils nous échappe, mais dont

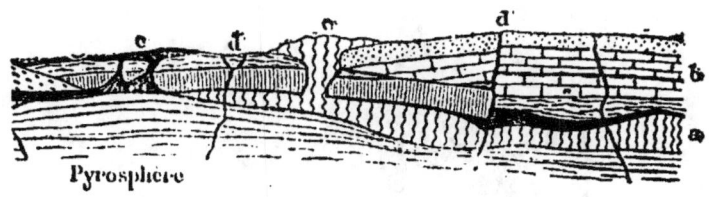

Coupe théorique de l'écorce solide.
a, terrains ignés stratifiés ; *b*, terrains de sédiment ; *c*, enclaves éruptives ; *d*, filons et failles.

la trame constitue pour nous un corps de doctrine qui est la plus belle manifestation du génie humain.

L'homme, isolé et perdu dans l'univers, ne peut voir que ce qui se passe autour de lui, dans une sphère infiniment petite, et les causes finales lui échapperont toujours ; il peut analyser les conséquences des faits observés, mais là se borne son pouvoir. La nature l'a fait animal : la science seule le rend homme.

Comme l'*unité de force* avec l'*unité de matière* constitue la base des théories occultes, on comprendra que nous tentions d'apporter encore une preuve à l'appui de la théorie que nous soutenons ; malheureusement, ici encore, nous devons élaguer, résumer sans discussion ces hypothèses si intéressantes. On sait que la corrélation des forces physiques avait amené les savants à la croyance d'une *force unique* d'où dérivaient toutes les autres. Or, l'éther était pour eux cette force universelle.

Mais « éther » était un mot qui ne répondait à aucune manifestation de force. On peut dire que l'éther était l'espace dans lequel la force se faisait sentir sans que ce fût la force elle-même.

On a tenté postérieurement de démontrer que le fluide électrique était cette force universelle si ardemment recherchée. Toutefois, les objections que l'on avait opposées à la théorie d'un seul fluide électrique, proposée par Franklin, reprenaient toute leur valeur lorsqu'on tentait de comparer ce fluide à l'éther.

Ouvrons ici une courte parenthèse qui nous permettra de rappeler à la mémoire de ceux qui l'ont su quelques notions courantes d'électricité et de les révéler à ceux qui les ignorent. On peut dire que l'électricité se divise en *électricité statique*, c'est-à-dire au repos, et en *électricité dynamique*, c'est-à-dire en mouvement.

La première s'obtient par frottement sur diverses substances : verre, laque, étain, etc.

Il y a cent ans, lorsque Nairne découvrit le principe de la fameuse machine qui donnait à volonté l'un ou l'autre des deux fluides, on cria au miracle ; aujourd'hui, les machines modernes d'influence réunissent de bien plus grands avantages. Dans la machine de M. Ducretet, ce

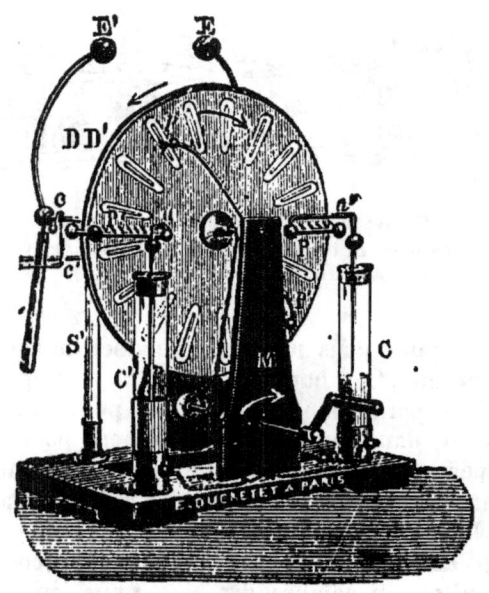

Machine d'influence, construite par M. Ducretet.
M, manivelle ; P, électricité positive ; P', électricité négative ; CC', condensateurs ; EE', pôles de décharge.

sont les deux électricités qu'on recueille ensemble lorsque la boule E est à une distance convenable de E' ; les affinités des deux électricités les poussent l'une contre l'autre avec une violence inouïe, augmentée de l'action des deux condensateurs CC', qu'une chaîne métallique réunit et qui combinent leur effort.

On a donc soumis des malades à l'influence de ces machines et traité les vapeurs des dames les plus nerveuses avec un appareil des mieux appropriés.

On voit déjà les effets mécaniques et physiologiques de l'électricité statique ; disons qu'elle en produit encore de physiques, sous la forme de lumière, de chaleur, de magnétisme ; de chimiques dans les piles électriques.

Inversement, toute action chimique, physique, mécanique, physiologique même est source d'électricité.

L'atmosphère même est le siège de phénomènes de cette nature :

les nuages sont des réservoirs d'électricité. On raconte à ce sujet que l'abbé Chappe d'Hauteroche (l'inventeur du télégraphe) fut choisi, en 1760, par l'Académie des sciences, pour aller observer à Tobolsk (Sibérie) le passage de Vénus sur le disque solaire, qui eut lieu le 5 juin 1761.

Six jours après, le 11 juin, par une température assez chaude, il observa un bourdonnement dans le ciel, et cela sans qu'il vît aucun éclair, sans que le tonnerre se fît entendre, en même temps qu'un vent furieux, soufflant en tempête, soulevait des nuages de poussière. « A

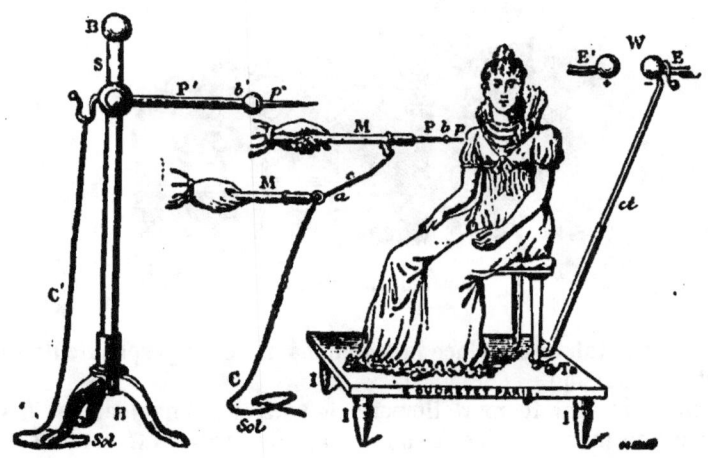

Malade soumise à l'effluve continue d'une machine d'influence.

midi vingt-huit, Chappe, qui était dans son cabinet, vit la foudre s'élever de terre sous la forme d'une fusée, à environ 2,592 toises de lui et jusqu'à 110 toises de hauteur ; la barre donnait alors de faibles signes d'électricité. A midi trente-cinq, l'électricité était si considérable qu'on n'osait plus toucher à la barre ; on en tirait des étincelles à 4 pouces avec un morceau de fer attaché à une tige de verre ; les éclairs se multipliaient, le tonnerre grondait toujours et l'électricité était devenue si intense qu'elle produisait un sifflement effrayant ; puis deux grosses gerbes d'électricité apparurent aux extrémités de la barre, malgré la pluie qui commençait à tomber. Ces gerbes pétillaient avec force, quand, à midi quarante-huit minutes, la barre et l'observatoire prirent feu au même instant ; le tonnerre fit un tel bruit que tous les assistants, sauf l'abbé Chappe, s'enfuirent en se culbutant.

Pour l'électricité dynamique, nous avons vu que toute action chimique dégage de l'électricité : elle forme alors des courants qui s'écoulent dans des conducteurs spéciaux (fils de cuivre), suivant des lois analogues à celles qui régissent les courants d'eau.

A côté de ces observations, il en est une plus féconde encore : c'est celle d'un corps particulier, l'aimant (*magnès*, en grec). On le rencontre à l'état *naturel* sous forme de fer oxydulé ou de protoxyde de fer. Quant à l'*artificiel*, il s'obtient de la façon suivante :

La terre, si l'on considère son action sur les aiguilles aimantées, peut être comparée à un aimant monstre et à pôles multiples.

Prenons une tige de fer doux et plaçons-la à proximité du pôle nord de l'aiguille d'une boussole : l'aiguille sera déviée ; mais cette action du

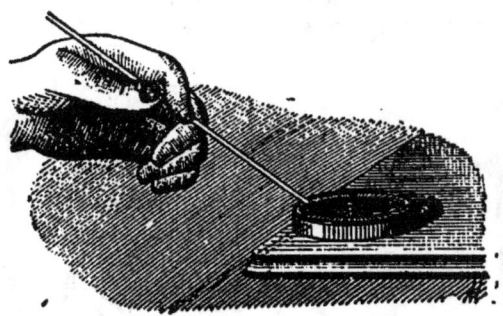

Aimantation tellurique.

fer doux disparaît si on place la tige dans un plan perpendiculaire au plan de la boussole.

La compression, le martellement, la torsion, aimantent les fils de métal ; si l'on tord un fil de fer doux dont une extrémité est près de la boussole, on voit celle-ci dévier, ce qui prouve que le fer doux s'est aimanté.

Aimantation par torsion.

On peut encore en faire soit en mettant des barres d'acier en contact avec des aimants, soit au moyen du courant électrique ; dans ce dernier cas, pour aimanter une tige d'acier, on enroule autour un fil en spirale que parcourt un courant électrique.

Les propriétés de l'aimant naturel ou artificiel sont particulièrement celles : 1° d'attirer spontanément le fer ; 2° lorsqu'il est suspendu horizontalement en son milieu, de prendre spontanément une direction telle que l'une de ses extrémités, dite son pôle, se tourne vers le nord (pôle N.) et l'autre extrémité (pôle) vers le pôle S. On a constaté que le pôle N. d'un aimant attire le pôle S. de tous les autres et repousse tous leurs pôles N.

Faraday vint ensuite, qui découvrit qu'en faisant tourner horizontalement un cercle de métal placé au-dessus d'une aiguille aimantée, on voit celle-ci quitter sa position et suivre le mouvement du disque sous l'influence d'un mouvement dit *courant induit*. OErsted découvrit ensuite que les courants électriques ont la propriété de diriger une

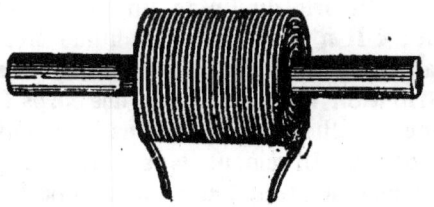

Aimantation à l'aide des courants électriques.

aiguille aimantée placée dans leur voisinage ; on vit plus tard que les aimants fixes possédaient une action directrice sur les courants.

Enfin, Ampère reconnut qu'un fil tordu en hélice (solénoïde) dans lequel il faisait passer un courant électrique offrait une action directrice sur un autre fil. On saisit déjà l'action réciproque du fer sur un aimant, de l'aimant sur les courants et des courants entre eux.

Maintenant, on comprendra mieux les développements de l'étude du fluide électrique.

Dans un remarquable travail, auquel nous empruntons les données de cette exposition, M. le Dr C.-L. Henry, membre associé de la Société académique de l'Aude, a résolu ces objections et confirmé la théorie de l'éther.

Le problème se divise en deux parties : 1° rechercher si l'éther présente les propriétés particulières au fluide électrique unique ; 2° résolution des objections présentées contre le fluide électrique unique.

L'hypothèse d'un fluide électrique unique est acceptable.

Franklin a marqué le premier la théorie d'un fluide électrique unique. Cette hypothèse impose la condition que les molécules du fluide électrique sont douées de répulsion entre elles et d'attraction pour la matière. Rien de plus facile à admettre. Mais les calculs d'Æpinus ont porté une rude atteinte à cette théorie, qui nécessiterait l'existence d'une répulsion à grande distance entre les particules de la matière. Or, on ne voit dans la nature aucune trace de cette répulsion. D'ailleurs, les corps conducteurs, agissant par attraction sur le fluide électrique, il doit y avoir différents degrés d'intensité variant avec la composition chimique des corps. Or, cela n'est pas.

L'hypothèse des deux fluides se prête merveilleusement à l'explication de tous les faits, mais ce n'est pas une preuve de la réalité de leur existence.

M. Robiquet a cherché ensuite si les objections opposées à la théorie du fluide unique étaient irréfutables. Bigeon, dit-il, est le premier qui ait osé revenir à la théorie du fluide unique ; à cet effet, il établit le principe suivant : « Il n'y a qu'un seul fluide électrique dont l'égale distribution, dans tous les corps de la nature, constitue l'état naturel, et l'inégale distribution l'état électrique des corps (1). »

Un raisonnement mathématique l'amène à démontrer que deux corps électrisés et suspendus librement dans l'air se repousseront lorsque leurs tensions électriques sont toutes deux supérieures ou inférieures à celle de l'atmosphère environnante, et s'attireront, au contraire, quand l'une de ces deux tensions sera plus forte et l'autre plus faible que celle du milieu ambiant.

Bigeon se demande ensuite dans quel état se trouve l'électricité dans la nature ? S'appuyant sur les expériences de H. Davy, il est amené à conclure :

1° Que le vide contient du fluide électrique.

2° Qu'une partie du fluide est indépendante du milieu pondérable, mais que cette partie est très petite relativement à celle qui adhère aux molécules mêmes de la matière.

L'expérience et le raisonnement ont permis à Bigeon de faire tomber l'objection d'Æpinus ; il est donc prouvé qu'il n'est plus nécessaire, pour admettre l'existence d'un fluide unique, de supposer les molécules de la matière douées d'une force répulsive incompatible avec l'expérience.

Il reste enfin à réfuter l'impossibilité d'admettre une affinité électrique dans un fluide qui se distribue à la surface des différents corps d'après les mêmes lois, sans avoir égard à leur composition chimique. Or, il semble à M. Robiquet qu'il n'y a rien de surprenant à ce que des différences existent dans la conductibilité ou l'adhérence d'un fluide dont la vitesse est si prodigieuse. Rien de surprenant non plus à ce que l'électricité se propage et se distribue de la même manière à la surface des corps conducteurs présentant, au point de vue physique, des propriétés générales semblables.

Les objections d'Æpinus ne sont donc pas concluantes et peuvent être discutées malgré leur valeur incontestable.

(1) Voir M. Bigeon et M. E. Robiquet, professeur agrégé à l'École de pharmacie de Paris, dans sa thèse pour le doctorat ès sciences. *Annales de chimie et de physique*, 2ᵉ série, t. VIII, p. 150.

L'éther remplit les conditions imposées au fluide électrique unique.

M. Henry va nous fournir les éléments de cette solution.

« L'hypothèse fondamentale de Franklin oblige d'admettre, comme première conséquence, que les molécules du fluide électrique sont douées de répulsion entre elles et d'attraction pour la matière.

« L'éther, dans le vide des espaces interplanétaires, se trouve soumis à une pression de cinquante à cent mille atmosphères, tout en conservant une élasticité parfaite ; il faut donc que ses molécules se repoussent énergiquement entre elles, pour résister à une pareille pression ; d'un autre côté, nous avons vu que, dans l'intérieur des corps transparents, la vitesse de la lumière diminue en raison inverse de l'indice de réfraction. Ce résultat ne peut s'expliquer que par une diminution dans la tension de l'éther, sa densité restant la même, ou par un accroissement de densité, la pression restant la même ; ces deux effets ne peuvent être produits que par une attraction énergique de la matière des corps transparents pour les molécules de l'éther, puisque, dans les deux cas, cette attraction détruirait, au moins en partie, la répulsion considérable des molécules d'éther les unes pour les autres.

« Les calculs de Bigeon sur la distribution de l'électricité libre dans l'intérieur des corps conducteurs s'appliquent très naturellement à l'hypothèse d'un fluide unique et à l'action qu'elle indique entre deux molécules électrisées, à la condition d'ajouter une sorte d'incompressibilité ou une force électrique considérable au nombre des autres propriétés du fluide électrique.

« Cette condition se trouve remplie par l'éther, qui possède une force élastique considérable. Dans le vide, cette tension fait équilibre à une pression de cinquante à cent mille atmosphères ; dans l'intérieur des corps, elle est encore très considérable, de sorte que l'éther peut être regardé comme incompressible.

« Le vide contient du fluide électrique. Il contient aussi de l'éther. »

Les propriétés de l'éther ainsi déterminées viennent donc apporter un nouvel appui à la théorie du fluide électrique unique et confirmer leur identité.

Il nous semble que déjà, de ce qui précède, on peut tirer cette conclusion que : il existe une force unique et universelle, découverte sous différents noms (thélesme, od, éther, électricité, etc.) et une *matière unique* d'où dérivent toutes les formes des corps que nous connaissons.

Force et matière.

Il est une théorie, merveilleuse de simplicité, lumineuse, que nous osons à peine effleurer ici. C'est celle qui identifie la matière à la force. Ne vous révoltez pas, je vous prie, et lisez jusqu'à la fin ce paragraphe avant de conclure.

« Le feu, l'air, l'esprit, la lumière, tout vit par l'action (le mouvement). De là, la communication et l'alliance de tous les êtres ; de là, l'unité et l'harmonie dans l'univers (1). »

Pour ce profond penseur, plus philosophe que littérateur, le mouvement, multiple dans ses modalités, est *un* et sert de lien entre les corps, maintenant l'harmonie dans l'univers.

Locke avait dit depuis longtemps : « La chaleur est une très vive agitation des parties insensibles de l'objet qui produit sur nous la sensation qui nous fait dire que cet objet est chaud ; en sorte que ce qui, dans notre sensation, est de la chaleur n'est dans l'objet que du mouvement. »

Qui peut affirmer si ce n'est pas le mouvement qui se manifeste sous forme d'électricité, de fluide magnétique, de vie de corps bruts ou organisés qui ne seraient qu'une seule et même chose sous des noms différents ?

N'oublions pas que déjà les tentatives hardies de Helmholtz et de Lockyer font entrevoir que tous les corps simples ne sont que les dérivés d'un corps unique encore inconnu ; que l'hydrogène, le dernier gaz *permanent*, est considéré aujourd'hui comme état gazeux d'un corps simple, et que les esprits les plus sérieux entrevoient, dans un avenir prochain, que force et matière ne seront plus considérées que comme une *modalité* diverse d'un même élément.

Or, on pressent que la base de cette théorie est nécessairement le « mouvement ».

« Le mouvement, dit Louis Lucas, c'est le souffle du Dieu en action parmi les choses créées ; c'est ce principe tout-puissant qui, un et uniforme dans sa nature et dans son origine peut-être, n'en est pas moins la cause et le promoteur de la variété infinie des phénomènes qui composent les catégories indicibles des mondes ; comme Dieu, il anime ou flétrit, organise ou désorganise, suivant des lois secondaires qui sont la cause de toutes les combinaisons et permutations que nous pouvons observer autour de nous (2).

« Le mouvement, c'est l'état NON DÉFINI de la force générale qui anime la nature ; le mouvement est une force élémentaire, la seule que

---

(1) Vauvenargues, *Maximes*.
(2) Louis Lucas, *Chimie nouvelle*, p. 34. L. Lucas était resté ignoré pendant plus de vingt ans lorsque les travaux de Papus appelèrent l'attention sur ses œuvres remarquables et remirent en lumière quelques-unes des théories les plus contestées de cet auteur.

je comprenne et dont je trouve qu'on doive se servir pour expliquer TOUS les phénomènes de la nature. Car le mouvement est susceptible de PLUS et de MOINS, c'est-à-dire de condensation et de dilatation, électricité, chaleur, lumière.

« Il est susceptible encore de COMBINAISONS de condensations. Enfin, on retrouve chez lui l'ORGANISATION de ces combinaisons.

« Le mouvement supposé ACTIF *matériellement* et *intellectuellement* nous donne la clef de tous les phénomènes (1).

« Le mouvement supposé non défini est susceptible de *se condenser*, *s'organiser*, de se concentrer ou *tonaliser*.

« En *se condensant*, il fournit une force d'un pouvoir relatif.

« En *s'organisant*, il devient apte à conduire, à *diriger des organes* spéciaux, même des faisceaux d'organes.

« Enfin, en *se concentrant*, en se tonalisant, il lui est possible de réfléchir sur toute la machine et de diriger l'ensemble de l'organisme (2). »

Appuyons cette assertion de l'opinion de Newton sur les relations qui unissent toutes les forces de la nature.

« Corps et lumière ne peuvent-ils être convertis l'un dans l'autre et les corps ne peuvent-ils recevoir une grande part de leur activité des particules de lumière qui entrent dans leur composition ? *Le changement des corps en lumière et de la lumière en corps* est bien en harmonie avec le cours de la nature, qui semble se plaire aux transformations. »

Or, comme nous savons à n'en pas douter que lumière, chaleur, son, électricité, etc., sont des modes multiples d'un agent unique, ne sommes-nous pas amenés, sous l'égide du génie de Newton, à conclure que les corps que nous dénommons *matériels* ne sont autre chose qu'une modalité de la force universelle ?

Enfin, voici la conclusion hardie à laquelle Lucas, auquel nous revenons, arrive nécessairement :

« Nous pouvons dire, écrit-il, qu'*utilement, scientifiquement*, la matière n'est rien, le mouvement est tout. »

Or, ce mouvement se fait équilibre par un antagonisme qui est une de ses propriétés, « constituant ainsi des groupes diversement contractés et dilatés, dont nous retrouvons partout le type suprême dans la lumière, dans la chaleur, dans l'électricité et même dans la hiérarchie des corps matériels qui composent la nomenclature chimique. Cet antagonisme sérieux, hiérarchique, n'a pas besoin de sortir d'hypothèses plus ou moins heureuses ; nous le voyons agir partout, à toute heure dans la nature ; il n'est pas un phénomène général qui ne le reproduise. De la différence de ses condensations et des combinaisons ultérieures qui ont pu s'en former est né ce que nous appelons la

---

(1) Louis Lucas, *Médecine nouvelle*, p. 25.
(2) *Ibid.*, p. 45.

Expérience de Chappe à Tobolsk, en 1761.

matière, mal définie encore aujourd'hui, qui ne présente et ne doit présenter, comme nous venons de le voir, qu'une résistance relative par antagonisme, une résistance... c'est-à-dire une FORCE !

« *Car les forces seules sont capables de résistance, et, par cette considération, la matière divulgue son origine* UNITAIRE, *identique avec le mouvement initial et élémentaire.*

« Le mot *matière* exprime la passivité du mouvement, comme le mot *force* en désigne l'activité. »

Et, si l'on n'est pas convaincu, si l'on n'accepte cette théorie que comme le rêve d'un savant (malheureusement ignoré), que pensera-t-on de cet exposé de principes, fait loyalement par M. Dumas, qui a pu dire, dans une occasion solennelle, de Faraday : « Il ne croyait même pas à la matière, loin de lui tout accorder..... Ce qu'on appelle *matière* n'était, à ses yeux, qu'un *assemblage de centres de forces.* »

Nous donnons, résumé dans le tableau suivant, le régime de la Loi d'après L. Lucas. Si les non-initiés éprouvaient quelques difficultés à le comprendre, qu'ils patientent un peu, le chapitre des lois occultes les initiera à la manière dont il faut comprendre ce tableau.

1° La matière domine la force..
- La graine semée dans la terre se putréfie.
- La chaleur (force venant se briser contre *beaucoup* de matière).
- Création d'un monde. — Théorie de Laplace. — La grande nébuleuse, etc.

2° La matière égale la force....
- Lutte entre la mort (putréfaction de la graine) et la vie (naissance de la plante).
- La lumière. { Force venant se briser contre autant de matière.
- Système solaire sans soleil (anneau concentrique de Saturne, par exemple).

3° La force domine la matière.
- La plante pousse et fait monter la terre à elle sous forme de *sève*.
- L'électricité (plus de force moins de matière). Soleil. — Système solaire.

4° La force diminuant égale la matière.
5° La matière domine la force.
6° La force domine la matière.
7° Retour au principe.

Nous pouvons donc représenter cette loi par le *schéma* suivant (V. p. 276).

On conçoit que ce schéma ne représente la loi que dans un plan ; mais le système évolue (le soleil se déplace vers Hercule) ; conséquemment, le mouvement se produit suivant une spirale.

Enfin, pour être complet, signalons la théorie d'Oken, bien curieuse, car, en plein XIX° siècle, elle remet en lumière les théories occultes. Oken est disciple de Kant, mais il n'a porté ses recherches que sur l'histoire naturelle. Il a établi des tableaux de classement identiques pour les trois règnes; mais la caractéristique de son système, c'est qu'il

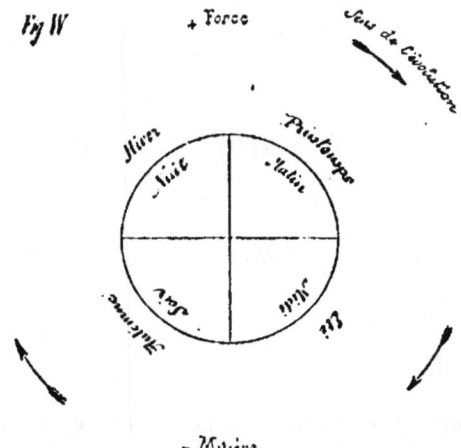

considère les corps simples comme les ORGANES des éléments qui, d'après lui, sont au nombre de quatre, basés sur les conditions suivantes :

La matière est *infusible*........................... Terre.
— *fusible, mais non volatilisable*........ Eau.
—. *volatilisable, mais non inflammable*.. Air.
— *inflammable*............................ Feu.

CHAPITRE XVII

ALCHIMIE

Définition : L'alchimie est une science qui a pour but l'examen des théories magiques appliquées aux êtres inférieurs.de la nature, autrement dit : l'examen de l'action de l'homme sur les minéraux et les végétaux. Pendant les premiers siècles, les initiés possédaient la tradition dans toutes ses branches ; aujourd'hui, elle est spécialement appliquée aux transformations du règne minéral.

Autorités : Albert le Grand, Vincent de Beauvais, Arnauld de Villeneuve, R. Lulle, R. Bacon, N. Flamel, Jacques Cœur, Bernard de Trévisan, Le Solitaire, B. de Vigenère, Leibnitz, Paracelse, Saint-Germain, Cambriel, Cysliani, Tiffereau.

Preuves : Les théories de l'alchimie sont acceptables ; seulement, elles n'ont que dans bien peu de cas donné des résultats sérieux.

Fraudes : Des masses de charlatans ont abusé de la crédulité de gens naïfs, sous le nom d'*alchimistes*, et, à quelques rares exceptions près, c'est dans cette catégorie que l'on doit ranger tous ceux qui, sous un nom quelconque, vous promettent l'argent, le pouvoir, les honneurs, etc. (pour de l'argent). Aujourd'hui que tout le monde a quelques connaissances en chimie, la fraude est bien plus difficile.

Il existe une différence essentielle entre la chimie et l'alchimie ; tandis que la première ne s'occupe que des combinaisons des corps entre eux, la seconde étudie l'action de la force universelle sur les corps, plus spécialement sur les corps simples.

C'est pour cela que l'alchimiste doit être chimiste, et que la réciproque devrait être vraie. Il n'en est rien.

Cependant, les théories alchimiques reviennent au jour sous des noms plus ou moins supposés, et l'on pourra voir, par les citations que nous en faisons, l'opinion des plus grands chimistes à ce sujet.

L'alchimie, ainsi que nous l'avons vu, pose ce principe : l'unité de la matière dans les conditions que nous avons déjà développées. Elle admet deux états secondaires, que l'on désigne généralement sous le nom de : ÉTAT SOUFRE, ÉTAT MERCURE. Le premier est la matière solide ne présentant aucun mouvement moléculaire, ce que les alchimistes appellent MORT ; tandis que le second correspond à la matière VIVANTE, animée de mouvements. Ce ne sont pas, à proprement parler, des états, mais bien des formes, qui ne correspondent en rien au soufre ni au mercure des chimistes.

L'alchimie enseigne ensuite l'évolution du règne minéral ; la matière UNE, l'*Hyle* évolue depuis son état le plus fixe (soufre) jusqu'à son état le plus volatil (mercure), en passant par une série d'états intermédiaires. Mais les livres des anciens alchimistes, forcés par l'initiation de garder le secret, sont encore bien obscurs.

Tous les phénomènes se liant dans cette théorie, l'alchimie résolvait les problèmes suivants : la transmutation des métaux, l'élixir de vie, l'androïde ou hommuculus, l'alkaëst ou dissolvant universel.

Nous ne nous occuperons de l'alchimie qu'en ce qui concerne la transmutation des métaux et, si nous arrivons à faire pénétrer dans l'esprit du lecteur la pensée que cette transmutation doit être rationnellement admise, peut-être aura-t-il moins de répulsion à croire à la réalité des autres.

Historique.

L'art sacré, art divin, art hermétique, science noire, science sacrée ou alchimie nous vient d'Égypte ; cette science fut transmise de l'Inde aux castes sacerdotales des temples égyptiens de Thèbes et de Memphis.

On affirme que l'origine de l'alchimie se perd dans la nuit des temps et qu'elle était connue des Chinois deux mille cinq cents ans avant J.-C.

On en place aussi le berceau chez les mages de Babylone, ou enfin on en attribue la révélation à Hermès Trigmegiste ou Thot, dieu considéré, chez les Égyptiens, comme l'inventeur des sciences et des arts.

Ces divergences d'idées s'expliquent dans l'hypothèse que le berceau des connaissances fut dans l'Inde et se propagea, par des colonies, chez les Chinois et les Égyptiens, qui exploitèrent, sans bien les comprendre, des préceptes qui leur venaient de l'extérieur et qu'ils approprièrent à leur milieu.

Quoi qu'il en soit, le livre de Thot est égyptien (Voltaire le prouve) ; c'est aussi l'opinion de Scaliger.

Le secret de la pierre philosophale et de la théorie occulte en général (l'un n'est que le corollaire de l'autre) est contenu, dit le P. Kircher, dans la table d'Hermès, dont les mages conservaient le secret.

Du reste, les Égyptiens pratiquaient depuis longtemps l'alchimie; Suidas raconte que Dioclétien, irrité d'une révolte de ces peuples, fit brûler tous leurs livres, et Olympiodore nous instruit sur les secrets de l'initiation alchimique.

Caligula, d'après Pline, tenta de tirer l'or de l'orpiment ou sesqui-sulfure d'arsenic ($Ar\, S^3$). Enfin, Zosime (ve siècle) publia le premier traité *ex professo* sur les méthodes alchimiques.

La nouvelle théorie fut propagée par l'école d'Alexandrie; mais elle brilla d'un éclat incomparable chez les Arabes, avec Rhazès, Avicenne et Averhoes. Enfin, au xiiie siècle, l'alchimie pénétra en Europe, où elle rencontra d'illustres adeptes : R. Bacon, Albert le Grand, Saint-Thomas d'Aquin, Armand de Villeneuve, Nicolas Flamel, Raymond Lulle et cent autres.

L'alchimie semble s'incliner vers la médecine et la thérapeutique avec Nérison et B. Valentin, puis Paracelse, le prodigieux Paracelse, qui vulgarisa l'emploi des potions opiacées, qui a laissé un spécifique encore employé dans notre pharmacopée : l'*élixir de propriété*, etc. ; puis vinrent Becker, puis Glauber, et enfin, perdant toute notion des connaissances anciennes, les savants se répandirent dans la branche chimie, abandonnant la souche-mère de l'alchimie. Ils firent des expériences, de belles observations, mais furent impuissants à établir une théorie chimique. Ils avaient perdu le fil d'Ariane.

L'alchimiste ne semble jamais (à quelques exceptions près) avoir recherché la richesse pour lui. C'est un savant concentré... et voilà tout.

« Quand, dit un vieil auteur, les manans qui allaient dire leurs pâtenostres oyaient ces hommes haves tousiours sentans le soufre, tainctz et souillez de suye et de charbons et par le fréquent maniement de l'argent vif, devenus paralytiques! » Quand ils les entendaient parler entre eux de l'homme rouge, de la femme blanche, de Gabricius, de Prébis, on conçoit qu'ils n'avaient qu'une hâte, c'était de les voir griller sur le bûcher.

Fallait-il qu'ils eussent la *foi* profonde pour que, comme dit un vieil auteur, « les dommageables charbons, le soufre, la fiente, les poisons, les mines et tout dur travail *leur semble plus doux que miel* jusqu'à ce qu'ayant consommé patrimoine, héritage, meubles, qui s'en allaient en cendres et en fumée, ces malheureux se trouvassent chargés d'ans, vêtus de haillons, affamés toujours, sentant le soufre, etc. »

Les laboratoires étaient établis dans les lieux les plus reculés, les plus secrets des sanctuaires; leurs appareils prenaient des formes bizarres et leurs théories cosmogoniques et symboliques touchant cet art n'étaient révélées qu'à un très petit nombre d'initiés, soigneusement choisis.

J.-B. Porta, savant napolitain du xvie siècle, décrivit (1) le premier

---

(1) J.-B. Porta, *Distillatione*.

appareil distillatoire servant à extraire l'alcool des vins. On peut remarquer la forme tortueuse donnée au tube de son alambic dans la figure ci-dessous.

Leur notation chimique différait essentiellement de la nôtre : pour eux, les corps élémentaires étaient représentés par des signes ayant un sens mystique et présentant un rudiment des caractères usités actuellement.

Les métaux étaient tous représentés par les signes des planètes aux-

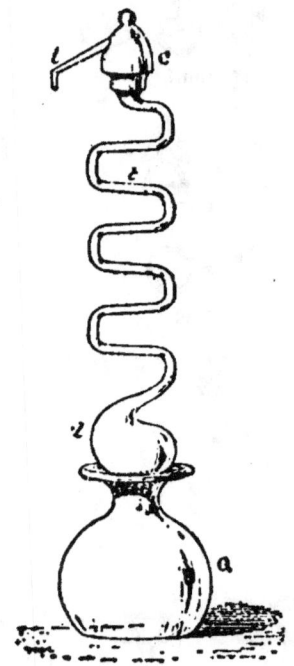

Appareil distillatoire de Porta.
G, chaudière de cucurbite ; *u*, tube qui conduit les vapeurs du condensateur *c* ; *l*, tube qui amène le liquide condensé dans un récipient.

quelles ils correspondaient : l'or était représenté par les signes du Soleil ☉ ; l'argent par celui de la Lune ☽ ; le plomb par ♄ (Saturne); le mercure par ☿ (Mercure); l'étain par ♃ (Jupiter); le fer par ♂ (Mars); le cuivre par ♀ (Vénus).

A ces symboles se trouvaient accolées d'autres notations curieuses.

Nous donnons ci-contre quelques signes plus ou moins bizarres dans lesquels une étude attentive décèlera une vague tendance systématique.

Ils étaient déjà assez avancés en chimie pour avoir pu décomposer et recomposer certains corps ; ils aspiraient, par suite, à saisir les secrets de la nature et à reproduire l'œuvre de la création. Pour y parvenir, ils essayaient de faire prendre à la matière les formes qu'ils avaient résolu de lui donner.

Mœfer fait ressortir combien cette prétention était justifiée : « Oublions, dit-il, les progrès faits par la science depuis le v° siècle, transportons-nous un moment par la pensée dans le laboratoire d'un grand maître de l'art sacré et assistons en initiés à quelques-unes de ses

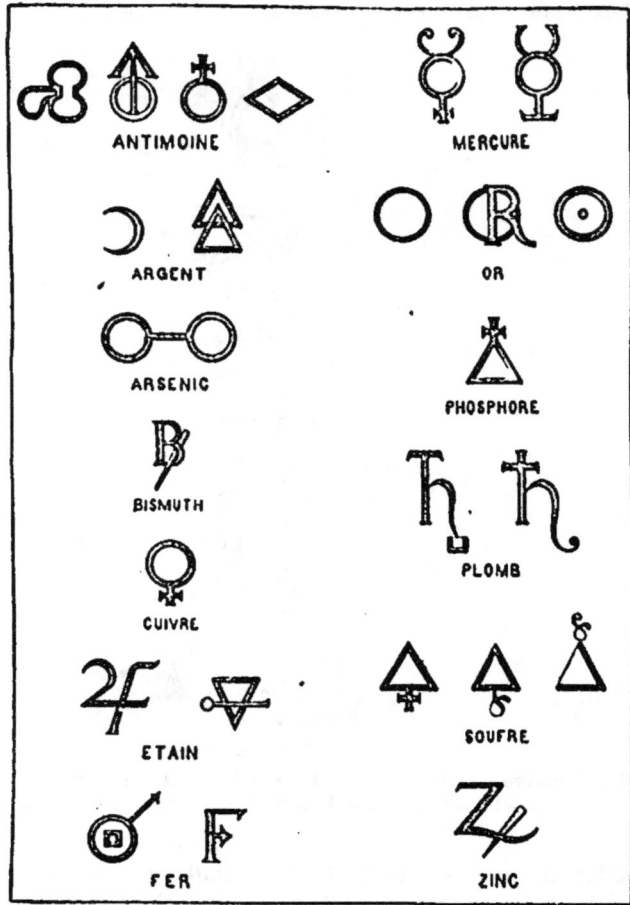

Signes conventionnels de l'alchimie : corps simples.

opérations. 1° On chauffe de l'eau ordinaire dans un vase ouvert; l'eau bout et se réduit en un corps aériforme (vapeur), en laissant au fond du vase une terre blanche, pulvérulente. Conclusion : l'eau se change en *air* et en *terre*. Qu'aurions-nous à objecter contre cette conclusion si nous n'avions aucune idée des matières que l'eau tient en dissolution et qui, après vaporisation, se déposent au fond du vase ? 2° On porte un fer rougi au feu sous une cloche maintenue sur une cuvette pleine d'eau ; cette eau diminue de volume et une bougie portée sous la cloche allume aussitôt le gaz qui s'y trouve. Conclusion : l'*eau* se change en *feu*. 3° On brûle (calcium) du plomb ou tout autre métal (excepté l'or

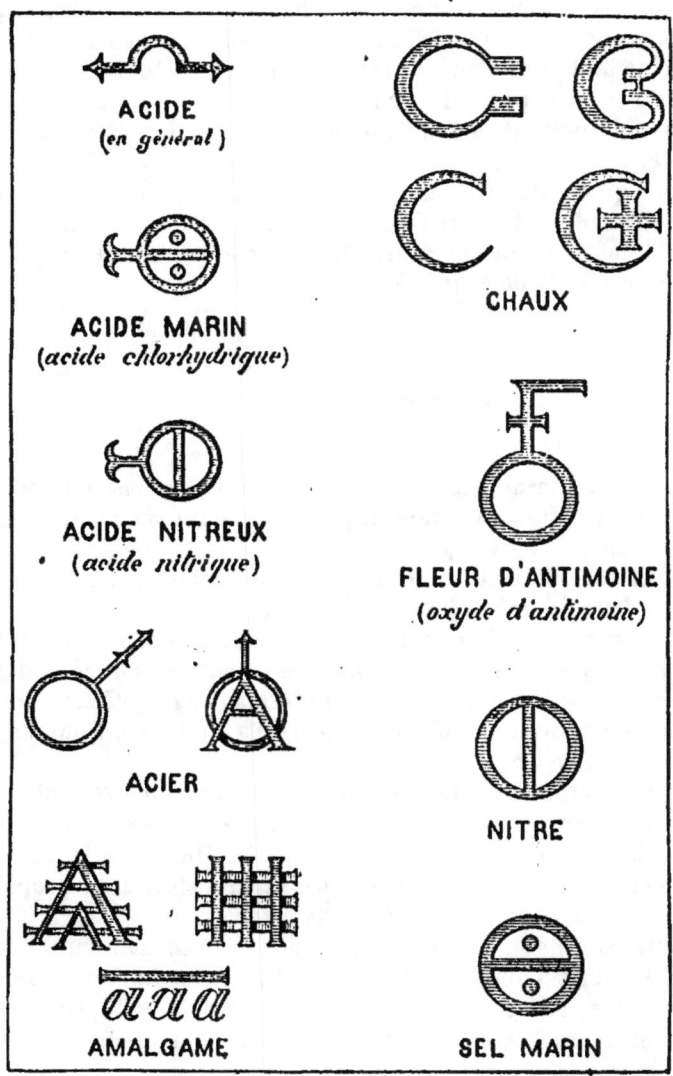

Signes conventionnels de l'alchimie : corps composés.

ou l'argent) au contact de l'air, il perd aussitôt ses propriétés primitives et se transforme en une substance pulvérulente, en une espèce de *cendres* ou de chaux. On reprend ces cendres, qui sont le résultat de la *mort du métal*, on les chauffe dans un creuset avec des grains de froment, et on voit le métal renaître de ses cendres avec sa forme et ses propriétés premières. Conclusion : le *métal* détruit par le feu est revivifié par le froment et la chaleur.

Il n'y avait rien encore à opposer à cette conclusion, puisque la réduction des oxydes au moyen du charbon ou d'un corps organisé riche en carbone, tel que le froment, n'était pas plus connue que le phénomène de l'oxydation des métaux. Les grains de froment, ayant la faculté de ressusciter et de revivifier les métaux morts et réduits en cendres, deviendront le symbole de la résurrection et de la vie éternelle, etc.

On voit qu'en alchimie comme en chimie, le point de départ étant vrai ou faux, le but poursuivi a toujours été l'abréviation de l'imitation de la nature ; aussi les esprits les plus élevés n'ont-ils pas craint de s'adonner à l'étude de cette science.

La pierre philosophale.

La pierre philosophale peut être considérée comme une substance (soit solide, soit liquide) ayant la propriété de transmuer les métaux et de multiplier l'or ou l'argent.

La recherche de cette substance pouvait se faire par deux sortes de moyens : *la voie sèche et la voie humide.*

Par la première méthode, résultant de la calcination, la pierre philosophale se présentait sous forme d'une poudre *blanche* ou *rouge*, qui était la *poudre de projection*. La *blanche*, projetée sur un métal inférieur, ne pouvait donner naissance qu'à de l'argent, tandis que la rouge donnait de l'or.

Raymond Lulle, qui passe pour avoir obtenu la pierre philosophale, à laquelle il donne le nom d'*élixir des sages*, l'obtint par une voie diamétralement opposée, par la voie humide, la distillation.

La pierre philosophale, d'après les alchimistes, a la propriété de transformer toutes les impuretés de la nature.

Elle transforme en OR les *métaux vils* (plomb, mercure) ; elle est un agent d'absorption très actif et rétablit la constitution la plus délabrée ; de plus, elle guérit tous les maux. Elle agit, enfin, sur les règnes végétal et minéral. C'est ce qui lui a fait donner le nom de *médecine des trois règnes.*

Quant à la *panacée universelle* dérivant du principe d'unité dans la nature, sa recherche ne faisait qu'une seule et même étude avec la pierre philosophale.

Géber, qui vivait au viiie siècle, fit de nombreuses préparations de métaux pour les approprier à l'œuvre. On trouve aussi, dans ses travaux, l'exposé de la médecine universelle. C'est ainsi que Géber présente son *élixir rouge*, qui est une simple dissolution d'or, comme une *panacée universelle*.

D'après les adeptes, l'évolution étant une loi de la nature, la pierre philosophale fait évoluer *rapidement* les effets que les forces naturelles produisent en des temps très longs.

C'est ce que Bacon exprime en ces termes : « L'important est de trouver un moyen qui permette de faire en peu de temps ce que la nature fait en plusieurs siècles. »

C'est la vertu de patience, qui faisait le génie des alchimistes. Un chimiste renforcé, Hœfer, s'exprime ainsi :

« Ce qui caractérise au plus haut degré l'alchimiste (2), c'est la patience. Il ne se laissait jamais rebuter par les insuccès. L'opérateur qu'une mort prématurée enlevait à ses travaux laissait souvent une expérience commencée en héritage à son fils ; et il n'est pas rare de voir celui-ci léguer, dans son testament, les secrets de l'expérience inachevée dont il avait hérité de son père. Les expériences d'alchimie étaient transmises de père en fils comme des biens inaliénables. Qu'on se garde bien de rire ; il y a dans cette patience, qui approche de l'obstination, quelque chose de profondément vrai.

« Le temps, c'est là un des grands secrets de la nature, et c'est ce que les alchimistes n'ignoraient pas. Le temps, c'est tout pour nous, ce n'est rien pour la nature... Si les alchimistes étaient, dans leurs expérimentations, partis de meilleurs principes (?), ils seraient incontestablement arrivés à des résultats prodigieux auxquels n'arriveront probablement jamais les chimistes d'aujourd'hui, trop pressés de jouir du présent. »

D'après ce que nous avons dit de l'unité de la matière, on aura moins de peine à comprendre le phénomène de la transmutation des métaux en or.

En somme, le problème consiste à trouver un état allotropique de l'argent ou du plomb, et à déterminer le moyen pratique de changer la constitution intime d'un corps. Si l'on veut transformer, par exemple, du mercure en or, il faut amener la densité 13.6 du mercure à être celle de l'or : 19.5.

C'est donc du mouvement à ajouter ou à retrancher. Il n'y a donc rien de surnaturel dans cette opération, et ce n'est plus qu'un problème physique, dont il s'agit de trouver la solution.

Les histoires symboliques.

Nous verrons plus loin dans quel sens étaient conçues les histoires symboliques ; qu'il nous suffise de rappeler ici que l'alchimiste, qui

---

(1) Agrippa, *Incertitude et variété des sciences.*
(2) Hœfer, *Dictionnaire de chimie et de physique.*

était tenu de garder le secret absolu, devait cacher le résultat de ses recherches sous le voile d'une histoire symbolique, d'une parabole.

Jupiter, changé en pluie d'or pour séduire Danaé ; le nuage dont il s'entoure pour approcher la nymphe Io ; les prodiges de la lyre d'Orphée ; la pierre de Deucalion ; la légende de Midas ; le phénix qui renaît de ses cendres ; l'enlèvement des pommes d'or du jardin des Hespérides ; l'expédition des Argonautes à la recherche de la Toison d'or ; les aventures de Mars, de Vénus et celles du pauvre Vulcain sont classiques chez les alchimistes.

L'interprétation de ces histoires symboliques ne pouvait se faire qu'après des initiations successives. Ici surtout, nous voyons ce principe établi : *Celui qui désire la pierre philosophale pour les richesses qu'elle procure et pour son bien matériel a bien des chances pour ne la trouver jamais.*

La pierre philosophale peut-elle exister?

Raymond Lulle, Paracelse, Nicolas Flamel et tant d'autres passent pour avoir trouvé la pierre philosophale ; selon ce dernier, la conduite du grand œuvre offre si peu de difficultés :

> Qu'une femme filant fusée
> N'en serait du tout détournée.

C'est le pot-au-feu du métier.

Malgré cela, il peut être curieux d'avoir à ce sujet des affirmations plus précises, celles, entre autres, du célèbre roi de Castille, Alphonse X, un vrai savant, dépositaire de *toute* la science orientale de ce temps.

On voit, dans l'histoire littéraire de Bouterweck, qu'Alphonse se vantait de posséder le secret de la transmutation des métaux.

Il tenait sa science, disait-il, d'un Égyptien qu'il avait fait venir d'Alexandrie.

> La piedra que llaman philosophal
> Sabià fazer e me la enseno ;
> Fizimas la juntos, despues solo yo ;
> Con que muchas veces crecio mi caudal.

« La pierre qu'ils appellent philosophale, je savais la faire ; il me l'avait enseigné ; nous la fimes ensemble, puis je la fis seul, et ce fut ainsi que souvent *j'augmentai mes finances.* »

Cette affirmation est déjà bien entraînante, mais nous tenons en réserve des preuves plus *probantes.*

Voici trois citations assez longues sur ce sujet ; mais elles sont si capitales que nous devons les donner *in extenso*, pour leur conserver leur autorité. Ces trois faits sont empruntés à M. Figuier (1).

« Jean-Frédéric Schweitzer, connu sous le nom latin d'Helvétius, était un adversaire acharné de l'alchimie ; il s'était même rendu célèbre par un ouvrage contre la poudre sympathique du chevalier Digby.

« Le 27 décembre 1666, il reçut à La Haye la visite d'un étranger vêtu, dit-il, comme un bourgeois du nord de la Hollande et qui refusait obstinément de faire connaître son nom. Cet étranger annonça à Helvétius que, sur le bruit de sa dispute avec le chevalier Digby, il était accouru pour lui porter les preuves matérielles de l'existence de la pierre philosophale. Dans une longue conversation, l'adepte défendit les principes hermétiques, et, pour lever les doutes de son adversaire, il lui montra, dans une petite boîte d'ivoire, la pierre philosophale. C'était une poudre d'une métalline couleur de soufre. En vain, Helvétius conjura-t-il l'inconnu de lui démontrer par le feu les vertus de sa poudre ; l'alchimiste résista à toutes les instances et se retira, en promettant de revenir dans trois semaines.

« Tout en causant avec cet homme et en examinant la pierre philosophale, Helvétius avait eu l'adresse d'en détacher quelques parcelles et de les tenir cachées sous son ongle. A peine fut-il seul qu'il s'empressa d'en essayer les vertus. Il mit du plomb en fusion dans un creuset et fit la projection. Mais tout se dissipa en fumée ; il ne resta dans le creuset qu'un peu de plomb et de terre vitrifiée.

« Jugeant dès lors cet homme comme un imposteur, Helvétius avait à peu près oublié l'aventure, lorsque, trois semaines après et au jour marqué, l'étranger reparut. Il refusa encore de faire lui-même l'opération ; mais, cédant aux prières du médecin, il lui fit cadeau d'un peu de sa pierre, à peu près la grosseur d'un grain de millet. Et, comme Helvétius exprimait la crainte qu'une si petite quantité de substance ne pût avoir la moindre propriété, l'alchimiste, trouvant encore le cadeau trop magnifique, en enleva la moitié, disant que le reste était suffisant pour transmuer une once et demie de plomb. En même temps il eut soin de faire connaître, avec détails, les précautions nécessaires à la réussite de l'œuvre, et recommanda surtout, au moment de la projection, d'envelopper la pierre philosophale d'un peu de cire afin de la garantir des fumées du plomb. Helvétius comprit en ce moment pourquoi la transmutation qu'il avait essayée avait échoué entre ses mains ; il n'avait pas enveloppé la pierre dans de la cire et négligé, par conséquent une précaution indispensable.

« L'étranger promettait d'ailleurs de revenir le lendemain pour assister à l'expérience.

« Le lendemain, Helvétius attendit inutilement, la journée s'écoula tout entière sans que l'on vît paraître personne. Le soir venu, la femme du médecin, ne pouvant plus contenir son impatience, décida

(1) Louis Figuier, L'*Alchimie et les Alchimistes*, p. 206, cité textuellement.

son mari à tenter seul l'opération. L'essai fut exécuté par Helvétius en présence de sa femme et de son fils.

« Il fondit une once et demie de plomb, projeta sur le métal en fusion la pierre enveloppée de cire, couvrit le creuset de son couvercle et le laissa exposé un quart d'heure à l'action du feu. Au bout de ce temps, le métal avait acquis la belle couleur verte de l'or en fusion ; coulé et refroidi, il devint d'un jaune magnifique.

« Tous les orfèvres de La Haye estimèrent très haut le degré de cet or. Povelius, essayeur général des monnaies de la Hollande, le traita sept fois par l'antimoine sans qu'il diminuât de poids. »

Telle est la narration qu'Helvétius a faite lui-même de cette aventure. Les termes et les détails minutieux de son récit excluent de sa part tout soupçon d'imposture. Il fut tellement émerveillé de ce succès que c'est à cette occasion qu'il écrivit son *Vitulus aureus*, dans lequel il raconte ce fait et défend l'alchimie.

Voici maintenant le deuxième fait ; c'est le récit de Bérigard, de Pise :

« Je rapporterai, dit Bérigard, ce qui m'est arrivé autrefois lorsque je doutais fortement qu'il fût possible de convertir le mercure en or. Un homme habile, voulant lever mon doute à cet égard, me donna un gros d'une poudre dont la couleur était assez semblable à celle du pavot sauvage, et dont l'odeur rappelait celle du sel marin calciné. Pour détruire tout soupçon de fraude, j'achetai moi-même le creuset, le charbon et le mercure chez divers marchands, afin de n'avoir point à craindre qu'il n'y eût de l'or dans aucune de ces matières, ce que font souvent les charlatans alchimistes. Sur dix gros de mercure j'ajoutai un peu de poudre ; j'exposai le tout à un feu assez fort, et en peu de temps la masse se trouva toute convertie en près de dix gros d'or, qui fut reconnu comme très pur par les essais de divers orfèvres. Si ce fait ne me fut point arrivé sans témoins, hors de la présence d'arbitres étrangers, j'aurais pu soupçonner quelque fraude ; mais je puis assurer avec confiance que la chose s'est passée comme je la raconte. »

Ici, c'est encore un savant qui opère ; mais il connaît les ruses des charlatans et emploie toutes les précautions imaginables pour les éviter.

Enfin, le troisième fait probant est celui de la transmutation de Van Helmont :

En 1618, dans son laboratoire de Vilvorde, près de Bruxelles, Van Helmont reçut d'un inconnu un quart de grain de pierre philosophale. Elle venait d'un adepte, qui, parvenu à la découverte, désirait convaincre de sa réalité le savant illustre dont les travaux honoraient son époque.

Van Helmont exécuta lui-même l'expérience, seul dans son laboratoire. Avec ce quart de grain de poudre, il transforma en or huit onces de mercure ! Van Helmont était le chimiste le plus habile de son temps ; or, il était difficile de le tromper ; il était lui-même incapable d'imposture, et il n'avait aucun intérêt à mentir, puisqu'il ne tira jamais le moindre parti de cette observation.

Van Helmont demeura si nettement convaincu de la réalité du fait qu'il devint partisan de l'alchimie et qu'il donna le nom de *Mercurius* à son fils, en souvenir de cette mémorable expérience. C'est, du reste, ce Mercurius même qui eut l'honneur d'initier Leibnitz.

Opinion des modernes sur l'alchimie.

Un académicien, fort estimé de Catherine de Russie, de Maupertuis (1), s'exprime ainsi :

« On traite de fous ceux qui cherchent la pierre philosophale, et l'on a raison. Il est trop peu probable qu'on la trouve, il l'est trop qu'on se ruinera à la chercher. On raconte, il est vrai, mille histoires merveilleuses sur cette matière, et même des gens qui n'ont aucun intérêt à tromper les racontent. Un prince d'Allemagne, homme d'esprit, m'assurait, un jour, qu'ayant reçu chez lui un adepte, à qui il n'avait donné que la nourriture et le charbon, il vit cet homme, au bout de quelques mois, venir prendre congé de lui, en lui faisant présent de quinze marcs d'or. Le secret du remède universel marche d'ordinaire avec celui-ci, comme si l'un sans l'autre n'était pas assez précieux. Presque tous ceux qui savent faire de l'or savent prolonger la vie jusqu'à plusieurs siècles. Quand ils ont exercé leur art quelques centaines d'années en Europe, ils se retirent chez le Mogol, parcourant et enrichissant, sous des haillons, toutes les régions de la terre.

« Je ne m'amuserai pas à raconter toutes les histoires de cette espèce, ni tous les procédés merveilleux dont les livres des alchimistes sont remplis, mais je remarquerai que, parmi les plus habiles chimistes, pendant que les uns passent leur vie dans cette recherche, les autres s'en moquent et croient la chose impossible. Il est d'un philosophe d'examiner la possibilité de ce problème, sans beaucoup s'embarrasser de le résoudre.

« La physique le réduira à ceci :

« Ou 1°, toute la matière est homogène, et alors les différents corps de la nature ne diffèrent que par les différentes figures et les différents arrangements des parties de cette matière ;

« Ou 2°, toutes les parties de la matière se réduisent à un certain nombre de genres, qui sont les éléments de tous les corps, tels à peu près que les chimistes les supposent, quoiqu'ils ne soient pas d'accord ni sur le nombre ni sur la nature de leurs éléments ; et alors les corps ne diffèrent que par les différentes doses et combinaisons de ces ingrédients ;

(1) Maupertuis, t. II, l. XX, p. 314.

Le Dr James Braid, d'Édimbourg, auteur de la découverte de l'hypnotisme (page 296)
(Fac-similé d'une lithographie d'après nature, imprimée à Liverpool, en 1854).

« Ou 3°, toutes les parties de la matière sont aussi variées elles-mêmes que tous les différents corps de la nature ; et alors chacun de ces corps sera composé de parties primitivement semblables à lui : l'or ne sera composé que de parties d'or ; le fer que de parties de fer ; le bois que de parties de bois, etc.

« Dans la première supposition, il serait téméraire de dire qu'il fût impossible de donner dans quelques corps aux parties de la matière une autre figure et un autre arrangement que ceux qu'elles ont ; et il n'en faudrait pas davantage pour changer le plomb ou la laine en or.

« Dans la seconde, on ne peut pas dire qu'on ne pût parvenir à trouver les doses et les combinaisons des ingrédients élémentaires nécessaires pour la production de l'or.

« Dans la troisième, on serait encore moins fondé à assurer qu'aucun corps de la nature, excepté l'or, ne contient des parties aurifiques et qu'il fût impossible de les tirer.

« Sous quelque aspect donc qu'on considère la pierre philosophale, on n'en peut prouver l'impossibilité. Il est aisé de voir la folie de ceux qui emploient leur temps et leurs biens à la chercher : c'est que son prix n'est pas encore assez grand pour contrebalancer le peu de probabilité qu'il y a qu'on la trouve. »

Humphrey Davy disait que les recherches hermétiques ne pouvaient donner que des résultats heureux.

Notre grand chimiste Dumas lui-même a bravement émis l'opinion suivante :

« Serait-il permis d'admettre des corps simples isomères ? Cette question touche de près à la transmutation des métaux. Résolue affirmativement, elle donnerait des chances de succès à la recherche de la pierre philosophale ; il faut donc consulter l'expérience, et l'expérience, il faut le dire, n'est point en contradiction, jusqu'ici, avec la possibilité de la transmutation des corps simples. Elle s'oppose même à ce qu'on repousse cette idée comme une absurdité qui serait démontrée par l'état actuel de nos connaissances. »

Ainsi que nous l'avons vu, Helmholtz dit, de son côté : « Tout, dans la nature extérieure, se réduit à un changement de forme dans l'agrégation des éléments chimiques, éternellement invariables. »

Et le savant Berthelot (1), enfin, le grand prêtre de la chimie moderne, s'exprime en ces termes :

« A travers les explications mystiques et les symboles dont s'enveloppent les alchimistes, nous pouvons entrevoir les théories essentielles de leur philosophie, lesquelles se réduisent, en somme, à un petit nombre d'idées claires, plausibles et dont certaines offrent une analogie étrange avec les conceptions de notre temps. » Et plus loin : « Pourquoi ne pourrions-nous pas former le soufre avec l'oxygène, former le sélénium et le tellure avec le soufre, par des procédés de

---

(1) Berthelot, *Origines de la chimie;* Paris, 1886.

condensation convenables? Pourquoi le tellure, le sélénium, ne pourraient-ils pas être changés inversement en soufre, et celui-ci, à son tour, métamorphosé en oxygène ? Rien, en effet, ne s'y oppose *a priori*... Assurément, je le répète, nul ne peut affirmer que la fabrication des corps réputés simples soit impossible *a priori*. La pierre philosophale n'est donc pas *impossible*. »

Un fait récent.

Voltaire dit (*Dictionnaire philosophique*), au sujet de l'alchimie : « Il faut toujours avoir devant les yeux ce proverbe espagnol : *De las cosas mas seguras, la mas segura es dudar* (Des choses les plus sûres, la plus sûre est le doute). »

On ne doit cependant pas rebuter tous les hommes à secret et toutes les inventions nouvelles. Il en est de ces virtuoses comme des pièces de théâtre : sur mille, il peut s'en trouver une de bonne.

D'après ce que nous avons dit, tous les corps simples ne sont que des *modalités* de la matière unique sous l'action de forces.

Les progrès de la chimie ont amené Chevreul, Dumas, Berthelot, à affirmer la possibilité de cette expérience; de plus, Dumas, Feil, Frémy, Sainte-Claire Deville, Moissan, ont fait la synthèse de différents corps depuis les gemmes jusqu'à l'aluminium.

Dans ces conditions, il est peu rationnel de nier, parce que les résultats n'ont pas encore prouvé la théorie.

Tiffereau est presque arrivé par la méthode alchimique.

Carey Lea est presque arrivé par la méthode chimique.

Cet événement mérite attention ; nous en demanderons les preuves à un article signé Philophôtes (1).

A la fin de l'année 1891, M. Berthelot présentait à l'Institut une communication d'un chimiste américain, M. Carey Lea, chimiste officiel qui s'occupe depuis longtemps de l'étude de l'état allotropique de l'argent. Or, comme M. Jourdain faisait de la prose, M. Carey Lea a fait de l'alchimie.

La théorie alchimique enseigne qu'il faut prendre, autant que possible, une matière voisine de l'or et, par conséquent, opérer sur l'argent. Cette matière évolue peu à peu vers l'état d'or, en passant par diverses phases : état allotropique de l'argent, état de métal en évolution ou méta-éléments (de Crookes), état allotropique de l'or et enfin or métallique stable.

M. Carey Lea n'a pas été jusque-là ; mais enfin il était dans la bonne voie ; le corps qu'il a obtenu, étant, dans la série d'évolution,

---

(1) Philophôtes, L'alchimie à l'Institut (*Le Voile d'Isis*, n° 60, 20 avril 1892).

beaucoup plus rapproché de l'argent que de l'or, tendait sans cesse à revenir à l'état d'argent.

M. Carey Lea s'occupe depuis longtemps des états allotropiques de l'argent ; il en a obtenu plusieurs variétés ; voici, à titre de document, ses méthodes :

On mélange des solutions étendues d'azotate d'argent et de citrate ferreux : on obtient aussitôt une liqueur rouge foncé. Si l'on emploie des liqueurs concentrées, le liquide est presque noir, il se forme un précipité lilas, qui, desséché, prend l'aspect d'une masse métallique gris-bleu (A). Ce précipité est soluble dans l'eau et renferme 97 0/0 d'argent, avec un peu de fer et d'acide nitrique, mais pas d'oxygène. Ce précipité, desséché à 100°, se convertit en argent ordinaire.

Voilà donc une première modification de l'argent, soluble dans l'eau.

Les eaux mères du liquide qui a fourni la modification A renferment une seconde modification B, rouge brun, lorsqu'on les additionne de sulfate de magnésium.

La modification B se dissout dans les solutions salines, borate de sodium, sulfate de potassium ou de sodium, et donne des liqueurs brunes ou rougeâtres. La modification B est de l'argent presque pur.

Enfin, on peut obtenir une troisième modification. Pour cela, on mélange, d'une part, 200 centimètres cubes d'une solution d'azotate d'argent à 10 0/0, plus 100 centimètres cubes d'une solution de sel de Seignette à 20 0/0, et enfin 800 centimètres cubes d'eau. D'autre part, on prépare un second mélange contenant 107 centimètres cubes d'une solution de sulfate ferreux à 30 0/0, plus 200 centimètres cubes de sel de Seignette à 20 0/0 et 800 centimètres cubes d'eau. En versant la deuxième solution dans la première, il se précipite une poudre rouge, brillante, qui, sur le filtre, prend un éclat bronzé. Par dessiccation à l'air, ce corps prend l'éclat de l'or.

Il renferme 98,75 d'argent pour cent. Le reste est du tartrate de fer. Toutes ces modifications se dessèchent sur une lame de verre ou sur une feuille de papier, en une pellicule brillante qu'un léger frottement réduit en poudre. Les modifications brunissent sous l'influence de la lumière. Ces pellicules prennent, sous l'influence des halogènes dissous dans l'eau, de belles couleurs irisées. Les acides convertissent ces modifications en argent ordinaire. La même chose se produit spontanément avec le temps.

Ainsi, voilà trois modifications (A gris-bleu, B rouge brun, C bronzé) très curieuses de l'argent, jouissant de propriétés très différentes de celles du métal originel, notamment la modification A, qui est soluble dans l'eau. Mais la plus intéressante est la modification C, qui présente l'éclat métallique de l'or. Les travaux de M. Carey Lea que nous venons d'analyser sont antérieurs à sa dernière communication. Dans celle-ci, il annonce avoir trouvé le moyen de communiquer à l'argent la couleur et l'éclat de l'or d'une manière permanente ; mais il ne donnait pas son procédé, se réservant sans doute de le perfectionner encore.

En résumé, en opérant sur l'argent, M. Carey Lea est parvenu à lui communiquer des propriétés différentes du métal primitif; un autre chimiste, faisant évoluer peu à peu l'argent, pourra lui substituer une à une de nouvelles propriétés, et le rendre identique à l'or; l'intéressant serait de le voir communiquer sa découverte à l'Institut, en l'annonçant comme une évolution de l'argent en or; en un mot, comme une véritable transmutation. Le calcul des probabilités permet de prévoir que l'Institut, scandalisé, déclarerait notre chimiste hérétique et ordonnerait de ne voir là qu'un simple état allotropique de l'argent, état néanmoins infiniment voisin de l'or !

CHAPITRE XI

HYPNOTISME

Définition : L'hypnotisme est une science qui a pour but d'étudier les phénomènes produits chez certains sujets par des actions physiques ou psychiques de nature à provoquer la fatigue ou la surprise de l'un quelconque des sens. Les procédés diffèrent un peu de ceux du magnétisme et les résultats sont d'un autre ordre ; c'est pourquoi ils doivent être étudiés à part. Les hypnotiseurs (de la science officielle) n'admettent pas le fluide.

Autorités : (Reconnue comme science officielle), Charcot, Luys, Liébault, Binet et Féré, Ochorowicz, Richet, Janet, etc.

Preuves : Des milliers d'expériences conduites avec un savoir et une méthode irréprochables. Aucun doute à élever sur la réalité des faits.

Fraudes : Nombreuses, sauf lorsque les expériences sont faites scientifiquement et contrôlées avec rigueur. Le sommeil hypnotique diffère peu du sommeil naturel, en général.

Les excitations qui déterminent de la fatigue produisent l'hypnose.

Quoiqu'il en soit, le sommeil artificiel ainsi obtenu diffère du sommeil naturel par des caractères physiques spéciaux. « Chez les somnambules naturels, le passage au sommeil hypnotique est facile à produire ; il est aisé, par exemple, en causant avec un individu qui parle haut pendant son sommeil, de le faire arriver peu à peu au sommeil hypnotique, et j'ai pu le faire moi-même, dit M. Beaunis (1). Mais le sommeil somnambulique n'est pas le sommeil naturel normal. Peut-on faire passer une personne endormie, *sans la réveiller*, du sommeil naturel au sommeil hypnotique ? La chose est possible, au moins pour certains sujets ; le professeur Geischdlen a fait sur ce point un certain nombre d'expériences qui mettent le fait hors de doute, et

---

(1) Beaunis, *Le somnambulisme provoqué.*

le professeur Bernheim cite un cas analogue dans sa lettre à M. Paul Janet (1). » M. Berger a fait des expériences concluantes à ce sujet.

Le réveil est bien différent dans les deux cas : autant il est rapide dans le sommeil artificiel, autant il est lent dans le sommeil naturel. Dans le premier, on sent bien que le sujet quitte un état anormal pour revenir à son *habitude de vivre*, tandis que, dans la fonction naturelle, le premier sommeil est le plus profond ; aussi, lorsqu'il approche de sa fin, les facultés se réveillent et c'est à ce moment surtout qu'apparaissent les rêves. Le réveil est le moment où les fonctions cérébrales recommencent à fonctionner. Mais une foule de causes peuvent amener le réveil (malaises, excitants). Le retour à la veille est à peu près immédiat. Il peut aussi se faire graduellement, comme les phénomènes préparatoires au sommeil, et être accompagné de rêvasseries. On voit que le sommeil peut être incomplet de deux manières : 1° parce que l'ensemble des facultés n'a pas atteint ou n'a pas conservé le degré d'inertie qui caractérise le sommeil complet, tel est l'état intermédiaire qui sépare la veille du sommeil au moment où l'homme s'endort ou s'éveille ; 2° parce que toutes les facultés cérébrales ne sont pas sans un repos égal, l'une ou l'autre ou plusieurs fonctionnant au milieu de l'engourdissement général. Un voyageur peut dormir en marchant ou à cheval ; c'est alors la volonté qui subsiste. Une personne peut s'éveiller à l'heure qu'elle a dite la veille, c'est le jugement latent qui subsiste et qui s'éveille en entendant sonner une pendule. Or, tous ces faits disparaissent dans le sommeil provoqué, où le sujet ne semble plus avoir de sensations propres et se trouve prêt à *subir* toutes celles qu'on provoque chez lui.

En général, les explications du sommeil provoqué sont bien confuses et, sans faire remarquer que M. Charcot ne semble pas en avoir donné de définition, les savants sont loin d'être d'accord sur la question.

Deux théories se trouvent en présence : les fluidistes semblent avoir résolu le problème par l'assimilation du phénomène à celui que produirait un courant électrique ou un aimant, tandis que les non-fluidistes ne peuvent opposer que la théorie de la fatigue musculaire qui ne rend pas compte de tous les phénomènes.

Procédés d'hypnotisation.

A. *Procédé de Braid.* — Le Dʳ James Braid, chirurgien de Manchester, fut le véritable *inventeur* de l'hypnotisme. Il disait lui-même :

« Que tous les phénomènes dépendaient de l'état physique et

---

(1) Bernheim, *Revue médicale de l'Ouest*, 1884.

Le professeur Charcot, fondateur de l'École de la Salpêtrière (page 304).

psychique du patient, et nullement de la volition de l'opérateur ou des passes que celui-ci pouvait faire en projetant un fluide magnétique ou en mettant en activité quelque agent mystique universel. »

Ayant été amené à suivre les expériences d'un *magnétiseur*, Lafontaine, il s'y intéressa comme un sceptique qu'il était et ne vit dans les séances qu'une occasion d'exercer sa sagacité pour dévoiler ce qu'il croyait être les turpitudes d'un charlatan. Cette étude l'amena nécessairement à reconnaître la réalité des faits ; son esprit se refusant à admettre l'influence du magnétiseur, il rechercha à quoi étaient dus les phénomènes qu'il observait.

Production de l'hypnose par la contemplation d'un objet brillant.

Au bout de quelques expériences, il parvint à démontrer que les sujets peuvent être influencés par un objet brillant, de la même façon que par les passes, ce qui semblait alors réduire à néant le *fluide des magnétiseurs*.

Voici comme il dépeint lui-même le procédé auquel il avait recours pour produire l'hypnose chez ses sujets : « Prenez, dit-il, un objet brillant quelconque (j'emploie habituellement mon porte-lancette) entre le pouce, l'index et le médius de la main gauche ; tenez-le à distance de 25 à 45 centimètres des yeux, dans une position telle au-dessus du front que le plus grand effort soit nécessaire du côté des yeux et des paupières pour que le sujet regarde fixement l'objet. Il faut faire entendre au patient qu'il doit tenir constamment les yeux fixés sur l'objet et l'esprit uniquement attaché à ce seul objet. On observe que, à cause de l'action synergique des yeux, les pupilles se contracteront d'abord ; peu après, elles commenceront à se dilater, et, après s'être considérablement dilatées et avoir pris un mouvement de fluctuation si les doigts indicateurs et médians de la main droite étendus et un peu séparés sont portés de l'objet vers les yeux, il est très probable que les paupières se fermeront involontairement avec un mouvement vibratoire. S'il n'en est pas ainsi ou si le patient fait *mouvoir les globes oculaires*, demandez-lui de recommencer, lui faisant entendre qu'il doit laisser les paupières tomber quand, de nouveau, vous porterez les doigts vers les yeux, mais que les *globes oculaires doivent être maintenus dans la même position et l'esprit attaché à la seule idée de l'objet au-dessus des yeux*. Il arrivera, en

Production du sommeil hypnotique par l'imposition des mains.

général, que les yeux se fermeront avec un mouvement vibratoire, c'est-à-dire d'une façon spasmodique.

« L'expérience réussissant chez les aveugles, je crois que ce n'est pas tant par le nerf optique que se fait l'impression que par les nerfs sensitifs, moteurs et sympathiques et par l'esprit. Je suis convaincu que les phénomènes sont uniquement provoqués par une impression faite sur les centres nerveux par la condition physique et psychique du patient, à l'exclusion de toute autre force provenant directement ou indirectement d'autrui (1). »

Le procédé usité plus tard par Demarquay et Giraud-Teulon ne diffère pas sensiblement de celui-ci.

Afin d'écarter absolument l'influence possible du regard, ils font fixer une boule brillante au sujet, de manière que les yeux convergent vers le haut; le sommeil ne tarde pas à se faire sentir.

Un procédé quelque peu analogue, qui tient le milieu entre ceux qui

---

(1) *Neurypnologie*. Traduction française. Le titre exact de cet impérissable ouvrage est : *Neurypnology or the Rationale of nervous sleep, considered in relation with animal magnetism.*

précèdent et ceux qui suivent, a été employé avec succès Il consiste simplement à imposer les mains sans mouvements auxiliaires à une certaine distance du front du sujet, comme on le voit indiqué dans la figure ci-contre. Peu à peu, la fatigue gagne les sens du sujet et on le voit s'endormir doucement. Nous verrons l'explication de ce curieux phénomène quand nous parlerons des *points hypnogènes*.

Disons à ce sujet que le sommeil provoqué par les moyens naturels (si nous osons nous exprimer ainsi), par opposition aux moyens violents (lumière ou bruit intense, etc.), est beaucoup plus doux et semble plus normal que le sommeil obtenu par les procédés physiques.

Gigot-Suard se contentait de recommander à ses sujets de fixer *obstinément* le bout de leur nez.

Les passes magnétiques, procédé de Ch. Richet et des magnétiseurs (du Potet, etc.).

B. *Procédé de Charles Richet et des magnétiseurs.* — M. Richet, ainsi que les anciens magnétiseurs, a recours à des pratiques qui impliquent contact du magnétiseur et du magnétisé. Ils utilisent les *passes*, qui consistent en de légers attouchements faits sur la peau ou près de la peau avec le bout des doigts, pour provoquer le sommeil.

M. Richet fait asseoir le sujet, prend ses pouces dans chacune de ses mains fermées et les lui serre assez fortement pendant quelques instants. Cette manœuvre produit déjà, dans la plupart des cas, un engourdissement général des membres supérieurs. Il pratique alors ses passes, sorte de mouvements uniformes et lents exécutés avec les mains étendues sur les paupières, sur la tête, le front et les épaules.

A l'étranger, Heidenhain a surtout propagé cette méthode de la répétition des passes devant les yeux.

La seule différence que l'on puisse noter entre le procédé employé par M. Richet et celui des magnétiseurs, c'est que ceux-ci appliquent fortement leur *volonté* et endorment même sans passes, c'est un sommeil psychologique, tandis que celui-là pense à tout autre chose et endort son sujet par un engourdissement progressif provoquant un sommeil physiologique.

C. *Procédés de la Salpêtrière*. — L'étude de ces procédés, publiée

Production du sommeil hypnotique sans passes, par la volonté.

par Bourneville et P. Regnard, dans le *Progrès médical*, est résumée dans les lignes suivantes :

« Il est, disent-ils, peu de femmes qui ne puissent être magnétisées et même certains hommes sur lesquels les expériences réussissent parfaitement; mais il est préférable de choisir comme sujet une hystérique. » C'est de ce point de vue spécial qu'il faut conclure les raisons pour lesquelles les résultats des diverses expériences connues entre cette école et les autres (dont les sujets sont quelconques) concordent si peu. « Néanmoins, il est préférable d'expérimenter avec les hystériques romanesques plutôt qu'avec les brutales ou les lascives, chez lesquelles on développe plutôt des crises hystéro-épileptiques qui ne permettent pas de suivre la marche de l'hypnose. »

Grands ennemis de la théorie du fluide, ils opèrent en tenant les pouces du sujet ou simplement en pressant son poignet, sans passes. Peu à peu, les yeux du sujet rougissent, s'emplissent de larmes, des mouvements de déglutition deviennent de plus en plus fréquents et la malade tombe en arrière, endormie.

Lorsque le sommeil tarde à venir, ils en facilitent l'accès en pressant légèrement les globes oculaires à l'aide des pouces.

Ils emploient également la méthode de Braid et reviennent ainsi à l'application de simples agents physiques comme cause originelle de l'hypnose.

Production du sommeil hypnotique par la simple pression du poignet.

On obtient un résultat analogue en profitant de la fatigue des sens du sujet provenant de la fixation d'un point brillant immobile.

Production du sommeil hypnotique par la fixation des yeux.

Le magnétiseur fixe obstinément, sans cligner des yeux autant que possible, les yeux du sujet. Celui-ci résiste d'abord parfois, mais semble ramené par une sorte de *fascination* à rechercher toujours le regard de son magnétiseur. Quand il est arrivé à ce point, le magnétiseur *sent* que son sujet ne lui *échappera plus*. En effet, malgré sa résistance (quelquefois très énergique), le sujet s'endort insensiblement.

Il est inutile, dans ce cas, d'appliquer sa *volonté* à endormir le sujet ; il suffit de ne pas cligner des yeux et de fixer énergiquement son sujet. Ce procédé curieux est à rapprocher de celui qu'emploient le serpent et, dit-on, le crapaud pour s'emparer d'une proie. En effet, les yeux de ces animaux, particulièrement froids et fixes, ont facilement raison d'animaux moins bien doués et assez faibles et assez timides en général.

Qu'on nous permette de conter brièvement, à ce sujet, les hauts faits d'un lapin. Nous aimons beaucoup ce doux animal et nous fûmes fort étonné d'en rencontrer un au Jardin des plantes, broutant, silencieux, des feuilles de choux. Son histoire était curieuse. Enlevé par des mains barbares aux douceurs de la vie champêtre, il avait été acheté dans un banal marché pour servir de pâture au boa constrictor du Jardin zoologique.

Il fut livré tout petit, comme tant d'autres de ses pareils, à la voracité du serpent affamé, qui, lorsqu'il sentit cette proie vivante, déroula lentement les longs replis de son corps onduleux, puis fixa longuement celui qu'il promettait à sa gourmande nature d'engloutir. Tout d'abord le lapin s'abandonna à cette terreur noire qui livre sans défense les proies aux fascinateurs, grelottant de tous ses membres et pissant d'angoisse. Mais Dom Jeannot était de nature héroïque et résista courageusement à la fascination de son ennemi.

On le vit (le fait nous fut conté par un gardien, témoin oculaire) sautant dans la cage comme un furieux et se démenant comme un démon, défendre sa vie de ses ongles redoutables.

Pris de crainte devant son adversaire, le serpent céda la place, s'enroula philosophiquement dans les plis de sa chaude couverture..... et ce jour-là il se coucha sans dîner.

Les témoins de ce fait, en récompense de la vaillance du petit lapin, lui firent un nid dans une boîte et le conservèrent de longs jours, qu'il passa doucement dans une tendre intimité avec la chienne d'un des gardiens ; encore un *type* celle-là, dont nous conterons l'histoire quelque jour.

Dans bien des cas, avec un bon sujet (toujours difficile à trouver) et lorsque celui-ci a été déjà hypnotisé, on l'endort par la simple imposition des mains (Voir p. 300). Dans ce cas, il y a beaucoup de chances pour que le résultat soit dû à l'imagination du sujet, qui sait qu'il va dormir... et qui s'endort.

C'est, il faut le reconnaître, à l'école de la Salpêtrière, dont Charcot est le savant fondateur, que l'on doit les premières expériences sur l'influence des agents physiques. C'est ainsi, par exemple, qu'un sujet est placé devant un foyer de lumière intense (quelle qu'en soit la source... gaz, électricité, lumière Drummond) et reçoit l'ordre de fixer ce foyer. Peu de temps après, suivant son aptitude à l'hypnotisme, il devient

Le docteur Durand (de Gros), également connu sous le nom de Philips (page 316).

immobile, l'œil fixe, en catalepsie. C'est dans ce curieux état que la malade perçoit les sentiments qui correspondent à l'attitude que son hypnotiseur lui impose. C'est ainsi que sa figure exprime le contentement si on fait le simulacre de lui envoyer un baiser, et qu'elle manifeste l'effroi, au contraire, devant un geste de menace.

Les membres de la malade ne sont pas alourdis, ses articulations sont souples et gardent facilement pendant longtemps les positions même les plus variées et les plus pénibles. Certains sens conservent leur activité, ce qui a permis d'impressionner le sujet cataleptisé de diverses manières par voie de suggestion, et de provoquer de cette

Fig. 9. — Production de l'hypnose par les procédés physiques, lumière

manière chez lui des impulsions automatiques et des hallucinations. C'est la période dite des attitudes passionnelles, où le sujet exécute les gestes dépendant des impulsions provoquées.

C'est ainsi qu'un sujet que l'on a placé dans l'attitude de l'adoration, soit en lui joignant les mains (prière), soit en les écartant et en les plaçant dans la position convenable (vénération), après l'avoir agenouillé, prendra l'expression correspondant aux gestes qu'on lui aura donnés.

Ce résultat est aussi obtenu par un procédé qui semble différent au premier abord, que nous étudierons sous le nom de suggestion et qui consiste à influencer l'esprit du sujet pour lui faire exécuter un ordre vocal ou mental qui lui est imposé. Mais les résultats que l'on obtient avec les deux méthodes sont identiques.

En effet, l'une est une *suggestion physique* (si nous osons l'appeler ainsi), tandis que la seconde est une *suggestion mentale*.

Si on le laisse dans cet état, le sujet revient naturellement à l'état où il était avant la suggestion.

Mais, si on empêche la lumière d'impressionner la rétine du sujet, par l'occlusion des paupières, le sujet passe à l'état léthargique; il peut revenir à l'état de somnambulisme par une simple friction sur le vertex (sommet de la tête), ou être réveillé en lui soufflant sur le visage, particulièrement sur les yeux.

Dans l'état léthargique, le sujet fait entendre une sorte de gémisse-

Phase des attitudes passionnelles : extase religieuse.

ment ou simplement une inspiration d'air profonde, un léger hoquet, tandis que ses yeux, fermés ou à demi fermés sous les paupières frémissantes, laissent apercevoir le globe oculaire convulsé.

Les membres retombent pesamment et les muscles se contractent facilement sous l'action répétée de petits coups ou même sous l'influence de la simple friction pratiquée sur les tendons.

Les sens sont presque tous absolument inactifs et le sujet semble ne plus obéir aux injonctions de son hypnotiseur.

Production de la phase léthargique dans le sommeil hypnotique.

Si, dans cet état, on souffle sur les yeux du sujet, on le réveille; si on élève ses paupières, on le plonge en catalepsie; si, enfin, on lui

Production du sommeil hypnotique par la fatigue des sens;
son produit par un diapason.

presse le sommet du crâne, on provoque chez lui le somnambulisme. Les yeux sont alors fermés, l'attitude est reposée, mais non affaissée, les sens paraissent avoir gagné une grande acuité. On peut facilement, dans cette situation de la malade, obtenir, par suggestion ou par injonction, des impulsions automatiques ou des hallucinations variées.

Dans les phénomènes ci-dessus, la lumière n'est qu'un agent indépendant du résultat; en effet, on peut la remplacer par l'action du son, à quelque instrument qu'il soit dû. Une cloche, un diapason, fortement agités produisent par leurs vibrations les mêmes crises que nous venons de voir.

A la Salpêtrière, il y a un fameux diapason monstre dont les vibrations sont enregistrées par une caisse sonore sur laquelle on place la malade; au deuxième ou au troisième coup frappé sur ce diapason, la malade tombe en catalepsie. On y tomberait à moins.

Le tam-tam joue aussi un grand rôle et produit des effets identiques.

L'emploi de ces procédés un peu welches donnent des résultats violents; les malades présentent souvent des attaques d'hystéro-épilepsie, que l'on ne rencontre pas avec les méthodes plus humaines des passes.

Toutefois, il y a lieu de remarquer que les résultats obtenus par le *travail* de l'hypnotiseur sur un sens peut être produit par d'autres procédés sur d'autres sens.

C'est ainsi que l'odorat, le goût, l'ouïe, peuvent produire les phénomènes du sommeil provoqué.

D'après M. Pitres, il y a certains points que l'on rencontre presque toujours chez les hystériques, des zones et des points dits *hypnogènes*, sur lesquels il suffit de presser pour endormir le sujet. Or, ces zones se remarquent plus particulièrement dans la région ovarienne (Binet et Féré), vers les hypocondres, points sur lesquels Mesmer appuyait la main ou le doigt.

Cela prouve... que le rapport de 1784 fut fait par des sots et que Mesmer avait retrouvé empiriquement le rôle de ces zones. On le remarque aussi parfois sur la tête ou aux jointures; de là, la pratique de saisir le sujet par les pouces ou de lui appuyer la main sur le crâne.

Enfin, on revient, avec M. Landouzy, M. Chambard et M. Luys, à l'influence de l'aimant... que l'on vient de découvrir.

« Un aimant approché d'une hystérique, même à son insu, peut, dans certains cas, déterminer le sommeil.

D. *Procédés de l'école de la Charité*. — Nous verrons, dans le chapitre de la suggestion, les pratiques de l'école de Nancy, qui opère plus spécialement par suggestion.

Quant aux procédés de la Charité, les principes qui ont guidé le Dr Luys dans l'établissement de ses théories dérivent d'un sentiment de juste milieu très scientifique. Il semble qu'il emprunte à chaque école rivale ce qu'elle peut donner de bon.

L'hypnose est produite, chez le Dr Luys, par des miroirs à alouettes, perfectionnés; ce sont des instruments qui, sous l'action d'un ressort, tournent avec rapidité en réfléchissant sur de petits miroirs la lumière dans tous les sens.

Par ce procédé, moins brusque que celui de la Salpêtrière, le sujet s'endort doucement, dans un calme absolu, semblant passer insensiblement de la veille au sommeil ordinaire et de celui-ci au sommeil hypnotique.

Il est un fait constant, c'est que les phénomènes de l'hypnotisme semblent différer suivant les opérateurs et surtout suivant les écoles.

L'application en est simple : ils ont tous raison.

Il est constant que Charcot a distingué diverses phases caractéristiques, qui n'ont jamais été aperçues de Bernheim qui, lui, a prouvé les phénomènes de suggestion, repoussés par Charcot ; tandis que Luys, avec sa découverte de l'action des médicaments à distance, s'est aliéné les deux autres.

Cela provient simplement de ce fait que Charcot, avec ses facultés de classificateur, devait classer les symptômes spéciaux de ses observations. Bernheim, qui repousse tous les procédés violents de la Salpêtrière, obtient des sujets différemment préparés et ne reproduit aucune observation de l'école de Paris, dont il infirme les résultats. Et c'est ainsi que les deux sœurs ennemies restent en présence... sans se faire de concession.

Luys est réprouvé par tout le monde et toute la science officielle jette l'eau bénite sur les magnétiseurs, en prétendant que les résultats qu'ils obtiennent sont pures jongleries, qu'ils n'ont jamais pu, eux, les obtenir. Savez-vous pourquoi ?

C'est bien simple. C'est parce qu'aucune école ne veut tenter de préparer, d'endormir ses sujets suivant la méthode du voisin, et que, à tel sujet préparé de telle manière, correspondent certains faits spéciaux, qui ne se produisent pas lorsque le sujet a été préparé d'une autre façon.

Quelles réflexions ce document humain n'inspirera-t-il pas à un philosophe ?

Recherche de l'aptitude à l'hypnotisme.

Remarquons avant tout que les phénomènes dont il s'agit ne sont obtenus, à la Salpêtrière, que sur des hystériques, sujets prédisposés, par leur excitabilité et par leur impressionnabilité, aux manifestations somnambuliques et qui *rendent* merveilleusement.

La plupart des sujets (de la Salpêtrière) *dits de grand hypnotisme* passent par trois phases particulières, qui sont, d'après M. Charcot : 1° l'état cataleptique ; 2° l'état léthargique ; 3° l'état somnambulique.

Ils ne se passent pas toujours dans l'ordre ci-dessus, de même qu'ils peuvent, sous une influence extérieure, se produire spontanément ou dériver d'un état antérieur ; c'est ce qu'on désigne sous le nom de *petit hypnotisme* ou hypnotisme *fruste* et qui pourrait, à la rigueur, comprendre les états curieux que présentent les incohérents (chez qui les phénomènes magnétiques se mêlent) : les dégénérés et les hallucinés.

On conçoit combien il serait intéressant de posséder un moyen pratique de déterminer le degré d'aptitude de chacun à se faire hypnotiser.

C'est à M. Ochorowicz que nous devons le premier hypnoscope connu ; du reste, cet appareil est bien simple : c'est un simple aimant, ayant

L'hypnoscope.

la forme d'un cylindre fendu longitudinalement (Fig. 1) ; les bords de la fente constituent les deux pôles et sont recouverts par une armature.

Cet aimant est très puissant (il peut soulever des objets pesant jusqu'à 5 kilogrammes), malgré ses faibles dimensions : 5 à 6 centimètres de long sur 3 ou 4 de diamètre.

Sur cent personnes soumises à cet hypnoscope, d'après M. Ochorowicz, soixante-dix ne ressentirent rien, tandis que les trente autres furent reconnues comme faciles à influencer. Chez ces dernières, la sensation perçue en passant l'hypnoscope à leur doigt varia depuis les plus petits picotements jusqu'à des élancements violents, semblables à ceux que pourrait faire naître un fort courant électrique.

Les découvertes dans cette voie sont d'autant plus intéressantes qu'elles se rapprochent de celles qu'institua le P. Hell, à Vienne, et que les beaux travaux du Dr Luys et de de Rochas leur donnent une base scientifique qui leur manquait jusqu'ici ; quelque incomplètes qu'elles soient jusqu'à présent, elles réservent au chercheur une ample moisson de faits curieux et nouveaux.

Les folles à la Salpêtrière (page 323).

Rapports entre l'hypnotisme et le magnétisme.

Il est intéressant de jeter un coup d'œil d'ensemble sur les phénomènes que nous venons de voir, sans distinction d'*école* et d'en comparer brièvement les résultats à ceux qu'on obtient par le magnétisme ; ce sera une transition nécessaire entre ce chapitre et le suivant.

Dès 1879, les journaux spéciaux commencèrent à mener grand bruit autour de faits extraordinaires qui se seraient passés à la Salpêtrière.

D'après les reporters, le docteur Charcot, membre de l'Académie de

M. Charcot, membre de l'Académie de médecine, professeur agrégé à la Faculté (d'après un portrait fait en 1887).

médecine, professeur agrégé à la Faculté, savant déjà connu par de remarquables travaux, provoquait chez les femmes de son service médical des attaques de catalepsie ou d'hystérie à l'aide de moyens spéciaux, mais tout immatériels, tout physiques, et parvenait à insensibiliser tout ou partie du corps du sujet reproduisant le *signum diaboli* (insensibilité de quelques points) constaté chez des possédés du démon et brûlés comme tels, et jetant, quand il lui plaisait, sa malade dans un état d'extase où il la maintenait aussi longtemps qu'il le voulait.

M. Charcot, avec beaucoup d'habileté, sut tenir en haleine la curiosité publique. Il eut le tort, grand à nos yeux, de briser les murs du temple et de faire connaître aux masses les secrets qu'elles devaient ignorer.

On s'en convaincra facilement en réfléchissant aux dangers des pratiques de l'hypnotisme mises à la portée de tous et facilitant tous les mauvais instincts des pires individus, d'autant plus à craindre qu'ils sont moins instruits, et, en outre, si l'on observe d'un esprit non prévenu la tendance générale à l'adoption d'une théorie aux termes de laquelle le libre arbitre n'existe plus, ou existe soumis à toutes les influences possibles !

C'est avec ces révélations-là qu'on perd une nation.

En effet, des expériences de cette nature parfois barbares, et le plus souvent inutiles, ont été pratiquées sur de pauvres malades sans défense, sur des femmes qui, passives, subissent facilement toute dépression morale et qui, parfois, loin de trouver un remède salutaire dans ces pratiques, n'y trouvent qu'une aggravation de leur mal ; la divulgation des mystères sacrés, base de la magie et des sciences occultes, révérés dans les temples et cachés au plus profond des sanctuaires, a livré tous les faibles d'esprit ou de complexion favorable aux conséquences de la domination que leur impose tout esprit plus ferme que le leur, dans le mal. Si les nouvelles études étaient restées confinées dans les livres spéciaux, dans le milieu honnête et savant des médecins, le mal eût été moins sérieux et les conséquences moins redoutables ; mais ce pouvoir dangereux est remis aujourd'hui aux mains les moins innocentes.

Le seul bénéfice qui ait résulté des travaux de Charcot, c'est l'acceptation du principe de l'hypnotisme par l'Académie des sciences et l'impulsion donnée aux recherches des savants pusillanimes qui ne craignirent plus de passer pour des égarés en s'occupant d'hypnotisme.

Car, en y regardant de près, il n'a fait que répandre dans le public les découvertes de Braid (1841), dont les travaux furent le point de départ des recherches d'Azam, à Bordeaux, de Broca, de Giraud-Teulon, à Paris.

Disons surtout qu'il a repris un grand nombre d'expériences que Philips fit connaître sous le nom de électro-biologie. Cachant son nom de Durand (de Gros) sous le pseudonyme de Philips, le savant docteur, joignant la théorie à la pratique, débuta à Bruxelles, où il forma des élèves, puis il passa en Algérie, puis à Genève, où il improvisa des adeptes nombreux. Enfin, il vint en France où il se fit connaître par des expériences publiques (et par suite particulièrement dangereuses). Son titre (si cela en est un) de propagateur des phénomènes nouveaux mérite que nous donnions une reproduction de sa caractéristique physionomie.

On peut donc dire que M. Charcot n'a fait que restaurer l'hypnotisme, et mieux encore qu'il a simplement découvert... *le magnétisme*. Nous verrons ci-dessous la vérité de cette assertion.

HYPNOTISME

En effet, on a donné comme preuve de la différence entre le magnétisme et l'hypnotisme la constatation, par les hypnotiseurs, des modifi-

Insensibilité (on pique le sujet à l'aide d'une aiguille sans qu'il perçoive aucune sensation de douleur).

cations de la sensibilité. Mais on oublie que l'individu magnétisé a presque toujours perdu la sensibilité dans toutes les parties de son corps. On sait, en effet, que, dans cet état, les magnétiseurs (plus ou

Catalepsie, (le sujet présente une raideur caractéristique).

moins brutaux) ne craignent pas, pour frapper l'imagination du public, d'enfoncer des épingles, des aiguilles sur les bras, dans la main ou dans le cou du patient, sans que celui-ci témoigne la moindre douleur.

Il en est de même du sujet hypnotisé par les procédés physiques. L'insensibilité est telle que des médecins (Cloquet, Ferré) ont pratiqué des opérations chirurgicales douloureuses sans que le sujet en eût conscience.

Production du sommeil hypnotique : phase de la catalepsie.

Disons encore que l'état des sujets magnétisés présente des modifications excessivement curieuses de la motricité : le magnétisé devient souvent *cataleptique*, c'est-à-dire qu'il présente, ainsi que nous l'avons vu, la faculté de conserver la position que le magnétiseur lui a donnée, malgré la fatigue, la gêne ou la répulsion qu'il peut avoir pour les gestes qu'on lui impose.

Il en est de même des hypnotisés qui peuvent conserver longtemps la contracture musculaire qu'on a provoquée chez eux, quelque gêne que la persistance de la même attitude leur procure.

Remarquons en passant que si, lorsque le sujet est plongé dans la phase léthargique ou dans le sommeil hypnotique, on fait tomber sur ses yeux, dont on relève la paupière, un rayon de lumière électrique, celui-ci tombe dans la phase cataleptique. Si on n'avait soulevé qu'une *seule* paupière, le sujet aurait été plongé en catalepsie d'un *seul côté* de son corps, l'autre moitié étant restée à la phase de léthargie.

On peut provoquer la catalepsie, ainsi que nous l'avons vu, par

Résolution musculaire.

l'explosion d'un bruit violent ou par l'influence d'une *trop* vive lumière ; dans ces conditions, le sujet conserve l'expression et l'attitude dans lesquelles il a été *figé* pendant un fort long temps. Le plus souvent, le malade a les yeux grands ouverts, le regard fixe et le corps immobile, comme on peut le voir dans la figure de la page précédente.

Un détail curieux de cette phase c'est que, si l'on ferme les yeux au sujet, celui-ci, subitement plongé en léthargie, ne peut plus se soutenir sur ses jambes et l'on doit toujours, dans ce *temps* de l'expérience, charger quelqu'un de prévenir la chute du sujet, afin d'éviter qu'il ne se fasse mal.

En effet, l'attitude affaissée du sujet ne change qu'avec l'état dans lequel on le plonge ensuite et ses membres tombent lourdement dans une résolution complète lorsqu'on les soulève.

Nous ne quitterons pas cette intéressante question sans dire qu'au point de vue artistique la phase cataleptique présente les plus curieux phénomènes. C'est ainsi qu'on donne au sujet les attitudes les plus diverses et parfois les plus élégantes. Nous avons vu un sujet des plus gracieux donner à ces expériences un charme tout particulier par la souplesse et l'intelligence de ses mouvements et de ses poses.

C'est dans la reproduction des sensations aussi bien que des sentiments qu'excellent les sujets en catalepsie; c'est ainsi que l'on provoque, par une impression lumineuse ou sonore violente et inattendue, la *pétrification* des sujets dans le sentiment de la joie, de la douleur, de l'extase ou dans la sensation de froid, de chaleur, de dégoût.

Le mouvement, commencé en 1879 par Charcot, à la Salpêtrière, ne fit qu'augmenter. On *détraqua* des centaines de malades. On abusa du droit d'étude pour *achever* les sujets.

Tous les plus anciens prestiges des magnétiseurs anciens reprirent,

Extase (produite par une impression violente et inattendue).

dans les journaux quotidiens, la place qu'on ne leur accordait plus depuis longtemps.

Les journaux bien pensants, comme le *Temps* ou les *Débats*, consacraient leurs meilleurs feuilletons à la mode hypnotique. Les faibles et les ignorants, puisant d'instinct dans ces expériences étranges et inexpliquées une force immense qui les menaçaient, perdaient complètement la tête.

Or, c'est en l'année 1885 que la plus grande impulsion fut donnée à la vulgarisation de cette découverte.

Les phénomènes les plus déconcertants emplissaient la presse médicale, scientifique ou quotidienne.

Or, tout ce bruit fait autour de l'hypnotisme, ce n'était que l'ancien magnétisme combattu, nié, persécuté, vilipendé par la docte ACADÉMIE, qui ressuscitait sous un nom nouveau et devenait, de ce jour, défendu, affirmé, protégé, par les Immortels.

Joseph Balsamo, dit comte de Cagliostro.

La mode devint frénésie. On allait chercher, parmi les malades, des hystériques, des folles, des épileptiques ; on les soumettait toutes aux procédés qui provoquent un *déséquilibrement* fatal chez les sujets les mieux organisés, on les *usait* à reproduire les phénomènes de somnambulisme, de catalepsie ou de léthargie, et, sans avantage marqué pour la science, au mépris du libre arbitre, en dépit de l'usure du sujet, on émerveillait les masses, on étonnait les foules, on passionnait tout un monde d'autant plus amoureux d'idéal et de merveilleux que cet idéal est depuis longtemps étouffé dans son cœur.

En terminant, il importe de faire savoir que le magnétisme officiel de la Salpêtrière, décoré du nom d'hypnotisme, présente, d'après M. Charcot, trois phases très nettes qui se reproduisent dans le même ordre et qui constituent la caractéristique de ses découvertes.

Ces trois phases sont : la catalepsie, la léthargie, le somnambulisme, dont nous avons vu les traits principaux dans les pages précédentes.

Mais cette classification n'a rien d'absolu et les meilleurs observateurs ont démontré que l'ordre des phénomènes s'inversait chez certains sujets.

Magnin va jusqu'à dire qu'ils se présentent dans l'ordre inverse et commencent par le somnambulisme.

CHAPITRE XIX

MAGNÉTISME

Définition : Le magnétisme est une science, qui a pour but d'étudier les rapports existant entre tous les êtres (action de l'homme sur l'homme). Ces relations sont dues à une force particulière, impondérable, invisible, qui ne se manifeste que par ses effets, et qu'on nomme fluide magnétique.

Autorités : Connue des Orientaux et des Égyptiens, elle a été intuitivement découverte par Mesmer.

Preuves : La réalité des faits est incontestable et toutes les observations sérieuses ; il n'y a qu'un point qui ne soit pas encore élucidé pour que cette science soit universellement reconnue : c'est celui du *fluide*, généralement nié par la science officielle.

Fraudes : Très nombreuses lorsqu'on opère sur des sujets payés ; impossibles lorsque les expériences sont conduites *scientifiquement*. Les somnambules, en général, et les magnétiseurs payés sont des charlatans.

Nous sommes contraint de passer sous silence une étude connexe à celle du magnétiseur, l'étude des forces électriques appliquées à l'organisme humain. Il y a là un champ ouvert à de nombreuses expériences.

C'est aussi à l'application d'une force, d'une modalité de la force universelle que le magnétisme doit ses effets. Tous les corps de la nature, tous les astres, tous les mondes agissent les uns sur les autres en vertu de lois simples dérivant du principe de l'unité dans la nature.

Pourquoi, en effet, n'y aurait-il, en fait de lois de relation, que les lois d'attraction moléculaire ou celles de répulsions électriques qui fussent vraies ? N'y en a-t-il pas d'analogues qui dominent tous les corps ?

Donc, dans la nature, tout est mouvement, effet de mouvement ou cause d'autres mouvements.

Nous pouvons déterminer la cause du mouvement... c'est un phénomène physique.

Si nous ne pouvons pas déterminer la cause du mouvement... c'est un phénomène magique.

C'est ce qui faisait dire à Van Helmont : « Toute science occulte ou qui s'élève au-dessus de celle que vous acquerrez par l'observation et le calcul est magie ; toute puissance qui n'appartient pas à une action mécanique est une puissance magique et la nature est une grande magicienne. »

A ce titre, le magnétisme est de la magie.

Histoire du magnétisme.

Avant de retracer rapidement l'histoire du magnétisme, qu'il me soit permis, pour reposer un instant l'esprit du lecteur, de lui présenter le portrait fidèle d'un des hommes les plus surprenants que le monde ait rarement vus.

C'est Joseph de Balsamo, dit comte de Cagliostro, dont il s'agit.

Ce charlatan fameux nous appartient tout au moins par les pratiques du magnétisme qu'il importe de savoir. Qu'il nous soit permis de faire connaître d'abord les suivants, qui sont empruntés aux pratiques des Musulmans.

Une lettre adressée du Caire, au mois de février 1860, au rédacteur de la *Gazette médicale de Paris*, par le Dr Rossi, médecin du prince Halem-Pacha, donne quelques indications sur les procédés que les sorciers d'Égypte emploient pour provoquer le sommeil, caractérisé par l'insensibilité :

« Dans cette contrée de traditions, écrit M. le Dr Rossi, dans ce pays où ce qu'on fait aujourd'hui s'y fait déjà depuis quarante siècles, se trouve une classe de personnes qui font leur profession du *Mandeb*. Les effets qu'ils produisent, méprisés jusqu'à ce jour par le mot banal de charlatanisme, sont les mêmes que M. Braid a annoncés dernièrement. Bien plus, comme vous l'aviez pressenti par inductions scientifiques, dans leurs mains, l'hypnotisme n'est que le premier anneau de la chaîne phénoménale qui se clôt par les phénomènes du somnambulisme magnétique.

« Voici comment ils opèrent :

« Ils font usage généralement d'une assiette en faïence et parfaitement blanche. C'est l'objet lumineux de M. Braid. Dans le centre de cette assiette, ils dessinent, avec une plume et de l'encre, deux triangles croisés l'un dans l'autre, et remplissent le vide de ladite figure géométrique par des mots cabalistiques ; c'est probablement pour concentrer le regard sur un point limité. Puis, pour augmenter la lucidité de la surface de l'assiette, ils y versent un peu d'huile.

« Ils choisissent, en général, un jeune sujet pour leurs expériences, lui font fixer le regard au centre du double triangle croisé. Quatre ou cinq minutes après, voici les effets qui se produisent. Le sujet commence à voir un point noir au milieu de l'assiette ; ce point noir a grandi quelques instants après, change de forme, se transforme en différentes apparitions qui voltigent devant lui. Arrivé à ce point d'hallucination, le sujet acquiert souvent une lucidité somnambulique aussi extraordinaire que celle des magnétisés.

« Il y a pourtant de ces *cheks* (ceux qui produisent ces phénomènes sont vénérés comme *cheks*) qui, plus simples dans leurs apparats, sans recourir aux figures géométriques et aux mots cabalistiques, font tout bonnement de l'hypnotisme et du somnambulisme à la manière de M. Braid, en faisant fixer le regard du sujet dans une boule de cristal, et, comme ils n'ont pas un Charrière pour leur confectionner quelque joli appareil, ils emploient une de ces boules qui servent, dans certaines maisons, de lampes en y mettant de l'huile. »

Le comte de Laborde, membre de l'Institut, obtint d'un sorcier arabe du Caire le secret *des apparitions dans le creux de la main*. Par ce procédé, un enfant quelconque « voit dans le creux de sa main, avec la même facilité qu'à travers une lucarne, des hommes se mouvoir, paraître et disparaître (1) ».

Ces méthodes de *fascination* sont les mêmes, ou tout au moins sont analogues à celles qui sont mises en usage, dans l'Afrique française, par les *gzanes* arabes et par les marabouts de quelques sectes religieuses d'Arabes habitant les frontières du Maroc. Dans une lettre publiée par l'*Union médicale*, dans le numéro du 2 janvier 1860, M. le Dr J. de Pietra Santa a donné la description suivante de deux procédés de fascination qui le rapprochent de celui que nous venons de voir :

« Le premier procédé fait partie, dit M. Pietra Santa, du bagage des *gzanes* arabes, bohémiennes, sorcières ou diseuses de bonne aventure.

« Le deuxième est mis en œuvre par les marabouts de certaines sectes religieuses des frontières du Maroc.

« Quand il s'agit de frapper l'imagination de la multitude, il faut, de toute nécessité, trouver des phénomènes compréhensibles pour tous et que chacun peut vérifier à l'instant. Parmi ceux-ci, il n'en est pas de plus évident que le sommeil ; la gzane devait donc, pour faire constater d'une manière irrécusable sa puissance morale et son influence surnaturelle, pouvoir endormir, à un moment donné, la personne qui avait recours à sa science occulte. Voici le moyen qu'elle emploie :

« Sur la paume de la main, elle décrit avec une matière colorante noirâtre un cercle, au centre duquel est indiqué un point également noir.

« En fixant attentivement ce cercle pendant quelques minutes, les yeux se fatiguent, comme on dit communément, ils papillotent et se

---

(1) *Revue des Deux-Mondes*, août 1840.

brouillent ; bientôt à la fatigue succède le sommei, au sommeil une sorte d'insensibilité dont elle profite pour exercer plus sûrement ses manœuvres.

« Je vous livre le fait dans toute sa nudité, sans commentaires, sans avoir la prétention d'en déterminer l'importance, et je passe au second.

« Sur une table, recouverte d'une nappe blanche, on place une bouteille ordinaire, remplie d'eau, derrière laquelle brûle une petite lampe.

« A quelques pas de distance, on fait asseoir commodément, sur une chaise, le *sujet* et l'on dirige ses regards vers le point lumineux placé devant lui. Au bout de quelques minutes, la personne éprouve de la lourdeur sur les paupières, puis peu à peu elles s'abaissent et le sommeil arrive. »

Pour compléter ce prestigieux effet, le marabout brûle des parfums (benjoin) derrière le sujet, ce qui complète son œuvre; en peu de temps, la personne soumise à ces pratiques tombe dans un état de complète anesthésie.

Revenons à notre charlatan, nous allons le voir pratiquer des prestiges de même nature et qui sont aussi d'origine arabe.

Nous lisons dans l'historien de l'Inquisition deux prodiges qui signalèrent son passage en Courlande et dont le premier répandit sa renommée en Europe : « Parmi les circonstances qui contribuèrent à sa haute réputation, la plus frappante sans doute fut l'événement qui justifia la prédiction qu'il avait faite sur Scieffort, à Dantzick. Cagliostro avait prédit la mort de cet illuminé célèbre. Scieffort se tua, en effet, d'un coup de pistolet. » Les maçons, qui étaient en grand nombre à Mittau, invitèrent le prophète à leurs loges ; il s'y rendit, et il y présida en qualité de chef et de visiteur. Ces différentes loges suivaient les dogmes et les rites de Scieffort, du Suédois Swedenborg et de M. Falc, pontife des juifs, qui sont tous regardés comme docteurs de la loi chez les illuminés..... Cagliostro fonda près d'eux une loge d'hommes et de femmes, avec toutes les cérémonies prescrites dans son livre. Il parla, comme vénérable, dans l'assemblée et il parla toujours bien, toujours soutenu, comme à l'ordinaire, de l'inspiration et de l'assistance de Dieu. Mais, tout cela n'ayant pas suffi pour éclairer ses auditeurs, il s'engagea à leur donner une preuve réelle de la vérité des maximes qu'il annonçait.....

« Il fit donc venir en loge un petit enfant, fils d'un grand seigneur; il le plaça à genoux devant une table, sur laquelle étaient une carafe d'eau pure et, derrière la carafe, quelques bougies allumées ; il fit autour de lui un exorcisme, lui imposa la main sur la tête, et tous deux, dans cette attitude, adressèrent leurs prières à Dieu pour l'heureux accomplissement du travail. Ayant dit alors à l'enfant de regarder sous la carafe, celui-ci s'écria tout à coup qu'il voyait un jardin. Connaissant par là que Dieu le secourait, Cagliostro prit courage et lui dit de demander à Dieu la grâce de lui faire voir l'ange Michel.

« D'abord l'enfant dit : « Je vois quelque chose de blanc, sans distinguer ce que c'est. » Ensuite, il se mit à sauter et à s'agiter comme un possédé, en criant : « Voilà que j'aperçois un enfant comme moi, qui me paraît avoir quelque chose d'angélique. » Et il en donna une description conforme à l'idée qu'on se fait des anges.

« Toute l'assemblée et Cagliostro lui-même restèrent interdits. Il attribua encore ce succès à la grâce de Dieu, qui, à l'entendre, l'avait toujours assisté et favorisé. Le père de l'enfant désira alors que son fils, avec le concours de la carafe, pût voir ce que faisait en ce moment sa fille aînée, qui était dans une maison de campagne distante de quinze milles de Mittau. L'enfant étant de nouveau exorcisé, ayant les mains du vénérable imposées sur sa tête, et les prières habituelles ayant été adressées au ciel, regarda dans la carafe et dit que sa sœur, dans ce moment, descendait l'escalier et embrassait un autre de ses frères. Cela parut alors impossible aux assistants, parce que ce même frère était éloigné de plusieurs centaines de milles du lieu où était sa sœur. Cagliostro ne se déconcerta pas ; il dit qu'on pouvait envoyer à la campagne pour vérifier le fait, et, tous lui ayant baisé la main, il ferma la loge avec les cérémonies ordinaires.

« On envoya, en effet, à la campagne : tout ce que l'on avait refusé de croire se trouva vrai. Le jeune homme, embrassé par sa sœur, venait d'arriver des pays étrangers. Les hommages, les admirations furent prodigués à Cagliostro et à sa femme.

« Il continua à tenir des assemblées selon son système et à faire des expériences avec la carafe et l'enfant. Une dame désira que la *pupille* ou la *colombe* vit un de ses frères qui était mort encore jeune ; l'enfant le vit en effet. « Il paraissait gai et content, ce qui me fit penser, dit Cagliostro, qu'il était dans un lieu de bonheur ; et je fus confirmé ensuite dans cette croyance, parce que, dans les informations que je fis, je sus qu'il avait vécu en bon protestant (1). »

Sa femme Seraphinia Felichiani était d'une beauté remarquable ; elle l'aida puissamment de ses charmes. Successivement fille de joie ou femme respectable, elle le soutint dans la lutte et ne l'abandonna pas dans le désastre de sa fin prématurée.

Ses traits, d'un charme puissant, ne laissaient pas un cœur indifférent et elle compléta merveilleusement le bandit auquel elle était acoquinée (cette moralité se tire de toutes les histoires où l'homme est taré ; c'est à croire que les femmes les préfèrent..... par dépravation instinctive).

La moralité de la compagne de notre charlatan était du reste au-dessous de la plus faible moyenne. Elle fut, dit-on, compromise avec son digne époux dans la triste affaire du *collier*.

Passons, Mesmer réclame notre attention.

Mesmer définit le magnétisme « la propriété du corps animé qui le

---

(1) *Vie de Joseph Balsamo, extraite de la procédure instruite contre lui à Rome en 1790*, chap. III, p. 124.

Seraphinia Felichiani
(d'après une estampe de la Bibliothèque nationale de Paris).

rend susceptible de l'influence des corps célestes et de l'action réciproque de ceux qui l'environnent, propriété manifestée par son analogie avec l'aimant ».

Paracelse le devança dans cette doctrine ; il faisait descendre des astres le principe conservateur et réparateur de tous les êtres sublunaires ; il enseignait la théorie des pôles ; que l'homme était doué d'un double magnétisme : l'un qui tirait à soi les astres et s'en nourrissait ; de là, la sagesse, la pensée, le sentiment ; l'autre qui tirait à soi tous les éléments et s'en nourrissait aussi, d'où le sang, la chair ; que la vertu attractive de l'homme était comme celle du karabé et de l'aimant et que, par cette vertu, l'aimantation des personnes saines attirait l'aimantation des malades (1).

Il professait, en outre, avec bien plus d'énergie que les magnétiseurs modernes, l'influence des matières magnétisées et la vertu sympathique des remèdes et même la *transplantation des maladies* (le transfert actuel).

Ficin, qui vivait en 1460, disait que l'âme affectée de désirs passionnés peut agir, non seulement sur son propre corps, mais encore sur un corps voisin, surtout s'il est plus faible.

Pomponace, vers la fin du xv° siècle, écrivait (2) : « Il y a des hommes qui ont la propriété salutaire et puissante, et ces propriétés s'exhalent par la forme de l'imagination et du désir ; elles sont poussées du dehors par l'évaporation et produisent sur les corps qui les reçoivent des effets remarquables. »

Ces théories trouvèrent un appui dans le remarquable traité du physicien anglais Gilbert Demaguete, *Sur l'aimant*, et l'on ne douta plus que les propriétés singulières de l'aimant ne présentassent tous les caractères du *principe universel*, sorte de fluide émanant des astres.

Le magnétisme était fondé et Mesmer ne sera plus qu'un écho, lorsqu'il dira, au siècle suivant : « Cette propriété du corps qui le rend susceptible de l'influence des corps célestes et de l'action réciproque de ceux qui l'environnent, manifestée par son analogie avec l'aimant, m'a déterminé à la nommer *magnétisme animal* ».

Nous passons rapidement sur Rumilius, Pharamond, Bettray, le chevalier Digby, pour arriver à Van Helmont, avec son livre (3) qui remit en honneur la théorie de Paracelse, et à Robert Fludd. Celui-ci n'admet qu'un élément primitif d'où émanent tous les autres qui en font des *modalités* (nous sommes bien proches) ; mais il ajoute : l'âme est une partie de ce principe, et la vertu attractive ou magnétique des corps et leur antipathie proviennent respectivement de l'émission, du centre à la circonférence ou de la circonférence au centre.

La médecine magnétique est fort développée dans son livre : *La*

---

(1) Paracelse, *De la peste*.
(2) Pomponace, *De naturalisum effectum admirandorum causis, seu de incantationibus*.
(3) Van Helmont, *De magnesica vuluerum naturali et legitima curatione*, etc.

philosophie de Moïse (1), qui fut combattu par le P. Kircher dans son *De arte magnetica* (De l'art magnétique), dans lequel il a réuni le plus grand nombre de faits.

Le P. Kircher est, entre autres choses, le premier auteur qui ait rapporté un fait curieux d'hypnotisme des poules.

On sait qu'il suffit d'étendre l'animal sur le sol, le bec contre le plancher, en le maintenant de la main, et de tracer une ligne à la craie, qui parte du bec de l'oiseau ; fixant alors ses deux yeux sur cette raie, la poule s'hypnotise ; on peut aussi hypnotiser l'animal en le prenant entre ses genoux et en fixant ses yeux.

Or, la manière de rendre les poules cataleptiques a été décrite dès l'année 1646. Le P. Kircher, dans son *Ars magna lucidæ et umbræ*, publié à Rome en 1646, dit, en effet (p. 154-155) :

« *Experimentum mirabile*. — Gallinam pedibus vinctam in pavimentum quodpiam depone quæ primo quidem se captivam sentiens, alarum succussione totiusque corporis motu, vincula sibi injecta excutere omnibus modis laborabit. Sed irrito tandem conatu de evasione, volutidesperabunda, ad quietem se componens, victoris de arbitrio sistet. Quieta igitur sic manente gallina, ab oculo ejusdem in ipso pavimento lineam rectam creta vel alio quovis coloris genere quæ chordæ figuram referat, duces. Deinde eam compedibus solutam relinques. Dico quo gallina, quantumvis vinculis soluta, minime tamen avolatura sit, etiamsi ad avolandum insti mulaveris. »

« *Expérience merveilleuse*. — Placez sur le sol une poule à laquelle vous aurez lié les pattes. D'abord, en se sentant captive, elle essayera, par une succession de mouvements des ailes et de tout le corps, de se débarrasser de ses liens. Mais après cet inutile effort, et comme désespérant de son évasion, se tenant en repos elle sera à votre merci. La poule, se tenant ainsi immobile, tirez sur le pavé, avec de la craie ou une autre matière qui laisse une trace colorée, une ligne droite qui parte de l'œil de l'oiseau. Ensuite délivrez-le de ses entraves et laissez-le. La poule, bien qu'elle soit débarrassée de ses liens, sera incapable de s'envoler même quand vous l'y inciteriez. »

Dans un autre ouvrage du même auteur (Rome, 1661), l'expérience est indiquée d'une manière presque identique.

Enfin, dans ses *Deliciæ physico-mathematica*, le Père Daniel Schwenter rapporte la même expérience.

Maxwell est le digne prédécesseur de Mesmer. On retrouve dans ses aphorismes toute la théorie qui illustrera le médecin allemand. Mais, jusqu'à présent, le magnétisme agit par sympathie (par suggestion) et à distance ; mais il ne se développe pas sous l'influence d'attouchements ni de passes.

Greatrakes (qui guérissait les écrouelles par simple attouchement)

---

(1) Rob. Fludd, *Philosophiæ mosaïcain quâ sapientia et sciencia creationis explicatur*.

Athanase Kircher
(d'après une estampe de la Bibliothèque nationale de Paris).

se crut revêtu de ce don par une secrète révélation ; il parait qu'il accomplit un grand nombre de cures ; il employait les passes, faisant descendre une douleur dans l'épaule jusqu'aux pieds, d'où elle sortait par l'orteil.

Un siècle plus tard, Gassner, en Souabe, exorcisait ses malades et les guérissait par attouchement et par suggestion. Le Père Hell, un physicien habile, s'adonnait, vers la même époque (fin du XVIII° siècle), à la médecine des aimants ; il fabriquait de petites pièces aimantées, de différentes formes, auxquelles il attribuait des vertus spécifiques pour le traitement des maladies.

Son procédé était des plus simples. D'après lui, les maladies proviennent de deux sources : elles étaient d'ordre naturel, et alors il les abandonnait au médecin ; ou elles provenaient de l'œuvre du démon, et alors il commençait son traitement par un exorcisme en règle.

Il obtint, dit-on, des cures merveilleuses ; plus de dix mille malades vinrent chercher ses soins, campant sous les murs de Ratisbonne, où ils ne pouvaient entrer.

La cure la plus célèbre qu'il ait jamais faite est celle d'une jeune fille du nom d'Émilie, probablement atteinte d'hystérie, qui, bien qu'elle suivit un traitement à Strasbourg, voulut se faire soigner par Gassner.

Elle était fille d'un seigneur allemand et méritait toute l'attention de son **magnétiseur**.

Aussi, il lui prodigua si bien ses exorcismes qu'il la plongeait dans d'épouvantables convulsions, qui se trouvaient suspendues dès qu'il prononçait le mot latin : *cesset* (que cela cesse) ; le diable qui possédait la jeune Émilie devait être fort savant, car il n'obéissait qu'aux ordres donnés en latin.

La malade offrait du reste un bel exemple de suggestivité : « Agitentur brachia », disait Gassner, et les bras s'agitaient ; « paroxysum veniat », ajoutait-il, et la crise atteignait son paroxysme ; « sit quasi mortua », prononçait-il, et elle tombait comme une masse, offrant tous les caractères apparents de la mort, le pouls battant à peine.

Or, tous ces impressionnants phénomènes cessaient à l'injonction : CESSET !

Il est curieux de remarquer que Mesmer parlant de Gassner avec l'électeur de Bavière estimait « que ce prêtre ne guérissait ses malades qu'en imagination » ; il fut cependant contraint plus tard « de lui accorder quelques dispositions particulières qui lui permettaient de faire du magnétisme animal sans le savoir », comme M. Jourdain faisait de la prose.

Mesmer.

C'est alors, en 1773, qu'apparaît l'apôtre du magnétisme, Mesmer, singulier mélange de charlatan et de savant, de philosophe et de marchand. Dans les premiers temps, il ne fit que propager la médecine des aimants; mais bientôt, s'affranchissant des travaux de ses devanciers, il présenta un corps de doctrine auquel il donna le nom de *magnétisme animal*, c'est-à-dire l'aimant ou l'aimantation appliquée au règne animal.

On a dit trop de bien et trop de mal de ce novateur, qui mérite bien qu'on s'arrête un instant. Mesmer n'a rien inventé, il a trouvé dans les ouvrages de Paracelse, de Kircher, de Fludd, de Maxwell, de Hell, peut-être même dans les expériences d'Elisha Perkins, les données de ses expériences. Les théories contenues dans ses aphorismes reposent sur un fluide universel, régi par des lois mécaniques qu'il ne peut déterminer, animé de mouvements complexes et établissant un rapport, un lien entre les corps célestes, la terre et les corps qui existent à sa surface. La caractéristique de ce fluide, c'est de recevoir et propager le mouvement.

Cette action se fait sentir sur l'homme à la façon de l'aimant et elle y développe des pôles opposés qu'on peut détruire, changer ou renforcer.

Ses premières expériences, ses premiers succès furent obtenus avec le P. Hell, à l'aide des aimants. Dans son premier mémoire, il s'exprime ainsi:

« La malade ayant éprouvé un renouvellement de ses accès ordinaires, je lui fis l'application sur l'estomac et aux deux jambes de trois pièces aimantées. Il en résultait, peu de temps après, des sensations extraordinaires; elle éprouvait intérieurement des courants douloureux d'une manière subtile, qui, après différents efforts pour prendre leur direction, se déterminèrent vers la partie inférieure et firent cesser pendant six heures tous les symptômes de l'accès. L'état de la malade m'ayant mis le lendemain dans le cas de renouveler la même épreuve, j'en obtins le même succès. »

Mais il abandonna bientôt les aimants et, rapprochant l'action magnétique de la force universelle, il en conclut sa théorie du magnétisme animal, obscure, équivoque quant à la théorie, remarquable dans la pratique.

L'amour de l'argent, du bruit et du succès gâta ses premières tentatives. Laissons de côté ces faiblesses et ne considérons que les observations.

Il commença d'appliquer à Vienne son nouveau système et fit des expériences qui, dit-il, furent un succès merveilleux.

Les exorcismes sur la jeune Emilie, pratiqués par Gassner.

Il raconte lui-même, dans les termes suivants, que Ingenhousz, membre de l'Académie royale de Londres, assista à ses expériences :

« Je le fis, dit-il, approcher de la malade, dont je m'éloignai, en lui disant de la toucher. Elle ne fit aucun mouvement. Je le rappelai près de moi et lui communiquai le magnétisme animal en le prenant par les mains ; je le fis ensuite approcher de la malade, me tenant toujours éloigné, et lui dis de la toucher une seconde fois ; il en résulta des mouvements convulsifs. »

Mais n'oublions pas que Mesmer était un novateur et que, tout charlatanisme à part, il y avait un fond réel de vérité dans ses cures. La Faculté de Vienne nécessairement l'invita à mettre fin à *ses supercheries*, et, en 1778, lorsqu'il vint à Paris, il commença par développer l'exposé de son système devant les savants et les médecins.

C'est lui-même qui dit : « Surpris de sa nature et de ses effets, ils m'en demandèrent l'explication. Je leur donnai mes assertions sommaires en dix-neuf articles. Elles leur *parurent sans aucune relation avec les choses établies.*

C'est du reste, encore aujourd'hui, le sentiment de ce corps sacrosaint qui, en 1874, se prononçait contre le magnétisme, comme vain et dangereux.

Vaincu sur le terrain scientifique(1), Mesmer s'empressa de donner un violent démenti aux savants en *us* en guérissant le plus de malades *incurables* qu'il put.

Un engouement, un enthousiasme indescriptible, répondirent à ses efforts. Ses procédés de magnétisation étaient de plusieurs sortes : ou bien il pratiquait par passes sur les bras et les épaules, puis prenait les pouces du sujet dans ses mains et recommençait les passes en descendant le long des membres.

Le plus souvent, il se contentait de toucher de la main ou du doigt les parties malades (plus souvent le ventre), ou bien il employait pour toucher ses malades une baguette de verre, de fer, d'acier ou d'or (souvent magnétisée) ; il connaissait et se servait de l'eau magnétisée ; mais son procédé personnel, c'est le baquet.

Le baquet de Mesmer consistait en un simple baquet de bois dans l'intérieur duquel étaient rangées, en convergeant vers le centre, des bouteilles d'eau magnétisée, immergées dans une certaine quantité d'eau. Parfois, on y ajoutait de la limaille de fer, du verre pilé, du sable

---

(1) Une jolie épigramme qui courut dans Paris vient sous ma plume :

> Le magnétisme est aux abois ;
> La Faculté, l'Académie,
> L'ont condamné tout d'une voix
> Et l'ont couvert d'ignominie.
> Après ce jugement bien sage et bien légal,
> Si quelque esprit original
> Persiste encore dans son délire,
> Il sera permis de lui dire :
> Crois au magnétisme... animal.

et du mâchefer. Des tringles partaient du centre de ce baquet, auxquelles des cordes étaient attachées. Les malades prenaient entre leurs mains ces tringles ou les cordes et, faisant la chaîne, ils s'approchaient le plus qu'ils pouvaient les uns des autres, se touchant les coudes, les genoux, les pieds, les cuisses, de manière à faire un tout dans lequel le fluide magnétique pût circuler.

Les résultats de cette application dépassèrent tout ce que l'imagination peut rêver de plus déréglé.

Mais au milieu de tous ses succès de praticien, il était vivement sollicité de donner « sa théorie ». Ne pouvant ou ne voulant la développer, il s'enfermait dans les succès de Mesmer, qui, outre qu'ils lui suscitaient bien des envieux, lui créaient des émules. Deslon, docteur régent de la Faculté de médecine de Paris, devint un de ses plus zélés prosélytes (1), puis, plus tard, son rival, ainsi que nous le disions plus haut.

Le rapport de 1784.

Malgré les faits vrais obtenus par Mesmer, l'Académie lui ferma toujours ses portes et se montra toujours d'une hostilité irréconciliable. Était-ce jalousie ? Ce qui est certain, c'est que Deslau paya pour Mesmer. Traduit devant la Faculté de médecine, il fut violemment incriminé d'avoir manqué aux traditions ! Il fut frappé de *suspension* et menacé de *radiation* s'il n'abandonnait le système de Mesmer. L'*inquisition laïque*, en un mot.

Devant cet état de choses, le gouvernement crut de son devoir d'intervenir. Il donna l'ordre à la Société royale de médecine, qui est aujourd'hui l'Académie de médecine, de faire un rapport sur le magnétisme.

Plusieurs membres de cette société, parmi lesquels se trouvait Laurent de Jussieu, furent désignés; plusieurs membres de la Faculté et cinq membres de l'Académie des sciences, dont trois étaient des hommes illustres: Franklin, Lavoisier, d'Arcet, Guillotin(!) et Bailly(!) en faisaient également partie. Deux rapports furent faits, l'un au nom de la Société royale, l'autre au nom de la Faculté et de l'Académie des sciences. Voici les conclusions de ce dernier, dû à Bailly (11 août 1784) :

« Les commissaires ayant reconnu que le fluide magnétique animal ne peut être aperçu par aucun de nos sens; qu'il n'a eu aucune action ni sur eux-mêmes, ni sur les malades qu'ils lui ont soumis; s'étant

(1) On comptait à cette époque plus de trente docteurs magnétisants (Thomas d'Onglée). Ils ne faisaient pas difficulté de recevoir les honoraires de leur traitement... mais ils *démolirent* Mesmer. Il est peu prudent de s'aventurer dans cette compagnie.

Mesmer (d'après la gravure de Pujot).

assurés que les pressions et les attouchements occasionnent des changements rarement favorables dans l'économie animale, et des ébranlements toujours fâcheux dans l'imagination ; ayant enfin démontré que l'imagination sans magnétisme produit des convulsions, et que le magnétisme sans imagination ne produit rien, ils ont conclu d'une voix unanime sur la question de l'existence et de l'utilité du magnétisme, que rien ne prouve l'existence du fluide magnétique animal ; que ce fluide sans existence est, par conséquent, sans utilité ; que les violents effets que l'on observe au traitement public appartiennent à l'attouchement, à l'imagination mise en action et à cette imitation machinale qui nous porte malgré nous à répéter ce qui frappe nos sens. Et en même temps, ils se croient obligés d'ajouter comme une observation importante : que les attouchements, l'action répétée de l'imagination pour produire des crises, peuvent être nuisibles ; que le spectacle de ces crises est également dangereux, à cause de cette imitation dont la nature nous semble nous avoir fait une loi ; et que, par conséquent, tout traitement en public où les moyens *du magnétisme* sont employés ne peut avoir à la longue que des effets funestes. » Et la Salpêtrière !

Tel était le rapport qui devait être publié ; le second, le secret, concernait les mœurs. Les femmes, y est-il dit, ont les nerfs mobiles, l'imagination vive, « semblables à des cordes sonores parfaitement tendues et à l'unisson ; il suffit d'en mettre une en mouvement, toutes les autres à l'instant le partagent. » Elles vont au magnétisme, sans être malades, par oisiveté, par amusement. La proximité obligée d'un magnétiseur, la chaleur individuelle communiquée, les regards confondus sont les voies connues de la nature et les moyens qu'elle a préparés de tout temps pour opérer immanquablement la communication des sensations et des affections.

Les pratiques, qui consistent à tenir une femme entre ses genoux, à appliquer la main sur les hypocondres et quelquefois plus bas, sur les ovaires, sont des dangers publics.

Le rapport continue ainsi :

« Souvent l'homme, ayant sa main gauche ainsi appliquée, passe la droite derrière le corps de la femme ; le mouvement de l'un et de l'autre est de se pencher mutuellement pour favoriser ce double attouchement. La proximité devient la plus grande possible, le visage touche presque le visage, les haleines se respirent, toutes les impressions physiques se partagent instantanément, et l'attraction réciproque des sexes doit agir avec toute sa force. Il n'est pas extraordinaire que les sens s'allument ; l'imagination, qui agit en même temps, répand un certain désordre dans toute la machine ; elle surprend le jugement, elle écarte l'attention, les femmes ne peuvent se rendre compte de ce qu'elles éprouvent, elles ignorent l'état où elles sont.

« Les médecins commissaires, présents et attentifs au traitement, ont observé avec soin ce qui s'y passe. Quand cette espèce de crise se prépare, le visage s'enflamme par degrés, l'œil devient ardent, et c'est le signe par lequel la nature annonce le désir. On voit la femme baisser la tête, porter la main au front et aux yeux pour les couvrir; sa pudeur habituelle veille à son insu et lui inspire le soin de se cacher. Cependant, la crise continue et l'œil se trouble : c'est un signe non équivoque du désordre total des sens. Ce désordre peut n'être point aperçu par celle qui l'éprouve, mais il n'a point échappé au regard observateur des médecins. Dès que ce signe a été manifeste, les paupières deviennent humides, la respiration est courte, entrecoupée; la poitrine s'élève et s'abaisse rapidement; les convulsions s'établissent,

Le baquet magnétique (Mesmer).

ainsi que les mouvements précipités et brusques, ou des membres ou du corps tout entier. Chez les femmes vives et sensibles, le dernier degré, le terme de la plus douce des émotions, est souvent une convulsion; à cet état succèdent la langueur, l'abattement, une sorte de sommeil des sens, qui est un repos nécessaire après une forte agitation. »

Heureuse Académie qui ne voyait dans le magnétisme que la satisfaction d'un organe! Je vois à cette époque le docte M. Charcot réputé comme un honteux libertin! *Prô pudor!*

Le second rapport (celui de la Société royale de médecine, 16 août 1784) concluait à ce que le magnétisme animal fût interdit comme dangereux et nuisible à la santé.

Bien que ces deux libelles (comment qualifier autrement cette sottise) fussent tirés à quatre-vingt mille exemplaires, jamais proscription n'a été promulguée avec cette vigueur. 80,000 exemplaires pour cette époque!

Expérience du P. Hell, de Vienne, pratiquant la médecine à l'aide des aimants.

Le résultat fut... un redoublement de vogue pour Mesmer, qui y gagna une fortune.

Un seul savant, honnête homme, se refusa à signer le rapport de l'Académie des sciences. Laurent de Jussieu, étranger à la coterie, publia le 12 septembre un rapport particulier.

Malgré les cris de douleur des académiques, ils ne peuvent empêcher qu'il n'ait écrit :

« Ces faits sont peu nombreux et peu variés, parce que je n'ai pu citer que ceux qui étaient bien vérifiés et sur lesquels je n'avais aucun doute. Ils suffiront pour faire admettre la possibilité ou l'existence d'un FLUIDE ou *agent qui se porte de l'homme à son semblable, et exerce parfois sur ce dernier une action sensible.*

« De cette réunion de faits et de conséquences particulières il résulte que le corps humain est soumis à l'influence de différentes causes, les unes internes et morales, telles que l'imagination ; les autres externes et physiques, comme le *frottement*, le *contact* et *l'action d'un fluide émané d'un corps semblable*. Ces dernières causes, mieux examinées, se réduiront à une seule, plus simple et plus universelle, qui est l'*action générale des corps élémentaires ou composés dont nous sommes entourés*. Elle est uniforme et souvent sensible, mais toujours manifestée par ses effets. Si l'on réfléchit sur celle du fluide contesté, sur l'identité des effets qu'il produit avec ceux qui dépendent du frottement et du contact, on n'hésitera pas à reconnaître dans ces trois cas une action différemment exercée. Celle du frottement, vive et rapprochée, imprimera une sensation plus forte, plus sûre et plus générale. L'action du contact sera plus adoucie, mais différente selon l'état des organes. Celle du fluide dirigé de plus loin doit être généralement peu sensible et n'affecter que certains êtres plus susceptibles des moindres impressions. Mais comment s'opère cette triple action ? Quel est le principe qui s'insinue ainsi dans les corps ? Le frottement et le contact y portent la chaleur. *Cette chaleur serait-elle le fluide dont l'existence est si débattue ?* »

Pouvait-on mieux dire, et n'est-ce pas à croire que Jussieu était occultiste ! Quoi qu'il en soit, cette loyale protestation rachète la partialité du *fameux* rapport.

Mais le règne de Mesmer commençait à déchoir. Il se retira en 1784 avec une très grande fortune et mourut en Suisse, dans l'opulence, à quatre-vingt-un ans (15 mars 1815).

Une légende veut que, lorsque Bailly, devenu maire de Paris, fut conduit par la populace ivre vers l'échafaud révolutionnaire où il devait perdre ignominieusement la vie, un homme, un seul, au milieu de la foule se découvrit sur son passage. C'était Mesmer !... saluant son ennemi.

Somnambulisme artificiel.

Ce que la commission académique ne sut pas démêler entre les phénomènes qui constituaient les crises, c'est ce que de Puységur devait avoir le mérite de faire.

Ce que la *grande* commission ne vit pas, c'est que, dans bien des cas, le regard seul avait suffi, et que, dans presque toutes les circonstances, l'appareil de Mesmer ne servait qu'à fixer l'attention du sujet. Ce qu'elle ne voulut pas voir, c'est que Jumelin, dans les traitements auxquels assistèrent les commissaires, produisait des crises sans aucun attirail.

C'est cependant aux phénomènes du somnambulisme artificiel que les savants s'attacheront, sans vouloir en reconnaître la découverte originale.

Mesmer avait formé tant d'élèves qu'en un instant les provinces et jusqu'à l'Amérique (avec les compagnons de Lafayette) furent initiées au secret du mesmerisme.

De Puységur (1), un des plus zélés mesmeriens, ne pouvant réussir à magnétiser tous ceux qui se présentaient, eut l'idée de magnétiser, à l'instar de Mesmer, un orme séculaire de sa terre de Buzancy, sous les rameaux duquel pendaient des cordes que les malades prenaient de leurs mains pour recevoir les décharges du fluide salutaire.

« Je continue à faire usage de l'heureux pouvoir que je tiens de M. Mesmer, et je le bénis tous les jours, car je suis bien utile et j'opère bien des effets salutaires sur tous les malades des environs. Ils affluent autour de mon arbre; il y en avait ce matin plus de *cent trente.* C'est une procession perpétuelle dans le pays; j'y passe deux heures tous les matins : mon arbre est le meilleur baquet possible; il n'y a pas une feuille qui ne communique de la santé; chacun y éprouve plus ou moins de bons effets; vous serez charmé de voir le tableau d'humanité que cela représente. Je n'ai qu'un regret, c'est de ne pouvoir pas toucher tout le monde; mais mon homme, ou pour mieux dire, *mon intelligence* me tranquillise. Il m'apprend la conduite que je dois tenir : suivant lui, il n'est pas nécessaire que je touche tout le monde, *un regard, un geste,* UNE VOLONTÉ, c'en est assez; et c'est un paysan, le plus borné du pays, qui m'apprend cela. Quand il est en crise, je ne connais rien de plus profond, de plus prudent et de plus *clairvoyant;* j'en ai plusieurs autres, tant hommes que femmes, qui approchent de son état, mais aucun ne l'égale, et cela me fâche; car

---

(1) Ils étaient trois; c'est le comte Chastenet de Puységur (Armand-Marc-Jacques), né à Paris en 1750, dont il s'agit.

L'Académie des sciences, au temps de Mesmer. Le cabinet de l'Académie au Louvre, d'après Sébastien Le Clerc.

mardi prochain, adieu mon conseil, cet homme n'aura plus besoin d'être touché ; et, certes, aucune curiosité ne m'engagera à me servir de lui sans le but de sa santé et de son bien. Si vous voulez le voir et l'entendre, arrivez donc au plus tard dimanche. »

Cet homme dont il parle était un paysan, nommé Victor, âgé de vingt-trois ans. Victor était atteint d'une fluxion de poitrine. Il alla le voir le 4 mai. A son grand étonnement, il le vit tomber dans un sommeil paisible, puis se remettre à parler de ses affaires. En l'examinant, de Puységur s'aperçut qu'il pouvait *à sa volonté* diriger ses pensées,

Les arbres remplacent le baquet de Mesmer.

lui faire croire qu'il assistait à une fête, qu'il jouait, etc. Bientôt il eut dix sujets, mais aucun ne lui parut aussi bon que Victor.

Le magnétisme, sur un terrain solide, ne va pas manquer de porter ses fruits. La devise de Puységur est « *croyez et veuillez* », mais en conservant au fluide électrique tous ses droits. C'est ainsi que ses sujets pouvaient, en touchant un malade qui leur était présenté, sentir quelle était la partie souffrante et que, en outre, ils voyaient le fluide entourer comme une auréole le magnétiseur (od-fluide des magnétiseurs de de Rochas).

On voit qu'avec de Puységur le baquet disparaît ; il est remplacé par cet orme fameux de Buzancy, qui ne tarda pas à faire école. On rechercha longtemps d'où provenait le fluide magnétique qui s'écoulait de l'orme séculaire.

Les arbres magnétisés ont eu pendant longtemps la vogue, et Deleuze, dans son *Instruction pratique sur le magnétisme animal*, a énuméré, en les discutant, les diverses qualités des différentes essences qu'il convient de choisir pour magnétiser.

Le somnambulisme provoqué marche dès lors à grands pas. De Puységur ne croyait pas au *magnétisme-sens* de Mesmer, il l'attribuait à l'*électricité animale*.

Cette porte de terrain neutre permit (sous le couvert de l'électricité) à beaucoup de médecins de faire du magnétisme ; on les appelait *magnétiseurs électriques*. Quels enfantillages!

Dès 1787, le D{^{r}} Petetin, président perpétuel de la Société de médecine de Lyon, avait découvert certains phénomènes de catalepsie, mais sans en fixer le symptôme, lorsqu'un jour, appelé chez une malade d'un tempérament sanguin et d'une constitution vigoureuse, il trouva le malade dans un état de prostration absolue, ayant presque perdu les sens ; il constata, en outre, « un pouls insensible, une respiration nulle, une face décolorée, un corps froid, un épigastre météorisé. » La physionomie, dit-il, « exprimait l'étonnement, le globe de l'œil, couvert par les paupières, exécutait un demi-mouvement de rotation d'un angle à l'autre. » On la croyait morte, mais Petetin soutint le contraire, et peu à peu on la vit revenir à elle-même. Le docteur ayant alors soulevé un des bras de la malade, ce membre garda la position qu'on lui avait donnée... Petetin avait découvert la *catalepsie*.

Outre qu'il connaissait fort bien les phénomènes de somnambulisme provoqué (1) et en acceptait les résultats, il fit connaître un phénomène auquel on a donné le nom de transposition des sens (nous en parlerons au sujet du somnambule Alexis).

La Révolution et ses sanglantes journées vinrent arrêter les progrès de la science nouvelle.

Nous approchons du moment où le magnétisme va devenir l'hypnotisme, et déjà la limite entre les deux est pénible à tenir. L'abbé Faria, avec son procédé de suggestion orale, sera étudié plus tard.

Un esprit plus libéral semblait cependant animer les savants. Laplace, Cuvier, Arago, voyaient dans le magnétisme autre chose que ce qu'y avait reconnu la commission de 1784.

Deleuze, un savant sincère, doit prendre place ici. Moins heureux que de Puységur, il ne put recevoir la leçon de Mesmer ; il fut longtemps avant de se décider à publier son *Histoire du magnétisme*, et encore le fit-il avec une réserve extrême. Bibliothécaire du Jardin des Plantes, ses sages écrits l'ont fait surnommer l'*Hippocrate du magnétisme animal*. Le plus important est son *Histoire critique du magnétisme animal*, qui parut en 1813 et qui produisit une impression profonde.

La prudence de Deleuze et son manque de hardiesse lui créèrent plus d'ennemis que ne lui en aurait occasionné un parti pris évident, et, malgré qu'il essayât de concilier tout le monde, il écrit mélancoliquement dans un *Mémoire sur la faculté de prévision* :

« Lorsque je publiai, dit-il, la première édition de mon *Histoire critique du magnétisme animal*, en 1813, je me suis imposé une

---

(1) Petetin, *Mémoire sur la catalepsie*, 1{^{re}} partie, p. 28.

La salle des crises magnétiques.

grande réserve sur toutes les questions délicates et problématiques, me contentant d'exposer les faits, que tout le monde peut vérifier, et

Le Dr Cloquet (d'après un portrait du temps), le premier qui ait fait une opération chirurgicale sans douleur pendant le sommeil magnétique.

les principes absolument nécessaires pour se diriger dans l'application du magnétisme. Je voulais me concilier les naturalistes et les physi-

Le Dr Roux (d'après un portrait du temps), un des adversaires les plus acharnés du magnétisme animal.

ciens, en montrant la concordance des phénomènes que j'annonçais et des lois qui les régissent, avec les phénomènes et les lois dont ils reconnaissent la vérité. *Cette réserve ne m'a pas beaucoup servi.* La plupart des hommes versés dans la physique et la physiologie ont fait peu d'attention aux preuves que j'avais rassemblées, et *ils ont été aussi éloignés d'examiner une modification particulière dans l'ordre des choses qu'ils admettent, qu'ils l'auraient été d'adopter un système subversif de leurs doctrines*. Je serais moins timide aujourd'hui. »

Passons sur le procédé du chevalier Barbarin, qui obtenait ses résultats par l'exaltation de l'âme, par la prière ou l'amour ; ce fut aussi l'idée des *spiritualistes* qui substitua à l'âme de Barbarin la lumière spiritualisée et mobilisée par les anges.

Le mysticisme de ces spiritualistes semble dériver de la doctrine de Swedemborg, dont les adeptes avaient, dès l'apparition du magnétisme en France, fondé à Stockholm une société qui devint bientôt célèbre.

Du reste, dès 1763, Swedemborg écrivait : « L'homme peut être élevé à la lumière céleste, même en ce monde, si les sens corporels se trouvent ensevelis dans un sommeil léthargique. »

Dès 1819, un jeune docteur, dont le nom est resté célèbre, Alexandre Bertrand, ancien élève de l'École polytechnique, ouvrait un cours de magnétisme et de somnambulisme. Quelques années après, il publiait un traité du somnambulisme. Dans sa physiologie du système nerveux, Georget défendait cette doctrine, mais l'importance du magnétisme animal se soutenait encore plus par des faits et des observations.

Les expériences de Du Potet (1820) à l'Hôtel-Dieu forcèrent l'attention ; nous y reviendrons.

Récamier posa plusieurs moxas sans que le sommeil des patients en fût troublé. Le Dr Oudet procédait à l'extraction, sans douleur, d'une dent à une malade ; le Dr J. Cloquet faisait à une femme, Mme Plantain, de la rue Saint-Denis, à Paris, l'amputation d'un sein pendant le sommeil magnétique (1829).

Rien n'entamait la cristalline conviction de l'Académie, dont les membres, Roux, chirurgien de l'Hôtel-Dieu, Capuron, Dubois, etc., soutenaient que certains malades supportaient sans sourciller les opérations les plus douloureuses et que le magnétisme n'était pour rien dans les cas d'Oudet et de Cloquet.

L'observation faite sur Catherine Samson ne les convainquait pas. Cependant, ce sujet de Du Potet avait montré non seulement l'anesthésie, mais encore l'absence de toute perception sensorielle produite par d'autres que par le magnétiseur (impression du magnétiseur. — V. de Guaita — impression du premier mâle sur la femelle dans la reproduction).

Sur la proposition de Foissac (1), l'Académie nomma, en 1831, une commission chargée de se livrer à un nouvel examen du magnétisme.

Avec la sûreté de jugement qui la caractérise, cette fois elle accepta tout. Husson, médecin de l'Hôtel-Dieu, qui en était le rapporteur, concluait de la façon suivante :

(1) Remarquons que l'Académie n'a ainsi étudié avec impartialité que les travaux du Dr Deslau, du Dr Foissac, du Dr Berna ; quant aux travaux des autres magnétiseurs, elle veut les ignorer.

Le marquis de Puységur
(d'après une estampe de la Bibliothèque nationale de Paris).

Il reconnaissait que les effets du magnétisme sont nuls sur des personnes bien portantes et sur certains malades; qu'ils sont souvent peu marqués chez certains autres ; qu'ils proviennent parfois de l'ennui ou de l'imagination, enfin qu'on les a vus se développer, indépendamment de ces causes, très probablement sous l'*influence du magnétisme seul.*

C'était une adhésion formelle au magnétisme et une adhésion brillante, motivée. Le rapport finit par accepter comme démontrés par l'expérience, non seulement les faits de somnambulisme provoqué,

Le Dr Dubois (d'Amiens), rapporteur de la commission nommée en 1837 par l'Académie de médecine.

mais les faits *de clairvoyance, de vision intérieure, de prévision.*

La commission reconnaît les faits; mais, dans sa voulerie, elle fait *autographier* le rapport, au lieu de le faire *imprimer*, traîne d'atermoiement en atermoiement, évite la discussion et finit par enterrer son rapport. Chute admirable, digne du commencement.

En 1837, sur la proposition d'un jeune magnétiseur, le Dr Berna, une nouvelle commission fut nommée; Roux, dont nous venons de parler, l'ennemi du magnétisme animal, fut pris comme président et Dubois (d'Amiens) désigné comme rapporteur. Les expériences portèrent sur *deux* somnambules.

Si, dans sa naïve honnêteté, Husson avait vu beaucoup, Dubois (d'Amiens) ne vit rien. Il *démolit* magnétiseurs, magnétisme, somnambule; d'après lui, rien n'existe, tout est illusion et même supercherie dans le magnétisme.

Ah! cette fois-ci, les conclusions de Dubois (toujours d'Amiens) furent acclamées.

Il est vrai que le rapport était appuyé des noms de Bouillaud, qui cependant jouissait d'un certain mérite, de Cloquet, dont nous venons

Le Dr Bouillaud (d'après une gravure du temps),
membre de la commission nommée en 1837 par l'Académie de médecine.

de parler, d'Emery, de Caventou, de Cornac, d'Oudet, qui vers la fin de 1836 (14 novembre) avait procédé à l'extraction d'une dent sur une

Le Dr Pelletier (d'après un portrait du temps),
membre de la commission nommée en 1837 par l'Académie de médecine.

personne plongée dans le sommeil magnétique, et enfin de Pelletier, dont le nom a joui d'un renom justifié.

Le 17 juillet, l'Académie entendait le rapport, dont la partialité est

Le fameux arbre de Buzancy (*fac-similé du frontispice de l'ouvrage de Puységur*).

évidente, qui concluait : « Aurions-nous trouvé autre chose dans des faits plus nombreux, plus variés et fournis par d'autres magnétiseurs ? C'est ce que nous ne chercherons pas à décider. » En voilà de la science ! Husson défendit les conclusions de son rapport trop visiblement attaquées.

A la suite de cette mémorable discussion, où Husson avait tenté d'élever la voix en faveur de la vérité, une proposition surgit tout à coup : le Dr Burdin (séance du 5 septembre 1837) proposa un prix de trois mille francs au somnambule ou à la personne quelconque qui pourrait lire sans le secours des yeux et de la lumière.

Trois *docteurs* présentèrent leur sujet : le Dr Pigeaire, le Dr Hublier et le Dr Teste.

Avec une rigueur académique des expériences eurent lieu.

Cullerre (1) rapporte, au sujet de ces expériences, que :

Pigeaire, de Montpellier, avait une fille qui, plongée en somnambulisme, donnait des preuves d'une lucidité étonnante. Il l'amena à Paris et l'exhiba devant de nombreux personnages étrangers à la science, qui s'empressèrent d'attester sa clairvoyance. Avec un épais bandeau sur les yeux, elle lisait couramment et jouait aux cartes. Lorsque enfin, après une longue période employée à étonner un public incompétent, il se décida à la présenter à la commission académique, il refusa toutes les garanties exigées. La commission suspectait avec raison le bandeau (2) et voulait y substituer une simple feuille de papier, interposée entre le livre et les yeux de la somnambule. Pigeaire refusa obstinément : « Pensez-vous, leur disait-il, qu'une somnambule soit un instrument de physique, qu'on le manie à son caprice. Un masque, fût-il de verre, s'opposerait à la production du phénomène en brisant le rapport qui semble s'établir entre la somnambule et l'objet qu'elle considère.

A ce sujet, H. Delaage (*Le monde occulte et les mystères du magnétisme*) dit ceci :

« On a imprimé que jamais les somnambules n'avaient pu lire dans les académies ; à cela nous répondrons d'abord qu'on n'a pas laissé concourir Alexis (il n'était pas docteur), ensuite que le Dr Burdin a laissé sans réponse une lettre qui lui était adressée par Marcillet et qui lui proposait la lecture à travers les corps opaques.

« L'Académie avait encore fait une *gaffe* (passez-moi ce mot), car de ce fait que les somnambules n'auraient pas lu au travers d'une boîte, il ne s'ensuivait pas qu'ils ne pussent présenter tels autres phénomènes curieux et moins aléatoires.

(1) Cullerre, *Hypnotisme*.
(2) Il a été maintes et maintes fois démontré qu'un bandeau, de quelque genre qu'il soit, posé sur les yeux, finit par se déplacer et permettre la filtration de quelques rayons lumineux jusqu'à l'œil. Qu'on ajoute que les somnambules sont douées parfois d'une hyperacuité sensorielle considérable et qu'un intervalle de plusieurs heures s'écoulait souvent avant qu'elles pussent manifester leur clairvoyance, et l'on comprendra les réserves de l'Académie.

« Chaque sujet, en général, a des propensions marquées vers un certain ordre de phénomènes dont il sort peu ; on peut les classer, et il n'y a rien d'étonnant à ce que la vue au travers d'objets opaques ne soit pas une caractéristique du magnétisme. Comme dit Dumas, il en est de la lucidité comme des ballons qui s'élèvent, mais qu'on ne dirige pas. »

Depuis cette époque, l'Académie dort sur ses lauriers (oreiller commode pour la paresse), elle se refuse à l'examen, elle repousse la lumière.

Une réaction violente, une de ces réactions qui enlèvent les académies et les académiciens, est en train de s'opérer et le magnétisme (non l'hypnotisme) fait des adeptes tous les jours.

Espérons que l'Académie, dans son quatrième rapport, se lavera de la honte d'avoir fait signer (1784) la formule suivante à ses membres :

Aucun docteur ne se déclarera partisan du magnétisme animal, ni par ses écrits, ni par sa pratique, SOUS PEINE D'ÊTRE RAYÉ DU TABLEAU DES DOCTEURS RÉGENTS.

Elle ferait peut-être bien de méditer ces paroles de Montaigne :

« C'est une hardiesse dangereuse et de conséquence, oultre l'absurde témérité qu'elle traisne quand et soy, de mespriser ce que nous ne concevons pas : car aprez que, selon vostre bel entendement, vous avez estably les limites de la vérité et de la mensonge, et qu'il se trouve que vous avez nécessairement à croire des choses où il y a encore plus d'estrangeté qu'en ce que vous niez, vous vous estes desia obligé de les abandonner... »

Ce n'est pas à dire qu'il n'y ait pas de magnétiseurs. Regazzoni (de Pergame) était, au dire de Delaage, un magnétiseur doué d'une puissance magnétique vraiment extraordinaire. « Sa physionomie étrangement énergique fascine les femmes comme le faucon fascine la colombe. Son tempérament est tellement chargé d'électricité vitale qu'il serait foudroyé lui-même par des attaques de catalepsie, s'il ne foudroyait et ne cataleptisait les autres. C'est, sans contredit, le magnétiseur dont l'influence s'étend au plus grand nombre de sujets chez lesquels il suspend la pulsation ou l'accélère à volonté et qu'il rend de véritables automates qui agissent surnaturellement dominés par l'empire de sa volonté souveraine, où ils puisent une vie qui, les affranchissant des défaillances de la faiblesse humaine, leur permet de tenir sans fatigue, à bras tendu, pendant plusieurs heures, un verre rempli d'eau, et de fixer autant qu'il le veut, dans l'extase et le ravissement, la flamme d'une bougie approchée de leur prunelle immobile. Il commence par plonger ses somnambules dans un sommeil cataleptique ; en cet état, elles se laissent transpercer les joues, les lèvres et le nez avec des aiguilles, sans qu'aucun muscle de leur visage ne trahisse le moindre sentiment de douleur ; elles présentent leurs mains à la flamme ardente avec autant d'intrépidité que Mucius Scévola, et, à l'impassibilité souriante de leurs traits, au lieu de la langue de feu qui

J.-P. Deleuze (d'après une estampe de la Bibliothèque nationale de Paris).

dévore cruellement leur chair, on croirait que c'est la langue d'un chien fidèle qui lèche leurs doigts. Une machine électrique qui foudroierait un bœuf est sans effet sur ses sujets en catalepsie, dont il rend tous les sens insensibles à sa volonté et que, dans sa toute-puissance, il peut foudroyer à cinq cents pas de distance. Son pouvoir va si loin que plusieurs fois nous l'avons vu gonfler le sein de ses sujets au point de déchirer leur robe. La plus curieuse expérience est la nymphonie (il ne fait cette expérience que devant des médecins et des physiologistes), car, dans cet état, les femmes arrivent à un tel degré de fureur que ce ne sont plus des femmes, ce sont des bacchantes. Il produit l'extase à l'aide de la musique : ses sujets en cet état ont des expressions de tête merveilleuses, des splendeurs de traits surnaturelles, se tiennent dans des positions impossibles, se renversent sur l'épine dorsale. En résumé, Regazzoni fait craindre le magnétisme autant qu'il y fait croire : c'est la foudre métamorphosée en homme. »

Près de ce magnétiseur au fluide puissant, qui nous rappelle les Lassaigne, les Lafontaine, les Donato, les Montani de notre époque, se place la sympathique figure du baron Du Potet, l'homme charitable par excellence dont toutes les forces furent tendues pour l'application du magnétisme à la guérison des maladies.

C'est un sujet trop spécial pour nous que d'entreprendre la discussion de la possibilité des cures signalées par les magnétiseurs ; les preuves scientifiques de la possibilité de ce fait se trouvent dans l'ouvrage si remarquable de M. de Rochas d'Aiglun (1).

Les observations de Du Potet et de Teste n'ont jamais été infirmées, que je sache.

Que l'on flétrisse la vénalité des magnétiseurs « d'argent », dont la simple attraction consiste à faire passer un écu de votre poche dans la leur ; que l'on s'élève contre ces somnambules louches qui vous dénoncent le voleur de votre montre (peu leur coûte de faire poursuivre un innocent), mais, dans les cas désespérés de maladie, lorsque les médecins (officiels) ont abandonné le malade aux forces de la nature, là le véritable magnétiseur reprend son rôle ; toute maladie, qu'on le sache bien, peut recevoir un grand soulagement de la magnétisation d'un homme à l'âme forte, au corps sain.

Outre l'immense consolation que l'on peut apporter à l'esprit suggéré du malade, le corps physique peut encore être soulagé. Folie, dira-t-on. Folie si l'on veut, mais folie sainte, qui place celui qui la met en pratique à la hauteur du sacerdoce qu'il doit remplir.

(1) De Rochas d'Aiglun, *Les états profonds de l'hypnose;* Paris, Chamuel, 1892.

Le fluide des magnétiseurs.

Maintenant que la science officielle s'est emparée du bagage des magnétiseurs et l'a transfiguré sous le nom d'hypnotisme, un abîme divise encore les deux sectes.

C'est le fluide.

Les magnétiseurs moins instruits se rattachent à leurs anciennes théories.

Les hypnotiseurs les *tombent* du haut de leurs chaires.

De Humboldt l'a dit : « Un jour viendra où les forces qui s'exercent paisiblement dans la nature élémentaire comme dans les cellules délicates des tissus organiques sans que nos sens aient encore pu les découvrir, reconnues enfin, mises à profit et portées à un haut degré d'activité, prendront place dans la série indéfinie des moyens à l'aide desquels, en nous rendant maîtres de chaque domaine particulier dans l'énergie de la nature, nous nous élèverons à une connaissance plus intelligente et plus animée de l'empire du monde. »

C'est ce qu'a tenté de faire M. de Rochas d'Aiglun.

Nos lecteurs se trouvent préparés à ce qui va suivre par la lecture du chapitre de l'unité dans la nature et du paragraphe relatif à l'od.

Cette fiction d'artiste qui nous représentait une vierge radieuse, dont les doigts lançaient des rayons, devient une réalité de la loi commune (pour les sensitifs). Pourquoi?

Parce qu'il existe dans la nature quelque chose d'infiniment subtil que les sensitifs aperçoivent, mais que nous ne voyons pas. De ce fait que nous n'en connaissons pas la nature, convient-il d'en nier l'existence ? Ce quelque chose, qui n'est pas l'électricité, ni la lumière, ni la chaleur, mais procède de chacun, est l'*od*.

En un temps où, sous couleur d'hypnotisme, on fait du magnétisme, il est curieux de rappeler que ce quelque chose semble être le *fluide des magnétiseurs*. Pourquoi?

Parce que, d'après les hypothèses présentées plus haut, l'od et le thélesme ne seraient autre chose que des modalités de la force universelle. Or, l'od, étant une modalité de la force universelle, est une force physique qui s'appelle *volonté* du magnétiseur et communique plus ou moins de mouvement et, par suite, peut changer la manière d'être du passif.

Les plus prudents parmi les savants eux-mêmes finissent par franchir le seuil du mystère. M. Charcot, plus que tout autre, s'est engagé sur une voie qui mène loin. Il s'en est aperçu, et, sagement, s'est assis! Son œuvre, à lui, est faite! Mais ses disciples voudront pénétrer plus avant. Dans quelle voie entreront-ils!

Le baron du Potet.

La moindre expérience jette le physiologiste dans un grand embarras. Une des plus banales est la suivante, jusqu'à ce jour inexpliquée :

On met sous les yeux d'un sensitif des morceaux de papier blanc, puis on lui persuade que sur l'un d'entre eux il y a une image que l'on décrit. On mêle ces papiers de toute façon, et le sensitif retrouve celui qui doit sensément porter l'empreinte ; il le retourne, comme pour une image véritable, s'il lui est présenté la tête en bas. Il voit l'image, la décrit fidèlement et, très longtemps après, la voit et la décrit encore.

M. Darwan a dit : « Si elle voit l'image, c'est qu'elle y est. Il n'y a pas de doute : son acharnement à ne la voir que sur le papier où elle doit être et à la voir dans la position exacte en est une preuve. Mais les assistants n'ont pas autant qu'elle le sens de la vue subtile. »

Cependant, le Dr Charcot n'a rien dessiné, lui objecta-t-on. « Non, mais il a pensé, répliqua M. Darwan. Et la pensée est de la matière en mouvement, dirigée par l'intelligence. Tous les atomes nécessaires pour le portrait furent imprimés par lui, à son insu, sur le papier. »

C'est là une hypothèse bien hardie, qui nous repousse aux croyances de la magie.

Et cependant pourquoi n'y pas avoir confiance lorsqu'on voit un professeur, en plein xixe siècle, à l'hôpital Saint-Louis, devant tous, dessiner par la pensée sur le dos ou la poitrine d'un sujet des lettres qui surgirent de la peau et restèrent indélébiles.

Mystère, si l'on veut, mais qui expliquera ce fait, rappelé par M. de Rochas, que Chevreul a confessé avoir *influencé son pendule enregistreur*, tant qu'il fut sous l'empire très puissant d'une certaine croyance ? Il déterminait donc un phénomène physique, qui ne cessa que lorsque *sa volonté* (od ou thélesme) et sa foi n'intervinrent plus.

Nous aurons, du reste, occasion de revenir sur ces phénomènes dans le chapitre relatif à la suggestion.

Si nous en croyons un magnétiseur, M. Ricard, la volonté ou le fluide peut exercer une action à distance même sur des objets inanimés.

« Je pense, dit-il, que le temps n'est pas encore venu de dire tout ce que l'on a appris par la pratique du magnétisme ; mais un jour viendra, et ce jour est probablement peu éloigné, où les hommes qui ont étudié sérieusement la science que nous cultivons *montreront au monde savant des choses qui confondront les principes arrêtés, qui ablmeront les systèmes reçus*, etc.

« Un matin, ajoute-t-il, que je me promenais sur la belle promenade du Peyrou, à Montpellier, quelques nuages vinrent obscurcir la pureté du ciel, naguère si serein ; une pluie douce répandait sur les beaux arbres de ce lieu délicieux les bienfaits d'une fraîcheur modérée. *J'essayai* de donner aux nuées qui se trouvaient au-dessus de ma tête une impulsion assez vive, dans le sens du courant qu'elles suivaient. Le hasard voulut qu'au bout de quelques minutes *il cessât de pleuvoir à la place où je me trouvais*, tandis que l'eau du ciel continuait de tomber *sur tous les autres points de la promenade*. Ce hasard n'est-il pas singulier? »

Ce hasard est d'autant plus *singulier* qu'il se reproduisit encore à Toulouse, chez M. Édouard de Puycousin.

Nous ne disons pas que le fait soit *vrai*, mais il est *possible*.

Tout aussi *possible* que celui qui est *vrai* et que nous rapportons plus loin : l'extériorisation de la sensibilité. Comme nous aurons lieu d'y revenir lorsque nous étudierons le corps astral, nous nous contentons de citer ici un article de l'*Éclair* (27 février 1892) qui résume bien la question :

« L'extériorisation de la sensibilité, entendez par là que la sensibilité se transporte au dehors et que, pour souffrir, par exemple, le sujet n'a pas besoin d'être touché, il suffit que soit touché on ne sait quel rayonnement invisible émané de lui-même.

« Nous allons nous faire mieux comprendre.

« Le sujet dort du sommeil magnétique. La sensibilité disparait à la surface de sa peau, mais elle reparait plus loin. Si on lui pince la chair, il ne sent rien ; mais si on pince, en apparence, dans le vide, à une distance qui peut être de plusieurs mètres, il le sent. Si l'on passe à cette distance et dans un prolongement déterminé la flamme d'une bougie, il éprouve la désagréable sensation de la brûlure.

« Il s'est formé autour de son corps une couche sensible, séparée de sa peau. Cette couche traverse toutes les substances. Elle peut passer, par les murs, d'une pièce dans l'autre. Ainsi, on peut toucher, dans la chambre où il n'est pas, un sujet qui ressentira l'attouchement dans la pièce où il se trouve.

« Cette expérience a été faite chez M. de Rochas, il y a quinze jours, en la présence de plusieurs personnes, au nombre desquelles nous comptions.

« Ce fluide, ce véhicule inconnu, n'est vaincu que par un seul corps : l'eau. Il ne la traverse point ; il s'y arrête. Ainsi, on peut donc, dans un verre, recueillir de la sensibilité humaine. On l'a fait.

« M. de Rochas a mis en contact son sujet — une jeune femme — avec un verre d'eau, par l'imposition des mains sur le verre. L'eau a gardé, toute la soirée, sa propriété sympathique. Si on la buvait — à l'insu du sujet et celui-ci même éveillé — la jeune femme souffrait. Nous avons mis le doigt dans cette eau et, sans que le sujet s'en doutât, deux heures après la vitalisation de ce liquide, nous avons approché le doigt mouillé d'un poêle, la jeune femme a crié, comme si sa propre chair brûlait.

« C'est là un fait absolu. Il a été répété, et toujours avec le même succès. L'eau du verre faisait partie intégrante de la vie de cette personne, et tout ce qu'on faisait faire au liquide l'intéressait au même titre que ce qu'on eût fait à son propre corps.

Sous l'influence de la suggestion, les sensitifs voient une image sur une feuille de papier blanc.

« Qu'est-ce que cette couche sensible? Les sujets qui la voient la dépeignent lumineuse. Des flammes, disent-ils, sortent du corps humain qui rayonne. Mais tout cela est vague.

« Nous ne pouvions, en si peu de place, faire autre chose que signaler cette découverte nouvelle. Elle apparaîtra fantastique à ceux qui ne réfléchissent point. Nous les renverrons au beau discours que M. Lodge prononça comme président de l'Association française pour l'avancement des sciences. « N'existe-t-il pas une lacune, a-t-il demandé, dans nos connaissances, entre l'idée consciente d'un mouvement et l'énergie musculaire nécessaire à son accomplissement? Et, s'il en est ainsi, comment pouvons-nous savoir si un corps ne peut être mis en mouvement que par un acte de volonté, sans le contact matériel auquel nous sommes habitués? »

« La sensibilité s'extériorise, se recueille, se met en bouteille. C'est un fait. Pourquoi? M. de Rochas, qui le constate, n'a pas l'outrecuidance de le dire. »

Force neurique ou rayonnante.

Il y a quelques années (en 1881), le docteur Baréty (1) a exposé à la Société de Biologie un nouvel essai d'explication des phénomènes qui nous occupent par la théorie du fluide magnétique.

« Si nous examinons, dit-il, quelles sont les forces connues qui se développent dans le corps humain vivant, nous voyons que le double travail extérieur et intérieur auquel l'homme est soumis incessamment pour favoriser son développement, comme sa conservation et sa propagation, exige une dépense considérable de force. Or, cette force, constamment renouvelée, sous peine de mort, se manifeste sous différentes formes, qui sont la chaleur, la contractilité musculaire, l'électricité et enfin la force nerveuse.

« C'est la force nerveuse elle-même ou tout au moins un de ses dérivés les plus prochains qui se manifeste dans cette série de faits que la science s'est longtemps refusée à admettre.

« Cette force, nous l'appellerons *force neurique*, *agent neurique*, *neuricité*. Dans son essence et son action, elle présente certaines analogies frappantes avec d'autres forces, qui sont : la chaleur, la lumière, l'électricité et le magnétisme.

« La force neurique aurait donc son siège dans le système nerveux. Mais elle n'y reste pas emprisonnée tout entière; en un mot, elle n'y est pas utilisée intégralement pour les diverses fonctions auxquelles ce

(1) Baréty (de Nice), *Des propriétés physiques d'une force particulière du corps humain (force neurique rayonnante), connue vulgairement sous le nom de magnétisme animal;* Paris, 1887.

système préside. Une partie s'en échappe en quelque sorte, pour rayonner en dehors dans l'espace, d'où l'épithète de *rayonnante*, pour la distinguer d'une autre portion qui circule dans le corps humain le long des fibres nerveuses et d'une deuxième portion qui, selon toute probabilité, y existe à l'état de repos relatif.

« Il serait donc permis d'avancer que la force neurique ou *neuricité* existe dans le corps de l'homme sous deux états : 1° à l'*état statique* constituant l'activité propre des éléments nerveux, fibres et cellules, et admise sous le nom de *neurilité*, pour les fibres nerveuses (Vulpian), tandis que l'activité propre des cellules nerveuses proprement dites n'a pas encore reçu de dénomination spéciale ; 2° à l'*état dynamique*, comprenant une circulation intérieure le long des fibres nerveuses et un rayonnement ou expansion au dehors. »

D'après M. Baréty, le fluide neurique s'échappe du corps humain par trois points différents et principaux : 1° par les yeux ; 2° par l'extrémité libre des doigts ; 3° par la bouche, dans le souffle.

Pour essayer de doser cette force nerveuse rayonnante, M. Baréty a eu recours à des procédés tels que ceux qu'on emploie dans l'étude de l'optique. C'est ainsi qu'il a expérimenté avec des lentilles, des miroirs et des prismes, et qu'il a pu constater que la *force neurique* obéissait exactement aux mêmes lois que les rayons lumineux, dans les déviations qu'on lui fait subir au moyen de ces instruments.

Il a observé que ce fluide se propage en ligne droite, obéit aux lois de la réflexion sur les surfaces polies, se réfracte au travers d'une lentille et produit un spectre se décomposant sur un prisme.

Cette force neurique rayonnante n'est autre que le fluide odique ou le fluide magnétique de Mesmer et des magnétiseurs qui ne l'ont connue qu'empiriquement, tandis que M. Baréty l'a pliée à toutes les exigences des lois de la physique moderne.

Comme l'électricité, la lumière et les autres forces étudiées en physique, la force neurique pourrait traverser des corps opaques, affectionnerait des corps plus ou moins conducteurs et s'échapperait par les pointes.

Un fluidiste, M. Baragnon, va jusqu'à écrire : « Je ne suis pas éloigné de croire, après Newton et Mesmer, que tout homme est entouré d'une atmosphère particulière sur laquelle réagit son organisme, c'est-à-dire que chaque être physique a un milieu à lui. Charpignon appuie cette hypothèse d'un champ magnétique des paroles suivantes, qui sont au moins curieuses à connaître :

« On admet un agent impondérable, qui vivifie le corps humain, rayonne et se polarise dans certaines circonstances et détermine alors des effets appelés magnétiques. »

Et plus loin :

« On reconnaît à certains animaux la faculté de vivre plusieurs mois sans manger, sans qu'il y ait chez eux altération de la vie ; telles sont les marmottes qui dorment six mois de l'année.

Magnétisation des objets inanimés. Le magnétiseur Ricard dirige les nuages.

« On est convaincu qu'il existe des poissons qui possèdent une certaine quantité de fluide électrique et qui ont la faculté de les mettre dehors, telles la torpille et la gymnote.

« Ces faits sont extraordinaires et exceptionnels, mais enfin ils existent et bien d'autres encore.

« Il est un grand nombre de faits qui dépendent de la volonté qu'on peut exercer sur soi-même, sans l'intervention d'un agent physique ; mais il n'en est pas de même pour les effets que l'on veut produire sur son semblable ; il faut le secours d'un agent matériel. Ce sont là des phénomènes inexplicables comme la plupart de ceux qui nous entourent.

« Quand des faits positifs, bien qu'extraordinaires, se présentent à nos yeux, doit-on d'abord les repousser ? Ne faut-il pas en déduire plutôt que nous ignorons les lois qui régissent la nature, et qu'avec toute notre science nous sommes bien ignorants ?

« Ainsi, lorsque nous reconnaissons à certains animaux, oiseaux, poissons et reptiles, des propriétés particulières, pourquoi nous refuser à admettre que l'homme, cet être supérieur, puisse posséder en lui une faculté produite par le fluide nerveux? Pourquoi nier que cette propriété puisse être curative et vitale, lorsqu'elle est communiquée ? Avons-nous sondé tous les mystères de la création? Chaque jour ne vient-il pas nous révéler l'immensité des choses de ce monde et les bornes de notre intelligence ? Où sont les limites entre le possible et l'impossible ? »

Les états profonds de l'hypnose.

M. de Rochas d'Aiglun, qui a procédé à une classification logique des phénomènes hypnotiques, va nous donner les éléments de ce paragraphe. Il est bien difficile de résumer, même brièvement, en quelques lignes, une théorie aussi complexe. Essayons néanmoins :

M. de Rochas admet d'abord les trois phases classiques de la Salpêtrière ; il pense que les expérimentateurs, « redoutant un rapprochement avec les magnétiseurs », se sont bornés à opérer soit avec des agents très faibles, soit par des procédés dont l'effet n'est qu'accidentel (fixation du regard, qui cesse dès que le sujet a les yeux fermés).

Les magnétiseurs, à l'aide de leurs *passes*, ne font pas attention aux phénomènes initiaux ; ils ne s'arrêtent que lorsqu'ils reconnaissent à certains signes que le sujet est dans l'état de lucidité qu'ils désirent.

Entre les deux, il y a une série d'état, que M. de Rochas a relevés dans son livre : *Les forces non définies :*

1° État de crédulité ;

2° Léthargie;
3° Catalepsie;
4° Léthargie;
5° Somnambulisme;
6° Léthargie;
7° État de rapport;
8° Léthargie.

Dans l'état de rapport, le sujet n'est en rapport qu'avec le magnétiseur, quel qu'il soit. Dans la première phase de cet état, le sujet perçoit la sensation provenant d'autres agents que le magnétiseur, mais ces sensations lui paraissent désagréables.

Dans la seconde phase, le magnétisé ne perçoit que les sons, les mouvements de son magnétiseur. Si une autre personne joue du piano, le sujet ne l'entend pas, à moins que le magnétiseur ne lui touche l'oreille, auquel cas il entend.

La caractéristique est un état de béatitude absolue.

Dans cet état, le sujet voit (l'od) le fluide qui s'échappe des doigts, des yeux, de son magnétiseur, ainsi que nous l'avons dit au chapitre de l'unité dans la nature.

A l'état de lucidité, le sujet peut être mis en rapport avec d'autres personnes; il voit les organes intérieurs de ceux avec qui il est en rapport par rapport à lui; par exemple : « Il y a dans l'oreille une petite peau comme dans la mienne; mais je vois un bouton que je n'ai pas et ce bouton suppure. »

Dans cet état, le sujet reconnaît aussi la trace laissée par le contact d'un étranger, même plusieurs jours après.

Nous sommes obligé de passer sur maints faits intéressants, particulièrement sur les preuves certaines de gens ayant possédé des facultés spéciales de sympathie et de vision intérieure.

C'est ici le cas de citer une observation curieuse faite par MM. Luys et Encausse à la Charité, au sujet du transfert de maladies nerveuses.

La question du transfert d'états névropathiques variés, qui a été si nettement mise en lumière dans ces derniers temps par les travaux de notre collègue Babinski, vient de s'enrichir de faits nouveaux que M. Encausse, mon chef de laboratoire, et moi, avons tout récemment constatés.

Il ne s'agit plus, dans le cas présent, du transfert par contact magnétique d'un état névropathique quelconque (paralysies, contractures, anesthésies, etc.) d'un sujet qui prend ainsi, grâce à l'intervention d'un aimant interposé, l'état morbide de son partenaire, mais bien du transfert réel, à distance, sur une couronne de fer aimanté servant de substratum matériel, d'un état névropathique quelconque, d'un sujet transféreur (paralysie, contractures, vertiges, etc.), à l'état de veille, à un sujet en état hypnotique.

On peut ainsi, le sujet hypnotisé étant dans une chambre voisine, enlever la couronne de dessus la tête du sujet *transféreur*, porter à la main ladite couronne aimantée qui est chargée de l'état névropathique, comme s'il s'agissait d'un véritable accumulateur chargé de fluide électrique, et provoquer des réactions similaires. Ce sont là des faits nouveaux et qui sont des déductions logiques des premiers travaux qui ont été faits sur la matière, et dont un grand nombre de médecins ont été à même de vérifier tous les jours l'exactitude dans mon service à la Charité.

Voici comment nous opérons :

La couronne aimantée consiste en une lame de fer curviligne qui embrasse circulairement la courbe cranienne. Sa continuité est interrompue au niveau de la région frontale, et chaque extrémité libre de la demi-couronne représente un pôle de l'aimant. Un spectre magnétique fait avec la limaille de fer et photographié donne une image fidèle du rayonnement magnétique.

Empiriquement, j'applique le pôle nord sur la tempe droite (j'indiquerai plus loin le motif de cette disposition) et j'interpose entre la tempe gauche et l'autre pôle un tampon de linge pour assurer la prédominance d'action du pôle au contact de la peau. Une armature faite à l'aide de bandelettes de cuir permet de fixer la couronne sur la tête horizontalement et de la maintenir dans les conditions indiquées qui me paraissent jusqu'à présent les plus favorables à la manifestation du phénomène.

Soit maintenant un sujet A, frappé d'hémiplégie droite et en état de veille; nous appliquons, ainsi que je viens de l'indiquer, la demi-couronne sur sa tête, le pôle nord à droite, et nous la maintenons horizontalement pendant environ cinq minutes. Au bout de ce temps, sans proférer aucune parole, nous la plaçons sur la tête d'un sujet B, préalablement mis en état de léthargie hypnotique et placé dans une chambre voisine. Presque instantanément, le sujet B perçoit une secousse comme une petite décharge électrique; tout son côté droit devient hémiplégique, et, quand on le dirige vers le réveil et que, suivant les procédés usuels, on le fait passer en catalepsie, puis en somnambulisme lucide, à ce moment, dis-je, il parle, il a pris la personnalité du sujet hémiplégique, il a la parole embarrassée, il a le bras pendant, il marche en fauchant. En un mot, la personnalité morbide du sujet transféreur hémiplégique réel s'est incarnée avec tous ses caractères sur le sujet transféré avec une véritable précision. Au réveil, cet état transitoire disparaît instantanément sous l'action de suggestion impérative.

La force nerveuse morbide accumulée sur la couronne aimantée ne s'éteint pas immédiatement une fois qu'elle s'est déchargée sur le premier sujet.

Elle peut persister encore pendant quelque temps, et j'ai pareillement constaté que, lorsqu'elle était demeurée quelque temps en contact avec les sujets en expérience, au bout d'une demi-heure, et quelquefois au bout de deux heures, elle était encore suffisamment active pour se révéler par des effets appréciables (1).

J'ai pu ainsi transporter à distance, à l'aide de cette même couronne, les contractures des extrémités inférieures d'un sujet de mon service atteint de myélite traumatique et ayant les membres inférieurs très douloureusement contractés, des névralgies faciales et sciatiques, et — chose bien étrange assurément ! — des états cérébraux, des troubles encéphaliques, tels que des vertiges, des étourdissements, des sensations d'épuisement intellectuel et de perte de mémoire.

Tous ces états névropathiques, qu'ils soient d'ordre somatique ou d'ordre psychique, paraissent donc obéir aux mêmes lois du transfert et pouvoir, au gré de l'expérimentateur, être ainsi imposés à des sujets hypnotisés qui peuvent transitoirement leur servir de récepteurs et s'en imprégner d'une façon complète au grand avantage de leur amélioration curative.

En suivant cet ordre d'idées, on est amené naturellement à rechercher si, dans l'emploi de ces méthodes nouvelles, il ne serait pas possible d'entrevoir des moyens nouveaux applicables à la thérapeutique des maladies mentales. Il va y avoir là un problème de premier ordre qui va se poser aux esprits chercheurs. Car, en partant de ce point de départ réel et indiscutable, en vertu duquel on peut transférer à un sujet des états neurologiques morbides appartenant à un autre, on est amené à se demander si la réciproque ne serait pas également vraie et si, par exemple, sur un cerveau troublé, congestif, en période d'excitation ou de dépression, il ne serait pas possible de transférer les forces nerveuses accumulées d'un cerveau à l'état physiologique ?

A une époque où l'audace du chirurgien n'a plus de limites en fait de thérapeutique mentale, à une époque où M. Burckard (de Préfargier) annonce, au congrès de Berlin, qu'il a pu guérir certains cas de folie à l'aide de l'extirpation de certaines régions de l'écorce, on peut dire que, dans ce domaine spécial de la pathologie, tout est possible et que les tentatives les plus en dehors des idées normalement reçues sont souvent couronnées de succès inespérés.

Tous ces faits appartenant au domaine de l'hypnotisme, paraissent significatifs, remettent en lumière et revivifient sous une forme nouvelle certaines pratiques appartenant à toutes les phases de l'humanité, ces tendances au surnaturel que l'on retrouve comme fond commun de toutes les religions.

Est-ce que ces transferts à distance de forces neuriques et psychi-

(1) Des expériences récentes m'ont permis de constater que l'état neuromagnétique de la couronne aimantée était susceptible de persister un temps plus prolongé. Au bout de quarante-huit heures, une couronne magnétique placée sur la tête d'un sujet atteint de torticolis, et placée par mégarde, quarante-huit heures après, sur la tête d'un sujet hypnotisé, a révélé son activité persistante par des troubles de torticolis similaires, et cela s'est fait naturellement, sans que nous nous doutions que cela puisse se passer !

ques à l'aide d'un substratum matériel, par une simple couronne aimantée, ne rappellent pas à l'esprit l'action mystérieuse des talismans et des amulettes, des sortilèges des sorciers? Et, enfin, dans le monde catholique, l'Église n'admet-elle pas comme un de ses dogmes fondamentaux que certains corps matériels, certaines reliques ou objets bénits emportent avec eux à distance certaines grâces spéciales, émanées de celui qui les a consacrés?

Ne sont-ce donc pas là des représentations parallèles des mêmes phénomènes d'ordre psychique que nous venons d'exposer, et n'est-on pas amené à dire que, dans ce domaine si curieux des choses de l'hypnotisme, malgré les apparences, on ne trouve rien de nouveau, et qu'on ne fait que faire revivre d'anciennes choses oubliées dans l'évolution mentale de l'humanité?

Mais revenons aux expériences de M. de Rochas, dont nous empruntons le résumé au *XIXe Siècle* (7 août 1892).

Nous avons vu ce que M. de Rochas désignait sous le nom d'état de rapport. Donc, si l'on a poussé le sujet ainsi jusqu'à l'état de rapport en le chargeant d'électricité au moyen soit d'une machine statique, soit d'une pile, soit d'un aimant — car ces agents divers peuvent être employés à provoquer le sommeil hypnotique, aussi bien que les passes, — celui-ci perçoit seulement la personne en contact avec l'instrument qui a produit l'hypnose.

Or, quand ils sont en cet état de rapport, les sujets magnétisés chez qui le fait avait été jadis observé par les magnétiseurs — la sensibilité a disparu à la surface de l'épiderme — présentent une *extériorisation* de cette sensibilité. Tout autour du corps il existe une *couche sensible*, séparée de la peau par quelques centimètres, de telle sorte que, si le magnétiseur ou une personne quelconque vient à pincer, piquer ou caresser la peau du sujet, celui-ci ne sent rien, tandis que, si le *magnétiseur* fait les mêmes opérations sur la couche sensible, le sujet éprouve les sensations correspondantes.

Cette couche sensible est plus ou moins épaisse, suivant que le sommeil magnétique est lui-même plus ou moins profond. Avec des sujets particulièrement impressionnables, elle peut atteindre plusieurs mètres d'épaisseur et, fait infiniment curieux, elle n'est pas arrêtée par les corps matériels. Il suit de là qu'une personne dont la sensibilité est extériorisée peut percevoir une action mécanique exercée par son magnétiseur, séparé d'elle cependant par une cloison solide, tandis qu'elle serait incapable de rien ressentir s'il venait à la toucher réellement.

La réalité de l'envoûtement.

Ce fait, qui en lui-même ne laisse pas d'être infiniment curieux, comporte des conséquences imprévues du plus vif intérêt.

Grâce à lui, en effet, M. de Rochas est arrivé aujourd'hui à démontrer la réalité de cette étrange et sinistre pratique familière à la magie noire des sorciers du Moyen âge, que l'on nomme l'envoûtement.

Le nécromant modelait en cire une statuette sur le modèle de son ennemi, l'habillait à peu près de la même manière ; au milieu d'incantations, il perçait d'une longue aiguille le cœur de cette statuette, ou la jambe ou la tête, et celui qui représentait la statuette ressentait la douleur à la tête, à la jambe ou mourait.

Depuis beau temps on ne croit plus à de semblables maléfices, et seules les gens naïfs et infiniment superstitieux peuvent encore frémir en entendant raconter que tel personnage enfonçait des aiguilles dans la poitrine d'une poupée, pensant tuer de loin, comme d'un coup de poignard, l'ennemi détesté.

Eh bien ! peut-être convient-il d'en rabattre et les sorciers ne faisaient-ils pas une œuvre aussi vaine qu'on l'admet ordinairement.

L'extériorisation de la sensibilité, en effet, va nous démontrer expérimentalement la réalité des phénomènes de l'envoûtement.

L'envoûtement expérimental.

Un sujet sensible à l'action magnétique est mis en état de rapport de telle sorte que sa sensibilité puisse s'extérioriser. A ce moment, on remet en ses mains un verre contenant de l'eau.

Au bout de quelques minutes, l'eau s'est chargée d'une certaine quantité de *fluide sensible extériorisé* par le sujet. Le magnétiseur prend alors le verre des mains du magnétisé et, se plaçant loin de celui-ci, de manière à ne pas être vu, approche avec précaution le verre de sa bouche.

Or, à peine une *seule goutte* du liquide vient-elle à lui effleurer les lèvres, que l'on voit brusquement le sujet, pris d'un spasme violent, tomber à la renverse à la façon d'une personne frappée d'une attaque subite et que la vie vient d'abandonner. Et, de fait, il semble que pareil accident serait à craindre si l'on ne prenait de suite le soin de rendre au sujet ce qu'il a perdu, de *lui faire boire sa vie* en quelque sorte, en lui faisant avaler jusqu'à la dernière gorgée le liquide magnétisé.

Et ceci est une expérience de laboratoire qui, à l'heure présente, a été réalisée à différentes reprises par M. de Rochas, devant des témoins instruits et bons observateurs.

La durée du phénomène.

L'extériorisation de la sensibilité peut avoir une durée prolongée. Ainsi, M. de Rochas nous racontait dernièrement, qu'ayant provoqué la cristallisation brusque d'une solution sursaturée d'hyposulfite de soude, chargé au préalable de sensibilité par un sujet hypnotique, ce sujet, au moment de la solidification du liquide, éprouva une crise nerveuse tellement violente qu'il s'évanouit.

Mais ce n'est pas tout : dix jours après, M. de Rochas, voulant savoir si la solution cristallisée avait conservé, après ce long espace de temps, la sensibilité dont elle avait été chargée, plongea dans la masse la lame d'un poignard.

Au même instant, le sujet, qui n'avait pas vu l'acte de M. de Rochas, poussa un cri perçant et tomba à la renverse, en portant les mains à sa poitrine, comme si on venait de l'y blesser.

On le voit ici, nous sommes bien voisins de l'envoûtement des sorciers du Moyen âge. Eh bien ! le pas qui restait à faire, M. de Rochas l'a franchi.

A la façon des envoûteurs de jadis, en effet, il modela une petite statuette de cire rouge qu'il chargea de la sensibilité extériorisée d'une jeune femme.

A partir de ce moment, il semble que la vie du sujet fût liée au sort de la poupée.

Si l'on touchait la poupée, la femme éprouvait une pulsation, et quand M. de Rochas enfonçait une épingle dans la cire le sujet se plaignait d'être piqué et frottait instinctivement de la main la partie de son corps qu'elle croyait atteinte.

Le portrait envoûté.

Cette réalisation vraiment parfaite de l'envoûtement ancien, M. de Rochas vient de la pratiquer d'une façon infiniment moderne.

Cette fois, en effet, ce n'est plus à une statuette de cire que l'on a eu recours, mais à une plaque photographique. M. de Rochas, après avoir chargé fortement de sensibilité extériorisée une plaque sensible, employa cette plaque à faire le portrait du sujet.

Il obtint ainsi une épreuve qui demeura en rapport avec le sujet photographié si bien que, chaque fois qu'il touchait l'image, le sujet se sentait touché lui-même.

Poussant plus loin son expérience, M. de Rochas égratigna à deux reprises, de la pointe d'une épingle, le pellicule photographique à l'endroit où apparaissait l'image de la main.

Au même instant, le sujet s'évanouit, tombant en contracture et, à son réveil, on constata qu'il présentait sur les mains ou les parties correspondantes à celles touchées sur la photographie deux stigmates rouges semblables à ceux produits par les éraflures.

La magie justifiée.

Dans la magie, on retrouve les mêmes phénomènes, à cela près que M. de Rochas a besoin que son sujet s'y prête, qu'il le soumet à des expériences spéciales, qu'il se met en rapport avec lui, tandis que le sorcier opérait à l'insu de son ennemi. Cependant, les deux *envoûtements* sont bien proches parents.

Il est curieux de rapprocher de ce fait que cette sorte de maléfice qui consistait à piquer au cœur la figure de cire se soit retrouvée chez les peuples de l'Amérique du Nord.

Est-ce que la connaissance du magnétisme serait universelle, comme une loi de la nature ?

CHAPITRE XX

PHÉNOMÈNES DE SUGGESTION

Définition : Série de phénomènes, encore peu expliqués, qui consistent dans l'influence prochaine ou à distance d'un médium sur son sujet, autrement dit dans la substitution partielle de la volonté du médium à celle de son sujet.

Autorités : Faits généralement reconnus : Liébault, Bernheim, Beaunis, Bouru et Burot, Luys, le docteur en droit Liégeois, etc.

Preuves : Des expériences multiples, faites très scientifiquement, ne laissent aucun doute sur la réalité des faits, que l'on a peut-être un peu exagérés parfois, mais qui sont absolument vrais.

Fraudes : Assez difficiles, bien que se produisant parfois.

Les phénomènes de suggestion présentent un haut intérêt dans les sciences qui nous occupent; l'école de Nancy, qui en a été la promotrice, est accusée, par celle de Paris, de ne connaître qu'une partie des faits, que le *petit hypnotisme*.

Les savants les plus connus de cette école sont, avec le Dr Liébault, les professeurs Bernheim, Beaunis, etc.

Je trouve l'exposé des moyens qu'emploie le Dr Liébault dans une étude du Dr Delbœuf (1), professeur à l'Université de Liège, sur le magnétisme animal.

« Il fait asseoir son sujet, lui pose la main sur le front, et, sans même le regarder, lui dit : « Vous allez dormir. » Puis, pour ainsi dire immédiatement, il lui ferme les paupières, en lui assurant qu'il dort. Il lui lève le bras et lui dit : « Vous ne pouvez plus baisser le bras. » S'il le baisse, M. Liébault n'a pas même l'air de le remarquer. Il lui fait ensuite tourner les bras, en lui assurant que le mouvement ne pourra pas être arrêté; ce disant, il tourne lui-même ses propres bras avec

---

(1) Delbœuf, *Le magnétisme animal, à propos d'une visite à l'école de Nancy*, cité par Foveau de Courmelles (*L'hypnotisme*).

vivacité, le malade tenant toujours les yeux fermés, et il parle, parle sans cesse, d'une voix forte et vibrante. Puis les suggestions commencent : « Vous allez vous guérir ; les digestions seront bonnes, votre sommeil sera bon, vous ne tousserez plus, la circulation sera libre et régulière ; vous allez sentir beaucoup de force dans vos membres, vous allez marcher avec facilité, etc. »

Cette même méthode généralement appliquée a été expérimentée particulièrement en Russie, même à l'état de veille. Dans la gravure ci-contre, on voit le magnétiseur suggérer à son sujet qu'il ne peut plus baisser le bras et, en effet, celui-ci est impuissant à faire mouvoir ce membre.

Comme on le voit, c'est surtout la suggestion qui joue un rôle important dans cette école. Du reste, ses adeptes n'admettent pas de phases dans le sommeil provoqué, mais des degrés variables suivant leur intensité (1).

Le professeur Bernheim assure que les sujets sont nombreux qui peuvent être endormis par persuasion, c'est-à-dire par suggestion.

Dans les premières épreuves, l'opérateur leur fait fixer un objet, ses doigts ou ses yeux, pendant qu'il leur insinue, par des paroles convenables, l'idée du sommeil : « Vous allez sentir une lourdeur dans les paupières, une fatigue dans vos yeux ; vos yeux clignotent ; ils vont se mouiller ; la vue devient confuse ; les yeux se ferment. »

Quelques sujets dorment immédiatement. Chez d'autres, il faut insister davantage, multiplier les suggestions : « Vos paupières sont collées, vous ne pouvez plus les ouvrir ; le besoin de dormir devient de plus en plus profond, vous ne pouvez plus résister. » L'expérimentateur ajoute, sur un ton tantôt impérieux, tantôt doux, suivant les sujets : *Dormez !* » et le patient se met à dormir. Beaucoup de sujets se trouvent influencés dès la première séance, d'autres au bout de quelques séances seulement. Puis l'entraînement marche rapidement, et bientôt il suffit, en les regardant, d'étendre les doigts devant leurs yeux et de prononcer l'injonction « *dormez !* » pour que le sommeil se produise instantanément au bout de quelques secondes (2).

Ce procédé a déjà été employé par l'abbé Faria, dont nous exposerons les expériences plus loin. Sa méthode consistait à faire asseoir le sujet, qu'il invitait à se recueillir ; puis, d'une voix puissante et autoritaire, il lui jetait cet ordre : « Dormez ! » et presque toujours à la première injonction le sujet était plongé dans un sommeil magnétique, tant l'influence de l'abbé Faria était puissante sur son esprit.

Le professeur Beaunis semble plus éclectique :

« Le procédé le plus habituel, dit-il (3), classique pour ainsi dire, c'est la fixation du regard. Je dis au sujet : « Regardez-moi bien fixe-

---

(1) C'est peut-être là qu'on trouvera la cause de la divergence qui existe entre les deux écoles au sujet de la suggestion.

(2) Bernheim, *De la suggestion dans l'état hypnotique et dans l'état de veille.*

(3) Beaunis, *Le somnambulisme provoqué*, cité par Cullerre.

Le procédé de l'école de Nancy, pratiqué en Russie.

ment et, au bout de quelque temps, les paupières se ferment, le sujet dort.

« On peut aussi, comme le faisait Braid, lui faire fixer un objet quelconque »; et il ajoute la déclaration suivante, grosse de conséquences :

« Dès que le sujet a été ainsi endormi plusieurs fois par vous, il est en votre pouvoir et on peut alors provoquer le sommeil *par n'importe*

Le sommeil magnétique provoqué par la volonté (abbé Faria).

quel procédé. Ainsi, vous n'avez qu'à dire au sujet : « Vous dormirez dans tant de minutes, pour que le sommeil se produise à la minute fixée. C'est même un procédé très commode pour endormir un sujet *malgré lui*. Chez les sujets très impressionnables, il suffit de dire d'un ton impératif : « Dormez ! » pour que le sommeil se produise immédiatement. »

C'est la grande question de la responsabilité qui est en jeu ici, et les avis des hommes les plus illustres dans la question sont diamétralement opposés. L'école de Paris nie la possibilité de la suggestion; celle de Nancy l'affirme hardiment.

Nous en reparlerons ci-après.

Quoi qu'il en soit, la suggestion existe. C'est un fait indéniable; elle existe même à distance (expériences de Du Potet, Mesnet, Janet, Bernheim, etc.).

Nous avons dit qu'à l'état de somnambulisme, le sujet était apte à recevoir des suggestions de toutes natures; les premières que l'on emploie et les plus simples sont de la forme suivante :

« Vous dormez, ouvrez les yeux, levez-vous et marchez. »

Lorsque le sujet a obéi à quelques injonctions de cette nature, on lui fait alors croire qu'il a changé de sexe, de profession, de personnalité ; si c'est une femme, on la promène d'abord dans un jardin rempli de fleurs et d'oiseaux ; tout, dans son attitude, sa démarche, répond au rôle qu'on lui a imposé.

Son imagination travaillant toujours (si peu que cela soit), ainsi que sa mémoire, elle varie ses attitudes suivant ses connaissances et ses lectures.

Si l'on change ce sujet en un capitaine de dragons, il ne répond plus qu'à son nouveau nom, à son nouveau signalement. Il est devenu le

Suggestion. — Vue imaginaire d'un oiseau qui s'envole.

capitaine X..., commande son absinthe, dit les jurons qu'il connaît et remplit la charge de sa fonction.

A la simple injonction, on voit le malade grelotter de froid ou suer de grosses gouttes, bien que la température soit moyenne.

Cette pratique de la suggestion a été depuis longtemps employée. Le premier qui l'ait utilisée, croyons-nous, est le curieux abbé Faria, mis en scène par A. Dumas père, dans son roman de *Monte-Christo*.

Dédaignant les méthodes et les procédés de ses prédécesseurs, l'abbé Faria prétendait avoir rapporté de ses longs voyages, de l'Inde même, le secret d'endormir son sujet sans le secours d'aucun agent (magnétisme, électricité, calorique, fluide nerveux, etc.), sans l'intervention même de la moindre volonté. Il dit, en effet, fort explicitement que l'expérience lui a démontré que les *éphialtes* (sujets) et somnambules s'endorment *du sommeil lucide* avec la volonté, sans la volonté ou contre la volonté du magnétiseur.

Quoi qu'il en soit, et même alors qu'il aurait fait de la suggestion sans le savoir, comme M. Jourdain faisait de la prose, les résultats qu'il obtenait étaient foudroyants.

Suggestion. — Perversion du goût (abbé Faria).

Plus de 5,000 personnes, si l'on en croit sa parole, seraient tombées du sommeil sur son ordre.

Le seul tort que l'on puisse lui reconnaitre, c'est qu'il fut le Donato de son temps : LES SÉANCES ÉTAIENT PAYÉES, c'est pour cela qu'on peut le considérer comme un charlatan.

Faisant placer son sujet dans un fauteuil, il l'engageait à fermer les yeux et à se recueillir. Celui-ci, dans l'attente de quelque événement merveilleux, était dans la meilleure posture pour recevoir une suggestion. Puis, tout à coup, d'une voix forte et autoritaire : « *Dormez!* » s'écriait-il.

Comme Mesnier, il fit des cours payants et eut une renommée solidement établie. Du reste, toutes ses expériences étaient des suggestions. Des verres d'eau sur lesquels il étendait les doigts devenaient, suivant son bon plaisir, pour ce sujet obéissant, des vins des crus les plus recherchés.

C'est ainsi que les magnétiseurs *payés* actuels font bêtement manger par leur sujet une pomme de terre pour une poire savoureuse, une carotte pour une pêche et se livrent sur leur pauvre victime à des facéties d'un goût aussi douteux et parfois plus dangereux ou moins innocent.

Il est difficile de croire combien la suggestion prend d'empire sur certains sujets ; les belles expériences de Nancy (Liébault, Liégeois) ne laissent aucun doute à ce sujet.

A tel point qu'un morceau de papier quelconque, collé sur la peau d'un sujet, a produit, sous l'influence de la suggestion, les résultats matériels d'un vésicatoire et que M. Liégeois a fait signer des traites pour « une forte somme » à une malade endormie.

Et ces suggestions se produisent au moment voulu, même (Bernheim) *malgré la volonté endormie* du sujet, et s'accomplissent à l'état de veille.

Ces suggestions fournissent les situations les plus curieuses. C'est ainsi qu'un sujet auquel on suggère l'idée que M. X., présent à la séance, n'a plus de tête, voit bien le corps de celui-ci se promener sous son chapeau, tandis que sa tête a disparu à ses yeux. On lui fait croire que M. Y. est devenu M. Z., d'où les quiproquos les plus drôles, les plus tristes au point de vue philosophique en ce qu'ils montrent le peu de solidité de la raison.

A côté d'expériences tristes à voir, parfois dangereuses, il en est que tout le monde peut tenter et dont on peut effacer l'impression trop vive par un ordre contraire.

C'est ainsi qu'on peut faire passer successivement le sujet par toutes les phases du rire, en modifiant les ordres en conséquence.

La colère peut donner des attitudes très artistiques, mais l'extase religieuse fournit, même avec un sujet incroyant, les plus délicieuses postures. Nous nous souviendrons toujours d'un sujet que nous faisions monter à un haut diapason d'extase par des suggestions répétées : *Vous entendez des musiques célestes! Vous voyez des tableaux enchanteurs! Vous vivez avec les anges!* Le sujet avait déjà une expression séraphique qui l'embellissait réellement ; mais au commandement : *Vous voyez Dieu*, nous devons avouer que le sujet semblait s'être immatérialisé et que son expression et son attitude étaient vraiment au-dessus de ce qu'aurait pu produire l'imitation la plus savante.

Suggérez à une femme qu'elle voit un crapaud, un serpent, vous la verrez fuir ou clouée à sa place par une grande frayeur ; il ne faut donc pas abuser de ces expériences brutales.

A tous les points de vue, il est préférable, au lieu de sujets tristes ou violents, émouvants même, de provoquer des idées joyeuses.

Les plus curieuses de ces expériences sont les suggestions à l'état de

Suggestion. — Vue imaginaire d'un serpent.

veille ; les plus simples sont celles qui ont pour but de coller le sujet au plancher, de lui défendre de passer une ligne donnée, de ne plus connaître le chiffre 7, la lettre B, son propre nom même.

Nous avons précédemment parlé de l'expérience du portrait suggéré ; parlons-en avec un peu plus de détails, que nous tirons de la communication même faite par M. Charcot, au *Forum* de New-York.

Le savant professeur présente à une femme endormie une feuille de papier *blanc* et lui dit : « Voilà mon portrait, le trouvez-vous ressemblant ? » Après une hésitation, elle répond : « Oh oui, c'est votre photographie, voulez-vous me la donner! » Lui montrant alors la forme de la tête, la couleur des habits, le professeur fixe dans l'esprit du sujet toutes les particularités du portrait supposé, puis, le papier étant posé sur une table quelconque au milieu de papiers, semblables ou différents, il demande au sujet s'il n'y a rien qu'elle connaisse parmi ces papiers. Après les avoir réunis, elle tire la feuille préalablement marquée d'un signe imperceptible et s'écrie : « Tiens, votre photographie! »

Le sujet réveillé répète l'expérience avec le même succès, malgré les dénégations, les rires des assistants, et cette suggestion dure plusieurs jours de suite, suivant l'ordre de l'hypnotiseur.

Médecine légale.

Nous ne pouvons développer l'importance capitale du fait non plus que les conséquences graves qu'il entraîne en médecine légale.

Donnons cependant quelques exemples peu connus qui montrent la gravité des conséquences de la divulgation des connaissances magnétiques gardées jalousement dans les temples d'autrefois.

Dans le sommeil, profond, résultat de fatigues physiques ou intellectuelles, tous les phénomènes de l'activité physique sont suspendus. C'est dans ce sommeil, si profond chez certaines personnes pendant la première heure, que l'on est exposé à ces divers actes accomplis ou tentés avec commencement d'exécution, surtout les attentats à la pudeur. — Peut-on abuser d'une femme pendant son sommeil et à son insu ? Le *Journal médical d'Édimbourg* rend compte, au mois de décembre 1862, du fait suivant : une femme mariée depuis seize ans, mère de trois enfants, hôtelière, après une nuit d'insomnie et de grandes fatigues, se couche tout habillée sur son lit et s'endort; le garçon d'écurie la surprend et, sans la réveiller, consomme l'acte. La femme a bien senti un poids sur elle, elle a cru que c'était son mari; elle ne revient à elle et ne s'aperçoit du fait que quand tout est fini; elle crie, l'individu qui est encore devant elle est arrêté : il est condamné à dix ans de servitude pénale. — Casper dit : une femme de vingt-neuf ans se couche épuisée de fatigue et s'endort; un garçon brasseur se glisse dans son lit et cherche à abuser d'elle; elle se réveille incomplètement : « Est-ce toi, mon mari ? » et l'acte est consommé. La plainte est faite; mais Casper, considérant que la femme s'est éveillée, que sa volonté n'était pas anéantie, ne condamne pas le larron. Une distinction grande est à faire entre une vierge et une femme mariée; depuis longtemps déjà on sait que le sommeil, quelque profond qu'il soit, ne peut permettre la défloraison.

Le sommeil provoqué par l'hypnotisme ou qui accompagne l'hystérie sous des influences magnétiques peut-il être assez profond pour qu'une femme soit alors victime d'un acte dont elle n'a pas conscience et dont elle ne garde pas le souvenir ? — Une jeune fille de dix-huit ans, se croyant malade, est conduite chez un magnétiseur de Marseille, en 1858; après plusieurs séances, elle devient enceinte et, sur sa plainte, MM. les docteurs Coste et Broquier sont appelés à constater la grossesse et à répondre à la question suivante : Cette jeune fille a-t-elle pu être déflorée et rendue mère sans en avoir conscience, sous l'influence du magnétisme. Les experts sont d'avis que *oui*. M. Devergie pense la chose possible.

M. Tardieu analyse un cas recueilli près de Marseille, en 1865. Un magnétiseur avait abusé d'une fille de vingt-six ans; on signalait le sommeil hypnotique et l'automatisme hystérique. Les experts admirent la possibilité des rapports inconscients. L'hypothèse la plus probable est celle de la séduction avec diminution d'intelligence et perversion hystérique.

M. Brouardel a publié (*Annales d'hygiène et de médecine légale*, 1879) le récit d'un viol pendant le sommeil hypnotique. L'attentat avait été commis par un dentiste de passage à Rouen, en 1878, sur une jeune fille de vingt ans, plongée dans un profond assoupissement dans la chambre de la mère, qui n'aurait rien vu jusqu'au moment de la grossesse; l'accusé fit l'aveu de son crime et affirmait que la jeune fille était consentante. Placée horizontalement sur le fauteuil à opération, les mains retenant la lèvre supérieure, elle s'endormait tout à coup, disait-elle, au moment où l'opérateur pratiquait sur ses dents des manœuvres dont elle ne se rendait pas compte. Le dentiste ne se servait d'aucun agent anesthésique, mais on n'a pas pu démontrer la manœuvre hypnotique. La jeune fille présentait des manifestations hystériques, sa mère déclarait qu'elle s'endormait à tout moment. On provoquait le sommeil par occlusion des paupières. Au moment où on appliquait les doigts sur les paupières, strabisme, puis sommeil; on la secouait, elle se réveillait; elle était peu intelligente. Ce fait donnait vraisemblance à l'allégation de la jeune fille. En l'absence de témoins, on ne peut rien dire; mais ce qui est certain, c'est que la sensibilité peut être suspendue par des manœuvres hypnotiques.

Toute perturbation nerveuse peut produire le sommeil hypnotique, mais principalement chez les femmes hystériques; l'habitude facilite le retour de cet état nerveux. Les exemples sont rares d'attentats aux mœurs sur des hommes pendant leur sommeil.

On a tenté, depuis quelques années, de prétendre que tous les criminels qui se font prendre par la justice sont des suggestionnés; car, à la suite des expériences de M. Liégeois, professeur à la Faculté de droit de Nancy, ce savant juriste, qui s'est depuis vingt ans voué à cette étude, a prouvé avec quelle facilité on peut suggérer un acte criminel à un être hypnotisable, acte que celui-ci accomplit à son réveil, dans les circonstances commandées, comme un automate, sans conscience nette de ce qu'il fait.

Au point de vue de la responsabilité, ce n'est pas le vrai coupable. Celui qui doit être puni est celui qui a conçu le crime et qui l'a fait exécuter. Or, celui-ci peut avoir pris le soin de suggérer à son sujet d'oublier jusqu'à son nom et de jurer, au besoin, que, loin d'avoir été suggestionné, il a agi dans la plénitude de sa volonté.

M. Bernheim a obligé un soldat endormi à voler 5 francs et à ne pas avouer qu'il avait été endormi : « Pourquoi avez-vous volé ? — C'est une idée qui m'est venue comme ça. — Est-ce que vous avez déjà volé ? — Jamais. — On vous a suggéré cette idée ? — Nullement. — Jureriez-vous que ce n'est personne ? — Je le jure. »

Les conclusions de ces expériences sont graves ; cependant, les auteurs assurent que l'on peut, par des subterfuges, amener l'automate à dévoiler son complice, en lui disant : « Prévenez votre complice des soupçons qui pèsent sur lui », et, bien qu'il ait avoué avoir agi seul sous sa propre responsabilité, il va prévenir son complice, ou bien, sous le prétexte de le protéger, il le vend, sans se douter qu'il enfreint l'ordre primitif qu'il a reçu.

Hallucinations provoquées.

D'après ce court résumé, on voit combien sont nombreuses les expériences dont il s'agit ; les exemples d'hallucinations, provoquées qui sont de même ordre abondent chez les auteurs.

Tous les sens, même à l'état de veille, sont susceptibles d'illusion, d'aberration. Nous n'en citerons que quelques cas curieux ; en outre des maladies d'yeux, du daltonisme, on connaît généralement l'expérience qui consiste à faire rouler une boulette entre l'extrémité des deux doigts croisés, ainsi que l'indique la figure ci-après, et dont le résultat est de faire sentir deux boulettes au lieu d'une. Les phénomènes dus à l'action persistante d'une agitation nerveuse sont multiples. On pourrait citer, entre bien d'autres, celui de deux pièces de métal que l'on fait choquer.

Revenons aux expériences plus sérieuses ; les hallucinations provoquées réussissent toujours : c'est ainsi que, dans l'hypnose, le sujet, sur l'injonction de son hypnotiseur, goûte une pelote de laine et lui trouve le parfum de la pêche ; fume un bâton de cire en crachant comme si c'était le plus parfait cigare ; tousse lorsqu'on lui assure qu'il est enrhumé ; l'eau pure lui paraît le meilleur champagne, etc.

Une expérience mémorable, qui peut rentrer assez exactement dans la catégorie des hallucinations provoquées, montrera jusqu'où peut aller l'influence de l'imagination du sujet.

Cette imagination, dont nous sommes si fiers, qui est à la merci de deux grammes de haschich ou d'un gramme d'opium, exerce une puissance énorme sur certaines gens ; en voici la preuve :

Quelques médecins réunis à Copenhague, en 1750, voulant étudier les effets de l'imagination, obtinrent qu'un condamné à mort (au supplice de la roue) périrait par un autre moyen, par l'épuisement du sang. A cet effet, après l'avoir conduit, les yeux bandés, vers la salle où devait se faire l'expérience, on lui piqua les bras et les jambes de petits coups de lancette, coups si faibles que le sang vint à peine à la peau; mais le patient, persuadé qu'on lui avait ouvert les veines et entendant le bruit de quatre robinets laissant échapper de l'eau, avait

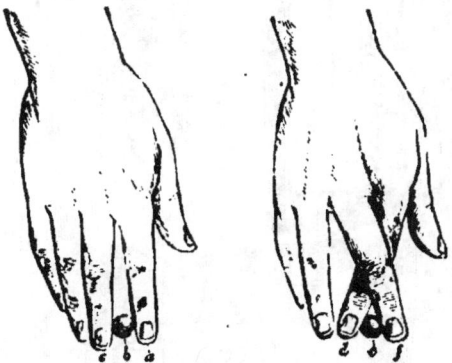

Expérience d'Aristote. — Dans la position normale des doigts *a* et *c*, la boulette *b* paraît ronde parce que chaque doigt successif perçoit la sensation d'une demi-sphère et que l'esprit réunit en une seule. — Les doigts *d* et *f* étant croisés, si vous faites rouler sur un plan la boulette *e*, chaque doigt percevant nettement la forme de l'objet, votre esprit vous donnera la sensation très nette de deux boulettes.

Suggestion. — Extase. — L'enfant voit et entend des tableaux et des concerts merveilleux.

si bien cru que c'était son sang qui tombait dans un bassin, que, pris de syncope, de sueurs froides abondantes, la tête perdue et grelottant de peur, il mourut dans de réelles convulsions.

Mort de peur. — Expérience de Copenhague sur un condamné au supplice de la roue. (Page 400).

Or, son véritable bourreau avait été son imagination. Que de fois dans la vie, la *folle du logis*, comme dit Mallebranche, nous cause de maux ! On en arrive presque à désirer être annihilé au point du *nirvana* indou quand on a à supporter les cruelles vicissitudes de la vie.

Comme dit un philosophe de nos amis, « pour bien vivre, il suffit d'avoir bon estomac et mauvais cœur. »

On pourrait définir la suggestion : la crédulité portée à son plus haut point. En effet, tous les sens sont sujets à tromper le suggestionné. L'odorat perturbé lui permet de respirer agréablement de l'ammoniaque ou de l'acide sulfhydrique. L'ouïe trompée lui fera entendre des voix amies, des chants merveilleux, les chœurs angéliques les plus délicieux ou les propos, telle scène ignoble, répugnante ou terrifiante. On peut même supprimer chez les sujets l'action des sens : à volonté, ils deviennent sourds ou aveugles.

L'anesthésie, si elle n'est pas naturelle au sujet, peut être provoquée ; elle est alors complète : on peut lui percer la peau d'une aiguille, ou lui faire passer sous le nez ou près des yeux ouverts une allumette enflammée.

L'influence de l'hypnotiseur sur son sujet vient à ce point que celui-ci ressent la fatigue ou les douleurs de celui-là (1), ainsi que l'ont prouvé les expériences de Ochorowicz, des magnétiseurs, etc.

Action des substances à distance.

Au commencement de 1885, deux médecins de Rochefort, les Drs Bourru et Burot, se livraient à l'étude de l'action des métaux, d'après la théorie de Burq, lorsqu'ils furent amenés à constater que l'or et les composés métalliques où il entrait produisaient sur un hystéro-épileptique paralytique une sensation de brûlure insupportable. Ayant poussé ces expériences, MM. Bourru et Burot reconnurent l'action physiologique médicamenteuse de diverses substances sur les sujets, tant à l'état de veille qu'à l'état de sommeil. C'est ainsi qu'ils remarquèrent que l'iodure de potassium, lorsqu'un cristal était approché du sujet, provoquait des éternuements et des bâillements répétés, et que l'opium l'endormait.

Les liqueurs contenues dans des flacons donnaient des résultats aussi caractéristiques, même alors que les expérimentateurs ignoraient la nature de cette liqueur.

D'après ces recherches, l'alcool détermine l'ivresse, mais une ivresse

(1) Le tatouage des sauvages, qui se faisait entre amis, produisait des effets identiques. Lorsque, chez les Indiens, deux hommes avaient mélangé leur sang (René et Outougamiz, *Les Natchez*), il suffisait que l'un souffrît pour que l'autre ressentît ses douleurs. On cite des exemples curieux à ce sujet.

variable ; elle est gaie si c'est de l'alcool de vin, triste si c'est de l'alcool de grains. Le sujet, étant tombé dans un état d'ivresse complet par l'approche d'un flacon d'alcool, revient à son état normal si on lui présente un flacon d'ammoniaque ; de même, un vomitif produit des vomissements, un narcotique le sommeil, toujours avec cette nuance que le sommeil est lourd avec l'opium, léger avec le chloral, etc.

Procédé employé pour prouver l'action des médicaments à distance (alcool), par les professeurs H. Bourru et P. Burot.

Nous ne pouvons rappeler tous les détails de ces expériences ; disons seulement que l'un des opérateurs, ayant l'intention de juger de l'effet de la cantharide sur son sujet, approche de lui un flacon. Sous cette influence, le malade se couche, se met à gratter la terre, cherchant à fourrer son nez dans le trou qu'il creuse. Le docteur, étonné, examine son flacon et s'aperçoit qu'il s'est trompé et qu'il contient de la valériane, ce qui prouve que la valériane produit sur l'homme des effets analogues à ceux qu'elle a sur les chats.

L'action des poisons est tellement violente qu'on dut toujours prendre soin d'étendre les solutions auxquelles on soumit les malades. Cette action serait, disent les expérimentateurs, générale et se ferait sentir lorsqu'on approche un médicament de quelque point du corps, principalement lorsqu'on l'approche de la tête.

Action des substances à distance. — Ivresse (alcool de vin).
D'après une photographie de M. Godefroy, photographe à Rochefort.

L'approche du camphre et l'eau de fleurs d'oranger ont été employées comme calmants, et les anesthésiques, en général, ont produit des effets analogues à ceux que l'on constate lorsqu'on en fait l'application au lieu de la simple approche.

L'essai d'autres médicaments a donné lieu à des effets dont on ne pouvait pas se douter. L'essence d'amandes amères produit l'exaltation religieuse; il en est de même de l'eau de laurier-cerise, qui a amené chez la femme (hystéro-épileptique de vingt-six ans) que les expérimentateurs avaient à leur disposition une extase religieuse. On a fait constater à ce sujet que ce fait était d'autant plus singulier que cette femme était juive et que ses hallucinations avaient pour objet la Vierge catholique.

Un autre savant, le D' Dufour (Isère), cité par Gibier dans *Le Spiritisme*, a obtenu des résultats analogues : 1 gramme d'ipéca placé sur la tête du sujet, dans un papier plié et recouvert d'un chapeau haute forme, détermine les effets connus de ce médicament ; l'atropine employée de la même manière dilate les prunelles.

Action des substances à distance. — La valériane. — Le sujet se met le visage dans le trou qu'il vient de creuser à la place du paquet de racines de valériane. — D'après une photographie de M. Godefroy.

Un paquet de racines et de feuilles de valériane, placé sous un bonnet de laine, amène le sujet à se rouler dessus, puis à suivre une mouche des yeux ; il court après, saute à quatre pattes avec un bouchon, fait le gros dos, lèche et miaule !

Mais ces résultats stupéfiants sont dépassés et au delà par les découvertes du D' Luys. Bien que l'Académie ait rejeté cette découverte, elle doit être réelle. Elle est possible sans être encore explicable.

M. le D' Luys a étudié l'action à distance de quatre-vingt-six substances et est arrivé à des résultats tellement inquiétants qu'une commission de cinq membres s'est réunie séance tenante pour l'examen des faits présentés.

La conclusion du D' Brouardel, doyen de la Faculté de médecine de Paris, mérite d'être retenue :

« La communication qu'on vient d'entendre, dit-il, aura un immense retentissement. Tous les amis du merveilleux se sont précipités sur la question de l'hypnotisme; mais, à part MM. Bourru et Burot, personne n'est allé aussi loin que vient de le faire M. Luys. Il ne s'agit plus seulement ici d'individus capables d'être hypnotisés, mais de personnes pouvant être intoxiquées par une substance qui ne pénètre pas dans

Action des substances à distance. — Effets de la valériane en feuilles.

leur corps et ne perd rien de sa qualité. Il y a là un grand danger. Chacun de nous peut être accusé d'avoir procuré la mort à un de ses concitoyens, sans pouvoir prouver son innocence. Il y'a là une question de responsabilité sociale et aucun savant évidemment n'est en état de résoudre ce problème sans avoir répété ces expériences et quelques autres qui se groupent autour d'elle. »

CHAPITRE XXI

TÉLÉPATHIE

Définition : Cette science, encore dans l'enfance, a pour but la coordination et l'explication de phénomènes encore peu connus de communication de la pensée à distance ou de vision de fantômes. Ce qu'on en sait est encore assez mystérieux et assez confus. Cependant, une étude attentive permet de dire qu'il y a *quelque chose* dans ces recherches, qui sont loin d'être vaines.
Autorités : Ch. Richet, Ochorowicz, Gurney, Myers, Podmore, Lodge.
Preuves : Les faits, déjà très nombreux, qui ont été signalés sont, en général, très bien observés; un petit nombre même est certainement vrai.
Fraudes : Très faciles, dans certains cas; beaucoup à craindre des coïncidences qu'on n'hésite pas à interpréter comme des preuves.

Sans vouloir nous prononcer encore sur la nature des faits de la télépathie, disons qu'elle est connue depuis la plus haute antiquité. Ses manifestations se sont, du reste, trop souvent trouvées voilées par les événements de la vie pour qu'on ait songé à les en dégager.
Un certain nombre de personnes, parmi lesquelles figurent les savants bien connus Balfour Stewart, Arthur Balfour, le professeur Barret, Ed. Gurney, Myers, le professeur H. Sidgwick, président, etc., ont formé à Londres une Société pour l'étude de ces phénomènes psychologiques, étranges et à moitié couverts de mystère, qui sont tant à la mode aujourd'hui et que l'on désigne sous le nom d'hypnotisme, de suggestion, de lecture des pensées, etc.
La Société publie un bulletin (1) dans lequel on trouve des faits très intéressants et la description des différentes expériences.

(1) *Proceedings of the Society for psychical research*, t. I, 1883. In-8°.

Parmi ces dernières, nous en avons relevé une très remarquable, que nous allons résumer brièvement (1).

Il s'agit de la transmission de l'impression visuelle d'une personne à l'autre, sans contact et sans recours à des signaux ou autres moyens de communication quelconques.

Dessin *pensé* par M. Blackburn.   Dessin *exécuté* par M. Smith.

Dans ces expériences, reproduites à maintes reprises aux séances de la Société, l'*opérateur* est un certain M. Blackburn, observateur très exact et consciencieux, et le « sujet » M. Smith, un « jeune mesmérite de Brighton ». M. Smith est assis, les yeux bandés, dans un des salons de la Société, devant une table où se trouvent un crayon et quelques

Dessin *pensé* par M. Blackburn.   Dessin *exécuté* par M. Smith.

feuilles de papier à sa portée. A côté de lui est posté un membre de la Société qui l'observe attentivement afin de découvrir le moindre « truc », s'il en existe dans l'expérience. Un autre membre du comité quitte alors le salon et, dans une chambre fermée, dessine une figure quelconque.

Il appelle ensuite M. Blackburn dans cette chambre et, après avoir eu soin de bien refermer la porte, lui montre le dessin. Ceci fait, M. Blackburn est conduit les yeux bandés dans le salon et placé (assis ou debout) *derrière* M. Smith, à une distance de 60 centimètres environ.

Après une courte période de « concentration mentale » intense de la part de M. Blackburn, le *sujet*, M. Smith, prend le crayon et, au milieu

(1) Tiré d'un article de M. Deniker : La lecture de la pensée (*Science et nature*, n° 95).

du silence général, reproduit sur le papier qui est devant lui, aussi exactement que possible, l' « impression » du dessin qu'il vient de recevoir.

Durant toute l'expérience, l'opérateur et le « sujet » restent les yeux fermés ou bandés, ne sont pas en face l'un de l'autre et n'ont pas le moyen de se toucher ou de se communiquer d'une façon quelconque.

Soixante pages de dessins ainsi obtenus ont été publiées par la Société. Nous en reproduisons ci-dessus deux. Les dessins relativement bien faits sont ceux que l'on avait montrés à l'opérateur et ceux qui les reproduisent plus ou moins exactement sont ceux du « sujet », M. Smith.

Notons que, dans plusieurs expériences, pour éviter tout soupçon de communication, on bouchait les oreilles de M. Smith, on lui enveloppait la tête avec un traversin et on jetait par-dessus un drap, qui couvrait la tête et le tronc, et que M. Blackburn se tenait assez loin sans faire aucun mouvement perceptible pour l'auditoire.

Une variation de cette expérience consiste en ce qu'une personne pense à un certain objet, le « fixe » comme on dit dans le langage technique, et le « sujet » écrit le nom de cet objet dans des conditions analogues à celles que l'on observe dans la première expérience.

Ce sont surtout deux jeunes ladies de Liverpool, Mmes Guthrie et Bircholl, qui excellent dans ce genre d'expériences. Voici la liste des mots ou objets pensés par différentes personnes et inscrits sur le papier par ces dames :

Mots pensés.	Mots écrits par les sujets.
Une croix en or.	« C'est jaune — c'est une croix. »
Un œuf.	« Cela ressemble énormément à un œuf. »
Un porte-plume avec un dé placé au bout.	« Une colonne, avec quelque chose en forme de cloche au-dessus d'elle. »
Une pomme rouge foncé.	« C'est rond — couleur rouge foncé — comme un bouton de porte — c'est une pomme. »
Une clef.	« Un objet petit, grêle, ayant un anneau à l'une de ses extrémités et un petit pavillon à l'autre. » Sur la demande : Quel est le nom de cet objet ? le « sujet » répond : « C'est comme une clef. »
Une paire de ciseaux ouverts et posés verticalement.	« Est-ce en argent ? — Non, c'est en acier — c'est une paire de ciseaux, posée verticalement. »

Plusieurs autres expériences non moins intéressantes sur la divination des nombres, des cartes, des noms propres, etc., de même que des phénomènes de différents ordres se trouvent décrits avec tous les détails dans ce volume original du *Bulletin de la Société des recherches psychologiques*.

Si cette transmission de pensée peut se produire à faible distance, on en a observé des cas multiples à des distances considérables. Mais la difficulté de prouver mathématiquement des phénomènes aussi fugitifs en a retardé l'acceptation par les savants officiels.

Le fait principal de la télépathie peut être résumé dans l'exposition schématique suivante :

A., étant dans l'Inde, voit, le 10 mars, à huit heures du soir, l'ombre de son père B., son fantôme, si l'on veut, qui est à Londres, bien portant et qu'il sait ne devoir courir aucun danger. Or, précisément, A. apprend que son père B. est mort d'accident à Londres, le 10 mars, à huit heures du soir.

Des milliers de faits de ce genre ont été recueillis à Londres et à Paris. M. Marillier les centralise pour en pouvoir tirer une déduction.

Chacun de nous a tout au moins entendu raconter un ou plusieurs faits analogues à ceux dont nous venons de parler, et il existe des cas indéniables, sûrs et prouvés, quelque scepticisme scientifique dont on soit doué.

Sur ces quelques faits particuliers, appuyés d'autres exemples dus à MM. Ochorowicz, Richet, etc., nous ne nous appesantirons pas, et nous nous contenterons de résumer ici l'opinion de M. Richet sur la question.

Dans une préface à l'intéressant volume publié sous le nom de: *Les hallucinations télépathiques*, Richet (1) discute les faits avec la puissance de sa forte raison et prouve qu'ils sont vrais, que l'ensemble de nos connaissances ne nous permet pas de les révoquer en doute.

M. Lodge, dans son discours, à la réunion de l'Association pour l'avancement des sciences, après avoir montré l'évolution de l'esprit humain, se demande comment la force s'exerce et même ce que c'est que la force? Par quel mécanisme s'effectue cette dépense de force dans l'acte de la volonté? Les corps peuvent-ils se mouvoir sous l'influence de la volonté? Et il ajoute : « En tous cas, ne convient-il pas d'attendre de nouveaux faits avant de nier la possibilité des phénomènes? La découverte d'un nouveau mode de communication par une action plus immédiate, peut-être à travers l'éther, n'est nullement incompatible, il faut le dire, avec le principe de la conservation de l'énergie ni avec aucune de nos connaissances actuelles, et ce n'est pas faire preuve de sagesse que se refuser à examiner des phénomènes, parce que nous nous croyons sûrs de leur impossibilité. Comme si notre connaissance de l'univers était complète !

Tout le monde sait qu'une pensée éclose dans notre cerveau peut être transmise au cerveau d'une autre personne, moyennant un intermédiaire convenable, par une libération d'énergie sous forme de son, par exemple, ou par l'accomplissement d'un acte mécanique, l'écriture, etc. Un code, convenu d'avance, le langage et un intermédiaire

---

(1) Nous verrons plus loin que ces hallucinations télépathiques ne sont autre chose que la sortie du corps astral. L'extériorisation de la sensibilité de de Rochas en donne une bonne explication.

matériel de communications sont des modes connus de transmission de pensée. Ne peut-il donc exister aussi un intermédiaire immatériel (éthéré peut-être)? Est-il donc impossible qu'une pensée puisse être transportée d'une personne à une autre par un processus auquel nous ne sommes pas accoutumés et à l'égard duquel nous ne savons rien encore ? *Ici, j'ai l'évidence pour moi, j'affirme que j'ai vu et je suis parfaitement convaincu du fait. D'autres ont vu aussi. Pourquoi alors parler de cela à voix basse comme d'une chose dont il faut rougir? De quel droit rougirions-nous donc de la vérité?*

Des expériences directes de télepsychie ou, comme les appelle leur auteur M. Antonin Schmoll, des essais de transmission hyperphysique de la pensée ont été réalisés à Paris, avenue de Villiers, et ont donné des résultats assez originaux. Disons cependant que la transmission de pensée ne se faisait pas à une distance supérieure à 3 mètres.

On sait, d'autre part, que les Orientaux communiquent entre eux *par des procédés spéciaux*, sans moyen matériel, à des distances considérables.

Au temps de la conquête de l'Algérie, les cheiks étaient avisés de l'issue des engagements avant que le télégraphe ait pu en apporter la nouvelle aux autorités françaises. M. de Lesseps en rapporte des exemples curieux.

Les Anglais eux-mêmes en fournissent de nombreuses preuves à propos de la guerre qu'ils engagèrent avec les Cipayes.

Agrippa indique un singulier procédé de télepsychie au moyen de la lumière lunaire, et, sans aller jusqu'à admettre la boussole sympathique ou les escargots également sympathiques d'Alix, nous croyons qu'un esprit sensé doit croire à la télépathie.

M. Lejeay entreprit, en 1890, une série d'expériences sur ce sujet entre Paris et Alger; le succès en fut complet. Plus tard, Papus obtint également des communications entre Paris et Marseille, et aussi de Paris à Bordeaux.

Nous extrayons de l'*Initiation* un cas très intéressant dont la traduction, due à M. Horace Pelletier, est reproduite d'un journal italien *Lux:*

« A l'époque où je fréquentais l'université, je m'étais lié avec un autre étudiant, nommé Jarois Blair. Nous discutions souvent ensemble sur différents sujets, et c'était bien rare quand nous pouvions tomber d'accord. Nous traitions aussi quelquefois la question de l'autre vie. Jarois Blair affirmait que les âmes des trépassés réapparaissaient quelquefois sur la terre, tandis que moi je soutenais la thèse absolument contraire. Le jour que nous quittâmes l'université, Jarois Blair, qui était d'une ténacité peu commune, revint sur son thème favori et il me fit la singulière promesse que, si sa destinée voulait qu'il disparût de ce monde avant moi, il viendrait se faire voir à moi et me fournirait ainsi une preuve de sa croyance.

« A partir de ce jour, nos études étant terminées, nous nous séparâmes, et, vivant chacun de notre côté, nous n'eûmes plus que des relations purement épistolaires. Moins d'une année après, je pris femme, et j'écrivis à mon ami Jarois Blair pour lui faire part de mon mariage. Il me fit une réponse ainsi conçue :

« Cher ami, il est probable que vous me verrez plus tôt que vous ne le pensez : je prétends vous rendre visite à vous et à votre jeune épouse. »

« Deux semaines se passèrent sans que je reçusse la moindre nouvelle de mon ami Blair. Cependant, un matin que j'étudiais dans mon cabinet, un peu avant le jour, une légère poussée me força à lever la tête de dessus mes livres et je vis Jarois Blair droit sur ses deux pieds sur le seuil de la porte d'entrée. Je supposais qu'il avait été introduit par mon domestique qui avait négligé de m'avertir, et je voulus me lever pour le réprimander. Mais il me fut impossible de quitter mon siège, sur lequel je me sentais comme cloué. Mon ami me parut excessivement pâle : « Eh bien ! James, me dit-il, me croiras-tu ? la vérité n'est-elle pas de mon côté ? — Quelle vérité ? répliquai-je. — Je ne suis pas encore tout à fait mort, poursuivit Blair, mais il s'en faut de peu. Je me suis éloigné de mon corps pour un court instant, on me croit plongé dans le sommeil et il ne faut pas que je tarde trop à retourner à mon corps. Je m'étais mis en route pour te rendre ma visite, mais à Richemond je suis tombé gravement malade ; si tu veux partir de suite, tu arriveras à Richemond juste assez à temps pour me voir mourir. » Après avoir dit ces mots, Blair se fondit dans l'air et disparut. Je dois avouer humblement que j'éprouvai un terrible frisson ; de ma vie, je ne m'étais trouvé dans un état semblable.

« A peine le jour parut que je racontai à ma femme mon étrange aventure. « Je crois bien, lui dis-je, que ma vision n'est que pure hallucination ; cependant, je ne serais pas étonné si, dans cette singulière apparition, il y avait quelque petite chose de vrai. » Je crus que ma femme allait se moquer de moi ; à ma grande surprise, elle me répondit : « Je t'engage à partir de suite pour Richemond. — Pourquoi cela ? — J'ai la conviction que l'invitation qui t'a été faite est sérieuse, elle n'est pas l'effet d'une hallucination, c'est celle d'un ami qui se meurt. »

« Je cédai aux conseils de ma femme et une demi-heure à peine s'était écoulée que je prenais le train de Richemond. Arrivé à destination, je descendis à l'hôtel où s'arrêtent habituellement les voyageurs du Nord. Le maître de l'hôtel se trouvait devant la porte, et, comme il me connaissait, il vint aussitôt à moi et me dit que mon ami le docteur Jarois Blair était très malade.

« En ce moment parut un garçon de l'hôtel qui me fit monter dans une salle du premier étage et frappa à une porte. Une garde-malade se présenta immédiatement et je lui demandai des nouvelles du malade. « Il va mourir », me dit-elle. J'entrai dans la chambre, et je vis mon ami, la tête immobile sur l'oreiller. Ses yeux étaient fermés, et son visage, d'une pâleur extrême, était tel que je l'avais vu dans ma vision. « Il est en agonie, m'observa la garde-malade; cette nuit, on le croyait déjà mort. » Tout d'un coup, mon ami reprit ses sens : « James, me dit-il, tu es le mari d'une digne femme. Dis-lui bien que je la remercie de t'avoir pressé de venir, sans quoi je n'aurais pu te revoir une dernière fois; que Dieu vous bénisse tous deux et me reçoive dans son sein. »

« Ces paroles dites, les yeux de mon ami se refermèrent pour toujours. »

Je ne crois pas qu'on puisse posséder une imagination assez riche pour inventer une histoire aussi étrange, aussi saisissante et qui dépasse de beaucoup les créations des poètes. La simplicité même du style, complètement dépourvu d'ornements, plaide en faveur de la sincérité du narrateur. Le principal héros est-il un halluciné? Est-ce un visionnaire? C'est une question qui mérite d'être examinée. Tout ce que je puis dire, c'est que ce cas n'est pas unique, on en pourrait citer quantités d'autres.

Quoi qu'il en soit et à quelque cause que l'on doive rapporter l'explication (?) de ces phénomènes, il est curieux et rationnel de recueillir tous les cas possible, même les plus invraisemblables, car ce n'est que lorsqu'on aura une très longue suite d'observations sûres que l'on pourra tenter d'établir une théorie.

Et, à propos d'observations sûres, disons qu'avec la meilleure volonté du monde, il est possible à l'observateur le plus scrupuleusement honnête de fausser complètement l'exposé de la chose vue, pour peu qu'il ait une opinion préconçue. Nous avons vu que Babinet aurait ainsi modifié l'action de la gravitation sur un pendule dont il étudiait la marche avec fanatisme, et il est curieux de remarquer à ce sujet que ce savant inattaquable avait influencé l'expérience dans le sens de son opinion préconçue.

CHAPITRE XXII

SPIRITISME

Définition : Le spiritisme est un corps de doctrine qui tente d'expliquer une série de phénomènes encore bien mystérieux. Les uns (spirites) y voient la manifestation de l'*esprit* de l'homme (sa partie immortelle) qui persiste après la mort et peut se communiquer par des moyens spéciaux avec les vivants ; les autres (matérialistes) n'y trouvent que l'expression d'une force matérielle et inintelligente. Ces derniers se rallient à la théorie dite de la force psychique, que nous étudierons tout à l'heure.

Autorités : Les spirites théoriciens purs sont innombrables, depuis Swedemborg jusqu'à Allan Kardec ; pour ne prendre que les modernes et les expérimentateurs, on peut citer, entre les plus savants, Crookes, Gibier, Delanne, Askakof, Zölner.

Preuves : Une grande partie des expériences (celles de Crookes) ne laissent aucun doute. Il y en a cependant qui froissent tellement nos connaissances intimes que, malgré la bonne foi des expérimentateurs, on a peine à leur accorder un haut degré de certitude. Cependant elles sont.

Fraudes : Un paragraphe spécial sera consacré aux fraudes conscientes ou inconscientes.

Le spiritisme est ainsi défini dans le *Dictionnaire encyclopédique des sciences médicales*, un des meilleurs ouvrages qui se publient de nos jours : « Les fidèles — ce sont les spirites — sont des naïfs de bonne foi ; les habiles s'en servent pour appeler le public et se faire, sans grands efforts, un revenu vraiment sérieux. » C'est dur, mais ce n'est pas absolument vrai. Il conviendrait mieux de dire : les spirites sont des ignorants qui racontent ce qu'ils voient, mais construisent bien prématurément des théories un peu... pas rationnelles du tout.

En deux mots, les théories spirites reposent sur les bases générales suivantes :

Le temps que l'homme passe sur la terre n'est qu'un temps d'épreuves, à la suite duquel l'âme revit dans un autre monde, le monde invisible, qui nous entoure, nous enserre et que nous ne pouvons que pressentir.

Depuis la création (car les spirites sont spiritualistes), l'univers est peuplé d'esprits destinés à venir habiter des corps et se purifier dans la lutte de la vie terrestre, afin de mériter le parfait bonheur dans l'avenir.

Les âmes des morts s'entourent d'un fluide particulier, le périsprit (de *peri spiritus*, autour de l'esprit). Ce fluide est pour certains une modalité du fluide universel, que d'autres appellent la vie.

Ainsi munies d'un corps aériforme, les âmes des trépassés vivent sur terre, dans les autres mondes, dans les espaces, suivant leur degré de perfection.

Il faut procéder à ces expériences avec une grande sagesse. On ne sait pas assez combien certaines communications influent sur l'esprit de quelques gens. A quelles extrémités peut se rendre un père désolé, qui vient de perdre un fils aimé et qui en reçoit un message! Dans cet état d'âme, osera-t-il douter des ordres qu'il reçoit, verra-t-il la supercherie, si grossière soit-elle? Pour s'en rendre compte, il n'y a qu'à observer l'angoisse des assistants au moment d'une manifestation même lorsqu'ils ne sont pas déprimés par la douleur.

Ce sont nos anges gardiens, nos guides; nous devons obéir à toutes leurs communications. Malheureusement, ces communications sont de nature absolument différente. Tantôt, l'esprit évoqué se perd dans les considérations d'une philosophie nébuleuse, et tantôt il se livre à de petites farces, d'un goût toujours douteux.

Les spirites expliquent ces contradictions en disant qu'il y a de bons esprits et de mauvais (le bon Dieu et le diable) : les bons esprits sont les guides du bien, ce sont des bienheureux, dont la mission est de soutenir les croyants; les mauvais (larves, lémures, etc.), âmes de suicidés, de mort-nés, etc., tentent d'absorber à leur profit la vie du *médium* et, comme les lutins antiques, entraînent l'esprit des consultants sur des routes scabreuses.

Les esprits peuvent se manifester de deux manières différentes : ou bien ils inspirent les croyants, ou bien ils communiquent matériellement avec les hommes; mais, dans ce cas, ils ont besoin d'un intermédiaire qui est un fluide spécial que tous les humains possèdent à un degré différent. On conçoit que les *médiums*, êtres doués d'une grande quantité de ce fluide, soient particulièrement aptes à favoriser ces expériences.

Les communications d'esprits dans les séances spirites sont de deux sortes. Il y a les manifestations matérielles (coups frappés dans les tables, déplacement d'objets sans contact, etc.), qui rentrent dans les phénomènes de force psychique. En effet, dans toutes les séances, on peut remarquer un grand nombre de faits de cette nature. Ce sont des corps quelconques qui se trouvent dans la salle et qui, sans contact

Un père reçoit un message de son fils décédé. (P. 416).

avec qui que ce soit, se déplacent dans l'espace; des bruits particuliers, des vibrations produits en dehors de toute fraude, des coups frappés, traduisant, à l'aide de signaux de convention, les communications des esprits, l'altération du poids des objets, etc.

Viennent ensuite les phénomènes dits de *matérialisation*, dans lesquels, sous l'influence des esprits et du *médium*, des objets extérieurs à la salle peuvent être apportés *au travers des murs* et, bien plus, peuvent même faire paraître aux yeux des expérimentateurs des fantômes, incarnation de l'esprit du médium pour les uns, matérialisation évocative de la forme animique d'un mort.

Ancienneté des faits dits spirites.

Sans remonter aux premiers âges du monde, nous pourrions rappeler que les faits dits spirites faisaient partie, sous le nom de magie, des connaissances initiatiques des anciens prêtres égyptiens. Les traditions s'étant abâtardies, puis oubliées, on peut parcourir de nombreux siècles sans retrouver de manifestations certaines de la production des phénomènes qui nous occupent.

Deux faits bien amusants sont cités, à quelque cinquante ans de distance, par des gens qui ne se doutaient pas qu'un siècle plus tard on inventerait le spiritisme.

Ces deux cas intéressants sont donc certains, puisqu'ils sont racontés sans parti pris, ni dans un sens ni dans l'autre.

Nous empruntons le premier aux Mémoires de Segrais (1). « Patrix, qui avait suivi Monsieur, frère du roi, en Flandre, habitait le château d'Egmont. Un jour qu'il frappait à la porte d'un officier de ses amis, et n'obtenait pas de réponse, il ouvrit et fut bien surpris de trouver son ami immobile et atterré.

« L'officier, revenant à lui, dit : « Vous ne seriez pas moins surpris que je le suis, si vous aviez vu, comme moi, le livre que vous voyez en cet endroit-là y passer tout seul et les feuillets se tourner d'eux-mêmes sans que je visse autre chose. » C'était le livre de Cardan, *De la subtilité.* « Bon, lui dit M. Patrix, vous vous moquez; vous aviez l'imagination remplie de ce que vous veniez de lire; vous vous êtes levé de votre place, vous avez mis vous-même le livre à la place où il est; vous êtes revenu ensuite vous remettre en votre place; et, ne trouvant plus votre livre auprès de vous, vous avez cru qu'il était allé là tout seul. »

« Ce que je vous dis est très vrai, reprit l'officier; et, pour marque que ce n'est pas une vision, c'est que la porte que voilà s'est ouverte et refermée, et c'est par là que l'esprit s'est retiré. » M. Patrix alla ouvrir cette porte, qui était celle d'une galerie assez longue, au bout de

(1) *Mémoires anecdotes*, p. 214-216.

laquelle il y avait une grande chaise de bois, fort pesante, tant que deux hommes auraient pu porter, et il n'y avait pas autre chose ; il vit que cette chaise se branla et quitta sa place en venant vers lui comme soutenue en l'air, ce fut alors que M. Patrix dit : « Monsieur le diable, les intérêts de Dieu à part, je suis bien votre serviteur, mais je vous prie de ne me pas faire peur davantage. » Et la chaise retourna à la même place d'où elle était venue. Cela fit une forte impression sur l'esprit de M. Patrix et ne contribua pas peu à le faire dévot. »

Ce fait, ainsi raconté au xvii° siècle, a une saveur particulière et présente ce caractère de vérité que nous recherchons toujours. Nous pourrions citer encore d'autres anecdotes bien curieuses, cueillies dans les mémoires du temps. Nous préférons, limité comme nous le sommes, laisser à Voltaire (1) (qui n'était pas un spirite) le soin de relater le fait suivant, qui date de 1534 :

« L'illustre maison de Saint-Mémin avait fait de grands biens au couvent des Cordeliers et avait sa sépulture dans leur église. La femme d'un seigneur de Saint-Mémin, prévôt d'Orléans, étant morte, son mari, croyant que ses ancêtres s'étaient assez appauvris en donnant aux moines, fit un présent à ces frères qui ne leur parut pas assez considérable.

« Aussi bien pour forcer la générosité du prévôt, les frères assurèrent-ils que l'âme de la morte leur était apparue en vision. Ils assurèrent d'abord qu'elle se plaignait d'être en enfer, puis enfin qu'elle était en purgatoire.

« L'âme, depuis ce temps, ne parla plus ; mais elle lutina tout le monde dans le couvent et dans l'église. Les frères cordeliers l'exorcisèrent. Frère Pierre d'Arras s'y prit, pour la conjurer, d'une manière qui n'était pas adroite. Il lui disait : Si tu es l'âme de feu Mme de Saint-Mémin, frappe quatre coups ; et l'on entendit les quatre coups. Si tu es damnée, frappe six coups, et les six coups furent frappés. Si tu es encore plus tourmentée en enfer parce que ton corps est enterré en terre sainte, frappe six autres coups, et ces six autres coups furent entendus plus distinctement (2). Si nous déterrons ton corps, et si nous cessons de prier Dieu pour toi, seras-tu moins damnée ? frappe cinq coups pour nous le certifier, et l'âme le certifia par cinq coups.

« Cet interrogatoire de l'âme, fait par Pierre d'Arras, fut signé par vingt-deux cordeliers, à la tête desquels était le révérend père provincial. Ce père provincial lui fit le lendemain les mêmes questions, et il lui fut répondu de même. »

Laissant de côté la flibusterie tentée contre le seigneur de Saint-Mémin, ne retenons que la manifestation spirite des coups frappés en 1534, pour la correspondance d'un esprit avec les vivants.

---

(1) Voltaire, *Dictionnaire philosophique*, article Vision.
(2) Toutes ces particularités sont détaillées dans l'histoire des apparitions et visions de l'abbé Langlet.

Expériences courantes des tables volantes, chez les Mongols. (P. 423).

Historique du spiritisme.

Voilà l'ensemble des faits ; or, remarquons, dès l'abord, que dans les deux camps, croyants et incroyants, on a été aussi irréconciliable. Les spirites, croyants forcenés, considèrent comme des imbéciles tous ceux qui n'acceptent pas leurs dires les yeux fermés et ne se précipitent pas aveuglément dans toutes les exagérations de leurs théories. Ils vont plus loin et, pour eux, le spiritisme est une véritable religion. Les incroyants, méprisant de haut ces hallucinés, se refusent à expérimenter pour se rendre compte des faits. Si on joint à cela une nuée de charlatans, dont la plus grande habileté est d'évoquer les pièces d'argent des sots, on peut se rendre compte de la raison pour laquelle le spiritisme est si décrié aujourd'hui.

Nous sommes, du reste, très en retard en France ; les Anglais et les Américains nous ont devancés de beaucoup dans l'étude de ces phénomènes curieux.

On retrouve des traces de ce culte dans l'Inde, où les rapports avec les âmes sont la base du culte ; dans l'Égypte, dont les connaissances provenaient de l'Inde ; en Grèce, où ces croyances avaient été également importées par les savants initiés aux mystères.

Il est particulièrement intéressant de citer à ce sujet un article emprunté à la plume autorisée de M. Tsherepanoff, savant russe qui publia en 1854 à Saint-Pétersbourg, dans l'*Abeille du Nord*, les lignes suivantes :

« Il faut considérer que les lamas, ou prêtres de la région bouddhiste, qui est celle de tous les Mongols et des prêtres russes, ainsi que les prêtres de l'ancienne Égypte, ne révèlent pas les mystères de la nature découverts par eux. Ils s'en servent pour entretenir les opinions superstitieuses de la multitude. Le lama, par exemple, sait trouver des choses dérobées par les voleurs *en suivant une table qui s'envole devant lui.* Le propriétaire de la chose demande au lama de lui indiquer l'endroit où elle est cachée. Le lama ne manque jamais de faire attendre sa réponse pendant quelques jours.

« Le jour où il est prêt à répondre, il s'assied par terre devant une petite table carrée, y porte ses mains en lisant dans un livre thibétain ; au bout d'une demi-heure, il se lève en ôtant aussi la main, de sorte qu'elle conserve la position qu'elle avait eue sur le meuble. Aussitôt celui-ci se lève aussi, suivant la direction de la main. Le lama est enfin debout sur ses jambes, il lève la main au-dessus de sa tête, et la table se lève au niveau de ses yeux. Alors, le lama fait un mouvement en avant et la table le suit ; le lama marche en avant, et elle marche devant lui dans l'air avec une si rapide augmentation de vitesse que le lama a grand'peine à la suivre ; enfin, la table parcourt des directions diverses et finit par tomber par terre. La direction principale choisie par elle indique le côté par où il faut chercher la chose perdue.

« On affirme que la table tombe ordinairement juste sur l'endroit où les choses volées se trouvent cachées. *Dans le cas où je fus témoin oculaire*, elle s'envola à une très grande distance (environ trente mètres) et la chose perdue ne fut pas trouvée de suite. Mais dans la direction suivie par la table il y avait la chaumière d'un paysan russe, qui se suicida, ayant aperçu l'indication donnée par le meuble. Ce suicide éveilla le soupçon ; on fit des recherches, et les choses perdues furent trouvées dans sa chaumière. »

On voit que c'est du spiritisme au premier chef et on se rend compte que les tables tournantes ont dû être de tous les temps.

En Angleterre et en Amérique, cette intervention des esprits dans la vie humaine a trouvé naturellement un terrain fécond dans la croyance absolue de ces peuples à la lettre de la Bible. En effet, les esprits indécis ont trouvé dans ce beau livre de nombreuses apparitions, des miracles, et ont vu, dans la nouvelle révélation, la voie à suivre pour atteindre à la vraie foi, en se rapprochant de la tradition de l'Évangile aux temps primitifs.

En France, le naturel peu nuageux, la lucidité d'esprit et un certain fond de scepticisme ont arrêté presque à leur début le développement de ces croyances, et si, dans notre pays, il existe de fervents spirites, les masses trompées par quelques charlatans habiles ont abandonné les séances et semblent s'en désintéresser.

C'est dans l'Amérique du Nord, à Hydesville, comté de Waym, en 1847, que la première apparition du spiritisme est signalée chez les modernes (1).

On raconte qu'une famille, le père, la mère et trois jeunes filles, établie depuis peu à Hydesville, vit apparaître avec stupéfaction des phénomènes bizarres. Ces braves gens, méthodistes acharnés, très religieux, furent épouvantés de voir tous les jours les meubles se déplacer, osciller en cadence, d'entendre des coups frappés dans les murs ou dans les planchers et n'hésitèrent pas à en attribuer la cause au diable.

Les deux plus jeunes filles, Margaret et Kate, sentaient la nuit comme des mains menues et froides se promener sur leur visage et leurs lits étaient remués comme si un animal se frottait contre eux.

L'année suivante tout entière fut caractérisée par les mêmes faits, qui se reproduisaient avec une intensité de plus en plus grande et avec tant d'à propos qu'on eût pu croire que les bruits imitaient ceux de la famille, comme par moquerie. Ces manifestations étaient si *intelligemment* produites, que la famille, toujours possédée de l'idée que c'était

---

(1) Mme Emma Hardinge, *History of modern american spiritualisme*. Disons à ce sujet que les demoiselles Fox furent accusées de mystification; un médecin, Van Vleck, écrivit que les bruits mystérieux étaient dus aux craquements de leurs articulations, et une parente, Mme Culver Leclara, assura qu'elle avait reçu en secret le moyen de produire certains phénomènes.

La table s'échappe des mains des expérimentateurs et se transporte à six pieds d'eux. Expériences de la famille Fox. (P. 427).

une farce diabolique (elle disait que ces bruits étaient produits par M. *Pied-Fourchu*), eut l'idée de communiquer avec le diable par le moyen d'un alphabet de convention.

Un coup frappé dans la table désignait la lettre *a*, deux coups la lettre *b*, etc. On pouvait donc s'entendre. Au bout d'un laps de temps relativement court et au milieu de manifestations physiques (mouvements, soubresauts de la table), les esprits frappeurs ne tardèrent pas à faire connaître à la famille les principes du spiritisme admis aujourd'hui par tous les fidèles.

Si on en croit le dire des expérimentateurs, parfois, la table, s'échappant de leurs mains, se soulevait jusqu'au plafond, puis retombait sur le sol tout doucement, manifestant aussi sa sympathie ou son antipathie par des coups doux ou rudes qu'elle donnait aux assistants.

A partir de ce moment se développe comme une véritable épidémie de *tables*. Le plus petit bourg eut son *spiritual circle*.

Jonathan n'est point commode sous le rapport religieux, il est bêtement fervent. Aussi, une profonde réaction fut organisée par les fanatiques religieux contre les spirites, et, avec son urbanité ordinaire, ce peuple aimable fit de louables efforts pour *lyncher* les adeptes de la nouvelle croyance.

Mais, la question étant encore sans solution, les savants furent sommés de se prononcer sur les phénomènes dont il s'agit. Or, constatons en passant que les Américains ont au moins une qualité énorme, celle d'avoir du bon sens, et qu'ils attendirent que la science se fût prononcée avant de se former une opinion définitive. Que ne sommes-nous Américains sur ce point et quelle ne serait pas notre force morale si nous avions un peu plus de respect pour les décisions des hommes éminents qui sont la gloire de notre pays.

Les savants les plus aimés et les plus révérés du public, Mapes, Robert Hare, etc., conclurent « que les phénomènes spirites n'ont rien de commun avec le hasard, la supercherie et l'illusion ».

C'en était assez ; à dater de cette époque, tout bon Américain fut doublé d'un spirite.

Le bruit que fit cette nouvelle invention américaine fut très discuté en Angleterre (en France, nous ignorons les langues étrangères), et, avec son esprit éminemment pratique (du moment que la nouvelle théorie s'appuyait sur la Bible), l'Anglais fit des expériences *pour voir*. Mais, bien qu'il eût reçu l'annonce des pratiques spirites avec tout le mépris qu'un sujet de la reine professe pour Jonathan, les expériences l'émurent, des convictions se formèrent, des médiums se découvrirent et bientôt John Bull fut aussi crédule que son frère d'Amérique.

En Angleterre, le désir public fut aussi, comme en Amérique, d'être fixé par les savants sur la réalité des faits, et la Société dialectique de Londres, présidée par le vénéré John Lubbok, soumit à un examen attentif toutes les pratiques du spiritisme ainsi que leurs résultats, et rapporta un verdict entièrement favorable aux faits mis en avant.

Or, à aucun titre, la Société dialectique de Londres ne saurait être soupçonnée. Les conclusions de ses remarquables travaux seront rapportées dans le chapitre suivant. C'est la partie la moins douteuse de la théorie un peu nébuleuse du spiritisme.

En France, l'indifférence la plus absolue accueillit la théorie américaine; mais la nouveauté des phénomènes entraîna bientôt le public dans une frénésie de tables tournantes (épidémie de 1852); en revanche, on repoussa généralement la doctrine.

Peuple singulier tout de même que le nôtre, et peu conséquent : il ne croit pas au diable, mais il veut qu'on le lui montre; il se refuse à accepter la réincarnation et il veut voir les esprits !

Le nouveau jouet fut bientôt brisé et, deux ans plus tard, on laissait dormir dans un grenier les guéridons poudreux.

Seule, une société de jeunes hommes honnêtes, mais un peu rêveurs (1), continua ses expériences. L'un d'eux, un brave et excellent homme, aimé de tous, Eugène Nus, a beaucoup publié sur la question. La particularité des communications reçues par cette société est qu'après maintes études on découvrit que les esprits aimaient fort à répondre aux questions qu'on leur posait par des sentences en douze mots. En voulez-vous un exemple :

Qu'est-ce que l'amour ? Pivot des passions mortelles, force attractive des sexes, élément de la continuation.

Qu'est-ce que la philosophie ? Jeu de mots, fantaisie du dictionnaire, analyse du vide, synthèse du faux.

Il y en a des quantités de cette nature et de cette force. Concluez.

Allan Kardec.

En France, nous sommes nés dans les lisières, nous mourons sous la garde de l'administration. Un malin directeur d'un théâtre à femmes (les Folies-Marigny), Rivail, eut l'ingéniosité d'adapter la nouvelle croyance aux dogmes généralement reçus de la religion chrétienne ; il en réglementa l'application et fut l'apôtre de la nouvelle foi, sous le nom quelque peu archaïque d'Allan Kardec (2).

(1) En 1853, rue de Beaune, une société de phalanstériens transcrivit les réponses de la table. C'étaient Allyre Bureau, musicien et compositeur; Charles Brunier, le médium; Franchot, le mécanicien qui a inventé la lampe modérateur; le Dr de Bonnard, Eugène Nus, etc. Il est à remarquer que, dans les dictées que Nus a publiées en 1880 (*Choses de l'autre monde*), la table n'a donné à ces phalanstériens que des réponses phalanstériennes.

(2) Hippolyte Denizart Rivail, né à Lyon en 1803, mort à Paris en 1869, était fils d'un avocat. Remarquons en passant que Dunglas Home, né le 15 mars 1833, près d'Edimbourg, le fameux spirite américain, était fils du philosophe David Home et descendant, paraît-il, d'une race noble, jadis souveraine.

La trinité de ses ouvrages, qui sont curieux à connaître, est représentée par : *Le livre des esprits, Le livre des médiums, La genèse, les miracles et les prédictions suivant le spiritisme* ou *Imitation de l'Évangile selon le spiritisme* (1864).

L'exposé de cette doctrine nous entraînerait trop loin. On peut la résumer en ces termes :

Tout d'abord, Rivail publia, en 1857, *Le livre des esprits*, qu'il prétendait lui avoir été dicté par les *esprits* qu'il avait évoqués et publié sur leur ordre, ordre signé : saint Jean l'Évangéliste, saint

Allan Kardec, le grand maître des spirites orthodoxes.

Augustin, saint Vincent de Paul, saint Louis, l'Esprit de vérité, Socrate, Platon, Fénelon, Franklin, Swedemborg, etc. Sur ces bases stables..... il établit sa Bible.

Au point de vue philosophique, il admet la préexistence des âmes qui viennent habiter postérieurement le corps des hommes et parviennent, de réintégration en réintégration, d'existence en existence, à la perfection absolue.

Lorsqu'elles ont acquis cette perfection, les âmes jouissent de l'éternité du bonheur. On voit que c'est un agréable mélange des théories chrétiennes, indoues et swedemborgiennes.

Les avantages des doctrines spirites françaises sur les autres c'est qu'elles présentent plus d'unité, qu'elles ne contiennent rien qui choque le bon sens et qu'elles admettent que les réponses des esprits doivent être discutées, car les mauvais esprits peuvent trop souvent vous tromper, pour qu'on s'en fie absolument à leurs communications lorsqu'elles contredisent la raison et les faits prouvés.

Ce petit spiritisme bourgeois, qui ne choquait de face aucune croyance, et les synthétisait au contraire, réunit un grand nombre d'adeptes.

A Paris, on est sceptique et, depuis la condamnation des frères Davenport (1) et des procès spirites, on ne croit plus beaucoup.

Cependant, au fond, le Parisien, le Français, comme ses ancêtres les Gaulois, est adorateur du merveilleux, aux prestiges duquel il se laisse toujours reprendre. Il a une case spéciale du cerveau prédisposée à la crédulité, et bien qu'il blague... il aime à s'émouvoir.

Aussi bien, n'avons-nous jamais eu, en France, un savant qui ait honnêtement pratiqué le spiritisme. Gourmés dans leur réputation de *savants* (!) nos *savants* (?) n'ont jamais descendu les marches de leur majestueux tribunal. Quand ils voudront.....

État du spiritisme en France.

En Angleterre, Crookes, pour n'en citer qu'un, a bravement exposé les résultats de ses expériences. En Italie, Lombroso a fait une conversion un peu bruyante. En France, aucun savant de marque (patenté par l'État) n'a daigné suivre le mouvement.

Ce n'est pas que notre pays n'ait eu ses illustrations en ce genre. Des âmes poétiques et pures ont eu des communications charmantes. Comment voulez-vous que Mme Delphine de Girardin (qui a inventé un mode particulier de correspondance avec les esprits), que Flammarion, le romancier de l'astronomie, que Delaage, le poète de l'amour, que Victorien Sardou, le mystique, que le digne Dr Puchl, etc., puissent en avoir d'autres? En voulez-vous des exemples?

M. Flammarion y va de sa description médianimique de Jupiter : « Ce géant des mondes vogue, accompagné de *quatre* satellites, à une distance du soleil plus de cinq fois supérieure... Ce monde majestueux est accompagné de *quatre* satellites énormes... » Et il cite des chiffres, et des chiffres qui entraînent la conviction.

Malheureusement, cet astronome jovial ou jovien a mal vu, car les *quatre* fameux satellites sont cinq aujourd'hui. Et puis, ne trouvez-vous pas singulier que les esprits soient si ferrés sur des nombres éminemment variables dont nous ne pouvons ici discuter la valeur, mais qui sont en tous cas erronés.

Delaage écrit : « Depuis le commencement du monde, la beauté dit au cœur de l'homme, aux sens de l'homme : viens ! Doux mot d'amour,

(1) C'étaient des jongleurs qui prétendaient être en communication avec les esprits. Ces deux industriels se faisaient attacher à une chaise, liés étroitement, et enfermer dans une sorte d'armoire dans laquelle les esprits venaient aimablement les délivrer. Le public qui assistait à cette prestidigitation (le 14 septembre 1865, salle Hertz) et qui avait donné son argent se fâcha et, au lieu de reconnaître l'influence d'esprits supérieurs, réclama l'intervention du commissaire de police. Depuis, le « *truc* » des frères Davenport est devenu classique chez les prestidigitateurs.

qui rougit la joue, amène aux lèvres la grâce du sourire et fait battre le cœur de l'homme et de la femme en un ange, dont l'esprit, ivre de béatitude, tourbillonne dans le ciel. »

Cet excellent Sardou a eu communication d'esprits astronomiques qui lui ont dépeint l'aspect de Jupiter. Voici, du reste, comment il s'exprime : « Un grand sujet d'étonnement pour certaines personnes, convaincues d'ailleurs de l'existence des esprits (je n'ai pas à m'occuper des autres), c'est qu'ils aient, comme nous, des habitations et des villes. On ne m'a pas épargné les critiques.

« Des maisons d'esprits dans Jupiter, quelle plaisanterie ! Plaisanterie si l'on veut, je n'y suis pour rien... Qu'il évoque Palissy ou Mozart, ou tout autre habitant de ce bienheureux séjour, qu'il l'interroge, qu'il contrôle mes assertions par les siennes, qu'il discute enfin avec lui, car, pour moi, je ne fais que présenter ici ce qui m'est donné, que respecter ce qui m'est dit, etc. »

Vacquerie a laissé dans les *Miettes de l'histoire* le récit de sa conversion au spiritisme. C'est Delphine de Girardin qui, étant à Jersey, alors que V. Hugo y résidait pendant son exil, tenta de convertir ses hôtes au spiritisme et les amena à composition en évoquant l'esprit de la fille du grand poète, morte d'un accident en Seine. Ce récit touchant de Vacquerie se termine par ce *mot* : « J'ai toujours trouvé saint Thomas bien crédule », ce qui, rapproché du contexte, signifie : « J'avoue que j'étais spirite à Jersey, mais que, revenu à Paris, je redeviens sceptique. »

Combien sont ainsi spirites suivant les inclinations momentanées de leur esprit, de leur âme si vous le voulez. Combien, qui étaient férocement incrédules, qui deviennent fervents après la mort d'un être chéri, au moment où ils souffrent dans leur chair et dans leur cœur ?

Ce n'est pas ainsi que l'on doit devenir spirite. Il ne faut pas qu'il y ait des croyants et des incroyants ; il faut, de toute justice, que tous ceux qui veulent parler de la question sachent les expériences faites par leurs devanciers, qu'ils en fassent BEAUCOUP de leurs mains et qu'ils en affirment en tout honneur la réalité, lorsqu'elles se produisent. Mais, d'autre part, il ne faut accepter que les faits et il est rationnel de rejeter une conclusion prématurée et surtout une religion nouvelle qui n'est qu'un pastiche de l'ancienne.

Le spiritisme et la science.

Non seulement les savants français dédaignèrent de s'occuper de spiritisme, mais, comme toujours dans notre beau pays, quand l'Académie sévit elle dit des sottises.

L'explication des *spirit rappings* (esprits frappeurs) ne tarda pas à se manifester par la bouche du D¹ Pluit, en Amérique, et aussi d'un docteur Schiff, qui fut présenté en liberté à l'Académie des sciences de Paris.

Pluit, qui a porté son jugement d'après M¹¹ᵉ Fox et sa sœur, Mᵐᵉ Fish, a conclu que les résultats attribués aux esprits frappeurs (coups frappés dans la table, etc.) n'étaient dus, chez ces sujets, qu'au frottement qui peuvent se produire, sous l'influence de la volonté, dans la jointure du genou.

Les sujets ayant été placés dans des positions différentes qui toutes empêchaient la manifestation du craquement de la jointure, cela

Les théoriciens des tables tournantes.
Jobert de Lamballe, chirurgien célèbre.   Velpeau, chirurgien célèbre.

empêcha les esprits de se faire entendre. Le même résultat eut lieu lorsque le docteur comprimant de ses mains les genoux *des frappeuses*, les empêcha de produire aucun bruit.

A Paris, Schiff trouva mieux encore : il a découvert que, par la contraction rapide de certains muscles, on peut faire entendre des bruits et des chocs sans aucun mouvement extérieur du corps.

En 1859, Schiff prouva à l'Académie que le tendon du muscle *long péronier latéral*, frappant contre sa coulisse ou contre le péroné, peut produire des bruits assez forts.

Le 18 avril 1859, Jobert de Lamballe confirma le fait par une observation se rapportant à un de ses malades. Velpeau cita à son tour de nombreux exemples de bruits semblables, produits dans la hanche, l'épaule, la côte interne du pied.

Enfin, J. Cloquet rapporte le fait d'une fille de saltimbanque montrée dans les foires comme ayant une *pendule dans le ventre* et qui produisait des sons analogues à ceux d'un tourne-broche par un simple mouvement de rotation de la région lombaire de la colonne vertébrale.

Le docteur Schiff explique devant l'Académie des Sciences, par les contractions musculaires, le bruit des esprits frappeurs.

Pour Chevreul, les phénomènes étaient dus à l'action inconsciente des mouvements musculaires.

« Témoin de ces faits — la rotation du guéridon — mais bien plus

Les théoriciens des tables tournantes. — Babinet, célèbre physicien.

souvent de faits négatifs que de faits positifs, je n'ai jamais eu l'occasion, dans les cas de mouvement, d'observer qu'il ait été hors de proportion avec une action que les mains apposées sur la table étaient susceptibles

Les théories des tables tournantes. — A. de Gasparin, physicien estimé.

d'exercer latéralement ; je ne parle, bien entendu, que de ce que j'ai vu.

« Le mouvement, en effet, n'aura jamais lieu tant que les mains presseront la table perpendiculairement ; mais, à cause de la difficulté de maintenir cette pression constamment perpendiculaire durant un laps de temps durant d'un quart d'heure à une heure et plus, il arrive que l'action des mains est représentée par une action latérale de gauche à droite, ou de droite à gauche, qui seule est capable de mettre la table en mouvement (1). »

Les explications des expériences dont il s'agit ont été commentées et augmentées par Faraday en Angleterre, par Babinet en France.

En résumé, ces hypothèses théoriques n'ont satisfait personne, pas plus que les facétieuses constatations des physiologistes dont nous avons parlé plus haut.

Babinet se laissa même entraîner à discuter à côté de la question, qu'il obscurcit plutôt que de l'expliquer.

A côté des physiciens qui tentaient de trouver une solution physique, un *fluidiste*, Agenor de Gasparin (2), explique les mouvements donnés aux corps par l'action d'un fluide émané du corps des opérateurs.

Je conçois que les savants s'entourent de toutes les garanties possibles; j'admets que, comme le dit le P. Lacordaire, « *le doute soit de la foi à l'état de liberté* »; mais je n'admets pas que tout un corps scientifique sur un seul fait conclue à la généralité.

De ce que Schiff, peut-être Mme Fox, la femme pendule, etc., avaient la faculté d'émettre des bruits spéciaux, il ne s'ensuit nullement que les bruits produits dans les séances du spiritisme proviennent de là.

De ce qu'il y a des pièces de cinq francs fausses, doit-on croire qu'il n'en existe que de fausses?

En France, cependant, le docteur Gibier n'a pas craint d'écrire un livre sur des expériences sérieuses qu'il a exécutées. Il n'affirme rien quant à l'origine de ces faits, se bornant à les décrire, *scribit ad narrandum non ad probandum*. Il écrit pour raconter, non pour prouver.

Son livre présente les faits connus de tous les spirites, dont nous avons donné un rapide aperçu, car c'est, avec Crookes, le seul qui ait écrit sérieusement sur la question. Mais auparavant voyons rapidement les pratiques mises en usage par les différents médiums dans les séances.

Les pratiques du spiritisme.

On sait généralement que l'on obtient les résultats dits *spirites* par le moyen d'une *table*. Cette table est le plus souvent un guéridon à trois pieds, léger, etc., en un mot se déplaçant facilement; on peut opérer avec tout autre objet, un chapeau, une corbeille, etc.

(1) M.-E. Chevreul, *De la baguette divinatoire, du pendule dit explorateur et des tables tournantes au point de vue de l'histoire de la critique et de la méthode expérimentale.*
(2) A. de Gasparin, *Des tables tournantes, du surnaturel et des espèces;* Paris, 1874.

Dans le cas le plus fréquent, quelques personnes se placent devant une table en appuyant dessus, leurs mains étendues à plat, sans les presser. L'expérience doit être faite dans le silence.

Au bout d'un temps qui varie de dix minutes à une demi-heure, les assistants ressentent dans les avant-bras et dans les mains des fourmillements, provenant de la fatigue imposée par la position fixe qu'ils ne doivent pas quitter.

Bientôt, la table fait entendre de légers craquements et enfin elle s'ébranle et se livre à des mouvements plus ou moins désordonnés.

Guéridon le plus propice aux expériences du spiritisme.

Les expérimentateurs doivent alors suivre la table, en tenant (autant que possible) les doigts dessus, dans ses divers mouvements.

Pendant longtemps on s'est contenté, pour correspondre avec les esprits, de les prier d'envoyer leurs communications à l'aide de la table. Ce meuble frappait de son pied un coup pour A, deux pour B, etc. OUI était représenté par un ou trois coups. NON, par deux coups seulement

Peu à peu, on simplifia ce cérémonial. D'abord, le médium fut placé seul à la table; les opérations allèrent déjà plus vite, mais étaient encore longues. Ce nom seul *Zoé* demandait 45 coups frappés, et l'on n'a pas idée de la longueur fastidieuse des séances où l'on employait ce système.

On attacha alors un crayon au pied de la table et le médium, sous l'influence de l'esprit, écrivit les réponses en caractères connus sur une feuille de papier disposée sur le sol.

Ce procédé fut enfin remplacé par une simple planchette armée d'un crayon qui se déplace sous l'imposition des mains, sur une feuille de papier où elle trace des lettres qui, assemblées, ont un sens (1).

(1) Ce procédé fit la fortune d'un ébéniste de la rue d'Aumale, qui vendit, pendant l'année 1855, des quantités de *planchettes à spirites.*

Comme cela marchait encore lentement, de cette manière, on en est arrivé à la plus simple expression du phénomène : le consultant pose une question, et, sous l'inspiration des esprits, le médium écrit simplement la réponse sur un carnet ou sur une feuille de papier; seulement

La chaîne magnétique. — Afin de renforcer les phénomènes, les expérimentateurs forment la chaîne en se touchant réciproquement le petit doigt.

on croit que le médium ne fait que prêter ses organes aux esprits et reste étranger à la communication qu'il écrit.

Étonnez-vous, après cela, que Voltaire fasse des vers ridicules, que Musset fasse des fautes d'orthographe et que Bossuet écrive comme une cuisinière ! Les médiums charlatans sont parfois d'une habileté rare. Figuier raconte qu'un médium à qui on demandait ce qu'il y avait lieu de penser de l'existence du diable, prit son crayon et, sous l'influence de l'esprit, transmit aux assistants cette réponse stupéfiante : « *Je n'existe pas.* » — Signé : « *Satan.* »

Citons encore : Dans un cercle de médiums, on eut besoin de savoir la date de la septième croisade. « C'est bien simple, dit quelqu'un, évoquons saint Louis. »

On se recueille, on appelle saint Louis et on lui demande la date de son embarquement à Aigues-Mortes.

Saint Louis répond : « *Je ne sais pas.* »

— Comment ! vous ne savez pas, mais c'était sous votre règne, vous y étiez..., etc.

— Pardon, pardon, dit le spectre, il y a erreur ; je suis saint Louis de Gonzague, moi... On a appelé saint Louis, et je suis venu... Le roi Louis IX était sorti !

Pour fixer les idées sur les phénomènes qu'on peut obtenir dans les séances spirites sérieuses, nous allons en résumer les principales.

Ce sont d'abord, presque aussitôt que les mains sont imposées sur la table, des coups frappés dans la table, dans les sièges, etc. ; les coups peuvent, dans certains cas, être assez forts pour qu'on imagine qu'ils sont produits par un marteau brisant la table.

La table se déplace, va d'un bout de la chambre à l'autre, etc., les mains étant toujours sur sa face. Dans les expériences de Gibier, la table « se soulevait, se retournait et allait toucher le plafond de ses quatre pieds au-dessus de nos têtes, cela en moins de temps qu'il n'en faut pour le dire ». Or, Slade, médium remarquable par sa force psychique, est peu vigoureux sous le rapport de la force physique et est, de plus, hémiplégique du côté droit.

Dans d'autres occasions, on a vu des meubles se déplacer sans contact, dans des circonstances multiples et si spéciales, que le doute n'est plus permis à ce sujet.

Un fait particulier à Gibier, c'est celui d'ardoises brisées six fois entre les mains de Slade, son médium, au moment où il les disposait pour écrire. M. Gibier affirme n'avoir pu en faire autant, même en les frappant contre la table.

Puisque nous parlons d'ardoises, c'est le moment d'indiquer une expérience des plus curieuses qui est souvent faite avec cet objet.

En spiritisme, on appelle *écriture directe* toute écriture qui a été obtenue sans contact de la main humaine. Pour des écritures de ce genre, dans des conditions d'une rigoureuse observation exercée par de nombreux expérimentateurs, la possibilité est hors de doute.

Nous sommes loin du spiritisme idéal du bon Swedemborg. A ce propos, qu'on nous permette de faire une courte digression.

Aujourd'hui, la science expérimentale a repoussé loin d'elle tous les principes qui ne reposent pas sur des faits ; elle analyse, analyse encore, analyse toujours et ne synthétise plus.

Autrefois, moins sûr de l'expérience qu'on pratiquait moins, on laissait les doigts plus tranquilles, mais on faisait travailler le cerveau.

Les conceptions de Swedemborg sont toutes imaginatives ; il converse avec Dieu, avec les anges, il en reçoit des communications, il écrit sous leur dictée, mais il ne les matérialise pas. Jamais il ne s'est livré à l'ombre d'une expérience ; il aimait bien mieux vivre, ce poète, avec ses chimériques conceptions que de les voir réellement. Il eût fui toutes les sociétés spirites banales et matérielles de notre temps pour rêver à ses esprits.

Le spiritisme idéal ; Swedemborg.

Une physionomie bizarre parmi ces rêveurs est celle de Cahagnet, l'un des plus féconds producteurs d'écrits sur la matière, peut-être parce que, ainsi qu'il le dit lui-même, il n'a pas la moindre instruction et qu'il ne sait pas écrire.

Cahagnet, brave tourneur de chaises, était un convaincu : très simple, très naïf, il disait avoir un miroir magique dont Swedemborg lui aurait donné le secret. C'était un simple morceau de glace sur lequel était appliquée une couche de mine de plomb.

« Vous faites, dit-il, placer la personne qui désire voir un voleur, un esprit ou un lieu devant le miroir ; vous vous mettez derrière elle, la fixant fortement derrière la tête vers le cervelet, et vous appelez l'*esprit à haute voix, au nom de Dieu*, de manière à en imposer au voyant. »

Ce brave Cahagnet faisait, comme on le voit, de la suggestion sans le savoir. Il ajoutait que cette expérience devait être accomplie avec

Assemblée de personnes faisant tourner un guéridon par l'application des mains.

une certaine pompe et au milieu de parfums brûlant dans la chambre!

Sa spécialité était d'évoquer les morts et, entre autres, Sweedemborg, avec lequel il était particulièrement en bons termes. Dans sa naï-

Cahagnet, un théoricien des tables tournantes.

veté, il avouait ne rien pouvoir par lui-même et tout devoir à la communication des esprits. Il avait, en outre, besoin d'un intermédiaire entre les esprits et lui; c'étaient ses *lucides*, parmi lesquels la demoiselle Adèle Maignot était la plus clairvoyante.

Le *médium* le plus réputé : Dunglas Home.

Avant de rentrer dans des expériences pures, présentons un des plus curieux parmi les médiums, le *leader* des médiums, le Dr Dunglas Home.

Laissons la parole au Dr Davis, qui l'a personnellement connu :

« Home méprisait souverainement tous ces charlatans, mais il ne les
« démasquait pas, car il était en relations avec toutes les officines de
« New-York et avait de grands besoins d'argent ; non pas qu'il eût
« l'indélicatesse de leur faire payer son silence, mais, indifférent comme
« il l'était de ses propres intérêts, il ne s'occupait même pas de faire
« fructifier son étonnante faculté, bien réelle celle-là ; il abandonnait
« à ses agences le soin de préparer ses tournées et d'en percevoir le
« prix, à la seule condition de lui payer 50,000 francs par an, par frac-
« tions hebdomadaires. « Comme cela, me disait-il lorsque je lui repro-
« chais d'enrichir une foule de drôles à ses dépens, je suis toujours
« assuré de ne jamais rester plus d'une semaine sans argent. »

« Il recevait 200 dollars tous les samedis, environ 1,000 francs, et
« souvent il lui arrivait de n'avoir plus rien deux jours après. C'était
« une âme d'élite, petit-fils de David Home, le grand philosophe écos-
« sais, et je l'ai vu bien souvent chagrin, mortellement puni même de
« cette faculté qui avait décidé de sa vie et faisait de lui un objet de
« curiosité.

« Il n'avait rien à lui et sa prodigalité pour le bien dépassait tout ce
« qu'on pourrait croire.

« Pendant le temps de ses séances avec William Crookes, dont il ne
« voulut rien accepter, ses barnums ont gagné avec lui, à Londres, plus
« d'un million, et il est presque mort dans la misère.

« Je disais donc que Home méprisait souverainement tous ces médiums
« de pacotille, dont il connaissait tous les trucs ; on lui en expédiait
« parfois avec prière de les recommander ; mais il ne le faisait jamais
« sans avoir vérifié le degré de leur force psychique, et il ne s'occupai
« jamais d'eux s'ils ne pouvaient obtenir de la table tous les phéno-
« mènes qu'un médium sérieux est en droit d'en exiger.....

« Ce soir-là, donc, las de causer, il s'était approché de la table et,
« posant ses mains devenues diaphanes à force d'être amaigries, il
« me dit :

« Je veux voir combien de temps les esprits me laissent encore à
« vivre. »

« Et de toutes parts les coups frappés retentissaient dans la table,
« tantôt comme un roulement de tonnerre, tantôt comme un crépite-
« ment de mitrailleuse...

« A quoi bon ? lui répondis-je en lui touchant le front légèrement du
« doigt. Est-ce que vous ne savez pas à quoi vous en tenir sur l'exis-
« tence réelle de ces esprits qui n'ont jamais existé que par la puis-
« sance de cet admirable cerveau qui dit à la matière inerte : « Fais
« ceci », et à qui la matière inerte obéit ! L'antiquité vous eût mis au
« nombre des demi-dieux. »

« Je savais comment le prendre et cette flatterie lui plut, car il me
« répondit :

« C'est vrai, après tout, que cette foule d'esprits devant lesquels
« s'agenouillent les âmes crédules et superstitieuses n'ont jamais existé !

« Pour moi, du moins, je ne les ai jamais rencontrés sur mon chemin.
« Je m'en suis servi pour donner à mes expériences cette apparence de
« mystère qui, de tout temps, a plu aux masses et surtout aux femmes,
« mais je n'ai point cru à leur intervention dans ces phénomènes que je
« produisais et que chacun attribuait à des influences d'outre-tombe.
« Comment pouvais-je y croire? j'ai toujours fait dire aux objets que
« j'influençais de mon fluide tout ce qui me plaisait et quand cela me
« plaisait! Non, un médium ne peut pas croire aux esprits! C'est même
« le seul qui n'y puisse croire! Comme l'ancien druide qui se cachait
« dans un chêne pour faire entendre la voix redoutée de Teutatès, le
« médium ne peut pas croire à des êtres qui n'existent que par sa seule
« volonté. »

« Après avoir prononcé ces paroles avec effort et comme s'il se par-
« lait à lui-même, il se tut, et pendant quelques instants, l'œil perdu
« dans le vague, il sembla s'absorber dans ses réflexions. »

Zölner, Askakof, W. Crookes, etc., les ont répétées. Ce dernier mettait dans l'obscurité une feuille de papier et un crayon, et une main lumineuse apparaissant se saisissait du crayon et traçait des caractères dont l'assemblage donnait la communication demandée.

Le docteur Gibier, plus défiant, a suivi une méthode plus sûre. Les expériences avaient lieu en lumière. Slade, le médium, prenait les deux ardoises, préalablement inspectées, plaçait entre elles un petit morceau de crayon et aussitôt on entendait le grincement particulier à l'ardoise sur laquelle on écrit. L'ardoise supérieure enlevée, on trouvait la communication écrite sur la seconde.

Pour se convaincre plus matériellement, si cela était possible, le docteur Gibier, dans une expérience, après avoir minutieusement inspecté ses ardoises, ne les quitta pas des mains et, *s'asseyant dessus, entendit* et *sentit* le crayon écrivant sur l'ardoise. Il trouva alors cette phrase : *Les ardoises sont difficiles à influencer, nous ferons ce que nous pourrons.*

De très nombreux cas de transport d'objets sans aucun contact se sont produits dans les séances spirites; il n'y a dans ce fait, du reste, rien qui trouble la raison. Les bruits, les coups frappés, le transport à distance, pour curieux qu'ils sont, ne troublent en rien les idées reçues sur la force; c'est une force nouvelle, dont les effets sont peu connus, et voilà tout.

Mais où les phénomènes deviennent moins facilement explicables, c'est quand ils offrent le caractère fantomatique des apparitions ou des matérialisations.

Le docteur Gibier en a eu de fréquents exemples avec Slade.

Nous ne pouvons faire mieux, dans des expériences de cette nature, que de citer textuellement les observations du savant docteur :

« Le 12 mai 1886, à onze heures du matin, nous avions une séance chez Slade; pendant qu'il avait les deux mains sur la table en même temps que nous, nous avons distinctement vu, en même temps que

M. N., qui assistait à la séance, une main, dont les doigts et la partie antérieure seuls *étaient visibles*, s'avancer à deux reprises contre notre poitrine. Nous n'éprouvions, à ce moment, pas plus d'émotions que dans les expériences de pathologie expérimentale auxquelles nous sommes habitués depuis longtemps; par conséquent, nous ne croyons pas avoir été victimes d'une hallucination. Pas plus que M N., nous ne nous attendions à voir cette main ou plutôt cette partie de main. »

Dans les expériences spirites faites par Zölner, directeur de l'observatoire de Prague, on obtint à plusieurs reprises des moulages de *mains d'esprits;* au reste, chez le docteur Puehl,, ce phénomène était assez couramment obtenu.

Revenons au docteur Gibier. Il poursuit en ces termes : « Slade nous invita alors à placer notre main sous la table pour obtenir son contact (de la main); mais nous ne sentîmes rien ; il prit alors une ardoise par l'une des extrémités et nous invita à la tenir par l'autre bout. Nous maintenions l'ardoise sous la table depuis un instant et mollement pour notre part, de sorte qu'elle serait tombée à terre si Slade ne l'avait tenue solidement, quand tout à coup, nous nous sommes senti prendre le poignet par une main froide, qui promena ses doigts, pendant un instant sur la partie antérieure de notre avant-bras droit. »

En résumé, on peut dire qu'on a connu des expérimentateurs consciencieux et d'une compétence indiscutable : Crookes, dont nous verrons les travaux plus loin, le D' Gibier, dont nous avons résumé les expériences, et enfin le. D' Lombroso, le célèbre criminaliste italien, professeur à l'Université de Turin.

La conversion de ce dernier a été tellement bruyante, qu'il nous paraît intéressant de parler des quelques faits (bien moins concluants que ceux de ses devanciers) qui ont entraîné sa conviction.

Nous allons lui laisser la parole, comme c'est notre habitude, dans des expériences personnelles (1).

« Peu de savants furent plus incrédules que moi en matière de spiritisme; ceux qui en douteraient n'ont qu'à consulter mon ouvrage : *Les fous et les anormaux*, ou mes *études sur l'hypnotisme*, dans lesquels j'insulte presque les spiritistes.

« C'est qu'en effet, plusieurs faits de spiritisme étaient et sont encore peu croyables. Celui, par exemple, de faire parler les morts, sachant très bien que les morts, surtout après quelques années, ne sont qu'un tas de substances organiques; autant prétendre faire penser ou parler des pierres.

« Une autre cause était que ces expériences se faisaient dans l'obscurité. Aucune physiologie ne peut admettre des phénomènes qu'on ne puisse pas bien voir, surtout des phénomènes si discutables.

« Mais, après avoir vu repousser par des savants ces faits, comme celui

---

(1) Les faits spiritiques et leur explication psychiatrique, dans la *Revue de l'hypnotisme*, etc., avril 1892, p. 289.

de la transmission de la pensée, du transfert des sens, qui, quoique très rares, n'en sont pas moins très réels et que j'avais constatés *de visu*, j'ai commencé à croire que mon scepticisme pour les phénomènes spiritiques était de même nature que ceux des autres savants pour les phénomènes hypnotiques.

« Sur ces entrefaites, il me fut offert d'étudier des phénomènes chez un médium certainement extraordinaire, Eusapia ; j'acceptai avec empressement, d'autant plus que je pouvais l'étudier avec d'autres aliénistes distingués, tels que Tamburini, Virgilis, Bianchi, Vizioli, qui étaient aussi sceptiques que moi dans cette matière et qui pouvaient m'aider à contrôler les observations.

« Nous avons pris toutes les plus grandes précautions possibles, nous avons examiné la femme sujet avec la méthode de psychiatrie moderne et nous lui avons trouvé l'obtusité tactile, des troubles hystériques, peut-être même épileptiques, et de profondes cicatrices à l'os pariétal gauche. Nous lui avons lié son pied et une main avec un pied et une main des nôtres, Tamburini et moi ; nous avons commencé et terminé les expériences avec la lampe allumée. De temps en temps, l'un de nous allumait aussi une allumette pour empêcher des tromperies quelconques.

« Les faits observés furent très étranges. Je constatai à la lumière une table qui s'élevait en même temps que nos chaises ; par un effort fait avec nos mains pour abaisser cette table, je notai une résistance de 5 à 6 kilos à peu près.

« On entendit ensuite, sur demande de M. Ciolfi, qui connaissait beaucoup le médium, des coups dans l'intérieur de la table, et ces coups répondaient parfaitement (dans leur langage spiritique et conventionnel) aux demandes qui lui étaient adressées sur l'âge des personnes présentes et sur ce qui devait arriver et *qui arriva* par œuvre d'un esprit ou d'un génie.

« On éteignit la lumière et on entendit des coups plus vigoureux dans la table et, peu de temps après, une sonnette, placée sur une table à la distance de plus d'un mètre d'Eusapia, se mit à sonner et à tourner sur nos têtes. Ensuite, elle se plaça sur notre table et après sur un lit éloigné du médium d'environ 2 mètres.

« Tandis qu'on entendait le son de cette clochette, qui remuait en l'air, le Dr Ascenci, qui, d'après notre conseil, s'était placé derrière Eusapia, alluma une allumette et put voir la sonnette lancée en l'air justement quand elle allait tomber sur le lit derrière le médium.

« Plongés de nouveau dans l'obscurité, nous entendîmes une table en bois qui remuait et, tandis que les mains du médium étaient gardées par moi et le Dr Tamburini, le professeur Vizioli se sentait tirer les moustaches ou pincer les genoux et avait l'impression d'être touché par une main petite et froide.

« Moi, j'entendis qu'on ôtait ma chaîne et qu'on me la replaçait ; ensuite un grand rideau qui divisait la chambre d'une alcôve, qui était à

1 mètre de distance du médium, se souleva, comme agité par un coup de vent et enveloppa toute ma personne. J'essayai de le soulever, mais j'y réussis avec beaucoup de difficulté.

« Mes autres compagnons observèrent, à 10 centimètres de distance sur ma tête et sur celle du professeur Tamburini, des petites flammes jaunâtres ; mais ce qui me frappa le plus ce fut la transfusion d'une assiette de farine, de telle sorte que la farine restait unie et coagulée comme de la gélatine.

« Cette assiette avait été placée derrière l'alcôve, à 1 mètre et demi de distance de nous. Le médium avait pensé la remuer, mais non de la manière que cela se produisait. Elle voulut nous jeter de la farine sur le visage; car, en effet, elle nous avait dit : « Faites attention, je vais vous jeter la farine qui est ici sur le visage. »

« On alluma la lampe. Nous brisâmes la chaîne que nous faisions autour de la table et nous trouvâmes la farine renversée. Peu de temps après, nous vîmes un gros meuble qui était derrière l'alcôve, à 2 mètres de nous, remuer lentement et venir vers nous comme s'il était poussé par quelqu'un. Il ressemblait à un gros pachyderme qui s'avançait près de nous.

« De semblables expériences furent faites avec Eusapia par les médecins Barth et Deflosa, qui m'écrivirent les faits suivants :

« Ils virent plusieurs fois une sonnette remuer dans l'air, sonner sans être remuée par personne. Deux fois, ils entendirent claquer des mains.

« Le banquier Hirsch, qui était avec eux, demanda à parler avec une personne qui lui était chère. Il vit l'image de cette personne, on entendit la parole en français (elle était Française, morte il y a vingt ans).

« La même chose fut observée par M. Barth, qui vit son père mort et reçut deux baisers. Tout le monde vit aussi deux petites flammes sur la tête d'Eusapia. »

Voilà les faits.

Or, ces faits (il faut les admettre, car qui pourrait nier les expériences vues) sont de nature à nous faire supposer un monde bien différent de celui qui est admis par les neuropathologues.

Les matérialisations.

Les spirites affirment que les esprits peuvent s'emparer, *aux dépens du médium*, d'une quantité de matière de fluide, en un mot de ce qui est nécessaire pour leur fournir un corps sensible à la vue, au toucher et qui, à partir de ce moment, vit d'une vie factice, mais semblable à la vie réelle, pendant que le *médium* dort d'un sommeil spécial, dit, dans ce cas, *médianimique*.

Le *médium* feignant d'endormir le photographe Buguet, par des poses magnétiques.

On comprend combien ces phénomènes sont délicats et combien on doit se méfier de soi-même lorsqu'on relate des manifestations semblables.

On est ici sur les confins de la raison et de la folie. Verse-t-on ?

Il ne nous appartient pas d'expliquer les faits ici ; plus loin, nous verrons ce qu'on doit en penser. Qu'il nous suffise de dire que *des matérialisations* ont été obtenues par les hommes les plus honorables et qu'il n'est pas permis d'en infirmer absolument la réalité.

La haute autorité de Crookes ne permet pas le doute, quant à la vérité de l'expérience. Pour son explication, chacun a le droit de choisir celle qui lui convient. William Crookes ne l'a jamais tenté et n'a rapporté que des faits merveilleux, mais rien que des faits, sans apparence d'explication.

Disons, dès l'abord, que, pendant trois ans, le savant anglais expérimenta avec un *sujet*, un *médium de quinze ans*, Mlle Florence Cook, dont l'esprit matérialisé s'appelait *Katie King*. Nous ne pouvons relater ces curieuses observations. Copions, dans les notes de Crookes quelques extraits caractéristiques :

« En entrant dans le cabinet, Mlle Cook s'étendait sur le plancher, sa tête sur un coussin, et bientôt elle était en léthargie.

« Pendant les séances photographiques, Katie enveloppait la tête de son médium avec un châle, pour empêcher que la lumière ne tombât sur son visage.

« Fréquemment, j'ai soulevé un côté du rideau lorsque Katie était debout tout auprès, et alors il n'était pas rare que les sept ou huit personnes qui étaient dans le laboratoire pussent voir en même temps Mlle Cook et Katie sous le plein éclat de la lumière électrique. Nous ne pouvions pas alors voir le visage du médium, à cause du châle, mais nous apercevions ses pieds et ses mains ; nous la voyions remuer péniblement sous l'influence de cette lumière intense et, par moment, nous entendions ses plaintes.

« J'ai une épreuve de Katie et de son médium photographiés ensemble, mais Katie est placée devant la tête de Mlle Cook.

« Une de ces photographies, la plus intéressante, est celle où je suis debout à côté de Katie ; elle a son pied nu sur un point particulier du plancher. J'habillai ensuite Mlle Cook comme Katie ; elle et moi, nous nous plaçâmes dans la même position et nous fûmes photographiés par les mêmes objectifs placés absolument comme dans l'autre expérience et éclairés par la même lumière. Lorsque les deux clichés sont placés l'un sur l'autre, les deux photographies de moi coïncident parfaitement quant à la taille, mais Katie est plus grande d'une demi-tête que Mlle Cook et, auprès d'elle, elle semble une grosse femme.....

« J'ai si bien vu Katie à la lumière électrique qu'il m'est possible d'ajouter quelques traits aux différences que j'ai établies entre elle et son médium.

« J'ai la certitude la plus absolue que Katie et Mlle Cook sont deux individualités distinctes, du moins en ce qui concerne leurs corps.

« De quarante-quatre photographies du médium et du fantôme, obtenues par Crookes, il en est une qui a fait le tour du monde..... »

Voilà les faits. Le savant n'a-t-il pas été mystifié?

Un auteur sérieux, d'un esprit sceptique, a présenté à ce sujet des observations nettes et précises, dont la bonne foi est absolue et dont la conclusion repose sur une longue étude.

Le docteur Philippe Davis (1) a fait connaître quelques *trucs* employés, en Amérique par les médiums. Nous voulons bien croire que certains charlatans (et il y en a beaucoup) aient recours à ces procédés pour forcer les manifestations; mais est-ce à dire pour cela que les matérialisations ne sont que le fait de la friponnerie de quelques hardis flibustiers ? Est-ce à dire que Crookes a été indignement trompé ? Est-ce à dire que jamais personne n'a vu de matérialisation réelle ? Aucun esprit scientifique n'oserait s'avancer jusque-là. Si vous voulez m'en croire, ne creusez pas ; la raison y sombre souvent (2).

Les fraudes.

L'intérêt de quelques-uns étant de surprendre la crédulité des masses pour s'en faire de solides revenus, nous ne faisons aucune difficulté de croire à l'habileté de certains charlatans. Aussi bien, donnons-nous pour ce qu'elles valent les constatations suivantes.

Une première fraude indigne fut celle du photographe spirite Buguet. Après l'échec des frères Dawenport, ce fut le procès le plus retentissant.

Buguet, à l'exemple de ses confrères d'Amérique et d'Angleterre, photographiait des « ancêtres »; le truc était des plus simples : la plaque qu'il apportait dans le châssis, et sur laquelle il allait photographier le client, venait de recevoir par ses soins l'empreinte de l'ancêtre (une poupée habillée *ad hoc*); cette première impression très flou, très vague de l'ancêtre, permettait d'impressionner à la grande lumière la couche sensibilisée à nouveau.

Pour les croyants, on n'avait photographié qu'une fois et, à côté du client bien vivant, apparaissait la forme vague de l' « ancêtre » qui avait bien voulu se manifester.

Du reste, le *boniment* accompagnait à merveille la divine opération ; les poses inspirées, les airs fatals de Buguet complétaient la cérémonie.

Comment ne pas croire à la réalité des faits, quand Buguet, épuisé de la perte du fluide qu'il a concentré pour évoquer l'âme du mort,

---

(1) Davis, *La fin du monde des esprits*.
(2) On a de très nombreux exemples de folie spirite. Vacquerie a du reste cessé ses expériences parce que la tête d'un de ses amis n'avait pu résister.

tombait pâmé dans les bras de Leymarie, qui lui réinsufflait du fluide à grand renfort de passes.

Les profits grossissaient à vue d'œil, quand la police se mit de la partie, sur la réclamation d'un client qui n'avait pas reconnu son ancêtre.

Un procès délirant s'en suivit, sans grand mal pour personne, mettant au jour une grande quantité de convaincus qui reconnurent et reconnaîtront toujours leurs ancêtres, malgré l'évidence et malgré la police.

Le docteur Davis, que des études patientes amenèrent à dévoiler plusieurs supercheries, s'attaque particulièrement aux matérialisations, qu'il prétend être toutes le résultat d'appareils ingénieux, manœuvrés par d'habiles farceurs.

C'est à son énergique intervention que le médium Firman, qui se manifestait sous les traits matérialisés « *du petit Indien* », dut les six mois de prison qui tranchèrent nettement la discussion sur sa *médiumnité*.

Voici, d'après le docteur P. Davis, les principales fraudes. Nous lui empruntons les lignes suivantes, en lui laissant la responsabilité de ses assertions.

Les fraudes en usage parmi les médiums sont de trois sortes :

1° *Les tables et les meubles préparés pour la typtologie* (1), *le mouvement et la lévitation.* Il va sans dire que même les *médiums* qui n'ont aucune force psychique, aucun fluide, aucune faculté, de quelque nature qu'elle soit, pour produire des phénomènes veulent en produire cependant pour en faire quelque argent.

Par un « truc » caché dans le pied de la table ou par un mécanisme invisible, placé dans quelque endroit peu apparent, il n'est pas difficile de produire des *sons* identiques à ceux qu'obtiennent vraiment les spirites.

Quant aux autres supercheries, laissons la parole à celui qui assure qu'elles existent, qui les a vues et même pratiquées (2) :

« Les objets lancés l'étant toujours dans l'obscurité, alors que les
« assistants font la chaîne, en tenant le médium par les deux mains, ce
« dernier, qui a soin de pousser des soupirs et de paraître agité de
« tremblements nerveux, s'incline sur la table lentement et continue
« ses jérémiades et ses mouvements comme si l'esprit agitait tout son
« corps, mais, en réalité, pour voiler ses supercheries, et finalement il
« lance les petits objets avec ses dents et presse de la même façon sur
« le point spécial qui doit faire jouer le mécanisme et lancer les gros,
« et le tour est joué. »

2° *Les matérialisations partielles.*

« L'officine possède une foule de menus objets de formes diverses,
« en baudruche gommée, poterie de caoutchouc, capsules de gomme,

---

(1) On nomme typtologie, typtologue, la chose ou le médium qui provoque le fait des coups frappés dans la table.
(2) M. le Dr P. Davis, *La fin du monde des esprits;* Librairie illustrée.

« selon la composition qu'ils doivent contenir, hydrogène, phosphore
« qui s'enflamme au contact de l'air, ou toutes autres préparations qui
« ne sont qu'un jeu pour un chimiste. Il suffit que le médium, ou
« même un compère, quand le médium est surveillé trop étroitement,
« écrase un de ces objets entre ses doigts pour que l'on voie immédia-
« tement planer dans la salle des larmes, des fleurs, des flammes, des
« couronnes phosphorescentes et des apparences de mains qui sem-
« blent sortir d'un nuage.

« Nous cherchions, me dit Walker, à rendre ces apparences visibles

Photographie à la lumière électrique des *apparitions*.

« en plein jour, en colorant légèrement la composition. J'espère que
« nous y parviendrons. »

3° *Les matérialisations complètes ou apparitions de fantômes.*

Nous arrivons maintenant à l'une des séries d'expériences qui
frappent le plus l'imagination d'un public prévenu. En effet, on se
défend mal d'une émotion particulière, accessible même aux plus
braves, quand on aperçoit pour la première fois un esprit, une ombre,
un fantôme, ou tout ce que vous voudrez qui se promène lentement
dans l'ombre, ou quand cette vapeur légère peut être touchée, photo-
graphiée à la lumière électrique, qu'elle laisse des empreintes de son
passage, qu'elle donne des messages écrits, qu'elle fait des *apports!*
Oh! alors même que ce serait un *truc*, je vous jure qu'il faut mater
son imagination et faire appel à toute sa raison pour discuter et
apprécier froidement les conditions du phénomène.

Aussi bien ne sait-on jamais où s'arrêtera la crédulité de certaines personnes dont la constitution intellectuelle est tellement disposée qu'elle leur permet d'admettre les faits, même quand leur raison ou leurs sens leur prouvent le contraire. Par contre, il est des tempéraments enclins à ne rien admettre, à ne rien croire, malgré les preuves matérielles et morales les plus évidentes, les plus convaincantes.

C'est dans un juste milieu que se trouve la vérité. Envisager les faits d'un esprit critique, ne les admettre que lorsqu'ils sont *prouvés et sûrs, de toute garantie*, s'entourer de toutes les précautions pour éviter la

Apparition de *fantômes* à New-York. — Le truc du buffet.

surprise des sens et l'entraînement à la créance de faits invraisemblables, se méfier des farceurs ou des convaincus, telle est la véritable règle pour suivre des expériences sérieuses. Mais, d'autre part, si on a réellement l'amour de la vérité, on ne doit jamais contester un fait sans avoir cherché à s'assurer (par soi-même si cela est possible) qu'il est vrai. En tous cas, si l'on n'en a pas la preuve (et quand même on l'aurait), il faut accepter le fait sans chercher à l'expliquer.

C'est ce qui a perdu les spirites, qui ont voulu bien prématurément (alors qu'ils avaient devant les yeux des phénomènes inconnus de ceux qui les jugeaient et qui négligeaient de s'assurer de leur réalité) donner une explication très embarrassante et très embarrassée de faits indéniables cependant.

Comme nous l'avons déjà dit, de ce que quelques faussaires ont imité les billets de banque, il ne s'ensuit pas qu'ils soient tous faux ;

au contraire, c'est la *vérité certaine* des vrais qui permet de faire passer les faux.

Il en est de même des sciences qui nous occupent. Si des fraudeurs ont *truqué* les résultats, c'est parce que de vrais phénomènes avaient été obtenus.

Malheureusement pour le développement des expériences spirites sérieuses, la majorité du public n'est admis qu'aux expériences frelatées, PAYANTES, où on le trompe d'une façon éhontée; et si quelque spectateur, dans les soirées données par de pseudo-spirites, a découvert le *truc* et s'en va répandant partout le bruit que toutes les expériences spirites sont d'affreuses tromperies, c'est un tort, et d'un mot nous allons vous convaincre :

« *Essayez vous-même* », entourez-vous de personnes sûres, et si du premier coup vous n'avez rien obtenu, avant un mois, en les renouvelant, vous aurez un excellent *médium*, dont les qualités se parferont à mesure qu'il s'entraînera, et alors... vous verrez des merveilles.

Il existe certainement des trucs préparés de longue main dans des officines spéciales et qui demandent un aménagement spécial de trappes ou d'appareils. Il paraît que, dans certaines maisons (en Amérique, où cet *art* a pris un développement inouï), on voit fréquemment, dans les expériences spirites, un esprit matérialisé apparaître au-dessus d'un buffet disposé *ad hoc* et auquel on n'apporte aucune attention avant les expériences. Après, il est trop tard, l'impression est produite : la supercherie porte presque toujours ses fruits.

RÈGLE GÉNÉRALE. — Quand on veut réellement vérifier des phénomènes de cet ordre, toujours vérifier les meubles, les tapis, les tentures, les armoires, avant les expériences.

Si nous en croyons le Dr Davis, notre guide dans la recherche des fraudes, la réussite dépend beaucoup de la présence d'esprit, de l'habileté du fraudeur, car les officines d'Amérique (où il a pris ses grades de pseudo-médium) ne lui donnent que des moyens excessivement rudimentaires pour jouer son rôle.

Il nous assure que le costume de l'« *esprit matérialisé* » ne comporte qu'une pièce de gaze très légère, grise ou blanche, dans laquelle le médium s'enveloppe, et une coiffure qui peut facilement se dissimuler, le tout d'assez faible volume pour pouvoir être contenu dans un portefeuille ou un œuf (comme celui dont se servent certaines femmes pour raccommoder les bas) de faible dimension. La lampe, qui est à peine de la dimension de cet œuf, est en cristal ou en verre, bouchée en haut à l'émeri. Si l'on y introduit quelques gouttes d'huile phosphorée, on obtiendra, en la débouchant (pour que l'air y pénètre), cette lumière vague et faible, éminemment propre à favoriser la supercherie et qui brille doucement dans l'obscurité comme un léger brouillard de vapeurs lumineuses. Pour l'« *éteindre* », il suffit de la reboucher.

Cette lumière peut encore s'affaiblir ou s'augmenter à volonté :

à cet effet, on enroule sur la lampe quelques tours de gaze qu'on enroule et qu'on déroule à volonté, ce qui permet de donner l'illusion absolue « d'un esprit qui se matérialise peu à peu à mesure que le fluide de son médium lui parvient ».

Un ancêtre apparaissant dans l'obscurité.

Nous avons connu un aimable farceur, chimiste distingué qui s'était fait une spécialité de dessiner avec des produits chimiques ses ancêtres sur une ardoise. Quand il voyait un importun, il amenait la conversation sur le spiritisme et disait qu'il allait communiquer avec son grand-père, devant l'étonnement de son interlocuteur ; il sortait, avec toutes sortes de mystères, une de ses ardoises magiques et, au milieu d'un appareil imposant de cérémonies bizarres, de passes répétées, il confiait l'ardoise en question au gêneur, le priant de l'aller voir dans l'obscurité, sur l'escalier. Le visiteur, désireux de voir le résultat de ses opérations magiques, sortait sur le carré et, tandis qu'il restait ébahi de voir ces linéaments d'un dessin phosphorescent reproduisant un vénérable vieillard à barbe de Père éternel, notre farceur fermait la porte. L'autre, au bout d'un temps plus ou moins long, sonnait pour se faire ouvrir, mais le propriétaire le laissait se morfondre avec son ardoise sur l'escalier, le laissant frapper ou carillonner sans avoir pitié de lui.

Si parfois le mystifié avait la malencontreuse idée de lui faire des reproches de sa conduite, il prenait un air sombre et lui confiait dans le tuyau de l'oreille qu'à la suite de ses opérations magiques il s'était dématérialisé pour aller goûter quelques heures agréables dans la société de Socrate, qu'il affectionnait beaucoup et avec lequel il entretenait un commerce des plus agréables auquel il n'aurait pu se soustraire.

Et il y en avait qui le croyaient.

Voici le récit d'une de ces supercheries, dont le Dr Davis nous donne plusieurs descriptions attachantes. *Se non e vero e ben trovato* :

« Mon hôte invita une centaine de personnes, tant de New-York
« que de New-Jersey, pour le lendemain soir, qui était un samedi.
« Dans la nuit, j'imaginai un tour de ma façon qui devait porter jusqu'à
« l'enthousiasme l'admiration des Yankees. J'en fis part le matin à mon
« hôte, qui me laissa libre.

« — Oh! excellent, m'avait-il dit. Comment n'avons-nous pas encore
« songé à cela? Avec cette nouvelle corde à notre arc, nous allons
« battre tous nos concurrents. Ma parole, cela vaut les mille dollars
« que je ne vous ai pas demandés. Nous sommes quittes, gentleman.

« J'avais trouvé le moyen, moi aussi, de faire voir en même temps
« l'esprit et le médium. Et voici comment je m'y pris :

« J'allai, ce matin-là, à New-York avec mon hôte et je me rendis
« dans un atelier de construction, où je me fis confectionner sur-le-
« champ un ressort à boudin de 1^m,80 de hauteur une fois détendu,
« de 0^m,60 de diamètre à la base, afin qu'il pût se tenir droit, et de
« 0^m,25 seulement au sommet. Le tout fermé ne présentait qu'une
« hauteur de quelques centimètres et pouvait se cacher aisément. En
« rentrant au cottage de mon hôte, je plaçai l'objet sous le canapé
« destiné au médium dans le petit cabinet du salon.

« Le soir venu, personne ne manqua à l'appel ; mon hôte m'avait
« présenté comme un médium d'une force extraordinaire, ayant
« assez de fluide pour obtenir cinq à six matérialisations dans une
« séance.

« Dès que j'eus pénétré dans le cabinet en pleine lumière, au bruit
« des applaudissements d'une foule convaincue d'avance, tous spirites,

« le gaz fut éteint selon la coutume, et je me hâtai de retirer mon
« ressort à boudin, que j'entourai rapidement de gaze mousseline.
« J'adaptai au sommet une tête de caoutchouc très bien modelée et
« coloriée ; une grande barbe et un turban complétèrent mon manne-
« quin, dont j'avais essayé l'effet dans la journée. A hauteur de poi-
« trine, j'attachai la petite lampe dans un filet de soie blanche à larges
« mailles ; elle était hermétiquement bouchée. Ceci fait en une minute
« environ, je procédai à mon déguisement, qui fut beaucoup plus rapide
« encore, et, prenant mon mannequin, je poussai doucement un des

Deux fantômes apparaissant en même temps, à New-York.

« côtés du piano, qui pivotait sans bruit sur lui-même, et je me trouvai
« dans la salle.

« Les fauteuils laissaient un espace vide de plusieurs mètres à droite
« et à gauche ; je me dirigeai vers la droite et déposai tout doucement
« mon fantôme. Revenant alors devant le piano, j'ouvris ma lampe
« phosphorée et je procédai à une matérialisation graduelle. Pas un
« bruit ne se faisait entendre, pas un souffle ; l'émotion étreignait tous
« les assistants... Je fis le tour de chaque rang de sièges, distribuant à
« chacun des sentences de la Bible et de petits morceaux de mon man-
« teau, ou plutôt d'un morceau de même étoffe que je m'étais attaché
« à la ceinture, afin de pouvoir montrer à tous la peau de mon kaïk
« intacte. Ceci fait, je me dirigeai dans le coin où m'attendait mon
« mannequin et je fermai ma lampe.

« — Ladies and gentlemen, cria Walker, l'esprit du prophète Ézé-

« chiel vient de se dématérialiser ; prions pour qu'il revienne !...
« Et il entonna à pleine voix un cantique accompagné par tous les
« assistants.
« Évoquer Ézéchiel, c'était raide, mais avec des croyants ! Et puis
« mes sentences de la Bible avaient produit un excellent effet.
« Je me laissai toucher par le cantique et je débouchai lentement le
« flacon de mon mannequin en me cachant derrière lui. Des exclama-
« tions de joie se firent entendre, et j'en profitai pour m'éloigner de

Apparition de *fantômes*, à New-York. — Le truc du mannequin.

« mon mannequin à une distance où on ne pouvait me voir. D'un tour
« de main, j'avais enlevé kaïk et turban, que je mis dans ma poche, et
« je me trouvai tout en noir.
« A ce moment, la voix de Walker retentit de nouveau.
« — Ladies and gentlemen, demandons au prophète si, pour con-
« vaincre les incrédules qui peuvent se trouver ici, il ne voudrait pas
« consentir à ce que trois membres nommés par vous aillent, pendant
« qu'il restera immobile ici, vérifier la présence du médium dans le
« cabinet.
« — Ma mission est de convaincre les incrédules ; votre prière est
« exaucée, répondis-je d'une voix sépulcrale.
« Et je filai du côté du piano ; le mur qui me guidait m'empêchait de
« commettre un impair.
« Pénétrer dans le cabinet, repousser doucement l'instrument et me
« coucher sur le canapé fut l'affaire d'un instant ; une minute après,

« trois membres de l'assemblée, choisis par elle, étaient introduits par
« Walker dans le cabinet et pouvaient s'assurer de la présence du mé-
« dium, en même temps que toute l'assistance constatait celle du pro-
« phète Ézéchiel dans la salle.

« Comme on doit le penser, je ne perdis pas de temps à rester
« étendu sur mon canapé; les trois vérificateurs n'étaient pas retour-
« nés à leurs places que déjà j'avais repris mon déguisement et sup-
« primé le mannequin. Tout le monde applaudit à tout rompre à la
« déclaration des trois personnages qui étaient venus s'assurer de ma
« présence dans le cabinet; mais le calme se rétablit presque aussitôt,
« par respect pour le prophète, dont personne dans l'assistance ne révo-
« quait la présence en doute.

« Après une seconde promenade dans la salle, que j'abrégeai le plus
« possible, je revins devant le piano, où je me dématérialisai défini-
« tivement. Le tour était joué, et pas un signe d'incrédulité ne s'était
« manifesté dans la salle pendant toute la durée de cette mystifi-
« cation.

« Le lendemain, je partais pour la Nouvelle-Orléans et San-
« Francisco. »

CHAPITRE XXIII

FORCE PSYCHIQUE

Définition : La force psychique (ainsi nommée provisoirement sans que ce nom entraîne en rien l'idée d'une force de l'âme) est encore mal définie ; elle apparaît dans certaines expériences, peut se constater sûrement, mais est encore trop peu connue pour qu'on en donne logiquement une explication. Pour nous, elle nous semble absolument matérielle, au même titre que la lumière, la chaleur, l'attraction, etc.

Preuves : Des expériences multiples, faites par des gens instruits, honorables et sérieux, ne laissent aucun doute sur la réalité des faits ; ils sont matériellement vrais ; il n'en est pas de même de la nature de cette force, qui est encore absolument inconnue.

Fraudes : Impossibles, les observations étant, dans la plupart des cas, contrôlées par des instruments enregistreurs, dont la bonne foi ne peut être surprise.

La Société dialectique de Londres tint, depuis le 16 février 1869, quarante séances au cours desquelles des expériences et des épreuves rigoureuses furent instituées ; ses conclusions étaient ainsi exprimées :

« 1° Dans certaines dispositions de corps ou d'esprit où se trouvent une ou plusieurs personnes présentes, il se produit une force suffisante pour mettre en mouvement des objets pesants, sans emploi d'aucune force musculaire, sans contact ou connexion matérielle d'aucune nature entre ces objets et le corps de quelque personne présente.

« 2° Cette force peut faire rendre des sons, que chacun peut entendre distinctement, à des objets solides, qui n'ont aucun contact ni aucune connexion visible ou matérielle avec le corps de quelque personne présente ; et il est prouvé que ces sons viennent de ces objets, par des vibrations qui sont parfaitement distinctes au toucher.

« 3° Cette force est fréquemment dirigée avec intelligence... »

Des mouvements ayant été obtenus sans contact plus de *cinquante fois*, le résultat ne paraissait pas douteux à la sous-commission chargée d'étudier les phénomènes.

« En résumé, est-il dit dans le rapport, votre comité exprime unanimement l'opinion que l'existence d'un fait physique important se trouve ainsi démontrée, à savoir : que des mouvements peuvent se

Coups frappés, bruits et sons perçus dans les corps matériels.

produire dans les corps solides, dans les corps matériels par *une force inconnue* jusqu'à présent... »

A ce rapport fut jointe une enquête où étaient mentionnés les faits dont le comité n'avait pas accepté la responsabilité à l'unanimité.

C'étaient des déplacements d'objets sans contact : corps quelconques (humains ou autres) s'élevant jusqu'au plafond, apparition de mains ou de formes humaines sur des écritures directes, sans contact.

Les noms des signataires imposaient le respect : Morgan, président de la Société mathématique de Londres ; Varlez, ingénieur des Cies de télégraphie ; Russel Wallace, le naturaliste universellement estimé, etc.

Malgré cela, les faits étaient tellement incroyables (pour des savants) que les autres membres de la Société de dialectique refusèrent d'accepter la responsabilité des faits observés et abandonnèrent les signataires. De là division en deux camps acharnés dans la foule.

Le Times, dans un article très serré, résuma la question et termina son exposition par cette constatation : que l'émotion soulevée par les faits révélés ne s'éteindrait que lorsqu'un savant d'un mérite reconnu, d'un caractère élevé, tel que William Crookes, l'un des plus illustres membres de la Société royale, aurait consenti à refaire seul ces expériences et à en faire connaître le résultat, devant lequel tout le monde était décidé à s'incliner.

Élévation de corps matériels sans contact et sans l'intervention d'aucune force autre que la force psychique.

La netteté des observations, l'honnêteté de l'expérimentateur, de même que sa haute valeur personnelle étant hors de doute, nous allons brièvement résumer les résultats qu'il a fait connaître. Remarquons, en passant, qu'il *atteste* ces résultats. C'est donc bien l'expression de sa pensée formelle que nous allons exposer.

Tout d'abord, il fait remarquer que presque toutes les expériences ont eu lieu à la lumière et que, lorsque l'obscurité a été reconnue nécessaire, il s'est entouré de tous les contrôles nécessaires pour éviter la supercherie.

Voici, d'après Crookes, les expériences, divisées en classes, dont il a obtenu la preuve irréfutable :

Mouvements de corps pesants avec contact, mais sans intervention mécanique. — Ce sont les expériences vulgaires que tout le monde a vues. Elles consistent particulièrement à élever en l'air des objets lourds lorsque les mains sont posées dessus. Mentionnons, en passant, cette observation intéressante, que ces mouvements sont généralement

Élévation des corps matériels par le simple contact de la main.

précédés d'un abaissement de la température de l'air, qui arrive parfois à créer un courant d'air. Le thermomètre baissait de plusieurs degrés pendant ce genre d'expériences.

Phénomènes de percussion et assemblage des sons. — Ce sont les bruits plus ou moins forts, plus ou moins aigus, que l'on entend toujours lorsqu'on est en présence d'un *médium* qui appuie sa main sur tel objet que ce soit. Ces phénomènes très ordinaires sont cependant du plus haut intérêt lorsqu'on les envisage à un certain point de vue. Ces sons et ces mouvements sont-ils dus à une force intelligente ? Pour ne pas trahir la pensée du célèbre observateur, nous copions sa réponse : « J'ai remarqué, depuis le commencement de mes recherches, que la puissance qui produit ces sons n'est point certainement une force aveugle, mais qu'elle est associée ou plutôt gouvernée par l'intelligence; ainsi, les sons, dont je viens de parler ont été répétés un certain nombre de fois déterminé ; ils sont devenus forts ou faibles, se sont produits dans différents endroits, suivant les demandes qui en ont été faites. Et au moyen de certains signes, définis à l'avance, des questions, des réponses et des messages ont été donnés avec plus ou moins d'exactitude. »

Jusqu'ici, l'esprit critique le plus sévère peut admettre sans difficulté la réalité des faits, mais la croyance est moins facilement assise sur l'énoncé suivant, parfaitement net et d'une bonne foi inattaquable qui répond à la question que tout le monde scientifique se pose : Les

Table-balance ; imitation au commandement de coups ordonnés ; rupture de l'équilibre des corps matériels.

sons, les mouvements, les communications en un mot, sont-ils le résultat d'une simple action physique, ou sont-ils gouvernés par une force intelligente ? Voici la réponse textuelle de Crookes :

« L'intelligence gouvernant ces phénomènes est fréquemment en opposition avec les désirs des médiums, quand une détermination a été exprimée de faire quelque chose qui ne peut être considéré comme raisonnable. J'ai vu plusieurs messages donnés pour ne point faire ces choses. Cette intelligence prend quelquefois un caractère tel qu'il est impossible de ne pas voir qu'elle ne pourrait émaner d'aucune des personnes présentes. »

Altération du poids des corps. — Cette série d'expériences est tellement indéniable que pas un esprit sensé n'oserait la mettre en doute. Pour écarter toute indécision, W. Crookes fit construire des instruments enregistreurs spéciaux et conduisit ses opérations en présence de deux savants distingués, W. Huggins et W. Cox.

La seule imposition des mains suffit pour annuler le poids des corps ou pour l'augmenter. Des balances, des dynamomètres de toute nature ont toujours donné des résultats identiques. Il y a donc lieu de croire, comme le dit W. Cox dans une lettre qu'il adressa postérieurement à Crookes, « qu'il y a une force qui procède du système nerveux et qui est capable, dans la sphère de son influence, de donner aux corps solides du mouvement et du poids. »

Mouvement de substances lourdes à une certaine distance du médium. — C'est le phénomène que nous avons appelé déplacement sans contact. Des tables, des chaises, sous l'influence du médium,

Altération du poids matériel. Annulation du poids.

quittent leur immobilité, s'avançant le plus souvent en cadence et avec un mouvement accéléré (1). De nombreux exemples ont été rapportés de ces faits.

Enlèvement des corps sans contact. — Crookes signale une table à manger (très lourde) enlevée plusieurs fois du sol sans contact ; ce phénomène n'a rien en soi de difficile à comprendre, il dérive toujours de la même force. Une série d'expériences plus curieuses est celle de l'enlèvement du corps humain en pleine lumière. Le doute était impossible. Une fois, une dame assise sur une chaise fut élevée de plusieurs pouces au-dessus du sol ; une autre fois, agenouillée sur cette chaise,

(1) Ce qui fait supposer qu'ils agissent sous l'influence d'une force constante; car, ainsi qu'on l'a vu jusqu'à présent, nous ne nous occupons que d'*une force*.

dont on voyait les quatre pieds, sous l'imposition des mains elle s'éleva

Neutralisation du poids ; la force psychique fait équilibre à des poids pesants.

de trois pouces pendant dix secondes environ et redescendit lentement. Deux enfants s'élevèrent en plein jour, sur leurs chaises. Le cas

Annulation du poids : la force psychique annule la résistance de poids pesants.

le plus frappant est celui de Home s'enlevant lui-même.

Curieuse expérience de Dunglas Home (La lévitation). (Page 468.)

Crookes dit à ce sujet : « Dans trois circonstances, je l'ai vu s'élever (Home, son médium) (1) complètement du plancher de l'appartement : 1° assis dans un fauteuil ; 2° agenouillé sur sa chaise ; 3° debout.

Ce phénomène curieux, en opposition aux lois naturelles, est commun dans les Indes, où il est connu depuis la plus haute antiquité sous le nom de *lévitation*.

Élévation de corps animés sans contact et sans l'intervention d'aucune autre force que la force psychique.

Des faits aussi curieux se sont produits avec plusieurs autres observateurs ; le Dr Teste fit de nombreuses expériences dans cet ordre d'idées. Elles consistaient, pour la plupart, soit dans l'invisibilité absolue de personnes ou d'objets magnétisés préalablement, soit dans des phénomènes de suggestion, tels que, supprimant par sa volonté les marches d'un escalier, le sujet ne peut descendre plus bas qu'une marche

(1) Home était un remarquable médium *physique*. On cite de lui un très grand nombre de cas semblables de lévitation ; mais ce n'était pas un médium *à matérialisation*, ce qui explique que Crookes ait attendu Miss Cook pour étudier ces phénomènes, car il faut remarquer que les médiums sont plus aptes à certaines catégories de phénomènes qu'à d'autres.

déterminée, soit en élevant, toujours par sa volonté seule, des barrières imaginaires que ses malades ne pouvaient franchir.

Tous ces faits seraient, à la rigueur, explicables par les principes de la suggestion que nous venons d'étudier.

A côté de ces faits vrais, de Mirville a raconté l'histoire surprenante d'une personne transportée dans les airs, en plein midi, aux portes de Paris, par la volonté d'un *médium* qu'il affirmait avoir connu, mais dont le miracle n'avait pu être aperçu que des initiés au milieu desquels la personne transportée serait venue tomber.

De Mirville, bien qu'assez crédule de son naturel, rapporte comme lui étant personnel le fait suivant :

« Peut-être, dit-il, serons-nous un peu moins embarrassé pour vous affirmer que nous-même, sur un simple signe que nous transmettions à un magnétiseur, son somnambule, porté sur nos propres épaules, devenait, *à notre volonté*, infiniment plus léger ou nous écrasait de tout son poids ! Si nous affirmons encore que, sur un simple signe de nous à son magnétiseur, placé à l'autre extrémité de la chambre, ce somnambule, dont les yeux étaient hermétiquement bandés, se laissait rapidement entraîner, ou bien, obéissant à notre nouvelle intention, demeurait tout à coup si bien cloué sur le parquet, que, courbé horizontalement et ne reposant plus que sur la plante des pieds, tous nos efforts (et nous étions quatre) ne le faisaient plus avancer d'une seule ligne. « Vous attelleriez six chevaux dessus, nous disait le magnétiseur, que vous ne le feriez pas bouger davantage. » Et vraiment, c'était bien, là aussi, le premier pas qui coûtait. Enfin, à notre volonté encore, nous le rendions ou complètement sourd, ou complètement aveugle, ou complètement insensible. »

Mais revenons aux expériences plus mathématiquement certaines de Crookes.

Mouvement sans contact de divers corps de petit volume. — Toutes les précautions prises, le médium ne peut pas, dit Crookes, pendant que les assistants et moi le surveillons, faire jouer, à l'aide d'un moyen quelconque, un accordéon que je tiens moi-même, les touches renversées, ou faire flotter le même accordéon tout autour de la chambre, jouant tout le temps ; il ne peut non plus lever les rideaux des fenêtres, élever les jalousies jusqu'à six pieds de haut... frapper les notes d'un piano éloigné... arrêter le mouvement d'une pendule enfermée dans une vitrine attachée à la muraille, etc. Et cependant tous ces faits ont eu lieu sans que le *médium*, par sa position dans la salle, ait pu approcher de ces objets.

Apparitions lumineuses. — Ces phénomènes ne se produisent ou mieux ne se voient qu'en pleine obscurité ; ils n'ont donc pas la valeur de ceux qui se passent en lumière. Qu'il suffise de savoir, à ce sujet, que Crookes, avec toutes les précautions imaginables, vit un corps lumineux de la forme et de la grosseur d'un œuf de dinde se promener dans la pièce (une fois plus haut que le plus haut des assistants) et

Expérience de Mirville : tous les efforts sont impuissants à faire avancer un sujet contre l'ordre mental qu'il a reçu de ne pas bouger. (Page 472.)

redescendre lentement à terre. Visible pendant dix minutes environ, il a frappé trois fois la table avant de s'évanouir et a rendu un son semblable à celui d'un corps dur.

« Pendant ce temps, dit Crookes, le médium était couché sur une chaise longue et il était réellement insensible. »

Remarquons, en passant, que cette léthargie se produit souvent chez les médiums spirites. Dans certaines expériences, Slade, le médium du Dr Gibier, entrait facilement en extase.

Un accordéon enfermé dans une cage joue sans aucun contact du *médium* avec les touches de l'instrument.

Crookes ajoute qu'il a vu des langues de feu s'arrêter sur la tête de diverses personnes et, en outre, qu'il a aperçu à maintes reprises (et même en lumière) des nuages lumineux, des flammes *froides*, etc.

« Avec *la lumière*, dit-il, j'ai vu un nuage lumineux voltiger au-dessus d'un héliotrope placé sur la table, casser une branche de cet héliotrope et la porter à une dame. J'ai vu plusieurs fois des nuages semblables se condenser, prendre la forme d'une main et porter de petits objets. »

Au résumé, les observations de Crookes sur ces apparitions de mains sont très importantes ; il résulte de leur lecture la conclusion qu'elles offrent une apparence nébuleuse, comme la forme fluidifiée d'une main ; cependant, il a été observé, à plusieurs reprises, des mains plus matérielles et même « chaudes et vivantes », et non glacées et menues comme elles se présentent le plus souvent.

Une fois même il retint dans sa main une de ces mains apparues. « Elle ne fit aucun effort pour se dégager, mais je sentis qu'elle se réduisait en vapeur et se dégageait de mon étreinte. »

Écriture directe. — Les communications de cette nature, très nombreuses, obtenues par Crookes, sont moins concluantes que celles du Dr Gibier ; Home, son médium, n'étant pas aussi bien doué pour ces manifestations que Slade, le médium du médecin français.

Résumé des autres classes. — Avec Dunglas Home comme médium, Crookes obtint des apparitions dans les conditions suivantes : la première chez lui « les rideaux d'une fenêtre située à peu près à huit pieds de M. Home s'agitèrent ; puis une forme d'homme, d'abord obscure, ensuite un peu plus éclairée, puis enfin demi-transparente, fut vue par tous les assistants, agitant les rideaux avec sa main..... Dans le second cas... la forme d'un fantôme vint du coin de la chambre, prit un accordéon et glissa dans l'appartement en jouant de cet instrument..... Pendant ce temps, M. Home était aussi parfaitement visible que les autres personnes. »

Ces impressionnants phénomènes sont très rares, est-il besoin de le dire, mais sont encore fréquents auprès des suivants, reproduits par quelques expérimentateurs seulement dans des conditions sûres. Il est bon d'ajouter même que l'on a obtenu des transports de matière au travers de corps durs, fait plus incroyable encore que celui que nous allons emprunter à Crookes.

« Après avoir obtenu diverses manifestations, la conversation tomba sur un point qui nous semblait inexplicable : sur la présomption que la matière peut traverser un corps solide. Là-dessus, le message suivant nous fut donné : « Il est impossible à la matière de passer au travers de la matière, mais nous montrerons ce que nous savons faire. » Nous attendîmes en silence et, bientôt, une apparition lumineuse se montra planant sur le bouquet ; à la vue de tout le monde, un brin d'herbe de Chine, long de 20 pouces, s'éleva doucement d'entre les autres fleurs et descendit sur la table.

L'herbe ne s'arrêta pas à la table, *mais passa au travers ;* nous l'examinâmes avec beaucoup d'attention jusqu'à ce qu'elle fût passée entièrement. Après la disparition de l'herbe, ma femme, qui était assise auprès de M. Home, vit une main qui, sortant entre eux de dessous la table tenait le brin d'herbe, dont elle frappa son épaule de deux ou trois coups, avec un bruit que chacun entendit ; puis elle posa l'herbe sur le parquet et disparut. Deux personnes seulement virent cette main, mais toutes les autres aperçurent le mouvement de l'herbe. Pendant ce temps, les mains de M. Home étaient devant nos yeux ; il les tenait parfaitement tranquilles, placées en face de lui, à un demi-mètre environ de l'endroit où l'herbe avait disparu.

Nous sommes obligés de borner ici le trop court résumé des expériences mémorables de Crookes.

Outre la *certitude scientifique* qu'elles présentent par l'honorabilité et la valeur indiscutable de ce savant de premier ordre, elles ont été recommencées avec succès à Saint-Pétersbourg, par le professeur Boutlerow, de l'Université de cette ville, et par Zölner, astronome de l'Université de Leipzig. »

D'autres savants ont encore mis le sceau de leurs ingénieuses observations dans ce domaine un peu féerique : Askakof, conseiller à la cour de Russie, et enfin Gibier, qui a tenté de mettre en lumière des faits encore douteux.

On pourra nous reprocher de n'avoir pu présenter ici les phénomènes de matérialisation observés par Crookes ; mais d'abord nous en avons déjà parlé dans le chapitre précédent, ensuite ils sont tellement en dehors des faits qu'on peut raisonnablement attribuer à la force psychique que nous les avons classés parmi les phénomènes spirites, c'est-à-dire de la même forme que les psychiques, mais dérivant, au dire des croyants, de la manifestation d'une force *intelligente* divine ou autre.

Nous ne saurions trop attirer l'attention des lecteurs sur l'analogie qui existe entre ces faits et l'application des préceptes magiques.

S'il nous était permis de formuler une opinion, nous dirions ici même que cette fameuse force psychique n'est autre que le fluide des magnétiseurs, qui est la même chose que la force universelle, l'énergie unique d'où dérivent toutes les autres.

Pour fixer l'esprit sur le sujet, nous allons rapporter des phénomènes matériels résultant de la mise en œuvre de la force psychique et qui, pour peu concluants qu'ils soient, éclairent néanmoins le spiritisme tout entier d'un jour plus net.

Nous croyons que les expériences suivantes ont une portée bien plus grande qu'on ne le croit en envisageant seulement le cadre qu'elles semblent embrasser.

Disons, dès l'abord, que nous en devons la communication à un savant physicien mexicain, M. Vicente Fernandez, qui nous a adressé son mémoire dont nous avons traduit les passages suivants du *Bulletin de la Société des ingénieurs de Guanajuato* :

« *La Nature*, journal scientifique français, décrit un *passe-temps* qui constitue essentiellement un mode très curieux d'expérimentation :

« Ce journal assure que cette expérience a pour base une cause mécanique et nie la cause physique qu'on lui a attribuée : le magnétisme animal des mains.

« Je nie personnellement les deux causes et j'attribue le phénomène à une cause électrique. Je vais m'efforcer de le démontrer par la suite d'expériences que j'expose ci-dessous :

« Mais, auparavant, je dirai celle que *La Nature* décrit.

« On coupe, dit ce journal, une rondelle dans un bouchon de liège et on traverse cette rondelle d'une épingle qu'on enfonce jusqu'à la tête.

« On place la rondelle sur la table de façon à ce qu'elle repose sur sa plus large surface et que l'épingle soit verticale, la pointe en haut et distante de la rondelle de toute sa longueur, moins ce qui est dans le bouchon.

« Sur cette pointe, on place en équilibre un carré de papier ordinaire à lettre, de 12 centimètres sur 4. Afin de le faire bien tenir en équi-

Disposition d'un objet léger destiné à tourner sous l'influence de la force universelle.

libre, on plie légèrement ce papier en son milieu au moyen de deux plis suivant la diagonale, allant d'un coin à un coin opposé.

« Ces plis permettent de maintenir facilement l'équilibre cherché quand le centre de la figure se pose sur le point de l'épingle.

« Cela fait, on entoure d'un côté quelconque ce petit *moulin à vent* avec la paume de la main et on voit que l'appareil se met à exécuter un mouvement de rotation, *dû à la colonne d'air ascendant que la chaleur de la main développe.* Là s'arrête mon extrait de *La Nature*.

« Effectivement, l'existence du magnétisme animal n'étant pas prouvée, d'une part, et cependant le petit appareil présentant toutes les conditions de mouvement par une cause mécanique, d'autre part, il n'y a rien de plus naturel que d'expliquer ce mouvement comme le fait *La Nature*.

« Histoire de vérifier le fait et d'amuser ma famille, je construisis ce jouet, que je range aujourd'hui au nombre des *études sérieuses*.

« Me suis-je trompé? Je vais exposer le résultat de mes expériences et de mes déductions, pour que d'autres en tirent, à l'occasion, meilleur parti que moi-même. »

Avec une rigueur toute mathématique, M. V. Fernandez étudie les conditions du problème et mentionne les minutieuses précautions dont il entoure ses expériences. Il procède ensuite à l'examen des causes, en éliminant successivement chacune de celles qui pouvaient être invoquées pour expliquer le phénomène observé.

L'auteur, enfin, ne trouve d'autre cause plausible que celle qui résulte de l'influence d'un agent électrique.

En effet, et c'est bien notre opinion, on retrouve ici mise en lumière cette force universelle, od, thélesme, mouvement de M. Lucas, éther, etc., que nous avons déjà étudiée.

On sait que plusieurs magnétiseurs ont constaté chez leurs sujets des preuves de sensibilité électrique et l'on se rappelle que M. L. Lucas a prouvé (expérience renouvelée) que l'approche de certaines personnes influençait à des degrés variables l'aiguille d'un galvanomètre.

Les expériences de M. Fernandez sont trop nombreuses et trop délicates pour pouvoir trouver place ici. Contentons-nous de citer la suivante :

« Mais, en définitive, n'est-ce pas la chaleur qui cause le phénomène dont il s'agit ? Pour me contenter définitivement, je doublai les pointes de papier dans le sens opposé à celui qu'elles avaient, et, malgré cela, les effets produits par les deux mains furent les mêmes que précédemment (c'est-à-dire que l'appareil tourne dans un sens sous l'action de l'agent produit par la main droite et prend le mouvement inverse sous l'action de l'autre main).

« Le mouvement n'est donc pas mécanique, mais bien physique ; ce n'est pas la colonne d'air ascendante, ce n'est pas la chaleur, qui sont la cause des faits observés ; à quoi l'attribuer, sinon à l'électricité ?

« Bien que ma dernière expérience fût concluante, je voulus malgré tout obtenir un plus grand nombre de preuves, et je l'obtins.

« Je remplaçai le papier ainsi plié dans ses coins par un autre rectangle de papier sans aucun autre pli que celui que je lui donnai à son milieu pour qu'il puisse se maintenir sur la pointe de l'épingle ; puis, à la place du rectangle, je mis un rond, puis un carré, une croix, un cercle, donnant à ces trois dernières figures des plis croisés à angle droit, pour qu'en ce croisement appuie l'épingle, mais prenant garde de laisser les figures aussi planes que possible pour éviter d'attribuer le mouvement aux plans inclinés et parce qu'ainsi je provoquais de meilleurs résultats qu'avec les figures précédentes. Eh bien ! j'obtins toujours les mêmes effets et je les obtiens toujours, soit avec mes mains, soit avec celles des autres personnes.

« Mais il y a plus et plus concluant. Une carte de la grandeur de la main est enroulée sans former un tube complet, c'est-à-dire non en cylindre, mais en demi-cylindre, et est maintenue ainsi par un fil qui l'attache. Si je laisse quelques secondes ce tube dans ma main droite et qu'ensuite je le place devant l'appareil à la place de ma main, il agit comme elle, il produit la rotation de droite à gauche ; si je place ce tube dans la main gauche et que je fasse la même expérience, j'obtiens la rotation de gauche à droite.

« Il en est de même des divers appareils de ce genre que l'on peut construire, un tube roulé maintenu en son milieu sur la pointe d'une épingle se met également en rotation aussitôt que la main s'en approche. On peut construire sur ce modèle divers jouets de même nature qui entrent en rotation sous l'influence de la main ; l'imagination permet de leur donner telle forme que l'on voudra, pourvu qu'on les place bien sur la pointe de l'aiguille à leur point d'équilibre. En général, il vaut mieux les faire symétriques, de façon à ce qu'un des côtés compense le poids de l'autre : c'est ce qu'on remarquera dans les figures ci-après qui marchent très bien.

« Ces effets démontrent complètement, comme nous le disons déjà ci-dessus, que le phénomène n'est pas dû à une cause mécanique, comme il semble à quiconque lira la description du journal *La Nature*.

« Il faut donc déduire de cet exposé que :
« 1° L'électricité est le principal agent ;
« 2° La chaleur proprement dite n'influe pas dans ces expériences ;

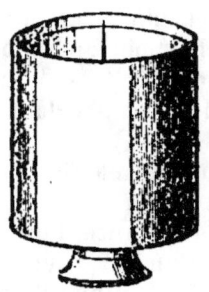

Carte enroulée en demi-cylindre au milieu de laquelle se produit la rotation sous l'influence de la force universelle.

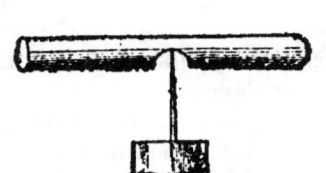

Rotation d'un objet matériel auquel on peut donner diverses formes par la simple influence de la force universelle.

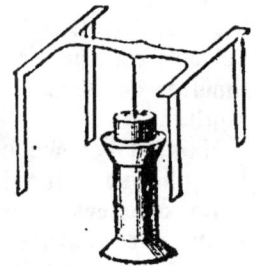

Rotation d'un objet matériel auquel on peut donner diverses formes par la simple influence de la force universelle.

« 3° Ce ne sont pas probablement des attractions et des répulsions qui prennent naissance, mais bien des courants solénoïdes ;
« 4° Les mains sont douées d'un potentiel électrique, puisqu'elles produisent un travail représenté par diverses Ergo ou Énergies. »

Pour terminer, mentionnons enfin les expériences si curieuses de M. Horace Pelletier sur la force psychique, que nous ne pouvons que résumer.

M. Pelletier a recommencé avec *ses sensitifs* l'expérience de M. L. Lucas, et il a constaté que : quand un sujet approche sa main d'une aiguille aimantée, celle-ci se déplace sur le cercle du galvanomètre en raison du degré de *sensitivité* du sujet.

Lorsque plusieurs sensitifs se trouvent réunis dans une expérience de ce genre, l'aiguille affolée se met à tourner avec une grande rapidité.

Toutes ces expériences, ainsi que les suivantes, se font en lumière et avec des sujets dits *sensitifs* à l'état de veille. Toute communication extérieure avec les esprits est donc écartée *a priori*.

M. H. Pelletier a recommencé dans diverses circonstances les observations de M. Fernandez et les a parfaitement réussies ; à l'instar des fakirs de l'Inde, il fait bouillonner de l'eau dans un bol sans y toucher, par simple imposition des mains de ses sensitifs.

A l'aide de ses sujets, il parvient à animer de mouvements des corps légers et qui ne dépassent pas quelques grammes. Un porte-plume en laiton, un crayon et un porte-mine sont mis en danse sous l'influence des sensitifs.

Enfin, une troisième catégorie d'observations doit appeler particulièrement notre attention.

Toujours avec ses sensitifs, M. H. Pelletier fait l'expérience suivante : de petits morceaux de papier coupé, placés sur un plateau, sous l'imposition des mains se mettent à sautiller, puis se collent aux doigts comme ils le feraient devant un bâton de résine échauffé. Cette identité avec l'électricité ressort de ce fait que, soumis à la même opération, l'électroscope montre que la balle de sureau est attirée à 3 ou 4 centimètres de distance par la paume de la main des sensitifs dont il s'agit.

Mais où l'expérience devient tout à fait curieuse à retenir, c'est lorsqu'un sensitif agit sur l'autre.

Deux de ces sujets, placés à 25 centimètres de distance l'un de l'autre et se tournant le dos, sont peu à peu attirés l'un par l'autre et finissent, au bout d'un temps assez court (de six à huit minutes), par être complètement soudés ensemble, le plus fort entraînant le plus faible.

Ces expériences, renouvelées sous diverses formes, rendent très bien l'aspect de la lévitation, etc. Enfin, un sensitif placé près d'un autre (à quelques centimètres) et plaçant sa main à 5 centimètres du front de l'autre finit par l'attirer, à tel point qu'il se fait suivre par celui-ci jusqu'à ce que le front de ce dernier se colle à la main du premier.

Malheureusement, nous ne pouvons qu'indiquer les curieuses expériences qui, en dehors de tout état spécial, dans les conditions normales, semblent expliquer la plupart des phénomènes que nous venons de voir pratiquer par des *médiums*, c'est-à-dire par des gens placés dans un état particulier.

La différence est sensible et mérite bien qu'on la fasse ressortir ; elle plaide tout entière en faveur des dernières expériences que nous venons de citer.

Cependant, remarquons en terminant que, jusqu'ici, les expériences dont il s'agit sont plutôt des constatations pures que des expériences raisonnées et qu'elles sont loin d'être faites avec l'habileté de William Crookes, qui reste, jusqu'à nouvel ordre, le plus sûr des guides en cette matière.

CHAPITRE XXIV

MAGIE

Définition : La magie est une science qui a pour but la mise en œuvre de l'influence que l'homme possède sur la force universelle ; autrement dit, c'est la réaction de la *volonté* sur la *vie*.

Autorités : Tous les sages, tous les philosophes, tous les initiés.

Preuves : Si l'on veut bien réfléchir un peu, on verra que la magie n'est autre chose qu'une science matérielle, au même titre que la physique ou la chimie. Elle repose surtout sur l'application des *faits prouvés* du magnétisme et du spiritisme, et doit à ce titre attirer la même attention que ces deux sciences.

Fraudes : Les fraudes multiples sont de deux sortes ; elles rentrent dans le cadre de la *magie blanche* (1), c'est-à-dire dans la science des tours d'adresse ; ou bien, volontaire ou involontaire, elle constitue la *sorcellerie*, à laquelle nous consacrons le chapitre suivant.

Il y a quatre sortes de magie (sans compter la magie blanche) : 1° la magie naturelle, qui comprend les moyens d'opérer certains prodiges par l'utilisation de la connaissance des forces de la nature, c'est celle de Hermès Trismégiste, de Zoroastre, d'Agrippa ; 2° la magie mathématique, qui est celle d'Albert le Grand, de Boëce ; 3° la magie *empoisonneuse* (d'après Agrippa), qui s'occupe des philtres, breuvages, excitants, etc., et qui fut particulièrement cultivée par la magicienne Circé ; enfin 4° la magie cérémonielle, divisée en Goétie, qui enseignait la méthode de communiquer avec les êtres inférieurs, les immondes, et en Théurgie, qui apprenait le moyen d'entrer en communication avec le divin.

(1) Il faut faire attention, lorsqu'on parle de magie blanche (en opposition à la *magie noire*, Goétie), si on veut parler de la *Théurgie* et des curieux phénomènes qu'elle opère ou de magie blanche, nom donné aux prestiges de la prestidigitation.

Historique.

Nous ne nous occuperons ici que de la Théurgie, c'est-à-dire des préceptes de magie naturelle, appliqués pour le bien et dans l'intérêt de tous. Les documents les plus anciens de Kabbale, aussi bien que les *Védas* (livres religieux des Indous) nous ont transmis les secrets de la magie, dont on ne peut du reste retrouver l'origine, qui doit remonter à la plus haute antiquité.

Certains auteurs pensent qu'Hermès Trismégiste en fut le premier révélateur; d'autres croient que c'est à Seth ou Jaras (son quatrième descendant) que nous en devons la connaissance; Cham ou Zoroastre, suivant d'autres, serait le premier initiateur dans ces sciences.

Quelques écrivains ont avancé l'opinion que le déluge avait eu pour but de débarrasser la terre des Goétiens (mauvais magiciens) qui l'infestaient déjà à cette époque. D'après eux, Cham aurait conservé les principes des terribles secrets de la vraie tradition et les aurait révélés à son fils *Misraim*, qui, en démonologie, n'est autre que Zoroastre.

Quoi qu'il en soit, passons.

Ce serait à Zoroastre que nous devrions cette sage maxime : « Dans le doute si une action est bonne ou mauvaise, abstiens-toi. »

Il est assez rationnel de penser que cette science, comme toutes les autres, nous vient de l'Inde, d'où elle se serait répandue chez les Chaldéens, qui n'auraient été autre chose qu'une caste sacrée, vouée à la pratique des sciences occultes (Diodore). Les Étrusques étaient aussi très versés dans les sciences divinatoires et la magie.

Nos livres passés en consacrent l'antiquité et même, dans l'Odyssée, nous voyons un dieu donner à un mortel une plante (la plante *moli*) qui doit le garantir des prestiges d'un magicien.

Les plus grands poètes, les prophètes de l'antiquité ont été initiés à la magie : Orphée, Homère, Pythagore, Platon, Lycurgue Callisthène, de même que Moïse. On se rappelle en quels termes la Genèse rapporte les combats merveilleux que Moïse eut à supporter contre les *Chuni* ou magiciens de Pharaon. Il est curieux de remarquer que les sciences occultes étaient interdites aux Juifs (Deutéronome), ce qui prouve que plus ça change.....

Pline nous a conservé les traditions de la magie dans les temps homériques; mais il faut venir à Plotin et à son disciple Porphyre pour trouver des bases à l'ensemble des connaissances magiques. Ils vivaient pendant le III° siècle, à une époque où la *gnose* florissait. La *gnose* était, au dire des adeptes, une interprétation vraie de la vraie parole. Elle avait pris naissance dès le commencement du christianisme et donna lieu à plusieurs sectes.

Ces différentes sectes considéraient comme insuffisantes et inexactes les *révélations* contenues dans les Livres saints et disaient que, seules, elles avaient la connaissance de la vraie science (*gnose*), de la divinité et de toutes choses.

Ses partisans, et elle en a encore, sont désignés sous le nom de *gnostiques*.

En même temps que Plotin et Porphyre, Jamblique fut un défenseur de la Théurgie et forma des disciples tels qu'Eunape, Eustathe, l'empereur Julien, Proclus, etc.

Tout le Moyen âge, noyé dans la fumée des bûchers, persécuta indistinctement les magiciens, les savants et les sorciers.

Les préceptes de science occulte, qui se retrouvent aussi bien chez les druides que chez les prêtres d'Odin, se répandirent (dès l'invention de l'imprimerie, xive siècle) dans les œuvres encyclopédiques de Jérôme Cardan, de Paracelse, d'Agrippa, etc.

Les principes de la magie.

Il convient, dès l'abord, de mettre le lecteur en garde contre le mot de *magie*, qu'il est habitué à considérer comme synonyme de surnaturel ou de jonglerie. La *magie réelle* n'est rien de cela. C'est simplement la mise en œuvre de l'action que le mage peut avoir par sa *volonté* sur la nature. C'est l'utilisation de ses connaissances au soulagement des misères humaines (car le mage ne doit évoluer que vers le bien). C'est l'application des plantes ou des minéraux, et des parties réelles de l'électricité, du magnétisme et du spiritisme.

Comme nous l'avons vu déjà, la force universelle, le principe vital est unique et commun à toutes choses. Or, par l'action d'une force, d'un mouvement (*la volonté*), le magicien peut stimuler les mouvements des forces naturelles dans les êtres animés.

Un exemple entre mille : lorsque le yogui de l'Inde prend une graine et lui fait produire, en un laps de temps très court, un arbuste florissant, qu'a-t-il fait? A-t-il produit quelque chose de surnaturel? Non. Il a fait quelque chose de merveilleux, mais non de surnaturel. Il a ajouté du mouvement aux forces naturelles et a développé la croissance de la plante suivant son degré de volonté, suivant la quantité de mouvement qu'il a communiquée à la plante.

Voilà pourquoi tout le monde ne peut pas produire ce phénomène, car tout le monde ne peut pas extérioriser sa volonté.

Et pourquoi n'est-ce qu'un phénomène merveilleux, mais naturel? C'est que Paul Bert, Siemens (1), Dehérain, Gaston Bonnier (qui ne sont

(1) Dans une conférence faite pour confirmer en quelque sorte ses explications, M. Siemens a eu recours à une expérience élégante : un pot de tulipes

Van Helmont (d'après une estampe de la Bibliothèque nationale de Paris). (P. 487.)

pas du tout mages ni magiciens) ont, dans des expériences du plus haut intérêt, stimulé par l'*électricité* la croissance de certaines plantes.

Voilà pourquoi le pouvoir du magicien est limité au degré de puissance de sa volonté.

Initiation aux principes magiques.

L'un des plus brillants esprits qui se soient occupés des sciences occultes, Van Helmont, qui obtint, ainsi que nous l'avons prouvé plus haut, un résultat probant de l'existence de la pierre philosophale, nous a laissé de nombreux travaux sur la magie. C'est un maître dont la raison solide, l'érudition complète et la sûreté d'expérience en ont fait un guide recherché à l'initiation des questions qui nous occupent.

Il disait : « Toute science occulte ou qui s'élève au-dessus de celle que vous acquerrez par l'observation et le calcul est magie. Toute puissance qui n'appartient pas à une action mécanique est une puissance magique, et la nature est la grande magicienne. »

Roux et Charpignon, faisant dépasser de beaucoup l'influence de relation que l'on remarque chez certains individus sur d'autres, étendent cette influence à tous les corps.

La magie n'est que la mise en action des phénomènes que nous avons vus dans les chapitres précédents et repose uniquement sur l'emploi du magnétisme, du spiritisme ; elle dispose enfin de certaines propriétés peu connues, de certains corps, de la vertu de certaines plantes pour l'objet qu'elle poursuit.

Deux théories sont en présence :

La première, parfaitement acceptable, est celle de Pythagore. La volonté, évertuée par la foi, peut subjuguer la nécessité et commander à la nature : les facultés humaines, indifférentes au bien comme au mal, variant en raison de la volonté.

La deuxième, plus discutable, professe que le monde matériel est pénétré de toutes parts et entouré d'un monde immatériel trop subtil pour être perceptible à nos sens extérieurs. Ce monde invisible serait peuplé d'*esprits* de plusieurs catégories hiérarchisées.

Les uns, indifférents au bien comme au mal, pourraient se prêter à l'un comme à l'autre, et sont les *éléments* ; les autres, qu'on nomme *larves*, ne seraient que les vestiges vitaux des suicidés, des mort-nés, qui, ayant enfreint la grande loi de la vie, conserveraient quelque chose

---

en boutons lui ayant été remis, il l'a exposé à une courte distance d'un foyer de lumière électrique de quatorze cents bougies, et en moins de trois quarts d'heure, sous les yeux de ses auditeurs, les boutons s'ouvraient et se transformaient en fleurs.

de leur existence antérieure et tenteraient d'augmenter leur faible vie aux dépens du consultant, ce qu'elles ne manquent pas de faire, dit-on, lorsque la volonté de celui-ci est trop faible pour les repousser.

La volonté.

La volonté a une trop grande importance en magie pour que nous ne lui consacrions une étude spéciale. Son influence est absolue et toutes les théories en reconnaissent la nécessité.

La citation suivante, empruntée à un remarquable ouvrage de philosophie occulte : *Les Vers dorés* de Pythagore, par Fabre d'Olivet, va nous fixer à cet égard :

« Jésus, en disant paraboliquement qu'au moyen de la foi on pouvait ébranler les montagnes (1), ne faisait que suivre la tradition théosophique, connue de tous les sages.

« La droiture du cœur et la foi triomphent de tous les obstacles, disait Kong-Tzée (2); tout homme peut se rendre égal aux sages et aux héros dont les nations révèlent la mémoire, disait Meng-Tzée ; ce n'est jamais le pouvoir qui manque, c'est la volonté ; pourvu qu'on veuille, on réussit (3).

« Ces idées des Théosophes chinois se retrouvent dans les écrits des Indiens (4), et même dans ceux de quelques Européens qui n'avaient point assez d'érudition pour être imitateurs.

« Plus la volonté est grande, dit Bœhme, plus l'être est grand, plus il est puissamment inspiré (5) ». « La volonté et la liberté sont une même chose (6) ». « C'est la source de la lumière, la magie, qui a fait quelque chose de rien (7) ». « La volonté, qui va résolument devant soi, est la foi; elle modèle sa propre forme en esprit, et se soumet toutes choses ; par elle, une âme reçoit le pouvoir de porter son influence dans une autre âme et de la pénétrer dans ses essences les plus intimes. Lorsqu'elle agit avec Dieu, elle peut renverser les montagnes, briser les rochers, confondre les complots des impies, souffler sur eux le désordre et l'effroi ; elle peut opérer tous les prodiges, commander aux cieux, à la mer, enchaîner la mort même, tout lui est soumis. On ne peut rien nommer qu'elle ne puisse commander au nom de l'Éternel. »

L'âme qui exécute ces grandes choses ne fait qu'imiter les prophètes

---

(1) *Evan. S. Math.*, ch. XVII, v. 19.
(2) *Vie de Kong-Tzée (Confucius)*, p. 324.
(3) Meng-Tzée, cité par Duhalde, t. II, p. 334.
(4) Krishnen, *Bhagwat-Ghita*, Lect. II.
(5) XL *Questions sur l'âme* (Viertzig Fragen von der Seelen Orstand, Essentz, Wesen, Natur und Eigenschafft, etc.; Amsterdam, 1682), Quest. 1.
(6) *Ibid.*
(7) IX *Textes*, text. 1 et 2.

Magnétisation d'un cheval à l'École vétérinaire de Lyon, en présence du prince Henri de Prusse. (P. 491.)

et les saints, Moïse, Jésus et les apôtres. Tous les élus ont une semblable puissance. Rien ne saurait nuire à celui en qui Dieu demeure (1).

Application de la volonté.

Dans la théorie magique, l'adepte, le mage, devenu centre rayonnant de force, ne fait pas de surnaturel, pas de miracles; il utilise simplement les matériaux en suspension autour de lui; sa volonté suffit pour donner sa forme objective à un corps.

Les cérémonies du rituel, les talismans, etc., n'ont d'autre but que de favoriser la concentration de sa volonté et de l'isoler des autres pensées, en favorisant tout son développement volitif.

C'est la volonté exaltée qui permet aux yoguis de stimuler la croissance des plantes (ainsi que nous l'avons vu), de modifier les mouvements de la vie chez les animaux et d'activer les conditions physiques de leurs semblables.

Car il y a lieu de remarquer à ce sujet que les animaux, plus encore que les hommes, présentent une grande aptitude à tous les phénomènes du magnétisme.

Peu d'expériences concluantes ont été faites à ce sujet; en dehors des cochons d'Inde, qu'on endort en leur mettant aux oreilles des objets brillants, on ne connaît guère que les poules du P. Kircher. Voici cependant une expérience qui mérite d'être rapportée :

Le 9 août 1784, un cheval de l'École vétérinaire fut magnétisé à Lyon, devant le prince Henri de Prusse, frère de Frédéric le Grand.

Les magistrats de la ville, en grand costume, assistaient à cette curieuse expérience, que dirigeait le docteur Orelut, assisté de nombreux médecins. Le cheval fut magnétisé sans attouchement; il éprouva un malaise bien caractérisé ainsi que des mouvements impulsifs.

La baguette du magnétiseur étant dirigée sur le larynx de l'animal, celui-ci se mit à tousser longuement. On en inféra que le cheval était atteint d'une affection de cet organe et, pour s'en assurer, après l'avoir tué, on disséqua le cou où l'on trouva, en effet, une lésion bien nettement accusée.

On peut citer encore dans cet ordre d'idées, bien qu'on ne sache pas encore nettement par quel mode elles agissent, les pratiques de certains hommes peu civilisés qui, pour dompter les chevaux, les empoignent solidement aux naseaux et leur soufflent à plusieurs reprises dans le nez. A partir de ce moment, affirment les voyageurs, le cheval le plus rebelle, le plus rétif, semble animé du plus grand amour pour son maître et, domestique doux et fidèle, ne renouvelle jamais ses défenses.

(1) XL Questions, 6.

Il faut ici ouvrir une parenthèse et rappeler que les occultistes admettent, comme les spirites, trois principes dans l'homme.

Or, le corps physique, comme l'astral, peut être sous l'influence de l'action de la volonté du mage ; il n'y a que sur l'âme, principe éternel, qu'il ne doive pas exercer de pouvoir.

Une phase magique des plus remarquables a été atteinte chez les brahmanes et même, dans nos contrées, par certains individus particulièrement entraînés.

Nous voulons parler de l'extraction volontaire et consciente, de l'astral hors du corps physique, dont l'apparence reste normale.

Le corps astral, dont nous parlerons tout à l'heure dans ces conditions, se déplace avec la rapidité de l'éclair, s'étend, revient, mais reste toujours attaché à son corps physique.

Il n'y a que dans quelques cas très rares où, l'expérience étant poussée trop loin, l'astral a abandonné le corps physique ; mais les désordres mortels qui ont accompagné l'observation de ces phénomènes doivent engager à en proscrire l'essai.

Les cas de *lévitation* dérivent de cet ordre de phénomènes.

Exercice de la magie.

La magie demande, pour être appliquée, des gens spéciaux soumis à un entraînement spécial.

Les principales règles de magie, que nous devons résumer pour rester dans le cadre de cet ouvrage, peuvent s'exprimer de la façon suivante :

« Celui qui veut découvrir doit commencer par se réduire à une sorte d'idéalisme abstrait et s'abandonner aux facultés qui contemplent et qui imaginent. »

« Les opérations magiques sont l'exercice d'un pouvoir naturel, mais supérieur aux forces ordinaires de la nature. Elles sont le résultat d'une science et d'une habitude qui exaltent la volonté humaine au-dessus des limites habituelles. »

« Le surnaturel n'est que le naturel extraordinaire ou le naturel exalté..... Pour faire des miracles, il faut être en dehors des conditions communes de l'humanité : *abstrait par la sagesse ou exalté par la folie.* »

La magie est donc l'exaltation de la *volonté suffisante* pour dominer ou s'élever jusqu'à la force, qui est le principe immédiat de la vie terrestre.

Barlet fonde la définition de la magie sur cette parole d'Éliphas Levi : « Le surnaturel est le naturel exalté. »

Cette sorte de magie est celle que nous appellerons du premier degré, si l'on veut ; c'est elle qui nous fait accomplir de grandes œuvres sous l'impulsion de la foi, foi d'amour, foi de patrie, foi d'orgueil, etc.

La foi rayonne, mais dépasse son but, c'est ce qu'Éliphas Lévi a formulé de la façon suivante : « La passion projette avec force la lumière vitale et imprime des mouvements imprévus à l'agent universel ; mais elle *ne peut retenir aussi facilement qu'elle a lancé* et sa destinée est alors de ressembler à Hippolyte, traîné par ses propres chevaux, ou à Phalaris, éprouvant lui-même l'instrument de supplice qu'il avait inventé pour d'autres. »

Avec beaucoup d'intelligence, Barlet, s'appuyant sur cette idée, remarque que l'histoire, qui est le récit des miracles de la volonté humaine, est aussi le tableau effrayant des retours fatidiques, le cycle des calamités ou des crimes où l'homme apparaît déchiré, éperdu, brisé par le destin ou par l'homme lui-même.

D'après lui, la loi d'évolution cosmologique est fatale, c'est-à-dire que le Cosmos, considéré dans son ensemble, marche d'un progrès insensible du Chaos vers la perfection harmonieuse.

Cette théorie séduisante, mais peut-être un peu avancée, semble pouvoir être remplacée avantageusement par celle des balancements, qui rend mieux compte des évolutions que ce mouvement en ligne droite, proposé par Barlet.

Mais laissons-lui la parole pour exposer ses idées :

« L'individu, dans cette ascension constante, suit le courant, en subit les transformations progressives, en se rapprochant du pôle supérieur. C'est ainsi qu'il traversera toute la série des règnes de la nature, suivant cette trajectoire idéale que l'Inde nomme la *Ligne de Vie ;* de l'atome, de l'ultimate inerte, il parviendra, par une suite innombrable d'agrégations et de condensations, jusqu'à la vie animale, jusqu'à la conscience humaine.

« Si cependant cette ascension était fatale, l'univers se réduirait à un mécanisme circulaire, monotone, mû par un destin, sans âme, sans vie, sans but. »

La science occulte enseigne le contraire et affirme que, si le germe individuel a bénéficié du mouvement, c'est afin de parcourir la série des êtres et de devenir capable de participer consciemment à la vie générale.

Chaque individu a reçu, en naissant, une conscience à l'aide de laquelle il apprécie, connaît, juge et dispose. L'intelligence et la liberté lui assurent son libre arbitre. C'est au nom de cette conscience que l'unité doit aider la collectivité, suivant ses ressources et ses forces, et en proportion de sa participation à la vie du *Tout.*

Il est donc responsable de sa vie devant la collectivité et devra être récompensé ou puni, suivant qu'il aura donné à la collectivité plus ou moins qu'il n'en aura reçu.

La magie apprend que l'homme, avant d'arriver à l'état d'équilibre, qui est l'état parfait, subit une série d'oscillations d'une plus ou moins grande amplitude, oscillations qui proviennent de ce que les passions, les désirs dépassent toujours leur but et produisent nécessairement des réactions en sens contraire, que nous appelons malheurs, misères, souffrances. Or, ce sont ces mêmes malheurs, misères, souffrances qui épurent, rectifient la volonté et perfectionnent l'intelligence.

L'ascension de l'individu en proportion des services qu'il a rendus à la collectivité est assez bien représentée par une loi naturelle, la loi de Spencer, ainsi que le fait fort bien remarquer Barlet. Aux termes de cette loi, tout individu vivant s'enrichit, s'élève, en tant qu'être, en concentrant dans son milieu (matériel, intellectuel, moral) tout ce qui peut satisfaire ses propensions naturelles. Il devient centre d'attraction et ramène à lui tout ce qui est nécessaire à ses tendances, il s'accroit donc toujours et, en éliminant à mesure qu'il s'augmente tout ce qui est contraire au but vers lequel il s'élève, il devient lentement peu à peu un être d'un degré supérieur.

Dans la théorie qui nous occupe, nous avons vu dès l'abord que la vie humaine est enserrée entre la Providence d'un côté, le destin de l'autre. L'une soutient l'individu, le guide et le détermine; l'autre le brise sous sa loi fatale.

Dans la lutte, l'homme ne vaut que par sa *volonté*. Montesquieu a dit : « L'homme ne vaut que ce qu'il veut valoir. » Or, cette volonté que chacun de nous possède, il la faut entraîner, forcer, évertuer pour l'amener à la persistance, à la constance du désir.

Mais, pour que les manifestations de cette volonté ne deviennent pas éphémères et funestes, il faut qu'elles se confondent avec la *volonté totale*, volonté du Tout. Or, jamais on n'arrivera à s'identifier avec cette *volonté totale* si l'on n'a, au préalable, fait abnégation de ses désirs égoïstes et qu'on ne se soit obligé à l'altruisme, au dévouement d'un seul pour tous.

Pour arriver à l'exercice sain et salutaire de la magie, à la souveraine puissance, trois qualités essentielles, indispensables, sont donc d'abord requises : la VOLONTÉ, l'INTELLIGENCE, l'ALTRUISME.

En effet, l'exercice du pouvoir naturel de la magie peut être ou *subi* ou *voulu*. Dans la première des trois qualités, l'homme reçoit l'influx des forces supérieures qu'il a mises en mouvement ou mieux qui ont été mises en mouvement. Dans cette classe rentrent tous les passifs, les artistes passionnels, imitateurs, les *médiums* (spirites), les magnétisables, etc.

Dans la seconde, la magie voulue, une forte volonté réagit sur les forces supérieures, les guide et les met en jeu : les producteurs, créateurs, avocats, savants, philosophes, etc.

L'alliance des trois qualités que nous venons d'indiquer est essentielle pour pénétrer et appliquer les mystères de la magie. En effet, sans la *volonté*, on est guidé, poussé, entraîné par les forces supérieures ; sans l'intelligence, qui comporte la science, on est impuissant à guider les forces que l'on a mises en jeu ; enfin, sans l'altruisme ou l'amour, le destin indompté reprend ses droits et broie l'imprudent qui ne s'est pas identifié à la *volonté totale*, car, ainsi que nous l'a... is dit plus haut, tout est soumis au destin, dont « on ne peut qu'éluder les lois sans les contraindre. *Etiam me fata regunt*. Les destins me conduisent aussi », disait Jupiter.

S'il pouvait y avoir une de ces qualités supérieure aux autres, nous les classerions dans l'ordre suivant, en recommandant l'étude de ce développement moral à tous :

L'altruisme, sans lequel personnellement les plus grands malheurs peuvent menacer le magiste ;

La volonté, sans laquelle aucun phénomène ne se produira ;

La science, sans laquelle on ne saura diriger le pouvoir qu'on aura acquis.

La véritable définition de la magie est celle de Wronski : « La magie est l'évocation de la vie. » On comprend qu'un problème de cette importance ne puisse se résoudre en jouant. Or, lorsque dans la vie physique vous voulez devenir fort, en force brutale, en force intellectuelle, vous vous livrez à une gymnastique appropriée, vous levez des poids, vous éreintez votre intelligence.

Il en est de même de la magie, qu'on ne peut pratiquer que quand on a mérité, par de constants efforts, d'en posséder le pouvoir.

En général, les profanes, lorsqu'ils entendent parler de magie, des phénomènes extra-naturels qu'elle présente, des guérisons spéciales des mages, de leur influence sur l'esprit de leurs contemporains, s'imaginent qu'il suffit de leur donner le *mot de passe*, quelques paroles mystérieuses, pour leur permettre de communiquer avec la vie universelle. C'est folie !

La magie, nous le savons, n'a rien de surnaturel, elle est toute naturelle, elle repose sur les phénomènes réels du magnétisme, du spiritisme, sur la connaissance des propriétés des différents corps de la nature, sur l'action possible de l'homme sur la nature.

Le mage ou le magiste n'est donc pas un homme vulgaire, c'est un homme intelligent, savant, bon et qui a su dompter ses passions.

C'est ce qui est si bien résumé dans ces paroles de Éliphas Levi, que nous extrayons du *Rituel de la haute magie* :

« Le magiste doit être impassible, sobre et chaste..., désintéressé, impénétrable et inaccessible à toute espèce de préjugé ou de terreur ; à l'épreuve de toutes les contradictions et de toutes les peines. La première et la plus importante des œuvres magiques est d'arriver à cette rare supériorité. »

Ce n'est donc que par un entraînement continuel de notre volonté, de notre corps et de notre âme que nous pourrons arriver à ce degré de perfection, qui est le premier, le seul et indispensable pour arriver à la puissance des mystères de la magie (transmutation, influence thérapeutique, etc.).

« Sa vie (de l'opérateur des grandes œuvres) doit être une volonté dirigée par une pensée et servie par la nature entière, qu'il aura assujettie à l'esprit dans ses propres organes, et par sympathie dans toutes les forces universelles qui leur sont correspondantes. »

Quant aux pratiques spéciales, qu'on n'apprend que des maîtres, elles viendront en leur temps pour ceux qui se seront suffisamment élevés pour en recevoir communication.

« Si petit, dit Barlet, que doive être le nombre des vainqueurs, il n'est pas un cœur noble qui n'ait droit d'être fier de s'offrir, du moins, à ce combat. Le vaincu, lui-même, en peut rapporter encore quelque reflet de cette lumière divine qu'il ambitionnait d'alimenter de son âme pour en verser les flots sur la foule aimée de ses semblables. »

CHAPITRE XXV

SORCELLERIE

Définition : La sorcellerie est la mise en action, volontaire ou involontaire, des forces de la nature dont on ne sait, on ne peut ou on ne veut diriger les manifestations. Elle diffère de la magie en ce que le mage sait utiliser la force qu'il a déchaînée et la faire servir au bien général, tandis que le sorcier reste inhabile à maîtriser cette force et cherche toujours à l'utiliser pour son profit personnel.

Autorités : Il est bien difficile de s'appuyer sur des autorités sérieuses (l'opinion publique étant essentiellement accessible à l'erreur). Cependant, certains faits de sorcellerie sont indéniables ; ils relèvent, en général, des sciences psychiques, dont nous nous sommes déjà occupé.

Preuves : Les procès de sorcellerie ont fourni les bases des accusations portées contre les sorciers. Aujourd'hui, on sait que les sorciers sont des malades, dans la plupart des cas. Cependant, on conçoit que des gens malhonnêtes ont pu utiliser les pratiques du magnétisme ou du spiritisme, alors qu'elles étaient encore ignorées du commun, et produire des phénomènes magiques dont les résultats ont toujours été la satisfaction de leurs désirs au détriment du prochain.

Fraudes : Les prestiges de la magie blanche (prestidigitation) ont pu longtemps passer pour sorcellerie. Le plus souvent, les sorciers ont été des hypnotisés auto-suggestionnés qui ont cru être sorciers, alors qu'ils n'étaient que malades.

Il convient de bien établir, dès l'abord, ce fait que la sorcellerie n'est que de la magie appliquée au mal, à la satisfaction des intérêts égoïstes du sorcier.

Chez tous les peuples anciens, *les savants* en général avaient été initiés aux préceptes de la magie, mais c'est surtout dans les temples que son enseignement se propagea.

Or, il est facile d'admettre que certains ambitieux, possesseurs des secrets du temple, ont abusé de leurs connaissances pour en tirer un bénéfice personnel.

Tous les prêtres, aux temps primitifs, aruspices, augures, devins, pythonisses, sybilles, etc., ont appliqué, sous diverses formes, les préceptes magiques qu'ils avaient reçus dans l'initiation.

Les sorciers, selon le témoignage public, n'ont pas toujours été de véritables sorciers. C'étaient des savants, devançant les connaissances de leur époque et dont les expériences semblaient *louches* (surtout celles des chimistes); c'étaient aussi des malades, des hystéro-épileptiques (le plus souvent) ou bien des misérables abusant de la crédulité publique à l'aide de tours de prestidigitation qui n'étonnent plus personne aujourd'hui.

Histoire de la sorcellerie.

Ce que nous nommons sorcellerie était connu des anciens sous le nom de *goétie*, ou magie noire, et remonte aux époques lointaines de l'humanité.

Ses pratiques, qui ne pouvaient se faire au grand jour, empruntaient aux lieux sombres et humides, aux cavernes, aux souterrains, l'appareil de terreur dont elles devaient toujours être entourées, de manière à frapper vivement l'imagination des consultants; c'est pourquoi l'antre des sorciers était toujours rempli d'animaux immondes ou singuliers qui se jouaient au milieu des feuilles d'herbes empoisonneuses ou d'ossements humains.

Aujourd'hui même, on peut voir, dans les rues reculées, des sorcières à l'œil torve, avorteuses de profession, des rebouteurs clandestins, des tireuses de cartes d'une habileté suspecte.

En dehors de ces sorciers de bas étage, il en est encore de réels, et le procès de Cedeville, jugé en 1851, montre un sorcier convaincu de sorcellerie par vingt témoignages faits en justice.

De fait, si on accepte la définition de la sorcellerie donnée plus haut : « la mise en action, volontaire ou involontaire, des forces de la nature », nous verrons que médiums, spirites, magnétiseurs, hypnotiseurs sont des sorciers.

Et que l'on juge des abus de confiance, des infamies inqualifiables dont peuvent se rendre coupables (par la suggestion) des gens malhonnêtes, ayant un pouvoir illimité sur leur sujet!

De nombreux exemples, révélés ou inconnus, en sont la preuve. Pour montrer l'influence funeste de ces sorciers en plein xix° siècle, nous empruntons les faits suivants aux *Annales de psychiatrie*, dans lesquelles le Dr Encausse, chef du laboratoire hypnotique de la Charité, a consigné ses observations sur le rôle de la suggestion dans les maléfices des sorciers de village.

Parmi les malades traités au laboratoire de la Charité, se sont trouvés deux cas assez curieux qui révèlent l'influence que peuvent avoir certains individus de la campagne sur des sujets quelque peu émotifs.

Lorsqu'on parle de ces sorciers de village, de ces rebouteurs, de ces bonnes femmes, représentants de ces sciences occultes aujourd'hui oubliées, la première tendance est de rire et de ne tenir aucun compte des mille faits colportés de chaumière en chaumière, et grossis par l'imagination des narrateurs.

Il y aurait pourtant une curieuse étude à faire sur les suggestions, accompagnées de paroles bizarres, qui sont la cause véritable de la plupart des actions de ces magiciens au petit pied. Ces suggestions n'ont d'effet que sur les êtres émotifs, et toute personne qui se moque du « sorcier » échappe de ce fait à son influence, quoi qu'en disent les partisans à outrance de la suggestion à l'état de veille et de son action universelle.

Les deux malades dont il s'agit sont des hystériques chez lesquelles, du reste, aucun accident ne s'était déclaré jusqu'à l'époque où la suggestion fut donnée.

La première de ces malades, Élisa C., nous fut amenée le 11 décembre par une parente qui avait consulté à ce sujet de nombreux médecins, qui avaient fait divers traitements, le tout sans aucun résultat.

La malade, âgée de dix-huit ans, avait une contracture persistante du bras droit, d'origine purement hystérique.

Mise devant le miroir rotatif, elle ne tarda pas à être fascinée, et, dès lors, on put combiner le traitement par les transferts avec le traitement par la suggestion. Sous cette double influence, la contraction du bras disparaît au bout du quatrième jour de traitement.

Mais, dans la nuit du quatrième au cinquième jour, la malade devient subitement muette. Nous pensions venir facilement à bout de ce mutisme par l'emploi de la suggestion. Mais ce fut en vain que nous essayâmes, deux jours de suite, divers procédés de suggestion. Tout échoua.

C'est alors que l'idée nous vint que la malade était dominée par une suggestion antérieure, inconnue de nous et qui détruisait notre action au fur et à mesure des résultats obtenus. Le mutisme persistant empêchait d'interroger la malade. Nous eûmes recours à un subterfuge expérimental.

Nous étant assurés que toutes les suggestions étaient exécutées par la malade, sauf celles qui avaient trait à sa maladie, nous suggérâmes (le sujet étant en période de somnambulisme lucide) que la personne qui *avait fait le mal* était là devant elle, et nous montrions en même temps un des élèves du laboratoire.

La figure de la malade prit de suite une expression de fureur très accentuée, et c'est avec grand'peine que l'auteur supposé de l'état actuel du sujet put s'approcher et ordonner d'une voix forte à la jeune fille d'être guérie de suite, ce qui fut fait sur l'heure.

Du dialogue qui s'engagea entre les deux interlocuteurs, nous pûmes déduire les faits suivants :

La jeune malade était fille d'un homme considéré dans le village comme un peu sorcier. Le jour où elle vint à Paris, emmenée par ses maîtres, son père, pris d'une violente colère, la maudit en lui disant :

« A partir d'aujourd'hui, tu seras toujours malade, et nul que moi ne pourra te guérir. »

Jusque-là, jamais elle n'avait été malade, jamais elle n'avait eu de crises hystériques, ni d'accidents neuropathiques quelconques. Cette scène, comme on pense, la frappa vivement. Elle partit, et quelques jours après la contraction du bras se déclarait.

On comprend facilement pourquoi, dès que cette contraction fut guérie, une autre affection se déclarait. Les paroles du père avaient agi comme une véritable suggestion.

Connaissant cette histoire, il nous fut facile de tout faire cesser. Le père supposé, créé par notre action suggestive, déclara cesser sa malédiction et pardonna à sa fille. Il répéta ce pardon quand le sujet fut éveillé, et dès ce moment tous les accidents cessèrent.

L'histoire de l'autre malade rentre également dans la même catégorie.

Adolphine F., vingt-sept ans, mariée depuis l'âge de dix-huit ans, nous fut amenée le 7 septembre 1890.

Elle aurait été subitement atteinte chez elle d'accidents neuropathiques intenses, crises d'étouffements, douleurs subites, attaques d'hystérie, etc., etc.

Elle avait été traitée au moyen du bromure, même à hautes doses, de la valériane, du chloral, etc. ; rien n'avait réussi.

Le traitement par les transferts seuls eut raison très facilement de tous ces accidents et, moins de quinze jours après le début de ce traitement, la malade retournait chez elle guérie. Malgré toutes nos demandes, il nous avait été impossible de trouver la cause de la maladie : nous avions bien à faire à une nerveuse, quelque peu émotive ; mais cela ne suffit pas pour établir l'étiologie d'accidents aussi subits.

Le 11 décembre 1890, la malade revint nous voir, atteinte encore une fois des mêmes symptômes. Un interrogatoire minutieux l'amena à avouer qu'elle se faisait quelquefois traiter, dans son pays, par une femme qui passait pour *sorcière*. Cette femme lui avait un jour dit, dans un moment de colère, qu'elle serait toujours malade dès ce moment, et qu'aucun médecin ne pourrait la guérir. La colère de la sorcière était causée par le refus d'une petite somme d'argent de la part de la malade. On a vu quels avaient été les résultats de cette véritable suggestion.

Un nouveau traitement suggestif approprié à cette singulière étiologie eut raison de la maladie, qui est aujourd'hui complètement guérie — au grand scandale de la « sorcière », paraît-il.

En somme, il y a là une question sur laquelle on passe souvent avec trop de dédain.

Les récents travaux de notre maître, le Dr Luys, éclairent d'un jour tout nouveau les actions de ces empiriques, dont la suggestion peut être portée par des objets divers (talismans, pactes, etc.), comme un état neurologique est porté par une couronne aimantée. — Il y aurait lieu de différencier les cas où ces hypnotiseurs de village font œuvre utile d'avec ceux où ils sont passibles des peines édictées par la loi contre les gens qui extorquent, par la menace, l'argent de leurs victimes.

Ces deux observations montrent, de plus, de quelle utilité est la recherche de l'*étiologie* dans ces accidents neuropathiques qui se déclarent subitement chez des sujets jusque-là parfaitement bien portants ou à peine émotifs.

Les jongleurs.

Autrefois, sous le nom de *magie blanche* on entendait assez souvent la *théurgie* (intervention des bons esprits), par opposition à la *goétie*, ou *magie noire* (commerce avec les esprits immondes).

Aujourd'hui, la magie blanche est tout innocente ; elle tire ses prestiges de tours d'adresse et de connaissances spéciales en physique et en chimie. C'est la *fantasmagorie*, à laquelle on peut joindre les merveilleux effets de la *ventriloquie*.

L'électricité est d'un immense secours pour multiplier les ressources de la magie blanche ; ses effets sont incomparables si on y joint les merveilles de l'optique.

On prétend que le physicien Robertson était arrivé, par ces procédés tout physiques, à construire une tête parlante.

Il n'est pas douteux que, à mesure que les prêtres égyptiens perdaient la vraie tradition, ils n'hésitaient pas à recourir à tous les secrets de leur *art* à tous les prestiges que pouvaient leur fournir les sciences dont ils avaient une connaissance approfondie.

Dans les derniers siècles, ils eurent besoin, pour maintenir leur domination, d'employer des moyens extérieurs, totalement étrangers à ceux de la magie.

Il suffit d'avoir fait un peu de mécanique et d'optique pour concevoir ou tout au moins comprendre les « trucs » encore en usage qui produisent « *le décapité parlant* », l'apparition de fantômes et cette fantasmagorie de la lanterne magique.

Robert Houdin a publié sur les prestiges qu'il opérait des révélations des plus intéressantes.

Puisque l'occasion s'en présente, et pour nous reposer un instant, nous allons voir l'explication d'un de ces tours de prestidigitation qui sont exécutés avec une telle dextérité et une telle précision par les artistes, que l'on a la sensation réelle d'un fait qui n'est qu'une fantasmagorie.

Le cirque Barnum, à New-York, a souvent représenté le tour du décapité vivant, que l'Eden-Concert, si nous nous rappelons bien, a pendant longtemps donné en spectacle à ses abonnés, modifié et encore plus terrible.

Voici comment, d'après la *Science illustrée*, il s'exécute :

Un clown se prend de querelle avec quelques camarades ; aussitôt, ceux-ci décident, après un semblant de jugement, qu'il sera condamné à avoir la tête tranchée. Dans ce but, on le couche à plat ventre sur une caisse en bois, la tête couverte d'une serviette (pour éviter au public, comme l'indique la mimique du clown bourreau, la vue du sang); ce dernier s'approche alors du condamné et d'un coup de couperet, d'un vrai couperet d'acier, il lui tranche le cou.

Justice étant faite, la serviette est enlevée et l'exécuteur montre au public la tête tranchée de la victime.

Après l'avoir bien promenée pour que chacun puisse la voir, le bourreau enveloppe la tête dans la serviette et la dépose sur la caisse près du corps du supplicié.

Il allume alors une cigarette et, par dérision, soulevant la serviette, la met entre les lèvres de la tête coupée.

Bientôt sa figure exprime une horreur folle : la tête du décapité se met à remuer, la fumée sort par ses narines, ses yeux s'animent..... il est vivant.

Fou de peur, le bourreau recouvre la tête du voile, l'emporte et la rajuste au cou de la victime ; il enlève le voile et la tête se soulève, le corps la suit et le clown ressuscité saute sur la scène à la plus grande joie de tous les assistants, dont l'imagination est restée jusque-là péniblement frappée.

Les gravures ci-après (p. 504-505) expliquent le *truc* de ce tour.

Aussitôt que le premier clown a été couché sur la caisse et que sa tête a été recouverte d'une serviette, il a passé sa tête dans une ouverture *ad hoc*, dissimulée dans le dessous de la caisse. Un aide, caché dans les flancs de ladite caisse pousse alors à la place qu'occupait la tête du patient une autre tête, mais celle-ci en carton, grimée comme celle du premier clown.

C'est elle que le bourreau, après le coup de couperet fatal, élève dans sa main et montre au public ; quand il la place ensuite sous la serviette pendant qu'il allume sa cigarette, il la passe, en réalité, dans une trappe où elle tombe et elle se trouve immédiatement remplacée par la vraie tête du clown renfermé dans le bahut et grimé comme le patient.

Ces substitutions faites avec la plus grande habileté donnent une illusion absolument impressionnante.

A l'Eden-Concert, au moment du coup de couperet, un cochon d'Inde, dissimulé dans le bahut, est présenté de manière à être coupé en deux et à simuler par sa position habilement choisie la section du cou du clown décapité.

Outre les prodiges que l'acoustique bien comprise pouvait présenter à des peuples ignorants, la ventriloquie ou engastrimysme leur rendait les plus grands services.

La ventriloquie est une faculté que l'on croyait autrefois d'origine divine et qui permet à certains hommes de parler de l'estomac ou du ventre.

Quant aux tours de passe-passe, à l'escamotage, il nous suffit de prononcer ce mot pour éveiller le souvenir de prodiges qui ont émerveillé notre enfance.

Les Hindous sont, encore de nos jours, supérieurs à nos faiseurs de tours européens et les jongleurs indiens de l'Amérique septentrionale sont des escamoteurs des plus habiles.

Nous tenons à bien montrer jusqu'où va l'habileté des prestidigitateurs en citant tout d'abord l'extrait d'une simple fantaisie qui aurait eu pour résultat d'épouvanter les peuples peu instruits et qui a été montrée, il y a quelques années, pour le plus grand plaisir des habitués du boulevard.

« Une intéressante conférence a eu lieu récemment à la salle des Capucines. M. Auguste Germain, secondé par M. Dicksonn, qui faisait auprès de lui des expériences démonstratives, a dévoilé les dessous de la prestidigitation, ce qu'on peut appeler les « ficelles » du métier.

Nous empruntons les détails suivants au *Temps :*

« Un des « numéros » qui mérite d'être mentionné est celui qui consiste dans le moyen de faire disparaître une cage renfermant un oiseau ; l'opérateur a passé, au préalable, sous les manches de son habit une simple corde allant d'un bras à l'autre et attachée au poignet gauche par un bout et par l'autre à la cage. La longueur de cette corde est réglée de façon qu'elle soit tendue lorsqu'on tient la cage avec les deux mains rapprochées du corps. Le déploiement obtenu par les bras vigoureusement jetés en avant donne la course nécessaire pour que la cage s'enfile aussitôt dans la manche droite et disparaisse sous cette subite traction. Il faut dire aussi que la cage est confectionnée de telle sorte que, d'une grande souplesse, construite entièrement en fils de laiton et ayant l'apparence d'une cage ordinaire faite de bois et de fils de fer rigides, elle puisse, sous l'effort qui la tire vers la manche de l'opérateur, abandonner sa forme carrée pour s'allonger en fuseau, tout en laissant sain et sauf un oiseau qui, au moment de l'opération, est perché sur l'unique barreau du milieu.

« Voulez-vous connaître la pensée de votre voisin : c'est bien simple, vous dit M. Dicksonn; ayez un compère qui la connaisse et vous la transmette d'une manière invisible pour les autres spectateurs. Neuf cartes sont disposées en carré sur une table; touchez du doigt celle d'entre elles que vous préférez, tandis que le « liseur de pensée » tourne le dos à la table et ne peut avoir encore de communication avec personne. Vous avez fait votre choix, vous avez touché le roi de carreau, par exemple, qui se trouve placé au milieu du carré; le devin se retourne, jette rapidement les yeux sur M. Dicksonn dont le doigt est

Le tour du décapité vivant.

distraitement posé sur un petit morceau de carton qu'il tient, bien par hasard, à la main. « C'est le roi de carreau ! » dit triomphalement notre devin, aimable compère qui a vu le pouce de L. Dicksonn appuyé sur le milieu du petit carton. Il n'y a donc là qu'une pure convention de signes habiles. »

Cependant, pour faire disparaître une personne assise en pleine scène, sur un bon fauteuil Voltaire, il faut avoir recours à de nombreuses « ficelles ». Le patient est installé sur une chaise qui est placée elle-même sur un journal formant isolateur, afin de bien démontrer qu'aucune trappe ne peut s'ouvrir devant lui. Un voile est jeté sur la personne et, en un clin d'œil, le voile et la personne disparaissent.

« Voici comment s'exécute ce tour : au moment où le voile est jeté, un invisible mannequin en fer bruni tenant au siège même et qui donne l'apparence de la saillie des genoux, des épaules et de la tête, est immédiatement adapté sur la personne cachée. Entre ce mannequin appelé « équipe » et la chaise est un espace assez large pour permettre au patient de se dégager pour glisser dans une trappe placée au-devant de lui, sous le journal, qui est un chef-d'œuvre d'ingéniosité ; une

Le *truc* du décapité vivant.

ouverture en carré à quatre découpures de la grandeur même de la trappe y est ménagée, la personne s'y engage et, à peine est-elle sous les planches de la scène, qu'elle replace les découpures du journal et les maintient au moyen d'un simple morceau de papier gommé qu'elle applique à leur point de jonction, ainsi qu'on le ferait pour mettre un cachet à une enveloppe. Le journal a donc repris sa forme première ; à ce moment, l'opérateur saisit le voile par son milieu avec les deux mains, le rejette brusquement en arrière et dans la hauteur; alors, dans ce mouvement, l'équipe se rejette derrière le dossier de la chaise, tandis que le voile, grâce à une ficelle à laquelle il est accroché et qui passe dans la manche et la jambe gauches de l'opérateur, suit cette route et disparaît par une petite trappe qui se trouve près du pied gauche de l'opérateur, et d'où une main invisible tire à elle avec rapidité. Les trappes se referment, et le tour est joué. »

Phénomènes de la nature, faussement interprétés et qui ont passé pour sorcellerie.

De même que nous nous sommes tenus en garde contre les fraudes productives à certains hommes et dont ils ont abusé par l'usage des sciences occultes, de même nous devons relever, le plus rapidement possible, les prodiges d'ordre naturel qui ont tant épouvanté nos ancêtres.

On voit, en lisant les ouvrages de l'antiquité ou même les chroniques du Moyen âge, un fait qui se renouvelle à chaque moment : ce sont les merveilleux phénomènes qui ne manquent pas de se produire lors de quelque grand événement politique.

Lubienietz (1), un savant auteur, qui nous a conservé les observations d'un grand nombre de comètes, n'hésite pas à dire que l'on peut toujours en mentionner une à l'époque de tout événement considérable, à la mort d'un grand, parce qu'elle a pu passer inaperçue, mais qu'elle a *sûrement* apparu.

Les pluies de sang d'animaux, les apparitions d'armées se combattant dans les nuages, les voix mystérieuses que l'on entend au milieu des tempêtes se retrouvent dans les annales de tous les peuples.

Et, en effet, nous n'hésitons pas à dire que ce sont des phénomènes véritables, que la terreur, l'étonnement et l'ignorance ont démesurément exagérés. Tous ces faits ou presque tous s'expliquent aisément par une étude attentive des observations rapportées.

A. — Lune, éclipses, comètes, étoiles filantes, aurore boréale, feu Saint-Elme.

Quant aux préjugés ridicules qui circulent sur l'influence de la lune sur le temps, nous renverrons aux ouvrages spéciaux (2). Nous ne pouvons démontrer ici l'inanité de ces théories, mais, qu'on nous croie sur parole, c'est folie, bêtise, ignorance que de croire que la lune, dans quelque position que ce soit, puisse influer sur la terre ; du reste, qu'on réfléchisse seulement que ses quartiers, ses phases, à qui on attribue le pouvoir de modifier l'atmosphère et de produire des variations de température, ne sont que des APPARENCES et que, jusqu'ici, des apparences différentes ne modifient en rien les qualités de l'atmosphère.

(1) Lubienietz, *Cométographie*.
(2) Dallet, *La prévision du temps*, 1891.

Sans citer l'exemple classique des éclipses, on sait généralement quelle folle terreur inspirait aux premiers peuples ignorants les phénomènes astronomiques en général, et particulièrement celui des éclipses. Sans relater les faits connus de tous, rappelons que, lors de la conquête de l'Amérique par les Espagnols (1492), ces pauvres peuplades se défendirent courageusement contre Christophe Colomb et ses matelots. Or, on sait que ceux-ci allaient être obligés de se rembarquer, faute de pouvoir se nourrir, quand Christophe Colomb eut l'idée de profiter d'une éclipse de soleil et de la terreur qu'elle suscita dans le camp des sauvages pour se faire donner les subsides qui lui étaient nécessaires.

Comment s'étonner du prestigieux ascendant que pouvaient acquérir des hommes un peu savants sur de pauvres peuples encore dans l'enfance, puisque Bueno, quand il découvrit la capitainerie de Goyaz, au Brésil, obtint tous les tributs qu'il imposa en faisant brûler de l'eau-de-vie dans un vase et en persuadant aux sauvages qu'il pouvait de même incendier leurs fleuves et leurs lacs. On raconte qu'un fait analogue s'est passé, avec le même succès, à Saint-Domingue.

Quelques esprits arriérés attribuent encore aux comètes une influence quelconque sur notre monde. Raspail ne craignait pas, dans sa théorie peu scientifique, de leur attribuer des pluies continuelles, avec lesquelles elles ne peuvent avoir aucune relation.

Le préjugé que les comètes bonifient le vin est très répandu, par exemple le vin de la comète de 1811. C'est une absurdité qu'il faut détruire énergiquement.

Les aérolithes ou étoiles filantes, où les gens du Nord voient l'âme des *petits jambots qui pleurent*, sont de petits corps naturels qui n'ont aucune influence sur la vie terrestre.

Dans l'aurore boréale, les Lapons croient distinguer le jeu mystérieux des âmes. Les habitants de la Sibérie voient dans ce phénomène une foule d'esprits qui combattent dans les airs.

Les aurores boréales, contre lesquelles Charlemagne rendit un *édit*, car il y voyait une armée de démons se préparant à incendier la terre, ne sont autre chose que des effluves électriques, que nos savants, Loëmstroom entre autres, ont parfaitement étudiées.

Pendant la dernière guerre de France, 1870, plusieurs aurores boréales furent aperçues jusque dans le midi de la France, où les paysans croyaient que c'était la réverbération des flammes qui, d'après eux, consumaient Paris! On voit que ce préjugé ridicule d'attribuer à ce phénomène tout physique un rapport quelconque avec les habitants du globe doit tomber devant l'étude sérieuse des faits.

Le feu Saint-Elme, que l'on vit apparaître autrefois au bout des piques des Romains (appelé par eux Castor et Pollux) et que l'on aperçoit parfois à l'extrémité des mâts de navire (dans ce cas *Saint-Nicolas* ou *Sainte-Hélène*) ou de tous les objets élevés au-dessus du sol, n'est pas, comme on le croit, un lutin qui cherche à vous leurrer ou l'âme d'un mort qui cherche sépulture : c'est un phénomène purement électrique.

Les feux follets, eux, sont dus à l'inflammation du gaz hydrogène qui s'échappe des matières animales en décomposition dans les marais.

B. — *Pluies de pierres, de soufre, de sang, d'animaux, halos, mirages, fata morgana, l'écho.*

Dans quelques pays, on a été bien épouvanté quand on a vu tomber sur le sol de véritables pluies de soufre, de sang ou d'animaux.

Cette observation repose sur des faits véritables et mérite attention. Le recueil le plus complet des faits de ce genre est celui de Chladni, qui en contient de nombreuses observations. C'est donc un fait prouvé, l'explication seule leur retire leur aspect de sorcellerie.

Les pluies de soufre, c'est-à-dire d'une matière jaunâtre et pulvérulente, sont produites par la dispersion du pollen des arbres, particulièrement des conifères (pins, sapins, etc.).

Les pluies de sang, grêle et neige rouge, proviennent, dans certains cas, d'une liqueur qu'abandonneraient certains papillons en sortant de leurs chrysalides, dans d'autres d'une plante parasite dont les vents chassent parfois les germes. Il est prouvé que la neige rouge ou pluie de sang est formée le plus souvent d'une algue (*Protococcus Kermesinus*) ou d'un végétal (*Uredo nivalis* ou *Lepraria Kermesina*).

Les pluies d'animaux, notamment de crapauds, sont dues ou bien au développement extraordinairement rapide de ces animaux dans certaines conditions favorables qui fait croire qu'ils sont tombés du ciel ou à des trombes qui emportent ces animaux à des distances plus ou moins grandes, en même temps que des végétaux, des grains, du blé, etc.

Quelque étonnants que puissent paraître ces faits, au premier abord, on voit que leur explication parfois un peu confuse rend cependant facilement compte de la réalité.

Les halos sont des phénomènes optiques qui présentent dans le ciel l'apparence de cercles ou d'anneaux lumineux de la nature de l'arc-en-ciel. Les *parhélies*, *parasélènes*, cercles brillants qui entourent le soleil ou la lune, sont de même nature.

Les mirages, que les Anglais appellent *looming* et les Italiens *morgane*, sont produits par la raréfaction de l'air près de la surface d'un corps échauffé. On se rappelle les effets de mirage cités à propos des illusions cruelles auxquelles les soldats de nos colonnes pendant l'expédition d'Égypte étaient en butte. Le même phénomène se retrouve en été dans la plaine de la Crau, en Provence. Ces mirages expliquent, le plus souvent, les apparitions fantastiques que la superstition s'est plu à multiplier dans les airs, sur les eaux ou sur la terre.

Dans quelques pays, on a regardé les mirages comme un jeu de la féerie, comme une manifestation des esprits élémentaires.

C'est surtout sur les côtes de la Calabre qu'on en rencontre le souvenir, et l'on se rappelle ces palais merveilleux, mais fugitifs, de la *fata morgana*, la fée Morgane, produits, suivant la tradition, par la capricieuse volonté d'une fée qui se joue des hommes.

Ne serait-ce pas l'origine des châteaux sur les brouillards? On sait les merveilleux effets de mirage que l'on aperçoit dans le Hartz, sur le Brocken, et devant la majesté impressionnante de ces phénomènes, même pour nos cerveaux éclairés, on comprend la terreur superstitieuse qui entourait cet endroit surnaturel, dont l'optique fait toute la magie.

L'acoustique nous rend raison des échos : les ignorants ne les expliquaient pas autrement que par une autre personne, qu'ils ne voyaient pas, une fée, par conséquent, qui leur répondait. La majestueuse solitude des lieux élevés, la vertigineuse floraison des forêts vierges, décuplent l'impression de l'écho (1).

C. — *Fin du monde.*

La fin du monde est une catastrophe inévitable, dont on lit la prédiction certaine dans l'Apocalypse et dans plusieurs ouvrages antiques.

Les astrologues du Moyen âge, d'accord en cela avec Hérodote, attribuent au monde une durée de dix mille ans. L'opinion des Pères de l'Église, tels que saint Augustin, saint Cyprien, saint Jérôme, est que le monde doit finir après une durée complète de six mille ans.

Sans nous égarer dans toutes les rêveries auxquelles cette étude a donné naissance, disons, en passant, que la prédiction de la fin du monde s'est singulièrement renouvelée depuis le commencement du siècle.

Dès les premières années, l'abbé Fiard l'annonça. En 1816, le comte de Sallmard-Montfort publia un petit volume sur l'histoire des religions où il prouvait que le monde finirait dix ans plus tard; Mme de Krudner avait fixé la date de cette catastrophe finale en 1819, tandis qu'un M. de Libenstein annonçait le cataclysme pour 1823.

Plus récemment, on avait assuré la fin du monde pour l'année 1886!

Il y a dans l'église d'Oberemmel (arrondissement de Trèves, provinces rhénanes) une plaque en pierre portant l'inscription suivante :

« *Wird einst uns ostern Marcus bringen, Antonius uns Lob der Pfingsten singen, Johannes das frohnleichnams-Rauchfass schwingen so wird die Welt von Wekgeschrei erklingen.* »

Ce qui signifie :

« Lorsque saint Marc nous amènera Pâques, que saint Antoine nous chantera la gloire de la Pentecôte, que saint Jean se présentera à la Fête-Dieu, le monde résonnera de cris de douleur. »

(1) A Woodstock, en Angleterre, il y a un écho qui répète dix-sept à vingt fois les sons émis; celui d'Obervesel, sur le Rhin, les renvoie aussi dix-sept fois.

Or, en 1886, Pâques tomba sur la Saint-Marc (25 avril), la Pentecôte tomba sur la Saint-Antoine de Padoue (13 juin) et la Fête-Dieu tomba sur la Saint-Jean (24 juin).

Nous avons vu que la triste prédiction ne s'est point réalisée.

D. — *Objets naturels expliqués par la tradition poétique.*

Il est curieux et aussi instructif de repasser rapidement les erreurs poétiques auxquelles ont pu donner naissance quelques phénomènes de la nature.

C'est ainsi qu'un écueil voisin de l'île de Corfou, qui offre l'apparence d'un vaisseau à voile, avait amené les anciens à y voir le *vaisseau phocéen* qui ramena Ulysse, et que Neptune, dans sa colère, avait pétrifié.

Au dire de Pausanias, une prétendue *Niobé* que l'on aperçoit sur le flanc du mont Sypile n'est qu'un rocher informe, quand on le voit de près, tandis que, de loin, son apparence, sous l'influence de l'imagination, en avait consacré cette fable poétique.

Volney raconte qu'il a rencontré au milieu des sables de Syrie, dans une vallée imprégnée de sel, une ébauche grossière de statue de femme, taillée par la nature dans un bloc de rocher. Ne serait-ce pas un fait analogue à la femme de Loth ?

Combien plus acceptables sont encore les explications des *traces* laissées sur terre par divers.

On voit près de Genève les *traces* que Satan a laissées sur un bloc de granit, tandis que, près d'Agrigente, on vous montre celles qu'a laissées le passage des *vaches* conduites par Hercule.

L'empreinte de la *tête de Mahomet* sur une roche près de Médine ; celle du *dos* et des *bras* de Moïse, qu'on voit dans une caverne où s'était retiré le législateur.

Il n'y a pas de pays où on ne retrouve de semblables vestiges. A Ceylan, c'est le *pied d'Adam* qu'on vous fait admirer, tandis qu'au Soudan on retrouve le tracé gigantesque du *chameau de Mahomet*.

Il n'y a pas si longtemps (on peut le voir encore) que les habitants de la Charente vous montraient avec respect l'empreinte *du pied droit de sainte Magdeleine.*

E. — *Polypes, kraken, poulpes, rock, serpents, dragons volants.*

Les polypes n'ont plus de secrets pour les savants modernes. Leur vie particulière, leurs agrégations temporaires, leur existence en tant qu'êtres propres, tous ces faits sont connus, étudiés, certains (1) ; classés parmi les autres animaux, ils ont pris dans la

---

(1) Lacaze Duthiers, *Les Polypes.*

zoologie la place qui leur convenait et ne présentent plus rien de mystérieux.

M. de Humboldt a fait les expériences les plus curieuses relativement au *remora*, qu'on prétendait avoir la faculté d'arrêter les vaisseaux au milieu de l'Océan ; il en est résulté des faits assez positifs pour prouver que la fable n'était pas dénuée de tout fondement ; l'immense *Kraken*, cette île vivante du Nord, n'était probablement qu'un immense polypier ou peut-être une tortue gigantesque.

La forme particulière à une classe spéciale d'animaux (*poulpes, calmars*, etc.) dont l'aspect est répugnant a servi de base aux légendes qui en ont fait des animaux terribles. A de très rares exceptions près, ces animaux ne dépassent pas $0^m,40$ à $0^m,50$ et ne sont point dangereux. Si l'on garde son sang-froid, si la terreur ou le dégoût qu'ils vous inspirent paralysent vos mouvements et vous empêchent de nager, il est certain que vous en mourrez ; mais non si vous les retournez sans crainte.

Le *condor* a fourni à Marco Paulo ou plutôt aux Orientaux ce *Rock* mystérieux dont il est parlé dans toutes les légendes, cet oiseau magnifique et gigantesque que personne n'a vu et qui est si célèbre dans les anciennes relations, et surtout dans les contes merveilleux des Arabes.

La crainte et le dégoût qu'inspirent généralement les serpents en avaient fait autrefois des animaux presque divins. Aujourd'hui, les hommes revenus au bon sens les craignent et se défendent contre eux sans leur accorder la moindre influence merveilleuse, si ce n'est dans la fascination de leur regard, qui tient au magnétisme ou à leur amour immodéré du lait et de la musique, qui leur coûtent assez souvent la vie.

Les dragons volants sont des réalités ; ce sont les ptérodactyles des temps préhistoriques, dont on a retrouvé les ossements dans les couches de la période tertiaire, et dont Cuvier, avec une si ingénieuse patience, a su reconstituer sur ces débris les habitants du monde ancien.

F. — *Minéraux et végétaux fabuleux ou revêtus d'un caractère merveilleux.*

Au dire de Humboldt, la fable de l'Eldorado tira sa première origine des récits exagérés des sauvages qui ont pris des rochers étincelants de *mica* pour de l'or. On trouve souvent même dans les galets qui servent à paver les villes du Midi des morceaux qui laissent cette illusion.

Le *roi couvert de poudre d'or* n'était qu'un chef sauvage bizarrement saupoudré de talc brillant. En effet, comme tous les sauvages aiment ce qui brille, ces pauvres êtres, sans se douter de la différence (toute conventionnelle du reste) de l'or et du cuivre ou du mica, ont été honteusement dupés par des blancs, qui se disaient civilisés, et ne profitaient de leurs connaissances que pour tirer des malheureux sang et or.

Le même auteur nous a rapporté l'explication du fameux *palo de vacca* (arbre-vache), dont on douterait certainement si un savant de ce mérite ne l'avait observé. Cet arbre précieux, qui croit au milieu des rochers arides, « donne un lait doux et nourrissant. » Il ne le cède, devant l'admiration de Humboldt, qu'à l'arbre à pain, le métacarpus.

G. — *Fontaine de Jouvence, île de Borodon.*

Ponce de Léon chercha toute sa vie, en Amérique, l'île de Jouvence, dont lui avaient parlé les sauvages. Il n'y a pas du reste qu'en Amérique que se trouve cette source merveilleuse, dont la vertu principale est non seulement de conserver indéfiniment la jeunesse, mais même, dit-on, de rendre immortel. On pense si cette bienheureuse fontaine a dû enthousiasmer l'esprit plus ou moins déréglé de quelques chercheurs d'aventures.

L'île merveilleuse de Borodon, marquée sur les cartes, n'était autre chose qu'un nuage qu'on apercevait de l'île de Ténériffe; par suite, les voyageurs qui tentèrent d'y aborder, ne la rencontrant jamais, n'hésitèrent pas à en conclure, comme on le faisait du reste à cette époque, qu'une divinité quelconque, un lutin en gardait la propriété et en défendait l'approche par des leurres et des sortilèges dont ils sont coutumiers.

Nous ne croyons pas nous avancer, mais il nous semble que cette île de Borodon figure encore sur les cartes du xvii° siècle et même, croyons-nous, du xviii°.

H. — *Statue de Memnon, bruit des rochers, des sables, etc.*

De Humboldt raconte que, naviguant sur les rives de l'Orénoque, il entendit dire par tout le monde qu'on entendait, à certaines heures de la journée, des sons étranges sortir des rochers. Le fait établi, il en voulut trouver la raison; il dit :

« Les bancs de rochers sont remplis de crevasses très minces et très profondes; ils s'échauffent pendant le jour jusqu'à 48° à 70°; l'atmosphère ambiante étant de 28°, on conçoit aisément que la différence de température entre l'air souterrain et l'air extérieur atteint son maximum vers le lever du soleil, au moment qui est en même temps le plus éloigné de l'époque du maximum de la chaleur du jour. Or, ces sons d'orgue que l'on entend lorsqu'on s'étend sur le rocher, l'oreille appuyée sur la pierre, ne seraient-ils pas l'effet d'un courant d'air qui sort par les crevasses; l'impulsion de l'air contre les paillettes élastiques de mica, qu'interceptent les crevasses, ne contribuet-elle pas à modifier les sons? Ne pourrait-on pas admettre que les anciens habitants de l'Égypte, en montant et en descendant sans cesse le Nil, avaient fait la même observation sur quelque autre point de la Thébaïde et que la musique des rochers y a donné lieu aux jongleries des prêtres dans la statue de Memnon?

« Des faits de même nature et ceux mêmes constatés à la statue de Memnon sont très bien expliqués par la théorie de l'air échauffé pendant le jour, qui fuit la nuit par des fissures et produit les chants signalés par les voyageurs » (1).

Tyndall a, du reste, étudié la question et en a reproduit les plus curieux phénomènes (2); il ne reste aucun doute sur la production des sons dont il s'agit.

Les craquements sonores des granits de Karnak, les sons de harpe entendus dans le portique de *Philæ*, de même que les *Matines de la Maudite* se trouvent expliqués par la théorie de Tyndall (3).

Ces découvertes nous montrent pourquoi ces sons extraordinaires (4) se manifestent précisément au moment où l'aurore apparaît aussi bien qu'à celui où la nuit commence, ce qui a conduit les esprits poétiques à supposer qu'elle tenait à nous annoncer son approche par une harmonie surnaturelle et qu'elle voulait nous consoler de son absence en nous faisant espérer son retour.

Les malades.

Il est une classe de sorciers particulièrement intéressants, qui relèvent des services spéciaux de la Salpêtrière et qui cependant, jusqu'à la fin du siècle dernier, ont été impitoyablement poursuivis, traqués, brûlés, plutôt que d'être soignés.

On faisait autrefois une distinction spécieuse entre les *possédés*, qui sont intérieurement tourmentés par le diable ou par les diables, et les *obsédés*, qui le sont extérieurement.

Il n'y a plus de doute aujourd'hui et les convulsions qui caractérisaient la possession sont identifiées avec les diverses phases des attaques hystéro-épileptiques constatées chez diverses malades, ainsi qu'avec divers phénomènes semblables à ceux que l'on détermine dans l'hypnose.

Les preuves en abondent. Ce n'est pas ici le lieu d'en parler; qu'il suffise de dire d'une façon générale que les maniaques cités par Pernel (5), les moinesses de Cambrai (1491), les sept extatiques de Nantes

(1) De Humboldt, t. II, p. 283.
(2) De Rochas, La statue de Memnon (*Rev. scient.*, 1883).
(3) Dallet, Les harmonies naturelles (*Rev. scient.*, 1883).
(4) Des craquements semblables ont été observés sur les grèves de l'Océan, et il semble que l'on doive en expliquer le mystère de la même manière. Voir *Revue scientifique*, 1891.
(5) Un des exorcistes qui a fait brûler un grand nombre de sorcières

(1459) se vantaient de savoir ce qui s'était passé dans la ville et dans ses environs pendant leurs accès (1). Les religieuses de Loudun (1632),

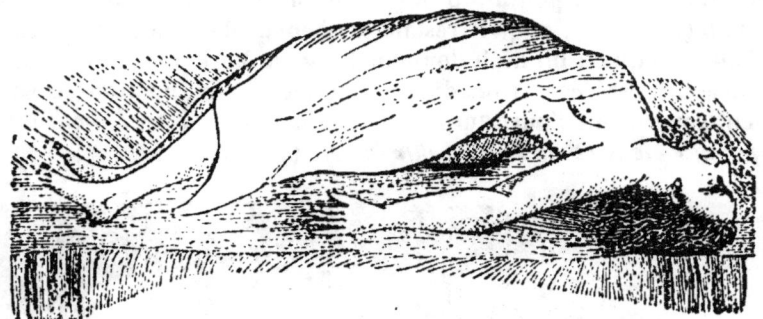

Spasme tétanique, ou arc de cercle dans les attaques hystéro-épileptiques.

d'Auxonne, de Louviers, présentaient toutes les phénomènes de l'hyperexcitabilité des sens, de la catalepsie ou de la léthargie.

Période des contorsions dans les attaques hystéro-épileptiques (Dessin fait par M. Paul Richer, d'après un croquis de M. Charcot).

Nous croyons intéressant d'en donner particulièrement trois exemples correspondant à des phases de l'hystéro-épilepsie :

La figure ci-dessus, qui donne l'aspect du spasme tétanique, est la

(1) Calmeil, *De la folie*; Paris, Baillière, 1845.

période dite arc de cercle des contorsions de l'attaque hystérique ; l'attitude correspondante des sorcières se retrouve, entre autres, chez les possédées de Loudun. « Leur corps était parfois doué d'une souplesse si extraordinaire qu'on pouvait le ployer en tous sens, comme une lame de plomb (léthargie), et qu'il restait aussi longtemps qu'on l'y laissait dans l'attitude qu'on lui avait donnée. La sœur Marie du Saint-Esprit, de Louviers, possédée par un diable, nommé Dagon, fut trouvée couchée en travers, sur l'ouverture d'un puits, *soutenue seulement d'un côté par les pieds et de l'autre par la tête* (1).

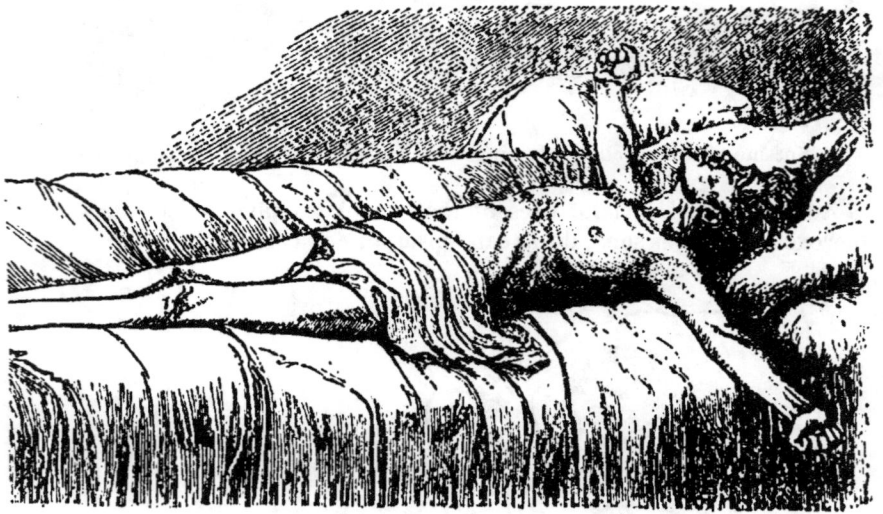

Attitude du crucifiement particulièrement, observée chez les extatiques.

La figure suivante représente l'état démoniaque des contorsions des hystériques. Cette phase se retrouve dans toutes les possessions ; à certains moments, les possédées se tortillaient de telle sorte qu'on y voyait clairement la preuve que le démon était en elles. Les possédées de Loudun particulièrement offraient l'image de ces sortes de dislocations.

Une sœur se roulait sur le pavé de l'église, la langue noire et tirée hors de la bouche, les membres contournés.

La figure qui vient ensuite indique une attaque de crucifiement qui se remarqua très fréquemment chez les extatiques tombées en léthargie : sainte Thérèse, qui dit elle-même que « dans le ravissement divin, tous les membres deviennent raides et froids ; sainte Élisabeth, dont on pouvait enlever tout d'une pièce le corps raide comme une barre de fer ; Marguerite du Saint-Sacrement, qui devenait raide comme un cadavre ; Marie de l'Incarnation, qui tombait dans des accès de mort apparente (2) en sont des exemples frappants.

(1) Calmeil, t. I, p. 35.
(2) *Ibid.*, t. II, p. 156.

On trouve encore signalées, dans les livres spéciaux, les plus grandes analogies entre la possession et les phases de l'hypnose. Faisons-en un rapide parallèle. On sait que, dans les diverses phases de l'hypnose (catalepsie, léthargie, somnambulisme), on trouve les faits caractéristiques de l'affaiblissement des fonctions extérieures et de l'anesthésie.

Anesthésie. — C'était le grand critérium de la possession, et il était désigné sous le nom de *sigillum diaboli*, sceau du diable ; nous en verrons l'expérience plus loin.

Catalepsie. — Tous les extatiques présentaient des exemples de la phase cataleptique. En 1511, une religieuse de Salamanque avait de fréquentes extases. Dans cet état, son visage et ses mains perdaient leur couleur naturelle et son corps entrait dans une raideur si grande qu'il semblait tout d'une pièce, sans articulations. Même phénomène chez les religieuses de Louviers, ainsi qu'en 1673 dans la maison des enfants trouvés de Horn.

Léthargie. — Une possédée de Vervins (1566) tombait en léthargie à la suite de ses crises, et en prédisait le retour. « L'évêque de Châlons remarqua que, pendant l'exorcisme de la sœur Catherine (à Auxonne), elle avait la tête renversée, les yeux ouverts, la prunelle absolument retirée sous la paupière supérieure, le blanc des yeux demeurant seul en évidence (1).

« Il y en a parmi elles qui se pâment et s'évanouissent durant les exorcismes, comme à leur gré, à telle sorte que leur pâmoison commence lorsqu'elles ont le visage le plus enflammé et le pouls le plus fort. Pendant cet évanouissement, qui dure quelquefois une demi-heure et plus, on ne peut remarquer aucune respiration en elles. »

Somnambulisme. — Les exorcistes de Loudun nous ont appris que le diable endormait les religieuses. Dans cet état (absolument semblable à celui du somnambulisme), elles disaient ou faisaient des actes dont elles ne se rappelaient plus au réveil. Elles se promenaient sur les toits, prédisaient leurs accès. Les possédées d'Auxonne, de Bayeux, de Nîmes présentaient les mêmes caractères. De plus, on peut remarquer, en général, que les pratiques des exorcistes produisaient toujours cet effet. Elles obéissaient (Auxonne) aux ordres mentaux des exorcistes, etc.

S'il y eut vraiment des possédées, quelques charlatans ont abusé, par des jongleries honteuses, de la bonne foi ignorante de leurs contemporains.

Condé, connu sous le nom de M. le Prince, était aussi spirituel que courageux. On raconte que, traversant la Bourgogne, il eut la fantaisie de voir un *possédé* dont on criait merveilles. M. le Prince sentit percer la fraude et se mit à narguer le possédé, qui fit mine de se jeter sur lui.

— Monsieur le diable, s'écria Condé, en brandissant sa canne, si tu me touches, je t'avertis que je rosserai bien ton étui.

Le faux diable disparut.

(1) Calmeil, t. II, p. 78.

Trembleurs et convulsionnaires.

Il n'est pas sans intérêt de rapprocher de ces démoniaques les trembleurs et les convulsionnaires qu'il faut admettre parmi les extatiques et qui se rapprochent visiblement de ceux qu'un esprit intérieur tourmente.

Seulement, quoique la présence de cette puissance se manifeste à l'état extérieur par des actions semblables, elle a un principe différent; elle tire ici son origine d'une sainte exaltation.

On trouve des convulsionnaires dès le IX° siècle, à propos de certaines reliques que l'on allait vénérer à Dijon et qui produisaient sur les assistants les effets qu'on remarqua sur la tombe du diacre Pâris.

Les trembleurs des Cévennes parurent après la révocation de l'édit de Nantes. C'étaient des protestants persécutés chez qui l'enthousiasme religieux faisait des prodiges.

De malheureux persécutés se réfugiaient loin du monde pour lire les psaumes; tout à coup, l'un d'eux, saisi de l'Esprit saint, tombait à la renverse, tremblait et prophétisait. On en compta plusieurs milliers.

Les convulsionnaires de Saint-Médard se montrèrent ensuite; un janséniste, connu sous le nom de diacre Pâris, étant mort en 1727, ceux dont il avait partagé les opinions théologiques en firent un saint.

Son tombeau était placé dans le cimetière Saint-Médard, à Paris, et sur ce tombeau on voyait, disait-on, s'opérer une foule de miracles.

L'archevêque de Paris interdit le culte du diacre Pâris en 1732; mais il n'est pas vrai, comme l'a dit Voltaire, que l'on ait écrit sur la porte : « De par le roi, défense à Dieu de faire miracle en ce lieu » et que ces miracles aient cessé tout à coup; ils se sont perpétués longtemps. Cette épidémie se manifestait par d'affreuses convulsions durant lesquelles il y avait chez les convulsionnaires, perte absolue de sensibilité dans les membres et exaltation prodigieuse des facultés. On sait, en effet, que ceux-ci s'exposaient à un feu ardent sans danger, qu'on en vit un jeûner quarante jours, qu'ils se faisaient donner des coups violents sur le ventre et les génitoires avec d'énormes cailloux et qu'on les stigmatisait de plaies sanglantes, sans qu'ils en parussent souffrir.

Spectres, fantômes, revenants, farfadets, vampires.

Bien qu'elles ne fussent pas, à proprement parler, partie du domaine de la sorcellerie, nous n'avons pas hésité à parler ici de ces manifestations dont les sorciers ont abusé. De plus, il y a des exorcismes contre les fantômes et les revenants.

On a cru, chez les peuples les plus sauvages comme chez les plus civilisés, que l'âme, après la mort, conserve le pouvoir de revenir sur terre en prenant sa forme terrestre; de là, est venu la superstition qui a voulu reconnaître les spectres, êtres morts qui apparaissent environnés d'une atmosphère diaphane, les fantômes déjà plus matériels et enfin les revenants qui reprennent une forme matérielle pour se manifester aux vivants.

Parmi les fantômes et les spectres que l'on prenait pour l'âme des défunts, il en était certains qui remplissaient des fonctions spéciales.

Les farfadets étaient les démons familiers qu'on voit et qu'on entend la nuit et qui se montrent parfois sous la forme d'animaux, quoiqu'ils préfèrent rester invisibles.

Les vampires, plus cruels, sont d'origine slave ; ils exercent encore leur terrible influence morale sur la Serbie, l'Illyrie, la Hongrie, sous le nom de *upier* ou *oupeirs;* c'étaient des hommes, morts depuis longtemps, qui, revenant en corps et en âme, se nourrissaient de sang humain et aux attaques de qui on ne pouvait se soustraire qu'en leur tranchant la tête ou en leur perçant le cœur d'un pieu, avant de les brûler.

Lycantropie, gholes, lamies, follets, lutins.

Les lycantropes, ou loups-garous, ont quelque affinité avec les vampires ; on les craint encore. Hérodote et beaucoup d'autres auteurs en font mention.

Les loups-garous étaient des hommes transformés en loups avec l'aide du diable.

L'empereur Sigismond fit examiner devant lui par de doctes théologiens ce qu'il y avait lieu d'en croire, et non seulement leur existence fut reconnue, mais il fut décidé que c'était une hérésie que de n'y pas croire.

Les gholes, lamies ou harpies étaient des vampires qui figuraient dans les contes orientaux et dans les livres de l'antiquité.

Les feux follets entraînent les voyageurs et les précipitent dans un abîme. Un éclat de rire annonce la catastrophe ; souvent ils se contentent de bien mouiller ceux qu'ils veulent leurrer ; les lutins sont plus aimables et ne font jamais de mal, bien qu'ils se jouent des gens. Leur nom vient, dit-on, de ce qu'ils luttent avec les hommes, de même que les lutteurs et les gobelins, etc.

Les larves et les lémures, bien qu'ils soient reconnus comme des esprits élémentals, rentrent cependant dans le monde de la sorcellerie.

Les véritables sorciers.

En dehors des malades, il y a eu de véritables sorciers ; mais ceux-ci doivent encore se diviser en trois catégories spéciales : A. les auto-suggestionnés ; B. les intoxiqués ; C. les sorciers véritables.

A. — Il va sans dire que nous n'aurons pas besoin de développer longuement ce sujet; en effet, un individu spécialement disposé peut arriver à l'état d'extase par mille moyens : fixation prolongée d'un objet brillant, concentration de la volonté sur l'attente d'un événement, etc. Dans ces conditions, qu'y a-t-il d'étonnant à ce que le malheureux qui s'est auto-suggestionné tombe dans les états de dislocation spéciaux aux convulsionnaires ou présente l'apparence des phases connues en hypnotisme et que, d'après ses connaissances antérieures, il prétende être allé au sabbat et en donne une description détaillée.

B. — Il est constant pour tous ceux qui se sont occupés avec soin de la question que, dans la plupart des cas, la sorcière, pour aller au sabbat, se frottait le corps d'une graisse spéciale.

La composition des onctions magiques qui produisaient un si grand effet n'est pas restée secrète.

Apulée signalait déjà ces mystérieuses pommades; Cardan et Porta en donnent la recette qu'on employait de leur temps. C'était le *solanum somniferum*, la jusquiame, l'opium.

Les mystères de l'antre de Trophonius s'expliquent en se rappelant qu'avant d'y pénétrer on avait soin de s'enduire d'une pommade.

Rien, du reste, n'est plus convaincant que l'expérience directe faite à ce sujet par le philosophe Gassendi; elle explique, dans sa simplicité, les aveux faits par une masse de sorciers.

Gassendi ayant fait tomber dans un sommeil léthargique quelques paysans au moyen d'une pommade dans laquelle entrait de l'opium et qui devait, leur avait-on dit, les transporter dans une assemblée infernale, firent à leur réveil une peinture de ce qu'ils avaient vu du sabbat avec des détails très circonstanciés.

Il est presque inutile de rappeler ici l'histoire du *chef des assassins* et les merveilleux effets qu'il produisait, par certains breuvages ou par des onctions, sur l'imagination en délire de ceux qu'il soumettait à sa volonté.

D'après les procès criminels, les sorcières s'enduisaient d'une pommade donnée par le diable, dans la composition de laquelle entrait le foie d'un enfant mort sans baptême.

On sait, à n'en pas douter, aujourd'hui, que ces onguents contenaient les sucs de solanées vénéneuses, de mandragore et de belladone, dont l'effet bien connu est de produire des hallucinations.

C. — Tous les sorciers (1) étaient *jeteurs de sorts*, et, de nos jours encore, dans les pays où l'imagination tend à rendre crédule (par exemple en Italie), on se garde de la *jettatura* (*mauvais sort*) en présentant à celui qui a le *mauvais œil* la main fermée et les doigts index et auriculaire étendus.

Le *sort* consiste en des paroles mystérieuses, prononcées par le sorcier; l'origine de cette pratique semble remonter jusqu'aux premiers peuples de l'Inde, qui ne pouvaient se soustraire au sort des imprécations

(1) On n'est pas d'accord sur l'étymologie du mot « sorcier »; cependant, celle qui semble la plus naturelle est celle qui le fait dériver de « sort ».

prononcées par un mage. Chez nous, les bergers ont encore une mauvaise renommée à ce point de vue et beaucoup d'entre eux se croient un pouvoir surnaturel.

Sorcier du Haut-Ogooué.

Les *charmes* sont de la même famille que les sorts. A Rome, il y avait un genre de sort que nous n'avons guère retrouvé ailleurs. C'était le *scopélisme*, qui signifie sort opéré par une pierre ensorcelée. Lorsqu'on touchait une telle pierre, on mourait incontinent. Mise dans un champ, cette pierre indiquait qu'on vouait le propriétaire de cette terre à la mort. Ces sortilèges étaient d'usage si courant à Rome que l'on avait dû punir de mort les sorciers qui opéraient ainsi. On verra tout à l'heure les pratiques usitées par les sorciers pour se

Sorcier chez les Yumas.

mettre en relation avec le diable et tirer de lui un pouvoir universel, de même que l'arsenal qu'ils avaient à leur disposition.

Le sorcier, outre qu'il possédait le don de divination, dominait les forces naturelles, produisant à volonté la pluie, la sécheresse, l'orage ou le froid, frappant la terre de stérilité et répandant des maladies sur les animaux de ses ennemis.

On voit que leur œuvre était toujours mauvaise ; mais où elle devenait plus horrible encore, c'est quand ils exerçaient leur puissance sur leurs semblables en les ensorcelant.

Le pire de tous les ensorcellements était l'envousure ou envoûtement. Trois-Échelles, le sorcier de Charles IX, y excellait ; on assure que les ennemis de Mahomet ont tenté de le faire périr de cette manière.

Nous avons vu que, malgré l'avis unanime des corps constitués, les nouvelles découvertes de M. de Rochas d'Aiglun ne laissent aucun doute à cet égard, l'*envoûtement est réel et peut exister*.

Or, il a dû y avoir quelque chose de vrai dans les résultats de cette pratique que l'on rencontre à toutes les époques de notre histoire et qui florissait particulièrement au xvi° siècle.

Le *nouement de l'aiguillette* était encore un pouvoir du sorcier. C'était une opération à la suite de laquelle le *noué* ne pouvait avoir d'enfants.

Les rabbins attribuent à Cham l'invention de ce sortilège ; en tous cas, il est fort ancien, car on le trouve mentionné dans Ovide et dans Virgile.

Le nouement de l'aiguillette se faisait au moment de la cérémonie du mariage, et le sorcier, prononçant, à l'encontre du prêtre, des paroles mystérieuses, faisait plusieurs nœuds à un cordon ou à un fil quelconque. A partir de ce moment, le noué était impuissant. Le *dénouement de l'aiguillette* ne pouvait être fait que par le sorcier qui avait consommé l'œuvre.

Or, ce sortilège, aussi réel que le précédent, est d'une explication simple. Qui ne voit dans ce fait une *suggestion profonde*, due à l'action du sorcier (homme redouté) sur un esprit faible qui, convaincu de son impuissance, devenait inhabile à tenter un effort pour se soustraire au joug de son ensorceleur.

Les moyens les plus employés pour se garder contre ce maléfice étaient, disait-on, de porter un anneau dans lequel on avait enchâssé une dent de belette. Le Petit Albert conseille, à ce sujet, de manger un pivert rôti avec du sel béni. Dans nos campagnes, ces pratiques sont encore suivies en secret, et je sais tel endroit de Bretagne où, il n'y a pas dix ans, au mariage d'une fille du pays, on fit manger aux épousés un pivert rôti suivant les rites consacrés par l'antique usage.

Les sorciers changeaient de forme pour se soustraire aux recherches et, pour nuire plus facilement, ils devenaient loup, hibou, etc. C'est encore un effet d'auto-suggestion ou d'hallucination et les malheureux qui en étaient l'objet étaient convaincus d'avoir fait un mal, le plus souvent imaginaire. On les brûlait cependant.

Parmi leurs principales ressources, les philtres qui donnent l'amour entraient en première ligne. Disons cependant que le sorcier était méchant et vulgaire, et que, le plus souvent, il mettait toute son ardeur à nuire.

C'est pourquoi, sous couleur de sorcellerie, les misérables étaient, dans la plupart des cas, de simples empoisonneurs. Locuste, Médée et, au xviie siècle, Lesage, Bonard, La Vigoureux, Expilli, que l'on considérait comme sorciers, n'étaient que des criminels.

Les sorciers chez les sauvages.

Un fait qui prouve combien la croyance au surnaturel est instinctive à l'homme, c'est que l'on retrouve l'évocation des démons chez les peuples les plus sauvages. Les Tupinambas du Brésil, les Hurons de l'Amérique du Nord, les habitants des bords de l'Orénoque ont encore leurs sorciers.

Et que l'on ne condamne pas trop tôt les crédules sauvages. Combien en Europe (les Scandinaves, les Serbes, les Hongrois, les Italiens, etc.) et même en France (Bretagne) sont encore imbus des préjugés de la sorcellerie, des rebouteurs, des pronostics du temps, etc. Ce serait un bien gros volume que celui qui contiendrait le catéchisme de *ce qu'il ne faut pas croire*.

Pour donner une idée générale du caractère des sorciers sauvages, nous allons en prendre deux exemples empruntés à deux continents différents : l'Afrique et l'Amérique.

Les habitants du haut Ogooué, crédules et simples, ont de nombreux fétiches (gri-gri).

Pour se préserver des sortilèges, le sorcier, la tête garnie de plumes, la main droite armée d'un bâton orné d'anneaux de cuivre, exécute une danse échevelée.

Pour exalter le courage des guerriers Adoumas, le féticheur s'approche d'eux et leur frotte le dos et le front d'une pâte noire.

Pour attirer toutes sortes de félicités sur la tête d'un homme, on agite autour de lui une corne fétiche, puis on mâche une espèce d'herbe et, en soufflant, on en crache les débris sur la personne qu'il s'agit de préserver de tout maléfice.

Pour éloigner la pluie, les Batekés agitent en l'air leurs cornes d'antilopes, en crachant dans la direction des nuages menaçants. Si la pluie n'arrive pas, ils courent au village se vanter de leur succès ; mais, si quelques gouttes d'eau viennent à tomber, ils cessent d'agiter leur talisman, sous prétexte qu'ils ont les bras fatigués et donnent ainsi à l'orage la permission de venir. C'est assez simple et rappelle un peu le fatalisme de Mahomet marchant à la montagne.

Il en est de même chez les Yumas, tribus indiennes de la Californie. La superstition naturelle à ces peuples a favorisé la naissance de toute une caste de sorciers, qui s'attribuent le pouvoir de chasser les démons et aussi de guérir toutes les maladies occasionnées par la présence de ces génies malfaisants. Ils sont donc à la fois devins et médecins. Couverts de peintures bizarres, ils placent trois cartes à terre et se livrent à une danse excentrique, en jouant d'une longue flûte de roseau,

Devant cet appareil, aucun démon ne peut leur résister (1) et leurs malades guérissent !

Évocation du diable.

Le point principal, pour les sorciers, était de se mettre en communication avec le diable. Albert le Grand et Faust avaient eu ce désir. Or, rien n'était plus simple, des livres consacrés (qui gagnaient un pouvoir considérable s'ils avaient été baptisés) renfermant les paroles sacrées qui devaient amener à leur voix l'esprit du mal.

Quel que soit le procédé employé, il faut toujours formuler à haute voix le vœu que l'on forme et même l'écrire avec des caractères particuliers.

Les livres spéciaux où l'on trouve des conjurations sont particulièrement les *Clavicules* de Salomon et le *Grimoire* du pape Honorius.

Voici, du reste, la conjuration classique, tirée du *Grimoire* d'Honorius, publié à Rome, en 1670 :

« Moi (*on se nomme*), je te conjure, esprit (*on nomme l'esprit qu'on veut évoquer*), au nom du grand Dieu vivant qui a fait le ciel et la terre et tout ce qui est contenu en cieux, et en vertu du saint nom de Jésus-Christ, son très cher fils, qui a souffert pour nous, mort et passion à l'arbre de la croix, et par le précieux amour du Saint-Esprit, trinité parfaite, que tu aies à m'apparaître sous une humaine et belle forme, sans me faire peur, ni bruit, ni frayeur quelconque. Je t'en conjure au nom du grand Dieu vivant, Adonay, Tetragrammaton, Jehova, Tetragrammaton, Jehova, Tetragrammaton, Adonay, Jehova, Otheos, Athanatos, Adonay, Jehova, Otheos, Athanatos, Ischyros, Athanatos, Adonay, Jehova, Otheos, Saday, Saday, Saday, Jehova, Otheos, Athanatos, Tetragrammaton, Luceat, Adonay, Ischyros, Athanathos, Athanathos, Ischyros, Athanatos, Saday, Saday, Saday, Adonay, Saday, Tetragrammaton, Saday, Jehova, Adonay, Ely, Agla, Agla, Agla, Adonay, Adonay, Adonay. *Veni* (*on nomme l'esprit*). *Veni* (*on nomme l'esprit*). *Veni* (*on nomme l'esprit*).

« Je te conjure de rechef de m'apparaître, comme dessus dit, en vertu des puissances et sacrés noms de Dieu, que je viens de réciter présentement, pour accomplir mes désirs et volontés, sans fourbe ni mensonge ; sinon, saint Michel, archange invisible, te foudroiera dans le plus profond des enfers ; viens donc pour faire ma volonté. »

Le sorcier, pour faire cette évocation, se plaçait au centre d'un cercle magique qui le protégeait contre Satan. Car le diable n'est pas toujours d'humeur commode et, quand on l'appelle sans rien lui offrir (fût-ce une savate ou un fétu de paille), il vous tord le cou, car il ne tue jamais autrement.

Satan, lorsqu'il avait répondu à l'appel du sorcier, devenait le serviteur dévoué de celui-ci, son pourvoyeur, son esclave durant toute sa vie,

---

(1) Verneau, *Les Races humaines* ; Paris, 1891.

à la condition qu'il lui donnât son âme à sa mort. Comme des deux parts, on n'avait qu'une foi médiocre dans la parole de son associé, le pacte était écrit sur du parchemin provenant d'un animal mort-né et signé du sang du contractant.

Après ce pacte, le sorcier acquérait, par son auxiliaire, le pouvoir absolu sur les éléments; il pouvait prédire l'avenir, modifier les éléments, acquérir la fortune, la science, tuer ses ennemis au loin, communiquer avec les morts.

Car un des attributs des sorciers, c'est d'évoquer le diable et les démons, les esprits des ténèbres, pour les soumettre à sa volonté.

Le pacte, qui date seulement du Moyen âge, n'est pas le seul moyen d'appeler le diable. Certaines opérations peuvent l'obliger à se montrer. Dans certains cas, on sacrifiait, dans l'évocation, un chat noir, un chien barbet ou une poule noire, en prononçant certaines formules consacrées.

Certains démonographes font une distinction spécieuse entre les diables et les démons. D'après saint Grégoire de Nice, les démons sont ceux qui multiplient entre eux à la manière des hommes; les autres sont les diables.

Pour accomplir ses maléfices, le sorcier avait un certain nombre d'instruments spéciaux: talismans, cercles, anneaux magiques.

Les talismans.

Les Égyptiens semblent avoir été les premiers à faire usage des talismans chez eux. La forme caractéristique est celle du scarabée sacré. Au Moyen âge, c'est un signe céleste gravé ou ciselé sur une pierre sympathique ou sur du métal, après des cérémonies préparatoires appropriées.

Ce signe céleste correspondait à l'astre sous l'influence duquel on se plaçait. C'est ainsi que les talismans sous l'influence du soleil, doivent être d'or; ceux sous l'influence de la lune, d'argent ou d'émeraude.

Ce serait une erreur de croire, du reste, que les pierres elles-mêmes n'avaient pas leurs vertus particulières: c'étaient des talismans naturels.

Si la mandragore était la grande inspiratrice de l'amour, la topaze chassait les idées noires.

De même, le rubis balai invite à la continence et assure la santé.

Le rubis garantit de l'infection de l'air et donne la joie.

Le corail invite au sommeil, il est préposé à la vue, il arrête le sang. Chez les Malais, le corail pâlit quand un ami est en danger.

L'émeraude garantit de l'apoplexie. Si une vierge la porte, elle éclate au moment où elle cesse de l'être.

La sardoine réprime les désirs charnels, etc.

C'était du reste l'avis de Pline, d'Albert le Grand, etc.

Aux XIIe et XIIIe siècles, les pierres précieuses jouissaient encore d'une grande influence. Guevara, confesseur de Charles V, indique leurs vertus et affirme qu'elles ne peuvent être révoquées en doute. D'après lui, le diamant fortifie le cœur et peut être de grande utilité aux femmes sur le point d'être mères; l'améthyste s'oppose à l'action des fumées du vin, des poisons, etc.

En dehors des pierres, les objets les plus bizarres avaient des qualités propres, très singulières. La peau d'une hyène garantissait contre les blessures faites par les armes, et les avocats s'assuraient le succès en possédant la membrane qui couvre la tête des enfants nouveau-nés lorsqu'ils sont dits *coiffés*, dans le langage vulgaire.

Les talismans variaient à l'infini, comme forme et fabrication. Certains mots mystérieux leur donnaient leur puissance.

Le mot « abracadabra » se disposait en triangle de la façon suivante :

```
              A
             A B
            A B R
           A B R A
          A B R A C
         A B R A C A
        A B R A C A D
       A B R A C A D A
      A B R A C A D A B
     A B R A C A D A B R
    A B R A C A D A B R A
```
Talisman général.

Dans d'autres cas, les mots prestigieux se disposaient en triangle, formant angle droit. Tels sont, par exemple :

```
A
A G
A G L
A G L A
```
Mot kabbalistique en triangle.

Ces pratiques ridicules sont sans intérêt. Ce n'est pas à dire que le talisman n'eût pas son utilité; mais les sorciers, ignorants des mystères

```
S
S C
S C H
S C H I
S C H I A
S C H I A U
S C H I A U R
S C H I A U R I
S C H I A U R I R
S C H I A U R I R I
```
Talisman en triangle contre les maux d'yeux et les vertiges.

antiques et des sciences occultes, prennent, en s'en servant, l'effet pour la cause et lui attribuent des vertus spéciales.

Or, dans la magie, le mage soumet la force universelle à l'action de sa volonté tendue ; mais, dans cet effort, il a besoin de fixer cette volonté pour lui donner toute sa puissance.

Connaissant la chaîne des êtres, il devait suivre un objet pour remonter à l'intelligence à qui il devait sa forme ; il lui faisait alors suivre un mouvement inverse par sa volonté et, gouvernant les éléments, pouvait altérer les qualités physiques des corps.

Le talisman n'avait donc aucune influence sur les phénomènes naturels et il ne servait qu'à fixer fortement la volonté du mage. Lorsque, pour fixer votre attention sur un mot, sur un nom, sur un problème, vous l'écrivez sur un papier, vous avez construit un talisman destiné à fixer votre esprit. Les figures géométriques ne sont pas autre chose. Les scapulaires en sont une sorte de dérivé.

Quelques auteurs ont assuré que le serpent d'airain que Moïse fit élever dans le désert n'était qu'un talisman pour détruire les serpents qui infestaient la contrée. L'anneau de Salomon, que les Arabes appellent le sceau de Salomon, et qui a eu une si grande renommée, semble n'avoir été, d'après les études les plus sérieuses, qu'un pentagramme de la forme de celui-ci.

Les Orientaux font grand usage, encore de nos jours, de talismans couverts de caractères mystérieux, parmi lesquels le sphinx semble dominer. On peut considérer encore, comme rentrant dans cette catégorie, les *zamès* des anciens Haïtiens, qui, par leur forme, se rapprochent des amulettes égyptiennes, de même que les fétiches du noir, qui sont le plus souvent des talismans dans lesquels il a une grande foi.

Amulettes.

Au Moyen âge, les amulettes et les talismans se multiplièrent à l'infini ; on a été jusqu'à en faire de peau d'enfant sur laquelle on écrivait certains caractères magiques, et qui avaient pour but de conserver indéfiniment la vie.

Catherine de Médicis en avait une de cette nature. L'amulette est généralement faite avec un linge qui a touché une image sainte ou une relique (phylactères) (1).

Ce mode est fort en usage en basse Bretagne.

Pour les noirs, ils ne craignent plus les dangers, quand les sorciers leur ont donné des amulettes.

Le *hoc signo vinces* de Constantin pourrait figurer, à ce titre, parmi les miracles des sorciers.

Les nègres nomment leurs magiciens *obi* ; ceux-ci jouissent d'une puissance absolue.

(1) Le phylactère se retrouve encore dans les cérémonies privées de nos jours et les Israélites croyants y attachent une grande foi.

Dans nos colonies, on redoutait énormément l'assemblée mystérieuse de *vaudoux*, où, dans une danse frénétique, les nègres recevaient des oracles et des amulettes, qui soutenaient chez eux une invincible résistance. En Amérique, les amulettes semblent prises moins au sérieux.

La *pistole volante*, qu'on voit dans toutes les démonographies, avait ceci de particulier qu'elle revenait dans la poche de son maître.

Les cinq sous du Juif-Errant en sont un dérivé.

Les coupes magiques, armes enchantées, maraca.

Ces coupes de verre ou de cuivre, outre qu'elles servent parfois aux pratiques de l'*hydromancie*, portent, gravés au fond, des caractères kabbalistiques ou des versets du Coran, qui procurent à celui qui y boit tous les biens qu'il peut souhaiter et le garantit des maladies et du poison.

Le *Saint-Graal* est un vase enchanté que l'on voit figurer dans les poèmes mystiques. Bien qu'il ait contenu du sang du Christ et qu'à ce titre il soit chrétien, il semble être dérivé de la même tradition que les coupes magiques.

Les armes enchantées, forgées par les nains, qui mettaient en fuite tous les ennemis de celui qui les portait, en brisant leurs épées, la baguette magique au moyen de laquelle on découvrait les trésors, rentraient aussi dans l'arsenal du sorcier.

Le *maraca* est une sorte de baguette magique à l'extrémité de laquelle se trouve adaptée une noix de coco remplie de cailloux ou une espèce de coloquinte.

C'est avec cet instrument que les jongleurs de l'Amérique du Sud et du Nord rendent leurs oracles.

C'est aussi un talisman qui protège les pirogues contre les tempêtes. Dans certaines nations, chez les Lapons, les Yakoutes, les Kamchadales, le maraca se transforma et devint un tambour magique.

Les anneaux et les miroirs.

Outre l'anneau de Salomon, dont nous venons de parler et que personne n'a jamais possédé, outre l'anneau d'invisibilité (1), dont le plus connu est celui de Gygès, il y avait encore l'anneau voyageur qui permettait d'accomplir sans fatigue les voyages les plus longs.

Les anneaux constellés, dont on retrouve encore beaucoup de spécimens, mettaient à la disposition de leur possesseur une foule de petits

---

(1) Les tibias de chat, bouillis avec des herbes magiques (!), possédaient la même vertu.

démonaux empressés à leurs ordres et les bagues d'argent *baptisées* protégeaient leurs heureux possesseurs de la peste, de la rage, de l'épilepsie et d'une foule d'autres maladies horribles.

Quant aux miroirs magiques, on en retrouve encore, et des plus curieux, chez les Chinois et dans certaines contrées orientales ; ils semblent tirer leur origine de celui sur lequel les sorcières de Thessalie écrivaient avec du sang humain les oracles qu'elles lisaient nettement sur le disque pâli de la lune.

Les philtres.

En dehors des poisons proprement dits, dont les sorciers ne répugnaient pas à se servir, il y avait dans leurs rites certaines plantes consacrées dont l'action était nuisible ou nulle ; les plus employées étaient la ciguë, la valériane, le lierre, la mauve, le cyprès, etc.

Les poudres, onguents, breuvages, etc., qu'ils fabriquaient contenaient, en outre, des ossements humains pulvérisés ou des cadavres d'animaux desséchés (serpent, chat, crapaud, hibou).

La graisse nécessaire aux onguents était ou bien de la graisse de pendu détaché du gibet par une nuit sans lune, à la lueur des éclairs, ou celle d'un enfant nouveau-né et non baptisé.

Du reste, tous ces ingrédients se retrouvent dans la fameuse scène des sorcières de Macbeth (Shakespeare). L'une des sorcières fait bouillir dans une chaudière, avec les entrailles empoisonnées d'un personnage de la tragédie, « un crapaud, un filet de serpent, un œil de lézard, du duvet de chauve-souris, une langue de chien, un dard de vipère, une aile de hibou, des écailles de dragon, des dents de loup, un foie de juif, des branches d'if coupées pendant une éclipse, un nez de Turc, le doigt d'un enfant de fille de joie, mis au monde dans un fossé et étranglé en naissant, le tout après parfaite cuisson, refroidi dans du sang de singe. »

Quant aux aphrodisiaques (philtres les plus recherchés), l'hippomanès venait en première ligne.

L'hippomanès est une excroissance charnue, de couleur brune, qui se trouve à la tête des poulains au moment de leur naissance. Parmi les autres ingrédients de cette nature figurait le bezoard (sorte de concrétion qui se rencontre dans les intestins de quelques ruminants, ou encore un crapaud desséché qui, porté sur le cœur dans un sachet, produisait l'amour à haute dose.

Les philtres, composés dans des cérémonies fantastiques, contenaient encore, dans certains cas, des têtes de milans, queues de loups, cendres d'image de saint... et un tas d'autres objets aussi singuliers.

Le sabbat.

Ce qui a caractérisé les sorcières jusqu'au XVIII° siècle, c'est la constatation qu'elles allaient au sabbat.

Le sabbat doit remonter à une certaine antiquité, puisque saint Augustin en fait déjà mention. L'origine de ces mystérieuses cérémonies remonterait, suivant certains auteurs, aux peuples d'origine celtique, qui attribuaient à la lune une puissance sur toute la terre et en faisaient l'objet d'un véritable culte.

Le sixième jour du croissant, si on en croit Pline, avait reçu chez eux le nom « de jour qui guérit tout » et, à l'époque vénérée de la pleine lune, ils sortaient de leurs demeures pour honorer par des chants et des danses, l'astre des nuits, sous la protection duquel ils s'étaient mis.

L'usage était de se rendre à ces assemblées avec des flambeaux allumés qu'on déposait sur le bord des fontaines ou sur des pierres consacrées, auprès d'un arbre au feuillage épais (le plus souvent un chêne).

Les rites de ces cérémonies se perpétuèrent, bien que le cérémonial propre aux fêtes du paganisme et du christianisme se fût introduit dans les Gaules.

Les druides (1) (prêtres des Gaulois) renouvelaient cependant leurs assemblées, malgré les défenses réitérées de l'Église chrétienne et aussi malgré deux capitulaires de Charlemagne, qui ordonnaient l'abolition irrévocable des promenades nocturnes où l'on venait, par tradition, renouveler un religieux hommage à la lune.

La persécution n'eut d'autre résultat que d'exalter la foi des adeptes de ce culte. Ils se réfugièrent dans les campagnes les plus retirées ; mais, l'enseignement ayant cessé peu à peu, ces pratiques demeurèrent pour le peuple, devenu ignorant, des rites anciens, des cérémonies magiques. Les adorateurs de Teutatès devinrent des sorciers, car, initiés depuis peu aux rites catholiques, ils crurent que les anciens prêtres avaient commerce avec le diable, et les belles druidesses aux longues robes blanches flottantes, qu'ils n'apercevaient plus que de loin sous les feuillées assombries, devinrent pour eux des êtres merveilleux que leur imagination transforma en fées ou en magiciennes.

Quant au sabbat proprement dit, on sait que les sorcières, après avoir pratiqué sur elles les onctions prescrites avec une pommade spéciale, ou simplement après avoir appelé leur démon familier (dans les cas d'auto-suggestion, d'hallucination), enfourchaient un manche à balai

(1) Druide vient de *Drus*, qui, en grec, signifie chêne, parce qu'ils étaient les prêtres d'une religion où le chêne avait une importance considérable.

qui les conduisait au lieu du sabbat, bruyère déserte, endroit sombre, cimetière ou château en ruines.

En ce qui concerne cette saturnale, où toutes les cérémonies catholiques étaient parodiées, comme on pourrait nous taxer d'exagération, nous empruntons à la savante conférence de M. Regnard sur *les Sorcières* la description du sabbat :

« En arrivant au sabbat, on devait subir un léger examen et faire constater qu'on portait bien le *stigma diaboli*. Teniers, le grand peintre, nous a laissé un merveilleux tableau de cette arrivée au sabbat.

« Une fois entré sur le lieu du sabbat, il fallait rendre hommage à Satan, au président de l'assemblée. Il se tenait sur un trône, et cette fois il n'était ni déguisé ni travesti. Il avait une tête et des pieds de bouc (vieux souvenir du dieu Pan), une queue immense, des ailes de chauve-souris. Il lui arrivait bien quelquefois de se costumer autrement (les hallucinations des sorcières ne pouvaient toujours être les mêmes), et alors il se présentait sous la forme d'un baudet, d'un grand cyprès, d'un chat noir, etc.

« Tout, au sabbat, se passait à rebours : on faisait à Satan une révérence, mais en lui tournant le dos ; puis, solennellement on renonçait à Dieu, à la Vierge, aux saints et l'on se vouait au diable. Ce n'était pas suffisant ; Satan baptisait chaque néophyte en ridiculisant la cérémonie ordinaire, et il forçait chacun à piétiner sur une croix ; puis, muni chacun d'une torche, tous les sorciers dansaient en rond, en se tournant le dos. Minuit sonnait, et tous se prosternaient devant le maître : c'était le moment de l'hommage suprême.

« Après cela avait lieu le banquet ; la plus vieille sorcière, la reine du sabbat, s'asseyait à côté de Satan et tout le monde se mettait à table. On mangeait surtout des crapauds, des cadavres, des foies, des cœurs d'enfants non baptisés.

« Après quoi, les danses recommençaient de plus belle et Satan ne dédaignait pas d'y prendre part ou même de servir d'orchestre. Marie Desvignes, une pauvre fille qu'on a brûlée à Valenciennes, raconte l'avoir entendu chanter un jour une chanson comique : *Gutzelire*, ou *le Pot d'étain*. Les danses étaient de la dernière obscénité, et je suis obligé, pour ce qui en est, de renvoyer aux auteurs originaux, qui fort heureusement ont écrit presque tous en latin.

« Vers la fin du sabbat commençait la messe noire. Satan, revêtu d'une chasuble de deuil, montait à l'autel et parodiait la messe en tournant le dos au tabernacle. C'était une risée générale ; au moment de l'élévation, l'officiant offrait à l'adoration un rond de rave ou quelque grosse carotte rouge. La ronde macabre reprenait de plus belle jusqu'au moment où, l'aube paraissant, le chant du coq se faisait entendre ; alors, tout s'évanouissait et les assistants s'enfuyaient, comme une bande d'oiseaux nocturnes effrayés par le jour.

« Sur sa route, la sorcière répandait ses graisses et ses poisons sur les récoltes de ses ennemis.

« Si par hasard la route était longue, le diable transformait la sorcière en quelque animal vulgaire, et elle pouvait ainsi regagner sa demeure sans être reconnue. »

Les peines.

Toutes ces folies sont bien pénibles pour l'orgueilleuse raison, il est vrai; mais ce qui ne l'est pas moins, ce qui est inexcusable de la part de gens *non malades*, c'est de n'avoir pas entendu les protestations de quelques savants énergiques qui réclamaient les sorcières comme des *malades*.

Une bulle d'Innocent VIII défendait même que l'accusée de sorcellerie pût avoir un avocat; aussi bien cette défense est-elle spécieuse. « Que la sorcière avoue ou n'avoue pas, il en est de même pour elle : la torture pour briser ses membres (1), le bûcher pour anéantir son corps. »

Que dire quand on arrive à ces règles de justice? « La condamnation peut être *juste*, même sans preuves! » Et le résultat est toujours le même : toujours la mort! ce qu'on appelait alors *la mort exquise !*

Plusieurs milliers périrent de cette façon, ce qui n'empêcha pas les croyances de se propager. A Paris, sous Charles IX, on comptait plus de 30,000 personnes s'occupant de sorcellerie.

Les exorcismes.

L'idée religieuse que le diable possédait les sorcières devait amener les prêtres à utiliser l'influence qu'ils avaient reçue de Dieu pour les chasser.

C'est, dit-on, l'évêque de Carthage, saint Cyprien, qui *inventa* l'exorcisme. Cette pratique a, du reste, été souvent employée contre la grêle ou la sécheresse, que l'on croyait provenir de l'influence maligne des démons ; elle fut surtout usitée contre Satan, l'ennemi direct de Dieu, presque son égal en puissance!

Les exorcistes israélites chassaient les démons par la fumée d'une plante odoriférante nommée *baaras*. Les Musulmans prononçaient

---

(1) Nous ne pouvons nous étendre sur ce sujet pénible. Qu'il suffise de savoir que, pour déterminer le point insensible que ,toutes les sorcières ont sur le corps (*sigillum diaboli*), et qui n'est qu'une partie anesthésiée chez une malade, on les bourrelait avec une longue aiguille à tel point que les médecins mêmes, sentant le cœur leur manquer devant la cruauté des prêtres qui faisaient ordonner ces recherches, fuyaient. Et ceci avant la torture!

quelques vers du Coran. Dans la religion chrétienne, on prononçait des exorcismes de diverses formes.

Le suivant était assez réputé (c'est un prêtre qui parle) :

« Seigneur Jésus-Christ, qui révélez toujours à vos fidèles serviteurs les choses utiles et salutaires, et qui avez permis qu'un esprit apparût en ce lieu, nous supplions humblement votre bénigne miséricorde, par l'amour de votre passion et de votre précieux sang, que vous avez répandu pour nos péchés, qu'il vous plaise de commander à cet esprit que, sans effrayer ni blesser aucun de nous, il fasse connaître à vos serviteurs qui il est, pourquoi il est venu, ce qu'il demande, afin que vous puissiez en être honoré et vos fidèles soulagés, au nom du Père, du Fils et du Saint-Esprit. Ainsi soit-il. »

Viennent ensuite les interrogations :

« Nous te prions, au nom de Jésus-Christ, de dire qui tu es, d'où tu viens, ce que tu veux, à qui tu désires parler.

On agissait dans le sens des réponses.

Mais cette forme *éclairée* de l'exorcisme n'est venue qu'assez tard. Les premières de ces conjurations étaient bien autrement naïves et surtout bien autrement violentes :

« *Audi igitur, insensate, false, reprobe, et iniquissime spiritus. Inimicus fidei. Adversarius generis humani. Mortis adductor. Insipiens ebriose. Iniquus et iniquorum caput. Prædo infernalis. Serpens iniquissime. Sus macra, famelica, et immondissima. Bestia cruginosa. Bestia scabiosa. Bestia truculentissima. Bestia crudelis. Bestia cruenta. Bestia omnium bestiarum bestialissima..... Ad infernum, ad infernum detraheris, o spiritus ingratissime, in profundum laci : in abyssum scilicet in quo infinitæ miseriæ et calamitates tibi, et omnibus damnatis aderunt. Tibi enim invenitur fletus, et gemitus, ululatus et cruciatus, clamor et tremor, timor, labor et dolor, ardor et fœtor, obscuritas et anxietas, acerbitas et asperitas, calamitas et egestas, angustia et tristitia, oblivio et confusio, torsiones et punctiones, amaritudines et terrores, fames et sitis, frigus et calor, sulphur et ignis ardens, atque omnia mala quæ excogitari possunt, tibi præparata sunt.* »

Nous avons trouvé cet exorcisme dans le *Fustis demonum*, et nous l'avons transcrit en latin pour lui garder toute sa saveur.

Pauvre humanité, de quelles folies peux-tu devenir victime !

CHAPITRE XXVI

PRINCIPES FONDAMENTAUX DES SCIENCES OCCULTES

Dans cette partie, la plus ardue de notre travail, nous ne saurons mieux faire que de prendre pour guide un esprit des plus éclairés, F.-Ch. Barlet (1), qui a posé les bases les plus stables des principes d'études dans cet ordre d'idées.

Ainsi que nous l'avons déjà dit, il n'y a pas de formule, de mot de passe pour connaître *les secrets du temple ;* il n'y a qu'une méthode de travail particulière, un entraînement spécial, un développement de la volonté qui permette d'atteindre le but poursuivi.

Si donc le résumé écourté que nous venons de présenter a fait naître dans votre esprit le désir de pousser plus loin vos études, nous allons développer à grands traits le plan du programme à suivre dans ce cas.

L'initiation étant le dernier terme des études que nous exposons, nous passerons en revue l'énumération des connaissances que le débutant doit acquérir. Or, bien qu'il puisse paraître que le travail est considérable, on s'apercevra vite, à l'application, de la merveilleuse souplesse des principes de ces sciences, bien plus condensées que les nôtres.

Suivant pas à pas notre guide Barlet, nous allons diviser notre travail en deux parties :

A. Le programme résumé des études ;
B. La méthode à appliquer.

A. — Programme des études.

Il faut d'abord partir de ce principe absolu qu'il n'y a rien de surnaturel dans le monde, que le miracle n'existe pas.

(1) F.-Ch. Barlet, Cours méthodique de sciences occultes (*Initiation de mai,* 1889. n° 8).

Donc, la science occulte n'est que le degré supérieur de nos sciences modernes ; elle est basée sur un principe tout à fait différent.

Tandis que nos savants contemporains tentent, dans leurs expériences de laboratoire, de remonter du fait à la loi, l'occultiste redescend de la loi au fait.

Expliquons-nous : pour un occultiste, les préceptes, les découvertes de la science moderne restent inattaquables et constituent le premier degré de la science. Rien ne peut infirmer la réalité de la rotondité de la terre, de la composition des métaux, du mouvement d'Uranus. Chacun de ces phénomènes est vrai en soi, et la science occulte les accepte comme tels ; elle n'est, en réalité, qu'une méthode synthétique, une philosophie de nos sciences positives, et sans en accepter servilement toutes les hypothèses (qui changent avec les siècles); elle les modifiera, les corrigera, mais sans dénaturer aucun fait, sans détruire aucune science analytique qu'elle n'embrasse que dans son ensemble au point de vue du groupement harmonique de la loi d'unité.

La science occulte s'élève donc sur les bases des sciences modernes que l'union des plus merveilleux génies a mis des siècles à créer ; elle n'est pas opposée ou parallèle à la science, elle en est le régulateur, le condensateur; c'est elle qui, seule, permet ces vues d'ensemble, ces groupements établis sur des principes fondamentaux qui élargissent encore, en l'éclairant, le domaine rayonnant d'intellectualisme de toutes les sciences en une seule expression synthétique : LA SCIENCE.

Dès l'abord, l'étude des connaissances générales du monde doit donc se présenter dans l'ordre suivant :

1° *Petits mystères*. — Étude synthétique de nos sciences modernes, éléments et principes d'occultisme.

2° *Grands mystères*. — Étude métaphysique de ces mêmes sciences ; développement de ces connaissances au point de vue purement intellectuel ; essai de pratique occulte.

3° *Initiation*. — Mise en pratique complète de l'occultisme.

Afin d'éclairer ces préceptes, un peu obscurs pour des profanes, nous allons emprunter à Papus les développements nécessaires à leur compréhension.

Papus, se basant sur les lois que nous avons signalées plus haut, a déterminé (d'après la loi du quaternaire) quatre ordres distincts de connaissances :

1er ordre : NATURE NATURANTE (*Théogonie*). — L'adepte, en faisant la synthèse des sciences analytiques, découvre les premiers principes de la science en isolant les faits résultant des principes : 1° coopérateurs ; 2° créateurs ; 3° directeurs de l'univers.

2e ordre : NATURE NATURÉE (*Cosmogonie*) présente les développements relatifs à l'origine, la constitution et la vie de l'univers.

3e ordre : NATURE HUMAINE (*Androgonie*) contient la connaissance de l'homme, de sa place dans le monde, de sa constitution intime et de ses pouvoirs.

Enfin, l'adepte atteindra, dans l'occultisme pratique ou 4° ordre, à la *réalisation*, c'est-à-dire à la conclusion des études qui précèdent. Ce dernier ordre se subdivise en deux parties bien distinctes :

L'*initiation individuelle*, c'est-à-dire le développement personnel de l'initié ;

L'*initiation générale*, c'est-à-dire les devoirs de l'initié envers ses semblables.

Voici, du reste, ce programme, dont nous venons d'examiner les grandes lignes, résumé par Barlet lui-même :

	PETITS MYSTÈRES		GRANDS MYSTÈRES
1er Ordre THÉOGONIE (*Nature naturante*)	Revue synthétique des sciences positives (passage de l'analyse à la synthèse).	Unité de loi et de force dans la dualité. — Évolution.	L'Absolu et le Réel. L'Objectif et le Subjectif.
	Les premiers principes.	Trinité et Tetraktis.	Métaphysique.
	La Création (matérialisation de l'Esprit, spiritualisation de la matière).	La Force et les Éléments. Créateurs et Créatures. Esprit et Matière. Amour et Synthèse.	Le Verbe, les Nombres, la Morphologie. Philologie, Symbologie, Harmonie musicale. Génération.
2e Ordre COSMOGONIE (*Nature naturée*).	COSMOGÉNIE	L'Élément universel. Comment il s'anime et se condense. Comment il revient à l'Unité.	
	COSMOLOGIE	Biologique. Descriptive. Vie d'un Univers. Vie d'une Nébuleuse. Vie d'un système solaire (Chaînes planétaires, Vague de vie). Les Cycles.	Les Cycles.
	ONTOLOGIE	Descriptive. Infrahumains et leurs élémentaux humains. { Minéraux. Végétaux. Animaux. } Suprahumains (ou angéliques).	Zoologie, botanique, minéralogie occultes. Correspondances. Élémentaires. Les Races.
		Biologique. Chutes et Rédemptions successives. Relations entre les êtres de divers ordres.	Magie et Sorcellerie.

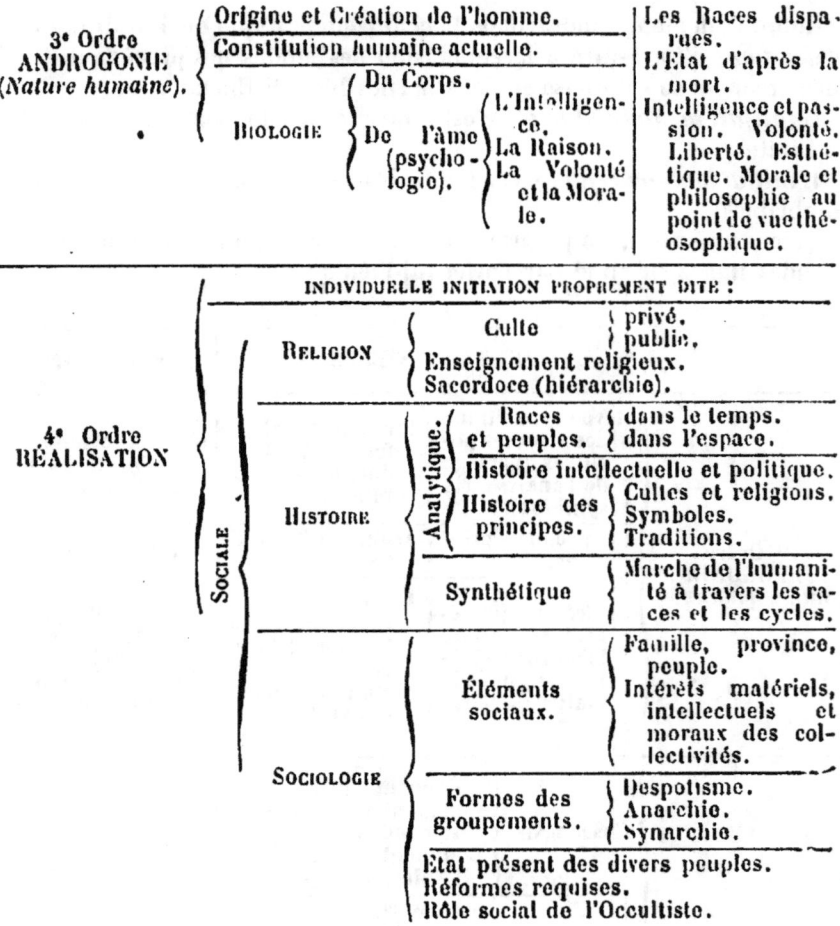

B. — Méthode d'étude ou d'enseignement.

Le choix de la méthode, ajoute Barlet, est ici plus important peut-être encore que l'établissement du programme. Examinons cette question au double point de vue du caractère intellectuel de l'étudiant et de la sûreté de l'étude en elle-même.

« Beaucoup de tempéraments, particulièrement intuitifs, n'auront pas besoin de s'appuyer sur nos sciences analytiques ou se refuseront même à le faire; il leur suffira de débuter par les premiers principes qu'ils sont prêts déjà à accepter.

« Pour d'autres, en très grand nombre encore, la synthèse générale présentée au début et surtout l'établissement des premiers principes par cette voie sera particulièrement pénible, faute d'une habitude suffisante des idées abstraites. Parmi eux, les uns préféreront qu'on leur expose d'une façon même dogmatique, *à priori*, la vie de l'univers ; les autres s'attacheront de préférence à la constitution et aux possibilités de l'homme. Pour les premiers, l'ordre du programme proposé devra être modifié comme suit :

« 1° Aperçus préliminaires de cosmologie (l'étude secondaire en est encore impossible) ;

« 2° Par induction, la création, puis les premiers principes, et de là on redescendra tout le programme.

« Pour les intelligences du second genre, l'ordre sera :

« 1° L'androgonie au degré primaire ;

« 2° Par induction encore, la cosmologie (qui pourra même être indiquée très légèrement) ;

« 3° Et de là, par induction encore, la création et les premiers principes. »

L'enseignement du Temple, dit Papus, se réduisait uniquement à l'étude de la force universelle dans ses diverses manifestations.

« Étudiant d'abord la nature naturée, la nature des phénomènes, des effets, l'aspirant à l'initiation apprenait les sciences physiques et naturelles. Quand il avait constaté que tous ces effets dépendaient d'une série de causes, qu'il avait réduit la multiplicité des faits dans l'unité des lois, l'initiation ouvrait pour lui le monde des causes. C'est alors qu'il pénétrait dans l'étude de la nature naturante en apprenant les lois de la vie, toujours la même dans ses diverses manifestations ; la connaissance de la vie des mondes et des univers lui donnait les clefs de l'astrologie ; la connaissance de la vie terrestre lui donnait les clefs de l'alchimie. »

Montant encore d'un degré dans l'échelle de l'initiation, l'aspirant retrouvait dans l'homme la réunion des deux natures, naturante et naturée, et pouvait de là s'élever à la conception d'une force unique dont ces deux natures représentaient les deux pôles.

Peu d'entre les hommes atteignaient la pratique et la connaissance des sciences supérieures qui conféraient des pouvoirs presque divins. Parmi ces sciences qui traitaient de l'essence divine et de sa mise en action dans la nature par son alliance avec l'homme, se trouvaient la théurgie, la magie, la thérapeutique sacrée et l'alchimie, dont l'aspirant avait entrevu l'existence au deuxième degré de notre initiation.

« Il n'y a pas eu qu'un seul ordre, l'ordre naturel, d'étudié dans la science antique ; il y en a eu quatre, comme je l'ai indiqué dans les chapitres précédents.

« Trois d'entre eux embrassaient la nature naturante, la nature naturée, et enfin la nature humaine qui leur sert de lien ; et leur hiérogramme était ÈVE, la vie.

« Le quatrième, représenté dans la traduction moïsiaque par la première lettre du nom de IEVE, correspondait à une tout autre hiérarchie de connaissances, marquée du nombre dix (1).

« Un fait certain, c'est que, dans ce cycle de civilisation, l'unité du genre humain dans l'univers, l'unité de l'univers en Dieu, l'unité de Dieu en lui-même, étaient enseignées non pas comme une superstition primaire, obscure et obscurantiste, mais comme le couronnement lumineux, éblouissant, d'une quadruple hiérarchie de sciences, animant un culte biologique, dont le Sabéisme était la forme.

« Le nom du Dieu suprême de ce cycle, Iswara, époux de la sagesse vivante, de la nature naturante, Pracriti, est le même que Moïse tira, près de cinquante siècles ensuite de la tradition kaldéenne des Abramides et des sanctuaires de Thèbes, pour en faire le symbole cyclique de son mouvement : Iswara-El, ou, par contraction, Israël, intelligence ou esprit royal de Dieu (2). »

D'après ce qui précède, on voit que l'enseignement de la science antique se réduisait aux quatre degrés suivants :

1° Étude de la force universelle dans ses manifestations vitales. } Sciences physiologiques. ה

2° Étude de cette force dans ses manifestations humaines. } Sciences androgoniques. ז

3° Étude de cette force dans ses manifestations astrales. } Sciences cosmogoniques. ה

4° Étude de cette force dans son essence et mise en pratique des principes découverts. } Sciences théogoniques. ז

A un autre point de vue, on peut envisager que, comme pour tout autre ordre de sciences, deux méthodes distinctes se présentent à l'examen de l'occulte :

1° La méthode dogmatique ;
2° La méthode critique.

Il y a lieu de se rappeler à ce sujet qu'autrefois, dans les temples, la SCIENCE SACRÉE était enseignée comme la science analytique l'est dans nos lycées ; donc, l'enseignement des petits et des grands mystères était forcément dogmatique ; les maîtres qui en développaient les préceptes étaient (d'après le principe d'ordre des sciences occultes) hiérarchisés, ainsi qu'on en trouve l'exemple chez les Druides, les Égyptiens, les Indiens ; et, comme le grade supérieur n'était atteint que par le plus digne, les disciples, les inférieurs estimaient et respectaient leur maître.

Aujourd'hui, les quelques rares esprits qui ont osé divulguer les secrets des sciences occultes se cachent presque et sont d'un abord difficile.

L'adepte de la science occulte, sans enseignement classique (si l'on peut dire) en est réduit à la méthode critique.

(1) Saint-Yves d'Alveydre, p. 121.
(2) Ibid., p. 90.

L'adepte se trouve donc dans de mauvaises conditions au début de son adeptat; en effet, tiraillé entre les travaux de Fabre d'Olivet, de Saint-Yves d'Alveydre, de Papus, de Guayta, de Barlet, de Péladan, etc., il s'instruit un peu au hasard, et son éducation manque d'unité en raison des opinions des divulgateurs de la science occulte dont les œuvres offrent des qualités personnelles, mais parfois opposées.

Il convient donc d'étudier beaucoup et de se faire une opinion propre; cette méthode retardera peut-être un peu les progrès du débutant, mais elle lui créera une récompense méritée : la maturité du jugement et une partie personnelle dans son initiation, dont il recueillera les fruits bien plus tôt qu'il ne pourrait le croire.

Cette dernière méthode lui apprend A PENSER LUI-MÊME, tandis que la méthode dogmatique lui enseigne A PENSER PAR LES AUTRES, procédé plus rapide pour les commençants, mais qui atrophie les qualités originales du sujet.

LE DEGRÉ DES CONNAISSANCES ACQUISES.

Deux camps composés d'hommes pensant presque de même, perdent leur temps, depuis plus de dix ans, à s'entre-déchirer.

Les spirites et les occultistes, en tant qu'étude de la constitution humaine, ne sont divisés que par des points de détail. Qu'on en juge.

1° *Théories spirites.*

L'homme est composé de trois principes bien différents :
1° Le corps, partie matérielle de l'individu;
2° L'esprit, source de l'intelligence et de la volonté;
3° Le périsprit, sorte de lien fluidique qui relie l'esprit au corps.
Quel est le but de l'homme ainsi défini?

Les spirites attribuent à l'âme une *tendance* à un perfectionnement indéfini, qui s'opère au moyen d'incarnations successives. L'âme, accompagnée de son périsprit, doit se réincarner autant de fois qu'il lui est nécessaire pour qu'elle ait atteint son parfait développement. Entre ces incarnations, elle flotte dans les espaces interplanétaires, mais elle peut être rappelée à la surface de la terre par l'action de certains hommes et entrer en communication avec les vivants.

Au moment de la mort, le périsprit abandonne progressivement le corps, entraînant l'esprit et le laissant dans le trouble et *dans le doute de la mort*. Le mort voit encore ses parents et peut se manifester à eux par l'action de son périsprit sur les objets matériels; de là, ces craquements bizarres, inexpliqués, attribués parfois à des influences météorologiques. Il ne peut, en effet, se montrer à ceux qu'il a quittés, que si ceux-ci lui prêtent le secours, l'appui matériel de leur fluide magnétique.

Dans son nouvel état, l'esprit progresse, aidé de toute la force des bonnes pensées et des prières de ses proches restés sur terre. C'est cet échange qui constitue le fond de la morale du spiritisme.

Dans leur nouvel état, les esprits communiquent avec les vivants, au moyen du fluide des assistants et surtout de celui du médium. Ainsi soutenus, ils peuvent mettre en mouvement des objets matériels légers, tels que tables, chaises.

L'esprit peut encore, en se substituant à lui, se servir des organes du médium. En effet, on a vu des médiums parlant et écrivant; l'esprit peut encore se montrer aux vivants en se *matérialisant*, c'est-à-dire en condensant de la matière autour de lui ; c'est dans cet état qu'il peut laisser les traces de sa venue (apports d'objets matériels, écritures, objets projetés directement, etc.).

La plupart de ces phénomènes sont vrais ; ils peuvent être prouvés matériellement et scientifiquement au moyen de curseurs gravant des courbes sur du noir de fumée, ou des plaques sensibilisées enregistrant des images, etc., etc.

Aussi peut-on dire, avec Papus, que toute « personne qui, à l'heure actuelle, nie systématiquement les phénomènes du spiritisme fait preuve d'ignorance et de mauvaise foi ».

Ces explications s'éclairciront, ainsi que nos lecteurs pourront s'en convaincre, lorsqu'ils auront lu, quelques pages plus loin, la théorie de l'astral.

Il nous semble curieux de donner ici, à ce sujet, l'opinion du Dr Lombroso, un *matérialiste*, sur des phénomènes aussi fugitifs que ceux du spiritisme et sur la part d'action que semblent avoir les assistants et le médium dans les manifestations constatées.

Nous résumons à cet effet la fin d'un intéressant article que ce savant a publié dans la *Revue de l'hypnotisme :*

« Beaucoup d'autres faits ne sont que la transmission réciproque de la pensée entre personnes près du médium ; la table peut favoriser ces transmissions, une faible distance étant favorable et les phénomènes spirites n'étant pour la plupart produits que sur les assistants les plus près du médium.

« Quand une table donne une réponse exacte, quand elle dit, par exemple, l'âge d'une certaine personne ou un vers dans un langage que le médium ne connaît pas, ce qui émerveille les profanes, c'est qu'une des personnes présentes sait ce certain nom, ce certain vers, et transmet sa pensée au médium, lequel l'exprime ensuite avec ses mouvements et quelquefois la réfléchit dans l'une des personnes présentes. C'est qu'en effet, dès que la pensée est en mouvement, non seulement elle se transmet, mais aussi elle se réfléchit, et j'ai observé des cas d'hypnotisme dans lesquels une certaine pensée non seulement se transmettait, mais se réfléchissait par une troisième personne qui n'était ni l'auteur ni le sujet, et n'avait pas été hypnotisée, comme du reste cela arrive pour la lumière et les ondes sonores.

« Si, dans la société spiritique assemblée autour d'une table magique, il n'y a pas une personne qui connaisse le latin, la table ne parle plus en latin; mais le public, qui ne fait pas cette critique, croit que le médium parle le latin par l'inspiration des esprits, comme il se figure qu'il converse avec un mort,

« Ainsi, on explique le cas arrivé à M. Hirsch et au Dr Barth, qui virent leurs parents morts et entendirent leurs voix. La pensée de la femme et du père de ces messieurs se transmit au médium et par lui à eux, car la pensée acquiert, pour quelques hommes, la forme d'image, image qui disparaît pour les autres, à cause de la rapidité avec laquelle les idées s'assemblent. Ainsi, ces messieurs virent l'image de leurs parents, dont ils avaient la pensée et le souvenir vifs et présents. »

Quant aux photographies, il en a vu plusieurs, mais il attend, pour se prononcer, d'en avoir fait par lui-même.

L'objection générale est : « Pourquoi ce médium peut-il tout, et non les autres ? » Le soupçon de tromperie constitue l'explication la plus simple; mais le doute disparaît aux yeux du psychiâtre qui a étudié les hystériques et les simulateurs; d'ailleurs, les faits qui sont bien ordinaires sont toujours les mêmes, et ceux qui voudraient tromper inventeraient des faits plus amusants et plus nouveaux.

Les médiums sont très rares et les charlatans nombreux, mais les phénomènes ne seraient pas si peu fréquents si la tromperie était toujours la cause de production des phénomènes. On doit donc attribuer des facultés pathologiques spéciales au médium.

« Eusapia, ajoute le savant professeur, présente des anomalies cérébrales très graves, par suite desquelles très probablement se produit l'interruption des fonctions de certains centres cérébraux, tandis que l'activité d'autres centres augmente. »

Ces phénomènes arrivent même chez des personnes normales, dans un état de passion profonde, chez les mourants qui pensent à la personne chère avec toute l'énergie de l'état préagonique.

La pensée se transmet sous forme d'image, ou de l'apparition des fantômes, qu'on désigne aujourd'hui sous le nom d'hallucination télépathique.

Phénomène très rare qui se présente chez des individus peu intelligents, en dehors des accès.

« Il est probable que, dans des temps très anciens où le langage était à l'état embryonnaire, la transmission de la pensée arrivait plus fréquemment et plus fréquents étaient les phénomènes médianimiques, qu'on connaissait alors sous le nom de magie et prophétie; mais, avec la civilisation, avec l'écriture, avec un langage perfectionné, la voie directe, celle de transmission de la pensée, étant devenue inutile, incommode, en trahissant les secrets et confondant les idées par son incertitude toujours plus grande que les moyens des sens, allait disparaître tout à fait, et, avec l'importance diminuée des formes névropathiques, qu'on comprit être pathologique et non divine, diminuèrent et disparurent les prophéties, les magies. Le fakirisme, les fantômes se présentent comme s'ils étaient réels; ainsi, il faut admettre qu'elles procèdent du cerveau à la périphérie et, en sens contraire, mais de la même manière que les images réelles, de la périphérie au centre. En effet, elles sont sujettes à ces modifications qui peuvent parvenir par les moyens interposés; ainsi, nous avons essayé de montrer une mouche imaginaire à un sujet hypnotisé; nous avons fait avancer et reculer cette image dans l'espace, et la pupille du sujet changeait comme si l'image avait été réelle; de plus, la mouche imaginaire était, par le sujet, augmentée de grosseur, comme par une lentille grossissante, ou diminuée de volume par une lentille qui la rendait plus petite, comme si, en effet, le suggestionné se servait d'un microscope réel, tandis qu'il était imaginaire. »

Mais, pour que cela arrive, il faut que le centre cérébral de la vision soit substitué à l'organe de la vision même, c'est-à-dire que le cerveau puisse voir au lieu de l'œil.

Quand on a la transmission de la pensée, qu'arrive-t-il? Évidemment, dans une certaine condition, qu'on trouve bien rarement, ce mouvement cortical dans lequel la pensée consiste se transmet à une petite ou une grande distance.

Or, comme cette force se transmet, elle peut aussi se transformer, or, la force psychique peut devenir force mouvante, d'autant plus que nous avons, dans l'écorce cérébrale, des amas de substance nerveuse, centres moteurs qui président précisément aux mouvements et que, quand ils sont irrités, comme chez les épileptiques, ils provoquent des mouvements très violents aux extrémités.

Mais on dira que ces mouvements spirituels n'ont pas pour intermédiaire le muscle, qui est le moyen le plus commun de transmission des mouvements. C'est vrai; mais la pensée aussi, dans les cas de transmission, ne parcourt pas ses sentiers habituels de transmission, qui sont la main et le larynx. Dans ces cas, il faut admettre l'hypothèse que le moyen de communication soit celui qui sert à toutes autres énergies lumineuses, électriques, etc., et qu'on appelle, avec l'hypothèse admise par tout le monde, l'éther.

Ne voyons-nous pas l'aimant faire remuer le fer, sans intermédiaire? Dans ces faits spirituels, le mouvement prend une forme plus semblable au vouloir, plus intelligente, car elle part d'une force motrice qui est en même temps un centre psychique, l'écorce cérébrale.

La grande difficulté est de pouvoir admettre que le cerveau soit l'organe de la pensée et que la pensée soit un mouvement; du reste, en physique, admettre que les forces se transforment l'une dans l'autre, et qu'une certaine force mouvante devienne lumineuse, calorique, n'est point difficile.

Les médiums écrivant n'ont plus besoin d'explications après le livre de Janet sur l'*automatisme inconscient*.

Ce médium qui croit écrire sous la dictée du Tasse ou de l'Arioste et écrit des vers qui ne seraient pas même dignes d'un élève de lycée, ce médium travaille dans un état demi-somnambulique, pendant lequel il est à la merci de la majeure activité de l'hémisphère droit, tandis que l'hémisphère gauche, qui est en même temps le plus énergique, reste intact et n'a plus conscience de ce qu'il fait; il croit alors agir sous la dictée d'une autre personne. Cet état d'activité inconsciente explique les mouvements et les gestes que peut faire une main sans que le reste du corps de l'individu y prenne part et qui semble provoqué par l'intervention d'autrui, et ce qu'on appelle les miracles, qui étaient presque tous des phénomènes réels, mais médianimiques. Toutes ces manifestations n'eurent plus lieu qu'en des circonstances très rares parmi les peuples sauvages et chez les névropathes. »

Cette théorie matérialiste, si l'on peut dire, est curieuse à connaître, mais ne se soutient plus dès qu'on a étudié les phénomènes vrais de spiritisme qui proviennent certainement d'un autre centre, quel qu'il soit, que celui des assistants.

2° *Théories occultes.*

Un peu plus complexes que les précédentes, elles admettent tous les phénomènes que nous avons décrits plus haut; mais elles sont loin, dans leur application, d'accorder autant d'importance à l'influence des esprits.

Comme l'école spirite, l'école occultiste admet trois principes dans l'homme :

1° Le corps matériel;

2° Le corps astral ou médiateur plastique, qui est le périsprit des spirites;

3° L'âme, qui est l'esprit des spirites.

Chacun de ces éléments se décompose en d'autres éléments bien distincts : par exemple le corps, en cellules, ayant chacune une vie particulière, etc.

Papus a résumé d'une façon frappante la comparaison entre les deux écoles. Nous allons encore recourir à ses lumières.

« L'astral est cette partie du périsprit localisée dans les ganglions du nerf grand sympathique et qui est la *vie* matérielle, qui peut sortir de l'homme à l'état de somnambulisme. C'est le siège de l'instinct et de l'inconscient. »

La combinaison supérieure avec l'âme produit l'intelligence.

Voici deux tableaux analysant exactement le périsprit et l'âme, d'après les écoles d'occultisme :

PÉRISPRIT ou VIE composé de 3 éléments.
> Élément localisé dans les cellules du corps matériel et qui ne sort jamais hors du corps. — VITALITÉ.
> (*Combinaison du périsprit avec le corps matériel.*)
> Élément localisé dans les ganglions du nerf grand sympathique, élément qui peut sortir hors du corps matériel dans certaines conditions. — CORPS ASTRAL, AME ANIMALE.
> Élément localisé en partie dans le cerveau qui peut diriger le précédent consciemment (magie). Siège de la science de l'homme. — AME HUMAINE.
> (*Combinaison du périsprit avec l'esprit.*)

ESPRIT composé de 3 éléments.
> 1° Partie inférieure de l'Esprit, siège de la mémoire des choses terrestres et de leur intelligence. — AME HUMAINE.
> 2° Partie moyenne de l'Esprit, siège de l'inspiration, de la double vue consciente et de la moralité. — AME ANGÉLIQUE.
> 3° Partie supérieure de l'Esprit, siège de la prévision consciente de l'avenir. — AME DIVINE.

Ces deux derniers éléments, âme angélique et âme divine, ne sont pas développés dans les races actuelles. Ils prendront naissance dans les races futures.

Avec ces connaissances, il est aisé de comprendre ce que devient l'homme après la mort.

« La *fin* de l'homme est d'atteindre la fusion en Dieu dans la totale conscience et la totale puissance, par l'*évolution morale*, évolution libre et constante des principes supérieurs latents en nous. »

A la mort, la vitalité de chacune des cellules du corps s'échappe de ce corps, qu'elle abandonne à la terre, où il devient la vie des êtres sans cesse générés (plantes, vers).

Un être fluidique, composé :

Du *corps astral* comme *corps*,

De l'*âme animale* comme *vie*,

Des principes supérieurs (âme humaine, âme spirituelle) comme *esprit*, se dégage du corps matériel, qu'il abandonne à la terre, et se trouve saisi dans les courants d'attraction de la terre; et, tandis que le corps astral l'attire vers le bas, les principes supérieurs tendent à l'élever d'autant plus haut qu'ils sont plus puissants; il s'opère alors une séparation en deux parties reliées par un lien fluidique et constituées de la façon suivante :

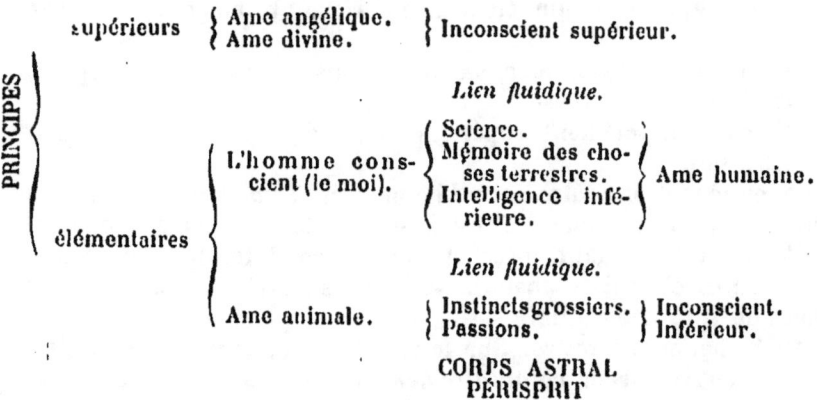

CORPS ASTRAL
PÉRISPRIT

On voit que les principes inférieurs portent le nom d'*élémentaires*.

C'est ici que les théories occultistes et spirites diffèrent surtout : tandis que les spirites admettent que le périsprit et l'esprit sont inséparables, les occultistes, au contraire, enseignent que l'esprit se sépare progressivement du périsprit.

Dans l'évocation d'un défunt, c'est, disent les occultistes, l'élémentaire de la personne évoquée, c'est-à-dire un être doué seulement de l'instinct et de la mémoire des choses terrestres, qui se manifeste.

Le monde invisible est donc peuplé seulement, pour les spirites, esprits et de fluide.

Les occultistes y trouvent :

Les *élémentaires*, principes inférieurs des êtres décédés ;

Les *corps astraux*, périsprit des médiums, sortis inconsciemment hors de l'être, ou périsprits des adeptes, sortis consciemment ;

Les *élémentaux*, êtres inférieurs n'ayant pas été incarnés sans intelligence, subissant toutes les volontés ; ces êtres agissent dans les éléments ;

Les *idées des hommes*; les idées constituent un être réel par la fusion avec un élémental et restent plus ou moins longtemps autour de l'homme, suivant la tension cérébrale qui les a engendrées.

L'école d'occultisme admet bien qu'on peut, dans certains cas, évoquer les principes supérieurs de l'être ; mais c'est, dit-elle, un grand crime, car on fait perdre ainsi à l'être rappelé le bénéfice de tous ses efforts pour s'éloigner spirituellement du monde.

En résumé, on peut voir que les théories occultistes sont les théories spirites développées et rendues forcément plus abstraites par la difficulté même des conceptions ; mais, au fond, c'est une doctrine identique qu'enseignent les deux écoles.

Nous croyons intéressant de signaler ici les théories kabbalistiques relatives au même sujet.

D'après la kabbale, l'homme est composé de trois principes :

1° Nephesch, qui est un élément inférieur, principe de la *forme matérielle;*

2° Ruah, élément médiateur, *vie* des savants, *esprit* des philosophes, *âme* des occultistes;

3° Neschamah, élément supérieur, *âme* des spiritualistes, *esprit* des occultistes.

Elle enseigne, en outre, que l'homme est *émané* directement de Dieu, et que, à son image, il est formé de deux principes : mâle et femelle, positif et négatif, force et intelligence ; il forme donc un seul être (Adam-Ève), qui se matérialise et se subdivise en hommes ou femmes de sexe déterminé.

C'est la période terrestre. Sur terre, l'homme, soumis à toutes ses passions, doit retourner *volontairement* à sa pureté primitive ; il faut qu'il regagne son immortalité.

Dans ce but, il se réincarnera autant de fois que cela lui sera nécessaire, jusqu'à ce qu'il soit régénéré par l'amour.

Ce n'est donc qu'en se synthétisant, en remontant à son état primitif, en passant par l'androgynat et en se sublimant encore qu'il s'identifie avec son origine primitive, c'est-à-dire avec Dieu.

En termes vulgaires, on peut résumer cette doctrine par les théories de l'involution, puis de l'évolution, avec retour final au *nirvana.*

Ce sont ces lois qui sont représentées dans leur cycle par le schéma suivant :

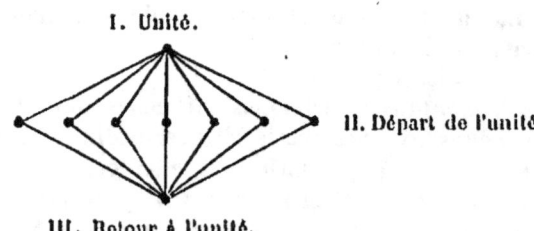

I. Unité.

II. Départ de l'unité

III. Retour à l'unité.
De l'unité à l'unité.

Nous bornons là ce court exposé, laissant à la réflexion de nos lecteurs le soin de juger ces principes, éminemment simples. Libre à chacun de poursuivre cette étude et d'en tirer les conclusions qu'elle renferme.

Il semble qu'on puisse faire saisir, d'une façon palpable, par le schéma suivant l'origine de toutes théories qui ont tenté d'expliquer le monde et l'homme.

On admettra bien que tout, dans l'Univers, est la résultante de l'esprit et de la matière.

Dans la théorie matérialiste, tout est matière, partant le Cosmos peut être représenté par un *cercle ;* c'est le domaine des FAITS.

Le spiritualisme, qui est tout esprit, peut se concevoir comme une ligne droite indéfinie aux extrémités de laquelle sont : d'un côté l'esprit, de l'autre côté la matière, sans que jamais ils puissent se réunir; le monde participe donc de deux LOIS.

La théorie occultiste se représenterait assez bien par un triangle (ternaire) dans lequel à la base se trouverait la dernière molécule matérielle et la dernière molécule spirituelle, Dieu, au sommet, étant la réunion sans mélange de l'esprit et de la matière.

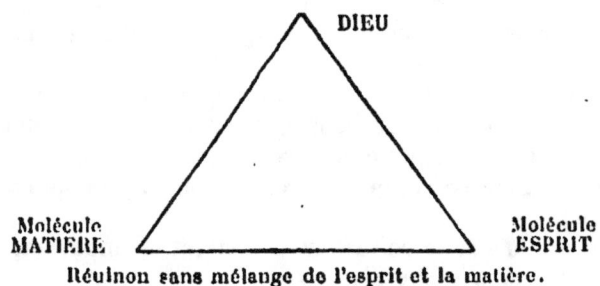

Réunion sans mélange de l'esprit et la matière.

Tout, dans le monde, est parti d'un infini; il va vers l'autre suivant les modifications de l'esprit et de la matière; c'est la raison pour laquelle les occultistes disent que, si l'on améliore son esprit dans sa sphère, on modifie le bien général, on s'améliore au bénéfice de tous.

LE CORPS ASTRAL

La constitution de l'homme est expliquée de manières bien différentes, suivant que l'on s'adresse aux théologiens, aux philosophes spiritualistes ou aux matérialistes.

Pour les écoles dont la base est la religion, l'homme se compose d'un *corps*, sujet à toutes les tentations et cause de toutes les déchéances, et d'une *âme*, immortelle et pure, origine de la conscience et des facultés psychiques. Mais, avec ces théories, une foule de faits dont l'existence est indéniable ne peuvent être expliqués.

L'école matérialiste n'admet que le *corps* comme principe constitutif. Cette école a le mérite de démontrer expérimentalement les données qu'elle avance; mais elle a le grave défaut de nier *a priori* tous les phénomènes du pressentiment, de la vision à distance, du dédoublement possible et réel de l'être humain.

Or, les œuvres de tous les initiés, les traditions de tous les peuples enseignent chez l'homme l'existence de trois principes.

Le catholicisme lui-même, affirmant que Dieu fit l'homme à son image et nous montrant Dieu un en trois personnes affirme par cela même la constitution triple de l'homme.

Les trois principes.

Les trois principes désignés par la science occulte comme formant l'homme sont, comme nous l'avons vu :

1° Le corps ;
2° Le médiateur plastique (corps astral) ;
3° L'âme.

Éliphas Lévi résume fort exactement la constitution de l'homme dans la définition suivante :

« L'homme est un être intelligent et corporel, fait à l'image de Dieu et du monde, UN en essence, TRIPLE en substance, immortel et mortel »

Il y a en lui une âme spirituelle, un corps matériel et un médiateur plastique.

Pour bien saisir le jeu de ces trois principes, nous empruntons à Papus (1) une excellente comparaison qui fait ressortir exactement le rôle de chacun de ces principes dans l'existence.

Une voiture qui marche comprend trois éléments principaux :
1° La voiture ;
2° Un cheval attelé à cette voiture et la mettant en mouvement ;
3° Un cocher guidant le cheval.

La voiture est immobile par elle-même. Elle est incapable de se mouvoir sans un autre élément ; elle représente bien le caractère fondamental du *corps matériel*.

Le cocher sur son siège a beau s'agiter, faire claquer son fouet, crier aussi haut qu'il lui plaît ; s'il n'y a pas à la voiture un cheval attelé, rien ne la mettra en mouvement. Le cocher est bien l'élément directeur, qui conduira au but, mais qui est impuissant à le faire sans un auxiliaire indispensable, le cheval. Le cocher nous montre bien, par analogie, les caractères généraux de l'*âme*, l'élément supérieur de l'homme.

Relié, d'une part, à la voiture par des brancards, d'autre part, au cocher par les guides, nous voyons le principe intermédiaire général, le cheval.

Le cheval est plus fort, physiquement, que le cocher, mais il est cependant guidé par celui-ci.

Le corps astral agit en l'homme comme le cheval agit sur la voiture, c'est-à-dire qu'il le conduit (ou à peu près), sous la direction du principe supérieur, le cocher ou âme.

Des passions.

Le cheval représente la vie matérielle de l'être humain. C'est le centre des passions. Le caractère commun des passions est d'étouffer les efforts de la raison et d'entraîner l'être tout entier à sa perte, malgré l'action de l'âme dont les efforts sont impuissants à l'arrêter.

La colère est surtout remarquable à cet égard ; dès qu'elle se manifeste chez un être faible, il semble que la circulation sanguine se localise en entier dans la tête. Une bouffée de chaleur monte au visage,

(1) Papus, *Le corps astral*. — V. Initiation.

les yeux se congestionnent, la raison essaye en vain de maîtriser la vie organique devenue maîtresse du terrain : l'homme voit rouge, il ne sait plus ce qu'il fait, il est capable de tout à ce moment. Le corps astral a vaincu l'âme.

Voyez si ce n'est pas exactement ce qui arrive pour la voiture quand le principe intermédiaire, le cheval, n'obéit plus aux efforts du cocher.

La force physique a tout envahi dans ce cas. Le cocher, plus faible, est vaincu ; la voiture qui le porte roule avec une rapidité effrayante,

Image des passions humaines : le cheval s'emporte.

là où la conduit le cheval devenu le maître, jusqu'au moment où celui-ci, dans son aveuglement, viendra se briser contre un obstacle insurmontable, détruisant en même temps que lui l'appareil tout entier, voiture et cocher compris.

La clarté donnée aux questions les plus abstraites par la méthode analogique est telle que cette figure de la voiture, qui semblait naïve au premier abord, peut nous être fort utile pour comprendre certaines données de l'occultisme concernant les propriétés mystérieuses attribuées au corps astral.

Constatons, en passant, l'action du cocher activant l'allure de son cheval au moyen du fouet, image frappante de l'action des excitants (alcool, café, etc.) sur le corps astral. Un cheval de race qu'on brutalise ou qu'on frappe trop fort peut s'emporter ; de même, un corps astral trop fortement actionné par l'alcool peut conduire l'organisme à sa perte.

Le magnétisme.

Les phénomènes du magnétisme s'expliquent également bien.

Un étranger est venu, qui a mis le cocher (l'âme, la volonté) dans l'impossibilité de prendre les guides (liens du cerveau au corps astral) ; c'est lui (le magnétiseur) qui s'est emparé des guides et le pauvre cocher (la pauvre âme) assiste à la direction de la voiture par une volonté qui n'est pas la sienne et contre laquelle il ne peut lutter.

Le corps astral (cheval) obéira toujours à celui qui tiendra les rênes, que ce soit le propriétaire effectif de la voiture ou un étranger.

Cependant, le cocher, quoique ligotté et incapable d'agir effectivement, peut encore faire entendre sa voix et arrêter net le cheval, quoiqu'il

Explication du magnétisme : un étranger se substitue au cocher et dirige le cheval.

ne tienne aucune guide. C'est ce qui explique comment, chez certains sujets à qui l'on a donné des suggestions criminelles, la conscience lutte contre la suggestion et l'individu s'évanouit plutôt que d'obéir (le cheval se cabre et tombe, plutôt que d'exécuter l'ordre donné).

La sortie du corps astral (magie, spiritisme).

Un autre phénomène, souvent cité en occultisme, est clairement expliqué par cette analogie : il s'agit de la *sortie du corps astral.*

Image de la sortie consciente du corps astral : le cocher conserve une action directe sur son cheval.

Plusieurs faits, en apparence surnaturels, sont expliqués grâce à cette action. Sous l'influence d'un régime particulier et de l'emploi raisonné de certains excitants psychiques, l'être humain entre dans un état mixte qui tient de l'état de veille et de l'état somnambulique.

Le corps astral quitte momentanément le corps, comme le cheval dételé quitterait la voiture. Le corps refroidi reste immobile, mais l'âme veille. Elle dirige le corps astral vers l'endroit où elle veut qu'il se rende, car alors le temps et l'espace n'existent plus pour lui.

Le cocher, dont les guides pourraient s'allonger à volonté et qui guiderait ainsi son cheval dételé, donne une idée assez juste de la sortie consciente du corps astral. Dans ce cas, le corps est absolument immobile, le corps astral n'étant lié qu'à l'âme.

Image de la sortie inconsciente du corps astral : le cocher s'endort et le cheval est à la merci du premier venu.

Dans un autre cas, le cocher (l'âme) s'endort, le cheval dételé (le corps astral sorti) erre à l'aventure.

Il n'est plus tenu à l'appareil qu'il a quitté par les guides, mais bien par les liens qui le rattachent à la voiture (liens du corps astral au corps physique). D'après l'occultisme, c'est le phénomène qui se produit dans la médiumnité (sortie inconsciente du corps astral). Le corps astral est alors à la disposition des influences diverses qui peuvent s'en emparer (esprits ou suggestions).

La figure ci-dessus indique bien les phases de la sortie inconsciente du corps astral.

Mort.

Enfin, il est un phénomène qui nous intéresse tous, car nous sommes tous appelés à le voir de près : c'est la mort.

La voiture (le corps physique) est brisée et gît sur la route ; l'âme (le cocher) chevauche et le corps astral (le cheval) part pour le voyage de l'au delà.

C'est ce qu'explique la figure suivante.

ÉVOLUTION DE LA SCIENCE

Nous savons que les sciences occultes ne peuvent avoir d'histoire ; elles résument en elles seules toutes les connaissances acquises, sans pouvoir leur être rattachées.

En effet, depuis qu'il existe des hommes sur notre globe, il y en a eu de plus curieux, de mieux doués que les autres, qui ont établi les bases de l'observation par la comparaison des faits qui se déroulaient devant eux.

Certains ont voulu savoir pourquoi ils vivaient, certains autres comment? Car il semble de la destinée de chacun de vouloir pénétrer le mystère des commencements et d'approfondir ce qu'on sait du grand et du petit monde.

L'homme, à son origine, n'eut pour abri que les arbres des forêts

Image de la mort : la voiture (corps physique) est brisée, l'âme (cocher) et le corps astral (cheval) s'en vont de compagnie.

gigantesques de la fin de l'époque tertiaire ou les grottes qu'il disputait aux fauves.

Il vivait seul.

En effet, l'instinct de la défense réunit au bout d'un long temps seulement les hommes en société : chacun vivait POUR SOI CONTRE TOUS (est-ce tant changé?).

Si, par hasard, quelque groupe se coalisait dans le danger, il se dissolvait aussitôt que le danger avait disparu.

Des siècles passèrent dans cet état où ses mœurs, ses habitudes, ses besoins étaient ceux des animaux chasseurs, auxquels il disputait leur proie.

Ce ne fut qu'au bout d'un long temps que l'éveil de son intelligence se manifesta collectivement.

Impatients de leur pouvoir, les hommes domptèrent alors non seulement les animaux inférieurs, mais ils assirent leur domination sur leurs semblables; les descendants de ces primitifs, réunis en corps social, eurent une police, des arts, une civilisation.

Alors, les secrets des sciences leur apparurent : l'astronomie, la physique, la chimie et les autres sciences livrèrent leurs mystères.

Enfin, les arts les plus délicats affinèrent cet esprit de goût et d'harmonie, qui est la grâce et le charme de la nature.

Mais, en s'assimilant les préceptes scientifiques, les hommes développèrent les principes religieux, parallèles à toute science, car il faut bien remarquer que, si nous considérons nos sciences comme plus avancées que celles des primitifs Aryas, c'est qu'elles sont devenues plus analytiques : l'antiquité grecque s'était déjà livrée avec ardeur à l'analyse et à l'étude des conditions métaphysiques des phénomènes de la nature et les avait poussées beaucoup plus loin que les Aryas.

Ceux-ci, par contre, possédaient une synthèse plus sûre et une science plus nette de l'ensemble des connaissances qu'ils avaient acquises.

Si, dans l'antiquité, la théorie sacrée des Aryas est le voile dont la science s'est cachée par suite, la religion est vraie au même titre que la science, ou, si l'une est fausse, elle entraîne fatalement l'erreur de l'autre, car elles ont toutes deux même base : la méthode.

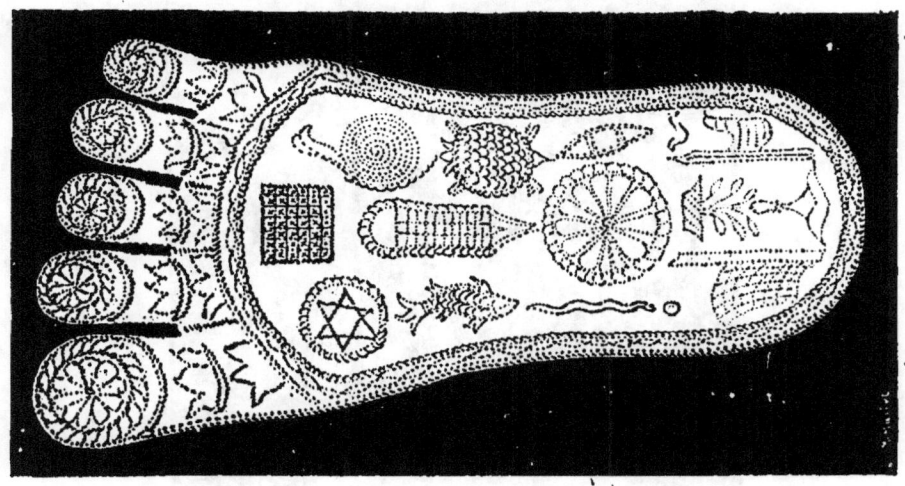

Le pied de Vichnou, à Hurwar.

Les monuments de cette science perdue se dégagent lumineux, au milieu de l'ombre des siècles passés. La Bible des Juifs, le Zend Avesta des Perses, le Véda des Indous et les livres sacrés de toutes les religions contiennent chacun l'origine d'une religion.

Ce serait une erreur de croire que le culte des anciens dieux a cessé avec l'apparition des religions nouvelles.

Un des principaux points de réunion des religieux indous est la ville d'Hurwar, bâtie, il y a bien des siècles, sur le Gange, à l'endroit où le fleuve, ayant 1 kilomètre de large, débouche dans la vaste plaine où 100 millions d'hommes professent encore la religion brahmanique.

Tous les ans, les adorateurs de Vichnou se rendent par *millions*, dans cette ville au moment où le soleil entre dans le signe du Bélier, pour y baiser l'empreinte du pied Vichnou, laissée sur terre lorsqu'il la quitta pour retourner au ciel, à la suite d'une de ses incarnations.

Tous les douze ou treize ans, ce pèlerinage acquiert un grandiose développement, en raison de ce que la planète Jupiter se trouve dans le signe du Verseau.

Nous donnons un dessin exact de cette empreinte, fac-similé d'un modèle en bronze qui figure au musée Guimet.

Sur la trace des doigts sont dessinés des symboles du soleil et des fleurs de lotus. La plante du pied est entourée d'un cordon indiquant le cours de l'année qui renferme les douze signes du Zodiaque, représentant chacun un mois de l'année.

C'est ainsi que les anciens hommes ont eu un culte encore inconnu aujourd'hui ; on en rencontre des traces merveilleuses sur notre terre de France et en Angleterre. Ce sont les manifestations religieuses con-

Le monument de Salisbury (Angleterre), reproduit par Deslandes dans son *Traité des arrangements singuliers des pierres* (1750).

sacrées par des pierres énormes, rangées en allées sépulcrales ou placées en rond, ou formant encore des grottes factices où reposaient les cendres des chefs vénérés.

M. Émile Cartailhac, dans son bel ouvrage : *la France préhistorique, d'après les sépultures et les monuments*, a recueilli les documents les plus originaux. Nous lui empruntons les deux gravures ci-jointes, qui donnent bien une idée de ces gigantesques constructions faites de pierres monumentales.

Rien qu'au point de vue physique, quel culte que celui qui consacrait ses morts par de semblables monuments, alors que la mécanique ne venait pas au secours de la force musculaire de l'homme !

Dans l'ouest de la France, on en rencontre de superbes vestiges. Les morsures sans cesse répétées de l'Océan sur le sol de Bretagne ont réduit la péninsule à ses dimensions actuelles, alors qu'au siècle du renne elle se prolongeait jusqu'à l'Angleterre; son action désorganisatrice se continue sans relâche, il sape les granits les plus durs, les ronge et les emporte.

Les îles, si nombreuses à marée basse, sont englouties sous ses vagues, et ce n'est que lorsqu'il abandonne son domaine qu'on les voit réapparaître. Dans la baie, du côté de Quiberon, un alignement de pierres dressées plonge au-dessous de la ligne des grandes marées. Dans le golfe du Morbihan, si curieusement découpé, il en est de même d'une enceinte

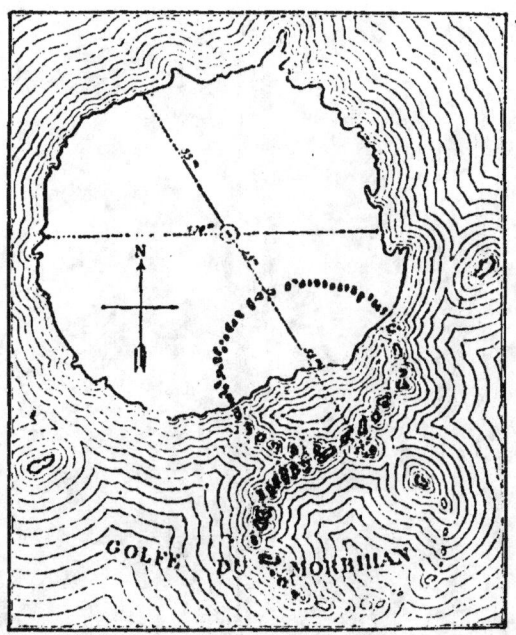

Les cercles de pierre de l'îlot d'Erlanic (Bretagne).

de pierres plantées en rond sur le flanc méridional de l'îlot d'Erlanic.

Sans discuter si la chaleur que la terre recevait du soleil à ces époques lointaines était plus forte que celle qu'il nous envoie actuellement, il semble que les misérables habitants des premiers jours du monde eurent besoin, pour pouvoir vivre, de se trouver dans un climat très modéré.

Notre Europe était trop froide pour eux et, s'il en survint dans les dernières périodes géologiques, ils disparurent sûrement. C'est vers les contrées merveilleuses de l'Inde, en Orient, que notre race dut trouver son berceau.

Bien qu'à beaucoup près nous ne possédions pas tous les documents nécessaires pour élucider les problèmes si complexes de la variété et du développement des races humaines, nous en savons assez pour permettre de les envisager dans leur ensemble.

Nous savons aujourd'hui que les vastes archipels de l'extrême Orient, depuis Java et Bornéo jusqu'aux Kouriles, demeurent le siège d'une race primitive, dont le type, rappelant celui de la race caucasique, diffère absolument du type des races jaunes, maîtresses absolues du nord de l'Asie et des archipels océaniens.

Les aborigènes de la Chine appartiennent à ces races primordiales.

Les aborigènes de la Chine.

Ils ne ressemblent en rien aux Chinois jaunes, qu'on a longtemps considérés comme les premiers habitants du sol qu'ils occupent.

Les aborigènes, connus sous différents noms, particulièrement Miao-Tzé, qui signifie « progéniture du sol », sont morcelés sur quelques points; ils vivent entre eux, absolument indépendants, n'obéissant qu'à leurs propres chefs, parlant leur idiome particulier et vivant à l'état de perpétuelle guerre avec les Chinois.

Le climat tropical dont jouissaient l'Inde, le Thibet et la Tartarie préserva la race humaine d'un trépas prématuré.

De plus, un hasard heureux, la foudre peut-être, mit l'homme en possession du feu. Il était déjà mieux armé pour la lutte; créant, éteignant, augmentant ou diminuant ce feu suivant sa volonté, il se défendit des fauves pendant la nuit et sut faire cuire ses aliments.

On a supposé que l'homme avait alors passé en Amérique, avec les grands animaux; mais il est plus admissible que la chaude vallée du

Les momies des grands prêtres d'Ammon. — Dépouillement d'une momie.

Nil a dû tenter les émigrants. Venant de l'Inde, ils retrouvaient dans ces contrées d'Égypte la vie contemplative de leurs grandes plaines.

L'Égypte ne s'étendait pas comme aujourd'hui; elle était limitée, bien plus bas que l'île de Pharos, par un grand marécage; aussi la merveilleuse Thèbes aux cent portes devint-elle la métropole.

A cette époque, les hommes déjà groupés en nation, réunis en société, cultivaient les arts et les sciences; les connaissances que possédaient les Indous s'étaient perpétuées et transmises en Égypte.

Or, les prêtres égyptiens précisaient les dynasties de leurs rois et les faisaient remonter jusqu'à la fondation de Thèbes par Manès, treize mille ans avant l'époque de Platon.

Cette antiquité disparait devant celle des Indous, et, en effet, on sait aujourd'hui que les Égyptiens ne sont que des émigrants de l'Inde et que les prêtres d'Égypte, dont nous honorons la sagesse, suivaient les rites abâtardis des hymnes religieux qu'ils avaient reçus sans les comprendre, et de même qu'ils appliquaient, sans en saisir le sens, les connaissances que l'Inde leur avait apprises.

Les prêtres égyptiens étaient cependant fort instruits; mais, en ne faisant pas progresser les sciences qu'ils avaient reçues, ils en perdirent l'usage.

Leur histoire est encore bien incomplète; cependant, on espère avoir récemment découvert des documents précieux à ce sujet.

M. Grebant a fait porter au musée du Caire plus de cinquante sarcophages contenant des momies des grands prêtres d'Ammon. Nous donnons ci-contre, d'après une protographie, les détails du dépouillement d'une de ces momies.

Les sarcophages, dans un parfait état de conservation, semblent remonter à la vingtième dynastie; quelques-uns d'entre eux ont des parties dorées.

Certains de ces corps ont conservé encore la couleur blanchâtre et le relief de la chair, tant ils avaient été embaumés avec soin.

Il n'y a nul doute que le climat d'Égypte n'ait favorisé les premières observations astronomiques. Rassuré sur la satisfaction de ses besoins immédiats, l'homme étudia le ciel, groupa les étoiles, en connut le cours.

Le cataclysme qui semble avoir terminé la période géologique où l'homme apparait détruisit une grande partie de ces populations qui n'avaient pas pu se réfugier en Europe.

Des montagnes de l'Éthiopie descendirent les derniers survivants des nations épargnées.

C'est de cette ère de frayeur que datent les pyramides, les tours élevées, pour éviter les fléaux ou inondations.

Quand les limons eurent exhaussé le sol de l'Égypte, Thèbes perdit sa splendeur; reléguée bien loin dans les terres, elle se vit dépassée par Memphis, dont les Pharaons construisirent les merveilleux monuments.

Pendant ce temps, sur les sols nouvellement sortis de la mer, l'immigration de l'Orient vers l'Occident s'accomplissait lentement.

On peut remarquer en passant que c'est toujours un Abraham ou un Ibrahim qui commande à toutes ces nations d'Orient. Abraham est vénéré, dit Voltaire, par l'Arabie; les Hébreux descendent également d'un Abraham; la Perse en vénérait un, sous le nom de Kisch-Ibrahim, et la Chaldée sous celui de Milot-Ibrahim.

Or, quelle est l'origine d'Abraham ou Ibrahim, sinon la racine hindoue AT le BRAHMA, chef?

On voit donc que ces chefs que respectaient les différents peuples étaient des guerriers indous qui avaient été fonder des colonies loin de la mère-patrie.

L'EXPRESSION DES IDÉES

Nous croyons devoir terminer ce chapitre par une rapide revue du mode d'expression de l'idée ; il y a là une matérialisation du spirituel qui appellera peut-être l'attention des adeptes.

On distingue, d'après la nature des modes employés pour communiquer aux autres sa pensée, trois sortes *de signes :*

1° Les signes d'action ou mimique (mouvements de la physionomie, gestes, attitudes) ;
2° Les signes oraux (langage) ;
3° Les signes écrits (dessin, écriture).

Le langage d'action est bien certainement le plus naturel, le plus instinctif et il a dû être la première forme de communication des idées. L'origine du langage oral est beaucoup plus controversée. Selon certains philosophes (Locke, Condillac, etc.), il est d'invention purement humaine ; il existe, naturellement, une doctrine diamétralement opposée qui considère le langage comme d'essence divine.

« Le Dieu fait homme, dit Nodier, c'est le Verbe. La pensée a perdu tout ce qu'elle avait de divin quand elle a été prisonnière dans un tuyau de plume et noyée dans une écriture. »

Une théorie participant des deux précédentes dote l'esprit humain d'un instinct spécial qui lui a permis de concevoir spontanément le langage ; voilà en quels termes l'illustre Guillaume de Humboldt développe cette hypothèse : « Je suis pénétré de la conviction qu'il ne faut pas méconnaître cette force vraiment divine que recèlent les facultés humaines, ce génie créateur des nations, surtout dans l'état primitif où toutes les idées et même les facultés de l'âme empruntent une force plus vive de la nouveauté des impressions, où l'homme peut pressentir des combinaisons auxquelles il ne serait jamais arrivé par la marche lente et progressive de l'expérience. Ce génie créateur peut franchir les limites qui semblent prescrites au reste des mortels ; et, s'il est impossible de retracer sa marche, sa présence vivifiante n'en est pas moins manifeste. Plutôt que de renoncer, dans l'explication de l'origine des langues, à l'influence de cette cause puissante et première, et de leur assigner à toutes une marche uniforme et mécanique qui les traînerait depuis le commencement le plus grossier jusqu'à leur perfectionnement, j'embrasserais l'opinion de ceux qui rapportent l'origine des langues à une révélation immédiate de la divinité. Ils reconnaissent au moins l'étincelle divine qui luit à travers tous les idiomes, même les plus imparfaits et les moins cultivés. »

Ce problème de l'origine du langage chez l'homme est un de ceux qui doit le plus intéresser les penseurs; aussi bien qu'on nous permette de citer à ce sujet l'opinion d'un savant linguiste, Fabre d'Olivet(1).

Cette citation, bien qu'elle soit un peu longue, nous amènera naturellement à étudier la manière dont les prêtres égyptiens exprimaient les idées qu'ils avaient reçues dans l'initiation.

« Oui, dit-il, si je ne suis point trompé par la faiblesse de mon talent, je ferai voir que les mots qui composent les langues, en général, et ceux de la langue hébraïque en particulier, loin d'être jetés au hasard et formés par l'expression d'un caprice arbitraire, comme on l'a prétendu, sont, au contraire, produits par une raison profonde; je prouverai qu'il n'en est pas un seul qu'on ne puisse, au moyen d'une analyse grammaticale bien faite, ramener à des éléments fixes, d'une nature immuable pour le fond, quoique variable à l'infini pour la forme.

« Ces éléments, tels que nous pouvons les examiner ici, constituent cette partie du discours à laquelle j'ai donné le nom de *signe*. Ils comprennent, je l'ai dit, la voix, le geste et les caractères tracés.

« Remontons encore plus haut et nous allons voir l'origine de ces signes.

« J'ai désigné, comme éléments de la parole, la voix, le geste et les caractères tracés; comme moyens, le son, le mouvement et la lumière; mais ces éléments et ces moyens existeraient vainement, s'il n'existait pas en même temps une puissance créatrice, indépendante d'eux, qui se trouve intéressée à s'en emparer et capable de les mettre en œuvre. Cette puissance, c'est la volonté.

« Je m'abstiens de nommer son principe; car, outre qu'il serait difficilement conçu, ce n'est pas ici le lieu d'en parler. Mais l'existence de la volonté ne saurait être niée, même par le sceptique le plus déterminé, puisqu'il ne pourrait la révoquer en doute sans le vouloir, et par conséquent sans la reconnaître.

« Or, la voix articulée et le geste affirmatif ou négatif ne sont et ne peuvent être que l'expression de la volonté. C'est elle, c'est la volonté qui, s'emparant du son et du mouvement, les force à devenir ses interprètes et à réfléchir au dehors ses affections intérieures.

« Cependant, si la volonté est une, toutes ses affections, quoique diverses, doivent être identiques, c'est-à-dire être respectivement les mêmes pour tous les individus qui les éprouvent. Ainsi, un homme voulant et affirmant sa volonté par le geste, ou par l'inflexion vocale, n'éprouve pas une autre affection que tout homme qui veut et affirme la même chose. Le geste et le son de voix qui accompagnent l'affirmation ne sont point ceux destinés à peindre la négation; et il n'est pas un seul homme sur la terre auquel on ne puisse faire entendre par le geste, ou par l'inflexion de la voix, qu'on l'aime ou qu'on le hait, qu'on veut ou qu'on ne veut pas une chose qu'il présente. Il

---

(1) Fabre d'Olivet, *La langue hébraïque restituée*.

ne saurait là y avoir de convention. C'est une puissance identique, qui se manifeste spontanément, et qui, rayonnant d'un foyer volitif, va se réfléchir sur l'autre.

« Je voudrais qu'il fût aussi facile de démontrer que c'est également sans convention, et par la seule force de la volonté, que le geste ou l'inflexion vocale affectés à l'affirmation ou à la négation se transforment en des mots divers ; et comment il arrive, par exemple, que les mots oui et non ayant le même sens et entraînant la même inflexion et le même geste, n'ont pourtant pas le même son ; mais si cela était aussi facile, comment l'origine de la parole serait-elle restée jusqu'à présent inconnue ?

« Comment tant de savants, armés tour à tour de la synthèse et de l'analyse, n'auraient-ils pas résolu une question aussi importante pour l'homme ? Il n'y a rien de conventionnel dans la parole, j'espère le faire sentir à ceux de mes lecteurs qui voudront me suivre avec attention ; mais je ne promets pas de leur prouver une vérité de cette nature à la manière des géomètres ; sa possession est d'une trop haute importance pour qu'on doive la renfermer dans une équation algébrique.

« Revenons. Le son et le mouvement mis à la disposition de la volonté sont modifiés par elle ; c'est-à-dire qu'à la faveur de certains organes appropriés à cet effet le son est articulé et changé en voix ; le mouvement est déterminé et changé en geste. Mais la voix et le geste n'ont qu'une durée instantanée, fugitive. S'il importe à la volonté de l'homme de faire que le souvenir des affections qu'elle manifeste au dehors survive aux affections elles-mêmes, et cela lui importe presque toujours, alors, ne trouvant aucune ressource pour fixer ni peindre le son, elle s'empare du mouvement et, à l'aide de la main, son organe le plus expressif, trouve, à force d'efforts, le secret de dessiner sur l'écorce des arbres, ou de graver sur la pierre, le geste qu'elle a d'abord déterminé.

« Voilà l'origine des caractères tracés, qui, comme image du geste et symbole de l'inflexion vocale, deviennent l'un des éléments les plus féconds du langage, étendent rapidement son empire et présentent à l'homme un moyen inépuisable de combinaisons. Il n'y a rien de conventionnel dans leur principe, car *non* est toujours non et *oui* est toujours oui : un homme est un homme. Mais comme leur forme dépend beaucoup du dessinateur, qui éprouve le premier la volonté de peindre ses affections, il peut s'y glisser assez d'arbitraire et elle peut varier assez pour qu'il soit besoin d'une convention pour assurer leur authenticité et autoriser leur usage. Aussi n'est-ce jamais qu'au sein d'une peuplade avancée dans la civilisation et soumise aux lois d'un gouvernement régulier qu'on rencontre l'usage d'une écriture quelconque. On peut être sûr que là où sont les caractères tracés, là sont aussi les formes civiles. Tous les hommes parlent et se communiquent leurs idées, tels sauvages qu'ils puissent être, pourvu qu'ils soient des hommes; mais tous n'écrivent pas, parce qu'il n'est nullement besoin de convention pour l'établissement d'un langage, tandis qu'il en est toujours besoin pour celui d'une écriture.

« Cependant, quoique les caractères tracés supposent une convention, ainsi que je viens de le dire, il ne faut point oublier qu'ils sont le symbole de deux choses qui n'en supposent pas, l'inflexion vocale et le geste. Celles-ci naissent de l'explosion spontanée de la volonté. Les autres sont le fruit de la réflexion (1). »

Les écritures.

L'écriture (2) est *idéographique* ou *phonétique*, suivant qu'elle exprime des idées complètes ou simplement des sons.

Dans le premier cas, elle comporte des figures qui représentent les objets eux-mêmes, soit en entier, soit en partie, soit sous forme de symboles.

Dans le second cas, elle est formée de signes qu'on appelle des lettres, qui représentent les sons de la langue parlée.

Ces deux systèmes de représentation sont beaucoup plus voisins qu'on ne le croit. Outre qu'on les trouve souvent réunis chez un même peuple, le second est manifestement tiré du premier.

L'origine de l'écriture idéographique se perd dans la nuit des temps. On la retrouve partout chez tous les peuples, et aucun témoignage ne permet d'en fixer le point de départ.

Quant à l'écriture phonétique, elle est dérivée de l'écriture idéographique.

On a des preuves des transformations subies par les écritures idéographiques, car on en a retrouvé des traces chez les nations les moins civilisées.

Cette écriture a d'abord consisté dans la représentation plus ou moins grossière, mais entière, de l'objet dont on voulait fixer l'image. Ainsi, quand les Portugais débarquèrent au Mexique, les autorités du littoral en donnèrent connaissance à leurs gouvernements au moyen de dessins coloriés faits sur des bandes de toile et qui représentaient différentes péripéties de cet événement.

Un peu plus tard, pour simplifier le travail, au lieu de peindre l'objet tout entier, on imagina des figures auxquelles on attribua une signification donnée. C'est ainsi que les Mexicains représentèrent une bataille par deux flèches, une année par un cercle, un mois par un croissant.

---

(1) Fabre d'Olivet, *La langue hébraïque restituée*, ch. IV, § 1er.
(2) Balbi en compte 860, divisées en 5,000 dialectes; de ces 860 langues, 53 appartiennent à l'Europe, 153 à l'Asie, 115 à l'Afrique, 151 à l'Océanie et 422 à l'Amérique.

Ces progrès étaient grands sans doute, et c'est par des transformations de cette nature que les écritures phonétiques sont devenues alphabétiques.

Différents systèmes d'écritures de cette nature semblent, d'après plusieurs auteurs, dériver d'une source unique. Paravey croyait que l'écriture hiéroglyphique était la mère de toutes les autres. Klaproth admet trois types distincts, provenant de sources différentes : la souche chinoise, la souche indienne et la souche sémitique ; tandis que Volney, Schleiermacher et Vaïsse n'admettent que la souche chinoise et la sémitique, en s'appuyant sur ce que la souche indienne n'est qu'une dérivée de la souche sémitique.

Écriture chinoise. — Prospectus d'un marchand de musc.

L'écriture chinoise est phonétique, seulement dans certains cas particuliers ; le plus généralement, chaque caractère n'exprime pas le son des mots, mais en rappelle bien plutôt l'idée.

En effet, la langue renferme autant de figures ou de caractères que de mots.

Or, la langue chinoise étant monosyllabique, il s'ensuit qu'une grande quantité de mots sont représentés par le même son.

Afin d'éviter une confusion inextricable dans leur langue, les Chinois ont persisté dans l'emploi de l'écriture idéographique et ils n'ont pas employé les signes dont ils se servent comme représentatifs des sons.

Les Chinois distribuent leurs caractères en six classes composées des mots représentant des figures simples d'objets extérieurs, tels que table, soleil, arbre, etc., ou représentant la réunion, indiquant les rapports, la situation relative des objets, etc.

La cinquième est absolument représentative, et enfin la sixième, phonétique et représentative.

Pour les affaires communes, ils emploient différentes écritures cursives, aussi différentes de leurs caractères carrés que notre écriture diffère des signes majuscules des caractères d'imprimerie.

Écriture tonkinoise. — Fragment d'une page de livre

La plupart des peuples voisins de Chine, les Japonais, Coréens, etc., ont adopté l'écriture chinoise, mais en la lisant dans leur langue, de même que tous les peuples d'Europe lisent dans leur langue les signes usités dans les mathématiques ou dans la musique.

Les Annamites impriment leurs livres à la manière chinoise. Les caractères ne sont pas mobiles. Chaque page est gravée sur bois ; le spécimen que nous reproduisons est la copie d'un livre chinois.

Voici la traduction de ces trois stances, en commençant par la colonne de droite (1) :

> La lumière est la cause qui produit la vie présente.
> Les êtres humains s'emparent de la nature qui est inépuisable.
> Ils se communiqueront le principe impénétrable, mais pénétrant.

(1) Voyez Corre, La langue, l'écriture et les livres dans l'Annam et au Tonkin (*Science et Nature*, 1885, t. III, p. 214).

Les Japonais ne se servent de l'écriture chinoise que pour des ouvrages scientifiques et emploient ordinairement divers syllabaires formés de portions des caractères chinois.

Écritures sémitiques.

L'écriture de l'ancienne Égypte présentait trois formes différentes. L'écriture *hiéroglyphique*, qui est l'une d'elles, tient de trop près à notre sujet pour que nous ne lui accordions pas une très grande attention ; or, nous ne pouvons mieux faire que de nous en référer à l'autorité des philologues les plus exercés.

« Nous devons d'abord distinguer (1), chez les Égyptiens, trois espèces d'écritures différentes : la première, composée de caractères semblables à ceux employés dans l'écriture cursive, et connue sous les noms divers de : *populaire, démotique, enchoriale, épistolographique*. La seconde, dont les caractères ressemblent un peu à ceux de la première, et qu'on appelle *sacerdotale* ou *hiératique* ; enfin, la troisième, appelée *hiéroglyphique* et qui est composée de caractères représentant des objets naturels ou artificiels.

Nous n'avons rien de particulier à dire de l'*écriture démotique*.

Jusqu'à présent, il a été publié trop peu de fragments de l'*écriture hiératique*, pour que nous puissions indiquer avec précision les différents signes qui la distinguent des deux autres.

Aussi, nous ne parlerons ici que de l'écriture hiéroglyphique.

« Les recherches que nous avons faites pour déterminer le nombre de caractères employés dans l'écriture hiéroglyphique nous ont donné pour résultat le chiffre approximatif de 8 à 900 ; ceux qui ont fait les mêmes recherches ayant obtenu à peu près les mêmes résultats, nous ne nous arrêterons pas à la différence qui existe entre ces diverses supputations ; nous nous contenterons seulement d'observer que les éléments de ce système graphique ne permettaient pas qu'il fût circonscrit à un petit nombre de caractères. Comme types des écritures populaires et hiéroglyphiques, nous indiquerons les inscriptions médiales et supérieures du basalte de Rosette, conservées dans le Musée britannique, et qui se trouvent reproduites avec beaucoup d'exactitude dans les planches qui accompagnent la grande description de l'Égypte, publiée par les ordres de Napoléon 1ᵉʳ ; on pourra se faire une idée exacte des formes de l'écriture hiératique en jetant les yeux sur les copies de papyrus découverts à Thèbes, dont on trouve des reproductions très bien faites dans le même ouvrage.

« Il y a trente ans, l'écriture hiéroglyphique était considérée comme idéographique, et les deux autres comme alphabétiques ou phonétiques. Les premiers essais que l'on fit pour analyser la partie enchoriale de l'inscription de Rosette jetèrent quelque doute sur la seconde partie

(1) *Asiatic Journal*, 1830.

de cette hypothèse, et portèrent les savants à considérer comme purement idéographiques les divers systèmes d'écritures des Égyptiens. Cependant, les observations ultérieures de M. Champollion l'ayant amené à des conclusions diamétralement opposées, il établit que l'écriture hiéroglyphique était aux trois quarts composée de caractères alpha-

Écriture hiéroglyphique. — La reine Maut-em-Ouaa et le dieu Amon.

bétiques, et que l'écriture populaire en contenait encore un plus grand nombre. Comme ce savant n'a jamais fait connaître les bases sur lesquelles il fondait son opinion, il nous est naturellement impossible de faire subir à son système un rigoureux examen. Cependant, nous ferons remarquer que la question nous paraît sur le point d'être résolue, et que, si l'on s'en rapporte au résultat du travail de M. Dujardin et à celui de quelques archéologues qui ont examiné avec le plus grand soin l'inscription de Rosette, on doit considérer en grande partie l'écriture égyptienne comme idéographique. Nous allons jeter un coup d'œil sur les principales autorités qui corroborent cette opinion.

« Diodore de Sicile explique, avec assez de netteté, la nature des hiéroglyphes. Selon lui, ce système graphique fait partie d'une science mystérieuse, entièrement inconnue du vulgaire, et qui se transmettait de père en fils dans les castes sacerdotales. Ce n'est pas, dit-il, par la manière de grouper les syllabes (collections de sons) que l'écriture hiéroglyphique trace les idées, mais par le sens que l'esprit attache aux différentes formes qui frappent l'œil. L'image d'un *épervier*, par exemple, qui, de tous les oiseaux, est celui dont le vol est le plus rapide, est employée métaphoriquement pour représenter toutes les idées qui ont quelque affinité avec celle de vitesse, par un procédé analogue à celui qui fait passer un mot de la signification positive aux différentes acceptions métaphoriques dont il est susceptible.

« En développant le fond de son opinion, M. de Sacy faisait remarquer certaines connexions très curieuses entre la composition des idées chez les Chinois et chez les Coptes. Or, si le dialecte égyptien n'est pas aussi parfaitement connu que celui des Chinois, c'est parce que tous les débris de cette langue qui nous ont été transmis par l'intermédiaire du copte sont postérieurs à l'époque où l'emploi de l'écriture hiéroglyphique avait cessé; en sorte que la langue devait alors avoir perdu une partie de sa physionomie primitive. »

Comme exemple du mode employé par les prêtres pour représenter les scènes de leur religion, nous donnons, d'après V. Loret (1), un fragment du papyrus funéraire de la reine Ra-Ma-Ka et une peinture du temple de Louqsor, représentant la reine Maut-em-Ouaa et le dieu Amon.

La scène suivante, d'une hardiesse assez étrange, nous fait assister à la conception d'Aménophis. Le dieu et la reine sont assez étroitement serrés l'un contre l'autre, les mains jointes et caressantes, sur un lit que supportent les déesses Neith et Selk. Amon, comme nous l'apprend la légende gravée derrière lui, se superpose, en quelque sorte, à la personnalité de Touthmès IV : « Il se transforme en la majesté de ce mâle, Touthmès IV. Il trouve la reine couchée au milieu des splendeurs de son palais. Elle s'éveille, environnée de parfums divins ; elle demeure en extase devant la majesté d'Amon. Il s'approche d'elle pour la posséder ; il se montre à elle dans son activité divine. Après qu'il s'est retiré d'auprès d'elle, elle reste en joie à la vue de ses splendeurs. L'amour du dieu circule en tous ses membres, le palais s'emplit de parfums divins exhalant toutes les senteurs de l'Arabie. » Un dialogue termine la scène. La reine Maut-em-Ouaa : « O dieu deux fois grand, toi dont l'action est deux fois excellente, dont les desseins sont deux

---

(1) V. Loret, *L'Égypte au temps des Pharaons*, p. 72.

fois (parfaits), tu as fait déposer ton cœur sur ma majesté ! Ta rosée s'est épandue en tous mes membres et ta Majesté a fait de moi tout ce qu'elle a voulu. » Le dieu Amon répond : « Aménophis — c'est le nom de mon fils — est en ton ventre. Apprends-lui, par les paroles qui sortiront de ta bouche, qu'il est destiné à exercer la royauté souveraine sur la terre en son entier, que mon âme est avec lui, et que je lui

Écriture hiéroglyphique des anciens Égyptiens.
Papyrus funéraire de la reine Ra-Ma-Ka.

lègue ma couronne afin qu'il gouverne l'Égypte aussi longtemps que vivra le soleil. »

En dehors de l'écriture égyptienne et dérivant de la même souche, on retrouve les caractères phéniciens, hébraïques, syriaques, arabes, qui offrent entre eux les plus grandes analogies. Les plus anciennes sont l'écriture phénicienne et l'écriture hébraïque.

EXPRESSION SYNTHÉTIQUE DES IDÉES

Nous avons vu que les initiés avaient recours aux fables symboliques pour dissimuler aux masses les vérités qu'ils voulaient léguer à leurs successeurs.

Bien que cette langue soit la plus haute expression de la pensée, et qu'il soit bien difficile d'en donner l'explication en quelques mots, nous allons esquisser grands traits les bases sur lesquelles elle repose.

Elle consiste à résumer exactement dans un seul signe les faits, les lois et les principes correspondant à l'idée que l'on veut exprimer. Ce symbole, qui rappelle les signes représentatifs qui ont été déterminés pour exprimer les idées, s'appelle *Pantacle*.

Nous allons tenter de décomposer quelques Pantacles simples, dont l'explication permettra aux esprits curieux de s'instruire, de pousser plus loin leurs recherches.

Pour bien saisir le sens d'un Pantacle, il faut : 1° décomposer la figure dans ses éléments constitutifs ; 2° étudier la situation que ces éléments occupent les uns par rapport aux autres ; 3° tenter de découvrir de quelle science le Pantacle se rapproche le plus.

Le premier soin doit être de compter les éléments de la figure étudiée ; on les trouve généralement rangés par trois, par sept ou par douze. Dans le premier cas, ils dépendent de la loi du ternaire, et l'idée générale qu'ils représentent est la réaction de l'actif sur le passif, produisant le neutre.

Dans le deuxième cas, c'est-à-dire s'ils sont rangés par sept, ils se rapportent soit aux sept planètes, soit aux couleurs, et l'on doit, dans ce cas, passer à la troisième règle de la décomposition des figures (chercher la science de laquelle le Pantacle se rapproche le plus près).

Dans le troisième cas, ils se rapportent au mouvement zodiacal et particulièrement à celui du soleil.

On a vu plus haut, dans la description des symboles, de quelle manière ceux-ci étaient formés.

LES PYRAMIDES

Nous allons terminer en indiquant l'un des plus simples monuments symboliques que nous ait légués l'Égypte, les pyramides, où l'on retrouve les traces des anciens centres d'initiation.

A trois lieues environ du Caire, qui s'élève sur l'emplacement de l'ancienne Memphis, vers l'est, on aperçoit de nombreux monuments, constructions variées, qui affectent la forme de pyramides à base carrée et semblent des sentinelles placées aux confins du grand désert africain : ce sont les Pyramides de Giseh.

Parmi ces géants de pierre, trois se distinguent par leur masse colossale : ce sont les pyramides de Chéops, de Chephren, son frère, et de Mycérinus, fils de Chéops.

La pyramide de Chéops, qu'on connaît généralement sous le nom de *grande pyramide*, présente, au-dessus de sa base, une hauteur d'environ 149 mètres.

Pour se rendre compte de l'effet de cette immense masse de pierre, nous devons la comparer à l'un des monuments que nous connaissons ; elle est aussi élevée que la flèche de la cathédrale de Rouen, ou bien encore près de deux fois aussi haute que le Panthéon.

Les pyramides assez nombreuses qu'on trouve sur le sol d'Égypte semblent placées sans motif; elles faisaient partie du culte professé par les prêtres égyptiens, traces des centres anciens d'initiation.

Même leur forme dévoile un symbole à l'occultiste.

Les pyramides de Gizeh.

Voici un essai d'explication de leur raison d'être :

La forme carrée de leur face symbolise la matière ; le signe d'adaptation.

Chacun des côtés est triangulaire et se rapporte au ternaire ; il symbolise l'idée, la théorie.

La suprématie du quaternaire sur le ternaire permet d'établir le tableau analogique ci-dessous, d'où ressort le principe contenu dans la forme des monuments que nous étudions :

```
Le ternaire domine le quaternaire.
L'idée       —   le signe.
L'esprit     —   la matière.
La théorie   —   la pratique.
```

Les nombres qui entrent dans la construction d'une pyramide sont 4 et 3, soit 7, symbole non équivoque de l'alliance de l'idée avec le signe, de l'esprit avec la matière, etc. ; 7 est, en effet, considéré comme la réalisation.

La pyramide nous offre encore quelques particularités. En haut, se trouve un point mathématique (le sommet), d'où partent quatre idées représentées par les quatre triangles des faces. Ces idées viennent s'appuyer sur une forme unique et parfaite (la base carrée).....

Nous pourrions étudier d'autres Pantacles, d'autres symboles. Mais nous croyons en avoir assez dit pour attirer l'attention des gens sérieux sur des problèmes passionnants abordés et souvent résolus par les SCIENCES OCCULTES !

VOCABULAIRE ANALYTIQUE

DES SCIENCES OCCULTES

MOTS OU NOMS CITÉS DANS CET OUVRAGE (en dehors des noms d'auteurs)

Pages.

ABRACADABRA. — Mot kabbalistique, talisman........................ 526
ACTION DES SUBSTANCES A DISTANCE. — V. *Suggestion*................... 403
ADAM. — Kabbaliste, pied d'Adam................................... 510
ADEPTE. — Qui s'adonne à la philosophie hermétique (du latin *adeptus*, qui a atteint)... 539
AÉROMANCIE. — Divination tirée des signes fournis par l'action du vent sur l'eau.. 172
AGLA. — Mot kabbalistique, talisman................................ 526
AIGUILLETTE (Nouer l'). — Maléfice que les sorciers exerçaient contre leurs ennemis, en les empêchant d'avoir jamais des enfants (la suggestion y avait la plus large part)............................ 522
ALCHIMIE. — Branche de la science occulte qui s'applique à l'action de la magie sur les minéraux et les végétaux 247-277
ALECTRYOMANCIE. — Divination tirée des signes fournis par les oiseaux.. 170
ALPHABET SYMPATHIQUE. — Echange entre un sujet et son magnétiseur de diverses pensées. Phénomènes encore peu connus. — V. *Telepsychie*... 412
ALPHITOMANCIE. — Divination tirée des signes fournis par l'absorption d'un gâteau... 174
AME. — Principe supérieur de l'homme, différemment compris par les spiritualistes, les occultistes et les spirites ; en occultisme, c'est un principe agissant sur le corps par la vie ou corps astral 125-517-512-544
AMULETTE. — Objet chargé d'influence magique et qui peut renvoyer cette influence sur celui qui le porte......................... 527
ANDROIDE. — Automate d'Albert le Grand, de Robertson, de Bacon..... 585
ANALOGIE. — Méthode de raisonnement formant la base de la science occulte, fournissant le moyen de déterminer l'inconnu par le connu, l'invisible par le visible, etc 132-236
ANGES (Swedenborg).. 440
ANNEAUX CONSTELLÉS.. 528

ANTIQUE (La science). — La science telle que nous la connaissons (analytique) existait dans l'antiquité et avait été portée à un haut point de progrès. Son enseignement différait du nôtre; il n'était livré à l'adepte qu'après des épreuves physiques, morales et psychiques, d'où son nom de *scientia occulta* (science cachée)..... 535

AOUR. — Vient de l'hébreu et désigne la force universelle à l'état d'équilibre sous l'influence de deux forces contraires, l'OD et l'OB... 256

APPORTS. — En spiritisme, désigne l'apport dans un lieu (par des esprits? ou sous l'influence d'une force?) d'objets qui n'y étaient pas avant l'expérience... 149-151

ARCANE (du latin *coffre*). — Terme symbolique cachant (comme dans un coffre) les vérités de la science occulte.................... 133

ARMES ENCHANTÉES.. 528
ARTS DIVINATOIRES... 151
ARS MAGNA. — Système philosophique de Raymond Lule.......... 277
ARUSPICES. — Procédé divinatoire basé sur une religion perdue...... 158
ASTRAGALOMANCIE. — Divination tirée des signes fournis par des dés ou des osselets... 175
ASTRAL. — Intermédiaire entre le spirituel et le matériel............ 545-548
ASTRALE LUMIÈRE.. 256
ASPECTS ASTROLOGIQUES....................................... 132
ASTROLOGIE. — Branche de la science occulte, l'une des plus anciennes, consacrée à l'étude physique, physiologique et psychique des astres... 131
AUGURES. — Leurs pratiques..................................... 125
AURORES BORÉALES.. 507
AUSPICES. — Procédé divinatoire basé sur une religion perdue..... 126-159

BAARAS. — Plante dont la fumée chassait le démon chez les Hébreux.... 533
BAGUETTE DIVINATOIRE... 167-168
BARRES. — V. *Graphologie*..................................... 69
BÉLOMANCIE. — Divination tirée des signes fournis par les flèches...... 173
BERESCHIT. — Le Sepher Bereschit est un livre hébreu fondamental en Kabbale. C'est la Bible ou Livre des Principes................ 578
BLANC D'ŒUF (Divination par le)................................. 176
BOTANOMANCIE. — Divination tirée des signes fournis par les arbres et les fleurs 171
BORODON. — Ile marquée sur les cartes du xvᵉ siècle, et qui n'existe pas. 512
BOUCLE. — V. *Graphologie*..................................... 69

CAFÉ. — Divination tirée des signes fournis par le marc de café........ 175
CALCUL DES PROBABILITÉS....................................... 199
CAPNOMANCIE. — Procédé de divination par la fumée............... 159
CARREAUX. — Terme de cartomancie, dénotent querelle ou retard....... 185
CARRÉS ASTROLOGIQUES OU MAGIQUES. — Combinaisons mathématiques curieuses... 212
CARTOMANCIE. — Divination tirée des signes fournis par les cartes à jouer. 184
CARTES. — Cartons enluminés tirés du jeu de Tarot. — V. *ce mot*...... 185
CÉPHALOMANCIE. — Divination tirée des signes d'une tête d'âne........ 170
CERCLES. — Astrologie, construction idéale pour l'établissement de l'horoscope.. 137
CÉROMANCIE. — Divination par la cire........................... 174
CERVEAU. — Poids, volume, etc................................... 24

VOCABULAIRE ANALYTIQUE

Cham. — Magicien.. 488
Charme (vient du mot latin *carmen*, vers, poème), d'où on a tiré les incantations qui se faisaient en vers; charme est donc synonyme d'incantation.. 520
Chiromancie. — Branche de la science occulte consacrée à la divination de l'avenir par les signes de la main........................ 48
Chuni. — Ancien nom de l'Egypte....................................... 488
Ciel. — Astrologique, philosophique..................................... 181
Clavicule de Salomon. — Grimoire des plus intéressants........ 524
Cléidomancie. — Divination tirée des signes fournis par une clé et la Bible... 174
Condor. — A été considéré comme un animal fantastique, le Rock..... 511
Comètes.. 507
Conjurations... 524
Cœurs. — Cartomancie : chances heureuses........................... 185
Convulsionnaires. — Névropathes que les conditions morales ambiantes plongeaient dans des crises d'hystéro-épilepsie.................. 517
Corrélation des forces physiques....................................... 260
Correspondance astrologique.. 135
Coscinomancie. — Divination tirée des signes fournis par un crible...... 174
Cosmogonie. — Science consacrée à l'étude de la formation du monde... 536
Coudrier ou Rabdhomancie. — Le coudrier est particulièrement affecté à la confection des baguettes destinées à découvrir les sources.... 167
Coupes magiques. — Ce sont des vases qui portent, gravés au fond, des caractères kabbalistiques... 528
Crible. — V. *Coscinomancie*... 174
Cryptographie. — Science des écritures secrètes..................... 215

Dactylomancie. — Divination tirée des signes fournis par un anneau.... 174
Daphnomancie. — Divination par le laurier............................ 171
Déchiffrement. — V. *Cryptographie*.................................... 222
Delphes (Oracle de). — Le plus en honneur pendant longtemps; disparut en 400 après J.-C., dans un désarroi complet........... 124-127-163
Démonologie. — Description des démons ou de leurs habitudes..... 525-532
Destin. — Ses caractères... 100
Devins. — Leurs facultés.. 123-134
Diable. — Dans le spiritualisme qui n'est que dualiste, il fallait un opposé à Dieu : c'est le diable. L'histoire du Moyen âge nous montre les deux rivaux luttant à armes égales.. 324
Divination. — Constitue une branche de la science occulte, mais la plupart des théories réelles sont perdues et les quelques préceptes sur lesquels on se base actuellement et qui ont échappé à la perte totale de la mémoire de ces sciences permettent aux escrocs d'exercer un métier lucratif. S'en méfier........................ 93-105
Djins. — Êtres imaginaires qui entraînent les voyageurs........... 518
Dodone (Oracles de). — Le plus honnête et le plus réputé des oracles de Jupiter.. 164
Doigts. — V. *Chiromancie*.. 52
Douze maisons. — Terme d'astrologie qui indique la division de l'horoscope en douze parties appelées « maisons » du soleil................. 137
Dragons volants. — Souvenir lointain et mal exprimé des ptérodactyles. 511
Druides, Druidesses. — Prêtres consacrés au culte gaulois........ 104-530
Duegars. — Espèce de gnomes du Nord forgeant les armes enchantées.. 528

ÉCLIPSES. — Considérées comme présage funeste.................... 507
ÉCHELLE CHIROMANTIQUE.. 63
ÉCRITURE (Divination par l'). — Est une science presque physique, reposant sur des bases sérieuses et dans laquelle on peut avoir une foi relative, tant qu'on ne lui demande pas des révélations d'une précision exagérée.. 67-75
ÉLECTRICITÉ. — Force naturelle................................... 265
ÉLÉMENTAIRE. — En spiritisme, un *esprit*; en occultisme, toute la partie matérielle du moi humain ou *Esprit d'homme*............. 515-516
ÉLÉMENTALS. — Étres purement instinctifs, intermédiaires entre le monde matière et le monde âme ou *Esprit d'élément*........... 516
ENCÉPHALE. — Ses propriétés, poids............................... 23-27
ENGASTRIMYSME OU VENTRILOQUIE.................................... 501
ENVOUSSURE OU ENVOUTEMENT. — A si bien existé qu'on peut encore reproduire aujourd'hui les mêmes phénomènes................ 381-522
ESCAMOTEURS. — Ou praticiens de la magie blanche. Les anciens et les Orientaux, bien plus forts à ce sujet que nos professionnels..... 501
ÉSOTÉRISME (du grec *Esotericos*, intérieur). — Étudie le dedans, le caché, l'intérieur, l'invisible, caché sous le visible; l'initiation antique reposait sur deux enseignements : l'un EXOTÉRIQUE, pour tous, par symboles, par images, par paraboles, l'autre *ésotérique*, philosophique et abstrait, pour les adeptes seulement. La science antique révélée par des symboles, des contes, des paraboles.. 217
ESPRIT. — En spiritisme : âme des morts se communiquant aux vivants dans certaines conditions; en occultisme : êtres qui animent les diverses parties de l'univers. Esprits doués de conscience et immortels : élémentaires ; sans conscience et mortels : élémentals.. 120-125-315-187
ÉVOCATION. — Action de la *volonté* fixée par les pratiques de la magie sur les êtres répandus dans l'invisible ; en spiritisme, l'évocation se fait mentalement ou à haute voix et l'esprit répond, mais malheureusement, le plus souvent, sans preuve de la réalité de sa présence.. 439-481-521
ÉVOLUTION. — Poussée de la vie remplaçant les races incomplètes par de mieux armées ; l'évolution n'existe pas seulement dans la vie animale, on la retrouve à tous les degrés de la vie et de l'esprit ; la marche inverse s'appelle *involution*................... 545
EXORCISME (du grec *E*, hors ; *orcos*, serment). — Action de chasser, par des prières ou des pratiques appropriées, tous les démons. On exorcise aussi bien toute matière inanimée que les êtres animés. 532
EXOTÉRISME. — V. *ci-dessus Ésotérisme*........................... 21
EXTASE. — Phase de l'hypnose.......................... 308-320-400-515-516

FACULTÉS (animales, affectives, intellectuelles). — V. *Phrénologie*... 3-12-85
FARFADETS. — Esprits imaginaires qui se montraient la nuit.......... 517
FAIR. — Nom des fées écossaises..................................... 420
FANTASMAGORIE. — Ensemble de manœuvres habiles qui donnent l'illusion d'un fait miraculeux.. 430-501
FANTÔMES. — Le spiritualisme ayant enseigné la résurrection de l'âme, on croyait que, dans certaines occasions, l'âme des morts (qu'on ne pouvait pas concevoir sans un corps au moins diaphane) revenait sur terre communiquer avec les vivants. 179-451-453-454-455-459-517
FARINE (*Alphitomancie* ou divination par la)....................... 174

VOCABULAIRE ANALYTIQUE

FATA MORGANA. — Ou fée Morgane, crée, pour tenter la cupidité des hommes, de merveilleux palais qui s'évanouissent dès qu'on en approche 509
FATALITÉ. — Trois forces égales et opposées sont en action dans l'univers : la Fatalité, la Volonté, la Providence............................ 97
FÉES. — Etres imaginaires, doués d'un pouvoir surnaturel. Elles étaient presque toujours belles et bonnes, mais il y en avait dont on devait redouter la colère 120
FÉTICHES. — Images grossières pour lesquelles les nègres ont un culte spécial 523-527
FEUX FOLLETS. — Phénomène physique d'inflammation de gaz hydrogène. 508-518
FIGUIER (Divination par les feuilles de). — V. *Sycomancie*............. 171
FLAMME (Divination par la). — V. *Lychnomancie*...................... 171
FLÈCHES (Divination par les). — V. *Belomancie*...................... 173
FORCE ET MATIÈRE... 271
FORCE NEURIQUE. — V. *Magnétisme*.................................. 375
FONTAINE DE JOUVENCE. — Fontaine dont l'eau rendait immortel, mais dont on ignore la situation.................................... 512
FLUIDE des magnétiseurs.. 368
FORME DU CRANE... 30

GASTROMANCIE. — Divination tirée des signes fournis par l'eau renfermée dans les vases... 172
GÉNIES. — Êtres imaginaires, qui protégeaient en général les bonnes gens qui se confiaient à eux; mais il y avait beaucoup de génies malfaisants... 116-123-518
GOBELINS. — Êtres imaginaires, que la tradition représente comme luttant avec les voyageurs.. 51
GOETIE. — La magie noire ou asservissement au service d'un ignorant ou d'un coupable des forces de la nature....................... 487
GOULES ou GHOLES. — Etres imaginaires que l'on retrouve depuis l'antiquité jusqu'à nos jours.. 513
GNOSTIQUES. — Secte de philosophes religieux dont les partisans croient avoir une connaissance complète et transcendante de la nature de Dieu.. 484
GRAAL (St). — Vase enchanté qui figure dans les poèmes mystiques.... 528
GRAND ŒUVRE. — Réalisation des théories alchimistes................. 277
GRAPHOLOGIE. — Étude de l'homme par l'écriture...................... 67
GRILLES. — V. *Cryptographie*...................................... 227
GRIMOIRES. — Livres spéciaux où se trouvent les conjurations 521
GUEVARA. — (Ouvrage de) sur les vertus des pierres précieuses........ 526
GYROMANCIE. — Divination tirée des signes fournis par la lettre sur laquelle on tombait après avoir tourné dans un cercle renfermant toutes les lettres de l'alphabet.............................. 175

HACHE (Divination par). — V. *Axinomancie*.......................... 178
HALLUCINATIONS provoquées... 399-411
HARPIES. — Êtres imaginaires qui suçaient le sang des hommes sur lesquels elles se jetaient..................................... 518
HAZARD. — Divinité à laquelle les latins avaient voué un culte sous le nom de *Fatum*... 93

HERMÈS. — Le plus souvent Hermès Trismegiste ou trois fois grand. On assure que les œuvres attribuées à Hermès Trismegiste sont les collections de travaux des initiés égyptiens, réunis en corps, sensiblement comme le recueil des œuvres des membres de l'Institut d'Egypte.. 298
HIPPOMANÈS. — Membrane.. 529
HOMMES. — Archives.. 429
HOROSCOPE (du grec ôra, heure; scopein, examiner). — Provient de ce qu'on étudiait la situation des astres à la naissance du consultant.... 137
HYDROMANCIE. — Divination tirée des signes fournis par l'eau......... 172
HYPNOTISME. — Pratiques destinées à produire chez certains sujets des effets particuliers, et principalement la perte de la personnalité et de la volonté. Les hypnotiseurs nient l'existence de tout fluide... 295

ILLUMINISME. — (V. Convulsionnaires)............................... 517
INCARNATION. — En spiritisme, l'acte résultant du changement de la personnalité du médium qui reçoit l'influence d'un esprit qui s'incarne en lui, qui parle et agit à l'aide de ses organes.. 510-547
INITIATIONS. (du latin initium, commencement). — Pratique d'entraînement que faisaient subir à ceux qui voulaient s'instruire les prêtres d'Égypte, après certaines épreuves éliminatoires............. 536
INTELLIGENCES CÉLESTES. — La hiérarchie céleste est donnée avec complaisance par Svedenborg, qui conversait volontiers avec les intelligences supérieures.. 440
ISOMÈRES. — Corps.. 253

JAMBAGE. — V. Graphologie... 69
JÉRUSALEM (La Nouvelle). — Œuvre principale de Svedenborg........ 594
JUPITER. — Dieu des Grecs. Ce n'était pas un Dieu comme celui des chrétiens, il se rapprochait de la divinité telle que la comprennent les occultistes en ce sens que Jupiter lui-même était soumis au Destin.. 100-495

KABBALE OU TRADITION. — Certains auteurs affirment que la Bible est incomplète si on ne l'étudie pas à un certain point de vue qui lui donne un sens différent (ésotérique) de son sens exotérique. Cette étude est basée sur la décomposition des mots hébreux et de leur sens relatif; les deux livres fondamentaux sont le Sepher Jesirah et le Zohar.. 238-546
KRAKEN. — On a donné ce nom à une île vivante qui se déplaçait..... 510

LAMPADOMANCIE. — Divination tirée des signes fournis par la flamme d'une lampe ou d'un flambeau...................................... 171
LARVES. — Élémentals qui se développent aux dépens de la vie de celui auquel ils s'attachent.. 416
LANGAGE CONVENU. — V. Cryptographie............................. 231
LEBANOMANCIE. — Procédé divinatoire par l'encens................. 159
LEMURES. — Élémentals analogues aux larves........................ 416

VOCABULAIRE ANALYTIQUE

LÉVITATION (Merveilleuse opération de la)... 468
LIGNES (de la main). — Divination tirée des signes que présentent la conformation de la main et les lignes qu'elle contient............ 56
LOIS DES SCIENCES OCCULTES... 233
LOTH (Femme de). — Peut trouver une explication dans un fait rapporté par Volney... 510
LOUPS-GAROUS OU LYCANTHROPES. — Hommes transformés en loups avec l'aide du diable... 518
LUNE (Influence). — Pendant de longs siècles, on a attribué une quantité considérable d'influences diverses à la lune. Une science plus éclairée fait tomber ces erreurs............................. 135
LUTINS. — Esprits imaginaires qui se jouent des voyageurs, sans leur faire de mal.. 518
LUTTEURS. — V. Gobelins.. 518
LYCANTHROPES. — V. Loups-garous.. 518
LYCNOMANCIE. — Divination tirée des signes fournis par la flamme...... 171

MACROCOSME (du grec macros, grand ; cosmos, monde). — L'univers conçu comme un tout animé et analogue au microcosme (du grec micros, petit, et cosmos, monde), l'homme................... 132
MAGIE. — Mise en pratique des forces de l'homme et de la nature....... 487
— naturelle.. 487
— mathématique.. 487
— empoisonneuse.. 522
— cérémoniale.. 495
— blanche... 501
— noire... 487-498-501
— moderne.. 487
MAGDELEINE (Trace du pied). — On montre dans la Charente l'empreinte d'un pied qu'on croit être celui de Marie de Magdala.......... 510
MAIN. — V. Chiromancie... 50-55
MAGNÉTISME. — Application des phénomènes provenant de la relation existant entre tous les corps et entre tous les êtres, par le moyen d'une force spéciale (ou d'une modalité de la force universelle), qu'on nomme généralement *fluide magnétique*................... 324
MAHOMET (Traces de sa tête). — On les aperçoit sur une roche près de Médine... 510
MAHOMET (Traces de son chameau). — On en voit l'apparence au Soudan. 510
MAISONS DU SOLEIL. — En astrologie, les signes du Zodiaque qui s'appliquent aux mois sont les *Maisons* des planètes, et le partage du Zodiaque en douze parties forme les douze maisons du soleil.. 132
MALÉFICE. — Sortilège au moyen duquel on nuit aux hommes ou aux animaux... 517-519-523-532
MARACA. — Baguette magique au moyen de laquelle les sorciers américains rendent leurs oracles... 528
MARC DE CAFÉ (Divination par le).. 175
MARGES. — V. Graphologie.. 90
MARS. — En alchimie désignait le fer.. 281
MATÉRIALISATION. — Désigne le phénomène qui se produit lorsque, dans les expériences de spiritisme, un esprit se présente enveloppé 333 de matière comme un être vivant............ 410-418-453
MÉDIUM. — Individu présentant une complexion telle qu'il lui est possible d'établir des rapports entre le monde invisible et le visible ; en magnétisme, quelquefois médium est pris pour magnétiseur.. 416
MEMNON (Statue).. 512

Mercure. — L'alchimie désignait ainsi tantôt le mercure métal (Hg), tantôt la lumière astrale.. 256-281
Merdhin ou Merlin. — Enchanteur qui fut pris lui-même par la fée Viviane.. 592
Mica. — Minéral transparent qu'on a pris autrefois pour du verre fossile. 511
Microcosme. — Opposé à macrocosme, l'homme considéré analogiquement comme renfermant en lui toutes les lois de l'univers. 132-238
Mirage. — Phénomène physique qui fait paraître au-dessus de l'horizon des objets qui n'y sont pas.. 509
Miroirs magiques. — Sont ordinairement construits de matières mauvaises conductrices de l'électricité, et ornés de mots kabbalistiques. Ils servent à fixer la volonté dans les expériences magiques... 528
Moïse. — Magicien. (Traces du dos, des bras de); on les retrouve dans une caverne... 510
Molybdomancie. — Divination tirée des signes fournis par la cire ou le plomb... 174
Monarchie infernale. — La monarchie de l'enfer a été faite comme celle du ciel. On sait qu'il y a 666 démons, etc......................... 521-520
Monde des esprits. — Svedenborg a donné dans ses œuvres inspirées la description du monde des esprits................................... 592
Monts. — V. Chiromancie... 54
Morceaux de bois (Présages). — V. Xilomancie........................ 171
Mort exquise. — Les démonologues avaient désigné la mort des sorciers sous ce nom, trouvant que leurs souffrances étaient toujours inférieures à leurs crimes... 532
Myomancie. — Divination tirée des signes donnés par les rats.... 170

Nécromancie. — Pratique de sorcellerie qui permet d'évoquer les morts. 139-176
Niobée. — Apparence d'une Niobée sur le flanc du mont Sypila........ 510
Nombres. — Base de la théorie pythagoricienne........................... 166-238

Obi. — Amulette des noirs; est parfois regardé comme un être mystérieux, Grigri... 523-527
Od. — Forces uniques de la nature.. 256
Objets naturels expliqués par la tradition.................................... 510
Obsession. — Acte de possession de l'extérieur d'une personne par le ou les diables.. 513-525-533
Occultisme. — Science ayant pour but d'appliquer à l'étude de la science ordinaire une méthode spéciale, principalement celle de l'analogie. 534
Oiseaux (Présages tirés des)... 170
Onctions magiques. — Faites par Greatrakes pour guérir des écrouelles.. 332
Onéiromancie. — Se nomme aussi Onéirocritie ou Onéirodynie. Divination tirée des signes fournis par les songes.................................. 139
Onomamancie. — Divination tirée des signes fournis par les noms propres... 180
Ophiomancie. — Divination tirée des signes fournis par les serpents..... 171
Oracles. — Comment ils se rendaient. Oracle d'Apollon, de Jupiter, des demi-dieux.. 160

Pactes. — Conventions écrites entre les sorciers et le diable, mettant celui-ci au service de ceux-là au prix de leur âme.............. 525

Palo de Vacca. — Arbre des forêts d'Amérique, qui donne un lait doux et nourrissant.. 512
Panacée universelle. — Réalisation des théories magiques de l'influence de l'homme sur le monde inférieur...................... 227-281
Pantacle. — Tracé synthétique de linéaments résumant les principaux enseignements de l'ésotérisme. C'est un schéma destiné à reproduire une idée en quelques symboles.................... 245
Parthénomancie. — Divination tirée des signes fournis par les signes de virginité.. 175
Paraphes. — V. *Graphologie*... 70
Passion. — V. *Graphologie*.. 88
Périsprit. — Intermédiaire entre le corps et l'esprit. C'est ce qu'on pourrait nommer *la vie organique*. A de nombreux points de contact avec le corps astral........................... 510-815
Pharmacie. — Procédé divinatoire par les parfums.................... 159
Phylactère. — Amulette.. 527
Phyllorodomancie. — Divination tirée du bruit produit par une feuille de rose plissée et que l'on fait éclater en la frappant sur le front.. 171
Physiognomonie. — Art de préjuger du caractère d'une personne d'après ses traits.. 3
Phrénologie. — Connaissance de l'homme par l'étude de son crâne..... 23
Pierres précieuses. — Divination à l'aide des pierres précieuses. Talismans.. 525
Pierre philosophale. — Action magique de l'homme sur le règne inférieur (minéral ou végétal).. 283
Pistole volante. — Par un prestige de sorcellerie, cette pistole revenait toujours dans la poche de son maître........................... 528
Pique. — V. *Cartomancie*, mauvais présage, maladie, tristesse........ 185
Pluies de soufre. — Produites par la dispersion du pollen des arbres... 508
Pluies de sang. — Produites par une algue............................ 508
Polype. — Étaient autrefois un objet de terreur....................... 510
Possédé. — Celui qui est en la possession du démon............ 513-525-533
Possession. — Acte de possession *de l'intérieur* d'une personne par le ou les démons... 513-525-533
Pouce. — V. *Chiromancie*.. 50
Poule noire... 332
Présages.. 116
Pressentiment... 110
Pronostics.. 116
Prophètes (Facultés des)... 118
Prophéties. — Leurs caractères, exemples............................. 154
Proverbes. — L'un des plus beaux ouvrages de Salomon................. 4
Providence. — Ses facultés... 97
Psychique. — Force.. 462
Psylles — Charmeurs de serpents..................................... 171
Pyromancie. — Divination par les flammes d'un bûcher................. 158
Pythie. — Vierge attachée au temple d'Apollon et qui prophétisait sous l'influence du dieu... 126

Quadrature du cercle. — Preuve de son impossibilité.................. 213
Quaternaire. — (Retour à l'unité).................................... 242

Recherche de l'avenir. — Ses causes.................................. 94

Religieuses de Loudun. — Les épidémies de démonialité. Urbain Grandier.. 515-590
Remora. — Herbe qui empêchait les navires d'avancer................ 511
Rhabdomancie. — Art de se servir de la baguette divinatoire.......... 167
Rhapsodomancie. — Divination par livres poétiques................... 166
Réincarnation. — Retour de l'âme dans un corps humain dans ce monde ou dans une autre planète............................. 140-147
Réussite. — Divination tirée des signes fournis par les cartes disposées de certaine façon... 198
Revenant. — Être mort qui reprend une forme terrestre pour se manifester aux vivants.. 517
Rêves. — Leurs particularités... 152
Rock ou Condor. — A passé longtemps pour un animal fantastique.... 511
Roi (Couvert de poudre d'or). — Fausse impression produite sur des ignorants par le mica.. 511
Roses (Divination par le bruit des). — V. Phyllorodomancie............ 171

Sabbat. — Réunion des sorciers pour célébrer les rites de leurs assemblées. 530
Salière renversée. — Présage funeste si on ne jette une pincée de sel par-dessus son épaule gauche................................... 117
Salomon. — (V. Clavicules).. 524
Satan. — V. Diable.. 531-533
Saturne. — V. Alchimie... 135
Sceau de Salomon. — Étoile à six branches, symbolisant la marche de l'univers... 527-528
Schiauriri. — Mots kabbalistiques, talismans......................... 526
Scopélisme. — Sort opéré sur une pierre ensorcelée................... 520
Sepher-Jésiroh. — L'un des deux livres fondamentaux de la Kabbale.... 578
Serpents. — V. Ophiomancie.. 171
Signatures. — Marques typiques imprimées par les influences occultes sur les hommes et les choses, et visibles seulement aux initiés. 1
Signes tirés du front, etc. — Divination par les signes................ 8-171
V. Chiromancie... 62
Signification des cartes. — V. Cartomancie........................... 186
Soleil. — V. Astrologie.. 135-136
Songes (Divination par les)... 139
Somnambulisme provoqué.. 347
Sorcellerie. — Mise en œuvre des forces de la nature par un ignorant. C'est de la magie appliquée au mal............................ 497
Sorts. — Manière de les tirer... 166
Sphères (Harmonies des). — Théorie pythagoricienne d'après laquelle les astres se trouvent distants les uns des autres d'intervalles harmoniques... 238
Spiritisme. — Ensemble de doctrines et de pratiques (religion même) relatives aux rites de la communication entre les morts et les vivants. D'après les spirites, l'âme persiste après la mort et peut se communiquer aux vivants par divers moyens, particulièrement par l'intermédiaire des tables. 415
Sujet. — En hypnotisme ou magnétisme, la personne qui subit l'influence d'une autre. En général, toute personne qui se prête à une expérience................... 303-309-311-320-327-363-380-381
Suggestion. — Ordre reçu par un sujet hypnotisé, magnétisé ou à l'état de veille. Sur l'injonction du magnétiseur, le sujet est obligé d'exécuter cet ordre (il perd donc son libre arbitre), malgré son opposition si l'ordre lui répugne ou le révolte............. 307-387

VOCABULAIRE ANALYTIQUE

Superstition. — Ses caractères... 103
Sybylles. — Prêtresses d'un culte perdu. V. *Albunée* dans la Biographie des hommes, etc.. 128
Sycomancie. — Divination tirée des signes fournis par les figuiers...... 171
Symboles. — Mode d'expression des idées................................. 245
Synthèse. — Méthode scientifique des anciens qui concluaient de la loi au fait, tandis que nous analysons les faits et que nous remontons du fait à la loi... 535
Systèmes cryptographiques. — V. *Cryptographie*........................ 218

Table d'Émeraude. — On connaît sous ce nom quelques propositions contenant, en principe, l'ésotérisme tout entier, qui auraient été gravées par Hermès Trismégiste sur une table d'émeraude. On la trouve dans tous les traités d'alchimie, auxquels elle se rapporte particulièrement.. 132-236
Tables cryptographiques. — V. *Cryptographie*.......................... 229
Tarot. — Livre hiéroglyphique basé sur les principes de la kabbale depuis de longs siècles qu'il existe; il n'est plus en usage que parmi les Bohémiens... 185
Télepsychie. — Moyen de communication à distance par des pratiques spéciales, au moyen d'un sujet récepteur à une station et d'un opérateur exerçant sa volonté à l'autre station.................. 408
Tendances. — V. *Graphologie*... 89
Téphramancie. — Procédé divinatoire par les cendres......... 159-174
Tératoscopie. — Divination par les images............................. 172
Ternaire. — Loi primordiale des sciences occultes qui régit les oppositions en les conciliant.................................... 132-236
Théosophie. — Sorte de révélation particulière; c'est exactement un ensemble de connaissances acquises par d'autres voies que les méthodes scientifiques connues. — V. *Divination*............. 105
Théosophique (Opérations). — Procédé de calcul emprunté aux kabbalistes. 243
Tirage des cartes. — V. *Cartomancie*................................. 192
Transmutation. — V. *Alchimie*.. 277
Typtologie. — Procédé d'évocation dans lequel les esprits répondent par des coups frappés dans une table, un mur, etc... 416-427-431-453

Unité de la nature. — Lois fondamentales de l'occultisme......... 218-264

Valeur des cartes. — V. *Cartomancie*................................ 185
Védas. — Livres sacrés... 488
Verbe. — Matérialisation de l'idée. Pour certains auteurs, l'idée exprimée est une *mère*, elle a une forme qu'elle ne peut plus perdre, elle est mouvement; donc, elle existe.......................... 516-560
Vie. — Principe intermédiaire entre le corps et l'âme; la même que corps astral ou périsprit......................... 416-510-544
Volas. — Sybille du nord... 128
Volonté. — L'un des trois principes en opposition dans l'univers, le seul qui soit à la portée de l'homme et qui lui permette de modifier son avenir, compris entre la Providence et la Fatalité.... 488-493

Voyants. — Qualités spéciales propres à certains individus; dépend probablement beaucoup de leur état physiologique.............. 119

Xilomancie. — Divination tirée des signes fournis par les branches et les tiges de bois sec... 171

Zamès... 125

BIOGRAPHIE

DES HOMMES LES PLUS ILLUSTRES QUI SE SONT OCCUPES DES SCIENCES OCCULTES

Agrippa de Nettesheim (Henri-Corneille). — Né à Cologne en 1486, fut surnommé le *Trismegiste*. C'était un des hommes les plus instruits de son temps. Il embrassa la carrière de la médecine et s'adonna presque exclusivement à l'étude des sciences occultes. Accusé de sorcellerie, sa vie fut très difficile; il était lié aux hommes les plus remarquables de son époque. Il mourut très malheureux, en 1535, chez le receveur général de Grenoble. Thevet prétend « qu'il était ensorcelé de la plus fine et de la plus exécrable magie ». Son seul tort fut d'être trop savant pour son époque et les bruits ridicules qui coururent sur son compte n'ont jamais eu le moindre fondement.

On a dit qu'il se servait de monnaie de belle apparence qui, aussitôt après son départ, se changeait en corne, en coquille ou en cuir.

Il a publié, entre autres : *De l'Incertitude et de la vanité des sciences*. Son ouvrage *De occulta philosophia* (1531) est resté très célèbre.

Ailly (Pierre d'). — Astrologue des plus fameux, né en 1330. C'est lui qui, de concert avec Russilianus Sextus, a établi l'horoscope de Jésus-Christ, que Cardan a tenté de s'approprier. Il fut surnommé *l'Aigle de France* et *le Marteau des hérétiques*.

Albert (le Grand). — Connu aussi sous les noms de *Albertus Teutonicus*, *Frater Albertus*, *Albertus de Colonia*, *A. Ratisbonensis*, *A. Grotus*, évêque de Ratisbonne, né à Lawigen, en Souabe, en 1193 ou 1205.

Ce dominicain, fort instruit, mit, dit-on, trente ans à fabriquer un automate qui pouvait résoudre toutes les questions qu'on lui proposait. On appelait cette sorte de statue métallique *l'androïde* d'Albert le Grand. C'est cet androïde que son disciple, le vénérable saint Thomas-d'Aquin, brisa dans son indignation religieuse.

Albunée. — Dixième Sybille, surnommée *la Tyburtinea*, qui prédit la naissance du Christ. Il est intéressant de rappeler les plus connues des sybilles : ce sont les Sybilles Persique, Lybique, Delphique, Erythrée, de Samos, de Cumes, Hellespontique et Phrygienne. Certains auteurs comptent aussi une certaine Lampisia, dite Colophonienne, fille de Calchas. D'autres, moins sûres, sont cependant acceptées comme Sybilles; ce sont : Cassandre, fille de Priam, la Sybille Epirote et Manto la Sybille Thessalienne.

Alphonse X de Castille. — Roi et savant (1252-1284), a laissé de nombreux travaux sur les sciences occultes (alchimie) et l'astronomie. On lui doit dans cette deuxième branche les Tables Alphonsines. Il divisait l'année en 365 jours 5 heures 49 minutes. Il donna aussi les lois connues sous nom « de Los Partidos ».

Alexandre (DE PAPHLAGONIE). — Magicien né à Abonotique au II° siècle. Il vint à Rome en 174 et fut favori de l'empereur Marc-Aurèle.

Allan Kardec. — Fondateur en France de la secte des spirites ; a publié : *le Livre des Esprits, le Livre des Médiums*. A lire. C'est un auteur moderne dont le vrai nom est Hippolyte Denizart-Rivail, né en 1803.

Amphiaraüs. — Célèbre devin (par songe) qui mourut (XVI° siècle av. J.-C.), comme il l'avait dit, au siège de Thèbes, mais ressuscita.

Apollonius (DE TYANES) (vers le temps de J.-C.), philosophe et thaumaturge, embrassa la théorie de Pythagore.

Apomazar. — Fameux devin arabe, à qui on attribue plusieurs ouvrages de divination.

Apone (PIERRE D'). — Médecin-astrologue, né en 1250, près de Padoue, le plus grand magicien de son temps. Il fut brûlé *en effigie*.

Apulée (LUCIUS-APULEIUS). — Écrivain latin et philosophe platonicien (II° siècle apr. J.-C.) ; il a donné : *la Métamorphose* ou *l'Ane d'Or* (roman alchimique), une *Apologie, Traité de la doctrine* et *la Vie de Platon, Du Démon de Socrate, Du Monde* et quelques discours.

Argens (LE MARQUIS D'). — Né en 1704, à Aix, a écrit les *Lettres cabalistiques, Philosophie du bon sens, Lettres juives*, etc.

Aristote. — Célèbre philosophe grec (400 ans av. J.-C.), fonda une école dans une promenade d'Athènes, le Lycée. En outre de ses immenses travaux scientifiques, il a écrit : *Traité de la divination par les songes*, et un autre sur *le sommeil* et sur *la veille*.

Armide. — Enchanteresse rendue célèbre par Le Tasse. On croit qu'elle était fille d'Arbilan, roi de Damas, et que son oncle Hidraote, fameux magicien, l'envoya contre l'armée commandée par Godefroy de Bouillon.

Arnaud (DE VILLENEUVE). — Savant (du XII° siècle) qui se distingua par ses connaissances en médecine, chimie, théologie, astrologie, etc. ; ses travaux sont résumés dans ses œuvres publiées à Lyon en 1520.

Arrus (ARSÈNE). — Graphologue moderne. A écrit une bonne *Graphologie simplifiée*.

Artémidore. — Célèbre devin (songes) grec ; a écrit : *Traité des songes*.

Averrhoës (IBN ROCHD). — Philosophe arabe du XII° siècle, traduisit et commenta toutes les œuvres d'Aristote ; il ultiva la médecine et professa une philosophie pleinement occultiste.

Avicenne (Abou Ibn Sina). — Célèbre philosophe et médecin arabe (x⁰ siècle), embrassa toutes les sciences ; il a publié des *Canons* ou *Préceptes de médecine*, *Œuvres philosophiques* et une *Métaphysique*. A lire. Pendant plusieurs siècles, ses *Canons* ont été la base de l'enseignement de la médecine. Sa philosophie est aussi remarquable.

Bacon (Roger). — *Le docteur admirable*, mourut en 1292 ou 1294, un des plus grands savants du Moyen âge. Il a donné : *Opus majus*, *Miroir alchimique*, *De l'admirable pouvoir de l'art et de la nature*, où il est traité de la pierre philosophale.

Barlet (F.-Ch.). — L'un des plus savants parmi les occultistes modernes. Ce vrai maître actuel des chercheurs a publié : *Essai sur l'évolution de l'idée*, et de nombreux et bons articles dans l'*Initiation*.

Basile-Valentin. — Vécut au xii⁰, xiii⁰ ou xiv⁰ siècle. Les adeptes recherchent son *Azoth sive aureliæ philosophorum*.

Bazine. — Mère de Clovis ; fut, dit-on, une magicienne.

Bernheim (Dr) (de Nancy) (mod.). — Fondateur de la théorie de la suggestion ; a publié : *La Suggestion*.

Binet et Ferré, médecins de Bicêtre (mod.). — Excellent résumé des connaissances hypnotiques, sous le nom de : *le Magnétisme animal*.

Bodin (Jean). — Fameux jurisconsulte du xvi⁰ siècle, connu par sa *Démonomanie des sorciers*. S'intitulait *Fléau des Sorciers*, en fit brûler un très grand nombre.

Boehme (Jacob) (né en 1575, mort en 1624). — Était cordonnier, il se livra à l'étude de l'hermétisme et de l'illuminisme. Pour lui, Dieu était un puissant alchimiste produisant tout par distillation ; publia en 1612 son *Aurore naissante*, ainsi que bien d'autres ouvrages, dont saint Martin a traduit un grand nombre ; il le regarde « comme la plus grande lumière humaine qui ait paru ».

Boguet (Henri) (mort en 1616). — Publia les *Discours des Sorciers*, fut d'une atroce férocité contre les sorciers, dont il fit brûler un grand nombre.

Bekker (Balthazar) (né en 1634). — Docteur en théologie et ministre à Amsterdam. Il publia : *le Monde enchanté* en flamand (*Betroverde wereld*). Il fut persécuté. Il était affreusement laid.

Belmonte (xii⁰ siècle). — Conseiller au parlement de Provence, l'un des plus redoutables brûleurs de sorciers.

Berthelot (de l'Institut) (mod.). — Savant hors de pair, universellement connu comme chimiste ; a découvert la *Thermo-chimie* ; a écrit : *les origines de l'Alchimie*.

Borri (Joseph-François) (né à Milan, en 1627). — Alchimiste de la reine Christine, condamné à être brûlé comme hérétique, mort en prison à Rome, en 1695 ; publia : *la Clef du cabinet du chevalier Borri*.

Bosc (Ernest) (mod.). — Érudit d'une remarquable science. Tout le monde lira avec intérêt : *Isis dévoilée ou l'Égyptologie sacrée.*

Brown (Thomas), médecin anglais (mort en 1682). — Publia : *Essai sur les erreurs populaires.*

Cagliostro (Joseph-Balsamo, dit) (xviiie siècle). — Accusé d'escroquerie, il quitta l'Italie, sa patrie, et parcourut l'Europe, où il acquit des connaissances alchimiques et médicales. Ses cures merveilleuses lui firent une grande réputation. Il vint à Paris vers 1780, où il excita l'admiration. Il vendait de merveilleux élixirs et pratiquait la magie et la sorcellerie. On lui attribue l'*Interprète des Songes.*

Cahagnet (mod.). — Magnétiseur peu érudit. Ses livres sont bourrés de faits authentiques. Lire de lui : *Magie magnétique.*

Calchas. — Fameux devin de l'antiquité, prit part au siège de Troie, prédit que ce siège durerait dix ans et que la flotte grecque ne sortirait du port d'Aulide que lorsque Agamemnon aurait sacrifié sa fille Iphigénie sur l'autel de Diane. Homère assure que Calchas mourut du dépit de se voir surpassé dans son art par Mopsus.

Calmet (Dom-Augustin) (mort en 1757). — Savant bénédictin, publia : *Dictionnaire de la Bible* et *Dissertation sur les revenants et les vampires* (1751).

Campanella (Thomas), dominicain, né en 1568, en Italie. — Astrologue, présenté comme magicien ; mort à Paris en 1639 ; publia six livres sur l'astrologie et un ouvrage : *Du sens des choses et de la Magie.*

Cardan (Jérôme), médecin-astrologue (né à Paris, en 1501). — Tombait souvent dans des états d'extase. Ses ouvrages ont eu une influence considérable ; ce sont, entre autres : *Traité des Songes ; Sur les subtilités des démons ; La Métoposcopie.*

Catherine de Médicis, reine de France (xvie siècle). — Se livra avec passion à l'étude des sciences occultes. Elle avait un astrologue, Cosme Ruggieri, qui la guidait le plus souvent de ses observations dans les moindres pratiques de la vie.

Charles Ier, roi d'Angleterre (xviie siècle). — S'occupait d'astrologie et d'alchimie.

Charpignon (mod.). — Docteur savant et magnétiseur consciencieux ; a publié : *Physiologie, médecine et métaphysique du magnétisme ; Études physiques sur le magnétisme animal.*

Chazarin et **Dècle** (mod.). — Intéressante brochure sur la polarité humaine.

Chryses-Hacæptis (mod.). — Opuscule sur le nouveau langage symbolique des plantes.

Coclès (Barthélemy). — Le plus fameux chiromancien du xvie siècle ; a publié un traité sur cette science.

Comus, célèbre escamoteur du xviiie siècle.

Crepieux (Jamin) (mod.). — A publié le meilleur de tous les livres sur la graphologie. Lire: *l'Écriture et le Caractère* et *Traité pratique de graphologie*.

Crooke (WILLIAM) (mod.). — A publié : *Recherches sur les phénomènes spirites, la force psychique*, livre fondamental du spiritisme moderne.

Delaage (HENRY) (mod.). — *La science du vrai* présente un très intéressant et très littéraire examen de l'initiation dans l'antiquité.

Delancre (xvi° siècle). — Fameux démonographe, était persuadé de la réalité du sabbat ; il fit brûler bon nombre de sorciers. Il mourut vers 1630. Il a écrit deux ouvrages très recherchés : *Incrédulité et mécréance du sortilège pleinement convaincues* et *Tableau de l'inconstance des mauvais anges et des démons*.

Delanne (GABRIEL) (mod.). — Spirite érudit ; a publié : *le Spiritisme devant la raison ; Exposé de la doctrine spirite*.

Delrio (MARTIN-ANTOINE) (né à Anvers en 1551). — Savant jésuite ; publia les *Recherches magiques*, très appréciées.

Desbarolles (mod.). — L'un des fondateurs de la chiromancie classique: *les Mystères de la main* ; *la Graphologie* est d'un mérite plus contestable.

Didyme (xvii° siècle). — Fameuse possédée. On a conservé la formule de son pacte avec le diable.

Durville (mod.). — Propagateur de la polarité humaine en magnétisme ; a publié : *Traité expérimental et thérapeutique de magnétisme*.

Eliphas-Levi (mod.). — A beaucoup contribué à propager chez les modernes l'amour de l'occultisme. C'est le grand maître classique. Consulter : *Dogme et rituel de la haute magie ; Histoire de la magie ; la Clé des grands mystères ; la Science des Esprits*, etc.

Etteila. — Pseudonyme du coiffeur Aliette, fameux cartomancien.

Fabre d'Olivet (mod.). — *La langue hébraïque restituée : Catéchisme des principes de kabbale*.

Faria (ABBÉ). — Portugais métis, né à Goa, magnétiseur célèbre ; publia : *De la cause du sommeil lucide, ou Étude de la nature de l'homme*; Paris, 1819.

Faust (JEAN) (xv° siècle). — L'un des plus célèbres magiciens allemands.

Felgenhaver (PAUL) (xvi° siècle). — Croyait avoir reçu une mission divine ; il démontre, dans sa chronologie, que le monde est plus vieux de 235 ans qu'on ne le croit.

Figuier (LOUIS) (mod.). — Vulgarisateur, a beaucoup écrit ; on lui doit : *l'Alchimie et les Alchimistes, Les Mystères de la science*.

Floraventi (LÉONARD) (xvi° siècle). — Alchimiste ; publia entre autres : *Trésor de la vie humaine* (1570).

Flamel (NICOLAS) (xiv° siècle). — Acquit une fortune considérable par des pratiques alchimiques ; il a laissé de curieux livres sur l'alchimie. Il fonda quatre hôpitaux, entre autres les Quinze-Vingts, et deux églises : Saint-Jacques-la-Boucherie et les Innocents.

Franck (Ad.) (de l'Institut) (mod.). — *La Kabbale, ou doctrine religieuse des Hébreux*, résumé très complet (par un non-occultiste) des livres fondamentaux de kabbale. Sa critique de l'origine de ces livres est remarquable. Il a donné aussi : *la Philosophie mystique au* xviiie *siècle*.

Gaffarel (Jacques). — Fameux kabbaliste ; a laissé des manuscrits du plus haut intérêt sur cette science.

Garinet (Jules). — A publié : *Histoire de la magie en France* (1818).

Gaufridi (Louis-Jean-Baptiste) (xvie siècle). — Curé de Marseille, mourut sur le bûcher au mois d'avril 1611.

Gauric (Luc). — Astrologue napolitain (né en 1476), appartint à Catherine de Médicis, qui avait la plus grande confiance en lui ; a écrit des ouvrages estimés.

Gibier (Dr Paul) (mod.). — A publié deux curieux volumes exposant succinctement les faits et les théories spirites : *le Spiritisme, analyse des choses*, et *le Fakirisme occidental*.

Grandier (Urbain) (xvie siècle). — Était curé de Saint-Pierre, à Loudun, et chanoine de l'église de Sainte-Croix. Il sollicita le poste de directeur d'un couvent d'Ursulines, à Loudun, mais un concurrent l'emporta. Alors, les Ursulines furent atteintes d'une sorte de folie contagieuse ; possédées du démon, on les exorcisa et on accusa Grandier de leur avoir jeté un maléfice. Il fut mis à la torture, puis brûlé vif ; mais ce verdict fut plutôt dicté par la haine que Richelieu lui portait que par la croyance à la sorcellerie, puisqu'une première fois l'accusation avait été détournée et qu'elle ne reprit corps qu'à l'arrivée de Laubardemont, émissaire du cardinal.

Grandpré (Pauline de) (mod.). — A publié un livre d'une poésie charmante et d'une profonde érudition sur *les Légendes de Notre-Dame de Paris*, à lire.

Greatrakes (Valentin) (xviie siècle). — Célèbre guérisseur d'écrouelles irlandais ; il fit des cures si merveilleuses que le roi d'Angleterre l'appela à sa cour ; mais, importuné de sa célébrité, il s'enfuit, en 1667, dans la solitude de son lieu natal, Waterford, en Irlande. Il guérissait par l'attouchement et les frictions, sensiblement comme les magnétiseurs.

Grégoire VII (xie siècle). — Pape célèbre, nommé auparavant Hildebrand, était fils d'un charpentier, fut moine de l'ordre de Cluny, alla à Rome, y fut nommé cardinal et, son crédit s'accroissant toujours, fut élu pape en 1073 ; fut un grand sorcier. Il remit en vigueur le célibat des prêtres et engagea la célèbre querelle des investitures.

Guayta (Stanislas de) (mod.). — Essai des sciences maudites : *Au seuil du Mystère*, livre très littéraire et plein de documents, mais difficile à saisir pour les non-initiés.

Gustenhover. — Orfèvre de Strasbourg (en 1603), alchimiste connu.

Gyfte (av. les temps historiques). — Mage runique; les mages qui opéraient au moyen des *runes* étaient des kabbalistes. *L'Edda*, poème sacré de Scandinavie, commence ainsi : « Il y avait autrefois, en Suède, un roi nommé Gyfte, qui était sage et habile magicien. »

Hermès Trismegiste (Mercure trois fois grand). — Répond au Thoth ou Mercure égyptien, père de toutes les sciences (xx° siècle av. J.-C.); on lui attribue une foule d'ouvrages sur les sciences et sur les sciences occultes qui font croire que les livres d'Hermès étaient ceux d'une collectivité de gens, de même que les Chants d'Homère, qu'on attribue à plusieurs poètes. Il nous reste un catalogue des livres sacrés d'Hermès que Clément, d'Alexandrie, nous a conservé dans ses *Stromata Thessaliæ*. On lui attribue : *Dialogue de Pœmander* (le pasteur), appelé vulgairement le *Pimander*, très intéressant à lire ; une bonne traduction est celle de Bordeaux, 1574.

Hippocrate (v° siècle av. J.-C.). — Médecin célèbre, guérit les Athéniens de la peste, divulga les méthodes curatives restées jusqu'alors secrètes ; créa l'art d'observer et de diagnostiquer les maladies. Ses principales œuvres sont : *Nature de l'homme* ; *Des Fractures* ; *Des Airs, des Eaux et des Lieux* ; les *Pronostics*, et ses remarquables *aphorismes*, qui jouissent encore d'une haute autorité ; a laissé un *Traité des songes*.

Isle en Jourdain (MAINFROI DE L'). — Célèbre devin du temps de Charles le Bel.

Isaac (DE HOLLANDE) (Les deux). — Célèbres alchimistes très vénérés des adeptes. Ont fourni à la chimie plusieurs découvertes précieuses.

Jacques I⁰ʳ (xvi° siècle). — Roi d'Angleterre, d'une profonde érudition. A laissé une *Démonologie* où il prouve que les sorciers ont commerce avec le diable, et le *Don royal*, ainsi qu'un *Commentaire sur l'Apocalypse* et des *Méditations sur l'oraison dominicale*.

Jambrès (av. les temps historiques). — Sorcier d'Égypte qui combattit les prestiges opérés par Moïse.

Jamnès. — Autre sorcier du même temps qui fit de même. Il semble que ce soient les noms génériques de deux catégories distinctes de prêtres.

Jehan (DE MEUNG) (xiii° siècle). — Dit Clopinel, parce qu'il était boiteux, et le Père de l'éloquence, en raison du charme de sa poésie. A caché les mystères de la philosophie hermétique dans son *Roman de la Rose*.

Jérôme (SAINT) (iv° siècle après J.-C.). — A laissé un livre célèbre en nécromancie : *l'Art notoire*.

Home (DAVID-DOUGLAS) (mod.). — Médium spirite; a donné : *les Lumières et le Ombres du spiritualisme; les Origines et les fins*. A lire.

Kircher (ATHANASE). — Jésuite né en Allemagne, en 1602, et mort à Rome en 1680. Il embrassa toutes les connaissances : physique, histoire naturelle, mathématiques, théologie, antiquités, linguistique. En physique, il s'occupa surtout de l'optique, de l'acoustique, de l'électricité, du magnétisme, à l'aide duquel il expliquait le jeu de la nature et dont il avait fait un mode curatif ; il étudia le copte et expliqua les hiéroglyphes. Il renouvela l'alchimie, etc.; on lui doit : *Magnes, magneticum reginum seu de triplici in naturâ magnete; Musurgia universalis*, etc., qui sont toutes des œuvres dérivées des principes occultistes.

Laensberg (Mathieu) (xviie siècle). — Chanoine de Saint-Barthélemy de Liège, astrologue dont le nom est populaire.

Lacuria. — Savant moderne, d'un esprit des plus éminents ; a publié : *les Harmonies de l'être, exprimées par les nombres; De l'Église, de l'État, de l'Enseignement.* A lire avec soin.

Langlet-Dufresnoy (né en 1674, mort en 1755). — Historien remarquable autant que bon philologue ; a laissé une *Histoire de la philosophie hermétique* et un *Traité des apparitions*, que l'on pille depuis un siècle.

Larmandie (Comte de) (mod.). — *Eôraka* (adaptation des idées occultistes aux théories religieuses actuelles).

Lucas (Louis) (mod.). — Savant moderne. On lui doit : *la Chimie nouvelle; la Médecine nouvelle.* A lire.

Loyer (Pierre, sieur de la Brosse Le) (né en 1550). — Fameux démonographe ; a dédié à Dieu son *Traité sur les spectres et les esprits*.

Luys (de l'Académie de médecine) (mod.). — *Leçons cliniques sur les principaux phénomènes de l'hypnotisme.* A lire par tous les chercheurs.

Maygrier (Raymond) (mod.). — Psychologue distingué, a réuni sous forme de roman, dans *les Mystères du Magnétisme*, les données les plus sérieuses des connaissances magnétiques en flétrissant les procédés peu délicats des charlatans et en mettant au jour une intéressante critique des magnétiseurs modernes.

Médée (av. les temps historiques). — Magicienne célèbre qui par son art aurait permis à Jason de s'emparer de la Toison d'or (mythe occulte) ; elle se rajeunit par les pratiques de sa science ; elle se réfugia à Athènes, portée à travers les airs sur un char ailé, etc.

Merdhin ou **Merlin** (ve siècle). — Enchanteur célèbre. Ce fut un barde plein d'enthousiasme. Le Kimrodorion renferme quelques-unes de ses poésies, qui furent recueillies par Turpin, moine de Saint-Denis, au ixe siècle.

Mesmer (Antonin) (xviiie siècle). — Fondateur de la secte des magnétiseurs, a publié un bon livre classique : *Mémoires et aphorismes*. On lui doit aussi : *De planetarum influxu*, où il soutient l'hypothèse d'un fluide subtil, répandu partout.

Michelet (Émile) (mod.). — Littérateur de goût ; a publié, entre autres : *l'Ésotérisme dans l'art*.

Molay (Jacques). — Dernier grand maître des Templiers, fut brûlé vif le 18 mars 1314. L'ordre des Templiers fut pendant un temps le gardien des secrets de la science occulte.

Moreau (xix° siècle). — Chiromancien qui prédit à Napoléon Ier sa déchéance.

Naudé (Gabriel) (xvii° siècle). — Savant bibliographe. Tenta de s'opposer au cruel martyre des sorciers, passa pour sorcier lui-même, a écrit une *Apologie des grands hommes soupçonnés de magie*.

Nostradamus (né en 1503, mort à Salon en 1566). — Publia, en 1555, ses *Centuries*, recueil de vers prophétiques bien connu.

Nus (Eugène) (mod.). — Littérateur spirite; a publié : *les Grands Mystères ; Choses de l'autre monde; les Dogmes nouveaux*, etc.

Ochorowicz (Dr J.) (mod.). — A publié une très remarquable étude : *De la Suggestion mentale*. A lire.

Ovide (P. Ovidius Naso). — Poète latin du temps de Jésus-Christ. On lui attribue un livre de magie : *le Livre de la vieille*.

Papus (mod.). — Le rénovateur de la science antique. On lui doit : *Traité méthodique de science occulte*, avec préface de Ad. Franck, de l'Institut (c'est le meilleur livre moderne sur la question); *le Tarot des Bohémiens ; la Science des Mages*, premiers principes de science occulte, ouvrage très clair et très utile aux non-initiés ; *la Kabbale*, résumé méthodique pour les initiés; *Traité de Magie pratique*. A lire par tous les chercheurs.

Paracelse (né à Zurich en 1493, mort en 1541). — S'appelait Auréaule Phil. Theophrast Bombast de Hohenheim; voyagea dans toute l'Europe, y fit des cures merveilleuses. Il pratiquait la magie et l'astrologie, et expliquait les maladies par l'influence des astres. Ses œuvres complètes ont été publiés en 1658.

Pasqualis (Martinez) (xviii° siècle). — Fut le professeur de Saint-Martin. Institua en 1757 un rite kabbalistique.

Peladan (Joséphin) (mod.). — Son talent a soulevé des discussions passionnées. Ses œuvres occultistes (pour les initiés seuls) sont : *le Septénaire au sortir du siècle ; le Duodénaire de l'ascèse magique ; le Ternaire du Saint-Esprit*, réunis dans : *Comment on devient mage*. Lire aussi : *Comment on devient fée; Comment on devient artiste*, etc.

Pic de la Mirandole (Jean) (xv° siècle). — Savant universel. On a de lui : *Conclusiones philosophicæ cabalisticæ et theologicæ*, etc.

Plytoff (mod.). — A publié : *les Sciences occultes, la Magie*, bons résumés à la portée de tout le monde. A lire.

Poisson (Albert) (mod.). — Alchimiste distingué contemporain. Lire : *Cinq traités d'alchimie des plus grands alchimistes; Théories et symboles des alchimistes*.

Postel (Guillaume) (xvi° siècle). — Envoyé en mission en Orient, en rapporta des manuscrits précieux. A écrit sur les sciences cachées.

Potet (Baron du) (mod.). — Expérimentateur consciencieux, magnétiseur sérieux ; a publié sur les sciences occultes: *la Magie dévoilée ; Traité complet de magnétisme ; Manuel de l'étudiant magnétiseur*.

Pythagore. — Surnom d'un ancien savant initié (500 ans av. J.-C.); a révélé en Occident la science ésotérique.

Retz (Gilles de Laval de). — Maréchal de France, accusé de magie et de crimes; fut brûlé vif en 1440.

Ruggieri (Cosme de) (xvi° siècle). — Célèbre astrologue florentin, très apprécié de Catherine de Médicis; fut mis à la question en 1574. Il avait publié des almanachs qui furent célèbres.

Raymond Lulle (né à Majorque, en 1335). — Le plus grand philosophe hermétique avec Paracelse; professa à Paris, rue de la Boucherie, son *Grand art général*, contre Aristote. Il fut lapidé sur les côtes de Barbarie, où l'on assure que l'art hermétique avait prolongé sa vie jusqu'à 145 ans.

Rochas (de) (mod.). — Magnétiseur consciencieux et savant; a publié: *les États profonds de l'hypnose; le Fluide des magnétiseurs*. A lire.

Saint-Germain (Le Comte de) (xviii° siècle). — Personnage mystérieux dont la vie fut des plus romanesques; il prétendait avoir vécu plusieurs centaines d'années et parlait de Charles-Quint, de François I" et même de Jésus-Christ comme s'il les eût connus et eût vécu dans leur intimité.

Saint-Martin (*dit* le Philosophe inconnu, né le 18 janvier 1743, mort en 1783). — Il fut d'abord militaire; mais, ayant entendu Pasqualis à Lyon, il devint un ardent occultiste. Ses remarquables ouvrages sont recherchés. Ce sont, entre autres: *Tableau naturel des rapports qui existent entre Dieu, l'homme et l'univers; De l'Esprit des choses; l'Homme de désirs*, etc.; *les Nombres*.

Saint-Yves d'Alveydre (mod.). — Historien philosophe plein de profondeur. Consulter: *Mission des Juifs* (résumé gigantesque des connaissances antiques); *Mission des souverains; Mission des ouvriers; la France vraie*.

Schuré (mod.). — Les grands initiés (Rama, Krisnha, Hermès, Moïse, Orphée, Pythagore, Platon, Jésus). Livre des plus intéressants.

Swedemborg (Emmanuel) (xviii° siècle). — A écrit de nombreux ouvrages sous l'influence de visions, tels que: *Du ciel et de ses merveilles et de l'Enfer; la Vraie Religion; Apocalypse révélée; Du divin Amour et de la divine Sagesse; De la Nouvelle Jérusalem*. Il concevait dans les Écritures trois sens: un naturel, un autre spirituel, le troisième divin; il croit avoir révélé le deuxième, et admettait un monde matériel et un monde spirituel; de plus, il recevait des révélations et reçut la mission de régénérer le christianisme. C'était, d'autre part, un littérateur distingué et un savant de très grand mérite dans toutes les branches des sciences naturelles, dans la physique et dans la métallurgie.

Sylvestre II (pape en 999). — Fut un grand mage, sinon magicien; on prétend qu'il ne monta sur le trône pontifical qu'en vertu d'un pacte signé avec le diable.

Tiffereau (mod.). — Chimiste contemporain; a, paraît-il, transmué des métaux. *L'or et la transmutation des métaux*, résumé des preuves de la possibilité de la synthèse chimique.

Trois-Échelles. — Célèbre sorcier brûlé sous Charles IX.

Tubalcaïn. — Célèbre enchanteur.

Villars (Abbé de). — A beaucoup écrit sur la kabbale ; fut assassiné sur la route de Lyon, en 1673.

Vitoux (G.) (mod.). — *L'occultisme scientifique ; Étude de l'influence de la science sur l'occultisme, et réciproquement.*

Vola (avant les temps historiques). — Prophétesse scandinave.

Vurgey (mod.). — Un des plus ardents R+C+C. *Trois adaptations du microcosme*, avec préface de Papus, pour les initiés seulement.

Wallace (mod.). — Spirite sérieux. A lire : *les Miracles et le moderne spiritualisme.*

Wayland (avant les temps historiques). — Enchanteur de la mythologie scandinave, forgeait des armes enchantées.

Wierus (Jean) (xviiᵉ siècle). — Élève d'Agrippa, démonographe bien connu. Il a laissé : *Cinq livres de l'imposture et tromperie du diable.*

www.ingramcontent.com/pod-product-compliance
Lightning Source LLC
Chambersburg PA
CBHW060303230426
43663CB00009B/1570